国家社科基金
GUOJIA SHEKE JIJIN HOUQI ZIZHU XIANGMU
后期资助项目

清代刑罚研究
（1736～1911）

张本照　著

社会科学文献出版社
SOCIAL SCIENCES ACADEMIC PRESS (CHINA)

图书在版编目（CIP）数据

清代刑罚研究：1736~1911 / 张本照著. -- 北京：
社会科学文献出版社，2024.5
国家社科基金后期资助项目
ISBN 978-7-5228-3157-2

Ⅰ.①清… Ⅱ.①张… Ⅲ.①刑罚-研究-中国-
1736-1911 Ⅳ.①D924.122

中国国家版本馆 CIP 数据核字（2024）第 023740 号

国家社科基金后期资助项目

清代刑罚研究（1736~1911）

著　　者 / 张本照

出 版 人 / 冀祥德
组稿编辑 / 刘骁军
责任编辑 / 易　卉
责任印制 / 王京美

出　　版 / 社会科学文献出版社·法治分社（010）59367161
　　　　　　地址：北京市北三环中路甲 29 号院华龙大厦　邮编：100029
　　　　　　网址：www.ssap.com.cn
发　　行 / 社会科学文献出版社（010）59367028
印　　装 / 三河市龙林印务有限公司

规　　格 / 开本：787mm×1092mm　1/16
　　　　　　印张：42.75　字数：630 千字
版　　次 / 2024 年 5 月第 1 版　2024 年 5 月第 1 次印刷
书　　号 / ISBN 978-7-5228-3157-2
定　　价 / 198.00 元

读者服务电话：4008918866

国家社科基金后期资助项目
出版说明

后期资助项目是国家社科基金设立的一类重要项目，旨在鼓励广大社科研究者潜心治学，支持基础研究多出优秀成果。它是经过严格评审，从接近完成的科研成果中遴选立项的。为扩大后期资助项目的影响，更好地推动学术发展，促进成果转化，全国哲学社会科学工作办公室按照"统一设计、统一标识、统一版式、形成系列"的总体要求，组织出版国家社科基金后期资助项目成果。

全国哲学社会科学工作办公室

目　录

上　编

下　编

绪 论

一 研究范围

明末清初著名学者王夫之说："刑罚之称，连类并举，言刑必言罚，有闻自古，未之或易也。"[①]"刑""罚"二字在中国古代经常连用，并形成了名词。东汉许慎《说文解字》将"刑"解释为"罚罪"，将"罚"解释为"罪之小者"。"刑"与"罚"二字俱有"罚罪"之意。《说文解字》又将"罪"解释为犯法。所以，"罚罪"意为对犯法者的处罚。"罚"的处罚力度小于"刑"。《尚书·吕刑》有"五刑之疑有赦，五罚之疑有赦，其审克之"之语。汉代著名学者孔安国解释为："刑疑赦从罚，罚疑赦从免。"[②] 其意为，如果对判处五刑之罚有疑问，就应该减轻其处罚，予以五罚（即对应的五种罚金）的处分；如果对判处五罚处分有疑问，就应该免除其处分。孔安国的解释体现了"刑"、"罚"与"免"的处罚力度递减关系。"刑"与"罚"二字连用，形成名词"刑罚"，意味着各类违法者所受的各种大、

---

① （明）王夫之：《尚书引义》，岳麓书社，2011，第419页。
② 《尚书正义》卷第十九，（汉）孔安国传，（唐）孔颖达疏，廖名春、陈明整理，北京大学出版社，1999，第545页。

小处罚。①

在漫长的中国古代社会，刑罚种类众多，而且随着朝代的变化而变化。比如周代有"墨、劓、剕、宫、大辟"五刑，隋唐后宋元明清五刑为"笞、杖、徒、流、死"。除死刑外，周代的五刑种类与隋唐后的五刑种类可谓截然不同。虽然隋唐后宋元明清的五刑相同，但具体到每个朝代，又各有体现本朝特色的刑罚，如宋代的刺配、明代的充军、清代的发遣等。五刑之外，又有所谓的闰刑，如各代的赎刑、清代的枷号刑等。

现实中，因为受到文学、影视作品、网络视频的影响，在提及中国古代刑罚时，很多人经常会联想到"浸猪笼""木驴"等残酷的处罚方式。"刑""罚"二字俱从"刀"，刀代表了强制处罚。"刑""罚"二字连用意味着对违法者的强制处罚。法律系由国家制定、颁行，刑罚代表了国家的强制处罚，意即刑罚体现了国家的意志。既然如此，在清代一些地区存在的针对通奸女子的"浸猪笼"行为为民间私刑，并非刑罚。同样，那些佃户受到地主、奴婢受到主人的各种处罚也都是民间私刑。一旦该私刑被官府发现，原则上会受到国法惩治。②

不仅如此，因为皇帝的个人意志有时不能完全代表国家，所以，历史上一些皇帝的任性处罚行为也不能被称为刑罚。正如《隋书·刑法志》所言，隋高祖之挥刃无辜，齐文宣之轻刀脔割，这是"匹夫私仇，非关国典"。③隋文帝杨坚、北齐文宣帝高洋的很多行为是皇帝私仇，并无国家典章制度依据。虽然这些行为可以被归入酷刑之列，但它们不能被视为刑罚。

法律是国家意志的体现，中国历史上主要朝代的刑罚俱被写入本朝的

---

① 清代学者王懋竑说，罚与刑通用，罚即刑也。刑与罚二字散言则通用。刑罚对言，则刑大而罚小也。晚清法学家沈家本说，罚为犯法之小者，而刑为犯法之重者。古者辞多通用，罚亦可称刑，凡经传之言刑者，罚亦该于其内。见（清）王懋竑《读书记疑》卷1，《续修四库全书》第1146册，上海古籍出版社，2002，第160页；（清）沈家本《历代刑法考》（附《寄簃文存》），邓经元、骈宇骞点校，中华书局，1985，第330页。

② 比如晚清《点石斋画报》"石集·十期"有一"恶僧该杀"图。该图文字说，某僧将另一窃钱之僧私刑致死，事发，该僧即被地方官枭首。

③ （唐）魏征等撰《隋书》卷25《志第二十·刑法》，中华书局，2011，第696～697页。

法律中，由法律规定违法者应受到的强制处分。既然违法者所受刑罚系由法律规定，那些由司法官临时起意加于违法者身上的处罚即为非刑。晚清最知名的非刑为"站笼"。《大清律例》等官方法律并未将"站笼"合法化，"站笼"在当时为非刑。晚清有因为使用"站笼"而受到处分的地方官。

刑罚系对违法者所加。对违法者本人来说，确定违法者的刑罚意味着其所受审判已经完结，其罪行已经确定。既然如此，那些在定罪前为了获取违法者的口供而折磨犯人的行为为刑讯（拷讯），并非刑罚。① 在清代常见的刑讯方式有打板子、掌嘴、夹棍、拶指等。在先行以中国古代刑罚为主题的论著中，以"酷刑"为名的论著较多，这些论著经常将刑罚与刑讯混淆。虽然酷刑的内容可以包含刑罚和刑讯，但刑罚系审判结束后所加，刑讯是调查和审讯过程中的行为。二者的存在有不同的目的考虑。刑罚与刑讯不同。将刑罚与刑讯混淆，不仅会使研究内容显得庞杂混乱，也影响了研究的深度。毕竟将刑罚与刑讯混淆，以酷刑等名为主题的主要目的大多是为了吸引读者眼球，较少学术研究的追求。有时刑罚与刑讯确实不易区分，比如说打板子。打板子有时既可被视为审讯过程中的行为，有时也可被视为审判结束后所加。在大多数场合，区分刑罚与刑讯并非难事。笔者在研究中除了必要的部分外，不会涉及刑讯的内容。

对清代刑罚种类的划分和总结因人而异。除了《清史稿·刑法二》的分类外，大多比较琐碎。晚清法学家吉同钧在讨论清代刑罚时也讨论了夹棍等刑。② 夹棍为刑讯逼供的手段，在本书中不被视为刑罚。如果将夹棍加入，研究内容将会非常混乱。晚清法学家徐象先把刑罚分为主刑和附刑两部分。他在附刑部分讨论了监禁、刺字、枷号、抄没财产、追赃、革职罢役、除名还俗等刑。正刑、附刑之外尚有赎刑。③ 民国学者阮毅成《大

---

① 正如清初著名律学家沈之奇所言，拷讯是审时之事，不在五刑之内。（清）沈之奇：《大清律辑注》卷28，怀效锋、李俊点校，法律出版社，2000，第1006页。

② （清）吉同钧：《大清律例讲义》卷1，闫晓君整理，知识产权出版社，2018，第23页。

③ （清）徐象先：《大清律讲义》第二编"总论"，高柯立、林荣辑《明清法制史料辑刊》第3编第54册，国家图书馆出版社，2015，第169～176页。

清现行刑律要论》说，旧律除五刑外，尚有充军、发遣、迁徙、枷号、鞭责、锁带铁杆石礅、入官、赎刑等刑。除了其所言的入官之刑外，其他刑罚笔者或简或详都有探讨。其所指的入官刑包括三种：彼此俱罪之赃、犯禁之物和犯罪应合籍没之财产。他还简单介绍了监禁的存在。① 对他所说的追赃、革职罢役、除名还俗、入官刑和监禁的存在笔者并不否定。只是这些内容在有些方面容易与行政处分混淆。对它们的研究更多的是基于典章制度的探讨，内容零散。笔者有过将以上内容纳入本书的尝试。结果发现，这些尝试不仅对本书主旨和整体性毫无益处，还会使本书显得琐碎、臃肿。笔者认为，对清代刑罚种类总结最为权威的为《清史稿·刑法二》。沿自隋唐的笞、杖、徒、流、死五刑是清代最主要的刑罚。它们在当时被称为正刑。在此五刑之外，《清史稿·刑法二》又分别简单介绍了迁徙、充军、枷号、刺字、论赎、凌迟、枭首、戮尸等刑。② 它们在当时被视为闰刑。以《清史稿·刑法二》为基础进行研究，既能照顾到刑罚的整体性，在研究内容上也不会显得琐碎。《清史稿·刑法二》对刑罚的理解是近代意义的。近代意义上的刑罚一词包括了"国家""犯罪""权利""制裁"等语义成分。③ 以《清史稿·刑法二》为基础进行研究，也更能为现在的读者所接受。如果采用其他人的观点，或者由笔者自己确定研究内容，可能会受到更多的批评。批评者或者认为笔者在研究内容上有遗漏，或者认为笔者在刑罚整体的把握上有所欠缺。总体上来看，以《清史稿·刑法二》为基础进行研究对笔者来说是最好的选择。

　　在各种刑罚中死刑最为重要，本研究中有关死刑的研究内容最多。所以，死刑被单列为上篇。其他刑罚被分在了下篇。在《清史稿·刑法二》

---

① 阮毅成：《大清现行刑律要论》，台北文海出版社，1970，第29页。

② 柏桦教授认为，清代有抄家刑罚。他说，《大清律例》未明确规定抄家的对象和原因，现实抄家案件很少能看到律例依据。他对抄家进行了详细的研究（柏桦：《柏桦说明清律例：罪与罚》，万卷出版公司，2017，第255～263页）。即使抄家能被视为刑罚，但《清史稿·刑法二》在其刑罚部分并未提到抄家之刑，所以，笔者未再专门研究抄家。

③ 参见孟广洁《清末"法、刑、罪、权"新术语语义范畴和语义关系研究》，厦门大学出版社，2020，第96页。

所列刑罚中，有的可被归入五刑各章中讨论，有的则只能被单独讨论。① 虽然站笼系属非刑（法外刑罚），但因其在晚清常见，本书也破例讨论了站笼。地方官将犯人放入站笼，不意味着其必死。有时，地方官只是意图将其示众而已。所以，将对站笼的研究放入本书的上篇或者下篇都不合适。考虑到本书上下篇的内容平衡问题，将对站笼的研究放到下篇相对合适。

本研究所依据的材料主要来自乾隆元年（1736）以后，所以，本书将研究的时间段限定在1736—1911年。这不意味着乾隆元年前后在刑罚上有非常明显的变化。清朝刑罚的明显变化主要发生于两个时期，其一为清入关后一段时间，其二为晚清法律改革时。清入关后清廷的刑事政策有个过渡时期。对这个时期刑罚的演变，笔者坦言，自己无心驾驭。② 笔者将本书研究的时间段上限定在乾隆元年（1736），可以避开对清入关后刑罚演变等问题的讨论。乾隆帝在清朝法律制度建设方面占有重要的地位。《清史稿·刑法一》在评价乾隆帝时说："一代法制，多所裁定。"而且嘉庆帝以后，"事多因循，未遑改作"③。嘉庆帝后诸帝没有对乾隆帝所确立的一套法律制度作出较大修改。所以，以乾隆元年（1736）作为本书的上限是合理的。当然，因为制度的延续性，笔者在进行相关问题的研究时经常简单交代乾隆元年前的制度演变情况。也就是说，笔者不能绝对回避乾隆元年前的情况。

晚清法律改革时清廷对刑罚的改革主要是制度层面的改革。颁行于1910年的《大清现行刑律》实际上仍是一部旧式法典，虽然其在刑罚方面有很多改变，但那些改变算不上根本改变。1911年公布的《大清新刑律》

① 笔者有关刺字刑的研究已经在申请课题前发表，笔者最终决定不将刺字的内容收入本书。
② 相关研究可参见苏钦、苏亦工、胡祥雨等人的研究。苏钦：《清律中旗人"犯罪免发遣"考释》，《清史论丛》编委会编《清史论丛》1992年号，辽宁人民出版社，1993，第75~79页；苏亦工：《因革与依违——清初法制上的满汉分歧一瞥》，《清华法学》2014年第1期；胡祥雨：《清代法律的常规化：族群与等级》，社会科学文献出版社，2016，第20~61页；胡祥雨：《从二元到一元：清前期法制变革》，中国社会科学出版社，2023；鹿智钧：《国家根本与皇帝世仆：清朝旗人的法律地位》，东方出版中心，2019，第34~97页；等等。
③ 赵尔巽等：《清史稿》卷142《志一百十七·刑法一》，中华书局，1977，第4181页。

（《钦定大清刑律》）才是一部新式法典。与《大清律例》《大清现行刑律》
相比，无论在刑罚制度上，还是在刑罚观念上，《大清新刑律》均有很大变
动。有些变动甚至可以说是根本性的变动。只是《大清新刑律》公布后不
久，清朝即告覆亡。《大清新刑律》实际上并未施行。晚清法律改革前后，
除了部分开明人士外，对死刑等刑罚的看法实际上并无不同。《申报》对死
刑等刑罚执行的书写也无差异。所以，笔者也引用了晚清法律改革时《申
报》中有关死刑等刑罚执行的一些材料。笔者在相关研究中适当交代了晚
清法律改革的一些措施，不将其作为研究的重点。毕竟，晚清法律改革牵
扯面较大，处理稍有不慎，难免顾此失彼。而且有关晚清刑罚改革方面的
相关研究已经比较深入，笔者没有必要在这方面过多地消耗时间与精力。[①]
另外，因为学界对清代徒刑、流刑的研究已经很深入，笔者的研究实际上
已无较大空间。而晚清徒刑、流刑的改革研究正是先行晚清刑罚改革研究
的薄弱之处，所以，笔者在研究徒流刑时俱讨论了晚清法律改革时徒刑、
流刑的改革问题。

　　笔者清楚，笔者关于清代刑罚的研究可能会招致题目较大的议论。本
书上、下两编均能独立成书（主体部分均超过 25 万字）。笔者既在意对每
个具体刑罚的研究，更在意对清代刑罚进行的整体研究。如果将上编和下
编拆开，分别成书，虽然在科研成果的数量上对笔者可能更有好处，但笔
者研究的整体意义便不复存在了。笔者宁愿牺牲科研成果数量给笔者带来
的好处，也更倾向于维护研究的整体性。

　　笔者深知，笔者对整体性的维护也可能导致对某些刑罚研究的创新性
不足。毕竟在研究徒刑、赎刑等刑罚时，的确面临着材料非常之少的困难，
学界对流刑等刑罚的研究已经很深入，这是笔者在进行清代刑罚的整体性

---

① 比如高汉成研究员《〈大清新刑律〉与中国近代刑法继受》（社会科学文献出版社，2015）
一书对晚清刑法改革中的刑罚加减等问题有所关注；中山大学李欣荣有这一主题的国家社科基金项
目立项（项目名称：晚清刑罚制度的转型研究，项目编号：14BZS035。已结项），他发表的一些相
关论文可以参看。除高汉成、李欣荣外，还有很多这方面的研究。篇幅所限，相关研究不一一列
举，敬请见谅。

研究时所面临的最大挑战。笔者对流刑、徒刑等刑罚的研究实际上都有创新，只是相对于其他部分创新性的确较弱。从2012年下半年在学校开设中国古代刑罚方面的选修课开始算起，笔者对徒刑等刑罚方面资料的搜集已经持续十余年了，深知资料搜集的不易与创新之难。徒刑等刑罚是清代的主要刑罚之一，笔者既然强调了研究的整体性，在进行研究时又不可能不详写。对这个困境，笔者最终选择进行折中处理，即笔者不追求对每个具体刑罚的全面研究。在研究时，笔者努力在尊重先行研究的基础上，对先行研究重点探讨的问题，尽量只作简单的讨论（略人所详），尽力突出自己的创新点，重点研究别人未关注或较少关注到的问题（详人所略）。

二　研究意义

清代距今较近，普通民众接触清代文学、历史学作品的机会较多，许多地方现在还保存有很多清代实物遗存，加上清代古装剧的热播，与其他朝代相比，普通民众更加关注清代，更加"了解"清代。在很多人眼里，清代甚至成了中华帝国的代表。因为刑罚的残酷性和神秘性，当下普通民众在谈及刑罚（尤其死刑）时总能饶有兴致。随着网络中晚清各种刑罚照片和图画的大量流传，现实中参观某些现存"古"衙门刑具机会的增加（网络中有很多照片），以及古装剧和网络视频中各种刑罚场面的不断出现，可以说，普通民众对清代刑罚的兴趣始终不减。

因为人们身处现代信息社会，不可避免地会受到各种信息的狂轰滥炸。应该看到，为迎合读者和观众，提高阅读量和点击率，很多信息本身是被制作的信息。这些被制作的信息导致现实中普通民众经常受到误导，从而对清代刑罚产生误解。[①]"浸猪笼""木驴"等刑是受到人们误解的典型。"木驴"等刑具甚至被放进了某地方"古"衙门里以吸引游客。"凌迟"刑

---

① 法国摄影家菲尔曼·拉里贝（Firmin Laribe）有一张晚清锁带铁杆、石礅的犯人照片（该照片见〔法〕菲尔曼·拉里贝《清王朝的最后十年：拉里贝的实景记录》，吕俊君译，九州出版社，2017，第83页）。在某个以这张照片为主题的短视频里很多人评论道，这是个英雄云云。这完全是误会。

所受到的误解也很明显。网络上有关"凌迟"的文章、短视频很多，这些文章、短视频的素材绝大多数没有比较严谨的文献来源。虽然它们对"凌迟"的描述绝大多数近于杜撰，但却有较高的点击率和转载（发）率，普通民众在阅读、观看时极易受到误导。在阅读那些文章，观看那些视频，见到那些所谓的清代刑具实物时，笔者经常心痛不已。尤其在很多文章、著作以学术面目示人的情况下，那种感觉不仅是心痛的感觉，还经常让笔者深感气愤。从普通民众的角度来看，我们对清代刑罚的研究能使普通民众比较准确地认识清代刑罚，从而在受到各种有关清代刑罚信息的狂轰滥炸时对其保持较为理性的认识。所以，对清代刑罚的研究具有较强的现实意义。

令人遗憾的是，虽然当下很多普通民众对清代刑罚有很大误解，但很少有专业的中国法律史研究者站出来，努力消除那些误解。中国法律史研究者虽然对清代刑罚进行了比较多的研究，但这些研究多建立在典章制度等基本史料的基础上，研究过程不生动，很少关注行刑过程等问题。而这些问题正好更受普通民众的关注。对中国法律史的研究者来说，在较受普通民众关注的问题上发声，能够提高法律史学科的关注度，引起普通民众对法律史的兴趣，从而扩大法律史的学科影响力。目前中国法律史的学科地位之所以逐渐边缘，越来越不受到重视，笔者认为，这与其研究者在较受普通民众关注的问题上的"失声"有一定关系。虽然中国法律史研究没有必要刻意迎合普通民众的需求，但如果对普通民众的需求视而不见，中国法律史研究的群众基础肯定会受到影响。况且群众中不少人本身就出自法学界（非中国法律史方向），如果因此被他们质疑中国法律史研究的价值，那对中国法律史研究的打击更大。所以，中国法律史研究者应该加强对清代刑罚的研究。从普通民众对清代刑罚的误解程度上来看，对清代刑罚的专门研究不仅必要，而且非常紧迫。

从研究者的角度来看，对清代刑罚的研究具有较强的学术意义。虽然目前对清代刑罚的先行研究较多，但一方面，这些研究多系基于典章制度等基本史料的研究，很少关注刑罚现场、行刑过程、刑罚效果等内容。由此便与普通民众更关注的如何行刑等问题脱节。刑罚现场、行刑过程等内容并非没有研究价值。如果转换研究视角，我们会发现，对刑罚现场、行刑过程等方面的研究也具有非常重要的学术意义。对清代死刑有深入研究的法国学者巩涛教授说，对市镇中暴力和司法的研究（主要指行刑细节、刑罚现场），相对于欧洲同行所呈现的繁荣现状，中国学界在该领域所取得的成就仅限于简单的史实介绍。中国的研究主要集中在历代法典中所记载的刑罚这一块。巩涛教授进一步认为，相对于对幸福事件的回顾，那种对过去暴行的反思，更足以成为人类文明进程的一部分。日本东京有关本国古代刑罚的记忆已经"内化"在这个城市中，而中国在这方面却非常缺失。① 对中国古代刑罚的行刑细节，巩涛教授表达了自己的关注，殷切希望中国同行能提供更多的材料，并从更高的人性、文明层面呼吁加强对中国古代（主要是清代）刑罚的研究。作为一名法国学者，其对中国古代刑罚研究的情意怎能不令中国学者深受感染？

另一方面，基于典章制度等基本史料的清代刑罚研究虽然很多，但实际上仍然有很多研究空白。如锁带铁杆、石礅刑以及站笼、贯耳鼻等刑罚即是如此。因为对锁带铁杆、石礅刑等刑缺乏研究，有时甚至连专业的中国法律史研究者在见到晚清外销画中的相关场景时也会作出错误的理解。

某大学历史学院学者在阅读 1856 年伦敦出版的 *The Chinese and Their Rebellions*（《中国人及其叛乱》，作者为英国外交官密迪乐）一书时，注意到了外国人详细记录的晚清斩刑的一些文字。他认为，中国历史上绞刑、斩刑比凌迟更为常见，但到底如何行刑，反而不为人所知。今人的相关研究也极少。从史实还原和学术求真的角度说，密迪乐对斩刑的记述才是最具价值的。该学者长期专门研究清史，他肯定了密迪乐对斩刑的记述的价值，

---

① 巩涛教授说，欧洲历史学家阐明了行刑作为一种社会事件所具有的地位，并揭示了行刑在市镇居民中所产生的影响。中国这方面的研究却非常滞后。〔法〕巩涛：《晚清北京地区的死刑与监狱生活——有关比较史学、方法及材料的一点思考》，陈煜译，周东平、朱腾主编《法律史译评》（2013 年卷），中国政法大学出版社，2014，第 260～261、281～283 页。

也明确提出了"今人的相关研究也极少"。正因为如此，才有必要加强对其的研究。同时，我们应该看到，密迪乐作为一名西方人，其对晚清刑罚现场的观察不可避免地会戴着有色眼镜。他在写作时为了迎合西方读者的需要而可能作夸张、歪曲事实的书写。其对行刑过程的描写只是基于一次围观，在这次围观中可能因为偶然性因素的介入而被他和后来的我们视为行刑时的正常现象。密迪乐的记述被一些专业的清史研究者认为最具价值，其对晚清刑场的描述可能具有更强的误导性。从这一角度来看，加强对晚清刑罚现场的研究更显必要。

笔者在某外国国家图书馆官网找到了三组有关清代刑罚的外销画图像。其中两个图像主题为锁带铁杆（石礅）刑，该馆用中文将其标注为"链锁"和"拘押"（英文标注为 Chained to an iron pole, Chained to a stool）。这样的中文解释显然很不恰当。有个图像的主题更简单，其描写的是枷号刑，却被该馆用中文标注为"扭枷"（英文为 Punishment by yoke）。笔者无意对该国国家图书馆求全责备，只是想借此提醒中国法律史研究者，该国国家图书馆的不恰当标注不是个案，笔者在海外有较大影响的其他图书馆也发现了一些不恰当标注。这反映了国外一些公共的学术、文化机构对清代刑罚的误解。这些误解产生的根源在于相关研究的缺失。这又从另外一个角度凸显了清代刑罚研究的意义。

在中国古代文学、中国古代史等领域的研究中，经常会涉及古代法律、古代刑罚的问题。有些文学、历史学学者因为不了解清代刑罚，在研究时经常会犯一些错误或者发生一些误解。其中一个比较典型的事例就是在鲁迅研究中对鲁迅祖父周福清的介绍。周福清因为科举舞弊案被判斩监候。在鲁迅研究中周福清经常被说成判处死刑，这并没有错。但对周福清为什么最终未被处死，却一般不作解释，或者模糊带过。有人把周福清被判斩监候解释成秋后问斩，对周福清秋后未被处斩的原因或者无法解释，或者简单以有熟人关照去解释。这是他们对清代秋审制度不了解所致。某位中国古代史教授说，清代州县官实际上有法外杀人的权力。这一说法很不严谨，显示了他对清代州县官司法权力的不了解。① 清代州县官确实有擅自将人处决（如杖毙、站笼）之事，他们有能力这么做，但这绝对不能被认为是他们的权力。晚清团练杀人之事有时也被误认为团练拥有审判、杀人的权力。类似事例还有很多。笔者无意为显示笔者研究的重要性指名道姓批评某些文学、历史学学者的疏忽，毕竟每个人术业有专攻。我们不应该以己之长攻他人之短。虽然如此，文学、历史学界对清代刑罚认识上的一些误区的确存在。从这一角度来看，对清代刑罚的研究很有必要。

虽然清代刑罚已经成为历史，但其为后世留下了很多宝贵的立法经验和教训。比如在晚清"就地正法"章程颁行前，每年被处决的死刑犯实际上非常少。我们现在可以在充分认识其正面意义的基础上，总结原因，为现代立法提供历史经验。晚清"就地正法"章程颁行后，强盗不仅未被根除，有时反而有越杀越多的感觉。对重刑的倚赖说明清廷立法存在双重思维（即对良民进行教化与对奸顽者进行重刑打击）。这种重刑只能暂时发挥作用，不可能治本。欲治本，还需深入历史深处，多从百姓的民生等方面深挖犯罪发生的原因。因为历史的局限性，虽然薛允升、沈家本等高官已经意识到了症结所在，但根本无力改变现实。大多数官僚仍停留在重刑思维的层面，不愿意深入思考根本原因，从而陷入了坚持重刑的恶性循环中（"法律愈严，犯者愈众"）。历史经验是珍贵的，历史教训是深刻的，这也是我们现在研究清代刑罚的重要原因。当然，对清代刑罚的研究也可以为我们现实的死刑研究提供理论素材和经验支撑。在 21 世纪初学界关于是否废除死刑的热烈讨论中，中国法律史学界似乎并未发挥出应有的作用。

目前学界对清代刑事政策的基本思路尚没有一个总体性的、相对准确的把握。刑罚是一个比较合适的切入点。此外，对清代刑罚的研究还会涉及其他很多内容，比如在研究清代死刑时不能不研究死刑程序等方面的问题。死刑程序等方面的问题与皇权、州县司法等存在紧密关联，所以，对

---

① 可参看后文笔者对皇帝的死刑决定权、"就地正法"和站笼等部分内容的讨论。

清代刑罚的研究有利于增进对皇权、清代州县司法等的认识。在研究清代刑罚时也会涉及法律与社会的关系问题，所以，对清代刑罚的研究能增进对清代法律社会的认识。对清代刑罚的关注还会牵扯到同时段中西法律对比、刑罚历史演变等内容。

总之，对清代刑罚的研究不仅具有很强的现实意义，也有很强的学术意义。

三 研究现状

毋庸置疑，晚清著名法学家沈家本《历代刑法考》一书是有关中国古代刑罚研究的最为权威的著作。该书资料翔实、论证深入、体系严密，是后世进行相关研究时的必读之作。沈家本长期在刑部为官，也有地方官的任职经历，具有丰富的司法经验。他博览群书，著述颇丰，见解深刻。他在主持晚清变法修律时还阅读了大量西方法律文献。这使他具备了许多他人无法获取的条件，为最终成就《历代刑法考》一书打下了非常坚实的基础。他对清代刑罚必然熟知，但这不代表后人对清代刑罚的研究无法再予深入。一方面，有关清代刑罚的内容并非其《历代刑法考》一书的重点。虽然在该书中其对刑罚的研究有时也涉及清代，但清代的相关内容却很少。沈家本在研究各种具体的刑罚时，清代的相关内容大多系其有感而发，这与其全书列举资料、深入论证的写作方式明显不同。而且清代的相关内容分散于全书中，远不成体系。

另一方面，目前学界所关心的问题与沈家本当时所关心的问题不同，这决定了当前的写作方向与沈家本著述《历代刑法考》时的写作方向必然不同。如沈家本对清代凌迟的介绍只寥寥数语，但西方人卜正民和巩涛等人却以清代凌迟为中心写成了一本专著（《杀千刀：中西视野下的凌迟处死》）。现在市面上之所以存在大量以中国古代刑罚、酷刑、刑讯为题的论著，其原因正是它们是现在很多普通民众、学者的关心点。所谓一个时代有一个时代的学术，时代变了，学术研究的关注点也发生了变化。虽然如此，沈家本《历代刑法考》一书对笔者的研究仍有重要价值。笔者在梳理各种刑罚的历史、理解其特点时，必然会借助到该书的相关研究。笔者在研究清代各种刑罚时，也必然会充分关注到该书的相关内容。

虽然民国时期很多论著的主题不是中国古代刑罚，但有时也有一些这方面的内容。比如程树德《九朝律考》一书就是如此。1930 年代前后学界曾对死刑存废、是否恢复流刑等问题进行过激烈的争论。在争论时，有的学者经常有意识地梳理了中国古代死刑、流刑的发展演变情况。如刘陆民《流刑之沿革及历代采用流刑之基本观念》一文（《法学丛刊》1933 年第 2 卷第 2 期）是笔者所见民国有关中国古代流刑研究内容最为翔实的一篇文章。该文对流刑的梳理虽然涉及中国历史上的各主要朝代，但具体到每个朝代，其研究便显得非常单薄了。清代流刑的内容不含注释才 400 字左右，其中多数内容还是有关晚清流刑改革的一些内容。这些研究所依据的材料基本来自二十四史和《尚书》等儒家经典，涉及清代的内容非常单薄。笔者无意否定类似研究的价值。客观地说，这些研究对笔者并没有较大启发。毕竟，时代不同，我们现在所能见到的资料已经远远超过了他们那个时代。我们的研究视角和方法也已经发生了很大的变化。

目前对清代刑罚的研究主要有两种进入方式：一种为在对刑罚（或某种刑罚）进行整体研究（贯穿几个朝代的研究）时或多或少地涉及一些清代的内容，一种为对清代某种刑罚进行的具体研究。相对于后者，前者的优势在于擅长从更宏观的层面把握刑罚（或某种刑罚）的历史演变趋势。其劣势主要在于有关清代的研究深度略显逊色。这些研究不仅分布在那些直接以刑罚为主题的研究中，还分布在一些以中国刑法史、中国古代司法制度、中国监狱史和中国法制史等为主题的专著（教材）中。虽然这些研究对笔者时有启发，但坦诚地说，启发非常有限。后者对清代刑罚经常有非常深入的研究，笔者更多的是在后者的研究基础上进行研究。目前后者的研究方向主要侧重于两个：死刑和流刑。

死刑在清代刑罚体系中居于中心地位，这决定了死刑研究的重要性。清代死刑体系复杂，牵扯面广。对死刑的研究有时会涉及其他刑罚，比如在研究死刑程序时不能不提到命盗重案与自理词讼的分界线——徒刑。不仅如此，清代死刑的研究有时还会涉及刑罚之外的内容（如政治人物和政治事件）。所以，对死刑的研究具有非常重要的学术意义。学界有关清代死刑的研究非常之多。这些研究内容丰富。其中既有宏观的死刑案件的总体研究，也有微观的死刑个案研究。既有死刑处理程序方面的研究，也有对那些可以影响死刑案件处理结果的人物（群体和个人）的研究。既有对各级司法机关在处理死刑案件时作用的研究，也有对各司法机关相互关系的研究。既有侧重肯定清代死刑程序的研究，也有偏向消极方面的研究。有些研究还通过对清代死刑的研究回应了现实中存在的死刑存废之争。对其中的"就地正法"起源等问题，学界还进行了比较激烈的争论。海外对清代刑罚的研究也很多，其中有关死刑的研究占了多数，也产生了一些有较大影响的研究成果。法国学者巩涛和日本学者铃木秀光是其中的代表人物。

　　在清代刑罚体系中流刑的重要性仅次于死刑。清代流刑体系复杂，名目较多，值得研究的问题也很多。相关研究也算丰富多彩，研究主题较多。这些研究不仅有对清代流刑进行的总体研究，也有对发遣东北和发遣新疆的专门研究，还有对蒙古发遣和上海地区流人的研究。学界对清代死刑和流刑的研究已经保持了较长时间和比较稳定的研究热度。可以预计，在目前区域史（地方史）研究较热的情况下，这种研究热度仍将持续，相关研究必将更加细致深入。

　　徒刑、杖刑、枷号等刑罚的研究热度和深度明显低于死刑和流刑的研究。相对来说，对徒刑、杖刑、枷号等刑罚的研究缺少比较出色的研究成果。虽然如此，这并不妨碍清代刑罚研究在清代法律研究中的热点地位。仅从学术论文的数量来看，刑罚方面的研究是清代法律研究的热点。

　　犯人刑罚的执行实际上也属于清代司法程序的研究范围。所以，在研究清代司法程序时也经常会涉及刑罚。司法程序目前是清代法律研究的热点和焦点。从清代司法程序角度切入刑罚研究的情况很常见。[①] 还有从清代

---

　　① 比如那思陆先生在其《清代中央司法审判制度》（北京大学出版社，2004）和《清代州县衙门审判制度》（中国政法大学出版社，2006）两书中都讨论了清代刑罚的执行问题。

案件分析等角度切入刑罚研究的。① 这类研究实际上也比较多，只是与那些对刑罚的专门研究相比，其研究深度有所不及。从这个角度来看，刑罚研究也可以说是清代法律研究中的热点。总体来看，即使在整个中国法律史研究中，清代刑罚的研究热度也是非常之高。

目前学界在清代刑罚研究方面已经取得了很大成绩，产生了很多有影响力的研究成果。许多研究对笔者有较大启发。虽然如此，有关清代刑罚的研究仍有很多不足，有些问题仍有进一步研究的空间。笔者认为不足之处主要体现在以下四个方面。

其一，仍存在许多研究空白和研究不够深入的地方。比如在对清代刑事政策的宏观把握上，因为缺乏可靠数据支撑，相关研究可能存在误会。对清代的法场位置、行刑时间、行刑程序、行刑效果等内容，先行研究或者未涉及，或者涉及不深。对每年实际被处决的犯人人数，笔者未见有人关注。对法场中监斩官、犯人和围观民众的表现，笔者也未见过比较深入的研究。对清代文学作品和晚清来华外国人的死刑书写，先行研究很少予以关注。在流刑的研究上，学界对官犯的发遣之路、普通犯人在内地配所的生活状态、晚清各地督抚对流刑犯人管理的大讨论等内容很少涉及。在徒刑的研究上，学界好像并未有人详细讨论过徒刑在刑罚体系中的地位问题。笔者尚未见到对清代文学作品中流刑、徒刑书写的研究。在杖刑的研究上，学界对杖刑的实施、杖伤、晚清来华外国人的杖刑书写等问题或者关注较少，或者未曾研究。在枷号的研究上，学界对枷号的实施、枷号的管理和晚清来华外国人的枷号书写等问题，或者未曾关注，或者研究不够深入。在赎刑的研究上，笔者尚未见到有人对清初赎锾积谷备赈政策进行过探讨。也尚未有人注意到内结案件和外结案件在赎刑适用上的区别。先行研究对嘉庆后锁带铁杆、石礅刑得以推广适用的原因的探讨不够深入。

---

① 比如〔美〕卜德和〔美〕克拉伦斯·莫里斯《中华帝国的法律》（朱勇译，中信出版社，2016）一书专门用一章讨论了清代刑罚。吴吉远在《清代地方政府司法职能研究》（故宫出版社，2014，第142~148页）中比较详细地研究了在配犯人的管理等问题。

类似情况还有一些。总之，在清代刑罚研究方面，至少在研究内容上尚有较大的研究空间。

其二，有些研究内容比较沉闷僵化。很多研究只关注典章制度方面的规定，很少关注普通民众关心的行刑细节等问题。相关研究可读性较差，很难引起普通民众的阅读兴趣。即使抛开取悦普通民众的考虑，单纯从学术研究的角度来看，目前很多有关清代刑罚的研究也是很乏味的。比如学界对"逐级审转复核制"的看法就是如此。笔者不否认"逐级审转复核制"在清代法律研究中的重要意义。同时我们也应该看到，先行研究经常强调在"逐级审转复核制"的运作中州县官、督抚和刑部等官员应该如何如何做。好像他们在从事司法活动时绝对不能越雷池半步一样。他们就这样在很多研究中成了没有思想、墨守成规的机器零件。虽然有的研究有时也能从张集馨《道咸宦海见闻录》等书中找到一些例外，但也仅是例外而已，经常不被视为普遍现象。无论是州县官，还是督抚、刑部官员，抑或皇帝，他们都是鲜活的个人，都有自己的个性，他们在从事司法活动中都有主观能动性，都有趋利避害的本性。他们绝不是被动地遵守律例那么简单。很多研究内容僵化，脱离实际。如果我们转换视角，多关注具体的个人和群体，相信不仅研究内容会有所拓展，研究深度也会得到加强，相关研究也会更具可读性。

其三，在材料的获取、使用上有较大局限。不可否认，在目前的清代刑罚研究中，材料来源已经大为拓展。清代刑罚研究取得的很多进展与材料来源的拓展有直接关系。同时，我们也应该看到，相关研究在材料的获取、使用上仍有较大局限。很多研究仍然以典章制度为主，侧重于陈述制度规定。一些研究内容沉闷僵化与此有直接关系。很多研究虽然使用了比较多的官箴书、实录、奏折等材料，研究内容和研究过程仍显呆板、不生动。① 前引法国学者巩涛教授非常关注行刑细节等问题。他深知因为材料的

---

① 实际上，在目前的相关研究中奏折、实录的使用力度仍然不够。张伟仁主编《明清档案》和台北故宫博物院编《宫中档乾隆朝奏折》等大型奏折题本汇编仍然少见使用。

局限导致学界对这些问题很少关注，为解决这些问题，他殷切希望中国同行能提供更多的材料。清代有书写能力的人（尤其是主导实施刑罚的那些人）好像很少书写刑罚的执行事项，被刑罚制裁又有书写能力的人好像也很少愿意书写行刑事项。这给我们留下了清代刑罚方面材料很少的感觉，所以，清代刑罚研究不易深入。材料获取、使用上的困难已经明显制约了清代刑罚的持续深入研究。在目前的学术条件下，获取材料的条件已经大为改善，问题的关键是如何发现那些有意义的材料。笔者在研究时注意到，晚清《申报》《益闻录》等报纸对刑罚的执行事项有大量的书写。晚清杜凤治、李超琼等地方官对行刑事项也有很多书写。这些材料基本未被先行研究关注。清代文学作品和晚清来华外国人对刑罚也有很多书写，这些材料很少被使用。以上材料并非"新"材料，现在获取这些材料并不困难。如果我们充分重视、仔细阅读、认真使用这些材料，相信在清代刑罚的研究上会更进一步，相关研究也会更加丰富多彩。

其四，研究方法较为陈旧。在目前的清代法律研究中法律社会史的研究力量日益壮大。与先行研究更关注书本中的法律不同，法律社会史更关注法律运行。与传统法律史研究相比，法律社会史的研究过程更加动态、生动，研究内容更加具体、细致，研究结果也更加多样化。当然，法律运行本身也是一个很宽泛的概念。一般包括立法、法律实施、法律监督和法律解释四个环节。这四个环节都离不开社会的介入。在法律运行（立法、法律实施、法律监督和法律解释）时，法律社会史强调介入更多的社会因素。社会因素的介入不仅有主体介入（如立法者和普通民众的所思所想等），也有客体介入（如立法对象的应对等），也有关系介入（如主体与客体间的互动），也有目的介入（如通过立法控制民众），也有区域风俗习惯、自然环境的介入，还有时空背景的介入，等等。总之，法律社会史为清代法律研究提供了丰富的想象力，必将推动清代法律研究的多样化，为清代法律研究继续前行提供强大的推动力。与目前法律社会史的强劲研究势头相比，在清代刑罚研究中法律社会史的影响尚未充分展现。虽然有的研究也体现了法律社会史的影响，但这种影响还很小。坦率地说，在先行的相关研究中，研究方法普遍较为陈旧。清代刑罚研究的推进缺乏动力，与研究方法较为陈旧有一定关系。在较为陈旧的研究方法指导下，清代刑罚研究中的社会因素经常被忽视。在研究中很少考虑到作为"人"的立法官员和司法官员的所思所想，很少考虑到监斩官、犯人和围观民众在法场中的表现，对刑罚实施效果的研究也缺乏对受到刑罚制裁的具体的"人"的考察，等等。总之，非常有必要在研究清代刑罚时运用法律社会史的方法。①

四　主要材料

（一）必要的说明

对清代刑罚的研究属于中国法律史的研究范围。中国法律史研究以追求客观性为宗旨。在研究清代刑罚时，追求客观性不仅意味着客观书写当时的各种制度规范，还意味着努力复原各种刑罚执行时的具体细节。因为目前普通民众对清代刑罚的误解较大，对清代刑罚的客观性书写就显得非常重要。

客观性书写的前提是对材料的择取，在进行清代刑罚的研究时对涉及清代刑罚的材料不能全盘接收。涉及清代刑罚的材料非常多，有些材料即使系清人所书写，也不意味着可以直接拿来为我所用。在一些大众性的有关清代刑罚、刑讯的作品中经常会使用到很多文学作品，其结果让以追求客观性为宗旨的法律史研究者深为苦恼。有些大众读物的内容真真假假，假假真真，让人捉摸不定，严重损害了学术研究的严肃性。在以追求客观性为宗旨的中国历史研究中，文学作品并非必然被排斥，历史学界便常有"以诗证史""小说证史"之类的精彩研究。文学作品到底能否引用，关键在于作者相关知识的积累和研究态度。如果在研究时对文学作品不加分析、辨别，即全部加以引用，便丧失了中国法律史研究对客观性的追求。那些

---

① 在中国法律史研究中法律社会史当然也不是一个新的研究方法。但在清代刑罚研究领域，法律社会史可以被视为新的研究方法。

哗众取宠式的书写非常不利于中国法律史学科的长远发展。

在此以中国古代文学作品中常见的"木驴"刑为例。除文学作品外，在宋代李焘《续资治通鉴长编》等那些相对严谨的史料中也见到过"木驴"的身影。虽然如此，因为史料有限，宋代与明清相距较远，目前尚无法判断此"木驴"必然系彼"木驴"。在明清两代，那些相对严谨的史料中俱未见到过所谓的"木驴"刑。也就是说，文学作品中的"木驴"刑无法被更严谨的史料所证实。所以，可以断定明清时期的"木驴"刑系出于某些文学作品作者们的杜撰。很多大众读物为吸引读者眼球，经常将那些相对严谨的史料和文学作品夹杂使用，从而使读者产生误解。加上影视作品和网络短视频的渲染，现在很多普通百姓认为中国古代存有"木驴"刑。甚至个别地方现存"古"县衙还专门造有"木驴"刑具供游人参观。

作为专业的中国法律史研究者，我们一方面要对文学作品的使用保持必要的警惕；另一方面，也不能将其全部否定，在进行研究时不予引用。笔者的研究中也用到了文学作品。虽然它们不是本研究的最重要资料，但对它们的引用确实至少起到了"文史互证"的作用。这丰富了笔者的研究，也使笔者的研究更具说服力。当然，笔者的研究不限于"文史互证"的层次。那些相对更为"可信"的史料在对刑罚的书写上并非面面俱到。文学作品的有些书写无法被那些相对更为"可信"的史料证实。笔者对文学作品的使用还有另外的追求。这又拔高了文学作品的法律史料价值。因为在清代文学作品中有关死刑、徒流刑的资料较多，本书还专门讨论了清代文学作品中死刑、徒流刑书写的特点等问题。所以，总的来说，清代文学作品是本研究的重要资料。

（二）最重要的材料——《申报》

《申报》是本研究区别于先行相关研究的最重要材料。《申报》于同治十一年（1872）在上海创刊，是晚清极具影响力的中文日报。主要刊登政论文章，报道时事新闻，发表文艺性作品。对死刑等刑罚执行的报道是《申报》报道的重要内容。

在清代，因为死刑执行在当地是大事，总能引起大量百姓的围观。《申报》经常予以报道，有时在报道中还带有作者自己的评论。这些报道或长或短，披露了大量死刑执行时间、法场位置等方面的信息。某地的一次死刑执行报道也许说明不了什么问题，但《申报》对该地的死刑执行情况常有几则、几十则的报道。如果对这几则、几十则的报道进行综合分析，便重构了当地死刑执行的常态。对多地的报道情况进行综合分析，便重构了晚清死刑执行的常态。除了《申报》外，《益闻录》等报对行刑也时有报道。只是后者在对死刑的报道数量上要少很多，在对行刑的内容书写上也更加简单。

　　与前述英国外交官密迪乐对斩刑的描写相比，《申报》的记录更全面，相对更为客观。毕竟前者只是一两次现场观察，次数太少，不足以代表晚清的行刑常态。另外，前者是西方人的视角，在书写晚清刑罚执行场景时不可避免地会戴着有色眼镜，从而对行刑进行了夸张或者不实的书写。

　　除死刑外，《申报》对枷号、杖刑、流刑、锁带铁杆等刑罚也常有报道和评论。通过这些报道和评论，我们可以更加真实地了解到当时枷号、杖刑等刑罚的实际执行情况。这些情况大多无法通过其他材料获得。或者即使其他材料也有书写，在书写数量上也无法与《申报》的书写相提并论。《申报》中的这些材料是先行相关研究基本未关注到，更未利用过的材料。它们是本研究所倚赖的最重要材料，也是本研究区别于其他相关研究的最重要特点。

　　《申报》还经常刊发一些评论性文章。其作者多非官场人士，他们经常点评法律事件，针砭时弊。其评论视角与在目前中国法律史研究中经常引用的官方文献的视角不同，所以，他们经常揭示了我们通过阅读其他文献看不到的一些现象和问题。这些评论性文章是我们现在了解当时司法运行状况的重要材料。这些评论未被先行相关研究予以充分关注。《申报》还收录了包括刑罚方面的很多奏折，虽然大多数奏折在其他材料中也能找到，但《申报》毕竟为我们提供了比较全面的奏折阅读平台，使我们一定程度上减轻了搜集材料的苦恼。总之，在对清代刑罚的研究上，《申报》的重要性不言而喻。

当然，《申报》的相关书写也有缺陷，如出于商业目的，《申报》会过滤掉很多不利于吸引读者眼球的信息。《申报》在报道死刑等刑罚的执行时，经常带有自己的价值取向。所以，《申报》对死刑等刑罚的书写也不必然绝对客观。笔者在研究中对《申报》的价值取向会保有必要的警惕。

（三）重要基础材料——典章制度、官箴书、各朝实录、奏折题本等

典章制度（包括律例、会典、则例）、官箴书、各朝实录等是本研究的重要基础材料。在典章制度中，以《大清律例》最为重要。《大清律例》是清代最重要的法典。对清人的违法行为如何定罪量刑，《大清律例》是最主要的依据。《清史稿·刑法二》列举的各种（类）刑罚在《大清律例》中均有体现。当然，《大清律例》并非清代唯一的法律渊源。除《大清律例》外，清代未形成条例的各种奏定章程、通行文书、地方法规等在某些场合也具有法律渊源的意义。① 不仅如此，这些奏定章程、通行文书、地方法规有时也涉及刑罚的执行等问题。晚清著名法学家薛允升《读例存疑》对《大清律例》中的条例进行了细致的梳理，具有很高的学术价值。该书以及吴坛《大清律例通考》等书也是本书的重要参考资料。

清代会典具体规定了各中央机关的执掌、职官设置、处理事务的程序方法。在康熙、雍正、乾隆、嘉庆和光绪帝时期，会典曾经大规模修辑。所以，又被称为五朝会典。虽然会典法律渊源意义较弱，但会典对刑部、都察院和大理寺等机关的职掌、程序等内容的规定详尽明确，这是《大清律例》所无法比拟的。会典事例与会典相辅而行，主要叙述会典中各门类的沿革损益和变动情况，会典事例的内容比会典更为庞大。在各朝会典和会典事例中，以光绪朝《大清会典事例》所保存的资料最为翔实，本书所引主要即为光绪朝《大清会典事例》。

---

① 参见何勤华《清代法律渊源考》，《中国社会科学》2001 年第 2 期；王志强《法律多元视角下的清代国家法》，北京大学出版社，2003；苏亦工《明清律典与条例》（修订版），商务印书馆，2020。

在清代，很多官员著有官箴书。官箴书的作者主要为中下层官员。其主要内容为官员告知其他官员从政经验和为官之道。其中，常见有官员告知其他官员如何用刑的内容。官箴书内容涵盖面广，其作者所谈很多问题经常具有很强的针对性，直接反映了典章制度的运行，是典章制度的重要补充。在法律史的研究中，将典章制度与官箴书结合使用效果更佳。在笔者的研究中，经常用到官箴书。

实录是皇帝言行的日常记录。皇帝处理政务的行为经常被记录于实录中，其中也包括律例的产生、修改和删除等活动。有些律例的修改未能反映在《大清律例》、光绪朝《大清会典事例》中，却在实录中常有体现。所以，在目前的法律史研究中，以典章制度为主要资料的研究已经不能忽视各朝皇帝实录的存在。

奏折题本集中反映了清代律例的产生、适用和修改情况。张伟仁主编《明清档案》、台北故宫博物院所编《宫中档乾隆朝奏折》等书收录了大量的奏折题本，是清代法律研究的重要参考资料。

除典章制度、官箴书、各朝实录、奏折题本之外，"清三通"（即《清朝文献通考》、《清朝通典》和《清朝通志》）、《清朝续文献通考》、《钦定吏部处分则例》等资料也是本研究的重要参考资料。在笔者的研究中，《清朝续文献通考》为笔者经常引用。当然，《清史稿》理所当然也是本研究的重要参考资料。本研究研究范围的确定就是直接以《清史稿·刑法二》为基础。

（四）重要的补充资料——图像史料

图像史料是本研究区别于先行相关研究的重要补充资料。近年来，图像的史料价值和图像在历史学研究中的作用日渐受到重视。在中国法律史研究中虽然也见到对图像史料价值的出色研究，但这样的研究目前还不多见。我们现在可以通过多种途径阅读到大量与清代刑罚有关的图像。这些图像的使用增强了文章的说服力，达到了"以图证史"的效果。它们还经常表达出那些文字资料所不能表达的一些信息。图像在清代刑罚研究中具有重要价值，目前对清代刑罚的研究实际上已经离不开那些图像。与刑罚有关的清代图像主要有以下三个来源。

其一为《点石斋画报》。《点石斋画报》是中国最早的旬刊画报，由《申报》附送，于光绪十年（1884）创刊，光绪二十四年（1898）停刊，其间共发表了四千余幅作品。在《点石斋画报》中，有很多作品直观、真实地描写了晚清死刑、枷号等刑执行的场景，取得了比较好的图像叙事效果。有的图画还能与《申报》等资料相互印证。虽然现在《点石斋画报》不难利用，但在相关研究中该画报却未被充分利用。更常见的情况是，将《点石斋画报》中的某个图画作为书中插图使用。《点石斋画报》的史料价值未得到应有的重视。除了《点石斋画报》外，笔者在研究中还使用了包括晚清环球社编辑部编《图画日报》等晚清画报资料。

其二为清代外销画。乾隆二十二年（1757），广州成为中国唯一对外开放港口。广州自此成为西方进入中国的必经之路。在广州专做对外贸易的十三行地区出现了专门模仿西方绘画技法、风格，绘制外销画的职业画家。因为当时的西方人对中国刑罚表现出了较大的兴趣，当时的刑罚场景成为这些外销画的重要内容。因为要迎合西方的口味，有些外销画会对刑罚进行夸张，甚至是歪曲的书写。其对刑罚场景的描写总体上不如《点石斋画报》纪实。我们对外销画中的刑罚场景应该客观看待，它们不能全部被视为当时刑罚场景的真实描写。虽然如此，外销画仍是本书的重要材料来源。其与《点石斋画报》中的相关图画结合使用，相关研究将会更具说服力。

其三为晚清刑罚照片及插图。网络提供了海量信息，大大便利了我们的日常生活。就清代刑罚来说，我们现在在网络中就能看到很多晚清刑罚照片。与图画相比，照片更为直观、真实。大多数照片为我们展现了晚清刑罚行刑的真实场景。同时也应该看到，虽然可以断定大多数照片的确来自晚清，但它们很多时候只是照片而已。仅通过照片无法获悉事情的前因后果。尤其很多照片没有来源，这对严谨的学术研究来说非常致命。出于商业利益的考虑，有些照片可能是摆拍。虽然这些照片中的一些细节是真实场景的再现，但还是会有一些细节经常经不起推敲。这就需要我们在研究时对照片保持必要的警惕，不能拿来即用。

先行相关研究对明清文学作品中刑罚场景的文字书写关注较少，对所附刑罚方面的插图也很少关注。明清文学作品中存在大量与刑罚有关的插图。这些插图有一定的局限性，它们主要存在于明代，来源于清代的相对较少，而且大多写实性不强。与《点石斋画报》和清代外销画相比，本研究对文学作品中的图画很少引用。有人认为，清代反映刑狱的图画很少，这让我们深思。其实，除了《点石斋画报》外，在清代其他资料中也有一些图画资料。比如在《聊斋志异图咏》这样的文学作品中，在《太上感应篇图说》《阴骘文图说》这样的善书中，在《卓吾增补素翁杂字全书》《澄衷蒙学堂字课图说》这样的启蒙识字课本中，在《圣谕像解》《书经图说》这样的官版文献中，都有很多刑罚方面的图像。如果努力寻找，清代反映刑狱的图画其实并不少见。

（五）其他补充资料

除了上述资料外，在笔者的研究中，笔者还使用到了很多其他资料。这些资料也是笔者研究的重要补充资料。只是与图像史料相比，它们散见于部分章节。在这些资料中，笔者用到了在一些先行研究中不常用或未用到的资料。如笔者阅读了晚清西方来华外国人对刑罚的大量书写。这些书写具有与我国文献明显不同的特点。除《申报》外，我国文献很少对行刑细节有所书写。从总体上看，一方面，这些书写对我们了解晚清行刑细节有很大帮助；另一方面，我们对这些书写也应该保持必要的警惕。这些书写的作者在书写行刑细节和对清朝律例发表看法时时常戴着有色眼镜。这些书写既有客观的书写，也有非客观的书写。它们是笔者研究的重要补充。

清代地方官对行刑细节一般不愿意书写。在这方面，杜凤治是个例外。其日记对行刑事项的书写虽然并非面面俱到，但也具有重要价值。其监斩时的心理在其日记中得到了比较充分的表现。在清代法律的研究中，《杜凤治日记》尚未被充分重视。在中国法律史学界，好像目前只有徐忠明教授和杜金博士等个别学者利用了该日记。笔者在研究法场中的监斩官时使用了《杜凤治日记》，希望通过对该日记的解读能使读者看到一个比较丰满的监斩官形象。

笔者在研究杖伤等内容时，用到了一些中医著作。中医著作在法律史研究中很少见到使用。对这些资料的使用不仅丰富了笔者的研究，还增强了笔者研究的创新力度。

笔者的研究虽然将标题限制在清代，但因为中国古代刑罚的前后联系，决定了我们在研究清代某种具体的刑罚时，有必要将其历史演变情况梳理清晰。这决定了本研究还要对二十五史、《文献通考》、《通志》、明代各朝实录等有关刑罚的资料进行适当的整理。

上　编

第一章　清代刑事政策的基本思路

——基于宋、元、明、清死刑人数的实证研究

在对中国古代刑事政策基本思路的相关研究中，"外儒内法"和死刑的残酷性、威慑功能经常被强调。每个朝代都有自己的个性，对中国古代死刑的整体研究忽略了各个朝代的个性。因为没有各个朝代之间的对比意识，即使对单个朝代刑事政策的具体研究也经常不能很好地凸显该朝代的个性。可以说，我们在专门研究清朝的刑事政策时，不能不对比宋朝、明朝等朝的刑事政策。在对某个朝代刑事政策的研究中，如何更好地凸显该朝的个性，当然是个难度很大的问题。为突出某个朝代的个性，很有必要对多个具体朝代的同一内容进行纵向对比（历时性）研究。在这方面，各朝死罪条文数的变化是先行研究的关注焦点。

沈家本曾以事例为单位，对唐、宋等朝代法典中的死罪条文数进行了总结。他认为，在唐、宋、元、明四个朝代中，元代死罪条文最少，宋代最多。[①] 这样

---

① （清）沈家本：《历代刑法考》（附《寄簃文存》），邓经元、骈宇骞点校，中华书局，1985，第 1248～1249 页。现代学者陈鹏生等也有类似的统计，详见陈鹏生《中国法制通史》第四卷，法律出版社，1999，第 204 页；钱大群、夏锦文《唐律与中国现行刑法比较论》，（转下页注）

的比较虽然有必要，但却没有较大意义。其一，因为在主要法典之外，各朝还存在敕、例等多种法律形式，而且这些敕、例的法律效力经常高于主要法典中的律文，敕文、例文经常变动，这导致实际无法准确统计各朝的死罪条文数。①简单统计各朝主要法典中的死刑条文数最多只能代表这些法典立法时的大致情况。其二，各朝主要法典中死罪条文的多少与刑法宽严并无必然联系。沈家本等人说，与西方各国相比，虽然中国死刑条目较繁，但因为秋审制度的存在，每年实际被处决者十不逮一。最终实际被处决的犯人数量与东西各国相差不远。②这实际上否定了死刑条文数与死刑犯数量之间的对应关系。沈家本等人实际也认为，与死刑条文数相比，对死刑犯数量的研究更为重要。只是对死刑犯数量的统计难度要远大于死刑条文数。沈家本可能当时没有注意到史料中有关宋、元等朝代死刑犯数量的一些记载。

与各朝主要法典中死罪条文数相比，各朝死刑犯人数占总人口的比例更能直观反映其刑罚的宽严。不仅如此，通过对各朝死刑犯人数占总人口比例的研究，各朝刑事政策的基本思路也有了更加清晰的展示。所以，不同时期死刑犯人数占全国总人数比例的对比是揭示各朝刑事政策基本思路可靠的关注焦点，甚至可以说是唯一可靠或者最可靠的关注焦点。很多学者

（接上页注①）江苏人民出版社，1991，第12～13页；许发民《论中国死刑制度的历史演变》，陈兴良、胡云腾主编《中国刑法学年会文集（2004年度）第一卷·死刑问题研究（下册）》，中国人民公安大学出版社，2004，第39页；王平原《死刑诸思——以唐代死刑为素材的探讨》，《山东警察学院学报》2010年第3期；等等。胡兴东教授等人对死罪条文的总结不限于《宋刑统》《大明律》等主要法典。见赵晓耕主编《罪与罚：中国传统刑事法律形态》，中国人民大学出版社，2012，第494～495、第540～553页。瑞士日内瓦大学张宁教授讨论了清代顺治、雍正、乾隆时期死罪条文数量和罪名的变化情况［张宁：《清代的大赦与死刑：制度与实践中的法与"法外之仁"》，苏亦工、谢晶等编《旧律新诠：〈大清律例〉国际研讨会论文集》（第二卷），清华大学出版社，2016，第199～201页］。陈新宇教授对清朝乾隆、嘉庆等死罪条文数也有统计。他指出，对历代死刑条目数量演变规律的解读，不能简单地理解为清代刑法越来越严酷（陈新宇：《认真地对待秋审——传统中国司法"正当程序"的新诠释》，《中国政法大学学报》2023年第1期）。

①　比如光绪三十三年（1907），修订法律大臣沈家本等人说，宋用刑统而历朝编敕丽于大辟之属者更仆难数。见《修订法律大臣沈家本等奏进呈刑律草案折》，上海商务印书馆编译所编纂《大清新法令》（点校本·1901—1911）之第1卷，李秀清等点校，商务印书馆，2010，第459页。

②　《修订法律大臣沈家本等奏进呈刑律草案折》，上海商务印书馆编译所编纂《大清新法令》（点校本·1901—1911）之第1卷，李秀清等点校，商务印书馆，2010，第459页。

注意到了史籍中存在的有关宋代岁断死刑犯数量的记载，并对实际被处决情况进行了或简或详的探讨。① 这些讨论仅限于宋代，学界对北宋与南宋"岁断大辟"数量悬殊等问题尚未有比较令人信服的探讨，对明、清时期的死刑犯人数目前尚未见到有人研究。

第一节　宋、元、明的死刑犯人数

一　北宋

根据《续资治通鉴长编》和《建炎以来系年要录》的记载，杨高凡博士制表汇总了宋代一些年份的岁断死刑数量。相关研究大多认为，这些数目并非真正执行死刑的案件数目。宫崎市定先生认为，在每年数千死囚之中，有十之八九可以因天子的特恩而免死配流。② 杨高凡博士也认为，最后实际被处决的比例大约只占十分之一。张守东博士认为，宋代每年实际被处决人数包括史籍中记载的每年"断大辟"数量和当年奏裁后实际被处决的死刑人数，两者比较，后者约占奏裁总数的十分之一。

《宋史·刑法志》载："诸重刑皆申提刑司详复，或具案奏裁。"③ 戴建国、郭东旭、张守东等人都注意到了，北宋的死刑案件实际分为详复之案和奏裁之案两种。④ 详复之案不须奏闻皇帝，一般为申提刑司详复。提刑司

---

① 参见张晋藩、郭成伟主编《中国法制通史》第五卷，法律出版社，1999，第530~535页；赵旭《唐宋死刑制度流变考论》，《东北师大学报》（哲学社会科学版）2005年第4期；杨高凡《宋代大辟研究——从宋代死刑的执行率角度考察》，《保定学院学报》2014年第1期；张守东《人命与人权：宋代死刑控制的数据、程序及启示》，《政法论坛》2015年第2期。

② 〔日〕宫崎市定：《宋元时代的法制和审判机构》，《日本学者研究中国史论著选译》（第八卷），中华书局，1992，第260页。

③ （元）脱脱等撰《宋史》卷200《志第一百五十三·刑法二》，中华书局，2013，第4997页。

④ 参见戴建国《宋代审判制度考》，杨一凡主编《中国法制史考证》甲编第五卷，中国社会科学出版社，2003，第260~261页；郭东旭、陈玉忠《宋代刑事复审制度考评》，《河北大学学报》（哲学社会科学版）2009年第2期。戴建国教授明确指出，许多学者认为宋代地方死刑案件必须呈报中央刑部核准，才能执行。这种说法不符合史实。见戴建国《宋代法制研究丛稿》，中西书局，2019，第188页。

批准后，即可将犯人处决。奏裁之案须奏闻皇帝，其对象为情理可矜与刑名疑虑者。①《续资治通鉴长编》等所载"岁断大辟若干"为详复之案。

徽宗宣和二年（1120），针对淮东十一州军政和六年（1116）、七年（1117）坐杀人者132人中有120人因为"州郡奏而免之"的问题，右司员外郎翁彦深说："朝廷见岁断大辟之少，以为刑将措矣，盍亦并奏案而计之乎？"②奏案即奏裁之案。翁彦深很清楚地指出了岁断大辟的数量不包括奏裁之案。所以，北宋的死刑犯实际数量为《续资治通鉴长编》等所记岁断大辟（详复之案）的数量加上奏裁之案的数量。这一数量就是最终被处决的犯人数量。在宋代，大赦常涉及"常赦所不原者"，还有很多本应处死的犯人因为大赦最终未被处决。③这些犯人未被包括在详复之案和奏裁之案之内。所以，宋代应被处决的犯人数量应该超过详复之案和奏裁之案的数量。因为《续资治通鉴长编》等史料所记北宋一些年份的岁断大辟数量并不包括奏裁之案的数量，所以，北宋每年实际被判死刑数量要多于岁断大辟数。

杨高凡博士汇总之表显示，北宋岁断死刑数量常达3000人以上，哲宗元祐二年（1087）甚至高达5573人。前引翁彦深话语等资料显示，当时被归为"奏案"上报的死刑犯被免死的可能性很高，经常高达十分之九。因

---

① 南宋宁宗嘉泰三年（1203），大臣李景和将详复之案与奏案区分得非常清楚。他说，大辟之狱，在县则先以结解，在郡则申以审勘。罪状明白，刑法相当，郡申宪司，以听论决，是谓详复。情轻法重，情重法轻，事有疑虑，理可矜悯，宪司具因依缴奏，朝廷将上取旨，率多从贷，是谓奏案［（宋）李景和：《乞行下诸路提刑严察失职之罪奏》，曾枣庄、刘琳主编《全宋文》第301册，上海辞书出版社、安徽教育出版社，2006，第11页］。

② （宋）翁彦深：《论刑狱不平奏》，曾枣庄、刘琳主编《全宋文》第156册，上海辞书出版社、安徽教育出版社，2006，第13页。

③ 郭东旭：《论宋代赦降制度》，《宋史研究论丛》第3辑。根据《宋史》的记载，北宋中期，宜州人魏利安犯罪逃亡西南龙蕃，跟随他们的使者入朝进贡，共十次往返。张田任桂州知州时，龙以烈到来，魏利安又跟着他。张田乘他进来拜见时，遣责魏利安，将他斩首示众。要一并斩了龙以烈，龙以烈叩头流血请求饶命。张田说，你的罪行应处死，然而事情幸好在新天子登位大赦之前，你自己向朝廷求恩。于是，暗中请求将他免死［（元）脱脱等撰：《宋史》卷333《列传第九十二·张田传》，中华书局，2013，第10706页］。这个事例一方面说明一些本该处死的人会因大赦免死，另一方面也说明知州有权直接将人处死。

为司法实践中很多地方官"外希雪活之赏，内冀阴德之报"，再加上现实中
存在的司法腐败，他们逐渐更倾向于将死刑犯归为"奏案"上报。并且
"递相驱煽，遂成风俗"，"一作奏案，无敢异议"。① 地方官通过以"奏案"
上报的方式将犯人减死，甚至成为风俗，由此可见，当时"奏案"之多。
哲宗元祐三年（1088）诏罢奏谳大辟不当及用例破条法。这也是此后地方
奏案增多的一个直接因素。② 奏案增多，岁断大辟的数量会相应减少。元祐
七年（1092）后，岁断死刑数量在减少，至哲宗绍圣四年（1097）、元符元
年（1098）、元符二年（1099），分别减至 3192 人、2043 人、1395 人。③ 徽
宗登基后，诏诸路疑狱当奏而不奏者科罪，不当奏而辄奏者勿坐。④ "此法
既行，全活多矣。"⑤ 徽宗此诏实际鼓励了地方官的奏裁行为。在此诏和司
法实践中的积阴功观念、司法腐败⑥的多重因素影响下，此后每年岁断大辟
数量应有明显减少。大约十多年后慕容彦逢奏称，刑部具到近五年断大辟

---

① （宋）翁彦深：《论刑狱不平奏》，曾枣庄、刘琳主编《全宋文》第 156 册，上海辞书出版
社、安徽教育出版社，2006，第 12～13 页。

② 李焘在其《续资治通鉴长编》中引用了《哲宗旧录》。《哲宗旧录》说，司马光为相，始
立奏谳大辟不当及用例破条法。此后，州郡不复敢以疑狱为谳，岁断大辟加多，天下以为非也。故
哲宗元祐三年（1088 年）诏罢此法。高宗朝《哲宗新录》与《哲宗旧录》的立场不同。《哲宗新
录》说："司马光立奏谳之法，所以正朝廷之纲纪，若患岁断大辟之多，遂欲以奏谳出之使减少，
则天下犯大辟者，岂有悉是疑狱之理？"《哲宗旧录》与《哲宗旧录》的这两句话都反映了奏案数
量与岁断大辟数量之间的此消彼长关系。（宋）李焘：《续资治通鉴长编》卷 411，上海师范大学古
籍整理研究所、华东师范大学古籍整理研究所点校，中华书局，2004，第 10010 页。

③ 清代学者黄以周说，司马光作相时，立奏谳大辟不当及用例破条法。盖自祖宗立法以
来，大辟可悯与疑虑得奏裁减。若非可悯、非疑虑，则是有司妄谳，以幸宽纵，岂除暴恶安
善良之意乎！司马光则辟以止辟，正法也。王安石则姑息以长奸，非法也。至绍圣以来，复行
荆公之法，而杀人者始不死矣 ［（清）黄以周等辑《续资治通鉴长编拾补》卷 3 上，顾吉辰点
校，中华书局，2004，第 108 页］。其意为哲宗绍圣元年（1094）起用新党后，推翻元祐旧政
（包括司马光的一些主张），导致奏案增多，杀人者不死的情况也增多了。奏案增多，岁断大辟数
量也有所减少。

④ （元）脱脱等撰《宋史》卷 19《本纪第十九·徽宗一》，中华书局，2013，第 362 页。

⑤ （宋）周辉：《清波杂志》卷 2，《笔记小说大观》第 2 册，江苏广陵古籍刻印社，1983，
第 322 页。

⑥ 宋徽宗宣和二年（1120）尚书右司员外郎翁彦深奏称：陛下钦恤庶狱，四方大辟疑者以
闻，辄为末减，而州郡不能审克，吏乘为奸，邦刑所加，多贫人子，罕及富民。见（清）徐松辑
《宋会要辑稿》14，刘琳、刁忠民、舒大刚、尹波等校点，上海古籍出版社，2014，第 8563 页。

数逐岁递减，而且减幅较大，近五年"比政和上二年计减一半以上"。① 慕
容彦逢此奏距元符二年应在二十年左右。按其所说的速度，当时岁断大辟
数可能已降至 500 人左右。高宗建炎三年（1129）岁断大辟 324 人，与北宋
动辄两三千的岁断大辟数相比，人数悬殊。如果与慕容彦逢等人的话语结
合起来看，在南宋初期全国总人口有所减少的大背景下，高宗年间的数字
便得到了比较合理的解释。

北宋君臣对唐太宗贞观四年（630）天下断死刑 29 人的记载非常了解，
经常以此与本朝情况相对比，并表现出非常紧张、担忧的态度。他们常思
考出现这种状况的原因和如何减少大辟人数。② 他们将原因或归于教化，或
归于法令繁杂，或认为系奸吏迁情就法所致，或兼而有之。其中，笔者所
见以神宗熙宁二年（1069）御史中丞吕诲的总结最为深刻。他认为，其原
因首先系教化不明，百姓容易犯罪。其次，朝廷赋役烦苛，与民争利，生
齿日繁，无业游民增多，如果不幸水旱相继，百姓流徙无定，他们非不忌
法，"势使之然也"。③ 而且每年曲赦、三年大需，蒙活者虽众，自新者无
几，大辟人数怎么会有减少呢？在死刑犯当中，以盗贼为最多。宋代散文
家尹洙（1001～1047）天圣二年（1024）中进士，曾任太子中允等职。他
说，今之罪丽于死者贫十居九。百姓生计艰难，于是，转而为盗贼，现在
每年杀盗千数而为盗者却十不一死，是天下盗常数万也。他也认为，百姓
贫困的根源在于兵食多、国用冗和国家赋敛沉重。④ 皇祐五年（1053）右司
谏贾黯也说，岁断大辟中盗贼率十之七八。而盗贼之起，本由贫困。⑤ 所

---

① （宋）慕容彦逢：《刑部断绝狱案札子二》，曾枣庄、刘琳主编《全宋文》第 136 册，2006，
第 186 页。

② 如神宗皇帝曾说，朕于用刑，宁失有罪，而岁报大辟有加无损，意法网尚密，使民难避易
犯欤，抑吏之不良，犹有迁情以就法者欤？见（宋）曾肇《曲阜集》卷 1，《文渊阁四库全书》第
1101 册，上海古籍出版社，1987，第 330～331 页。

③ （明）黄淮、杨士奇编《历代名臣奏议》卷 211，上海古籍出版社，2012，第 2775～2776 页。

④ （宋）尹洙：《河南集》卷 2"原刑"，《文渊阁四库全书》第 1090 册，上海古籍出版社，
1987，第 10 页。

⑤ （宋）李焘：《续资治通鉴长编》卷 175，上海师范大学古籍整理研究所、华东师范大学古
籍整理研究所点校，中华书局，2004，第 4243 页。

以，从根本上来说，北宋死刑犯数量之多应该是当时赋役等政策出了问题。这导致贫富分化加剧，民生凋敝，大量百姓铤而走险。正如尹洙所言，统治者不究其源，虽日下钦恤之诏，察大小之狱，欲犯法者不冤，则庶矣，期于刑省不其难哉![①] 虽然统治者清楚问题所在，却不深思出现问题的根源，希望通过常下钦恤之诏等方式解决问题，问题当然得不到解决。

二　南宋

南宋高宗初，因为奏裁之案多得轻减，地方官无失入处分之虞，吏却可借此作弊渔利。有法当论死而情无可疑者，吏却因缘为奸，以狱为市，意在纵释，将其归入奏裁之案。[②] 这种做法在当时人看来也可以借此获得更多的阴德。[③] 所以，地方官往往将不应奏裁者率奏之。法官滥用奏裁之例的现象有增无减。给事中陈与义曾经奏准申严立法，但有司妄奏如故。绍兴二十六年（1156）右正言凌哲上疏奏称，诸路、州、军勘到大辟，虽刑法相当者，类以为可悯奏裁，中间有实犯故杀、斗杀为常赦所不原者，刑寺并皆奏裁贷减。高宗览奏后，仍然担心诸路灭裂，一例不奏，有失钦恤之意。最后仅令刑部坐条行下。[④] 至迟绍兴二十九年（1159）时，奏裁之案的范围又增加了"杀人无证、尸不经验"两类。根据《宋史》的记载，高宗性仁柔，其于用法，每从宽厚，罪有过贷，而未尝过杀。[⑤] 加上当时疆域面积的缩减，全国总人口数量有所减少，高宗时岁断大辟数较之北宋末期明显减少。据杨高凡博士汇总之表，高宗时岁断大辟数量由其初期的 300 余人减至晚期的 30 人左右。高宗后有记载年份的岁断大辟数量

---

① （宋）尹洙：《河南集》卷 2 "原刑"，《文渊阁四库全书》第 1090 册，上海古籍出版社，1987，第 10 页。

② （宋）赵霈：《言刑狱事奏》，曾枣庄、刘琳主编《全宋文》第 182 册，上海辞书出版社、安徽教育出版社，2006，第 194 页。

③ （宋）李心传：《建炎以来系年要录》卷 70，中华书局，1988，第 1185 页。

④ （元）脱脱等撰《宋史》卷 201《志第一百五十四·刑法三》，中华书局，2013，第 5014 页。

⑤ （元）脱脱等撰《宋史》卷 200《志第一百五十三·刑法二》，中华书局，2013，第 4991 页。

除宁宗嘉定十一年（1218）、十二年（1219）（两年俱为 168 人）外①，再未超过 40 人。

至宁宗时，"刑狱滋滥"②。宁宗嘉泰三年（1203）三月，陈研奏称，当今治狱最大的弊端是，诸路州军办理大辟公事，到案之初，就想办法将其迁就于情理可矜与刑名疑虑之条。其原因在于州县吏人被宪司吏人驳难，惮于径申，故于罪人入狱之初，教为情理可矜、刑名疑虑情节。及至狱具，一面照例奏裁，则可免追呼需索之扰。这导致了现在天下狱案大率奏裁之案最多而详复之案绝少的结果。③ 同年五月，右正言李景和更是奏称，近年来详复之狱固已绝无，仅有奏案一事。提刑司失职，竟将奏裁之案委诸郡。诸郡"冒法自为"，提刑司"漫不复问"，而且还"纵吏受赃"。④ 无论他们将原因归咎于谁，当时详复之案非常少，甚至已经到了绝无的程度，这应该是事实。⑤ 与之相应，奏裁之案的数量却大大增加了。嘉泰元年（1201）全年天下所上死案共 1811 人，而断死者才 181 人，"余皆贷之"。⑥ 奏裁之案中死罪人数多达 1811 人，而神宗元丰八年（1085）奏裁之案和详复之案的数量分别为 264 人⑦和 2066 人。从北宋到南宋，详复之案和奏裁之案数量间对比关系可能发生了翻转。因为全国人口减少，奏裁之案的数量大大增加，

---

① （宋）刘克庄：《刘克庄集笺校》卷 83，辛更儒笺校，中华书局，2011，第 3658 页。

② （元）脱脱等撰《宋史》卷 200《志第一百五十三·刑法二》，中华书局，2013，第 4995 页。

③ （宋）陈研：《乞大辟罪人长官须当厅引问以勘实奏》，曾枣庄、刘琳主编《全宋文》第 284 册，上海辞书出版社、安徽教育出版社，2006，第 113～114 页。

④ （宋）李景和：《乞行下诸路提刑严察失职之罪奏》，曾枣庄、刘琳主编《全宋文》第 301 册，上海辞书出版社、安徽教育出版社，2006，第 11 页。

⑤ 南宋大儒朱熹逝于宋宁宗庆元六年（1200）。其对当时司法弊端有相当深刻的认识。他说，今之法家惑于罪福报应之说，多喜出人罪以求福报。……故凡罪之当杀者，必多为可出之途，以俟奏裁，则率多减等。当斩者配，当配者徒，当徒者杖，当杖者笞。是乃卖弄条贯，舞法而受赇者耳！何钦恤之有？……今之律令亦有此条，谓法所不能决者，则俟奏裁。今乃明知其罪之当死，亦莫不为可生之涂以上之。（宋）黎靖德编《朱子语类》卷第一百一十，王星贤点校，中华书局，2020，第 2914～2915 页。

⑥ （元）脱脱等撰《宋史》卷 200《志第一百五十三·刑法二》，中华书局，2013，第 4995 页。

⑦ （宋）李焘：《续资治通鉴长编》卷 370，上海师范大学古籍整理研究所、华东师范大学古籍整理研究所点校，中华书局，2004，第 8941 页。

南宋实际被处决的犯人数量要远少于北宋。①

三　元代

关于元代的死刑人数，笔者在《元史》中找到了从元世祖中统二年（1261）至成宗大德十年（1306）近 40 年全国的断死罪人数。元世祖中统二年（1261）至至元三十一年（1294），有数据可考的有 32 年，这些年平均每年全国断死罪 77.38 人。成宗元贞元年（1295）至大德十年（1306），有数据可考的有 7 年，全国平均每年断死罪 49.57 人。此后，笔者再未见到有关死刑人数的直接记载。

以上数据应为实际被处决人数。元世祖至元二十四年（1287）札鲁忽赤合剌合孙等奏称，去岁所录囚数，南京、济南两路应死者便有 190 人，诸路总数必不止此数。建议世祖宜留札鲁忽赤数人分道行刑。对此，世祖以为人数过多，命将这些人犯悉配隶淘金。② 根据《元史》的记载，至元二十三年（1286）断死罪仅为 114 人。③ 可见大部分应被判处死刑的犯人已被减死。

元末实际被处决的人数更少。元末明初学者叶子奇（约 1327—1390 在世）在《草木子》中说，天下死囚审谳已定，亦不加刑，皆老死于图圄。……故七八十年之中，老稚不曾睹斩戮。及见一死人头，辄相惊骇。④ 叶子奇所记应为事实。顺帝至元二年（1336）时定每三年五府官分行各道录囚，自此人命等重事直待三年才处决。至元四年（1338）五府官等广东道录囚时，有死狱 54 件，最终仅处决一人而已。⑤ 虽然顺帝即位后，所降诏书"屡以罪

---

① 可能南宋统治阶层的死刑观念发生了很大变化，这种变化影响了元、明、清三代。这种变化的发生可能与南宋理学的发达、佛教的盛行有关。南宋理学重视个体生命，这也是南宋司法检验制度发达的重要背景。

② （明）宋濂等撰《元史》卷 14《本纪第十四·世祖十一》，中华书局，2013，第 297 页。

③ （明）宋濂等撰《元史》卷 14《本纪第十四·世祖十一》，中华书局，2013，第 294 页。

④ （明）叶子奇：《草木子》卷 3 下，中华书局，1959，第 64 页。

⑤ （元）刘岳申：《申斋集》卷 5，《文渊阁四库全书》第 1204 册，上海古籍出版社，1987，第 234~235 页。

因为念"，但地方官并不实力奉行，"视之虚文"。地方官或畏刑名之错，或因结案之难，不问罪之轻重，人犯尽皆死于囹圄。至正八年（1348）内江浙行省共计死损罪囚 500 余人，而该年十二月现禁轻重罪囚共计 3936 名。[①]可见监狱内瘐死人犯数量之多。周思成博士认为，元朝统治日益腐败，司法机构效率低下，加上多位帝王崇信喇嘛教，刑赦泛滥，造成了犯人"非死于囹吾，必释于洪恩。得正典刑，百无一二。使被死者含冤而莫伸，为恶者侥幸而待免"的局面。[②] 总之，元代每年被处决死囚应少于百人，元末人犯大多老死囹圄。

明初朱元璋等人经常以"宽""仁厚"标榜元法。元代被处决犯人数量少，是元法"宽"的主要表现。明初宋濂、王祎主修的《元史·刑法志》认为："其君臣之间，唯知轻典之为尚。……元之刑法，其得在仁厚，其失在乎缓弛而不知检也。"[③] 这是明初统治者治国时采取重典治国策略的主要依据之一（或者说主要借口之一）。元代的事实证明，不能过高评价刑法过宽的意义。[④]

四　明代

与宋、元两代不同，明廷没有有司每年上奏死刑数目的要求。相关史籍并没有留下如宋、元两代那么详细的数字。对明代的死刑人数，我们只能综合各种史料进行推测。明实录有时也会披露一些数字。如《明宪宗实录》载，成化五年（1469）八月，刑部、都察院各奏天下都布按三司并直隶府卫当决重囚总一百十有八人，请移文各处三司，直隶差刑部官，俱会

---

① （元）苏天爵：《滋溪文稿》卷27，陈高华、孟繁清点校，中华书局，1997，第457、462页。

② 周思成：《元代刑法中的所谓"敲"刑与"有斩无绞"之说辨正》，《北京师范大学学报》（社会科学版）2015年第2期。

③ （明）宋濂等撰《元史》卷102《志第五十·刑法一》，中华书局，2013，第2604页。

④ 光绪三十三年（1907），修订法律大臣沈家本等人评价说，元之刑政废弛，问拟死罪者大率永限系狱中。《修订法律大臣沈家本等奏进呈刑律草案折》，上海商务印书馆编译所编纂《大清新法令》（点校本·1901-1911）之第1卷，李秀清等点校，商务印书馆，2010，第459页。

同巡按御史，详审无冤，依律处决。诏可，有冤者，仍听辩理。① 此处披露了当年参加外省会官审录的犯人数量，为 118 人。② 成化九年（1473）、二十年（1484）和二十三年（1487）的数字在《明宪宗实录》中也有披露，当年天下当决重囚分别为 268、162 和 205 人。③

明代会官审录重囚处决程序经常变动。一般来说，明英宗天顺二年（1458）后，会官审录重囚分成两部分：一部分为朝审犯人，其对象为在京罪囚。另一部分为南北直隶十三省重囚。两者程序不同。万历《大明会典》规定，每年在京朝审既毕，以情真罪犯请旨处决，候刑科三复奏，得旨，决囚官即于市曹开具囚犯名数，奏请行刑。候旨下，照数处决。其南北直隶十三省重囚奉有决单者，各省巡按御史会同都布按三司，两直隶差主事四员会同巡按御史道府等官俱于冬至前会审处决。④ 后者所言即系外省会官审录时的决囚程序。明代外省会官审录决囚对象与清代不同。前者经常包括立决犯人。万历二年（1574）十月，大学士张居正对万历皇帝说，嘉靖帝信奉道教，又好祥瑞。在其中晚年时，遇有吉祥事，常下令停止行刑。其犯决不待时者，一概监至秋后。⑤ 万历十二年（1584），大学士申时行说，近来子杀父母、弟杀兄，皆极恶大逆，应决不待时者，俱奉旨著监候处决。则是决不待时之罪，尚且监候。⑥ 这说明在当时连很多立决犯人也不会被立即处决，经常被归入"监候处决"之列，由会官审录程序决定其命运。

---

① 《明宪宗实录》卷 70，成化五年八月己未。

② 孙家红博士指出，在明代，行于外省为秋审，行于京师为朝审。从时间维度而言，朝审和秋审皆举行于秋冬，所以，都可被称为秋审［孙家红：《清代秋审之前奏：补论明代秋审》，吴玉章主编《中国法律史研究》（2016 年卷），社会科学文献出版社，2016，第 44 页］。明代官员有时也把朝审称作秋审，所以，本文不将秋审与明代外省会官审录程序等同。

③ 《明宪宗实录》卷 119，成化九年八月丙子；卷 254，成化二十年七月甲午；卷 292，成化二十三年秋七月戊午。

④ （明）申时行等：《大明会典》177《刑部·决囚》。《明史·刑法二》对此总结得更为简单。《明史·刑法二》载，凡决囚，每岁朝审毕，法司以死罪请旨，刑科三复奏，得旨行刑。在外者奏决单于冬至前，会审决之。（清）张廷玉等撰《明史》卷 94《志第七十·刑法二》，中华书局，2013，第 2316 页。

⑤ 南炳文、吴彦玲辑校《辑校万历起居注》，天津古籍出版社，2010，第 70 页。

⑥ 南炳文、吴彦玲辑校《辑校万历起居注》，天津古籍出版社，2010，第 506 页。

明代后期参加外省会官审录的重囚犯人数量远超立决犯人数量。明末曾任山东登州府推官等职的孙昌龄说："有例决之不待时者十不有一，决之待秋者十不啻九。"① 这说明明代后期立决人犯所占比重很小。死刑犯绝大部分是秋后处决之犯。如果孙昌龄所言也符合宪宗成化年间的情况，那么，宪宗成化年间每年外省被判处死刑犯的人数应该不会超过 300 人。经过外省会官审录程序后，部分犯人不会被处决。所以，再加上两京会官审录的犯人数量②，宪宗成化年间每年被处决的犯人数量应该不会超过 300 人。

外省会官审录处决之犯首先须奉有决单。万历十三年（1585），大学士申时行说，天下刑狱，必由府州县问明，方呈司道，司道复审，方详抚按衙门。其犯该人命强盗者，必转详法司，请旨处决。间有冤枉，则每年有巡按官审录，五年有钦差部寺审录，每有减重为轻，出死入生者。如果有冤，必当昭雪。③ 奉有决单意为获得了皇帝的批准。外省犯人在被处决前须奉有决单后才能处决。这不意味着在地方获得决单后马上就将犯人处决，这些犯人在经过本省的会官审录程序后才能得知自己最终被处决与否。本省的会官审录程序系由本省巡按御史会同都布按三司会审，南北两直隶系差刑部主事四员会同巡按御史道府等官会审。明代中后期每五年又有恤刑使者审录罪囚之制，该制确立于宪宗成化年间。④ 其结果常使犯人出死入生。在经过本省会官审录和五年一恤刑的程序后，奉有决单的犯人经常不被处死。万历名臣吕坤说，他在巡按山西时，检阅狱案，已奉决单者 1000余起。姑以成狱十年者言之，未奉决单之前，数批问官，屡行详驳。既奉决单之后，十经按院，两历恤刑，俱批情真，已无亏枉。⑤ 吕坤还说，每年

---

① （明）孙昌龄：《时政十议》，民国《宁晋县志》卷 9《艺文志》。

② 经过朝审后，每年被处决的死刑犯人数差别较大，成化六、九、十、十三、十四、十九、二十一、二十二、二十三年分别为 59、46、20、121、33、18、75、46、0 人。南京朝审的数字可以忽略，如成化十年（1474）时，南京刑部都察院会官审录死罪囚，总共才 13 人，经审录后，只有两人以律被诛，余悉减死充军。

③ 南炳文、吴彦玲辑校《辑校万历起居注》，天津古籍出版社，2010，第 573～574 页。

④ （清）张廷玉等：《明史》卷 94《志第七十·刑法二》，中华书局，2013，第 2310 页。

⑤ （明）吕坤：《吕坤全集》"去伪斋集卷一"，王国轩、王秀梅整理，中华书局，2008，第27 页。

大省被处决人犯不超过 10 人。即使处决犯人，也是先及强盗，连强盗每年都处决不完，所以，重囚大多老死狱中。他又说，万历十八年（1590）在他审录山西囚案时，有强盗三五年不决者。所以，每年处决的犯人数量很少，死刑犯大多老死狱中。① 每年大省被处决人犯不超过 10 人，其所言应包括了决不待时犯人。大省尚且不超过 10 人，全国应在 100 人左右。②

崇祯六年（1633）十一月，巡按苏松等处监察御史祁彪佳奏称，其所属苏、松、常、镇四府节年奉有决单凌迟、斩、绞重犯自崇祯五年十一月初七日处决以后，通计有 77 名犯人被判死刑。除了需要再问、已改拟奏请、在监病故的犯人之外，还剩下 32 人需要按照节年事例由其与刑部主事袁一鳌再审，"再审无异，即依律处决"。其中还包括了至少两名凌迟犯人（这说明明代秋后处决的对象也包括凌迟犯人）。经二人督同苏松常镇道府理刑等官逐一审录后，有 17 人执辩称冤。余俱押赴市曹，又有12 人（包括凌迟犯人）临刑称冤，暂免行刑，仍各发回监候再问。最后只有 3 名犯人被认为情真罪当，别无异词，在重取服辩后被处决。③ 祁彪佳所辖区域系当时全国人口最多的地区之一，经过会官审录程序，一年实际上仅有 3 人最终被处决。这和吕坤所说的情况可以相互印证。未被处决的犯人大多继续被收监。祁彪佳的这次奏报至少说明当时处决犯人十分谨慎，犯人临刑称冤也会暂免行刑。经过巡按等官的审录后，最终被处决的犯人人数要远低于实际被判处死刑的数量。从其措辞可以推测，可能该地

---

① （明）吕坤：《新吾吕先生实政录》"狱政卷七"，《官箴书集成》第 1 册，黄山书社，1997，第 581、579 页。

② 除了张居正当政时期，嘉靖、万历年间经朝审程序后京城死囚被处决的也不多。如嘉靖三十四年（1555），本年应该被处决的死囚"凡百余人"，最后嘉靖皇帝下诏只处决了原兵部员外郎杨继盛等九人而已。万历二年（1574）十二月，大学士张居正等人说，嘉靖时期每年处决罪囚，有多至六七十人者，有三四十人者。本年情真应决人犯有 310 名（系历年累积的数据）。张居正等人建议万历皇帝将情罪尤重之常安等 28 人处决。最后万历皇帝降旨处决了 30 余人（《明世宗实录》卷 427，嘉靖三十四年十月庚寅；南炳文、吴彦玲辑校《辑校万历起居注》，天津古籍出版社，2010，第 70 页）。嘉靖时期经常停止行刑，参加朝审的犯人数量看似挺多，实则为历年累积的结果。如果算上停止行刑年份，经朝审后平均每年被处决的犯人数量可能只在 20 人左右。

③ （明）祁彪佳：《宜焚全稿》卷 4，《续修四库全书》第 492 册，上海古籍出版社，2002，第 326～332 页。

该年所有的决不待时犯人都被归入监候处决之列。估计大多被判死刑的犯人最终会瘐死狱中。这也同时说明，即使已到崇祯年间，相关的恤刑制度仍在地方发挥作用。

况且嘉靖、万历年间，皇帝常以各种理由下令停止行刑。谢肇淛生活的时代稍晚于吕坤，其于万历中后期、天启年间任湖州推官、南京刑部主事、广西按察使等职。他对当时的司法实践也很熟悉。他说，每岁决狱多特降旨停免，故以诖误陷大辟者多老死监狱中。① 结合前引吕坤所言，在明代后期，被判处死刑的犯人大多老死监狱中。真正被处死的犯人非常少，每年正常可能在 100 人左右。

当然，其中既有些从宽停止行刑的年份，也有些从严的年份。比如张居正当政时期就是刑事政策从严的时期。万历五年（1577）正月，万历帝谕法司曰：近来各处岁报重囚一省有至千余人者，所处决止三四人，余仍淹禁，死于棰楚。此皆各巡按御史故建明旨，坚蹈宿弊，其查参以闻。于是，刑部尚书王崇古奏称，除决不待时人犯外，各御史每年处决囚犯数最多的为陕西巡按刘光国，原囚 94 名，决过 43 名。其次为广西巡按陆万钟，原囚 49 名，决过 15 名。其余巡按皆不及格。万历帝以刘光国、陆万钟奉法甚谨，纪录叙用，余降罚有差。② 万历帝所言岁报重囚一省有至千余人的情况应包括流刑。否则，如果是某省岁报千余人死囚，那么，陕西、广西两省原囚（死囚）不足百人而已，不至于差距如此之大。陕西、广西两省各有原囚 94 名和 49 名，经其巡按审录后分别决过 43 名和 15 名，与某省有重囚千余人所处决止三四人，余皆死于棰楚的情况相比，陕西、广西两省巡按的做法被肯定。从此例也可看出，虽然无法确知其余各省的情况，但陕西、广西分别以 43 名和 15 名的数据为各省最多，某省所处决止三四人，可知万历四年（1576）时外省被处决的人数加上《万历起居住》披露的万历四

---

① （明）谢肇淛：《五杂俎》卷 14，《笔记小说大观》第 8 编第 7 册，台北新兴书局，1975，第 4287 页。

② 《明神宗实录》卷 58，万历五年正月壬子。

年朝审被处决人数（54 名），全国被处决犯人总数应该不会超过 300 人。①

万历五年正是张居正当政时期，本年发生了著名的"江陵夺情"事件。在该事件中，刑部办事进士邹元标奏举张居正"诸所设施乖张者"数条，其一为"决囚太滥"，各省预定被处决人数。② 如果未达到预定之数，地方官会受到处罚。③ 万历十年（1582）九月，张居正逝后三个月左右，兵科右给事中王三余题称，近年来全国每年有近千人被处决。④ 明人过庭训所撰《本朝分省人物考》"王元敬传"亦称张居正秉国时政尚严肃，诸省决大辟常至百十。⑤ 可见王三余此奏所说"近千人"并非孤证，这实际是对张居正当政时期相关政策的否定。其所称全国每年近千人被处决应为万历五年至十年间的正常情况。被处决人数之多明显超过了当时人的心理预期，张居正给后人留下了"政尚严肃"的印象与此应该有直接关系。

总之，虽然以上数据波动较大，但可以断定，除明太祖、明成祖初期等个别时期外，其他时期全国每年被处决人数一般应该少于千人，成化年间每年应该不会超过 300 人，嘉靖、万历年间每年只在 100 人左右。张居正当政时期每年可能有 300 人至 1000 人被处决。嘉靖、万历年间还有很多年份系停止行刑年份。⑥ 乾隆时清廷在总结明法时认为，明法简核过于唐，宽厚不如宋。其主要关注点不在宋朝、明朝的死刑犯人数，而在前代所未有

---

① 南炳文、吴彦玲辑校《辑校万历起居注》，天津古籍出版社，2010，第 173 页。万历四年（1576）系恤刑之年。恤刑活动系由本省巡按和恤刑使者（主要为刑部官员，也包括少量的大理寺官员）主持。恤刑结果由本省巡按奏报。

② （明）邹元标：《论辅臣回籍守制疏》，《邹忠介公奏疏》卷 1，陆永胜编，孔学堂书局，2023，第 27 页。

③ （清）张廷玉等撰《明史》卷 220《列传第一百八·赵世卿传》，中华书局，2013，第 5803 页。

④ 《明神宗实录》卷 128，万历十年九月癸酉。

⑤ （明）过庭训：《本朝分省人物考》卷 51"王元敬"，《续修四库全书》第 534 册，上海古籍出版社，2002，第 398 页。

⑥ 明成祖永乐元年（1403）定制，各省决囚死囚百人以上者，差御史审决。这说明当时每年死囚百人以上的省份不多〔见（清）张廷玉等撰《明史》卷 94《志第七十·刑法二》，中华书局，2013，第 2317 页〕。每年全国应约为一千人。

之东西厂、廷杖等制。① 所以，其所言有失片面。实际上，明代非常重视恤刑。② 当然，因为明代后期贪酷严重的社会形势，嘉靖、万历等帝经常以各种理由停止行刑，我们对明代恤刑的意义不宜高估。

第二节　清代死刑犯人数

一　以实录为基础的清代死刑犯人数估算

清代也没有每年死刑犯数量的详细、直接的记载。我们可以通过综合多种材料，推测每年死刑犯数量的大致情况。在清代，被判处斩、绞监候的犯人会进入秋审（刑部在押人犯会进入朝审，其与秋审并无实质不同），由秋审决定其命运。秋审每年一次，其程序可谓不厌其烦。经秋审后，并非所有的监候人犯都会被处决，只有那些被皇帝"勾到"的犯人才会被处决。除个别情况外，乾隆、嘉庆、道光、咸丰、同治时期，每次勾到的时间、地点、停决和予勾人数基本会被记录在实录中。如《清高宗实录》记载乾隆第一次勾到时的情形为：乾隆三年九月，"壬申，上御懋勤殿，勾到云南、贵州、四川、广西情实罪犯。停决云南绞犯二人，贵州斩犯一人、绞犯二人，四川斩犯六人，广西斩犯一人，余四十人予勾"。③ 据实录，本年的秋审情实人犯共分八次勾到。将这八次的予勾人数相加，即为本年实

----

① （清）嵇璜等：《续通典》卷107《刑》。

② 笔者通过整理上百种各种书目和序跋，发现明代中后期产生的"恤刑书"数量超过了宋、元、清各代。明代"恤刑书"可以分为三类，其中以判牍类"恤刑书"的数量最多。其作者主要为恤刑使者、巡按御史、推官等与司法有关的官员。明代皇帝多重视恤刑，各项恤刑制度运转良好。在明代中后期灾害频繁的大背景下，恤刑在当时的国家政治生活中更加受到重视。同时，明代中后期刑狱弊端突出，尤其吏治败坏，酷吏众多，对刑狱弊端的治理效果并不理想。与清代相比，虽然明代更重视恤刑，但酷吏更普遍、更残酷。在明代官场重视恤刑与不恤刑狱现象普遍存在之间，形成了"恤刑"之困，部分正直官员对此深感忧虑。于是，或为劝诫、警示他人，或为自励，他们编著了大量的"恤刑书"。见张本照《"恤刑"之困——论明代中后期"恤刑书"的编著》，《古文献整理与研究》（第五辑），凤凰出版社，2020，第256～266页。

③ 《清高宗实录》卷77，乾隆三年九月壬申。笔者关注到清代不同资料记录的勾到人数经常微有不同。因为实录的数据更全面和具有连续性，所以，本书的数据以实录为准。

际经秋审后被处决的犯人数量（每年总数见表1）。①

经过计算，乾隆四十七年（1782）经秋审后被处决的犯人数量最多，共1190人。② 四十八年、四十九年次之。这也是当时社会形势的反映。③ 四十七年之前，相继发生了甘肃捐监冒赈案和国泰案；社会不安定因素增多，如甘肃回民起义、四川"啯噜"抗拒官兵等事件，使乾隆帝的刑事政策倾向更加严厉。④ 在乾隆帝在位的最后五年经秋审被处决的犯人数又有所减少，说明这一时期的刑事政策又放宽了。正如乾隆六十年（1795）十月，乾隆帝所称："朕近年以来办理庶狱，多从宽宥。"⑤ 嘉庆帝亲政后，"政务近宽"。⑥ 如谕令问刑衙问不得律外加重、取消秋审失出处分、放宽京控限制、禁私设班馆、定各省刑具式等，颇有改乾隆朝严苛的趋势。嘉庆帝的宽仁取向也影响到了臣下，"当时谳狱多以宽厚为福，往往稍减罪状上之"。⑦ 这在经秋审后被处决的人犯数量上也有明显体现（见表1）。嘉庆十一年数字又有所增多，这与金光悌应有直接关系。金光悌"治事尤厉锋锷，号刻深云"，在嘉庆六年（1801）便号称"以天子之刑部"而"专擅二十余年，其余司官皆出门下"。⑧ 他分别于嘉庆十年至十一年十月任刑部侍郎

---

① 现实中有被勾决后未被处决的情况，这种情况非常少见。如乾隆四年（1739），直隶总督孙嘉淦昭雪已被勾决的纪怀让，此举被视为其诸政"尤著者"。乾隆末"孟木成案"受害者孟木成"为皇上勾到之犯"，最终在时任山西霍州知州汪志伊的力持下被平反。汪志伊"名由是大起"。（清）孙嘉淦：《孙文定公全集》卷12，《清代诗文集汇编》第253册，上海古籍出版社，2010，第574～575页；（清）汪志伊：《稼门文钞》卷1，《续修四库全书》第1464册，上海古籍出版社，2002，第393页。

② 乾隆年间，如果某年的人数明显多于其前后年份，则该年系两年或数年并勾之年。在这两年或数年中平均每年被处决的人数按当年被勾决人数的平均数计算。

③ 朝审的数字也可通过同样的方法计算。因为朝审对象主要为京城犯人，更易受到政治干扰，数据波动不够规律，所以，本部分内容在统计时未算入朝审犯人。只要将每年秋审和朝审被勾决人数相加，即为每年被处决的斩、绞监候犯人数量。

④ 郭文忠博士等人估算乾隆朝各年发往新疆遣犯及家属人数峰值发生在乾隆四十八年（1783）。郭文忠、祖浩展：《乾隆朝发往新疆遣犯人数估算与研究》，《清史研究》2022年第3期。

⑤ 《清高宗实录》卷1488，乾隆六十年十月甲申。

⑥ 《清仁宗实录》卷55，嘉庆四年十一月辛未。

⑦ 赵尔巽等：《清史稿》卷352《列传一百三十九·金光悌》，中华书局，1977，第11273页。

⑧ （清）昭梿：《啸亭杂录》卷10，何英芳点校，中华书局，1997，第351页。

和十四年至十七年任刑部尚书。

表1　乾隆至咸丰年间经秋审的被处决斩、绞监候犯人人数（不包括朝审数字）

时间	乾隆三年	四年	七年	十年	十二年	十四年	十七年	十八年	二十年	二十一年	二十二年
人数	458	223	626	521	488	615	886	322	758	271	431
时间	二十三年	二十四年	二十五年	二十七年	二十八年	二十九年	三十年	三十一年	三十二年	三十三年	三十四年
人数	458	578	486	850	499	430	529	486	527	551	590
时间	三十五年	三十七年	三十八年	三十九年	四十年	四十一年	四十二年	四十三年	四十四年	四十六年	四十七年
人数	586	1150	653	644	575	693	554	693	838	1709	1190
时间	四十八年	四十九年	五十年	五十一年	五十二年	五十三年	五十四年	五十六年	五十七年	五十八年	五十九年
人数	1090	1055	850	718	802	775	716	1445	790	800	711
时间	嘉庆二年	五年	六年	七年	八年	九年	十年	十一年	十二年	十三年	十五年
人数	1070	1386	733	527	675	608	700	821	743	819	1509
时间	十六年	十七年	十八年	十九年	二十年	二十一年	二十二年	二十三年			
人数	658	820	734	710	692	766	814	606			
时间	道光元年	二年	三年	四年	五年	六年	七年	八年	九年	十年	十一年
人数	533	365	564	520	580	538	542	520	412	544	500
时间	十二年	十三年	十四年	十五年	十六年	十七年	十八年	十九年	二十年	二十一年	二十二年
人数	428	571	487	560	605	661	499	524	468	377	549
时间	二十三年	二十四年	二十五年	二十六年	二十七年	二十八年	二十九年				
人数	416	534	422	431	456	379	507				

注：缺乾隆十年河南资料，乾隆二十二年朝审资料，嘉庆九年朝审资料，道光二十一年广东，道光二十四年广西、浙江的资料。嘉庆二十五年，嘉庆勾决了部分省份上年的情实犯人之后便驾崩了，所以，嘉庆二十四年的数据未被列入。道光二年、十二年、十六年、二十二年、二十六年的朝审犯人包括了上一年的。太平天国起义爆发后，安徽、山东等省份的秋审工作受到了影响。在某些年份，安徽、山东等省份的犯人不会参加勾到。所以，咸丰以后的数据不再列入。乾隆四十六年、嘉庆二年等年，是两年或三年并勾之年，所以，这些年份的数据会高于相邻年份。在进行计算时，这些年份的数据会按两年或三年计算。

　　咸丰帝御极后，下诏求言。王植时任刑部侍郎，他说："臣往备员刑部，闻嘉庆初各省岁谳大辟之案到部者率二千起，今则加倍有余。"① 从乾隆至咸丰元年（1851）太平天国起义爆发时，全国人口在增长，秋审起数也有明显增加。由表1可见，每年经秋审被处决的犯人数量却反而减少了。王植又说："我列圣于刑狱最为详慎，承平日久，比例渐宽。"咸丰二年（1852），胜保亦奏称："近来刑曹鞫狱往往故为轻纵，以博宽厚虚名。"② 刑狱"比例渐宽"的直接表现是秋审情实犯人数量的减少。乾隆末至道光末在全国人口有明显增长的情况下，秋审情实人数却明显减少了。具体来说，在办理秋审时情实、缓决标准的放宽直接导致了情实人数的减少。在秋审中斗杀案的数量最多，"斗杀案件几居秋审之半"。③ 对斗杀案（斗杀包括金刃杀和手足他物杀）的处理直接体现了秋审情实、缓决标准的放宽。对此，沈家本总结道："（乾隆）四十三年以后，金刃一、二伤入实之案尤多，在今日皆为必缓之案。大约嘉庆、道光以后日渐从宽，金刃虽逾十伤，亦不入实""斗杀伤系手足他物之案，乾隆年间办法亦严……此他物伤之入实者，在今时皆为缓案……嘉庆年间，他物伤尚多实案……至道光年间，实案渐少"。④ 不仅斗杀案，其他种类案件的处理也大致如此。秋审情实犯人数量的减少直接影响了被处决之斩、绞监候犯人数量的减少。从表1可以很明显地看出这个趋势。

　　清代每年被处决的人犯除经秋审被"勾到"人犯之外，尚包括斩、绞立决人犯。实录等资料对立决人犯数量并无明确的记录。乾隆九年（1744），河南道御史彭肇洙奏准各省将每年强盗案件若干、奸淫案件若干、盐枭案件若干、谋故杀案件若干、斗杀案件若干、干名犯义案件若干于封印日简明汇奏。⑤

① （清）吴汝纶：《桐城吴先生日记》，台北文海出版社，1969，第472页。
② （清）胜保：《切务五事疏》，（清）葛士浚辑《皇朝经世文续编》卷11，台北文海出版社，1972，第356页。
③ （清）刚毅辑《秋谳辑要》卷1，杨一凡编《清代秋审文献》第9册，中国民主法制出版社，2015，第274页。
④ （清）沈家本：《秋审比较条款五卷》卷2，徐世虹主编《沈家本全集》第一卷，中国政法大学出版社，2010，第409~411页。
⑤ 《清高宗实录》卷230，乾隆九年十二月甲辰。

彭肇洙的奏请后来形成条例，载在《大清律例·刑律·断狱下》"有司决囚等第"门。该例载：各省每年题结斩绞重案，刑部于次年开印后，分类摘叙简明事由，缮折奏闻。彭肇洙所奏六类案件不一定是死罪案件，条例明确为每年题结斩绞重案。此后刑部汇题年度斩绞重案时，会把案件分成六类案件，按省分列。还会统计案件总数。比如署刑部尚书阿克敦题报乾隆十六年各省审结命盗等项案件称：查臣部自乾隆十六年正月起至十二月止，所有各省题结强盗案 272 件，奸淫案 87 件，盐枭案 1 件，谋故杀案 192 件，斗杀等案 1505 件，干名犯义案 139 件，共 2196 件。相应逐案摘叙简明事由并犯案题结年月，按省分注，恭缮黄册进呈御览。① 首先需要明确，刑部汇题绝大多数都是死刑案件。陈志武教授等人通过对乾隆、嘉庆、道光等时期黄册中 10.6 万件案件的研究发现徒流比例仅为 0.2%。② 所以，黄册中的非死刑案件基本可以忽略不计。其次，黄册中的死刑案件并非当年所判全部死刑案件。陈志武教授等人同时指出，黄册针对的是命盗重案，那些盗贼满贯、掘墓、犯官、私铸等非命案也可能判死刑。③ 黄册汇题的六类案件所涉罪名少于《大清律例》中的死刑罪名。如后文，康熙十三年（1674）后，各省要将每年决过人犯情况汇题。有的省份在汇题时会提到案件性质。比如乾隆二年（1737）甘肃巡抚德沛揭报乾隆元年处决过各犯日期并监刑职名时称，本年决过命盗各案共 7 案，决过各犯共 13 名。像这样的汇题，笔者在张伟仁主编《明清档案》中一共找到 12 个。④ 在这 12 个汇题汇总

---

　① 张伟仁主编《明清档案》A179－93。

　② 陈志武、林展、彭凯翔：《清代命盗重案的统计特征初探——基于 10.6 万件案件的分析》，《新史学》第十二卷，社会科学文献出版社，第 104 页。

　③ 陈志武、林展、彭凯翔：《清代命盗重案的统计特征初探——基于 10.6 万件案件的分析》，《新史学》第十二卷，社会科学文献出版社，第 112 页。

　④ 张伟仁：《明清档案》A73－112、A81－1、A92－58、A99－79、A103－14、A109－93、A122－104、A137－44、A151－32、A158－35、A160－9、A180－1。对哪类案件归入命案，哪类案件归入盗案，各地做法应该有不一致的地方。乾隆十二年（1747），湖南巡抚杨锡绂未将两名行窃拒捕贼犯归入命盗案件之内。实际上，该两犯俱有将人致死的后果。所以，笔者将该二犯也归入命盗案件之列。有的省份在汇题时指出秋审案件的构成，笔者在统计时将这些省份的秋审案件剔去。这样统计的结果导致非六类案件数量的占比降低。

中，一共 236 名犯人，其中命盗案件犯人 226 人，奸淫类 6 名，不孝类 1 名，非六类案件犯人只有 3 人，所占百分比为 1.27%，分别是聚众喧嚷兵丁犯 1 名、用药迷人人犯 1 名、邪教惑众人犯 1 名。笔者找到的样本数不算少，这个百分比应该相对客观。无论如何，非六类案件犯人在每年死刑案件中所占比重很小。另外，前引《大清律例·刑律·断狱下》"有司决囚等第"门规定得很清楚，各省每年汇题的斩绞重案是当年题结斩绞重案。那些奏结斩绞之案应该不会包括在内，比如大多恭请王命、先行正法之案很多就须奏结。奏结斩绞之案一般都是立决之案。笔者在 12 个汇题汇总中未见到一例奏结的事例，所以，可以肯定奏结斩绞之案数量非常少，在每年 3000 左右案件总数中所占比重基本可以忽略。总之，黄册汇题的六类案件死刑案件数应该占了当年死刑案件绝大多数。其他类型的死刑案件数应该占黄册汇题数量的 1.4% 左右（加上奏结案件）。后文的相关统计应该要考虑这个因素。

死罪案件包括立决和监候两类。很多黄册现在在中国第一历史档案馆可以查阅。北京社科院满学研究所江桥研究员找到了乾隆年间 16 个年份各省（不包括京城）案件的数目，并算出各年总数，制成了表格。[1] 在晚清"就地正法"章程实施后，同治七年（1868）刑部奏称，在每年各直省具题的斩、绞人犯中，监候人犯占到死刑人数的八九成。[2] 陈志武教授等通过对乾隆、嘉庆、道光等时期黄册中 10.6 万件案件的研究发现，立决的比例为 11.2%。他们将凌迟、枭首不算为立决。在清代的刑罚体系里，凌迟、枭首实际也是立决。陈志武教授等统计凌迟、枭首所占百分比为 2.2%。所以，真正立决的比例为 13.4%。如前文，黄册汇总的对象为当年题结的六类案件，非六类案件未包括在内，所以，立决的比例应该在 13.4% 的基础上加

---

① 江桥：《乾隆朝民人死刑案件的初步统计与分析》，《满学研究》1996 年第 3 辑，第 146 页。笔者在张伟仁主编《明清档案》中又找到了三年的数据。乾隆十六年、三十九年和六十年分别为 2196 件、3101 件和 3262 件。张伟仁主编《明清档案》A179－93、A224－9、A271－114。

② （清）吴潮、何锡俨编《刑案汇览续编》卷 32，法律出版社，2007，第 1445 页。当然，引用这个材料可能不合适，但后面的计算证明，监候人犯在死刑人数中的占比也确实大致如此。

上 1.27%，总数为 14.67%。总之，陈志武教授等人的研究证实了清代监候人犯占了死刑人数的八九成的结论。①

乾隆四十九年（1784）议准刑部咨行各省决囚公文提到，一年立决重案不过 300 件。② 江桥研究员的表格显示，乾隆五十五年的案件起数最高，为 3307 起，该年立决案件应在 370 起左右。在江桥研究员的表格中离乾隆四十九年最近的为四十七年，当年的案件总数为 3192 起。按照陈志武教授等人立决比例为 13.4% 的研究结论，该年立决案件应为 428 件。按照 13.4% 的百分比，乾隆二十七年后立决案件都超过 300 件，最多也不过 443 件（按照笔者14.67% 的百分比，该数据会稍高）。考虑到犯人较高的监毙率③，每年立决重案决囚公文数应该会在 400 件以下。乾隆四十九年（1784）刑部所言一年立决重案不过 300 件是准确的。此时正是乾隆、嘉庆、道光时段刑事政策最为严厉的时期。所以，在正常情况下，乾隆二十一年后立决案件数应该在300 件至 400 件（不包括京城）。④

每年立决人犯数量实际远少于监候人犯。虽然除需具题的立决人犯外，尚包括一些按规定须专折具奏的立决人犯；虽然在司法实践中，常见本应立决人犯经皇帝特旨减为监候，经秋审后未被勾决的案例，但此消彼长，立决人犯占监候人犯数量的占比应该不会有较大的波动。乾隆二十一年后立决案件每年正常应该在 300 件至 400 件（不包括京城），数量本身就较

---

① 　陈志武、林展、彭凯翔：《清代命盗重案的统计特征初探——基于 10.6 万件案件的分析》，《新史学》第十二卷，社会科学文献出版社，第 101、104 页。

② 　光绪《大清会典事例》卷 778《刑部·兵律邮驿·递送公文》。

③ 　根据刑部所奏，嘉庆九年（1804）上半年，广东一省监毙人犯有 400 余名之多（见《清仁宗实录》卷 133，嘉庆九年八月己未）。该年因逢甲子，系非勾决之年。嘉庆十年（1805）广东、湖南、湖北和浙江四省相加，被勾到的人数只有 177 人。广东半年监毙的斩、绞人犯数量明显要超过正常年份被勾决的人数。广东的事例并非个案。

④ 　我们也可以从另外一个角度来计算。每年的秋审新事起数绝大多数为上年所结之案。根据表4，乾隆三十七年秋审新事起数为 2468 起。考虑到监毙人数较多和少量赶入本年秋审情况的存在，乾隆三十六年斩绞监候案件最少有 2468 件。根据江桥研究员的统计，乾隆三十六年题结斩绞重案总数为2913 件。两者相减为 445 件，此为乾隆三十六年立决案件的最大值。同样的方法可以计算出乾隆二十七、二十九、三十一、四十二、四十七年立决案件的最大值分别为 311、330、249、206、336。虽然表面上看各数据相差较大，但都在 400 件以内。立决案件所占百分比最高为 15.28%，最低为 7%。

小，每年不会有较大波动。

乾隆年间，平均每起秋审案件的人数为 1.024 人。① 在表 2 各省中，有的督抚会同时披露每年决过案件起数和人数。经计算可知，平均每起人数为 1.39 人。该数高于平均每起秋审案件人数的主要原因为，盗案经常是集体作案。一件强盗案件可能有数个立决犯。可以假定 1.39 人是平均每起秋审案件和立决案件的中位数，那么，平均每起立决案件的人数为 1.756 人。那么 300 件和 400 件的立决案件人数就可能有 527 人和 702 人。也就是说，在正常情况下，每年立决案件人数大概在 527 人至 702 人。江桥研究员统计，乾隆年间年平均死刑案件起数为 2806 件（不包括京城）。乾隆二十年后，每年的死刑案件起数上下波动幅度不超过 15%。② 立决案件犯人数量每年也应该不会有较大的波动幅度。

乾隆四十七年（1782）经秋审后被处决的斩、绞监候人犯数量最多，为 1190 人。其次为乾隆四十八年和四十九年，分别为 1090 人和 1055 人。立决人数与经秋审后被处决的人数相加即为当年各省被处决的人数。乾隆年间，各省被处决人数最多应该不会超过 1892 人。对表 1 的数字进行计算，可知乾隆二十一年（因为在此之前经常停勾，这对数字会有明显影响）后平均每年经秋审后被处决的人犯数量为 660 人。乾隆二十一年至三十年、三十一年至四十年、四十一年至五十年和五十一年至五十九年，平均每年经秋审后被处决的犯人数分别为 453 人、576 人、867 人和 751 人。③ 加上立决案件人数（527 人至 702 人），乾隆二十一年后各省每年被处决人数最少可能在 1000 人左右。全国每年被处决的犯人包括各省和京城两部分。朝审的对象为刑部在押狱因，主要为京城被判斩、绞监候犯人。乾隆二十一年后平均每年经朝审被处决的斩、绞监候人数为 23 人，

---

① 详见本书第二章第一节。

② 在江桥研究员所绘表格中，乾隆二十年前死刑案件起数明显偏低。二十年后平均每年死刑案件起数为 2987 件，波动幅度在 15% 以内。

③ 这些年中包括两年或三年并勾之年，计算时，这些年份的数据会按两年或三年计算，见表 1 注。

最多的一年为 91 人，有六年在 12 人以下，波动幅度较大。京城立决犯人数量虽然未知，其数量也应该低于经朝审被处决的犯人数量。所以，乾隆二十一年后全国每年被处决的犯人数量最高可能在 2000 人左右，最低可能在 1000 人左右。[①] 乾隆二十一年前会稍低于该数据。

　　嘉庆、道光时期，秋审后被处决的人数在降低。乾隆五十五年（1790）至五十九年经秋审后平均每年被处决的人犯数量为 749 人，嘉庆十九年（1814）至嘉庆二十三年为 718 人，道光二十五年（1845）至二十九年则为 439 人（道光年间平均每年为 500 人）。降低幅度比较明显。每年经朝审后被处决的犯人数量也有所减少，道光年间平均每年只有 12 人。秋审和朝审人数相加，道光年间平均每年被处决的斩、绞监候犯人为 512 人。

　　道光时期每年秋审起数较乾隆时期有所增长，如后文，笔者估算，道光时期每年秋、朝审新事人数在 6000 名左右。陈志武教授等人通过对黄册的研究发现，1820 年后，立决占比有上升的趋势。[②] 立决占比会超过 11.2%。道光时期立决人数相应也会超过乾隆时期。立决总人数可能在 1000 人左右。加上被处决的斩、绞监候犯人数量，道光时期每年被处决的总人数约为 1500 人。道光朝的数据可能与乾隆时期持平。

　　道光年间幕友出身的汤用中说，每年全国死刑多不过七八百起，少不过五六百起。[③] 以乾隆年间平均每起人数为 1.39 人计算，每年被处决人数应在 700 人至 1100 人左右。汤用中的说法可能有点保守。无论如何，道光时每年被处决人数可能不如我们现在很多人想象中的那么多。

　　晚清"就地正法"章程实施后，督抚不按照正常的奏报程序即可以"合

---

　　① 1836 年英国著名历史学家慕瑞（Hugh Murray）等人所编 *An Historical and Descriptive Account of China* 一书中提到，乾隆四十九年（1784），死刑人数是 1348 人。［Hugh Murray, *An Historical and Descriptive Account of China*, vol. II.（Edinburgh：Oliver & Boyd, 1836），p. 179.］而本书表 1，本年被处决的斩、绞监候人犯数量为 1070 人。立决人数未知。虽然其说法未见来源，笔者认为该数据比较可信。

　　② 陈志武、林展、彭凯翔：《清代命盗重案的统计特征初探——基于 10.6 万件案件的分析》，《新史学》第十二卷，社会科学文献出版社，2020，第 104、123 页。

　　③ （清）汤用中：《暂系平民受苦最酷议》，（清）盛康编《皇朝经世文续编》卷 101，台北文海出版社，1972，第 4679 页。

理"的借口将人犯处决。皇帝和刑部对督抚的约束较前大为减少。仅吉林一地，光绪末每年被就地正法的人犯数量便经常超过千人。[①] 在"就地正法"章程的影响下，通过秋审被处决的犯人数量明显减少了。[②] 虽然该章程实施前后被处决人犯总数无法确知，但该章程实施后被处决的人数肯定超过了该章程实施前。

二　清代各州县每年被公开处决死刑犯之少见

郑秦教授统计，光绪中全国共有厅、州、县（含直隶厅、州）1600 多个。[③] 乾隆、嘉庆、道光时期的数量稍低。除了各厅、州、县外，每年各省省城也会处决犯人。而且省城被处决犯人会占有比较大的比重。根据上文对全国死刑犯数量的估算，笔者估计，乾隆、嘉庆、道光时期各厅、州、县平均每年公开处决不到一名犯人。[④] 根据前引江桥研究员的统计，各省每年死刑案件数量差距较大。比如四川平均每年有 284 件死刑案件，而甘肃却只

---

① 中国第一历史档案馆编《光绪朝朱批奏折》第 109 辑，中华书局，1996，第 626、797、874 等页。

② 当然，全国人口总数的减少也是秋审人数减少的重要原因。曹树基教授认为，1851 年至 1857 年，因为太平天国战争、西部回民战争和光绪大灾的影响，全国人口锐减超过一亿。曹树基：《中国人口史》第五卷，复旦大学出版社，2001，第 867 页。

③ 郑秦：《清代县制研究》，《清史研究》1996 年第 4 期。

④ 因为清代死刑程序缓慢，有的案情很复杂，后续程序非常麻烦，有的犯人确实招恨（比如解审后翻供、供词游移、诬扳良民），地方官可能会有意识地将一些犯人监毙或者直接杖毙。同治末广东南海知县杜凤治就曾披露过这样的事。犯人被监毙，并非全是因为监狱条件差而死亡。光绪初杜凤治在任广东罗定知州时还曾有意将一名索扰逼死两命之麻风犯人收押饿死。光绪中期安徽太平府也发生过这样的事。当然，也存在地方官对一些生病的犯人不积极治疗的情况。在清代，重刑犯被刑讯是常见情况，刑讯后身体受损也属常见。所以，只要地方官不积极治疗，犯人也可能死亡。更不用说还有地方官有意通过刑讯折磨死刑人的情况。清代监狱条件恶劣，加之犯人被刑讯后不能得到较好的治疗，在被处决前犯人瘐毙的可能性很大。所以，每年被公开处决的死刑犯数量不等于每年的实际死刑犯数量。另外，地方官上报的监毙者可能是虚构的。同治初，两广总督毛鸿宾就说，广东州县官详报抢劫之案日常数起，查阅旧卷，盗案获犯过半者已寥寥无几，甚至累月经年杳无弋获，而申报获犯辄先声明带病进监，旋即报称病故，如是者不一而足。推原其故，皆由地方官捕务久弛，加以近年办理军务缉捕一事往往视为缓图，而盗案处分綦重，不得不以获盗搪塞。其所称在监病故之犯难保无将无作有，以少报多之弊。他还说，盗案长途解审，为费不赀，故方其捕获之时即存一监毙之计。见（清）杜凤治《杜凤治日记》第 5 册，邱捷点注，广东人民出版社，2021，第 2579 页；（清）杜凤治《杜凤治日记》第 8 册，邱捷点注，广东人民出版社，2021，第 4201～4202 页；《火徒真毙》，《益闻录》1886 年，第 530 期，第 33 页；（清）毛鸿宾《粤东劫盗重案请就地正法片》，（清）陈弢辑《同治中兴京外奏议约编》卷 8，台北文海出版社，1966，第 643～644 页。

有 45 件。① 在死刑案件数量偏少的州县可能连续几年也没有一个死刑案件。

乾隆前应该不会比乾隆初年多。雍正时李廷友在任江西临川县令时，曾对死囚自责说，我在此十余年，未决一死罪，今汝犯此，我之罪也。为之废食数日。② 虽然暂时没有其他佐证资料，但这绝不是李廷友自己或方志编写者在编造故事。临川县系抚州府的附郭县，知县系冲繁难缺。一般州县可想而知。

康熙十三年（1674）定例规定，直省人命、强盗，将全招开列奏疏内，其反叛案内人犯决过即行题报，余概于年底汇奏。③ 虽然该例内容要求汇奏，但至迟在乾隆初年就被改成了汇题。除个别情况外，一般是次年开印后汇题。题报的犯人包括立决犯人和秋审被勾到犯人（不包括反叛案内人犯）。④ 反叛案件现实非常少见，可以忽略。⑤

表2　乾隆年间部分年度部分省份奏报决过人数

时间	元年	二年		四年	五年		六年	七年		九年
省份	甘肃	直隶	云南	浙江	山西	湖北	广东	安徽	甘肃	云南
人数	13人	43人	2人	19人	18人	29人	14人	42人	23人	5人

时间	九年	十一年	十二年	十三年		十六年	十七年		二十年
省份	直隶	山东	湖南	云南	山西	湖北	山西	山东	湖北	湖南
人数	25人	26人	32人	20人	19人	14人	13人	41人	48人	40人

注：张伟仁主编《明清档案》A73－112，A81－1，A82－18，A92－58，A99－79，A103－14，A109－93，A120－115，A122－104，A137－39，A137－44，A147－86，A151－32，A152－60，A158－35，A160－9，A180－1，A180－5，A192－150。乾隆十七年湖北的数据来自《内阁刑科题本》（乾隆朝）卷5，第1号，《秋审朝审及汇报处决》，中国第一历史档案馆藏，转引自吴吉远《清代地方政府司法职能研究》，故宫出版社，2014，第256页。

---

① 江桥：《乾隆朝民人死刑案件的初步统计与分析》，《满学研究》1996年第3辑，第148页。
② 光绪《抚州府志》卷40《职官志》。
③ 光绪《大清会典事例》卷853《刑部·刑律断狱·死囚复奏待报》。按该例系上年刑科给事中彭之凤题准。
④ 乾隆十二年（1747）末，湖南巡抚杨锡绂在题报本年决过重犯日期及监刑职名时把犯人分成盗案、行窃拒捕贼犯、命案、秋审犯人四项，这说明秋审犯人也被包括在内（张伟仁主编《明清档案》A151－32，台北联经出版事业公司，1995）。其他各省很少明确秋审犯人被包括在内。但大多数省份包括了秋审犯人，只有个别省份未包括秋审犯人（比如乾隆六年广东省）。
⑤ 张伟仁主编《明清档案》收录了乾隆时期的大量题本。笔者只找到三个谋反、谋叛事例。见张伟仁主编《明清档案》A102－7、A144－101、A193－109。

这些省份当年处决犯人的数量俱明显低于本省乾隆年间州县数。① 平均每个州县一年处决不到一名犯人，可能每个州县平均两三年才处决一名犯人。有些年份因为是秋审停止勾到年份，所以，并非所有年份都有秋审犯人被处决。乾隆二年（1737）、乾隆五年（1740）、乾隆十一年（1746）和乾隆十三年（1748）俱为秋审停止勾到年份，各省被处决犯人数量更少。

乾隆末英国马戛尔尼使团成员乔治·斯当东说，中国人口众多，死刑犯非常少。中国的量刑不算重，犯罪人并不多。② 另一成员爱尼斯·安德逊说他在中国期间曾专门关注过死刑犯的数量问题，他"好奇地去打听，一有机会就向人探问"。问过好几个至少有七十岁高龄的老人，他们说他们从未见过或听到过有杀头处刑的事。所以，他认为，杀头案在中国非常少见。③ 其时为乾隆五十八年（1793），当时全国被勾决人数已经连续数年未超过1000人。《大清律例·刑律·断狱下》"有司决囚等第"门载有逆匪、凶盗罪应斩枭立决人犯留禁按察使及首府县监，奉到部文在省处决专条（乾隆四十八年原例，嘉庆六年改定），所以，立决人犯并不发回各州县监禁，即无在州县处决之事。其在州县处决者，不过秋审情实已勾之犯。④ 从乾隆四十八年（1783）后至咸丰三年（1853）"就地正法"章程产生，平均每个州县每年不到一个犯人被处死。所以，即使我们现在无法确知爱尼斯·安德逊在询问老人时当地的真实情况，这些老人所说的也应符合当时的实际情况。于乾隆中晚期长期任幕友、地方官的汪辉祖曾自豪地宣称："余治刑名佐吏凡二十六年，入于死者六人而已。"⑤

① 傅林祥、林涓、任玉雪、王卫东：《中国行政区划通史》（清代卷），复旦大学出版社，2013，第735～736、750～753、744～746、771～777页。

② 〔英〕斯当东：《英使谒见乾隆纪实》，叶笃义译，群言出版社，2014，第545页。

③ 〔英〕爱尼斯·安德逊：《在大清帝国的航行：英国人眼中的乾隆盛世》，费振东译，电子工业出版社，2015，第84页。

④ （清）薛允升：《读例存疑》卷49，胡星桥、邓又天等点注，中国人民公安大学出版社，1994，第859页。

⑤ （清）汪辉祖：《佐治药言》"求生"，《官箴书集成》第5册，黄山书社，1997，第317～318页。

这除了表明他在办理刑案时替死刑犯人"求生"的倾向外，其实也表明了当时死刑犯数量之少。试想，如果汪辉祖替犯人"求生"情况超过一般情况太多的话，其能在刑罚最为严厉的乾隆中晚期较为平稳地度过二十六年吗？

据嘉庆末安徽繁昌县知县景燮所言，在嘉庆二十一年（1816）到二十三年（1818）的三年里，繁昌县可能只处决了俞双和周咏青两名犯人。在景燮眼里，被处决的犯人数量已属稍多，这可能是意外。因为他又说，繁昌县系山圩之区，民颇重廉耻而畏犯法，决囚之事虽数十年不一遇。① 在一个简缺县决囚之事十年不一遇，却在这短短的三年时间里遇到了两次。这被知县视为意外。繁昌县每年被处决的人数基本符合笔者上文的估算。穆翰《明刑管见录》初刻于道光二十七年（1847）。穆翰认为，凡州县每逢勾到之时奉有钉封，事简之处监犯无多，斩绞之犯不过一二，易于办理。如果系事繁之区，人犯众多。② 其所言事繁之区应为省会重地和个别特殊地方，否则其所言不太符合事实，因为道光末每年被勾决犯人不足 600 人，平均分配到每个州县连 0.5 人都不到。虽然如此，即使其所言为真，每年各州县处决犯人也不多，事简之处斩绞之犯才不过一二而已。

晚清"就地正法"章程的实施使被处决犯人的数量有所增加。虽然如此，具体到大部分州县，每年被处决犯人的数量仍然可能屈指可数。《申报》的《论听讼不能拘常例》一文作于光绪四年（1878），该文说，一年之中盗劫、谋杀罪干大辟者一二起已足，而且有一年之内不办一起者。③ 光绪十年（1884），《申报》之《严惩拐犯说》一文说，州县每岁徒流以上之罪至多不过二三起。④ 光绪二十四年（1898），署理湖南按察使黄遵宪称，上

① 道光《繁昌县志》卷6《食货志》。
② （清）穆翰：《明刑管见录》，高柯立、林荣辑《明清法制史料辑刊》第2编第72册，国家图书馆出版社，2014，第501～503页。
③ 《论听讼不能拘常例》，《申报》1878年2月26日，第1版。
④ 《严惩拐犯说》，《申报》1884年6月9日，第1版。

年本省就地正法之犯有 138 人，较之每届秋审增至 10 倍。① 这说明光绪二十三年（1897）湖南一省被处决的犯人约为 150 人。黄遵宪也说，当时湖南有六七十个州县。② 除去人数最多的省城之外，每个州县可能平均不到 2 人。③ 光绪二十一年（1895）湖南一省就地正法的犯人更少，只有 67 人。根据《申报》的记载，江西新建县光绪二十一年（1895）时有 6 人被处决了。④ 光绪二十二年（1896）南昌府有 10 名犯人被处决。⑤ 光绪二十三年（1897）南昌府斩犯 3 名、绞犯 8 名被处决。⑥ 根据《申报》光绪二十二年的前则报道，南昌府的数据应该包括了江西南昌县、新建县二首县被处决的犯人。省城死刑犯人常由首府、首县监斩，首县被处决人犯比其他州县多。南昌县和新建县在清代俱为冲繁难缺。江苏元和县为江苏首县之一，为冲繁疲难缺。光绪二十年（1894），李超琼在即将离任时骄傲地说，在他担任知县的三年多时间内"境中无命盗案"。⑦ 如前文，在死刑犯中命盗犯人占了绝大多数。在这三年多时间里元和县可能没有出现一个死刑犯。省城首县尚且如此之少，一般州县数量只会更少。⑧

　　当然，每个地方情况不同，可能存在很大差异。比如在同治、光绪年

---

　　① （清）黄遵宪：《黄遵宪集》下卷，吴振清、徐勇、王家祥编校整理，天津人民出版社，2003，第 601 页。

　　② （清）黄遵宪：《黄遵宪集》下卷，吴振清、徐勇、王家祥编校整理，天津人民出版社，2003，第 610 页。

　　③ 光绪十五年（1889）、十六年、二十年和二十一年湖南省被就地正法的犯人数量俱不足百人。二十五年、三十二年、三十三年的数量分别为 142、130、224（中国第一历史档案馆编《光绪朝朱批奏折》第 109 辑，中华书局，1996，第 627~628、643~644、723、754~755、843、911、928 页）。每年的数据虽然有波动，但变化不大。

　　④ 《画栋朝云》，《申报》1896 年 3 月 25 日，第 2 版。

　　⑤ 《南浦春禽》，《申报》1897 年 2 月 6 日，第 3 版。

　　⑥ 《滕阁朝霞》，《申报》1898 年 3 月 10 日，第 3 版。

　　⑦ （清）李超琼：《李超琼日记》（元和—阳湖—元和），苏州工业园区档案管理中心编，江苏人民出版社，2012 年，第 207 页。

　　⑧ 现代著名文学家巴金的父亲宣统年间曾任四川广元知县（冲繁难缺），巴金亦随其父在广元生活了两年左右。据巴金说，其父在任广元知县时的确没有判过一个死罪。在他做县官的两年中只发生了一件命案。这件命案被其父悬着，直到离职（见巴金《最初的回忆》，巴金《忆》，东方出版中心，2017，第 53~58 页）。这不应被视为巴金对其父的溢美之词。

间在杜凤治任广东南海县知县时，经其手处决的犯人数量就要远远多于同样为首县的江西南昌县和新建县。南海县也远超省内其他州县。① 即使同一个地方，个别年份处决人犯数量较多，这也是正常情况。徐忠明教授仔细阅读《李超琼日记》后发现，在李超琼任上海县知县的 25 个月内（1907 至 1909 年），共有 21 名犯人被处决。② 光绪三十三年（1907）所编《上海乡土志》说，上海户口之众，除京师外，首推巨擘。当时上海县（包括租界）人口已超过 100 万。上海流动人口多，各种纠纷和冲突也多，"讼事之多，冠于各处"。③ 上海县死刑人数远多于内地州县是正常情况。无论如何，上海县的死刑犯人数也没有现在很多人想象的那么多。④ 总的来说，清代各州县每年被公开处决的死刑犯非常少见。

第三节　对清代刑事政策基本思路的思考

以上对宋、元、明、清各代某些年份全国死刑犯数量估算未考虑到对应年份的全国总人口。根据葛剑雄、曹树基、吴松弟等教授的估算，北宋人口从太平兴国五年（980）的 3710 万一直增长到宣和六年（1124）的 1.26 亿。南宋虽然地域较小，战事较多，但经济持续稳定发展，人口也在增长，至嘉定十六年（1223）时人口超过 1.52 亿。宋元、金元间经过较长

① 徐赓陛说自己在任广东陆丰知县之初严办一案后，闾里慑伏，四境肃然。在任知县的四年里，捕戮匪犯不过数人。可见光绪初陆丰县每年被处决的死刑犯非常少，与省城南海、番禺两县相差很远。在晚清《广东财政说明书》中有一个"各属解决囚费用"表，列举了广东 48 个州县递解犯人支出和处决人犯所需之费。该表显示光绪三十四年（1908），有 28 个州县当年费用为无。这说明当年广东至少有 28 个州县无犯人被处决。南海县在递解费用成本最少的情况下，总费用明显超过其他州县。这说明南海县处决犯人数量应该明显超过其他州县。（清）徐赓陛：《不慊斋漫存》卷7，《清代诗文集汇编》第 751 册，上海古籍出版社，2010，第 554 页；陈锋主编《晚清财政说明书》7，湖北人民出版社，2015，第 592～594 页。

② 徐忠明：《清末上海华界的暴力与司法——以〈李超琼日记〉和〈申报〉为素材》，《地方立法研究》2021 年第 6 期。

③ （清）李维清编《上海乡土志》，光绪三十三年（1907）上海著易堂铅印本，第 14、15 页。

④ 笔者已有初步统计，1872～1880 年和 1880～1890 年，上海县被正法的犯人俱不超过 6 人。平均每年不足 1 人被正法。

时期的战争，人口有所下降，到元至元二十八年（1291）时，人口可能略超 6000 万人。元代人口增长比较缓慢，人口峰值阶段可能出现在至正初，其数字在 9000 万人左右。元明交替期间，全国人口又有明显下降。明代嘉靖二十一年（1542）人口达到 6000 余万人。虽然当时灾害频繁，人口仍持续增长，崇祯年间最高峰可能已经接近 2 亿。清康熙、雍正年间经济持续稳定发展，人口增长较快，乾隆四十一年（1776）人口约为 3.1 亿，至嘉庆二十五年（1820）时又增加到约 3.8 亿，咸丰元年（1851）约为 4.3 亿。经过太平天国运动等事件的冲击，人口又大大下降。其后又有所恢复，至光绪六年（1880）全国人口总数约为 3.6 亿。[1]

每年被处决的死刑人数是我们目前讨论宋、元、明、清各个朝代刑罚宽严唯一可靠的数据。这些数据是直观、有说服力的。不用经过复杂的数学计算，便大致可知每百万人口中被处决死刑人数占比以元代最低，北宋最高，清代（晚清"就地正法"章程实施前）总体上和明代相差不大。明代波动较大，不似清代较有规律可循。北宋每百万人口死刑犯数量远高于清代。这揭示了宋、元、明、清各朝刑罚宽严的变化。具体到各朝代，每年被处决的死刑犯数据也有变动。比如在清朝，乾隆四十八年前后是雍正后刑罚最为严苛的时期，之后逐年宽缓。可以说，每年被处决死刑犯人数的变化是中国古代"刑罚世轻世重"思想的另一种展示。各朝刑罚宽严的变化是多种因素综合作用的结果。既受到了最高统治者个人性格、想法变化的影响（如乾隆帝个人性格、想法的变化与当时刑罚宽严的变化有直接关系），也受到了政策变动的影响（如北宋赋税政策与其刑罚严有直接关系），也受到了地方官断案时的思想的影响（如地方官的佛教信仰），等等。

"说者多谓明法重"，清人经常批评明代刑法严苛。仅从死刑犯数据来看，明代刑法算不上严苛。清人批评明代刑法弊端的着眼点主要在厂卫干

---

[1] 葛剑雄：《中国人口发展史》，福建人民出版社，1991，第 214、238、246 页；吴松弟：《中国人口史》第三卷，复旦大学出版社，2000，第 349、352、391、625 页；曹树基：《中国人口史》第四卷，复旦大学出版社，2000，第 394、452、464 页；曹树基：《中国人口史》第五卷，复旦大学出版社，2001，第 704 页。

预司法、廷杖等方面。清人入主中原后，摒弃了其眼中的不合理成分，并以明代司法体系为基础，逐渐建立了自己的司法体系。清代每百万人口中死刑人数占比低，总体上说明了清代（晚清"就地正法"章程实施前）刑罚并不严酷。清人经常自称本朝刑法宽大，超越前朝，这并非没有道理。在清代，大部分死刑犯"有死刑之名，而无死刑之实"。① 官方试图通过秋审向臣民展示皇帝所施之"恩"，使大部分死刑犯实际不会被处决。明清司法体系的不同之处主要体现在秋审制度。秋审在清代被视为国家大典、恤刑巨典。虽然清代秋审制度系来自明代朝审制度，但清代秋审覆盖面更广，更被统治者重视，更具实质意义。秋审更常被用来向广大臣民展示皇帝所施之"恩"的平台。那些犯人只要有一线可生之路皆得仰邀皇上浩荡之恩。只有那些情真罪当，法无可宽者，才会被明正典刑。秋审的运作固然导致了死刑结果的不确定性，有时也损坏了律例的权威，但皇帝所施之"恩"被强化，皇帝通过秋审平台广施教化，感化犯人和百姓，这才是秋审更加注重的。清代皇帝施恩机会总体上未被滥用。所以，时人针对秋审的非议非常少见。在秋审的运转中，儒家教化经常被强调。

为慎重刑狱，更有效地展示皇帝之"恩"，尽量避免冤案的发生，清代死刑程序非常繁杂，其间各级官员反复推勘，由此耗费了大量的司法成本和各级官员大量的精力。实际上，在这一繁杂的死刑程序下，清代冤案、错案并不少见。② 这说明这一死刑程序的运转存在很大问题，各级官员对此也时有批评。虽然明知问题所在，却无法改变。正如文学家梅曾亮所言，"苟其变之，则反受不仁之名"③。改变反而会使统治者蒙受不仁之名。在儒家思想占主导地位的大背景下，"不仁"是对统治者极大的道德谴责。所

---

① 《修订法律大臣沈家本等奏进呈刑律草案折》，上海商务印书馆编译所编纂《大清新法令》（点校本·1901－1911）之第1卷，李秀清等点校，商务印书馆，2010，第459页。

② 晚清、民国时期的美国来华摄影家、人道主义者甘博说，在清代，死于刽子手的人数还不到死于监狱的一半［Sidney. D. Gamble, *Peking: a Social Survey*（New York: George H. Doran Company, 1921），p. 307]。虽然如此，我们也不能因此否认被公开处决犯人之少在清代的意义。

③ （清）梅曾亮：《柏枧山房全集》卷1，《清代诗文集汇编》第552册，上海古籍出版社，2010，第479页。

以，他们不愿意对这一司法体系进行较大变动。可以说，这一繁杂的死刑程序是统治者在参照前代经验的基础上设置的理想化程序。它受到了"天人感应"思想的影响，体现了皇权在司法体系中的终极决定作用，意图尽可能地少冤杀人，减少错案的发生。这不仅是当初制度设置者的理想，也得到了后世统治者比较坚定的贯彻。只是现实与理想存在较大差距。司法体系的有效运转是多种因素合力作用的结果。理想化的司法体系在严厉的处分机制、解审费用压力、部分官员贪酷等多种因素的合力作用下，冤案、错案频繁出现。现实中不仅有枉法死，还有滥生者，各级官员"救生不救死"之习在这一司法体系中也获得了滋生的土壤。而且这一司法体系"名为详慎，实漏吞舟"，地方官经常讳命、讳盗，不愿意将案件上报。从这点来看，详慎、繁杂的司法程序意义又何在呢？

冤案、错案频发的现实使我们现在更看重对清代死刑程序（司法制度）的批评。清代每年被处决死刑人数少的情况未被先行研究所关注，这使我们很难看到其制度优点和其制度设立时的本来构想。我们现在在研究清代司法制度（包括死刑制度等相关制度）时，既要关注冤案、错案频发的事实，也要关注到当时每年被处决死刑犯人数少的事实。只有这样，我们对清代司法制度的评价才是客观、全面的。

宋、元、明、清各代死刑犯数据的对比更清晰地揭示出了清代刑事政策的基本思路。因为死刑在清代刑罚体系中居中心地位，清代死刑人数之少也直接体现了清代刑事政策的基本思路。清代总体上实施的是轻缓的刑事政策。死刑执行很少见，这说明统治者不希望通过死刑的执行展现统治者残暴的一面。死刑的公开执行主要是为了震慑潜在的犯罪者，预防犯罪，清代各级官员也经常在办理个案时主张这一目的。[①] 他们不希望通过频繁的行刑来达到这一目的。那样不仅不利于展现自己的良好形象，还有宣扬暴力的副作用。

---

①　有人以清代刑罚执行中的威慑功能证明法家的影响。实际上，儒家也重视刑罚的威慑功能。否则儒家经典《尚书》中的"辟以止辟""刑期无刑"又该如何理解？问题的实质在于刑罚威慑在现实中并非常见，教化才是最主要的。

死刑之多也会表明自己政绩有亏，平日未尽到教化之责。① 如果自己治理得当，力行教化，本地的刑事犯罪和死刑犯都不会多。对那些只占少数的极恶之人明惩其实，显断以威，秉其至公，一惩百戒。清代刑事政策并非简单地以暴止暴，儒家教化更被统治者所强调。清廷试图通过教化，努力达到使民绝恶于未萌、远罪于未然的效果。他们希望所杀者少，所生者众，从而彰显儒家仁之妙用。② 南宋大儒朱熹有"教之不从，刑以督之，惩一人而天下人知所劝诫，所谓辟以止辟。虽曰杀之，而仁爱之实已行乎中"之语。③ 他希望通过惩罚一人就达到天下知所劝诫的结果。④ 其意暗含着统治者的政策应以儒家教化为主，不受儒家教化而要被处刑罚的人非常之少。刑系不得已而为之。虽有刑之名，却有仁爱之实。儒家教化才是社会控制的主要手段。

在对儒家德礼与刑法关系的认识上，清代官场中人无不肯定德礼在治国上的优先地位。道光二十年（1840），江苏巡抚裕谦说，治民以德礼为先，政刑次之。⑤ 光绪三十一年（1905），修订法律大臣沈家本等人说，治国之道以仁政为先，自来议刑法者亦莫不谓裁之以义而推之以仁。化民之道固在政教，

---

① 比如当光绪帝（实为慈禧太后）得知光绪六年（1880）广东自夏至秋三个月中处决逆匪盗犯80名之后，认为该数"何其多也"。批示说："尔等为朕抚字百姓，毋以杀戮为能。"这表现了当时最高统治者对地方杀戮较多的忧虑。在当时的形势下，最高统治者还是认为，地方官对百姓应以"抚字"为主，不能以杀戮为能。光绪初，两广总督刘坤一在向京城解释广东盗匪之多的原因时说，广东之缉捕不可谓不严，诛杀不可谓不甚，为鹰鹯不为鸾凤，方以此为疚心焉。富教之责，我等殊歉于怀。中国第一历史档案馆编《光绪朝朱批奏折》第109辑，中华书局，1996，第527～528页；（清）刘坤一：《刘坤一奏疏》，陈代湘等校点，岳麓书社，2013，第473～474页。

② （清）裕谦：《勉益斋续存稿》卷3，《清代诗文集汇编》第579册，上海古籍出版社，2010，第295页。

③ （宋）黎靖德编《朱子语类》卷第七十八，王星贤点校，中华书局，2020，第2156～2157页。按：荀子、《汉书》也有类似话语，朱熹对此进行了有针对性的阐释和发挥，从而更加突出了教化的作用。

④ 清代也是如此。如道光二十三年（1843），陕西巡抚李星沅在接到刑部秋审钉封公文后，看到本省今年才有11起被勾到时说，圣心洞烛，所谓刑一人而天下惩也。（清）李星沅：《李星沅日记》下册，袁英光、童浩整理，中华书局，1987，第532～533页。

⑤ （清）裕谦：《勉益斋续存稿》卷16，《清代诗文集汇编》第579册，上海古籍出版社，2010，第698页。

不在刑威。① 德礼与政刑并不冲突，很多人还肯定了刑的教化作用，指出刑的最终目的还是教化。② 刑的极端表现是死刑，死刑表面上看与教化无关。但公开行刑背景下死刑执行的教化目的经常被清代统治阶层所强调。③ 杖刑是轻刑，本是教育之刑。杖刑本来就具有教化百姓的目的。所以，各地地方官经常有意识地在公开的场合杖责犯人。统治阶层不仅通过公开行刑（不限于死刑）实施教化，也在地方官的审讯活动中、百姓的日常生活中广施教化。④ 通过教化，达到接近"刑措"的结果，那是统治阶层的理想。虽然现实有差距，总有一些无法被教化之人，但这不能否认儒家教化的主导地位。⑤ 清王朝是中国境内少数民族入主的朝代，在其统治逐渐稳固后，其核心政策逐渐儒家化。⑥

---

① 《修订法律大臣奏请变通现行律例内重法数端折》，上海商务印书馆编译所编纂《大清新法令》（点校本·1901—1911）之第1卷，李秀清等点校，商务印书馆，2010，第285~287页。

② 如雍正、乾隆时期的地方官王植在指出治国以礼、佐以刑后说，刑以惩无良，亦以安良，以戒不善，亦以导善。惩无良，戒不善，刑之政也。安良导善，刑之教也。刑以弼礼，礼以耻民，而五刑弗服，刑之德也。他肯定了刑的教化作用。在"明刑弼教"一词中明刑与弼教更多的被认为是偏正关系，即明刑是为了弼教。（清）王植：《崇雅堂稿》卷3，《清代诗文集汇编》第254册，上海古籍出版社，2010，第500页。

③ 比如乾隆十一年（1746），云南总督张允随在奏报将逆犯杨鹏冀戮尸毁墓日期时说，是日正值赶集之期，观者数千人，我们现场晓谕民人各安本业，毋得惑于邪教，致蹈法网〔《奏报将逆犯杨鹏冀戮尸毁墓日期事》（乾隆十一年），中国第一历史档案馆，档号：04-01-01-0138-056〕。其借公开行刑场合教化百姓毋得惑于邪教的目的非常明显。

④ 关于清朝儒家教化重要性、内容和方式，见吴吉远《清代地方政府司法职能研究》，故宫出版社，2014，第102~107页。

⑤ 清代百姓犯罪率应该很低。我们对清代的犯罪率一直缺乏比较准确的认识。如后文所强调的，具体到普通州县，每年详案的数量可能就那么几件。徒刑以上案件非常之少。笞杖案件虽然也无法统计，但绝大多数笞杖犯人在当时不被视为"罪人"。《大清律例·刑律·捕亡》"罪人拒捕"门对"罪人"的认定有严格的限制。虽然大多晚清来华外国人指出清代刑罚的残酷，但有的也会指出普通百姓犯罪率之低。如英国军医查尔斯·亚历山大·戈登说，中国人犯罪罕见，似乎在很大程度上要归因于中国民众受到的教化。这种教化要求民众顺从于当局，对此，他们已经习以为常。孔子有一条深入人心的教义，即需要服从权威，无论对父母、对官吏，还是对皇帝。见〔英〕查尔斯·亚历山大·戈登《一个英国军医的中国观察实录》，孙庆祥、计莹芸译，学林出版社，2018，第93页。

⑥ 清入关前存在贯耳鼻、割脚筋等酷刑。清入关后，因为有违仁政，这些酷刑在律例上的适用范围被缩小了。不仅如此，其在入关前的存在还经常被后来的官修之书有意淡化。如顺治三年（1646），《大清律》告成后，世祖御制序文曰：（本朝）"创业东方，民淳法简，大辟之外，惟有鞭笞"。其中的"惟"字足以说明当时统治者的心态。赵尔巽等：《清史稿》卷142《志一百十七·刑法一》，中华书局，1977，第4183页。

在晚清"就地正法"章程实施之前，昏君不闻，酷吏少有，这不仅是制度约束的结果，更是儒家教化的结果。当然，另一方面，晚清"就地正法"章程的实施不仅没有从根本上打击强盗，有时反而有越杀越多的感觉，时人在思考原因时，教化不行是其中的一个重要原因。

总之，仅从每年被处决的死刑犯数量来看，先行一些研究主张的清朝实行"外儒内法"统治政策的观点应不成立。一些研究只看到了清代死罪条文之多，就认为清代死刑有悖儒家"明刑弼教之义"。① 一些研究只看到了清代立法之严、刑罚之重和死刑执行的血腥场面，就认为清代深受法家重刑主义思想影响（夸大法家的作用）。有的研究为了强调法家重刑主义的影响，还引用了商鞅、韩非等人的观点。② 有的研究只看到了乾隆时期重典惩贪、大兴文字狱的事实就简单认为乾隆帝为极其严厉之君。③ 这些研究都只看到了表面，未及实质。清代死刑的确具有威慑功能，即使在当时人的眼中，清代死刑也的确残酷。但因为对普通民众来说平时很难见到死刑的执行（即使在晚清"就地正法"章程实施后），死刑威慑的意义和残酷性不应该被夸大。过于强调死刑的威慑功能和残酷性会弱化对清代死刑（刑罚）政策正面意义的思考，会对清代死刑（刑罚）政策的基本思路产生误判。④

---

① 先行一些研究过分关注了《大清律例》死罪条文多的情况，未注意法律条文与司法实践之间的差距。如后文，"立法严，用法宽"在清代深具影响。清代"立法严"是事实，但这只是法律规定，司法实践中法官普遍存在办案宽厚的作风。

② 儒家经典、二十四史中也有可供学习的"重刑"资源（如子产治郑、诸葛治蜀、王猛治秦等事例就经常被晚清官场、民间人士提及）。所以，官场中人在提出自己的重刑主张时，根本就不需要借鉴商鞅、韩非等人的观点。即使晚清"就地正法"章程颁行后，商鞅、韩非等人的重刑观点也大多被有意忽略。有时还被刻意区别对待［（清）杨楷：《杨楷奏议》，桑兵主编《八编清代稿钞本》第357册，广东人民出版社，2017，第48页］。如后文，光绪末广东南海县知县裴景福虽然经常使用严刑站笼将人站毙，但他就很痛恨法家思想。

③ 每年仅通过秋审施"恩"方式免罪的犯人数量远多于惩贪和文字狱案件数量。所以，只通过研究惩贪和文字狱就认为乾隆帝极其严厉，肯定是以偏概全了。

④ 英国汉学家马若斐教授（Geoffrey MacCormack）对中国古代刑罚的威慑、报复和改造的功能进行了比较详细的研究。与威慑功能相比，中国古代刑罚的改造和报复的功能更被其强调［〔英〕马若斐：《传统中国法的精神》，陈煜译，中国政法大学出版社，2013，第147~166页］。强调清代死刑（刑罚）威慑功能的先行研究其实并不少见。有人就非常极端地认为，中国古代社会的刑罚，实际上是以制造、加剧、延长受刑者痛苦为目的，想方设法制造出血淋淋的场面，以达（转下页注）

在晚清法律改革中对中法、西法的轻重比较是沈家本当时对唐、清等朝代死罪条文数量梳理的重要背景。沈家本虽然发现唐、清等朝代死罪条文多于西方，但秋审制度的存在又使每年实际被处决的人数并不比西方多。[①]所以，从这点来说，中法并不重。晚清著名法学家吉同钧也有大致同样的感受。他说，中国刑法斩、绞错出，罪名虽重而办法实宽。中律死刑虽多于外国，而外国生刑实重于中国。若概谓中刑重而外刑轻，这是很肤浅的看法。[②]晚清修律时，很多人只看到了中国刑重外国刑轻、死罪条文多的表象，忽略了对本国制度的合理探讨。即使沈家本等人了解中国死刑犯人数不多的事实，但在主持制定新律时，对传统法律制度的一些优点仍缺乏重视。[③]

小　结

唐、宋等朝代法典中死罪条文数量的总结和对比，不能有效揭示各个朝代刑事政策的基本思路。各个朝代死罪条文数量的多少与刑事政策的宽严

（接上页注④）到震慑犯罪的效果，从而体现国家法律和暴力惩戒的威慑力。这完全是只看表面，没有看到清代等朝代刑罚的教化意义。笔者也不赞同清代刑事政策方面"内儒外法"的提法。各地民事官司远多于上详的刑事案件。州县官在处理各类民事官司和轻微的刑事案件时更注重儒家教化。虽然刑法也时有采用，但我们不宜夸大刑法在处理民事官司和轻微的刑事案件时的作用。

① 《修订法律大臣沈家本等奏进呈刑律草案折》，上海商务印书馆编译所编纂《大清新法令》（点校本·1901—1911）之第 1 卷，李秀清等点校，商务印书馆，2010，第 459 页。

② （清）吉同钧：《大清现行刑律讲义》卷 1，栗铭徽点校，清华大学出版社，2017，第 69 页。

③ 当然，在不同阶段，人的看法不同，沈家本、吉同钧也是如此。沈家本、吉同钧等人在主持、参与制定新律时对西律过于盲信，对中律总体上表现出了不自信和批判的态度。他们当时确实忽略了对一些优秀的传统法律制度的利用。他们这种态度的形成的确受到了西方优势话语的影响。西方人为了实现政治利益，存在刻意贬损清律的现象，很多中国人附着着西方人的贬损，一些中国人因而对本国法律不自信。在彼时的大环境下，沈家本、吉同钧等人在修律时对传统法律的排斥也许身不由己。笔者对吉同钧的一段话深有共鸣。他说，"刑法因时因地因人而异，一国有一国之风俗，法制即因此而立，或宽或严，其中各有作用，无论殷监于夏，周监于殷，秦汉唐明各有损益，不能强同。现在之例如直奉川陕亦各有专条，不能尽合。况乎五洲之大，地隔数万里，人分数十类，风俗嗜好种种殊异，而醉心欧化，辄欲吐弃中国一切法律，尽改换面目以效他人，不但削足就屦，未适于用，……毋乃非仁人君子之用心乎？愿我学友深表同情，共保国粹，或者障百川而回狂澜，于世道人心不无小补也夫！"（清）吉同钧：《大清律例讲义》卷 1，闫晓君整理，知识产权出版社，2018，第 48 页。

并无直接联系。有的朝代死罪条文数量较多，但其刑事政策却较为宽缓。与死罪条文数量的比较相比，各个朝代死刑人数的对比才更直观、更具说服力。在北宋、南宋、元、明、清这几个朝代中，北宋每年被处决的犯人数量最多。北宋每百万人口死刑犯数量远高于清代。清代每百万人口中死刑人数占比低，说明清代（晚清"就地正法"章程实施前）刑罚并不严酷。清代总体上实施的是轻缓的刑事政策。该刑事政策的基本思路深受儒家思想的影响。

这种轻缓的刑事政策也可以被认为是一种两极化的刑事政策。其中一极为强调重刑。儒家思想也强调重刑和刑罚的威慑功能。只是这种重刑和威慑只针对少部分民众，很少实施。即使在被处决死刑犯数量最多的年份，平均每个州县每年大概只有一名死刑犯被处决（晚清"就地正法"章程实施前）。少杀、慎杀是清代官方的追求。即使省城民众平时也很难看到死刑的执行，非省城民众可能三两年也见不到一次死刑的执行。从这个层面上来看，我们不宜强调清代死刑的威慑意义。

该刑事政策的另一极强调儒家教化，即对大部分民众通过教化的方式使其远离犯罪和刑罚。即使其偶罹法网，处理也不妨从宽。我们不应该在看到刑罚执行的残酷场面后，就夸大残酷的那一面，认为清代深受法家重刑主义思想影响，乃至认为清代实行"外儒内法"的统治政策。针对大多数民众实施儒家教化，才是清代刑事政策最主要的一面。即使官方在处理死刑犯的过程中儒家教化也经常有所体现。外省斩、绞监候犯人会进入秋审，由秋审决定其最终是否被处决。在秋审制度的运转中，本该展现官方"杀死"犯人的过程。这一过程应该充满血腥味和重刑想象。但在轻缓的刑事政策影响下，大部分秋审犯人实际上最后被皇帝施"恩"免死。皇帝意图通过秋审平台广施教化，感化犯人和百姓。少部分秋审犯人被处死的血腥过程和现场威慑不能否定官方实施儒家教化的努力，更不能以此否定清代整体上轻缓的刑事政策。

当然，现实复杂，清代存在冤案频发之类的司法弊端。那些司法弊端的存在影响了我们对清代刑事政策的准确认识。有的研究夸大了司法弊端的存在，甚至因此认为清代法律一无是处。无论如何，我们在探讨清代法律诸问题时，首先的落脚点应该放在其轻缓的刑事政策上。至于那些司法弊端的存在，从根本上来说是吏治状况、考核制度等多种因素合力作用产生的结果。如果在研究清代司法弊端时不把落脚点放在其轻缓的刑事政策方面，只着眼于司法弊端，就事论事，其研究结论必然是片面的。

宋、元、明、清等朝代死刑犯人数的变化也直接体现了中国古代"刑罚世轻世重"的思想。清朝每年被处决死刑犯数量的变化也体现了这一思想。在清朝，之所以每年被处决的死刑犯数量会有变化，皇权的影响非常明显。乾隆四十八年前后是雍正后刑罚最为严苛的时期。这一时期也是皇帝掌控司法权的最高峰时期。当皇帝对司法的掌控力降低后，每年被处决的死刑犯数量便会降低（晚清"就地正法"章程实施前）。

第二章 清代死刑的四个关键词

第一节 皇帝的死刑决定权

《大清律例·刑律·断狱下》"有司决囚等第"门律文规定，被判处死罪的人犯，要奏闻皇帝，由皇帝决定该犯是否被处决。这是《大清律例》对皇帝死刑决定权的最基本规定。除此之外，其他具有法源意义的典章制度还有很多关于皇帝死刑决定权的细节规定。

一般认为，有关皇帝死刑决定权的相关制度初步形成于三国两晋南北朝时期，确立于唐太宗李世民时期。唐太宗时定制"京外三复奏，在京五复奏"。这又叫死刑复奏制度。该制度沿用至明清。应该看到，即使在相对和平的时期，这一制度在后世也未能得到完全遵守。

先以宋代为例。建隆三年（962），宋太祖惩五代藩镇专杀之弊，定大辟详复法，令诸州自今审完死刑案件，录案奏闻，委刑部详复。① 宋代自此确立了死刑复奏制度。这一规定至迟在宋太宗至道年间（995—997）便已遭到了破坏。至道二年（996），太宗听说诸州对所断死刑情节可疑者，担

---

① （元）脱脱等撰《宋史》卷199《志第一百五十二·刑法一》，中华书局，2013，第4967页。

心为诸司所驳，不敢上报。于是，下诏死刑有可疑者，须奏者乃奏。① 也就是说，在此之前已经不要求所有的死刑案件向上奏闻。至迟宋真宗大中祥符六年（1013）就有要求将死刑中情理悯恻、刑名疑虑者申提刑司看详、附驿以闻的诏令。② 仁宗天圣四年（1026）刑部侍郎燕肃的奏请提到了只有京师死刑须复奏，而州郡之狱有疑及情可悯者才上请。仁宗回应燕肃的诏令又强化了将死刑有疑虑和情理可悯者上奏的规定。③

详复之案不须奏闻，其程序一般为，县先将案情审理清楚，然后解州审勘，如果"罪状明白，刑法相当"，州申路之提刑司，听其论决，提刑司即可决定将犯人处决。④ 如果情轻法重，情重法轻，事有疑虑，理可矜悯，提刑司（有时为知州）应奏闻皇帝，由皇帝决定。⑤ 此即为奏裁之案（又常被称为奏案）。神宗元丰年间曾有人引唐代复奏故事，欲令天下庶狱悉从奏决。时刑部郎中韩晋卿说，如今只有事有疑虑和理可矜悯者上请，这是祖宗之制。如果让那些死刑犯全部械系，等待朝命，可能会导致死于狱者多于被处决者的结果。朝廷最终同意了韩晋卿的意见。⑥ 这个事例也直接说明了宋代只有部分死刑犯的处决与否要经过皇帝的批准。

明初制定的《大明律》也有死刑复奏方面的内容。《大明律·刑律·断狱》"有司决囚等第"门规定，死罪案件，在内听监察御史，在外听提刑按察司审录无冤，依律拟议，转达刑部定议，奏闻回报。简言之，死罪案件

---

① （清）嵇璜等：《续通志》卷 145《刑法略》。

② 司义祖整理《宋大诏令集》卷 201，中华书局，1962，第 747 页。

③ （宋）李焘：《续资治通鉴长编》卷 104，上海师范大学古籍整理研究所、华东师范大学古籍整理研究所点校，中华书局，2004，第 2407 页。宋仁宗时《天圣令》规定：诸决大辟罪，在京者，行决之司一复奏，得旨乃决。在外者，决讫六十日录案，奏下刑部详复。亦即在京死罪得旨乃决，京外死罪处决完毕才奏。见《天一阁藏明钞本天圣令校证（附唐令复原研究）》，天一阁博物馆、中国社会科学院历史研究所天圣整理课题组校证，中华书局，2006，第 160 页。

④ 相关制度经常变化。戴建国教授指出，元丰改制前，州即可判决执行死刑；改制后，死刑报提刑司核准才能执行。戴建国：《宋代法制研究丛稿》，中西书局，2019，第 191 页。

⑤ 如高宗绍兴三年（1133）曾诏令申旧制：诸州大辟应奏者，从提刑司具因依缴奏。（宋）李心传：《建炎以来系年要录》卷 70，中华书局，1988，第 1185 页。

⑥ （宋）李焘：《续资治通鉴长编》卷 335，上海师范大学古籍整理研究所、华东师范大学古籍整理研究所点校，中华书局，2004，第 8082 页。

要奏闻皇帝，由皇帝决定处决与否。明朝皇帝常强调自己的生杀予夺之权。就连经常不过问政事的世宗嘉靖帝也曾强调"刑赏大柄，岂臣下所得擅专示私?"[①] 虽然如此，正如清代乾隆帝所言，明代秕政多端，总因阉寺擅权，交通执政，如王振、刘瑾、魏忠贤之流，俱以司礼监秉笔，生杀予夺，任所欲为，遂致阿柄下移，乾纲不振。[②] 乾隆五十一年（1786），他还指出了严嵩的"生杀予夺""潜窃威柄"行为。[③] 在中央，因为过于信任宦官、权臣，明代皇帝的"生杀予夺"大权常被他们或明或暗地窃取了。死刑复奏制度遭到了破坏。

不仅中央权宦破坏了死刑复奏制度，地方酷吏也经常破坏这一制度。明代中后期酷吏之酷、酷吏之多在当时是一个突出的社会问题。在仁宗洪熙年间大理寺少卿戈谦便有"今内外诸司率用大棍掠人，盖欲使人畏惧，得以遂其奸贪"之语。[④] 可见至迟在仁宗时，酷吏问题便比较突出了。宪宗成化年间，吉安知府许聪因死于狱者 50 余人而被处决。在黄景隆任吉安知府的三年时间里，因无罪而故勘故入或淹禁以致死者超过百人。[⑤] 在两人短短几年知府任期内因酷刑、淹禁致死百姓数量众多。这在明代并非个案。又如穆宗隆庆四年（1570）刑部尚书葛守礼称，在外有司凡有讯鞫，不论轻重，动用酷刑，有问一事未竟而已毙一二命，任官未满一年而拷死数十人者，轻视人命如草芥。如汾州知州齐宗尧三年致死 50 人，荣河知县吴朝一年致死 17 人。[⑥]

可以说，在中国古代史上每个朝代都有酷吏，但与其他相对平稳的历史时期相比，明代酷吏之普遍、凶狠却是罕见的。在此以清代为比较对象。即使在同样号称吏治败坏的晚清，如果州县官酷刑将百姓致死的行为被上

---

① 《明世宗实录》卷 267，嘉靖二十一年十月丁亥。
② 《清高宗实录》卷 1155，乾隆四十七年四月癸未。
③ 《清高宗实录》卷 1248，乾隆五十一年二月壬午。
④ （明）戈谦：《恤民疏》，（明）陈子龙等辑《明经世文编》卷 58，中华书局，1962，第 455 页。
⑤ 《明宪宗实录》卷 97，成化七年十月壬申；卷 183，成化十四年十月壬子。
⑥ （清）嵇璜等：《续通典》卷 112《刑六·杂议四》。

级揭发，州县官轻则被革职，重者还会受到刑法制裁。① 虽然在晚清，州县官亦时有刑毙百姓之事，但在具体个案中致死百姓的数量明显不及明代中后期，明代中后期酷吏更为常见。官员贪污常伴随着苛酷，"酷以济贪"，以刑罚严酷来实现其贪污目的。正如熹宗天启三年（1623）吏部尚书赵南星所言，当前有司官员贪已成风，"贪则多酷"。② 明代中后期官员贪腐成风。随着贪腐问题的日趋严重，酷吏增多，酷吏的表现非常明显。③ 至世宗嘉靖八年（1529）时，詹事霍韬便有"今酷吏填满天下"之语。④ 酷吏淫刑以逞，无辜百姓被毙杖下，伤天地之和，召灾害民。对酷吏的惩治得到了明廷的持续重视。酷吏将百姓致死，事实上侵犯了皇帝的生杀大权。

《大清律例》继承了《大明律》有关皇帝死刑决定权的规定。郑秦教授认为，在清代，皇帝通过秋审等制度，牢牢地掌握着死刑的终审权。⑤ 在具体制度的运行中，清代皇帝对百姓生杀大权的掌控力明显强于明代，其对死刑决定权更加维护。皇帝对百姓生杀大权的掌控早在清人入关前就已存在。崇德六年（1641），都察院参政张存仁就奏称："生杀予夺之权自皇上操之。"⑥ 顺治四年（1647）时，工科右给事中魏象枢在其奏折中提到，江宁巡抚土国宝获内地之奸一事曾奉有"内奸与在阵擒获不同，宜严审固禁，驰奏候旨，何得擅杀"之旨。山东巡抚丁文盛悖旨擅杀一事奉有"崔似骊背旨擅杀，好生可恶，严究拟罪"之旨。巡按邓孕槐背律专杀一事曾奉有

① （清）徐赓陛：《不慊斋漫存》卷8，《清代诗文集汇编》第751册，上海古籍出版社，2010，第588页。

② 《明熹宗实录》卷40，天启三年十月辛亥。

③ 同时，在明代中后期仍有很多讲求"恤刑"的官员。他们以恤刑相尚、自励，编著了很多"恤刑书"。文翔凤是明代后期一位知名学者。他在任莱阳知县时，命一书记专录刑杖，名曰"慎刑录"。每夕检阅，惟恐误责一夫。自受事之日至出邑之日一板不遗。竹刑之坏者收付工房，姑以竹刑计，盖在县计20月而坏者计800条〔（清）胡衍虞：《居官寡过录》卷3，《官箴书集成》第5册，黄山书社，1997，第81页〕。知县并非每天都审案，一个月能拿出半月审案，就算很勤劳了。文翔凤平均一天就可能打坏一两条竹板。当时讲求恤刑的官员尚且如此。

④ （明）霍韬：《谨天戒疏》，（明）陈子龙等辑《明经世文编》卷186，中华书局，1962，第1918页。

⑤ 郑秦：《清代法律制度研究》，中国政法大学出版社，2000，第73～89页。

⑥ 《清太宗实录》卷58，中华书局，1985，第783页。

"杨允昌革职提问"之旨。① 顺治十二年（1655），某布政使题请强盗赃真证确，督抚即行正法。刑部尚书图海题复称，人命至重，死者不可复生，议狱缓死，古帝王重之矣。然亦从无强盗赃真证确、督抚即行正法之例。② 亦即当时尚无督抚可对强盗先行处决之例。虽然当时尚属"反侧未靖"之时，严刑较多，清廷尚且屡有严禁擅杀之旨。顺治时君臣对死刑决定权的维护不可谓不严厉。皇帝对死刑决定权的维护是清代皇权的一大特色。③

乾隆帝直接将皇帝的死刑决定权明确宣示为本朝家法。他说："乾纲独断乃本朝家法。自皇祖、皇考以来，一切用人听言，大权从无旁假。即左右亲信大臣亦未有能荣辱人，能生死人者。盖与其权移于下而作福作威，肆行无忌，何若操之自上，而当宽而宽，当严而严。此朕所恪守前规，不敢稍懈者。"④ 嘉庆帝也说："我朝家法，刑赏大权，悉由乾断。"乾隆、嘉庆二帝将皇帝的生杀大权视为家法，特意与前代相区别。⑤ 另外，皇帝家法也区别了规范臣民行为的各项典章制度。后者可由臣下奏请修订，前者则是皇家祖宗规矩，臣下不可妄议更改。乾隆、嘉庆二帝对这一家法十分重视与敏感。比如嘉庆四年（1799），钦差大臣那彦成在镇压白莲教起义时奏请将将弁以下失误军机，情真罪当者先斩后奏。嘉庆帝认为，本朝经略大臣亦从无先斩后奏之事，何况钦差乎？谕令那彦成如果查有实系失误军机者，即使系微末员弁，亦应该按律定拟，在请示皇帝的旨意后遵行。⑥

经略大臣、钦差杀人，尚应请示皇帝旨意，州县官就更不用说了。晚

---

① （清）魏象枢：《寒松堂全集》卷1，《清代诗文集汇编》第60册，上海古籍出版社，2010，第229～230页。

② 张伟仁主编《明清档案》A25－14。

③ 只有理解了这点，对晚清"就地正法"章程的产生、存废的理解才会更深刻。

④ 《清高宗实录》卷323，乾隆十三年八月辛亥。

⑤ 比如乾隆帝就说，明季诸君狃于燕安之习，一切视为细故，诿之臣下，以致太阿下移，事归权幸。朝廷又各持门户，伐异党同，遂使军政边防日益堕坏。其君终惛然罔觉，因而溃败难支。是以我太祖、太宗得以乘时举事，创成大业。设彼时为君者能如我之乾纲独揽，诸事亲裁，则非但胜国之社未必遂墟，即辽沈要区岂能为我祖宗克取乎！（见《清高宗实录》卷1071，乾隆四十三年十一月乙巳）。乾隆帝认为，明亡的一个重要教训就是"太阿下移"。他经常以此自警，对生杀大权严加掌控。

⑥ 《清仁宗实录》卷52，嘉庆四年九月癸酉。

清广东陆丰知县徐赓陛将人活埋案是个典型。该案被《点石斋画报》所绘。该图文字说，虽然郑承望罪犯应死，但州县官不伸国法，擅用私刑仇杀罪人。其暴戾凶狠之性情亦可见矣。① 此事在实录中也有记载。经查实后，得旨：徐赓陛著先革职，听候讯办。郑承望被埋身死一案情节甚重，必须严切究办。即著该督抚严讯确情，定拟具奏。② 事情的前因后果自有历史评断。无论如何，徐赓陛将人擅杀，确实违背了皇帝死刑决定权的制度规定。事发四年后，连徐赓陛自己也说，我朝立国仁爱，民命必取自上裁。知县七品官擅专若此，则言官论劾，疆吏奏褫，皆以立天下之大防，非为一官一邑计。加以罪谴，固理之宜。③ 徐赓陛在说这些话的时候未表现出丝毫的不服。体制如此，自己确实应该为自己的冲动负责。

　　与前朝明显不同的是，在清代，统治阶层不仅在犯人的死刑决定权上强调"杀"之权由皇帝掌握，还更强调"生"的一面由皇帝掌握，亦即皇帝常施恩使犯人得以"求生"，从而展现皇帝活人之恩。由"杀"到"生"视角转换的关键在秋审制度。

　　秋审制度为国家的"恤刑大典"，其在清代主要被定位于"恤刑"制度。秋审"原为慎重民命，本于必死之中求其可生"。④ 如果没有秋审，犯人将会于秋后被处决。经过秋审后，相当一部分斩、绞监候犯人得以"求生"。可以说，秋审本来就是为斩、绞监候犯人"求生"而设计的制度。"威权生杀之柄，惟上执之"。⑤ 从制度上来看，只有皇帝才能让犯人"求生"。皇帝对被判为斩、绞监候的秋审人犯掌握着"求生"权。在秋审制度的运行中，皇帝施恩使得犯人"求生"的一面经常被强调，而皇帝施加威权将犯人"杀死"的一面却相应被淡化了。即使在"勾到"时亦如此。为

---

①　《点石斋画报》戊集·十一期"活埋罪人"。

②　《清德宗实录》卷162，光绪九年四月辛酉。

③　（清）徐赓陛：《不慊斋漫存》卷7，《清代诗文集汇编》第751册，上海古籍出版社，2010，第578页。

④　道光《济南府志》卷53《人物九》。

⑤　《清高宗实录》卷349，乾隆十四年九月壬申。

彰显皇帝之"恩"，康熙、雍正、乾隆等帝在办理秋审时，俱常彰显自己的"求生"权，明示犯人之"生""恩自上出"。如乾隆三十八年（1773），乾隆帝在勾到山西等省犯人后说，秋谳大典经九卿会核定拟，缮册进呈。朕亲为再三披阅，核其情罪轻重，分别勾存。其稍有一线可原者，必为求其可生之理，予以停勾。而实在情真罪当者，亦不能曲法市恩，稍存姑息，以期无枉无纵。并于勾到时将应勾应免之故详晰谕示，大学士刑部等官皆备闻之。盖以民命至重，从不肯掉以轻心也。[1] 经过秋审，只有少部分犯人最终会被处决。[2] 未被处决者都是皇帝加恩的结果。拥有话语书写优势的官员在书写秋审时经常强调皇帝之恩。

不仅秋审，皇帝还常通过多种方式加大自己对犯人"求生"权的维护力度。比如他们通过更频繁地运用立决案件夹签、双请等方式，有意识地强调皇权对某些立决人犯的特施之"恩"。不过，每年数千件秋审案件的办理为皇帝掌控死刑人犯的"求生"权提供了丰富的资源，这远非立决案件的夹签等情况可比。

一方面，通过秋审的运作，清朝官方淡化了皇帝"杀"之威，彰显了皇帝对犯人的"求生"之恩。当然，各朝皆有彰显皇帝"求生"之恩的大赦制度。但大赦非常制，较少见。另一方面，正因为皇帝对"杀"之权的牢牢掌握，皇帝"求生"之恩才显得更为可贵。清代由"杀"至"生"视角的转变，受到了明代的影响。明代的朝审、恤刑使者等制度使皇帝"求生"之恩的运作制度化、日常化。只是无论在范围上，还是在影响上，明代这些制度俱无法与清代的秋审制度相比。而且在制度的运作中，清代官方更强调皇权的作用。相对来说，明代恤刑使者、推官等官员的个人恤刑作为更常被体现。

由"杀"至"生"视角的转变对我们理解清代死刑政策和秋审制度至关重要，这使臣民更加关注、体会到皇帝之"仁"。视角转变之后，秋审等

---

[1]　《清高宗实录》卷945，乾隆三十八年十月壬寅。

[2]　详见本章第四节表3。

制度本来所有的血腥意味被大大淡化，皇帝之恩得以更加凸显。对皇帝"求生"之"仁"，臣民唯有感恩戴德，涕泣顺从而已，怎么可能会质疑、拒绝皇帝的恩德？百姓顺从守法，才更有利于皇帝的统治。

第二节　人命关天

"人命关天"意为每个人的生命都与被视为人间终极权力来源的"天"相通。"人命关天"这一观念在中国古代极具影响。其理论基础为"天人感应"理论。西汉前儒家学说、阴阳五行学说等多家学说相互影响，经西汉大儒董仲舒集大成，最终形成了"天人感应"理论。董仲舒认为，"天"孕育万物，连日月星辰都由"天"创造。刮风、下雨等各种自然现象的形成均由"天"主导。"天"控制着万物运转、阴阳调和和节气的变化。[①]"天"因此被视为人间的终极权力来源。所以，即使人间圣人也须法"天"而立道。统治者的刑赏予夺等行为当然要奉"天"意以行事。[②]

"由此动彼谓之感，由彼答此谓之应"[③]。"感"和"应"是一个彼此互动的过程。"天人感应"理论认为，"天"和人互相受对方影响而发生相应的变化，"天"能干预人事，人也能感应上天。天心仁爱。如果政通人和，"天"就会降下祥瑞进行鼓励。如果统治者统治不当，或者有人被冤杀，"天"就会以灾异的形式进行警示（即灾异天谴），统治者应该自省，改过迁善。[④] 在中国古代社会农业占主导地位，农业生产基础脆弱，抗灾能力差。自然灾害发生后农民的日常生活直接受到影响，进而影响到社会秩序和统治基础。所以，历代统治阶层对自然灾害都非常敏感和重视。如果出

---

① （汉）班固：《汉书》卷56《董仲舒传》，中华书局，2013，第2515页。
② 中国历史学界、哲学界对"天"的探讨非常多。他们对"天"的解释虽然出发点不同，但都不否定"天"在中国古代极其重要的地位与作用。
③ （清）许缵曾辑《太上感应篇图说》"篇首·金一"，乾隆年间云间许氏刊本。
④ 据说为示代天讨罪之意，在每年冬至郊天大典时，皇帝会将当年所决之囚姓名焚于天坛。见《朝审决囚》，《申报》1878年1月2日，第1、2版。

现雨雪延迟、大旱、地震等灾害，就经常被统治者认为系人间"怨气所积"导致，刑罚不平则被视为产生怨气（厉气）的主要原因之一。为了舒缓民气，"感召天和"，主动降旨赦免部分人犯，便成为他们一项常见的举措。①

这不仅是最高统治阶层的事情，地方督抚也有义务及时应对灾害。《大清律例·名例律上》"常赦所不原"门例文规定，直省地方偶值雨泽愆期，应请清理刑狱者，除徒流等罪外，其各案内牵连待质及笞杖内情有可原者，该督抚一面酌量分别减免省释，一面奏闻。为应对灾害，清廷不仅定例赋予地方督抚对部分犯人的酌量减免省释之权，还将减免省释的范围扩大至案内牵连待质及笞杖内情有可原者。乾隆十三年（1748）二月，因为陕西部分府属上年冬雪稀少，今春雨泽愆期，巡抚陈宏谋深感忧虑，称自己一月以来斋心虔肃，多方祭祷。凡属官民亦既忧劳备至，而天心未格，霖雨未施。当此麦苗渐萎，民食堪虞，自己早夜焦愁，难安寝食。陈宏谋非常担心农业生产。他又认为，民情郁结，刑罚失中，亦足以致灾眚而成旱象，是以定例地方偶值雨泽愆期，有清理刑狱之条。刑罚失中足以产生旱灾，从而影响农业生产。如果狱无冤滞，则和气流行，人免呼号，则嘉祥立至，理固然也。现在天时亢旱，尤宜加意矜恤人犯证佐，俾民气咸舒，这也是感召天和的一个途径。②

"天人感应"理论在中国古代影响极大。在"天人感应"理论的影响下，各级统治者对"天"要常怀敬畏之心。正如清初顺治帝所言，人之存心行事不同，是以上天鉴察，降以灾祥。其降祥者，固以显佑善人。其不得已而降灾者，亦以明戒下民，使之改过而迁于善也。从来报应昭昭不爽，

① 参见朱勇《中国古代法律的自然主义特征》，《中国社会科学》1991年第5期；徐忠明、任强《中国法律精神》，广东人民出版社，2007，第2～13页；马小红《中国古代社会的法律观》，大象出版社，2009，第151～170页；赵晓耕主编《罪与罚：中国传统刑事法律形态》，中国人民大学出版社，2012，第420～431页；方潇《天学与法律：天学视域下中国古代法律"则天"之本源路径及其意义探究》，北京大学出版社，2014，第255～262页；顾元《服制命案、干分嫁娶与清代衡平司法》，法律出版社，2018，第403～420页；何永军《中国古代法制的思想世界》，中华书局，2020，第53～66页；等等。

② （清）陈宏谋：《培远堂偶存稿》"文檄卷二十六"，《清代诗文集汇编》第280册，上海古籍出版社，2010，第619～620页。

讵不可畏哉![1] 既然"天"之报应昭昭不爽，统治者怎能对"天"不畏惧？

在清代，统治者宣称"天"与人间通过天子（即皇帝）来沟通。《春秋·公羊传》说："圣人皆无父，感天而生。"天子的诞生非同常人，天子秉承"天"的旨意来到人间。天子权威来源于"天"（不来源于其人间之父），其合法性不受质疑，其他人也无权挑战。儒家经典《尚书》说"天子作民父母，以为天下王"。天子被视为天下所有百姓的父母，天子在各方面具有权威性，民众在人身上对天子具有依附性，民众要顺从天子。清代各帝俱常强调自己受命于"天"，并围绕着"天"进行各种政治活动。如在乾隆五年（1740）颁行《大清律例》时，乾隆帝说，我列祖受天明命，抚绥万邦，颁行《大清律例》。……五刑五用，以彰天讨而严天威，予一人恭天成命，监成宪以布于下民，敢有弗钦？……以弼予祈天永命。[2] 乾隆帝宣称自己受天之命，代天出治，颁行《大清律例》，彰天讨，严天威。通过明慎用刑等方式，祈求获得"天"的永命。其将对有罪之人的处罚归于天讨，天下臣民百姓都必须遵守。"命""讨"等字皆称"天"而行，表明自己"廓然大公"，为民谋利，并非出自私心。他向臣民强调了自己与"天"之间的关系，权力的正当性、权威性、公正性，以及皇帝欲继续获得"天"垂顾时君臣明慎用刑的重要性。有"天"和"皇帝"的支持，《大清律例》的权威性毋庸置疑。这也从侧面证实了"天"在清代皇权政治体系中的重要性。在此大背景下，各级统治者在日常政治生活中不得不敬畏"天"，在日常决策时要考虑到"天"的感受。

康熙十六年（1677），监察御史陆祚蕃说，刑狱者，民命所尤关，即天心所降鉴，感应之理至明且速。[3] 在"天人感应"思想的影响下，每个具体的人命不再被统治阶层视为无足轻重的个体。如果人命被冤杀，"天"必有所感应，灾沴必至。所以，统治阶层非常惧怕因为杀错人而遭到"天"的

---

① 《清世祖实录》卷88，顺治十二年正月庚戌。

② 《清高宗实录》卷131，乾隆五年十一月癸未。

③ （清）陆祚蕃：《请特举恤刑之差疏》，罗振玉辑《皇清奏议》卷20，张小也、苏亦工点校，凤凰出版社，2018，第447页。

惩罚。元杂剧《窦娥冤》中冤杀窦娥而致雪飞六月、亢旱三年的情节并非作者的凭空想象，这一情节在中国古代有着深厚的观念基础。"人命关天"的观念在中国古代深入人心，影响极大。统治阶层首先力图从宏观的制度架构上避免杀错人。在"人命关天"观念的影响下，即使犯人实系死不足惜，官员判其死罪也应该慎重，在程序上要不厌其烦，不能错杀无辜。在唐、宋、明等朝代都有许多体现"人命关天"的制度。可以说，重视人命是中国古代立法和司法实践的传统。中国古代传统的"恤刑""慎刑"思想、制度都与"人命关天"的传统观念有关。"人命关天"这一观念在中国古代具有实质意义。

从微观角度来看，法官也是具体、生动的个人。这些人都有思想、有信仰。在中国古代，不少法官深受刑官无后、积阴功的佛教观念的影响。[①]刑官无后亦即身任刑官之后不会有男性后代。刑官之后不昌是刑官无后观念的发展，意为在身任刑官之后自身不会有良好的发展（仕途是最重要的体现），或者其男性后代不昌盛。皋陶被视为中国古代刑官（理官）的鼻祖，被后人认为没有后代。佛教传入中国后，皋陶无后逐渐被附会成因为其身为刑官受到报应而无后。明清小说中大量因枉法裁断遭报应事例的存在并非无稽之谈，在当时有着深厚的民众基础。"刑官无后"等类似说法使刑官常生活在被诅咒的阴影中。为了摆脱没有后代的诅咒，刑官只有经常积阴功，对犯人的生命网开一面。中国古代积阴功最著名的事例来自西汉地方官于公。于公自言，他办案多积阴功，从未制造过冤案，他的子孙一定会兴旺发达。于是，他在修门时有意把自家的大门修得更高大一些，以便其子孙在封高官后坐高车时使用。后来，其子于定国果然位至丞相。于公积阴功的事例被后人反复提及，在中国古代非常有影响。

出于"积阴功"等原因的考虑，在唐宋后的司法实践中逐渐形成了为

---

① 有关"积阴功"、福报观念对中国古代司法实践的影响，详见霍存福《复仇　报复刑　报应说——中国人法律观念的文化解说》（吉林人民出版社，2005）和顾元《服制命案、干分嫁娶与清代衡平司法》（法律出版社，2018，第410～416页）两书的相关讨论。

犯人"求生"的倾向。南宋大儒朱熹曾说过："今之法家惑于罪福报应之说，多喜出人罪以求福报。"① 如前文，北宋地方官也存在积阴功观念。只是这一观念没有南宋突出。这是南宋死刑人犯数量大幅减少的主要原因之一。为犯人"求生"最知名的事例来自北宋欧阳修之父欧阳观。欧阳观在地方担任法官时，经常工作到很晚。有天晚上他突然放下案卷叹气。他妻子问他为什么会这样。他说，这是个死刑案件，他现在想尽办法也不能帮助犯人"求生"。他妻子又问，死刑犯的生命也能"求"吗？他说："求其生而不得，则死者与我皆无恨也。"② 亦即他努力帮犯人"求生"，如果实在办不到，那么，死刑犯和他都不会再有遗憾了。"求其生而不得，则死者与我皆无恨也"经过欧阳修的阐发，在后世成为"千古法家要诀"，成为许多法官的追求。③ 清代司法实践中存在的"救生不救死"之习是刑官④"积阴功"的突出表现。⑤ 可以说"救生不救死"之习是官方重视人命的极端表现。所谓"救生不救死"，是指犯人的命也是命，官员如果按照律例的规定将杀人者抵命，经常被他们视为是有损福报的行为，所以，与其如此，不如委曲保全其命。至于死者之冤死与否，则不再被他们关注了。所以，各级官员在司法实践中存在的"救生不救死"之习，与官员重视人命的观念也有直接关系。

在清代，从犯人被抓，到被审理定罪，到被批准执行死刑，需要经过非常繁杂的程序。同治六年（1867），刑部说，州县审理命盗案件，例必层

① （宋）黎靖德编《朱子语类》卷110，王星贤点校，中华书局，2020，第2914页。
② （宋）欧阳修：《欧阳修全集》卷25《泷冈阡表》，李逸安点校，中华书局，2001，第393页。
③ （清）汪辉祖：《佐治药言》"求生"，《官箴书集成》第5册，黄山书社，1997，第317~318页。
④ 除刑部官员外，地方督抚、按察使、知府、州县官均兼理司法，实际亦可被视为刑官。有关刑官的探讨，可参见任喜荣《刑官的世界：中国法律人职业化的历史透视》，法律出版社，2007，第53~54页。
⑤ 据说晚清江苏某巡抚每次行刑，为诵《金刚经》数百卷以资超拔（《慎刑说》，《申报》1886年11月1日，第1版）。道光、咸丰时期的广西巡抚周天爵说，前任巡抚郑祖琛每逢决囚，必为之经醮祈福［（清）周天爵：《初到粤西详陈贼势军情疏》，（清）盛康编《皇朝经世文续编》卷93，台北文海出版社，1972，第3694页］。地方官在办案时的"积阴功"（阴德）想法常被乾隆等皇帝驳斥。

层勘转，不厌精详，非好为繁渎也。诚以人命至重，生者不应负屈，死者亦恐含冤。虽然刑部强调了死者不能含冤，但在清代的立法和司法实践中，人命至重更常体现在对生者（即犯人）的重视。① 这在秋审制度上表现得最为明显。正如同治七年（1868）刑部所言，朝廷原愚民之无知过犯，不忍一概诛戮，而定为监候。又于监候之中分别情实、缓决及可矜等项，俟秋审时分别核议，立法具有深意。非好为是委曲繁重也。② 秋审的对象是那些被判为斩、绞监候的外省犯人。这些犯人本是已定谳的死刑犯，秋审给了他们活命的机会。钱维城于乾隆二十六至三十七年曾任刑部侍郎。他说："每岁秋谳缓决率数千人，其即市者十分之一耳。"③ 虽然其所言数字未经过精确计算，但每年经过秋审后犯人大部分不会被处决也是事实。秋审的程序可谓曲折繁重、礼节周密。良以人命关系重大，非此不足以防冤滥。④ 虽然案件经过节次勘转后才定谳，但冤滥仍时有发生。秋审的被重视与清廷对"逐级审转复核制"的不自信有直接关系。出于对人命被冤杀的担心，清廷试图以秋审制度来弥补"逐级审转复核制"运转下的一些缺陷。为此国家耗费了大量的人力、财力和行政成本。清代散文家管同说，今虽宰相不能妄杀一人，杀一人而文书至于尺许。⑤ 因为处决一人而形成的司法文书很厚。这些都是国家重视人命的直接体现。

　　清代之所以如此重视人命，明代的影响非常直接。明代的影响不仅体现在秋审制度上，也体现在重视人命的观念上。明代统治阶层非常重视人命，常行恤刑之典。如每年霜降后审录重囚之制，创立于英宗天顺年间。宪宗成化时确定五年恤刑之制。这些制度此后基本奉行不辍。虽然武宗后诸皇帝多不如前，但大多对恤刑仍很重视。如嘉靖皇帝便曾连岁因灾

---

①　（清）潘文舫等：《新增刑案汇览》卷15，法律出版社，2007，第295页。

②　（清）吴潮、何锡俨编《刑案汇览续编》卷32，法律出版社，2007，第1445页。

③　（清）钱维城：《茶山文钞》卷4，《清代诗文集汇编》第346册，上海古籍出版社，2010，第620页。

④　（清）吉同钧：《大清律例讲义》卷3，闫晓君整理，知识产权出版社，2018，第132页。

⑤　（清）管同：《因寄轩文集补遗·对用刑说》，《清代诗文集汇编》第532册，上海古籍出版社，2010，第363页。

免刑。① 热审、大审等会审之制即使在皇帝怠政的万历时期亦常举行。除此之外，朝廷还经常举行春审、寒审。在官方的重视下，明代各项恤刑制度运转良好。明代还设置了较多的直接负有恤刑职责的官员。在中央，大理寺为最主要的恤刑机关。中央其他官员有机会参与朝审等恤刑活动。在地方上，设置了更多的有恤刑职责的官员。在省一级，除了平时巡按御史和按察使负有恤刑职责外②，成化时又确定了每五年由刑部、大理寺派出官员赴外省审录罪囚的制度。在府一级，由推官负责恤刑。在省级与府级机关之间，朝廷担心省级按察使管辖范围过大，不能周至，复分数道，令其佐贰官（即巡道）以时出巡，审理冤枉。③ 这些官员不是摆设，他们在现实的恤刑中确实发挥了一定的作用。比如由大理寺官员编著了较多的判牍，强调自己所尽的恤刑职责，这是明代大理寺实际发挥作用的直接证据。此外，在律例编纂体例上，明代以人命至重，特于《大明律》设立了"人命"门，系于"贼盗"门之后。④《大清律例》继承了这一做法。明亡清兴，那些在明代深受恤刑观念影响的汉族士人在清初法律建设中发挥了重要作用。清初罢恤刑使者、巡按御史、推官这些恤刑官员，并不意味着恤刑观念在当时遭到了削弱。⑤ 那些在统治阶层中占重要地位的汉族士人（如明末进士党崇雅等人）推动了秋审制度的建立。李士焜（明末进士）等人在废除割脚筋等满洲酷刑，建立新的刑罚体制中也发挥了重要作用。还有很多像姚文然（明末进士）那样对慎刑孜孜以求的人。还有很多像龚鼎孳、魏管、卫周祚、赵进美（俱为明末进士）那样经常提醒最高统治阶层讲求慎刑的官员。不仅如此，顺治、康熙和雍正诸帝还以儒家相标榜，经常在司法上践行其重视人命的主张。所以，统治阶层对人命的重视，并未因为朝代的更

---

① （清）张廷玉等：《明史》卷94《志第七十·刑法二》，中华书局，2013，第2325页。

② 张廷玉等撰《明史》载：按察使掌一省刑名按劾之事，纠官邪，戢奸暴，平狱讼，雪冤抑。见（清）张廷玉等《明史》卷75《志第五十一·职官四》，中华书局，2013，第1840页。

③ 《明英宗实录》卷115，正统九年四月己酉，台北"中研院"史语所1962年校勘本，第2331页。

④ （清）钱之青：《大清律笺释合钞》卷19，康熙四十一年（1702）思补堂刊本。

⑤ 这主要是清初统治者基于限制地方上汉人势力的考虑。因为这些官员专业性强，满人比例低。他们会制衡地方上的满人势力。

替而受到影响。

与前代相比，清代统治阶层更重视"天"的意志。比如朱元璋在颁行《大明令》、《明大诰》和《大明律》时，一共只出现了五个"天"字。都是天、下二字连用。① 中国传统文化中那种至高无上的"天"实际未被强调。乾隆五年（1740）颁行《大清律例》时的措辞明显不同，"天"特别被强调。这表明了他们对"天"的敬畏。清廷对"天"的敬畏在入关前就表现得非常明显。努尔哈赤的年号为"天命"，皇太极两个年号中的一个为"天聪"。努尔哈赤和皇太极在征战和日常治理中经常借助于"天"。如在著名的"七大恨"中，努尔哈赤说，天授我哈达之人，强调"顺天心者胜而存"，说"天厌扈伦启衅"，声称明助天谴之叶赫抗天意。② 皇太极说自己"祇承天命，事事可以告天"。③ 从其各种有关"天"的表述来看，努尔哈赤和皇太极眼中的"天"与中原传统文化里的"天"并无明显区别。其政权从弱小到壮大的过程中，他们不断利用"天"证明自己政权的合法性，寻找对抗大明的正当理由，拉拢盟友，收服民心。在他们眼里，"天"意倾向于满洲，这是他们发展壮大的最重要基础。他们对"天"的利用有着深厚的民众基础。满洲的萨满文化可能也有暗含"天"至高无上的内容，所以，利用、改造并不困难。无论是努尔哈赤时期，还是皇太极时期，满洲政权都有扩张的野心，只有不断向汉人灌输"天"意已在满洲的思想，被扩张进入满洲的汉人才能更好地为其所用。可以说只有"天"才能最大限度地把境内的满洲人、汉人、蒙古人等各族人团结起来。随着满洲的不断胜利，其境内的各族人民也愈加相信满洲最高统治者赢得"天"意的事实。④ 总而

① （明）张卤辑《皇明制书》，《续修四库全书》第788册，上海古籍出版社，2002，第2、30～31、402页。

② 《清太祖实录》卷5，中华书局，2008，第69页。

③ 《清太宗实录》卷13，中华书局，1985，第185页。

④ 比如崇德七年（1642）皇太极率军攻陷锦州后，都察院参政祖可法等奏称："皇上威福天授，克建奇勋。今观天心人事，则明之败亡已昭然矣。为今日计正宜顺天意合人心，皇上成一统之规模与万世之基业在此际也。"（《清太宗实录》卷59，中华书局，1985，第803页）。虽然都是吹捧之词，但确实也反映了当时"天"的民意基础以及统治阶层对"天"的利用。

言之，清朝对"天"的敬畏在其入关前就已经深入人心。入关后其统治的合法性焦虑更甚，对"天"的倚赖更甚。乾隆五年《大清律例》对"天"的强调可以说是努尔哈赤、皇太极以来清代最高统治阶层的一贯做法。在这个背景下，"天人感应"下的"人命关天"思想更具实质意义。在中国历史上，清代皇帝对死刑决定权的掌控最为牢固，这是他们敬畏"天"的直接表现。他们尤其担心杀错人遭到"天"的惩罚。秋审受到特别重视，与此有直接关系。在司法实践中，清代皇帝不仅自身较少法外非刑，还能有效约束宦官、权臣。明代地方酷吏之所以常将人杖毙，其重要原因便在于皇帝不仅自己常法外杖毙大臣，还纵容宦官、权臣坏法，从而上行下效，法坏弊生。①

在清代，除了秋审制度外，热审、三司会审等会审制度也是"人命关天"观念的直接体现。为了防止出现冤杀人、因轻罪收监而被瘐毙等情况，统治者构建了一套相对比较完善的制度。虽然这些制度在实践中经常出现偏差，但毕竟也会在一定程度上挽救许多犯人的生命。

第三节　公开行刑②

"刑人于市"是中国古代的通法。③"刑人于市"思想主要来源于《礼记·王制》，其后尚有"与众弃之"四字。④《礼记》系传统儒家经典"五

① 郑小悠博士认为，清朝皇帝深刻意识到，刑事案件的处理不仅关系到普通百姓的生死，也关系到"家天下"的安危。因此，从顺治帝起，清帝就有亲自参与办理刑案的传统（见郑小悠《清代的案与刑》，山西人民出版社，2019，第226页）。其背后与清朝对"天"的重视有直接关系。

② 对中国古代公开行刑的研究，可参看赵晓耕主编《罪与罚：中国传统刑事法律形态》，中国人民大学出版社，2012，第506～507页；胡旭晟主编《狱与讼：中国传统诉讼文化研究》，中国人民大学出版社，2012，第440～441页；陈光中《中国古代司法制度》，北京大学出版社，2017，第376～382页。

③ （清）沈家本《行刑之制考》，沈家本《历代刑法考》（附《寄簃文存》），邓经元、骈宇骞点校，中华书局，1985，第1227页。

④ 《礼记正义》，（汉）郑玄注，（唐）孔颖达疏，龚抗云整理，北京大学出版社，1999，第359页。

经"之一。"刑人于市"的思想在后世得到了普遍遵从。沈家本认为，之所以"刑人于市，与众弃之"，系因犯法者多不肖之人，为众所共恶，故将其处决，亦必公之于众。这与孟子所谓"国人杀之"之意相同。① 亦即处决人的行为百姓举目共见，显示了君主不欲以一己之好恶为国家之赏罚。公开行刑强调了处决犯人的正当性、公正性和审慎性。② 沈家本又认为，"刑人于市"本来没有示众以威，俾之怵目而警心的意思。这是后来演化出来的。这个被演化出来的意思"殊未得众弃之本旨"。③ 无论如何，示众以威，俾之怵目而警心才是清代统治者在公开行刑时经常强调的，"国人杀之"的用意反而不怎么强调了。示众以威，俾之怵目而警心，意为老百姓在看到行刑的惨状后会目不忍睹，心里受到警示，受到了震慑，进而不敢犯法，从而达到预防犯罪的目的。公开行刑的威慑功能在晚清"就地正法"章程产生后表现得尤其明显。

　　在清代，预防犯罪主要靠教化来实现。官方意图通过教化，实现人人

---

　　① 另一方面，对犯人面貌的辨识，中国古代并无较好的办法，公开行刑能比较有效避免出现犯人被调换等类似的问题。清代官方对犯人面貌的描述可参考流犯递解时年貌清册的描写，这些描写非常简单。事例可参考道光年间广东某遣犯的年貌箕斗册。在该册中，该犯的年貌描述为：现年二十九岁，身中面紫，无须。左面刺强盗清汉各二字，右面刺外遣各二字。左手大指斗，余指箕。右手大指斗，余指箕。左面有疤痕一点，右额角有刀痕一道。系广东广州府增城县人。锁铐完全，穿赭衣裤［见（清）佚名辑《公文钞本》，桑兵主编《八编清代稿钞本》第357册，广东人民出版社，2017，第399页］。犯人面貌的辨识度低，经常出现犯人在递解时以金钱寻求替代者的情况。

　　② 春秋末，晋国铸刑鼎，公布成文法，这引起了孔子的责难。《礼记》据传为孔子的弟子及其学生们所作。《礼记》中公开行刑的主张也可视为孔子的主张。孔子本人反对公布成文法，或许可以认为，当时法律不公开，会导致民众无所适从，并怀疑处决行为的合法性，公开行刑可以弥补这些缺憾。所以，较之后世，公开行刑在当时更具实质意义。因为《礼记》在儒家体系中的重要地位，即使汉代以后各朝成文法已公开状态，公开行刑的意义也未被质疑。只是后世掌握话语书写权的历代统治者越来越强调公开行刑的威慑意义。在他们的笔下，行刑的合法性书写被弱化，百姓没必要也无权质疑行刑的合法性。至清代，公开行刑又经常成为展示皇帝恩德的舞台，行刑的血腥意味有时被有意淡化。公开行刑也可被视为统治者利用权力驯化百姓的手段，百姓或因震慑而被驯化，或因感恩而被驯化。套用法国哲学家福柯的观点，秦汉等朝更强调公开行刑的"惩罚"性，清代则更强调公开行刑的"规训"意义。南宋、明等朝则是过渡时期。

　　③ （清）沈家本：《变通行刑旧制议》，沈家本《历代刑法考》（附《寄簃文存》），邓经元、骈宇骞点校，中华书局，1985，第2060~2061页。著名法学家蔡枢衡认为，周代刑罚的作用不在报复，而在使一般人不敢犯罪。见蔡枢衡《中国刑法史》，广西人民出版社，1983，第82页。

向善，进而达到"刑措"的目的。事实上，统治阶层很清楚，真正的"刑措"不可能实现。总有一些奸顽之徒无法被教化。为防止这些奸顽之徒犯罪，唯有震慑一途。公开行刑是震慑其犯罪的重要途径。官方对犯罪的预防，以教化为主，以威慑为辅。通过公开行刑将法场信息传递出去。那些奸顽之徒和对社会有潜在危害的人即使未亲眼看见血腥的法场场面，在听到民众的传闻后也能闻风丧胆，不敢犯法，从而达到预防犯罪的目的。

其背后反映了官方对民间信息传递途径的利用。法场能在很短的时间内将民众聚集起来，然后将信息快速传递出去。如前文，各州县行刑之事实际不常见，即使晚清"就地正法"章程实施后行刑之事增多了，在大多地方也并不那么常见。1934 年有篇主张废除死刑的文章，其作者李海波应该在晚清生活过。他说，以执行死刑而论，当承平时候，杀伤之事不太常闻。城市决囚，不特本地居民空巷往观，就是四乡的人也必定奔走相告。且有不远数百里而驰往瞧看的，因为冀一见其所不常见，以饱其眼福。及其既见，妇孺不必说了，就是壮年的男子，也没有一个不神魂震骇，不寒而栗，故非十恶不赦的人，没有犯杀人罪的，以其未有习见的关系。[①] 平时行刑不常见，这是民众对行刑充满好奇的重要基础。如果平时经常见到行刑，民众不可能那么好奇。[②] "人山人海""观者如堵"等话语是《申报》对行刑时围观民众数量之多的最常见描写。

民国时期《前清有系统的杀人制度》一文作者曾在晚清观看过行刑。

---

① 李海波：《废止死刑之我见》，《中华季刊》1934 年第 2 卷第 3 期，第 21 页。

② 现代著名语言学家赵元任童年曾随其祖父、冀州知州赵执诒生活。其在《赵元任早年自传》中回忆说，虽然他祖父非常忠厚，但也经常打板子。他刚开始看打板子的时候还觉得犯人可怜，可是后来看惯了就渐渐麻木了。同一时期的英美等国民众来到中国后实际上也很少见到法场行刑之事。那些少数宣称曾到过现场的外国人在观看法场行刑时的心理其实与内地（广州等少数地方除外）中国人并无较大不同。比如美国人约翰·斯塔德就说，在广州，引起他兴趣的最可怕的地方是那里的刑场（赵元任：《赵元任早年自传》，季剑青译，商务印书馆，2014，第 15～16 页；〔美〕约翰·斯塔德：《1897 年的中国》，李涛译，山东画报出版社，2004，第 83 页）。中国人在观看行刑时也是类似的心理，即既有兴趣，又非常害怕。多重心理的叠加影响，促成了中国人和外国人前往法场的动力的形成。这种心理应该是人的本性，不分国界。很多外国人指责法场中的中国民众非常麻木。既然如此，为什么还会有那么多人去观看行刑？这难道不自相矛盾吗？

他对围观民众表现出很大好奇心的原因也进行了解释。他说，杀人的事是个极大的问题，就我国社会习惯来说更是一宗最惹人注意的事。说也真怪，我国普通人士专门爱看杀头的勾当。仿佛把杀头当作一件当场出彩，不惜用全副精神去欣赏有声有色的戏剧，关于刽子手的神秘技术，更当有一种很大的吸引力。其实看了以后，果然能如瞻仰青山绿水，赏鉴古书名画，使人开拓胸襟，醇醇而有余味，那样富有审美性的吗？不见得吧！不过赚一日惊魂不定，夜梦不安，闭上眼，就看见血迹模糊的头颅在地上乱滚，这又是何苦来呢？① 该作者和李海波一样，都强调了行刑时的惊骇状。这种惊骇状如何转化成吸引力？他们或者强调了行刑平时的不常见，或者强调了戏剧般的渲染。反正普通百姓对行刑抱有很大的热情。在《申报》的很多报道中民众在得知即将行刑时经常表现出匆忙往观的神态。② 晚清重臣翁同龢在家乡常熟为母守制时，有天凌晨四更时就被赶着去看行刑的人群吵醒了。③ 在光绪八年（1882）杭州的一次行刑中，杭人远近来观者不下数百人，皆登城而作壁上观，有一五十多岁老人目睹诸犯处死毕，忽然以两手捧头大呼，似欲从城上跃下，幸有其同伴两人扶掖下城，始免倾跌。其已目瞪口涎，抚颈惟呼爽快。④ 目瞪口涎说明其被吓程度之大，抚颈惟呼爽快说明其入戏之深和心理上得到的极大满足。这名老者在当时也应该算见多识广，不至于太过受惊。光绪二十一年（1895）和二十三年江苏镇江就曾各有一儿童和年幼者在观看行刑时因为胆小而被惊吓晕倒了。⑤ 光绪十八年（1892），江苏吴县还有一"意气自雄、摩拳擦掌"的少年因被吓破了胆而丧命。⑥ 民众即使明知不敢看，却偏偏还要去看。这种心理不能仅用好奇一

---

① 献征：《前清有系统的杀人制度》，《益世报》（天津），1932 年 7 月 15 日，第三张。

② 比如在对同治十三年（1874）江苏镇江的一次报道中，犯人已被押往法场，当时民众"容殊急遽""众皆环观"。见《京口决囚》，《申报》1874 年 9 月 2 日，第 3 版。

③ （清）翁同龢：《翁同龢日记》第三卷，翁万戈编，中西书局，2012，第 1032 页。

④ 《因吓成疯》，《申报》1882 年 7 月 16 日，第 2 版。

⑤ 《刑人于市》，《申报》1895 年 7 月 11 日，第 9 版；《盗匪正法》，《申报》1897 年 10 月 23 日，第 2、3 版。

⑥ 《斩犯续闻》，《申报》1892 年 9 月 5 日，第 2 版。

词去概括。法场对普通民众好像有一种神奇的吸引力。他们明知在看完行刑会受到震骇，也还是在得知消息后涌入法场。①

就连受儒家教化影响平时较少出门的妇女也常出现在刑场。根据《申报》的记载，在江苏的某次行刑时，有不远数里而来观看的妇女。② 通过行刑可以快速将众多民众聚集起来。这些人又很快地将行刑的信息传播到更多的人。光绪六年（1880），浙江一名书吏因升科一事在省城被正法。《申报》说，他正法后半日之间，杭州已各处传遍，谈此事者皆为之变色云。③ 英国传教士麦嘉湖自称在中国生活多年（约 50 年）。他对中国信息传播之快非常困惑。他说，无论如何都解释不了中国的信息传播秘密。几天时间内，信息会被传播到非常遥远的地方，包括那些接收不到电报的地方。信息传播比电流的速度都快，似乎有成千上万个电报局在中国夜以继日地工作着。④

在处决一些明显无同党的犯人（如情节简单的逆伦案）前，有的地方官会通过"悬牌"示谕等方式使百姓提前知晓行刑日期。在处决强盗等类犯人时，为防止发生其同党劫囚的意外，地方官大多不会提前让百姓知道行刑日期。⑤ 从州县衙至当地法场一般会有一段路程。在将犯人绑赴法场途中，沿途百姓在看见行刑队伍经过时会直观地意识到即将行刑。他们会"奔逐随观"，行刑的消息会很快传播到更多的民众那里。这些好奇的民众足以确保在行刑时法场热闹拥挤。在将犯人绑赴法场途中，有的地方官出于将犯人游街示众的考虑，会有意识地不走捷径，从而使更多的民众获知

---

① 18 世纪、19 世纪上半期的英国也是公开行刑，行刑时围观民众也很多。只是与中国人的好奇心态不同，英国人经常是喧闹的喜庆心态（徐曦：《〈艾丽斯漫游奇境〉与英国维多利亚时期的死刑改革》，《澳门理工学报》2019 年第 2 期）。虽然在《申报》对围观民众的报道中，经常出现"人心大快"这样的描写，但民众喜悦的描写非常少见。其背后可能更多反映了当时两国国民性的不同。

② 《逆子凌迟》，《申报》1884 年 1 月 18 日，第 2 版。

③ 《革书正法》，《申报》1880 年 6 月 30 日，第 2 版。

④ 〔英〕麦嘉湖：《中国人的生活方式》，秦传安译，电子工业出版社，2015，第 152 页。麦嘉湖的中文译名还有麦高温、玛嘉温等。

⑤ 也有例外的情况，如同治三年（1864）在处决广西农民起义首领黄鼎凤等人前，广西布政使刘坤一先期出示传谕城乡。刘坤一说，行刑当日远近奔观者约数万人。见（清）刘坤一《禀张中丞》（同治三年五月二十日），太平天国历史博物馆编《太平天国史料汇编》第 10 册，凤凰出版社，2018，第 4718 页。

行刑的消息。在京城，因为朝审勾到日期在勾到前就已确定，在勾到日之前京城司坊匠役、官兵已经开始了行刑的准备工作，支盖棚帐，严密巡查。所以，在京城去看行刑的好奇民众"亦必早诣焉"。① 外省州县也经常因为法场的准备工作而泄露了即将行刑的消息。

这些围观民众既通过围观行刑受到了震慑，受到了儆戒②，也通过这种方式受到了法律教育，明其致死之由，从而达到了法律普及和预防犯罪的效果。"刑人于市"的同义词"明正典刑"更清晰地揭示了公开行刑的法律普及的意义。"典刑"即国法之意。③ 正如乾隆帝所言，行刑多在城市，乡居僻村，从无见闻，是以不知律令，往往作奸犯科。所以，谕令在行刑时将该犯姓名和犯罪事由，出示谕众。④ 行刑后犯人临刑时痛苦难堪的表现会在"村夫野老"间传播。⑤ 亦即这些围观民众又通过邻里等关系将行刑场景等信息传递于其他人。正所谓"自今以后茶坊酒肆、瓜架豆棚父老闲谈，以之动色相戒，若辈闻之，或知惜生畏法而命案亦庶几日少"。⑥ 法律普及的最终目的还是预防犯罪。⑦

"刑人于市，与众弃之"之语通过《礼记》等儒家经典影响了中国古代读书仕进之人。从信息传递、法律普及的意义上来说，"刑人于市"在中国古代有其必然性。"刑人于市，与众弃之"，在众多百姓的围观中，犯人的罪行既得到了暴露、揭发，犯人也受到了百姓的指责、羞辱，受害者的心理也受到了抚慰，围观的凶恶之徒也受到了儆戒。⑧ 虽有凶悍狡猾之民，皆

---

① （清）洪亮吉：《洪亮吉集》卷4，中华书局，2001，第1041页。

② 有时，地方官会在向皇帝奏报的文书中强调围观民众受到的儆戒状。具体事例可见《台案汇录》己集，台北台湾银行经济研究室，1997，第266～267页。

③ （元）徐元瑞：《吏学指南》"法例"，杨讷点校，浙江古籍出版社，1988，第67页。

④ 《清高宗实录》卷625，乾隆二十五年十一月戊午。

⑤ （清）佚名：《驳案集成》卷29，高柯立、林荣辑《明清法制史料辑刊》第2编第20册，国家图书馆出版社，2014，第335页。

⑥ 《论本报所纪刑人于市事》，《申报》1896年11月28日，第1版。

⑦ 根据《申报》所记，光绪十三年（1887年）浙江杭州的一次行刑系在下午两点多。行刑后，当日杭州人便已满城传说，谈者色变。见《火匪正法》，《申报》1887年1月18日，第2版。

⑧ 在清代的官方话语中儆戒意义更常被强调，受害者的心理则较少提及。

将自爱其死。从而达到迁人于善，乃至"刑措"的结果。这正是古人常说的"刑期无刑""辟以止辟"。民国时期《前清有系统的杀人制度》一文作者认为，"刑期无刑""辟以止辟"这是《尚书》中的两句格言。古人司法的真精神，总不能跳出这两句话去。① "刑期无刑""辟以止辟"的实质是通过极端严厉的方式实现儒家教化的结果。

法国学者福柯通过对法国行刑的研究认为，近代法国通过公开行刑将行刑过程与空间舞台化，从而形成对围观民众的震撼。其着眼于近代法国，与儒家影响下的中国有着很大的差异。② 侯旭东教授认为，行刑是统治力量的展示。围观民众通过观看到行刑过程不难体会到朝廷的威严与

---

① 献征：《前清有系统的杀人制度》，《益世报》（天津），1932 年 7 月 15 日，第三张。

② 在研究中国古代死刑等刑罚时，福柯《规训与惩罚》一书的引用率非常高。笔者认为，因为死刑政策、历史背景、文化背景、民众现场观看行刑的机会等方面的差异，福柯对近代法国法场行刑的研究结论不能适用于同时期的中国。在中国，公开行刑的仪式功能和政治功能不宜被夸大。从福柯的表述来看，当时的法国民众能经常现场看到死刑的执行。而同时期的中国民众则很难看到。当然，清代有些地方在行刑时也会有仪式，但这些仪式多与"鬼"有关，主要是为了避开"鬼"。而同时期的西方却侧重于向民众展示权力，行刑场面血腥，摄人魂魄。同时期的中国皇权一统、稳固，皇帝权力的来源不受质疑，皇帝没有必要像那些经常纷争的西欧小国、小城那样通过频繁的行刑来展示自己的权力。在中国，频繁的行刑不仅是对皇帝（地方官）政绩的否定，还会损害皇帝的仁爱形象。当然，军事行动后对部分人犯的公开处决也有展示皇权的考虑，但这只占少数。有人认为，中国古代刑罚的演进经历了复仇时代、威慑时代、博爱时代和科学时代。清朝处于威慑时代。其实，这只是看到了死刑表面上的威慑作用，而未看到清代刑事政策的基本思路和死刑很少执行的现实情况。在儒家思想的影响下，普通民众深受教化，经常被训诫其行为合乎儒家规范，从而很少会触犯刑律。各类犯人经常受到体恤，刑罚执行的矫正意义也时有强调。日本学者仁井田陞将徒刑、流刑视为自由刑。徒刑、流刑实际上与现在的监禁刑很相似，只是徒刑、流刑犯人活动空间更大。所以，清代在刑罚发展阶段上应该属于博爱时代。至 18 世纪晚期 19 世纪初，英、法等国在刑罚执行上有了明显的变化，血腥刑罚的展示已经逐渐消亡。监禁刑的使用增多，刑罚的执行更加人道。刑罚儆戒作用的基础不再是恐吓，而是教训、可理解的符号、公共道德的表象等。此时的英法等国与中国在刑事政策的基本思路等方面可谓不谋而合。主要区别在于，晚清"就地正法"章程颁行后，死刑执行有所增多，枷号等刑的执行也更为常见，刑罚的威慑意义增强，教训意味经常被淡化，刑罚的执行多不从犯人的角度考虑问题，在审判程序上的确过于不利于维护当事人的权益。而同时期的西方死刑已不那么血腥，英、法等国也逐渐减少了死刑的执行，刑罚的执行多从犯人角度考虑问题，在审判程序上也注重维护当事人的权益。两相对比之下，双方的反差加大，清朝在刑罚理念和执行方面的落后日益明显。在晚清来华外国人的渲染下，清朝刑罚的一些负面内容被放大，本来极具正面意义的刑事政策基本思路等方面被忽略、掩盖了。外国人的渲染有时系出于利益需要，有时也的确是客观情况。作为相关领域研究者，我们不能人云亦云，应客观对待，努力发掘清代刑事政策的一些正面内容。

力量。① 侯旭东教授当时的文章更关注大人物，大人物经常涉及政治斗争，其被公开处决自然体现了统治力量的展示。但对普通民众被公开处决来说，这点在中国古代表现得并不明显。

　　显然，公开行刑展示了血淋淋的场面，这与儒家之"仁"相悖。诚如唐末五代时牛希济所言，残其肢体、流其膏血、逞威于众并不是行刑的主要目的。② 隋文帝诏有"枭首辕身，义无所取，不益惩肃之理，徒表安忍之怀!"之语。③ 其意为，枭首辕身之刑，就不应该被采用，它们非但无益于惩阻犯罪，反而徒然向人民展示自己残忍不仁! 南宋著名诗人陆游对凌迟有"肌肉已尽，而气息未绝，肝心联络，而视听犹存。感伤至和，亏损仁政，实非圣世所宜遵"之语。④ 陆游直接将凌迟刑视为亏损仁政的表现。在乾隆五年（1740）颁行《大清律例》时，乾隆帝说，古先圣王制定、公布法典，非徒示之禁令，使百姓知所畏惧。弼成教化，洽其好生之德，才是最终目的。⑤ 嘉庆皇帝更为明确地说，圣王体天好生大德，孰愿用刑法以治庶姓哉! 圣王以德礼化民，以刑法去莠民，盖不得已之苦心，非忍于残民以逞欲。同胞物与之怀，岂甘听宛转呼号之惨哉!⑥ 在晚清废除凌迟等极刑时，沈家本、伍廷芳等人在引用前引隋文帝诏书的同时认为，凌迟等极刑究非国家法外施仁之本意。只为了使部分凶顽得到合适的惩儆，却将血淋淋、残酷的场面展示于众，这不利于儒家之"仁"的展现。⑦ 正如为如此，沈家本才说"刑人于市"，示众以威，俾之怵目而警心之意，"殊未得众弃之本旨"。所以，通过公开行刑展示朝廷的威严与力量并不是中国古代公开

　　① 侯旭东：《北朝的"市"：制度、行为与观念——兼论研究中国古史的方法》，《中国社会历史评论》第 3 卷。
　　② （五代）牛希济：《刑论》，（清）董诰等编《全唐文》卷 845，中华书局，1983，第 8881 页。
　　③ （唐）魏征等撰：《隋书》卷 25《志第二十·刑法》中华书局，2011，第 711 页。
　　④ （宋）陆游：《陆游全集校注》13，钱仲联、马亚中主编，浙江古籍出版社，2016，第 148 页。
　　⑤ 《清高宗实录》卷 131，乾隆五年十一月癸未。
　　⑥ 《清仁宗实录》卷 207，嘉庆十四年二月壬辰。
　　⑦ 《修订法律大臣奏请变通现行律例内重法数端折》，上海商务印书馆编译所编纂《大清新法令》（点校本·1901—1911）之第 1 卷，李秀清等点校，商务印书馆，2010，第 286 页。

行刑的本来目的。① 在中国历史上普通民众被处决更为常见。所以，公开行刑在中国古代更多是出于法律普及、法律教育和犯罪预防的需要。在晚清"就地正法"章程颁行后，公开行刑的威慑意义才更加突出。

在清代，公开行刑时对犯人罪行的公开揭发主要系通过行刑时的斩条和行刑后的榜示来实现。乾隆三十八年（1773），乾隆帝谕令，嗣后办理秋审、朝审情实各犯勾到时著大学士会同刑部每次将各犯应勾、应缓情节摘叙数语，奏闻行知各督抚将军，于处决时出示晓谕，以昭儆戒。② 该上谕经修改后被修入《大清律例·刑律·断狱下》"有司决囚等第"门中。新条例又规定，朝审由刑部发交该城榜示，其各省官犯俱俟朝审勾到后，奏闻颁发。此即秋审行刑后之榜示。如光绪三十四年（1908）江苏上海县某告示云：照得绞犯顾和尚系妒奸谋杀缌麻表弟江一身死案内之犯，业经拟绞监候，秋后处决。现奉部咨，钦奉谕旨，著即处决等因，钦遵。行咨下县，除将该犯绑赴市曹处决外，合行牌示，以昭炯戒。"炯"字有明亮之意。"炯戒"强调了儆戒之光明正大。"以昭炯戒"意为本次行刑对你们百姓来说清楚可见，毋蹈覆辙。③

乾隆四十年（1775）前后，陕西巡抚毕沅奏请将直省立决人犯照秋审之例一体颁发榜示，经部臣议由督抚摘叙案由，出示晓谕。④ 所以，在立决人犯被处决后，地方官也会颁发、粘贴行刑告示，简要说明行刑缘由。刑部每年都要通饬各省督抚转饬所属，将本年行刑各犯逐一摘叙简明案由，榜示通衢，使往来者触目警心。对犯人罪行的公开揭发也是清代法律普及、预防犯罪的一种重要方式。

---

① 沈家本主要谈论的是死刑。嘉庆帝所言刑法当然不止死刑，还包括流刑、徒刑、杖刑和笞刑。过于强调统治者对流刑、徒刑递解路途和在配生活艰辛的展示意义（公开展示帝国权威），不仅会忽略对流刑、徒刑本来意义的探讨，也对理解清代刑事政策的基本思路（即儒家思想的支配地位）非常不利。统治者本来不欲以凶恶残忍的面目示人，某些研究却以此为基础展开讨论，这明显是被表象所迷惑而难以自拔了。

② 《清高宗实录》卷945，乾隆三十八年十月壬寅。在该上谕中，乾隆帝不认为每年秋审招册内情实应勾之犯每年总不见少的原因是教化不够。愚民罔知犯法之由才是百姓犯法仍众的主要原因。所以，应该让百姓周知犯人正法的原因。

③ 《绞决凶犯》，《申报》1908年12月17日，第19版。

④ 台北故宫博物院编《宫中档乾隆朝奏折》第41辑，台北故宫博物院，1985，第202页。

对一些高官显贵，为了照顾其体面，多以赐令自尽的方式结束其生命。如咸丰十一年（1861），在辛酉政变中获罪的两位亲王载垣、端华按照王大臣会议所拟本为凌迟处死，但因为国家本有议亲、议贵之条，从而得以量从末减，"免其肆市"，由皇帝加恩，赐令自尽。端华之弟肃顺也有议亲、议贵的资格，却因为其"悖逆狂谬"尤甚，虽然亦被皇帝"加恩"，但只被改为了斩立决。① 对肃顺来说，被公开处决是一种羞辱。②

在清代，如果应被处决的犯人在公开行刑前死去，这会被官方认为犯人"幸逃显戮""遽邀宽典"，犯人未被众人目睹受刑之惨，未被公开谴责和羞辱。部分应被斩首犯人因为在公开行刑前死去从而得以保全首领，这也被官方视为犯人的侥幸。这都是国法未彰的表现，被视为对犯人的"法外之仁"。如果生前是罪应凌迟、枭首之犯，将会被公开戮尸。其原因就在于在清代官方将罪行"公开"视为对罪犯本身的一种羞辱和惩罚。毕竟，中国人极爱面子。美国人明恩溥有关中国人爱面子的著名论断得到了当时和后来国人的普遍认同。犯人在公开行刑前死去也经常被官方谴责"已伏冥诛"（有时也说遭"天诛"）。亦即他虽然脱逃了阳间的惩罚，却逃不了阴间的惩治。③"法网恢

---

① 光绪《大清会典事例》卷10《宗人府·职制·议罪》。

② 肃顺等人被处决时，英国医师芮尼就在北京。他说，朝廷赐载垣、端华二人自尽时所说的赐丝帛，只是一个譬喻的说法，实际上没有丝帛送给他们。当皇帝命令赐死他们后，他们被立即收禁在宗人府的监牢里。这里将准备他们的后事，而所有必需的器材也预备好了，随时可用。他们站在一张矮凳上，他们的助手调校好绳索，一切就绪后，行刑者挪开凳子。就是这样，怡亲王和郑亲王在该月8日被夺走了生命。这种处死的方法的好处是，死后家财不充公。如果是公开斩决的话，财产便会没收。被判斩首的犯人会受到严密的监视，以防止他们自杀。他们衣服上的金属扣子全部被除去，以免他们吞下造成窒息（中国人有时用这个方式自杀）。芮尼还说，原先的判决是将犯人用最耻辱的方式凌迟处死，但这并非真实的意思。凌迟之刑只是为慈禧太后提供了一个行使赦免特权的机会，以显示她的慈悲（〔英〕芮尼：《北京与北京人》，李绍明译，国家图书馆出版社，2008，第345～346页）。《益闻录》某文说，皇朝治族之典，赐帛亦为恩赏，所以示法无可贷，刑难轻恕也。《赐绫故实》，《益闻录》1893年，第1243期，第64页。

③ 如晚清长期担任幕友的王钟霖说，有罪重而未闻重报，显快人者，或冥律使永受苦耶？……幽明一理，城隍为正神，王法所不及者，固应有阴刑〔（清）王钟霖：《王钟霖日记》，周生杰、周恬羽整理，凤凰出版社，2017，第322～323页〕。王钟霖有一种幕友身份焦虑。这种焦虑来源于因司法枉滥而受到报应的担忧，这在清代名幕汪辉祖那也有表现。他们对阴谴都非常在意。在清代这种焦虑对司法枉滥之事的发生起到了重要的抑制作用。孔子不语怪力乱神。在儒家占据支配地位的大背景下，现实中那么多阴间地狱描写的存在原因值得深思。

恢，疏而不漏"话语也得到了比较圆满的注解。① 在清代文学作品中，有关阴间刑罚的描写更为惨酷。所以，犯人阴间的惩治只会更重。虽然表面上看"已伏冥诛"是官方的精神胜利法，但从清代文学作品"受阴谴"的大量描写来看，"已伏冥诛"在当时确有深厚的群众基础。官方"已伏冥诛"等类似话语的使用的确也是对民众的一种震慑。②

当然，"刑人于市"中的"刑"一般指死刑，广义上的"刑"也包括其他刑罚。正常情况下，清代审理词讼案件系公开审理。③ 笞、杖刑的执行也系公开。著名循吏刘衡说，牧令既用枷杖，则必须临莅大堂，于万目共睹之地示以不测之威，并震以难回之怒，如击案疾呼、离座挺立之类。不妨稍参权术，俾与浩然正气相辅而行，务令观者人人晓然于官之所深恶而痛绝者。专在于此，则一惩百警，此后转可以缓罚而省刑。④ 在执行枷、杖刑时，官之所深恶而痛绝者能被民众看到，说明官之所为并非为一己之私。枷、杖刑的公开行刑，不仅彰显了官之公正，也使民众知晓官之所深恶而

---

① 《申报》在报道沧州某强盗被戮尸时说，该犯不死于法而死于病，得全首领以殁，为天公之愦愦（《盗犯戮尸》，《申报》1893年5月9日，第3版）。指责天公昏庸糊涂。这是民间话语，官方话语不会出现指责"天"的情况。对犯人在公开行刑前死亡，官方经常将其视为受到了"天刑"的惩罚。

② 明末清初著名学者黄宗羲说："地狱之说，儒者所不道。"同时期学者魏禧认为，佛氏地狱之说不悖于圣人。另一学者钱澄之认为，魏禧之说盖感愤于世间刑赏之不平，驯致小人之无忌惮至于此极，不得已望诸地狱，以纾其愤耳。世上有总督大员舍法令不言，亦引阎罗天子之威严以惧之而使为善，及约束群吏，亦誓之以鬼神果报之事，其意甚厚，却失政体。总督不惧之以现在必然之法，而惧之以死后不可知之事，其谁听之！毋怪乎犯法者日益众矣。今有权而足以行法者以己之可畏之权让诸鬼神，则法为虚设矣。不畏之以法而畏之以报，大畏民志，果如是，法不足畏，则民趋地狱如市矣〔（清）钱澄之：《田间文集》卷8，《清代诗文集汇编》第40册，上海古籍出版社，2010，第81~82页〕。清代民间地狱果报之说的流行可能也反映了当时司法不公的普遍。民间于是将希望寄托于阴间。诅咒那些在阳间得以善终的司法不公的制造者在阴间绝对没有好下场。部分官场中人对现状也深表忧虑，并著书阐发地狱果报之说（如袁枚《子不语》与纪昀《阅微草堂笔记》）。这使地狱果报之说成为制衡司法不公的一个重要力量。可能与魏禧相似，袁枚、纪昀等人对地狱果报之说也采取了较为开放的态度。在当时如何解决儒家孔子不语怪力乱神与佛教鬼神之说相冲突的问题实际上不是一个难题。

③ 《申报》有篇文章说，中国立法，凡有司讯案例应坐大堂，纵民观听（《刑讯辨》，《申报》1875年8月19日，第1版）。州县官经常将公开审断作为教化民众的重要途径。

④ （清）刘衡：《州县须知》，《官箴书集成》第6册，黄山书社，1997，第113~114页。

痛绝者，从而最终达到缓罚省刑的目的。^① 无论是徒犯、流犯的递解过程，还是徒刑、流刑的执行过程，民众都可以看到，并因此受到教育。枷号、插耳箭、刺字等刑的执行就更不用说了。在清代，死刑和其他刑罚公开行刑存在的主要目的都是使民众受到法律教育，起到预防犯罪的作用。同时，官方的权威、公正形象也由此得到了展现，犯人的罪行也得到了处理。

第四节　秋冬行刑

《大清律例·刑律·断狱下》"有司决囚等第"门律文规定，犯人被判处死罪后要奏闻皇帝，由皇帝决定该犯是否被处决。皇帝对被判斩、绞监候人犯的批复措辞一般为某某"依拟，应斩（绞），著监候，秋后处决"。从字面来看，被判斩、绞监候的人犯会被收监，候至秋天后被处决。事实并非如此。他们会通过当时的国家大典——秋审来决定其命运。^② 经过秋审后，犯人大多不会被处决。秋审制度来源于汉代的"秋冬行刑"制度。所谓"秋冬行刑"，即在秋天、冬天的时候将人犯处决，具体处决时间的上下限，各代微有不同。

"秋冬行刑"制度起源于先秦时期。在《周礼》《礼记》《左传》等儒家经典中都有关于"秋冬行刑"的相关记载。在百家争鸣的战国时期，儒家思想与阴阳五行家互相影响，阴阳五行家的一些神秘思想逐渐渗透进儒家思想。西汉大儒董仲舒将儒家思想与阴阳五行家思想进一步糅合，完善了"天人感应"理论。该理论认为，统治者应该顺应天时，要按照四季变化规律来从事各种活动。古时行刑必于秋冬，"所以顺天地肃杀之气也"。^③ 如果在生机勃

---

① 有时也藉此场合宣扬儒家教化。如乾隆进士叶镇建议，凡杖责人于有关世教者，坐大堂对众杖之。每遇不孝不悌者，遣出头门重杖，以别于他犯，且令行路之人各皆见闻，知所炯戒。（清）徐栋辑《牧令书》卷18，载《官箴书集成》第7册，黄山书社，1997，第401页。

② 朝审的对象为刑部现监罪囚，秋审的对象为外省罪囚。在清代，时人在提及秋审时一般亦包括朝审。本书亦如此，笔者后文不再强调。

③ （清）吉同钧：《大清律例讲义》卷3，闫晓君整理，知识产权出版社，2018，第131页。

勃的春天、夏天行刑，便会违背天时，灾异就会出现。灾异出现意味着统治者的统治受到了"天"的警示，统治者要及时调整施政政策。这就是"秋冬行刑"的基本内容。① 西汉武帝采纳董仲舒的建议，"罢黜百家，独尊儒术"。此后，"天人感应"思想的影响进一步扩大，并在当时的制度上有所体现。"秋冬行刑"制度就是其中的重要表现。

汉代以后，"秋冬行刑"制度基本被中国主要朝代所继承。"秋冬行刑"的观念日益深入人心。比如秦代四时行刑，被东汉官员陈宠批评为虐政。② 王莽盛夏时杀人，时人邓晨对刘秀说，这是上天要他灭亡的时候了。③ 隋文帝杨坚六月棒杀人，大理寺少卿赵绰以不可以天地间万物生长的盛夏之时杀人为由与隋文帝相争执。④

清代秋审制度受到了明代朝审制度的直接影响。明代朝审的对象为京城三法司现监重囚。有时甚至还包括了已被判凌迟的犯人。经朝审后很多死刑犯不会被处决。朝审在明代很受重视。

清代秋审制度的对象为关押于外省，被判为斩、绞监候的犯人。刑部现监重囚系朝审的对象。对那些被判为斩、绞立决的犯人，地方官在接到皇帝的命令后须在规定的时间内将其处决，不受秋冬行刑的限制。清代秋审制度所涉及的人犯范围远超明代的朝审制度。在清代，秋审系国家大典，国家非常重视。在犯人最后被皇帝"勾到"前，地方和刑部已经做了大量的工作。不仅刑部、都察院、大理寺中央三法司参与秋审，中央其他部门

① 参见〔日〕池田知久《中国古代的天人相关论——董仲舒的情况》，〔日〕沟口雄三、〔日〕小岛毅主编《中国的思维世界》，孙歌等译，江苏人民出版社，2006；徐忠明、任强《中国法律精神》，广东人民出版社，2007，第26～30页；赵晓耕主编《罪与罚：中国传统刑事法律形态》，中国人民大学出版社，2012，第431～433、第502～503、第508～509页；胡旭晟主编《狱与讼：中国传统诉讼文化研究》，中国人民大学出版社，2012，第440页；方潇《天学与法律：天学视域下中国古代法律"则天"之本源路径及其意义探究》，北京大学出版社，2014，第216～217、第262～271页；陈光中《中国古代司法制度》，北京大学出版社，2017，第373～376页；等等。

② （南朝宋）范晔：《后汉书》卷46《郭陈列传第三十六·陈宠传》，中华书局，2012，第1551页。

③ （南朝宋）范晔：《后汉书》卷15《李王邓来列传第五·邓晨传》，中华书局，2012，第582页。

④ （唐）魏征等撰《隋书》卷25《志第二十·刑法》，中华书局，2011，第715页。

也会参与，并经常提出意见。在预先题请的钦定日期，全国各省的犯人会按照距离京城远近、人数多少分数次"勾到"。如果皇帝决定将某名犯人处决，该犯的名字会在"勾到"时被勾除。进入"勾到"程序的犯人不意味着其必然会被处决。在"勾到"时，经常有免勾的犯人，他们虽然一般会继续进入下年秋审，但基本不会再有被处决的可能了。

　　秋审并非象征性地对犯人进行复核。通过秋审，很多被判斩、绞监候的犯人都有机会不被处决，个别犯人甚至获得了平反的机会。至于不被处决的机会有多大，每年俱不相同。在乾隆四十八年（1783）前后，斩、绞监候犯人不被处决的比例最高，达六成多（见表3）。道光晚期可能超过九成左右的犯人都不会被处决。① 总之，清代被判为斩、绞监候的死刑犯不意味着必然会在秋天后被处决。从数量上来看，每年最多有1000余名被定罪的斩、绞监候人犯被处决，最少的时候可能仅有二三百人（咸丰"就地正法"章程实施前）。官方也希望通过秋审弥补定案时可能发生的错误，尽量

---

　　① 咸丰御极后，下诏求言，刑部侍郎王植奏陈八事，其中说道"臣往备员刑部，闻嘉庆初各省岁谳大辟之案到部者率二千起，今则加倍有余"。其所说的"率二千起"应为每年秋审的新事起数，这说明至道光末每年秋审的新事起数应在四千起以上。这可以从其他方面得到证实。在道光中晚期逢两年颁布恩旨查办缓决三次以上人犯减等。从其发布恩旨时披露的数据来看，道光十六、十八、二十、二十二、二十四、二十六和二十八年十二月办完秋审后当年的缓决人数分别为12300余名、11600余名、11400余名、11600余名、11300余名、10800余名、10500余名（中国第一历史档案馆编《嘉庆道光两朝上谕档》第41册，广西师范大学出版社，2000，第529页；第43册，第494页；第45册，第499页；第47册，第503页；第49册，第470页；第51册，第435页；第53册，第456页）。从十六年发布恩旨的上谕来看，这几次恩旨所披露的缓决人数应包括朝审数据。十八至二十八年这几次恩旨所披露的秋审缓决人数基本为两年相加的缓决人数。该数据相对稳定。考虑到常犯情实十次改缓决等情况，道光中晚期每年的缓决人数应在5000名以上（每年人数应略低于总数除以二）。据实录计算，道光十八年至二十八年平均每年的秋、朝审情实人数约为587人，加上可矜、留养承嗣的人数，每年秋、朝审新事人数约为6000名。通过对实录中的勾到数据进行统计，这一时期平均每年的勾决人数约为469人。所以，道光中晚期斩、绞监候人犯的实际处决率最低应在8%左右。经计算，道光元年至十年，平均每年的秋、朝审予勾人数为522人，这一时期的秋审总人数应略低于道光末期。道光七年和九年查办缓决人犯减等恩旨披露的缓决人数分别为10990余名和10500余名（中国第一历史档案馆编《嘉庆道光两朝上谕档》第32册，广西师范大学出版社，2000，第369页；第34册，第480页）。故道光早期的实际处决率应高于晚期，最高应在11%左右。道光时期斩、绞监候人犯的实际处决率明显低于乾隆年间。乾隆年间至道光年间斩、绞监候人犯的实际处决率的变化，实际上也是刑狱"比例渐宽"的直接反映。

避免发生冤假错案和出现拟律失衡的情况。正如晚清著名法学家吉同钧所言"秋审一事较之定案尤为切要，定案不妥，秋审尚可补救。秋审一误，则死者不可复生，虽欲挽回而已无及"。① 从一定意义上来说，秋审比定案还要重要。

表3　乾隆年间斩、绞监候犯人的实际处决率

年份 （乾隆）	秋审新事 （起）	秋审旧事 （起）	秋审总起数 （起）	秋审总人数 （人）	每起平均（人）	秋审予勾数 （人）	秋审勾决率 （%）	处决率 (a) （%）	实际处决率（b） （%）
二十二年	1866	2016	3882	4119	1.061	431	94.93	10.46	21.77
二十三年	1964	3055	5019	5275	1.051	458	96.02	8.68	22.19
二十五年	2330	5889	8219	8507	1.035	486	93.82	5.71	20.15
二十八年	2383	5335	7718	未知	1.024	499	91.06		20.45
二十九年	2179	6928	9107	9305	1.022	430	86.87	4.62	19.31
三十年	2431	8243	10674	10881	1.019	529	89.21	4.86	21.35
三十一年	2242	3584	5826	5943	1.02	486	82.94	8.18	21.25
三十二年	2518	4907	7425	7563	1.019	527	83.65	6.97	20.55
三十三年	2615	6578	9193	9374	1.02	551	82.12	5.88	20.66
三十四年	2487	8205	10692	10849	1.015	590	81.04	5.44	23.38
三十五年	2519	3824	6343	6489	1.023	586	84.44	9.03	22.74
三十七年	2468	4372	6840	7014	1.025	606	87.25	8.64	22.70
三十九年	2773	260	3033	3165	1.044	644	77.03	20.35	22.26
四十一年	2913	4012	6925	7092	1.024	693	82.99	9.77	23.23
四十二年	2296	4041	6337	6495	1.025	554	75.79	8.53	23.54
四十三年	2735	5428	8163	8312	1.018	693	77.69	8.34	24.88
四十四年	3075	6936	10011	204 （存疑）	1.024	838	77.59		26.61
四十八年	2856	3582	6438	6622	1.029	1090	89.05	16.46	37.10
四十九年	2774	4930	7704	7887	1.024	1055	77.69	13.38	37.15
五十年	2479	3251	5730	5883	1.027	850	75.09	14.48	33.40

---

① （清）吉同钧：《大清律例讲义》卷3，闫晓君整理，知识产权出版社，2018，第133页。

续表

年份（乾隆）	秋审新事（起）	秋审旧事（起）	秋审总起数（起）	秋审总人数（人）	每起平均（人）	秋审予勾数（人）	秋审勾决率（%）	处决率（a）（%）	实际处决率（b）（%）
五十一年	2515	4522	7037	7170	1.019	718	69.1	10.01	28.02
五十三年	2535	4735	7270	7421	1.021	775	67.98	10.44	29.95
五十四年	2512	6177	8689	8857	1.019	716	69.72	8.08	27.96
五十六年	2540＋2820	2617	7977	8193	1.027	1445	84.9	17.64	26.25
五十七年	2945	6227	9172	9312	1.015	790	72.54	8.48	26.42
五十八年	3001	3978	6979	7116	1.02	800	80.4	11.24	26.14
五十九年	2841	636	3477	3601	1.036	711	84.44	19.74	24.16

注：表中处决率（a）为当年被勾决人数占当年秋审人数的百分比。因为当年秋审人数尚包括旧事人数（比如老缓的情况），所以，处决率（a）不能客观反映斩、绞监候人犯实际被处决情况。实际处决率（b）为当年被勾决人数占当年秋审新事人数的百分比。本表的数据以本年度全国秋审人犯为统计基础，不考虑各省截止日期的差异。沈家本的《叙雪堂故事删眷》收录了乾隆年间多数年份秋审旧事起数、新事起数、总起数和总人数［（清）沈家本：《叙雪堂故事删眷》，杨一凡编《清代秋审文献》第 3 册，中国民主法制出版社，2015，第 3～12 页］。各年的秋审总人数与总起数的比例（即平均每起的人数）相对稳定。最高年份与最低年份相比，平均每起相差不超过 0.05 人。用本年的平均每起人数乘以本年的新事起数，即可得出本年度相对准确的新事人数。将本年的秋审予勾人数除以新事人数，即可计算出本年度秋审斩、绞监候犯人的实际处决率（b）。由于历年的平均每起人数相差无几，故将各年度的总人数之和除以总起数之和（不含二十八年和三十七年），可以计算出历年平均每起案件的人数（假定为 c，经计算，c 约等于 1.024）。用 c 乘以四十四年的新事起数，可得到本年相对准确的新事人数，这样即可算出本年的处决率为 26.61%。二十八年秋审总人数不详，我们亦可以通过 c 计算出本年的处决率。考虑到监毙、停勾年、提前正法、朝审、赶入本年秋审和部分年份旧事缓决改情实等情况，乾隆中后期斩、绞监候人犯的实际处决率要比表中的实际处决率（b）高两个百分点左右。由表可知，乾隆二十二年后约二十年时间内斩、绞监候人犯的实际处决率（b）相对稳定，此后至乾隆四十八、四十九年升至顶峰，然后又逐渐回落至相对平稳值，这一数值又略高于乾隆四十年前。乾隆中后期斩、绞监候人犯的实际处决率（b）动态、合理反映了当时刑事政策的宽严变化。与实际处决率（b）相比，处决率（a）的变化无规律可言。

秋审在清代被视为"恤刑巨典"。① 其因恤刑而立，在国家的司法体系中被高度重视，覆盖面广，所以，又经常被视为"巨典"。在其运行中，秋审发挥的作用范围已经超过了其原有的恤刑作用。除了其恤刑作用之外，

----

① （清）沈家本：《叙雪堂故事》"秋审事宜"，徐世虹主编《沈家本全集》第二卷，中国政法大学出版社，2010，第 386 页。

秋审还发挥着以下四个作用：

其一，调剂死罪。亦即即使犯人定罪时同样问拟斩、绞监候，秋审时还要区分犯罪的轻重程度。所谓"现行律例死罪固多，全恃秋审之时为之调剂宽严"。犯人在秋审中被划分成情实、缓决、可矜几个等类，即使秋审时同入于情实，有皇帝予勾的，有夹签声叙的；同一缓决，有年例减等的，有三次后始行查办减等的。[①] 经过秋审，在将犯人区分不同等次后，也便利了恩赦、恩旨和留养等事务的办理。比如逢恩赦，一般情实人犯不予减免（有时可改缓决，有时可暂停处决），缓决、可矜人犯则可减免。由于秋审在国家政治生活中日趋重要，康熙中晚期以后，为了更好地办理恩赦、恩旨和留养等事务，区分情实、缓决、可矜反而逐渐成了必需的工作，这在一定程度上又强化了秋审地位的重要性。

其二，通过秋审达到情法之平的目标。有些案件"既按法又原情，照律有必不可行，必不忍行者，依律则伤恩，改律则变法"，通过秋审既可以做到按法，也可以做到原情，原情的同时亦不会伤害到律例。正如宣统二年（1910）法部所称："一定者法，不定者情，权衡于情法之间，惟秋审旧制最足以剂其平。"[②] 通过秋审剂情法之平，最典型的事例当属官方对复仇案的处理。自唐律法律儒家化的过程完成后，有关复仇案的处理历来让各朝棘手。如官方允许复仇则坏法，如不许复仇则与儒家春秋复仇之说相背。唐代陈子昂甚至欲以一时旌诛并行，韩愈、柳宗元则大率以其父死于法、不死于法为断。对此，乾隆帝批驳说："殊不知其父已死于法，则固无可复之仇。即不死于法，亦必其相斗而杀者，其情固可矜，而其死固可宽，亦无可复之仇也。乃其子仍推刃仇人之胸，亦岂春秋之法所当予？"乾隆二十七年（1762），河南省智顺被赵二杀死，已拟绞罪，其子智洪义将赵二之子赵仓杀死，"律拟斩候"。对九卿及阁臣以赵二业已减流，将智洪义可否改

---

① （清）沈家本：《刑案删存》卷2，徐世虹主编《沈家本全集》第二卷，中国政法大学出版社，2010，第487~488页。

② 《法部会奏编辑秋审条款告成缮单呈览折并单》，上海商务印书馆编译所编纂《大清新法令》（点校本·1901－1911）之第9卷，李秀清等点校，商务印书馆，2010，第127页。

入缓决之处夹签声明的建议，乾隆帝认为，这样做"意虽近似，于事理犹未剖晰至当"。"智洪义谋杀赵仓时，殴死其父之赵二尚以论抵在监，其时智洪义不得有复仇之说也，以谋杀核拟情实，自为辟以止辟正义。""第统核前后缘起，智顺既为赵二殴死，而智洪义又复抵偿赵仓，则是智姓两命而赵姓一命，于事会所致，稍觉情有未平。朕是以悉心研究，将该犯停勾。然使径行改入缓决，则无以杜私复之源，而与谋杀本律亦大相背戾。该犯本年虽已停决，其下次秋审仍应入于情实，俟将来年久或遇恩例减等之事再酌量办理。"① 在秋审中，"凡人谋故杀之案俱应情实"。② "勾到之期，皇上亲行裁夺。"③ 情实予勾与否由皇帝决定。此案智洪义以谋杀定罪，自应于秋审时入情实，在勾到时乾隆帝将该犯停勾。通过秋审的调剂，乾隆帝对复仇的处理既未坏法，又不违背儒家学说，"情与律两得其平"。并且还达到了只能由皇帝施恩的效果，真所谓"恩行而例不变，神乎神乎！"④

　　其三，通过秋审达到社会控制的目的。乾隆、嘉庆时期，每年进入秋审的情实案件数最多可达上千起，少亦有四五百起。皇帝可以通过这么多的案件更好地体察民情，增加对地方的了解，发现问题，调整策略，进而达到加强社会控制的目的。如乾隆十年（1745）十月，乾隆帝在览各省秋审招册时，发现山西省秋审情实人犯册内因赌博致死人命者甚多。认为"此皆平时地方官不严禁赌博之故""若果查拿甚严，必不至于如此"，于是，谕令山西巡抚阿里衮督率州县官"严行查禁，毋蹈前辙"。⑤ "秋谳大典，所以惩凶恶、儆顽愚"。⑥ 秋审榜示等工作也可以警示凶顽和普通百姓，从而达到"辟以止辟"、社会控制的目的。

① 《清高宗实录》卷 673，乾隆二十七年十月丙午。
② （清）谢诚钧：《秋谳志》卷 2，（清）许伸望增订，杨一凡编《清代秋审文献》第 8 册，中国民主法制出版社，2015，第 78 页。
③ （清）杨景仁辑《式敬编》卷 2，《续修四库全书》第 974 册，上海古籍出版社，2002，第 468 页。
④ （清）姚文然：《姚端恪公外集》卷 1，《清代诗文集汇编》第 75 册，上海古籍出版社，2010，第 355 页。
⑤ 《清高宗实录》卷 250，乾隆十年十月丙午。
⑥ 《清高宗实录》卷 621，乾隆二十五年九月辛酉。

其四，通过秋审实现皇帝的政治目的。如乾隆帝常利用秋审察看地方情形，考核督抚等官胜任与否。乾隆四十六年（1781），"川省情实人犯至二百余名，视他省为最多"，他认为，"可见该省刑政废弛由来已久"。从而给该省总督等官以很大的压力。有时乾隆帝的目的实际上并不是要处死官员，其只是欲通过秋审进行恐吓和侮辱［乾隆三十三年（1768）后情实官犯须全行"绑赴市曹"］，然后在适当的时候再市恩释放。官犯黄仕简、任承恩、富勒浑、雅德等经历勾到后不久就被释放，便充分说明了这一点。更有未勾释放后不久又予重用的，如原浙江藩司国栋在乾隆四十八年（1783）朝审勾到当天便被加恩释放，而且十天后便赏给四品职衔，前往阿克苏办理领队大臣事务。①

由此可见，秋审在国家的司法实践和政治生活中的重要作用。如果仅将秋审定位于清代的"恤刑巨典"，秋审的实际作用将被低估。在晚清有关秋审存废的争论中，秋审之所以获得时人的很大关注，不仅在于其恤刑功能，其调剂死罪等作用也被时人充分重视。

小　结

与宋代、明代相比，清代皇帝对死刑决定权的掌控更加牢固。乾隆、嘉庆帝直接将皇帝的死刑决定权明确宣示为本朝家法。犯人生杀与否，只能由皇帝决定。州县官的擅杀行为违背了皇帝死刑决定权的制度规定。所以，州县官无权直接将犯人处决。在死刑程序的运行中，皇帝经常强调只有自己才有权为犯人"求生"。为彰显皇帝活人之"恩"，更好地展现皇帝

---

①　《清高宗实录》卷1193，乾隆四十八年十一月戊申。有些制度史、政治史的研究经常将判某人斩、绞监候直接写成判处死刑，这没有问题。但这样做对清代死刑的复杂性有所忽略。比如皇帝将某人判斩、绞监候有时可能会有政治考虑，根本无意将其处死。这样做同时也忽略了秋审的重要性和价值。经过秋审后，大部分的斩、绞监候人犯最后都不会被处死。斩、绞监候有死刑之名，无死刑之实。有的研究将判某人斩、绞监候写成将其判处死刑，秋后执行，这是对清代斩、绞监候和秋审制度的误解。

之"仁"，秋审在康熙、雍正时期得到重视，并最终在乾隆时期确立了国家大典的地位。随着秋审制度的发展，秋审制度本来所有的"杀人"意味逐渐被淡化，皇帝为犯人"求生"的内容更被强调。立决案件夹签、双请等方式的使用同样强调了皇帝为犯人"求生"的内容。皇帝死刑决定权的重点由"杀"转向"生"，对我们理解清代死刑和秋审制度非常重要。

"人命关天"这一观念在中国古代影响极大，并具有实质意义。统治阶层惧怕因为冤杀人而受到"天"的惩罚。与明代相比，清代统治阶层在日常的政治生活中更加敬畏"天"。为避免冤杀人，统治阶层构建了繁杂漫长的死刑程序，并且试图以秋审制度来弥补"逐级审转复核制"运转下的一些缺陷。秋审受到特别重视，也与统治阶层更加敬畏"天"有直接关系。从微观角度来看，法官都是具体、生动的个人。这些人有思想、有信仰。在中国古代，法官深受刑官"无后""积阴功"的佛教观念的影响。他们担心因为杀错人受到报应。出于"积阴功"等原因的考虑，在唐宋后的司法实践中逐渐形成了为犯人"求生"的倾向。清代司法实践中存在的"救生不救死"之习是刑官"积阴功"的突出表现，也是官方重视人命的极端表现。

公开行刑是中国古代处决死刑犯的一个通用做法。公开行刑时总会有大量民众围观，官方试图通过公开行刑将法场信息传递出去。无论是否在行刑现场，民众都会受到震撼人心的法律教育，法律得到普及，也因此实现了预防犯罪的目的。清代统治阶层重视公开行刑的威慑功能，这在晚清"就地正法"章程产生后表现得尤其明显。在清代，公开行刑时对犯人罪行的公开揭发主要系通过行刑时的斩条和行刑后的榜示来实现。对一些高官显贵，为了照顾其体面，多以赐令自尽的方式结束其生命。官方将罪行"公开"视为对罪犯本身的一种羞辱和惩罚，部分极重犯人即使在公开行刑前死去，也会被公开戮尸。在清代，笞刑、杖刑、徒刑、流刑等刑罚的执行也须公开。

清代秋审制度来源于汉代的"秋冬行刑"制度。秋审制度的对象为外省、被判为斩、绞监候的犯人。在清代，这些犯人一般不会在当年秋后被处决。他们会进入来年秋审，由秋审决定其命运。通过秋审，大部分犯人最后被皇帝获准"求生"。秋审的运行首先体现了秋审的"恤刑"功能。秋审因为"恤刑"而产生，并被视为国家大典。在其实际运行中，秋审发挥作用范围已经超过了其原有的"恤刑"功能。秋审在现实中还发挥了调剂死罪的功能。通过秋审达到情法之平的目的，还能达到社会控制的目的，有时也能实现皇帝的政治目的。如果仅将秋审定位于清代的"恤刑巨典"，秋审的实际作用将被低估。

第三章 清代决定死刑适用的一般程序

第一节 对"逐级审转复核制"的简单讨论

郑秦教授对清代司法程序的总结得到了国内中国法制史学者比较一致的认可。他把这一程序概括为"逐级审转复核制"。简单来说，徒刑以上案件由州县官初审，然后逐级详报上级复核，每一级都将不属于自己权限的案件主动上报，直至有权作出判决的审级批准后终审才结束。这样，徒刑报至督抚，流刑报至刑部，死刑报至皇帝。这就是"逐级审转复核制"。①

"逐级审转复核制"使我们对清代司法程序有了非常直观的了解，对我们研究清代司法程序具有非常重要的意义。同时也应该看到，这一高度凝练的总结并非完美无缺。在"逐级审转复核"得到国内研究者的认可后，出现了许多比较机械、教条的看法。比如有人认为，自理词讼与命盗重案界限分明，州县官必须将徒刑以上案件解审。否则，按照《钦定吏部处分则例》等相关规定，州县官要承担相应的责任。这就等于把"逐级审转复

_____

① 参见郑秦《清代法律制度研究》，中国政法大学出版社，2000，第 90～101 页。日本学者将这一程序概括为"必要的复审制"。见〔日〕寺田浩明《权利与冤抑：寺田浩明中国法史论集》，王亚新等译，清华大学出版社，2012，第 185、323 页。

核"中的州县官、督抚等人视为整台机器中的零件，他们在处理司法事务时必须恪守本职，不能有丝毫的越权和主观能动性。① 类似的研究过于倚赖生硬的典章制度，过于相信"人"的理性②，不仅忽视了对各种具体"人"的主观能动性、制度的时空变化、法律运行的时空差异等方面的考察③，也忽视了对各级司法机关重要性差异的考察。

徐忠明教授认为，州县官、督抚、皇帝构成了清代司法程序的三个关键环节。④ 州县官的重要性主要体现在案发时之处置，督抚的重要性主要体现于案件处理上的枢纽地位，皇帝的重要性主要体现在对案件处理的终结作用。⑤ 相比之下，知府、按察使就显得不那么重要了。知府尤其如此。嘉庆、道光年间著名学者包世臣说，对州县解来的犯人，知府常发附郭县知

---

① 正如清代小说《雨花香》所言，凡为官者，词狱事情，当于无疑中生有疑。虽罪案已定，要从招详中委曲寻出生路来，以活人性命。不当于有疑中竟为无疑，若是事无对证，情法未合，切不可任意出入，陷人死地。但犯人与我无仇无隙，何苦定要置他死地？ 总之，人身是父母生下皮肉，又不是铜熔铁铸，或是任了一时喜怒，或是任了一己偏执，就他言语行动上指定破绽，只凭推求，又靠着夹打敲捶，怕不以假做真，以无做有？ 可知为官聪明、偏执，甚是害事。[（清）石成金：《雨花香》第四种，内蒙古人民出版社，2000，第21页]。人有喜有怒，而且时有变化。人也有偏执的时候，不是什么时候都是理性的。虽然在处理司法事务时有制度约束，但毕竟人是主体。当官的在处理司法事务时的想法、方法、态度都不一样，处理的结果也可能不一样。每个人都是鲜活的个体，这是现实中"救生不救死"官场积习存在的基础。

② 在"逐级审转复核制"的运转中法官都是理性的"人"，这显然不可能。法官的贪污行为在清代任何时候都是常见的，法官贪污时做出的司法行为不可能是理性的。相关反思见邓建鹏《清代循吏司法与地方司法实践的常态》，《文史》2022年第3期。

③ 比如在对案件的处理程序上，不同区域可能有不同的办法。这不仅在《大清律例》等典章制度中经常得到体现，在其他材料中也常有体现。如道光六年（1826），直隶保定知府称，近来直隶各属遇有罪名稍重、犯供游移之案，一经通报，不候批示，即行押犯进省，听候委员审办。直隶总督那彦成为此通饬各属寻常案件不得率请提省审办（《清刑部通行饬令汇存》第1册，全国图书馆文献缩微复制中心，2005，第187～189页）。这反映了至少道光初期直隶各属就有在将某些案件通报后即押犯进省的情况。此外，现实中还有督抚司道亲自提讯等情况。这些都省去了中间的某个（些）环节。同治、光绪年间广东知县杜凤治曾说，公门事有一定规例，犯不认供，不能招解。即招解矣，皋台过堂，一经翻供，又须发回另讯［（清）杜凤治：《杜凤治日记》第9册，邱捷点注，广东人民出版社，2021，第4913页］。杜凤治的说法与前引保定知府的说法明显不同。所以，现实不能一概而论，各地做法可能有所不同。

④ 参见徐忠明《内结与外结：清代司法场域的权力游戏》，《政法论坛》2014年第1期。

⑤ 作为全国"刑名总汇"，刑部的作用当然重要。但其职能更倾向于为皇帝分担各种刑名事务。相对于地方督抚，刑部是皇帝在刑名事务上的直接代理人。

县审理。因为附郭县知县与原审知县系属同僚，官官相护，附郭知县常照顾同僚情面，一般不将案件驳回。① 知府本来被视为承上启下的关键，其作用在道光帝前常被嘉庆等帝所强调。但嘉庆后，"古辙寖远"，其作用明显下降了。② 嘉庆末山东按察使童槐说，一省之事分隶于各府，承上起下，全以知府为关键。近来东省官常紊越，州县事件应由各府核定者，上司辄行径提，以致省中诸务冗积，案牍混淆。因循疲玩之知府以责成不专，转得藉以藏拙。此吏治所以日弛也。即如上控案件，或未经控府，或府审未结，一经提省，各该府自皆置之度外。③ 道光、咸丰年间学者鲁一同也指出，今天下之敝盖在于知府拥其虚名，以容与于属吏与上官之间，其实无所能为。法令之不行，吏治之不古，此之由也。④ 知府权轻与州县官权重形成对照，有的知府以"无事为幸"。⑤ 即使在嘉庆帝前，知府驳回审理的案件也不多见。

康熙九年（1670），监察御史徐越说，按察使主刑名，督抚止能察其徇枉贿赂之弊。⑥ 乾隆十三年（1748）按察使成为督抚事实上的属吏后，其与皇帝沟通的渠道被缩减。⑦ 按察使的重要性逐渐下降。一个显著的事实是，在《大清律例》的新修条例中，乾隆十三年后按察使奏准（题准）定例所

---

① （清）包世臣：《齐民四术》卷7下，黄山书社，1997，第378页。

② 赵尔巽等：《清史稿》卷116《志九十一·职官三》，中华书局，1977，第3357页。

③ （清）童槐：《今白华堂文集》卷5，《清代诗文集汇编》第511册，上海古籍出版社，2010，第512页。

④ （清）鲁一同：《鲁通甫集》第一部分，三秦出版社，2011，第12页。

⑤ 光绪《临漳县志》"临漳县志序"。

⑥ （清）徐越：《省科条以专责成疏》，罗振玉辑《皇清奏议》卷18，张小也、苏亦工点校，凤凰出版社，2018，第390页。

⑦ 乾隆十三年（1748）议准："外官官制向以布政使司领之，但督抚总制百官，布按二司皆其属吏，应首列督抚，次列布按。"（见光绪《大清会典事例》卷23《吏部·官制·各省督抚》）。杜家骥教授认为，清代各省的死刑案件，最后必经巡抚复核，上报中央、皇帝（直隶、四川、甘肃三省因该省总督兼巡抚事而履行巡抚这种刑名职掌）。对洋盗重案，由总督主审，督抚联衔会题，总督列衔于前。见杜家骥《清代督、抚职掌之区别问题考察》，《史学集刊》2009年第6期。同治、光绪时杜凤治曾任广东南海知县。他不止一次说过，在处决洋盗时，省城首县南海县和番禺县须向两广总督请令。处决其他犯人时，须向广东巡抚请令。杜凤治还转述了两广总督刘坤一的话。他说，他为制台，管理军务，而地方刑名事件为抚台、臬台事，非他一人所能专主也［（清）杜凤治：《杜凤治日记》第9册，邱捷点注，广东人民出版社，2021，第4844页］。

占比重逐渐减少，直到消失。在光绪三十二年（1906）、三十三年（1907）的地方官制改革讨论中，时两广总督周馥说，臬司（即按察使）本掌刑名，向来解勘转奏本属具文。所谓转奏就是向皇帝题奏之权。臬司本应该有的这个权力已经成为具文。时云贵总督岑春煊也说，臬司、藩司之秉承督抚，事无专决，各省已相沿成习。① 其意为臬司秉承督抚意见，对刑事案件已无决定权，这种状况在各省已经相沿成习了。②

按照现代学术话语来说，乾隆年间使按察使成为督抚属吏的操作属于行政层级的扁平化管理改革尝试。③ 这种改革不仅使按察使与皇帝沟通的渠道被压缩，事实上也减轻了皇帝的负担，提高了行政效率。按察使权力被消弱，督抚权力增加。雍正、乾隆等帝强化了州县官的职责，督抚与州县官之间的沟通渠道也在被压缩，督抚经常绕过中间层级直接向州县官发号施令、布置任务，州县官也经常绕过中间层级直接向督抚汇报工作、请示办法。如果说按察使的被扁平化是在明面上进行的，那么，知府的被扁平化则更隐蔽。行政层级的扁平化趋势使按察使、知府的权力被缩减，督抚与州县官之间的沟通更顺畅，行政效率得以提高。尤其在晚清社会动荡的大环境下，州县官需要紧急处置的事务增多，州县官经常直接向督抚汇报案情，督抚也经常直接表明意见，按察使、知府等很难插手其间，行政层级的扁平化更明显。④

---

① 侯宜杰整理《清末督抚答复厘定地方官制电稿》，庄建平主编《近代史资料文库》第一卷，上海书店出版社，2009，第425、407页。

② 当然，笔者不否认现实中强势按察使和强势知府的存在。笔者强调的是按察使和知府在"逐级审转复核制"中的作用在整体上降低了。

③ 清代行政层级的扁平化实际上从康熙时期就开始了。为抑制地方汉人势力，康熙帝即位不久就罢巡按，未几年又罢推官。巡按被罢直接导致了督抚在省城一人独大。推官被罢导致州县官更少受到牵制。行政层级的扁平化是个长期趋势，至乾隆时期这一趋势又加剧了，结果使督抚、州县官的作用更加凸显。

④ 晚清"就地正法"章程的实施是个实例。该章程一般要求州县官直接向督抚汇报案情，知府等官虽然有名义上的复核权，但并无实质意义。在清代行政层级的扁平化趋势下，对比明代，我们对瞿同祖先生之州县官"一人政府"观点的探讨会更有意义。明代府一级尚有推官，推官在司法实践中发挥了重要作用，所以，府一级的作用甚于清代。明代省一级尚有巡按，巡抚、巡按、按察使的存在使他们互相牵制，较难凸显自己，不像清代那样督抚一人独大。在中央层面，大理寺的作用并未如清代那样受到限制。在明代后期，因为厂卫经常干预司法，刑部的作用反而受到了影响。在明代这种体制下，知府、推官也很重要，巡抚被分权，刑部受限制，明代州县官的重要性不像清代那样明显。

在行政层级的扁平化趋势下，督抚、州县官的权力有所加强。① 督抚尚可以倚赖同城的藩臬两司分担各项事务，州县官则更加倚赖幕友和佐贰。幕友和佐贰的作用也提升了。州县官在自己的辖境内不受牵制和监管，相应的弊端也增多，幕友操纵司法之弊日显，佐贰受理词讼日多。皇权下县的表现也更加明显。州县官负担加重，更加疲于应付，积案、班房管押等弊日益突出。为缓和矛盾，积案清理和班房治理更加受到重视。在中央层面，因为乾隆朝对秋审更加重视，刑部地位上升，刑部的专业化加强，都察院、大理寺的牵扯减少，三司会审更加流于形式，行政效率有所提高。就连强势的乾隆皇帝对刑部也非常信任，刑部可被视为皇帝在司法事务上的代理人。乾隆后诸帝的个人作为减少，刑部的重要性更加凸显。行政层级扁平化趋势的最终结果是刑部、督抚、州县官成为司法事务处理中的关键点。当然，按察使、知府的作用仍然非常重要，只是相对于督抚、州县官地位的上升，按察使、知府的作用在整体上有所减弱。

对清代刑部、都察院、大理寺三法司之间的关系，有人引用了《清史稿·刑法三》"刑部受天下刑名，都察院纠察，大理寺驳正"之语。《清史稿·刑法三》原文说："明制三法司，刑部受天下刑名，都察院纠察，大理寺驳正。清则外省刑案，统由刑部核复。"② 显然，"刑部受天下刑名，都察院纠察，大理寺驳正"之语表明的是明代三法司之间的关系。所以，用《清史稿·刑法三》"刑部受天下刑名，都察院纠察，大理寺驳正"之语来说明清代三法司之间的关系不妥。笔者曾统计过明清两代刑部、大理寺官员所编判牍。明代后期大理寺官员所编判牍的数量明显多于清代，清代刑部官员所编判牍的数量明显多于明代。明代后期，刑部官员

---

① 同治年间杜凤治在任广东四会知县时接到一京中友人来信，信中说："在京同人数数论议，谓外官惟督抚、牧令乃可藉手有为耳。"[（清）杜凤治：《杜凤治日记》第2册，邱捷点注，广东人民出版社，2021，第687页]。该言正反映了督抚、州县官权力加大的事实，这也是当时官场中人的共识。光绪三十二年（1906）某日，刑部官员唐烜听到传闻说，外裁府道，州县官均升为三四品大员，与督抚直接办事[（清）唐烜：《唐烜日记》，赵阳阳、马梅玉整理，凤凰出版社，2017，第219页]。这虽然只是传闻，最终也未能成为事实，但也不是没有现实根据。

② 赵尔巽等：《清史稿》卷144《志一百十九·刑法三》，中华书局，1977，第4206页。

的权力被厂卫侵夺。笔者所知，明代刑部官员所编判牍仅有刘廷谏《白云牍》、王樵《西曹判事》和陈璋《比部招拟》等少数几种，而明代大理寺官员编著了至少7种判牍，作者包括水佳允、张纶、熊桂、魏有本、戴时宗、王樵、王概、李佑。这是明代大理寺职权重要、刑部弱势和清代大理寺职能弱化、刑部强势的一个直接例证。清代中后期刑部权重与大理寺势弱是很明显的事实。清代刑部权重与秋审也有直接关系。乾隆后刑部主导了秋审的全过程，秋审工作非常专业，这使其他部门官员很难实质性参与秋审。①

虽然如此，也不能完全忽视大理寺的存在。在三司会议时，如果三法司衙门意见不同，例应"两议"，然后具奏皇帝。至少同治年间有此故事，即凡死刑必三法司全部堂官画诺，缺一画押即不得缮奏。三法司全部堂官包括刑部六堂（即满汉尚书各一人、满汉侍郎各两人）、都察院四堂（即满汉左都御史、左副都御史各两人）、大理寺四堂（即满汉正卿、满汉少卿各两人），共十四人。同治十二年（1873），御史吴可读因弹劾乌鲁木齐提督成禄滥杀无辜而开罪慈禧，被交刑部治罪，帝面谕必杀吴可读。时刑部尚书桑春荣已遵旨科以斩决。在三法司堂官画诺时，惟排位最末之汉少卿王家璧坚执不允。谓言官例得风闻入奏，不应科以重罪，案遂不能定。谕旨严催，十三堂官与王家璧一人争十余日，家璧卒不屈。最终将吴可读拟流，家璧才迁就画押。帝不快，亦"无如何也"。② 这样的事非常少见，王家璧的性格得以凸显。

徐忠明教授通过对杜凤治日记和相关刑科题本的对比研究证明，司法档案存在虚构成分。司法案卷在向上级传递过程中存在着加工、改造的可能。③ 在这方面，王志强教授、李典蓉博士和史志强博士都有翔实充分的

---

① 郑小悠：《清代法制体系中"部权特重"现象的形成与强化》，《江汉学术》2015年第4期。

② （清）王照：《方家园杂咏纪事》"附杂记数则"，《清代诗文集汇编》第787册，上海古籍出版社，2010，第525页。

③ 参见徐忠明《台前与幕后：一起清代命案的真相》，《法学家》2013年第1期。

研究。① 与以典章制度为主要材料的相关研究相比，徐忠明教授等人的系列研究不仅更加生动，而且也丰富了我们对清代司法制度的认识。制度由"人"制定，其运行也离不开"人"。在制度的运行中，州县官、督抚乃至普通百姓等各种具体的"人"是鲜活的，有主见的，有的活动甚至是创造性的。他们是制度的修改者、制定者，不是制度的奴隶。所以，在研究清代司法制度时，一方面，《大清律例》等典章制度是基础，不能脱离它们去研究清代司法制度和司法实践；另一方面，也应充分重视与司法程序有关的各种具体的"人"（及其所思所想），从而使"逐级审转复核制"更加"生动"和符合实际情况。此外，还要关注制度运行的实际情况。在不同时间、不同地区，制度的运行可能存在差异。

在此，有必要特别声明，笔者对"逐级审转复核制"的讨论无意标新立异，只想就自己看到的一些材料，作一番探索。徐忠明教授指出的清代司法程序的三个关键环节——州县官、督抚、皇帝，使笔者深受启发。笔者沿着这一研究思路，就其三个关键环节中的两个提出一点自己的看法，以期对"逐级审转复核制"进行必要的完善。

第二节　州县官作用的再探讨
——对"逐级审转复核制"的第一点补充

一　州县官有能力只详报部分命盗案件

虽然学界先行研究对州县官在清代司法体系中的重要性并不否认，但大多研究着眼于《大清律例》等典章制度下的静态考察，最多在研究时采

---

① 参见王志强《论清代刑案诸证一致的证据标准——以同治四年郑庆年案为例》，《法学研究》2019 年第 6 期；李典蓉《被掩盖的声音——从一件疯病京控案探讨清代司法档案的制作》，《北大法律评论》第 10 卷第 1 辑；史志强《冤案何以产生：清代的司法档案与审转制度》，《清史研究》2021 年第 1 期。加拿大多伦多大学陈利教授对中国法律史研究中的史料和档案运用等问题提出了一些很有启发的观点，见〔加〕陈利《史料文献与跨学科方法在中国法律史研究中的运用》，《法律和社会科学》2018 年第 1 期。

纳官箴书的一些观点。在"逐级审转复核制"下，"命盗重案"与"自理词讼"的界限分明。前者为应处徒刑以上案件，州县官"不得自专"，处理权限在其上级。对后者，州县官有权自行处理。所以，州县官在司法上的权力仅仅是审理自理词讼，处理笞杖案件而已。这显然低估了州县官的司法权力。张小也教授注意到了自理词讼与命盗重案之间并没有非常严格的界限，其分界可由地方官灵活把握。① 里赞教授也有类似的观点。② 笔者基本赞同两位教授的观点。一个简单的问题：如果州县官没有足够的主观能动性，现实中常见的讳盗、讳命现象该如何解释？

光绪七年（1881），御史秦钟简在其所上广西命盗重案讳饰成风一折中提到了广西地方官讳饰命盗重案的很多表现。③《申报》为此专门刊载了《读秦侍御请饬疆臣认真查办命盗各案折书后》一文。该文认为，秦钟简折专言广西一省，其实各省莫不皆然，几于相沿成习。并更加具体地列举了地方官讳饰命盗重案的各种表现。该文指出，地方官遇有命案，闻知凶手逃逸，不能缉获，则虽逆伦重案亦必设法阻拦，或拦验，或私和，已报者亦置不问。如凶手家仅中资，不能出钱贿和而自甘抵罪，地方官恐照例详办，辗转解讯、录供，势必官为出费，往往勒令凶手出钱了事。于是，差役、地保咸得分肥，而官遂得以无事为乐。如果凶手断乎无力，则或又勒令地方邻右人等凑钱劝和，以求无事。间有尸亲不肯私和，则亦但将凶手瘐毙狱中，便了事。一以自免处分，且可省无数烦费，以是为得计。此命案详办者之所以少也。若涉盗案，则又勒令事主改报被窃，避重就轻是其长技。倘有据实禀报，不肯迁就者，则诣勘差缉，纷扰多端，一任差役等人从中需求，多方诈扰。且屡传事主及邻右人等到案守候，或更将其人责押。其甚者又复教唆盗供，捏故反噬，以冀事主、邻右人等不敢不从，

---

① 参见张小也《从"自理"到"宪律"：对清代"民法"与"民事诉讼"的考察——以〈刑案汇览〉中的坟山争讼为中心》，《学术月刊》2006 年第 8 期。

② 参见里赞《晚清州县诉讼中的审断问题——侧重四川南部县的实践》，法律出版社，2010，第 55 ~ 56 页。

③ （清）朱寿朋编《光绪朝东华录》，张静庐等校点，中华书局，1984，第 1151 ~ 1152 页。

而藉此可以销案。其意必欲使被盗者不敢报案，报案者断无破获，尤恐反遭赔累，且累及邻人，隐忍自讳而后快。此盗案详办之所以少也。其或情急上控，上级又批发原衙门秉公鞫讯。而原问官严刑勒供，一翻再翻，益加棰楚，而卒无平反之时，只会导致本官之怒。所以含冤强忍，不敢上控。此命盗各案上控者之所以少也。地方官遇有应办之案，却只求无事，模糊昏聩以听差役、书役之上下其手，或且妄事刑求，但思了事。①

缉盗、破案等工作主要由州县官完成。从该文的表述来看，其所言地方官即指州县官。其所言州县官讳饰命盗重案的行为即现实中的讳盗、讳命行为。正如该文所言，讳盗、讳命在各地普遍存在，甚至"几于相沿成习"。州县官在办理命盗重案时"以无事为安"，不愿意多事，这样不仅可以免除因为审限内不能破案而导致的处分，也可以省去解审等"无数烦费"。毕竟命盗重案情节相对较为复杂，如果在审限内破不了案，州县官按照《钦定吏部处分则例》的规定要承担一定的责任。如果将命盗重案按照《大清律例》的相关规定解审，还会涉及往来解审费用等问题。如果上级驳审，则牵扯之事更多。②

州县官对"命盗案件"要报送上级批准，其间必然要发生公文往来。经州县官所发的上行文有详、禀、验三种。验文为勘验之文，"验止立案"，验文不需要上级批准。所谓详文，意即"详言其事而申之上台"，详文必由上级批回。州县官遇有情节繁琐、不便写入详文的，以及不必详办之事，可以将其写入禀文，上级对禀文"无不亲阅"。禀文不需要存档，形式上比较随意。详文是正式的上报文书，需要存档备案。详文的书写更为正式，禀文的书写则相对随意。③"定例徒罪以上通详"。④对"命盗重案"州县官须通详上

---

① 《读秦侍御请饬疆臣认真查办命盗各案折书后》，《申报》1881 年 10 月 8 日，第 1 版。

② 郑小悠博士认为，州县官之所以讳盗，首先与官员的考绩制度有关。如果州县官将盗案上报，很可能难逃"疏防"处分。其次，与地方的财务制度有关。盗案相对复杂，在往来辗转审理中，地方所承担的财务成本很高。相对于如实上报，对州县官来说讳盗于保全自己更为有利。见郑小悠《清代的案与刑》，山西人民出版社，2019，第 36～39 页。

③ 参见谭琪、邰含《清代州县强盗治安案件处理程序：构成、特征与启示》，《湖南警察学院学报》2016 年第 1 期。

④ （清）汪辉祖：《学治臆说》卷上，《官箴书集成》第 5 册，黄山书社，1997，第 278 页。

级。通详系在案件发生后州县官将案件详细情况上报给各级长官（知府、道、按察使和督抚）和相关官员。上级官员在详文上作出相关批示后回复州县官员。与禀文相比，详文是有关地方"命盗重案"最重要的司法文书。正如《申报》之《论办案挪移月日》一文所言，办案惟凭初供，州县官遇有命盗重情以及凡有详办之案录供申详上宪，即准所详以为定论。① 所以，详文是上级对"命盗重案"据以定案的基础。那些讳盗、讳命案件之所以被称为讳盗、讳命，其着眼点即在于它们本应由州县官通详上级却被州县官讳匿不报。在现实中，案件应通详而不通详有时又被称为匿不通详、匿详不报。

　　先行相关研究经常认为，州县官平时事务繁杂，疲于应付。至于州县官平时如何事务繁杂、疲于应付，其依据大多为各地"健讼"之风的存在与平时呈词之多。"健讼"之风与呈词之多一般体现在"自理词讼"上，也就是说州县官平时忙于处理"自理词讼"。相对而言，对州县官处理"命盗重案"的繁忙程度缺乏认识。实际上，从处理"命盗重案"的角度来看，州县官平时也许算不上繁忙。嘉庆年间著名学者包世臣说，计州县招解案件，至繁之缺每年不过十起，简缺更少。② 光绪四年（1878），《申报》之《论听讼不能拘常例》一文说，一年之中一县一州之地军流徒杖之案不过十起，若盗劫谋杀罪干大辟者则一二起已足，且有一年之内不办一起者。③ 光绪十一年（1885），《申报》之《论年终省释押犯有合于古人清狱之法》一文说，每县详案不过十起八起。④ 光绪末樊增祥任江宁布政使时曾说，州县终年听讼，其按律例详办之案，至多不过十余起，中简州县有终年不办一案者。⑤ 通详之案不代表必然是徒流以上案件，有些涉及褫革生员身份的笞杖案件也需要通详。⑥ 所以，全国大多州县每年通详案件应该平均每月不超

---

① 《论办案挪移月日》，《申报》1881 年 6 月 14 日，第 1 版。

② （清）包世臣：《齐民四术》卷 7 下，黄山书社，1997，第 379、380 页。

③ 《论听讼不能拘常例》，《申报》1878 年 2 月 26 日，第 1 版。

④ 《论年终省释押犯有合于古人清狱之法》，《申报》1885 年 2 月 12 日，第 1 版。

⑤ （清）樊增祥：《樊山政书》卷 20，《官箴书集成》第 10 册，黄山书社，1997，第 452 页。

⑥ （清）王又槐：《办案要略》"论详报"，《官箴书集成》第 4 册，黄山书社，1997，第 779 页。

过一起。光绪十年（1884），《申报》之《严惩拐犯说》一文甚全说，州县每岁徒流以上之罪至多不过二三起。总体来说，州县正常每年通详案件数量很少。在这些案件中不可能每个案件都是疑难案件。所以，数量如此之少的通详案件一般不会对州县官造成较大压力。

　　当然，这只是州县官实际上报的案件数量。按照《大清律例》的规定应该上报的案件数量要远多于此。《严惩拐犯说》一文又指出，州县衙门刑名案件官幕皆存惮烦之见，每岁徒流以上之罪至多不过二三起。盖州县官有权决定枷杖刑的适用，徒罪以上即须申详法司、咨题刑部复准而后决，辗转需时，动辄有费。所以，州县官不愿意多办，必至万不得已而后详报一二起。以故拐骗之案非著名邪术散布党羽犯事之后情罪显然，官宪虽欲曲为开脱，责释了事，而人心有所不服者，大率不肯按律比罪也。对一些罪至徒流的拐骗之犯州县官常有意曲为开脱，仅以枷责了案。① 很多应被处以徒流刑的案犯仅被枷责了事，这当然非常不公平。由此导致案犯更无忌惮，是诚所谓纵犯养奸，不顾民瘼。

　　道光末四川一些州县官常将抓获的匪徒酷刑致死，有州县官甚至对已被自己处决各犯"概不咨司，不留案据"。当时按察使张集馨虽然对此心知肚明，却表示：其上闻者，断不容其残忍；其不上报者，亦复无从禁止。② 因为当时四川总督琦善治理匪徒有意从严，州县官很多残酷的行为是在琦善的默许下进行的。现实中确实有"遇上司风厉，有意迎合，自鸣强干"的州县官。③ 张集馨任四川按察使不足一年，尚不敢打破这种局面。只能如自己所说，尽己之力，对上报的案件时加督促。对应上报而不上报的案件，就只能视而不见了。清代官场复杂，张集馨的个案至少说明了当时督抚相对于按察使的强势。即使外调一个主管司法和监察事务的按察使，也不能使该省官场有所改变。

---

① 《严惩拐犯说》，《申报》1884年6月9日，第1版。
② （清）张集馨：《道咸宦海见闻录》，杜春和、张秀清点校，中华书局，1999，第101~102页。
③ 《非刑书》，《申报》1876年5月9日，第1版。

在张集馨任四川按察使前某年简州一地据说劫案多至 300 余起，皆未通报。张集馨认为，这是时任四川总督宝兴专务粉饰，属吏仰体上意，率多讳匿的结果。① 从督抚的角度来看，他们常"不以吏治为先，而以逢迎己意为悦"，平时一般也不愿意多事。毕竟案件通详后，常伴有禀文，督抚自己也要花费时间精力处理。而且本地案件数量多也意味着本地地方官治理效果不彰，自己政绩有缺。"刑措""讼庭生草"才是地方治理的理想状态。"刑措"代表本地百姓都是良民，不会犯法。"讼庭生草"代表百姓都不愿意打官司，很少涉足讼庭，以致讼庭都长了草，这接近于达到了儒家"无讼"的理想程度。② 所以，理论上本地通详案件（主要是命案和盗案）越少越好，无论对州县官，还是对督抚，都是如此。同治十二年（1873）大理寺卿王榕吉说："道府以上等官亦以少报盗案为督捕之勤、政治之美。"③ 当《申报》某作者在听闻光绪十一年（1885）浙江温州、处州两府所属大多州县没有进入本年秋审的犯人后说，此"非政简刑清之效欤！"④ "政简刑清"是对地方官政绩的肯定。

另外，如果督抚对下属要求严格，这会打击州县官的积极性。正如道光时护理山东巡抚贺长龄所言，目前山东盗风很盛，小民受害已深，戢匪安良尤为目前第一要义。按照律例的相关规定，军流罪名均应解司复审。多解人犯一名，州县官则赔银近五六十两，远则百余两不等。而且现在获犯较多，一县或十余名，多者且至数十名。如果全行解司，则州县官赔累

① （清）张集馨：《道咸宦海见闻录》，杜春和、张秀清点校，中华书局，1999，第 112 页。

② 中国古人关于"讼庭生草"的诗词很多。晚清刑部堂官赵舒翘有《春草生阶》诗，该诗云"常愿讼庭无一事，满阶春草绿萋萋"〔见（清）赵舒翘《提牢备考》卷 4，《续修四库全书》第 867 册，上海古籍出版社，2002，第 586 页〕。这些诗不仅表达了对老百姓和谐相处，不愿意打官司的社会的向往，有时也是对自己政绩的"自矜"之辞。

③ （清）王榕吉：《请盗案仍照原律定拟疏》，（清）盛康编《皇朝经世文续编》卷 100，台北文海出版社，1972，第 4517~4518 页。

④ 《温州杂闻》，《申报》1885 年 5 月 15 日，第 2 版。正如英国传教士麦嘉湖所说，如果本地发生命案，人们首先会追究知县的罪责，肇事者的罪责倒在其次。他的上级深信，命案是他本人治理无方或品行不端的结果。见〔英〕麦嘉湖《中国人的生活方式》，秦传安译，电子工业出版社，2015，第 18 页。

甚巨。这导致如果认真缉捕，反会导致州县官赔累难堪的结果。州县官势必像从前一样废弛，其害卒归于小民。所以，与其如此，还不如稍加变通。人犯毋庸解司，以省赔累。① 所以，欲州县官不在戢匪事务上废弛，督抚必须减轻其解费等负担。如果督抚对其解费等负担不管不问，或者严格要求其有案必详，州县官戢匪废弛就在所不免，有案不详的情况（已获者难免化大为小，未获者或竟纵之不拿）也会发生。②

毕竟还会有很多徒刑以上案件案卷会被皇帝接触到，皇帝接触后会对督抚的治理情况产生直接的印象。如乾隆十年（1745）十月，乾隆帝发现山西省秋审情实人犯册内因赌博致死人命者甚多，就认为这是平时地方官不严禁赌博之故，如果查拿甚严，必不至于如此。③ "民情不能无讼"。很显然，现实不可能达到"刑措""讼庭生草"的理想状态。至少《大清律例》条例的细密化和比附定罪的存在意味着各州县不可能没有徒刑以上的案件。对州县官来说，通详案件的数量当然不能过多，最好是偏少一点，那种接近"刑措"的状态也是很值得炫耀的政绩。中央、督抚与州县官相互较量妥协的结果是，正常年份中等州县每年低于十件通详案件。督抚一般不愿意在案件是否通详问题上苛责州县官。当然，各地督抚也的确经常批评州县官匿不通详、讳盗、讳命等行为，但这大多或出于例行公事，或因为个案引发，或迫于京城压力，并无比较大的实际意义。

《申报》之《读秦侍御请饬疆臣认真查办命盗各案折书后》一文最后虽然将根除地方官讳饰命盗重案之习的希望寄托于督抚，但同时也说狱讼之事责在州县官，即权亦在州县官，而督抚殊有无能为力者也。④ 这充分说明州县官对命盗案件是否通详有很大的决定权。现实中常见的讳命、讳盗、匿不通详事例充分说明虽然在律例上确实有"自理词讼"与"命盗重案"的区分，但州县官有能力决定将哪些命盗重案上报。他们可以比较成功地

① （清）贺长龄：《耐庵文存》卷6，《贺长龄集》，雷树德校点，岳麓书社，2010，第552页。
② （清）贺长龄：《耐庵文存》卷1，《贺长龄集》，雷树德校点，岳麓书社，2010，第34页。
③ 《清高宗实录》卷250，乾隆十年十月丙午。
④ 《读秦侍御请饬疆臣认真查办命盗各案折书后》，《申报》1881年10月8日，第1版。

回避相关的制度规定。在司法实践中，州县官并不是被动地遵守、执行《大清律例》等典章制度的相关规定，他们拥有充分的主观能动性。当州县官经过权衡后认为，如果将案件上报，他后续所承受的麻烦（损失）大于收益，那么，他就可能选择不将案件上报，或者将其办成笞杖案件，通过自理的方式完结（如将盗案办成窃案），或者将其直接消弭，压制不管。州县官有能力做到将应上报的案件匿不上报，而且这种不上报的行为实际上很少被揭发。州县官为此承担责任的风险并没有现在一些学人想象中的那么大。当嘉道后官场上下级越来越沦为利益共同体时，州县官应上报而不上报的行为就越容易做到。我们现在在研究清代法律时，没有必要过于强调州县官的理性，认为他们必须恪守《大清律例》等典章制度的规定。否则，会受到处分云云。这样的研究主要缺陷在于没有考虑到州县官个体的差异，研究过程太过刻板生硬，有时也脱离了实际。

二 州县官"做案"套路的存在与意义

"驳诘之繁累官累民"。① 上级驳审会给州县官带来往来解审等很多麻烦，使州县官深受拖累。州县官在书写命盗重案时，为防止上级反复驳诘，规避处分，使其驳无可驳，会对案情进行加工。至于如何加工，《申报》之《论办案挪移月日》一文指出，在司法实践中，避重就轻、讳大为小、移情就律的情况不一而足。比如将盗案改为窃案，故杀改为误杀都是如此。不仅如此，州县官在书写命盗重案时还有套路可循。如凡斗殴致死之案往往千篇一律。开豁凶手之罪，则必言死者先动手相殴，凶手走避不遑，不得已而还手；或夺取死者手中刀械还殴，以致伤命；或系死者拼命扑殴，跌于凶手械尖上，以致毙命。类似情况非常常见。虽然经州县官书写后的案情与当日斗殴致死的情形大相径庭，但州县官的书写却达到了上级难以驳

---

① （清）汪辉祖：《佐治药言》"慎初报"，《官箴书集成》第 5 册，黄山书社，1997，第318 页。

审的结果。另外，这对被冤枉的犯人来说却极为不公。[①]

　　该文指出了州县官在办案时存在的"做案"行为。"做案"系指在"逐级审转复核制"下下级为防止上级驳审，以移情就例等方式对案件情节进行加工。"做案"的主体不仅包括州县官，也包括督抚、刑部官员。其中，主要体现在州县官那里。毕竟，案犯的抓获、案情的调查主要系由州县官完成。"做案"两字于吴文镕《吴文节公遗集》一书多见。虽然道光中晚期吴文镕本人在任江西巡抚和云贵总督时曾屡屡揭发属下的"做案"锢习，道光二十二年（1842）其在办理秋审时"移情就例"的情况却被道光帝发现。[②] 吴文镕身为督抚大员，既有权力批评其下属的"做案"之习，也要承受京城对其存在的"做案"行为的批评。如后文，地方督抚在办理秋审时存在的故套屡被严厉的乾隆帝批评。这些都说明"做案"行为在清代官场是普遍存在的。

　　《论办案挪移月日》一文只列举了州县官在办理斗殴致死时的"做案"套路，实际上，"做案"套路在清代司法实践中普遍存在。正如光绪九年（1883）刑部所言："臣部核复各省案件，每年不下数千起而情节相似者比比皆是。不特参观一省之案，前与后如出一辙。即合校各省之案，彼与此

---

① 《论办案挪移月日》，《申报》1881年6月14日，第1版。

② 秋审中的服制命案人犯为本应立决之犯，只是因为卑幼"并非有心干犯"等理由而被减为监候，在办理秋审时他们与语言调戏犯一样为必入情实之犯。"服制册大都杀伤期功尊长之案，即以情轻而改监候，类不勾决"（赵尔巽等：《清史稿》卷144"志一百二十六·刑法三"，中华书局，1977，第4209页）。这些人犯最终一般不会被处决。在"救生不救死"之习的影响下，长期以来，服制命案中声明卑幼"并非有心干犯"的做法形成了故套。甚至"竟将一切服制重案，率听案犯狡供，移情就例，辗转效尤，如出一辙"。道光二十二年（1842）秋审江西服制招册中"一省三案，不谋而合"的情况被道光皇帝发现，他认为"显有装点情节"。于是，谕令本年勾到时刑部将此三起暂行扣除，令江西巡抚吴文镕亲提全案人证，复加审讯。结果讯出蓝长仔一案，"讯属有心干犯"，遂据实更正（见《清宣宗实录》卷383，道光二十二年十月壬辰）。咸丰七年（1857），御史王德固仍奏称，各省一遇服制之案，即捏改供情，强案就例，如夺刀自戕，及被殴抵格，适伤致毙各情节，在常犯案中百不一二，而服制之案比比皆然。虽经皇上屡次驳斥，并部臣题驳复审，各该督抚惑于救生不救死之说添叙情节，仍照原拟，且以回护原审处分，见好属员。见《清刑部通行饬令汇存》第3册，全国图书馆文献缩微复制中心，2005，第1164页。

亦多雷同，其所叙供内只寥寥数语，驳之无隙。实皆移情就案，悉属故套。"① 虽然刑部和其他京官对故套的存在心知肚明，却也无可奈何。刑部审核的文书由地方官幕友书写，他们对案情已经进行了改造，正所谓"纸上情罪，固真且当""驳之无隙"。② 不仅在地方官办理"命盗重案"时存在"做案"套路，就连在办理秋审、京控等事项时也存在各种套路。嘉庆后京控结案或云怀疑误控，或云事出有因，几成千手雷同的情况屡被京城批评。

　　有的"做案"套路在民间看来显而易见，却基本未见到官方的批评。如针对越狱脱逃之事，《申报》之《逃犯不由贿纵说》一文认为，细观奏报之词，虽数十案而情逃略同。其于犯逃之时必曰是夜风雨，禁卒人等因避而睡熟，该犯乘间云云；又或曰禁卒、更夫等因何事暂离，该犯乘间云云；其镣铐必曰扭断也，墙壁必曰跳挖也。所叙情形葫芦依样，从无由监门逃出者，亦无有私贿松刑因而脱逃者。盖无非妆点情节而已。其有狱官则往往适不在署，或曰因公晋省也，下乡勘案也，奉委出境也，亦从无在署而遭此祸者。不仅狱中逃犯如此，即递解途中脱逃"奏报情形亦如一辙"。如此案卷，"千手雷同"。该文认为，这是督抚之恩典，意图使相关官员免于处分，"不得不如是措词也"。该文又指出，如果公事而无套路，则体裁不正，而且易遭驳斥。所谓"上下相欺，工为掩饰"。脱逃之犯百起之中从无一起经人纵放，而禁卒、解役又岂皆操守廉洁之人！从不闻讯得其情，重惩以挽积习。此事虽微，亦足以觇世变矣。③ 笔者所见《申报》有好几篇批评逃犯公牍"千篇一律"的文章，他们指出这些公牍"如时文中之烂调"，"几几乎令阅者生厌"。④ 虽然民间对逃犯公牍时有批评，这些批评也见之于当时广有影响的报纸，但却未见到官方有所反映，更未见到那些公牍的书

① （清）佚名：《历年通行成案》下部，杨一凡编《古代判牍案例新编》第20册，社会科学文献出版社，2012，第505~511页。

② （清）朱寿朋编《光绪朝东华录》，张静庐等校点，中华书局，1984，第802~803页。

③ 《逃犯不由贿纵说》，《申报》1879年2月26日，第1版。

④ 《严防逃犯说》，《申报》1894年4月12日，第1版。

写有所改变。光绪七年（1881），针对当年四川某拟斩盗犯脱逃的奏折，光绪帝批示说："此等案总称县官公出，禁卒睡熟，几成套话，览之可厌，著将实情奏来。"① 就连光绪帝也感知到了逃犯案件套路的存在，质疑地方官"捏饰"，就更不用说刑部官员和各地督抚了。问题的关键是，光绪帝的质疑有用吗？次年，他针对另一案又发出了同样的质疑。②

逆伦为《大清律例》中情节最重之案之一种。《大清律例·刑律·人命》"谋杀祖父母父母"等门规定，无论是否因疯，殴杀祖父母、父母之人俱应凌迟处死。《申报》之《疯谈》一文说，其历观邸抄发现，中国各直省督抚奏案逆伦之案无不以因疯上报，"千篇一律，别无异词"。初看这些案牍会感觉非常奇怪，何中国疯人之多而疯人乃无不逆伦案者耶！该文认为，虽然是否因疯并不影响犯人被凌迟的结果，但因为地方如果发生逆伦之案，知县、教职皆有处分，邻居、保正悉当连坐，所以，办案者避重就轻，以"因疯"二字豁免多人应得之咎。上级即明知其故而亦孰为之挑剔？③

这些都体现了现实中"做案"套路的普遍性，只是很多套路未被官方公开披露而已。很多"做案"套路的揭露与乾隆帝有直接关系。乾隆帝非常重视秋审，与秋审有关的办案套路经常被乾隆帝感知并批评。因为皇帝约束的减少，这些办案套路在乾隆后仍然存在并有所发展。越狱、递解脱

---

① 中国第一历史档案馆编《光绪朝朱批奏折》第110辑，中华书局，1996，第51页。按，光绪十三年（1887）前的奏折虽然不是光绪帝所批，但也代表了当时最高统治阶层的看法。

② 中国第一历史档案馆编《光绪朝朱批奏折》第110辑，中华书局，1996，第59～60页。

③ 《疯谈》，《申报》1882年5月10日，第1版。《益闻录》有则报道说，湖北钟祥县一人因杀父被判凌迟。如果将该犯照逆伦正办，则知县有碍考成。于是，知县以疯病弑亲详省（《逆子凌迟》，《益闻录》1886年，第617期，第554页）。1907年，何震、刘师培夫妇《论种族革命与无政府革命之得失》也说，有一成不变无所取义者，如有越狱之案，则必曰大风雨；遇有逆伦之案，则必曰疯癫。州县以此上之，部寺即以此受之，万事一律，从未闻加以驳诘。虚浮之习，朦混之弊，层出不穷，则中国之用法，悉以放任为政策，未尝有任法为治之一日也（何震、刘师培：《论种族革命与无政府革命之得失》，张枬、王忍之编《辛亥革命前十年间时论选集》卷2下，生活·读书·新知三联书店，1963，第948～949页）。他们对办案套路的认识应该来自《申报》等媒体。这同说明当时的民间知识阶层对越狱、逆伦等办案套路的存在普遍是有感知的。民间如此，官场上怎么可能对此没有感知？他们只是不愿多事，不愿捅破窗户纸而已。由此可见官场之"虚浮之习，朦混之弊，层出不穷"。何震、刘师培夫妇"中国之用法，悉以放任为政策，未尝有任法为治之一日也"的观点并非没有道理。

逃之案在乾隆时期相对少见，其不一定是秋审案件。逆伦之案更不是秋审案件。这些办案套路在乾隆时期不甚明显，或者未被乾隆帝感知。

州县官的详文"千手雷同"，督抚非泥塑纸糊之人，为什么竟假作痴聋，不仅从无悉心指驳者，而且还据详出奏呢？对此，《申报》之《官箴》一文认为，今牧令之所刻不容缓者，惟迎送上司耳。三节两寿趋诣宪辕，祝贺耳。否则，上司有眷口及亲友过境，必为之伺应，为之款待耳。苟凡冲要之地，此种事已昕夕不遑，尚何暇料理民情，措施悉当乎？所可怪者，上司于迎送祝贺及一切伺应款待偶一不当，责备随之，而独于命盗、逆伦及犯人越狱诸要案不肯实事求是，任属员之胡乱判断，胡乱申详。彼为属员者惟恐失上司之欢心，处处留心趋奉，更何能腾出暇暑，顾及分所应为之事，使小民不致呼吁无门。① 逆伦等案的处理也说明上级对州县各官所详之案并不是有错必纠。在州县官可能会为某些案件的处理承担处分时，其上级可能在案件书写之始便已为其想好了使其免于处分之策。他们之所以会这么做，其一，在于下级平时对其上级迎送到位，使其在官场中能够得到他们的充分关照。所谓官场"止知护官而不知爱民"，即此之谓。即使偶有一二案件被上级揭发，也无法改变这一官场大环境。其二，"州县之贤愚，一以督抚为断"，如果彻底根究，督抚自己亦有未便，自己也有用人失察、管理疏忽之处。正如光绪七年（1881）御史李膜所言，近来督抚于属员被参奉旨查办之件往往避重就轻，化有为无，掩饰回护，积习相沿。② 其三，督抚也有被属员挟制的担心。毕竟像秋审费、节寿规、季规种种名目无不取诸州县。州县计无所出，钱漕浮收之外，差徭繁琐，无一不取诸百姓。取之不足，则亏空正款，作为民欠，以待恩诏豁免。从这一角度来看，地方上下级早已形成利益共同体。对州县官的行为，督抚非不知之，知之而不举发。一旦举发有被其属员报复挟制的可能。③ 所以，如果州县官情节

---

① 《官箴》，《申报》1896 年 7 月 12 日，第 1 版。

② 《恭录谕旨》，《申报》1881 年 7 月 28 日，第 1 版。

③ （清）景其濬：《请重廉俸疏》，（清）何良栋辑《皇朝经世文四编》卷 14，台北文海出版社，1972，第 239 页。

较重，督抚一般会曲为周旋。总之，督抚庇护州县官的行为不必尽由于州县官的贿托。①

《论办案挪移月日》一文又指出了幕友在"做案"中的重要作用。因为州县官办案悉属幕友，而幕友之本领授受相传皆出一律。在幕友将案件办成"铁案"时，不可避免地利用到各种套路。幕友出身的吴炽昌所言更为深刻，他借鸾仙之口说道："吾辈办案，无不套叙一切，留心套熟，则不犯驳饬，何也？上游幕客皆吾辈套中人耳！"他评道："套字误尽天下苍生，然宪司牧令相延若辈，惟命是从，此吏治之所以日坏也。安所得豪杰之士跳脱圈套，与贤有司共挽颓风哉！"②办案中不仅有套路可循，而且还"套叙一切""留心套熟"。这让人不得不怀疑幕友身上有秘传蓝本。更有如云南之甚者，所谓"命案止两套，一索欠理直，衅起还殴；一衅起调奸，殴由义愤。笑者谓可刊两板，但填姓名可耳。"③幕客"套中人"、吏治"圈套"都由办案套路引起。一个"套"字居然还能引伸出这么多的问题！"套"字应该是最能体现当时办案过程的一个汉字。对现在的研究者来说，那些套路隐藏很深，如果不阅读大量案牍，根本无法感知当时办案套路的存在。办案套路的存在掩盖甚至歪曲了案件事实。我们在研究个案或同类案件④时如果不结合其他资料，很容易被误导。

地方官上下级所延幕友多为浙江籍"门生故旧"。他们"上下通声气"，

---

① 《论中丞查案》，《申报》1879 年 3 月 13 日，第 1 版。

② （清）吴炽昌：《客窗闲话》卷 1，石继昌校点，时代文艺出版社，1987，第 23～24 页。

③ （清）许仲元：《三异笔谈》卷 2，《笔记小说大观》第 20 册，江苏广陵古籍刻印社，1983，第 458 页。

④ 除了逆伦案、越狱案外，在鸟枪（火器）杀人、语言调戏致妇女自尽、杀死尊长等案中办案套路普遍存在。在强盗案件中也常见办案套路。官方对逆伦、越狱的办案套路很少关注，对后面几类案件的办案套路关注较多。这使我们在进行相关研究时应首先充分重视办案套路的存在。有的案子在书写时虽然没有套路可言，也不能被直接视为客观性书写。比如本书在对"格杀勿论""站笼"等内容的讨论中，引用了道光、咸丰时期督抚吴文镕、道光末御史汪元方、宣统时期法学家陶保霖等人的话语。从他们的话语可知，州县官将人整死后以格毙上报，这在晚清很常见。在这种情况下，犯人虽然可能已经被抓，也可能已经经过审问，但在州县官的上报文书中可能被报作在抓捕时就因拒捕被格杀了。所以，在有关格杀的案件中虽然没有书写套路可言，但的确存在不客观书写的情况。从这个角度看，《刑案汇览》系列、刑科题本中很多案件事实书写的客观性应该慎重看待。

"结党营私，把持公事"。所以，幕友皆为其辈"套中人"，这是他们"套叙一切"的行为能够广泛存在的基础。"做案"套路的广泛存在不可避免地与冤案产生关联。晚清著名的杨乃武与小白菜案就是例证。[①] 这也反映了吏治日坏的大环境。当然，这不意味着清初就没有"做案"套路。顺治时地方巡抚佟国器就曾批评过当时的盗案叙招格套。[②] 只是晚清"做案"套路更明显、更普遍罢了。幕友在办案时深受"救生不救死"之习的影响，那些套路多为使犯人减死的套路。套路的表现形式因案情而异。在命案中，为了更好地书写那些减死的套路，"曲在死者"（"坐死者以不直"）的书写在司法文书中很常见。

州县官"做案"套路的存在说明州县官在办理命盗重案时普遍存在不如实书写案情的情况。对现在的清代法律研究者来说，州县官的详文和以详文为基础的督抚所上题本奏折都不能被视为绝对可信的材料。[③] 光绪二十三年（1897）御史周承光甚至指出，案定上之臬司，达之刑部后，其"真形实迹百无一存"。[④]《大清律例·刑律·断狱下》"官司出入人罪"等门律例固然有禁止承问官"增减原供"等要求，但"做案"套路的存在以及杨乃武与小白菜等案证明，州县官绝不是被动地遵守当时的典章制度。所以，"逐级审转复核制"下的州县官是绝对鲜活的个体，不是制度的奴隶。总之，州县官对案情的书写以及在此基础上形成的刑科题本、奏折不尽可信，必须结合日记、文集、书信、方志、家谱等材料才能考订案情的

---

① 光绪元年（1875），浙江籍京官内阁中书汪树屏等联名公呈称，浙江原题本"杨乃武葛毕氏及邻证金供，八月十四日在房内顽笑，被本夫撞见，盘出奸情，并称如再与往来，定要一并杀害"等语显系摹袭刑案旧套，捏造供词。见《光绪元年十一月二十二日浙江绅士递都察院公呈》，《申报》1876年2月4日，第1、2版。

② （清）徐栋辑《牧令书》卷20，《官箴书集成》第7册，黄山书社，1997，第474页。

③ 朱潼曾在直隶任幕友，其《浮生记》说，初进臬署科房学幕者，由管卷者分管某州某县案件，先办下行片稿，后办招详。办招详意为：州县案件由府转司，每有无要情节，或词句粗俗，难以达部，必须由司修简。具题案者，名为简招；具咨案者，名为简详。见（清）朱潼《浮生记》，《近代史资料》总137号，中国社会科学出版社，2018，第10~11页。

④《光绪二十三年四月十五日京报全录》，《申报》1897年5月29日，第12版。

前因后果。①

　　无论如何，我们都不能否认州县官案情的书写对定案的重要意义。毕竟，案件经州县官的处理后，"至于府、司、院皆已定局面，只须核其情节，斟酌律例补苴渗漏而已"。② 道光十三年（1833），湖北武昌知府裕谦说，州县官为定案根基，其案情既改，上级察看甚难。③ 光绪末某江苏臬司也说，州县卷宗乃各案之根原。④ 他们肯定州县官案情书写意义的背景，主要来源于他们对州县官案情书写客观性的质疑。类似的质疑越多，越说明州县官"做案"的土壤之深厚。这些质疑使州县官深感压力，反而使得州县官"做案"之习的存在更加牢固。

第三节　对皇帝死刑决定权的再探讨

——对"逐级审转复核制"的第二点补充

　　郑秦、朱勇等教授认为，清代皇帝通过秋审等制度，牢牢地掌握着死刑的终审权。⑤ 犯人生杀与否都要经过皇帝的批准。在清代，皇帝的杀人决定权被淡化，使死刑犯活下来的施恩权常被强调。只能由皇帝为犯人"求生"。皇帝对被判为斩、绞监候的秋审人犯掌握着"求生"权。这体现在《大清律例》等官方典章制度中。在清代，秋审系"国家大典"，对秋审的研究属于法律制度史的范围。⑥ 实际上，这只是制度规定。即使强势的乾隆

---

①　固然刑科题本中案情的书写不尽可信，在社会史、法律社会史研究中刑科题本仍具有非常重要的价值。比如对清代家庭构成、成婚年龄、亲戚邻里关系、生存工作状态、物价和基层治理等方面的研究，刑科题本就是最好的材料。我们也不能因为命案关系就完全否定了刑科题本的价值。

②　（清）万维翰：《幕学举要》"总论"，《官箴书集成》第4册，黄山书社，1997，第732页。

③　（清）裕谦：《勉益斋续存稿》卷3，《清代诗文集汇编》第579册，上海古籍出版社，2010，第296页。

④　《苏臬札饬各属员不得删改案卷抽匿供词》，《申报》1906年4月25日，第17版。

⑤　郑秦：《清代法律制度研究》，中国政法大学出版社，2000，第73～89页；朱勇：《论清代皇帝决策的法律机制》，《政法论坛》2021年第1期。

⑥　目前有关秋审的研究虽然取得了一定的进展，但数量仍然偏少，而且偏于静态，很难再行深入，这与其"国家大典"的地位不相吻合。有关秋审的主要研究，见孙家红《清代的死刑监候》，社会科学文献出版社，2007；宋北平《秋审条款及其语言研究》，法律出版社，2011。

朝皇帝对秋审人犯"求生"权的掌握也并非那么牢固。在皇帝通过秋审"勾到"程序正式决定秋审人犯的生杀之前，那些先前被判为斩、绞监候的秋审人犯大多实际上已经被臣下施恩"求生"。通过对君臣在办理秋审时犯人"求生"权的博弈的研究，可见法律制度与司法实践之间展示出了非常复杂的关系。

一　秋审犯人"求生"权的制度规定与实践矛盾

在清代，被判斩、绞监候者入于秋审、朝审，由秋审、朝审决定其命运。秋审的对象为外省斩、绞监候人犯，朝审的对象则为刑部现监重囚。每年被判为斩、绞监候的人犯须由秋审决定其命运。秋审"原为慎重民命，本于必死之中求其可生"。[①] 如果没有秋审这一国家大典，犯人将会于秋后被处决。经过秋审，很多斩、绞监候人犯实际上不会被处决。可以说，秋审本来就是为斩、绞监候犯人"求生"而设计的制度。

"夫威权生杀之柄，惟上执之。"[②] 从制度上来看，在清代只有皇帝才能决定天下臣民的生死。《大清律例·刑律·断狱下》"有司决囚等第"门规定，对死罪人犯，法司定议后，须奏闻皇帝。皇帝批准后，犯人才会被处决。在正式办理秋审"勾到"前，会由刑科给事中向皇帝复奏。死刑复奏是清代皇帝在司法上至高无上的主要表现之一，只是其更具象征意义。秋审"勾到"程序则更具实质意义。《大清律例·刑律·断狱下》"有司决囚等第"门又规定，秋审情实人犯"经御笔勾除者正法，其余仍监固"。在"勾到"时，只有皇帝才能决定那些进入"勾到"程序人犯的生死。秋审中为犯人"求生"的主体只能是皇帝。为彰显皇帝为犯人"求生"之"恩"，康熙、雍正、乾隆等帝在办理秋审时，俱常彰显自己的"求生"权，明示犯人之"生""恩自上出"。但在秋审的运行中，臣下实际也在为犯人"求生"。可以说，臣下的"求生"行为实质上是对皇

---

① 道光《济南府志》卷53《人物九》。
② 《清高宗实录》卷349，乾隆十四年九月壬申。

帝"求生"权的侵犯。

如在办理乾隆二十二年（1757）秋审时，湖南巡抚蒋炳将因婪赃侵蚀而被判斩监候之原任湖南布政使杨灏入于"缓决"上报。经九卿会议后，将其继续拟入"缓决"具题，请示皇帝定夺。乾隆帝检阅之后，非常生气，"不胜手战愤栗！"其原因除了觉得臣下有"党庇"之嫌外，更主要的是认为他们"窃弄威柄"。杨灏已被臣下预先"求生"，自己的"求生"权实际被臣下窃取。于是，他质问道："试问在朝诸臣有敢窃弄威福，能生死人者为谁！"在该案中，臣下受到皇帝非常严厉的批评。① 如前文，乾隆帝对生杀大权的掌握十分重视、敏感且在意。

该案突出体现了臣下在办理秋审时侵犯皇帝"求生"权的主要表现。即在办理秋审时，臣下将可实可缓，甚至应入情实之犯归入缓决之列，从而实现了犯人不死的结果。经过每年八月在天安门前金水桥西举办的九卿会议，那些进入秋审的犯人最终会被分为情实、缓决、可矜、留养承嗣四项。② 经皇帝批准后，入缓决者一般会继续监禁留待来年的秋审，入可矜者被减至流刑或徒刑，入留养、承嗣者则在枷号两月、责四十板后被直接释放。被列为情实的犯人会通过"勾到"程序决定其生死，"御笔勾除，方行处决；未经勾除者，仍行监候"③。在每年进入秋审的犯人当中，只有那些被皇帝勾除的情实犯人才会最终被处决。"情实中不尽予勾之人，恩出自上。"④ 勾除与否，权在皇帝，非臣下所能决定。故"缓、实所分，即人命生死所系。"⑤ 秋审实、缓之间关系人命，在办理秋审时，臣下倾向于将可

---

① 《清高宗实录》卷 546，乾隆二十二年九月戊戌、己亥。

② 有说法认为分为情实、缓决、可矜三项，或情实、缓决、可矜、留养、承嗣五项。每年留待秋审办理留养、承嗣的犯人数量很少，且另册进呈，故留养、承嗣常不计在内。在研究中没有必要纠结这一问题。

③ （清）郑端：《政学录》卷 1，《续修四库全书》第 755 册，上海古籍出版社，2002，第 160 页。

④ （清）吴玉纶：《香亭文稿》卷 2，《清代诗文集汇编》第 378 册，上海古籍出版社，2010，第 250 页。

⑤ （清）潘文舫等：《新增刑案汇览》卷 16，法律出版社，2007，第 334 页。

实可缓甚至必实之犯归入缓决之内，从而为犯人"求生"。①

为什么臣下倾向于为人犯"求生"呢？实际上，在清代司法实践中普遍存在宽厚的办案倾向。有关立法和司法宽严尺度的一个总结——立法严，行（用）法宽，是很多官场中人的共识。② 只是在办案过程中，地方官经常背离用法宽厚的本意。③ 有时过于宽厚，甚至还放纵了罪犯。④ 这经常引起最高层统治阶层和一些官场中人的反对。如乾隆十八年（1753），乾隆帝说，向来外省办理刑名每存姑息之见，即有关伦常，亦多迁就，谓衅由死者，率作凶徒以无心架格，或两相凑合，用力过猛。此妇寺之仁，以救人

---

① "凡官吏生杀之权，皆存幕友掌握之中。千词万状，由幕友以定其死生曲直"〔（清）觉罗乌尔通阿：《居官日省录》卷1，《官箴书集成》第8册，黄山书社，1997，第16页〕。地方的刑名事务实际由幕友具体办理，幕友的"求生"行为实际亦代表了地方官。乾隆帝在批评地方存在的"积阴功"等行为时，矛头便时常直指幕友。故本书对幕友与地方官的"求生"行为不作区分。有关幕友的研究，详见郭润涛《官府、幕友与书生——"绍兴师爷"研究》，中国社会科学出版社，1996，第85~94页；高浣月《清代刑名幕友研究》，中国政法大学出版社，1999。

② 如康熙元年（1662）吏科给事中朱训诰奏称，我朝当一代创兴之始，革明季末流之弊，立法不得不严，而用法未尝不宽。同光时期宗室宝廷说，夫朝廷立法不可不严，不严则民生玩，而朝廷用法不妨于宽，不宽无以大好生之德。光绪十七年（1891），江苏按察使颁发的《听讼须知》说，朝廷立法不得不严，我辈行法不得不恕。凡问供当从深刻，定案当持宽平。立法严，行（用）法宽的说法至迟在明代就已经很有影响。具体来说，即使在强盗案件中，地方官也存在立法严、用法宽的办案倾向。晚清著名法学家薛允升说，立法不可太重，太重则援照者必少。如果不了解清代官员普遍用法宽的大背景，薛允升这句话就很难理解。以上见（清）朱训诰《问刑详慎疏》，（清）贺长龄辑《皇朝经世文编》卷93，台北文海出版社，1966，第3316页；（清）宝廷《法宜宽严互用疏》，（清）盛康编《皇朝经世文续编》卷99，台北文海出版社，1972，第4429页；（清）佚名《江苏省例四编》"听讼须知"，杨一凡、刘笃才编《中国古代地方法律文献》丙编第13册，社会科学文献出版社，2012，第563页；（清）佚名《答西友问律》，（清）何良栋辑《皇朝经世文四编》卷41，台北文海出版社，1972，第748~750页；（清）薛允升《读例存疑》卷30，胡星桥、邓又天等点注，中国人民公安大学出版社，1994，第501页。

③ 如晚清官员王家璧读梅曾亮《刑论》后点评说，古人折狱必得其情，当其罪。即曰罪疑惟轻，亦必有所疑，乃从末减。非若后世狱吏博不轻杀人之名，罪至当死，舞文以生之也。（清）梅曾亮：《刑论》，（清）盛康编《皇朝经世文续编》卷98，台北文海出版社，1972，第4316页。

④ 晚清官员徐赓陛认为，圣人之道宽以容民，严以驭世。晚近不察，以纵弛为宽。……圣人之宽即嘉善而教不能，渐民以仁，摩民以义，而非废刑法而日噢咻也。他还举了办理命盗等案过于宽仁的表现。他最后总结说，地方官办案宽仁，导致百姓见诸刑戮者百不及十。待民宽仁至于此极。是以民气桀骜，有如骄子。当时并无秦之暴虐、汉之宫竖、唐之藩镇、宋之戎狄，却也发生了洪杨之乱。这是地方官优柔的结果。（清）徐赓陛：《不慊斋漫存》卷9，《清代诗文集汇编》第751册，上海古籍出版社，2010，第644页。

一命为造福。实乖弼教之义。近虽降旨训饬，至再至三，而积习牢不叮破。① 臣下倾向于为人犯"求生"的原因很多。"积阴功""刑官无后"等观念在清代司法实践中仍然发挥着重要作用。为死刑犯人"求生"是中国古代官员尤其是刑官积阴功的重要途径。② 乾隆等帝经常批评臣下（尤其是地方）在办理刑案时的这些观念。此外，审案时的"失入"处分大于"失出"，儒家的仁政传统，官员的"干誉"思想，也是臣下倾向于为人犯"求生"的重要原因。③ 如本书前后文，地方官深受审转程序的拖累。为了不使案件进入审转程序，有时也会从轻处理。

臣下在试图为犯人"求生"时，实际上侵犯了皇帝的"求生"权。当然，他们的这种行为是在表面上不侵犯皇帝生杀大权的基础上进行的。无论如何，有关皇帝对秋审人犯"求生"权的制度规定与臣下的"求生"行为之间，即制度与实践之间存在着矛盾。

二　乾隆帝对秋审人犯"求生"权日趋严厉的维护

由前述乾隆二十二年（1757）杨灏案可知，此时乾隆帝对臣下侵犯自己"求生"权的做法已经非常敏感。应该看到，他在位六十年，并非一贯如此。

乾隆帝曾说，自己继位之初，担心因为可能一时不能详察，出现臣下

---

① 《清高宗实录》卷449，乾隆十八年十月己酉。

② 霍存福：《复仇·报复刑·报应说：中国人法律观念的文化解说》，吉林人民出版社，2005年，第202～249页；赵晓耕主编《罪与罚：中国传统刑事法律形态》，中国人民大学出版社，2012，第503～505页。

③ 郝英明博士认为，督抚臬司于秋审时宽减人犯是出于干誉的原因。干誉即以违背常道的手段追求名誉之意（见郝英明《乾隆帝"干誉"理念初探》，《史林》2011年第1期）。不排除地方官在办理秋审时有干誉的考虑，但将原因俱归于干誉，其结论显然表面化和功利化了。其实，不仅秋审案件，在办理各种案件时司法官员都有从轻的倾向，比如道光十三年（1833），湖北武昌知府裕谦说，今之用刑者不务猛而务宽。[（清）裕谦：《勉益斋续存稿》卷3，《清代诗文集汇编》第579册，上海古籍出版社，2010，第299页]。只是在不同时期有不同的表现。现实情况复杂，酷吏或者有用刑偏重倾向官员的存在也是正常情况。正如本书后文所言，这不矛盾。毕竟每个人都是具体的个体，人生经历、想法等各方面俱不相同。我们现在要思考的主要问题是，从整体上来看，将犯人宽减（放纵）的情况要远多于加重的情况，其原因是什么？

在办理钦案时失入者必多的情况，甚至认为生杀"恩出自上"之说"尤为不可"。[①] 故而在办理案件时，因人命攸关，自己切切而不忍，"宁失之宽"。[②] 在他的影响下，内外问刑衙门"或不免有意从宽"。[③] 这一阶段每年的秋审情实人数较少，是此时刑事政策相对较宽的直接证据。至乾隆十三年（1748）时，由于家庭变故[④]，社会政治形势的变化，尤其是惩贪形势的影响，乾隆帝的刑事政策趋向严厉。[⑤] 十四年时，他认为此时自己阅历已久，已"灼见事理"，如果自己一味姑息纵舍，则"失之懦弱"。于是，他一改往日的宽和，核查了历年"朦胧入于缓决"的官犯。[⑥] 官犯的数量在每年的秋审人犯中所占比例很低。本年秋审人犯被勾决的比率较之往年明显提高，这说明不仅官犯从重办理了，整体的情实人犯俱被从重办理了。

乾隆帝在检查入于"缓决"的本年秋审官犯时，特意强调了"生杀之柄，断不下移"。[⑦] 这并非他对皇帝"求生"权一时有意维护。此后，他通过多种方式加大了对"求生"权的维护力度。比如他通过更频繁运用立决案件夹签、双请等方式，有意识地强调了皇权对某些立决人犯的特施之"恩"。乾隆十四年后，地方督抚王命旗牌的使用明显多于康熙、雍正时期，这体现了在对待极重死罪犯人上皇权"威"的一面。[⑧] 他恩威并施，俱试图明示或暗示皇帝的"求生"权。秋审为"国家大典"，每年数千件秋审案件的办理为他掌控死刑人犯的"求生"权提供了丰富的资源，这远非立决案

---

① 《清高宗实录》卷6，雍正十三年十一月丁酉。

② 《清高宗实录》卷350，乾隆十四年十月戊寅。

③ 《清高宗实录》卷365，乾隆十五年五月己未。

④ 乾隆十二年末至十三年三月短短四个月的时间内，皇七子永琮和二十二年的发妻、皇后富察氏相继病故，使乾隆帝非常悲痛。此时心里的悲痛应该影响到了国家的治理。这段时间皇帝易怒，经常对大臣发泄。

⑤ 参见戴逸《乾隆帝及其时代》，中国人民大学出版社，2008，第106~110页。又见高王凌《乾隆十三年》（经济科学出版社，2012）一书的相关讨论。林乾教授也注意到了乾隆十三年的分界线意义。见林乾《治官与治民：清代律例法研究》，中国政法大学出版社，2019，第213~226页。

⑥ 《清高宗实录》卷350，乾隆十四年十月癸未。

⑦ 《清高宗实录》卷350，乾隆十四年十月己卯。

⑧ 参见〔日〕铃木秀光《恭请王命考——清代死刑判决的"权宜"与"定例"》，吕文利、袁野译，《内蒙古师范大学学报》（哲学社会科学版）2009年第4期。

件的夹签等情况可比。

乾隆帝非常关注刑狱。《清史稿》载："高宗尤垂意刑名，秋审册上，每于饬责"。① 因为办理秋审时"失出"被乾隆帝申饬、议处的督抚、臬司可谓比比皆是。在他的严厉维护下，他自信臣下"虽欲曲为开释，亦终不能也"。② 他有理由如此自信。经常有些情节较重的案件，于法司定案时，他自己即将该案的奏折或题本存记，待臣下办理秋审进本时，再拿出留心复阅，以检验臣下在办理秋审时是否有市恩的"求生"行为。③ 从法司定案至办理秋审进本，中间一般至少会有一年左右的间隔。由此可见乾隆帝之关心刑狱。

在办理秋审时，督抚等地方官将人犯留一线之生后，刑部等大臣常以已成之案，"乐于从宽完结"。④ 为防止出现这一情况，乾隆帝经常直接改变个案九卿会议的结果。于是，刑部等大臣便难以与督抚形成办案中的默契，并且努力使部臣成为皇帝阻止地方市恩"求生"的重要力量。

如前文，根据《清高宗实录》的记载，可以计算出很多年当年被处决的斩、绞监候人犯数量。这一数量加上未勾（停决）人数即为当年的秋审情实犯人人数。通过对表 4 上的数据进行计算可知，乾隆四年至十八年、十九年至三十九年、四十年至五十九年的平均每年秋审情实犯人人数分别约为 280 人、571 人、1018 人。情实人数的增长趋势非常明显。⑤ 虽然乾隆时期人口亦持续增长，但其增长速度明显低于情实犯人人数的增长。⑥ 乾隆时期刑事政策的宽严与乾隆帝对自己"求生"权的日益维护有直接关系。当乾隆帝加大对秋审人犯"求生"权的维护时，臣下的"求生"行为被压制，刑事政策便会更加严厉，秋审情实犯人人数的增长是其直接表现。

———————————

① 赵尔巽等：《清史稿》卷 144《志一百十九·刑法三》，中华书局，1977，第 4210 页。

② 《清高宗实录》卷 548，乾隆二十二年十月壬申。

③ 《清高宗实录》卷 916，乾隆三十七年九月丁酉。

④ 《清高宗实录》卷 548，乾隆二十二年十月壬申。

⑤ 在乾隆皇帝最后两年犯人的数量有所下降。正如乾隆六十年（1795）十月乾隆皇帝说："朕近年以来办理庶狱，多从宽宥。"《清高宗实录》卷 1488，乾隆六十年十月甲申。

⑥ 曹树基：《中国人口史》第五卷，复旦大学出版社，2001，第 704 页。

表4　乾隆年间的勾决率

年份（乾隆）	三年	四年	七年	十年	十二年	十四年	十七年	十八年
勾决人数（人）	458	223	626	521	488	615	886	322
情实人数（人）	589	294	694	626	651	665	939	328
勾决率（％）	77.76	75.85	90.2	83.23	74.96	92.48	94.36	98.17
新事起数（起）								
年份（乾隆）	二十年	二十一年	二十二年	二十三年	二十四年	二十五年	二十七年	二十八年
勾决人数（人）	758	271	431	458	578	486	850	499
情实人数（人）	770	280	454	477	605	518	894	548
勾决率（％）	98.44	96.79	94.93	96.02	95.54	93.82	95.08	91.06
新事起数（起）			1866	1964		2330		2383
年份（乾隆）	二十九年	三十年	三十一年	三十二年	三十三年	三十四年	三十五年	三十七年
勾决人数（人）	430	529	486	527	551	590	586	1150
情实人数（人）	495	593	586	630	671	728	694	1318
勾决率（％）	86.87	89.21	82.94	83.65	82.12	81.04	84.44	87.25
新事起数（起）	2179	2431	2242	2518	2615	2487	2519	2468
年份（乾隆）	三十八年	三十九年	四十年	四十一年	四十二年	四十三年	四十四年	四十六年
勾决人数（人）	653	644	575	693	554	693	838	1709
情实人数（人）	886	836	782	835	731	892	1080	1941
勾决率（％）	73.7	77.03	73.53	82.99	75.79	77.69	77.59	88.05
新事起数（起）	3072	2773		2913	2296	2735	3075	
年份（乾隆）	四十七年	四十八年	四十九年	五十年	五十一年	五十二年	五十三年	五十四年
勾决人数（人）	1190	1090	1055	850	718	802	775	716
情实人数（人）	1488	1224	1358	1132	1039	1058	1140	1027
勾决率（％）	79.97	89.05	77.69	75.09	69.1	75.8	67.98	69.72
新事起数（起）		2856	2774	2479	2515		2535	2512
年份（乾隆）	五十六年	五十七年	五十八年	五十九年				
勾决人数（人）	1445	790	800	711				
情实人数（人）	1702	1089	995	842				
勾决率（％）	84.9	72.54	80.4	84.44				
新事起数（起）	2820	2945	3001	2841				

注：缺乾隆十年河南数据。此表中的秋审勾决、情实人数不包括朝审数字。

　　沈家本《叙雪堂故事删誊》收录了自乾隆十九年（1754）至六十年（1795）大多年份的秋审新事、旧事起数和总人数。[①] 与各年秋审新事起数变化相比，情实犯人人数的增长更为明显。情实犯人人数在当年秋审总人数中占的比例大致在增加。与之相对，缓决犯人人犯在当年秋审总人数中所占比例却在降低。情实、缓决犯人人数比例之间的消长充分反映了在乾隆朝随着乾隆帝对秋审人犯"求生"权的维护，臣下的"求生"行为受到了他日趋严厉的压制。

三　迎合皇权后臣下对秋审人犯"求生"权的"争夺"

　　随着乾隆帝对秋审人犯"求生"权日趋严厉的维护，使得臣下不得不收敛自己的"求生"行为，并且在办理秋审时迎合皇帝的意志，趋于严厉。更接近皇帝的刑部等大臣更是如此。如在乾隆四十二年（1777），大学士英廉开始管理刑部事务时，因为办案时有比舒赫德从轻的情况，屡次受到了乾隆帝的严饬，"遂矫枉过正"。当四十八年（1783）大学士阿桂总理刑部事务时，认为英廉素失之刻，意欲改正，为阿桂所倚任的吴熊光建议其"甫综部务，宜且循旧章"。[②] 时人和后人对乾隆中晚期的"重刑"印象与此有一定关系。每年八月在天安门前金水桥西举办的九卿会议系由管理刑部事务大学士等京城官员所主导，在大多时候，乾隆帝认同该会议的结论。每年都有九卿议改的情况，他常藉此申斥地方在办理秋审时的"求生"行为。当然，如同前述杨灏案，乾隆帝也时常不认同会议的结论，这使管理刑部事务大学士等大臣感到压力，从而在办理秋审时，会迎合皇帝的意志。

　　虽然乾隆帝为维护自己对秋审人犯的"求生"权，力图以自己的明察

---

　　① （清）沈家本：《叙雪堂故事删誊》，杨一凡编《清代秋审文献》第 3 册，中国民主法制出版社，2015，第 3～12 页。乾隆十三年、十六年、三十二年、三十六年和三十八年的秋审新事起数分别为 1879、1781、2518、2697 和 3072 起。见张伟仁主编《明清档案》A159－35、A181－19、A207－46、A215－12、A220－164。

　　② （清）吴熊光：《伊江笔录》下编，《续修四库全书》第 1177 册，上海古籍出版社，2002，第 515 页。

秋毫和严厉压制住臣下在秋审中的"求生"行为，但从其对臣下"求生"行为的反复训斥来看，即使在刑事政策最为严厉的乾隆中晚期，臣下的"求生"行为仍然或多或少地存在。即使鄂弼、余文仪、吴绍诗、海成、荣柱、闵鹗元、吴垣、祖之望等从前的刑部堂官、司官在外任督抚、臬司后，亦"渐染恶习"，因办理秋审失出而被申饬或处分。于乾隆中晚期长期任幕友的汪辉祖便曾自豪地宣称在其长达二十六年的幕友生涯中，入于死罪的人犯仅有六人而已。① 为什么会这样呢？

一方面，法不责众，使得乾隆帝对失出的臣下不得不从宽对待。虽然臣下在办理秋审时因失出会受到处分，但他经常加恩留任。他认为，臣下因被加恩留任而"无所儆畏"，从而导致臣下"相沿成习"，"藉以博宽厚之名"。② 既然如此，他们的"求生"行为焉能消失？

乾隆帝对臣下的宽大又确为不得已。在办理秋审时，最终会通过皇帝施"恩"的方式，将大多犯人减死。乾隆帝施"恩"的前提离不开臣下的大量工作。他日理万机，不可能对每年数千件秋审案件俱一一过目。正如他自己所言，秋审缓决本章"一省即可盈尺"。如果通行详阅，竟日不能遍览，何暇复办他事？万机待理，何以应之！③ 所以，在办理秋审时需要臣下协助。乾隆十四年（1749）他便因个人精力问题将秋审三复奏之例简去二复。④ 臣下俱系国家大员，若因办理秋审失出而被处分，至少会打击他们办事的积极性。如果因处分而被降革，"一时人才难得"，人才更换可能不及时，从而影响官僚机构的正常运转。

另一方面，臣下在办案时"求生"故套的存在使乾隆帝的维护效果不理想。作为程序化的应对，官方在办理刑案时很容易形成各种套路。在办理秋审时，"求生"套路也非常流行。套路形成后，臣下妆点情节，"曲绘案情""移情就例"等情况的出现更加不可避免。虽然乾隆帝为维护自己对

---

① （清）汪辉祖：《佐治药言》"求生"，《官箴书集成》第 5 册，黄山书社，1997，第 317 页。

② 《清高宗实录》卷 1191，乾隆四十八年十月丙戌。

③ 《清高宗实录》卷 350，乾隆十四年十月癸未。

④ 光绪《大清会典事例》卷 853《刑部·刑律断狱·死囚复奏待报》。

秋审人犯的"求生"权，力图压制臣下的"求生"行为，但对"求生"故套的存在，他有时亦无可奈何。卑幼伤毙尊长案件即为典型。《大清律例·刑律·斗殴》"殴期亲尊长"门规定，如果伤毙期亲尊长，卑幼罪应斩决。然而法司在定案时，以卑幼而伤毙尊长，"不曰救亲情急，即曰尊长起衅"。用这些套路为卑幼犯尊寻找"可原情节"，从而通过夹签请旨等方式将卑幼由立决减为监候定案，卑幼得以暂时不死。在每年办理秋审时，这些案犯会进入秋审，一般会被列入"情实"一类，在勾到时俱邀恩免勾，从而最终实际将犯人减死。① 在每年的秋审招册中，这样的案件，"不可枚举"。臣下"总以辗转回护，曲为之贷"。②

对这些套路，早在乾隆十八年（1753）时，乾隆帝便已非常熟悉。③ 虽然他表示，对此已降旨训饬，"至再至三"，但"积习牢不可破"。于是，又再降谕旨："著严饬行，嗣后如仍有似此者，刑部即声明驳正，将承审各官从重议处，以正伦理，申国宪。"④ 虽然如此，此后，他仍屡降旨饬谕。⑤ 连他自己都承认这种套路"久已成为锢疾。"⑥ 虽然他曾对此表示"鄙笑"，但其无可奈何之情溢于言表。卑幼伤毙尊长案件中"求生"故套的存在只是典型，司法实践中其他案件的求生故套亦或多或少地存在。

即使对未入情实的秋审人犯，乾隆帝亦常通过检验个案的方式，指出臣下的市恩"求生"等行为，经常使他们感到皇权无时不在。臣下过于严厉，对案情介于疑似的，有意从重定拟，将施"恩"的机会主动让给皇帝的行为也常被皇帝批评。⑦ 在办理秋审时，乾隆帝常按各省拟改之多寡，

---

① （清）刘锦藻：《清朝续文献通考》卷253《刑考十二》。
② 《清高宗实录》卷548，乾隆二十二年十月壬申。
③ 《清高宗实录》卷448，乾隆十八年十月庚寅。
④ 《清高宗实录》卷449，乾隆十八年十月己酉。
⑤ 《清高宗实录》卷546，乾隆二十二年九月己亥；卷548，乾隆二十二年十月壬申；卷676，乾隆二十七年十二月乙未；卷737，乾隆三十年五月辛卯；卷958，乾隆三十九年五月戊午；卷969，乾隆三十九年十月己亥；卷1396，乾隆五十七年二月癸丑。
⑥ 《清高宗实录》卷737，乾隆三十年五月辛卯。
⑦ 《清高宗实录》卷140，乾隆六年四月己酉。

"以酌定该督抚等办理之当否"。① 为了不使皇帝觉得自己"负委任"、"于刑名总汇未能办理裕如"以及"该省刑政废弛",尤其是因秋审办理错误而遭受严厉申饬、处分的个案经常存在,臣下在办理秋审时自然不敢怠慢,不得不小心翼翼地在自己的"求生"行为与乾隆帝维护自己"求生"权的力度之间寻找着平衡。为减轻来自皇帝的压力,刑部大臣与地方督抚甚至可能会互助"合作",在分别实、缓问题上暗通消息。②

在办理秋审时,围绕着"求生",臣下还可能会充满算计。如大学士阿桂在总理刑部事务时,曾审理了两广总督富勒浑侵用关税一案。定案时阿桂听取其亲信吴熊光的意见,如果直接将其族侄孙富勒浑轻拟,可能会招致乾隆帝的不满。所以将其从重定拟,希望通过皇帝运用自己"求生"权的方式将其减死。最后,在勾到时乾隆帝得知阿桂在定案时从重定拟的事实,果然施恩将富勒浑免勾。有时乾隆对臣下的算计亦很清楚,前述对臣下卑幼伤毙尊长案的办理便是如此。

总之,在对秋审人犯由谁施"恩"的问题上,对臣下来说,这是一种迎合皇权后对犯人"求生"权的争夺。首先,在皇帝对秋审人犯"求生"权的日益维护下,臣下必须迎合,从而使乾隆中后期的刑事政策逐年趋于严厉。其次,因为法不责众等原因的存在,使臣下替犯人"求生"的空间仍然存在,臣下仍在"争夺"人犯的"求生"权。

另外,乾隆帝明知自己不可能对每年数千秋审人犯一一"求生",这需要臣下的协助,从而有意识地会让与一些案件的"求生"权。正所谓"事

① 《清高宗实录》卷423,乾隆十七年九月癸酉。

② (清)吴熊光:《伊江笔录》下编,《续修四库全书》第1177册,上海古籍出版社,2002,第515页。道光二十七年(1847),署陕西按察使张集馨在办理某年秋审时曾与某刑部侍郎商酌。道光二十九年(1849),张集馨在任四川按察使时称,四川秋审部费向例给以六百金,刑部书吏于每年五六月间专人将秋审实、缓底折送按察使署,守取部费。按察使司中不与交通,皆由省佐杂有部办出身者网罗其事,彼即于中取利。同治末广东南海县杜凤治说,自己手中有秋单。当时广东按察使在办秋审时怕被刑部挑衅,时时向杜索秋单。秋单者,刑部先开出各犯,或应情实,或减等,发出照办。见(清)张集馨《道咸宦海见闻录》,杜春和、张秀清点校,中华书局,1999,第86~87、115页;(清)杜凤治《杜凤治日记》第7册,邱捷点注,广东人民出版社,2021,第3329页。

事必恩出自上，岂成政体"？① 笔者计算，在每年数千件秋审案件中，最终
被归入情实的犯人在所有人犯中所占比例不会超过30%。每年大多数的秋
审人犯实际上预先会被臣下"求生"，归入缓决、可矜之列，最后由皇帝象
征性地予以批准。乾隆帝的策略主要在于每年八月重点关注九卿议改的个
案，通过对这些个案的关注，使臣下感觉到皇帝对秋审"求生"权的维护
力度。除此之外，对一些特别的案件，他会在法司定案时，即留心存记。
待臣下办理秋审时，再拿出检验臣下（包括九卿）在办理秋审时是否有
"求生"行为。于是，君臣之间在对待秋审人犯"求生"权上，形成了一定
程度的分工合作关系。这也是臣下"求生"行为在乾隆帝的打击下仍然存
在的重要原因。

　　随着乾隆中后期，臣下的"求生"空间被压缩，君臣之间的矛盾常被
放大。对此，乾隆帝常恩威并施，试图达到对官僚政治的有效驾驭，使皇
帝对司法的控制力在清代达到了顶峰。

四　君臣之间的合作：秋审勾到前臣下"议杀"与勾到时皇帝"求生"分工的明确

　　在乾隆二十九年（1764）前，乾隆帝对秋审人犯"求生"权的维护主
要表现在秋审勾到前，即在勾到前，通过各种途径检阅臣下在办理秋审时
是否存在市恩的"求生"行为。二十九年，乾隆帝的维护则扩大至勾到
阶段。

　　如前文，乾隆十四年（1749），乾隆帝的刑事政策趋向严厉。自该年至
二十八年，秋审勾决率（即被勾到的人数占情实犯人人数的百分比）俱在
90%以上（见表4），这也是乾隆、嘉庆、道光三朝秋审勾决率最高的时期。
导致这一结果的原因除了社会政治形势变化等的影响外，也与乾隆帝自身
的想法有关。他认为，雍正初年才开始秋审勾到，故与此前相比，现在斟

---

① 《清高宗实录》卷195，乾隆八年六月癸酉。

酌精详，因为有了免勾之犯，"实则从宽"。① 情实犯人本应被处决，秋审勾到给了这些犯人活的机会，故勾到时不应再为放宽。至二十九年（1764），他才意识到在勾决时的严厉实际上不利于展现其施"恩"的一面。

二十九年前，伤毙期功尊长人犯在办理秋审时一般会列入服制册，被归入情实之列，经过两次免勾后，乾隆帝曾降旨令大学士会同刑部省录，将其改入缓决，缓决人犯不会再有被处决的可能，这些人犯最终实现了减死。伤毙缌麻尊长人犯较之伤毙期功尊长人犯，所犯情节相对较轻。在办理秋审时，前者虽然一般不进入服制册，但亦会被归入情实之列。在勾到时，这些犯人大多以情节稍轻酌予免勾，几年后，却不能与伤毙期功尊长人犯一体改入缓决。这显得不太公平。二十九年，管理刑部事务大学士舒赫德等将秋审情实人犯内伤毙缌麻尊长之杜廷顺等三犯均请改为缓决。乾隆帝看到后，十分生气，认为舒赫德等人的行为"深为乖谬！"不该如此明显地替犯人"求生"。他于是举出"三杀三宥"之典来说明君臣之间的关系。

"三杀三宥"之典出自苏轼《省试刑赏忠厚之至论》一文。苏轼在该文中说道："当尧之时，皋陶为士，将杀人，皋陶曰杀之三，尧曰宥之三，故天下畏皋陶执法之坚，而乐尧用刑之宽。"② 苏轼以尧与皋陶之事说明广恩、慎刑的重要性。尧与皋陶的角色分配亦与中国古代善则归君，过则归己的儒家传统相合。这一传统又逐渐演变出了法在有司，恩归主上（或恩归主上，法归臣下）这样的说法。

乾隆帝认为，在"三杀三宥"之典中，"必先有皋陶之执法，而后可以施尧之矜恤""正所云忠厚之至，其理古今莫易也"。在皇帝和臣下的角色分配中，他设想由臣下担当"皋陶"，按法入犯人于死（法归臣下），然后再由充当"尧"的自己在勾到时予以施"恩"（恩归主上），为犯人"求

---

① 《清高宗实录》卷350，乾隆十四年十月戊寅。

② （宋）苏轼：《苏东坡全集》，燕山出版社，2009，第1227页。欧阳修曾问这句话所出典，苏轼回答系想当然的结果。袁枚认为，这是苏轼暗用《礼记》文王世子公族有罪的典故而一时妄对。苏轼将这一典故坐实在尧与皋陶身上，则是想当然耳。（清）袁枚：《随园随笔》卷17，《袁枚全集新编》第7册，王英志编纂校点，浙江古籍出版社，2015，第340页。

生"，从而使自己获得更加仁慈宽大的形象。臣下只能按照律例办理刑案，没有法外施仁（施恩）的权力。施恩的权力只能自己一人独享。他担心舒赫德的"求生"之举将使进入勾到名单、本应由皇帝施"恩"免勾的情节较轻情实人犯减少，从而使自己"无所庸其矜恤"。他认为，舒赫德喋喋将犯人议入缓决，"是已举三宥自居"，从而转将"议杀归过于上"。[①] 这种颠倒君臣关系的做法当然不能为日益维护自己"求生"权的乾隆帝所容忍。

乾隆帝不仅意识到臣下的"求生"行为实际上侵犯了自己的"求生"权，而且面对臣下的"求生"行为，不使别人将"议杀"的效果归于自己，他改变策略以彰显自己所施之"恩"和宽仁形象就显得必然了。

在乾隆帝设想的自己与臣下的角色分配中，臣下与皇帝分配角色的阶段分别是勾到前与勾到时。即在勾到前由臣下"议杀"（法归臣下），勾到时由皇帝施"恩"（恩归主上），从而彰显自己的"求生"权。君臣之间的分工明确。乾隆帝欲表现自己所施之"恩"和宽仁形象，便要在勾到时加以体现。故在乾隆中后期，乾隆帝日益维护自己对秋审人犯的"求生"权，将"议杀"效果转移臣下，秋审情实人数逐年增加的同时，他有意识地在勾到时放宽了标准。秋审勾决率的下降是其明显体现。从十四年至二十八年，勾决率俱在90%以上，二十九年始降至90%以下（见表4）。这也会在一定程度上转移人们对乾隆帝严苛、重刑的印象。

乾隆二十二年（1757）十月，乾隆帝在勾到江苏等省人犯时，曾严厉批评了臣下的"求生"行为，其中也引用了"三杀三宥"之语。在对臣下进行批评时，他表示"朕亦何乐而不以宥贳为恩"。但他又认为，因为臣下并未尽到执法之责，"有意从宽"，将人犯"求生"，所以，自己不得不存"废法之惧"，在勾到时严厉。[②] 短短七年后，他的观念便有了明显转变。其背后体现了他对司法控制力的增强。二十六年（1761）时，他便向臣下宣称自己临御天

① 《清高宗实录》卷718，乾隆二十九年九月甲寅。
② 《清高宗实录》卷548，乾隆二十二年十月壬申。

下二十六年，于办理案件中的一切情伪，"知之熟矣"。① 至二十九年时，通过自己的努力，他已经有足够的信心更多地向臣下展现施"恩"的一面。

郑秦教授认识到，虽然清代最高司法权由皇帝个人行使，但这不能否定他所处的时代背景对他的决断产生影响和制约。清醒的君主也应当能审时度势。与历史上的其他时期相比，清代皇帝绝少发生君主任情生杀的现象。这说明清代高度发展的专制权力已经制度化。尽管司法程序千篇一律，但却保证了案件按照法定程序处理，使君主的任情生杀行为在一定程度上有所克制。② 郑秦教授一方面肯定了时代背景对君主决策的影响；另一方面，他实际又认为君主是制度的奴隶，从而抹杀了君主个性的变化对制度的影响。这正是笔者这部分内容所强调的。实际上，在强势的乾隆帝时期，其对很多案件的处理是非常任性与超越制度规定的。比如那些通过"钦奉上谕，恭纂为例"形成的条例条文数量远远超过其他时期。新条例的形成大多是对旧条例的修改，乾隆皇帝经常通过否定旧条例的形式巩固自己的权威。在乾隆帝时期，其政策、主张在不断变化。乾隆帝也是一个具体的"人"，人的思想在不同时期会不断变化。所以，乾隆帝时期的变化是正常情况，只是其变化更明显地打上了时代的烙印。其变化经常通过皇权影响到了制度的变化。

在乾隆朝秋审的运行中，乾隆帝对秋审人犯"求生"权的维护在不同时期的表现并不相同。乾隆中晚期，在乾隆帝对自己"求生"权的日益维护下，其对司法的控制力在清代达到了顶峰。嘉庆、道光时，随着皇帝对司法的控制力逐渐降低，臣下的"求生"行为最终演变成"牢不可破"的"救生不救死"之习。道光末，语言调戏案（抹去人犯手足勾引情节，从而使其在勾到时免勾）和鸟枪（火器）杀人案（以"事出无心"为由将本应情实人犯归入缓决之列）等案的办理即是典型。③ 这些案件的处理说明，在

---

① 《清高宗实录》卷634，乾隆二十六年四月丁丑。

② 郑秦：《清代法律制度研究》，中国政法大学出版社，2000，第76~77页。

③ 《清宣宗实录》卷367，道光二十二年二月癸巳；（清）吴潮、何锡俨编《刑案汇览续编》卷18，法律出版社，2007，第798~813页；《清刑部通行饬令汇存》第2册，全国图书馆文献缩微复制中心，2005，第651~657、753~757、793~797页。

与皇帝的博弈中，臣卜不仅掌握了"求生"的套路，而且可以使文书表面看起来无懈可击。套路形成后易被发现，但嘉庆后诸帝再也没有乾隆、嘉庆二帝关注刑狱的决心和魄力。① 在此情况下，"救生不救死"积习虽"屡奉圣明训饬，犹未尽转移也"。② 至道光末，"救生不救死"积习终于牢不可破。案犯本应由皇帝决定生杀，却早已被臣下决定了生死！通过对乾隆朝秋审运行的考察可知皇帝掌握"求生"权的法律制度规定与司法实践之间的确存在差距。君臣之间司法权的"争夺"在此得到了明确、生动的展现。总之，清代法律制度的研究本应更加生动。"活的制度史"、活的法律制度史研究不仅必要，而且可行。在研究清代法律制度时，应该充分关注到皇帝的个性。甚至在研究某些具体的法制制度史问题时，重要大臣的个性也要考虑。不能仅仅关注制度的变化。

小　结

郑秦教授将清代司法程序概括为"逐级审转复核制"。"逐级审转复核制"对我们理解清代司法程序具有非常重要的意义。同时也应该看到，在"逐级审转复核制"得到国内研究者的认可后，出现了许多比较机械、教条

---

① 道光二十二年（1842），道光帝很偶然地"关注"了一次秋审。该年九月，他发现山东秋审册情实 22 起内语言调戏致本妇女羞忿自尽者竟有 5 起。一个多月后，他又发现河南秋审册情实 33 起内语言调戏致本妇羞忿自尽者又有 6 起之多。他很震惊，"此种情节，不过偶尔有之。何至一年之近，一省之中，层见迭出！"道理其实很简单，"因思语言调戏之案，虽入情实，向予免勾。恐该地方官于定案时，先存一救生不救死之见，避重就轻，豫为开释地步"。其实，早在嘉庆五年（1800），嘉庆亦发现了基本相同的现象。该年勾到河南省秋审情实人犯内刘大海等 21 起，皆因语言调戏致本妇羞忿自尽。对比二帝的语气，道光对此只是吃惊而已，完全没有了嘉庆"或经朕廉访得实，必将原审及复勘之员按例惩治，决不姑贷"的那种魄力。当然，对臣下办理秋审不善，道光也有过申斥或交部议处的情况，但这只是偶尔为之，相对于乾、嘉二帝显得绵软无力，完全起不到震慑作用。比如在二十七年（1847），他又惊讶地发现，"河南一省语言调戏致室女、本妇羞忿自尽之案，又复多至八起"。二十二年山东、河南的情况让道光记忆深刻，以致五年后他仍在提及。《清仁宗实录》卷 75，嘉庆五年十月戊辰；《清宣宗实录》卷 381，道光二十二年九月丙寅；《清宣宗实录》卷 384，道光二十二年十一月戊申；《清宣宗实录》卷 448，道光二十七年十月乙亥。

② （清）梁章钜：《退庵随笔》卷 4，《笔记小说大观》第 19 册，江苏广陵古籍刻印社，1983，第 121～122 页。

的看法。比如从表面上看，在"逐级审转复核制"下每级司法机关都很重要。各级司法官员在履行自己的职责时应该恪尽职守。他们都受到了制度的束缚，不能有超越自己权限的行为。比如州县官对应处徒刑以上的案件必须上详、解审。

清代制度的演化最终使知府、按察使的地位降低了，州县官、督抚愈加重要。在中央三法司中，最终演变为刑部权特重的结果。之所以会产生那些机械、教条的看法，主要原因在于很多研究过于倚赖典章制度，过于相信"人"的理性，对作为司法程序主体的"人"的多样性和主观能动性关注不够。因此缺乏对"人"在从事司法活动时所思所想所为的挖掘。

无论是州县官，还是知府、按察使和督抚，他们首先是个具体的"人"，在从事司法工作时都有自己的主观考虑。同级司法官员们主观考虑不同，在处理情节类似的案件时，行动指向就可能有异。比如对州县官来说，他们在处理案件时，有着自己的利益和感情考虑，绝对不会被动地遵守制度规定。他们有能力决定案件是否上详。命盗案件匿不通详的情况在现实中普遍存在。为了减少案件被驳的可能，州县官在书写案情时经常移情就案，做案套路因而普遍存在。出现案情书写失真的情况不可避免。我们现在应该谨慎看待刑科题本等司法档案对案件事实的书写。无论如何，州县官在从事司法活动时拥有充分的主观能动性。在做出相应的司法行为时，有自己的主观考虑，有时会主动摆脱制度的束缚。即使乾隆后知府、按察使的地位有所降低，他们在从事司法活动时也拥有充分的主观能动性。相关研究的视角应从各级司法官员被动遵守制度规定转变为法官主动行使权力方面。

乾隆时期，皇帝对司法权的掌控力达到历史顶峰。从表面上看，在这样的背景下，臣下只能被动履行自己的职责。实际上，臣下在从事司法活动时仍能充分展现自己的主观能动性。乾隆帝对自己拥有的对犯人的生杀大权非常敏感。犯人"求生"与否只能由自己决定。尽管如此，强势的乾隆帝对犯人"求生"权的掌握并非那么牢固。在皇帝通过秋审"勾到"程序正式决定秋审人犯的生杀之前，那些先前被判为斩、绞监候的秋审人犯大多实际上已经被臣卜施恩"求生"。在清代司法实践中，臣卜的"求生"行为普遍存在。围绕着犯人的"求生"，君臣之间既有争夺，也有合作。嘉庆、道光时，随着皇帝对司法的控制力逐渐降低，臣下的"求生"行为最终演变成"牢不可破"的"救生不救死"之习。总之，即使在强势的乾隆时期，皇帝也不能完全掌控对犯人的生杀大权。

第四章　清代决定死刑适用的特殊程序

第一节　速决的强调

虽然《大清律例》《钦定吏部处分则例》等官方典章制度对审案时限都作了明确规定，但现实情况复杂，地方官在规定的时限内将案件审理完结其实并不容易，命盗重案尤其如此。他们经常以各种理由申请展限，因公出境、监犯患病、往返驳查、要证未获、情词未得常成为他们展限的借口。正如乾隆四十二年（1777）乾隆帝所言："外省吏治废弛，积习相沿，于地方紧要案件，全不依限速办。为上司者又不实力督催，至扣限时辄以会审办差纷纷借口，尚复成何政体？"① 乾隆五十一年（1786），福建巡抚徐嗣曾说，福建甚至有十之八九的命盗案件的审理超过了律例规定的时限。② 在刑事政策最为严厉的乾隆中晚期尚且如此，其他时期可想而知。在吏治更加废弛的晚清，审案逾限、积案等弊病更为突出。

在此情况下，从犯人被抓获、接受审判，至其被定罪和处决，中间可

① 《清高宗实录》卷1033，乾隆四十二年五月癸巳。

② 《福建省例》"刑政例下"《各属办理命盗词讼委审一切案件，议立章程造册送司考校功过，汇详参处鼓励》，台北大通书局，1987，第947页。

能会经历很长一段时间。江西至京城在各省中算中等距离。乾隆十三年
（1748）一名杀死一家二命的重罪犯人从其犯事至刑部题复后行知该省，其
往返几及一年。① 秋审被"勾到"之犯从其犯事至其被定罪，再至被处决，
其时间大多在一年以上。光绪初广东南海县知县杜凤治说，某案如照例详
办，归入秋审，需两年，或逢部驳，则又一年。② 如果系疑难案件，地方官
在缉获犯人和破获案情方面的难度更大，中间还可能因案情认定或律例适
用问题被上级驳审。从犯人犯案至其被处决，其间经历的时间更长。可谓
"穷年累月，遗累多人"，使州县官"心力交尽"。③ 而且在吏治环境不佳的
大背景下，地方官还经常不认真抓捕案犯。正如乾隆皇帝所言："外省恶
习，于缉捕人犯日久未获。虽得线索，又恐获犯到案，究出在彼地方容留
藏匿，致干处分。往往心存回护，不肯认真根缉。"④ 在官方看来，犯人
"稽延时日"才被处决，百姓对其所犯之事"日久渐忘"，不仅未能及时快普
通民众之心，还未使附近匪徒及时亲见耳闻其受刑之状，官方预计通过公开
行刑所产生的威慑力也会大打折扣。将犯人"明正典刑"的主要目的本来是
儆戒他人，"辟以止辟"，预防犯罪。这一目的因为正常程序过于冗长，犯人
未及时被处决而未得到较好的实现。所以，速决首先是对正常程序的补充。

　　而且犯人在招解路途中跋山涉水，奔波劳累；在不断的审理中，身心俱
疲，经常受到肉体和精神的双重折磨摧残；监狱条件恶劣，"秽恶熏蒸"，犯
人身处其中，饥寒困顿，更形凄惨。此外，他们还经常受到差役、狱卒的苛
索、虐待。总之，犯人得病和死亡的几率很高。⑤ 春夏之际，在监犯人易感染
疾病，因此而死亡的也有很多。监狱虽然戒备较严，但一般条件简陋，存在
越狱的可能。现实中各地确实经常发生犯人越狱之事。在《大清律例·刑

---

① 光绪《大清会典事例》卷750《刑部·吏律公式·事应奏不奏》。
② （清）杜凤治：《杜凤治日记》第9册，邱捷点注，广东人民出版社，2021，第4637页。
③ 《纪汉阳命案事》，《申报》1896年3月5日，第1版。
④ 《清高宗实录》卷1306，乾隆五十三年六月乙未。
⑤ 比如乾隆五十三年（1788），一名逆犯在解京途中患病沉重，经江苏按察使康基田验明实
系奄奄待毙。江苏巡抚闵鹗元随即会同解官将该犯如法捆绑，凌迟处死。《明清史料》戊编上册，
中华书局影印本，1987，第615页。

律·捕亡》"狱囚脱监及反狱在逃"门十一条条例中有六条产生于乾隆时期。这些条例都是对越狱犯人加重刑罚和督促相关官员抓捕越狱犯人的规定。它们都说明当时越狱的常见，也充分说明了乾隆帝对越狱的重视。犯人在解审途中脱逃之事也时有发生。犯人瘐毙、越狱、解审途中脱逃使其未受到法律的制裁，这在官方眼里是国法不彰的表现。官方预计通过公开行刑对犯人和围观民众产生的威慑力更会大受影响。法律普及和法律预防更是无从谈起。

如前文，如果死罪犯人"明正典刑"前在监狱里瘐毙、自杀，会被官方认为犯人"幸逃显戮""遽邀宽典"，这在官方眼里也是国法未彰的表现。犯人未被公开谴责和羞辱，这被官方视为对犯人的"法外之仁"。国法因此未得到彰显。这对地方官来说是一个比较大的过错。根据瘐毙、自杀罪犯生前罪行轻重，地方官会受到轻重不等的处分。所以，他们对生重病的在监狱囚，一般都会加意照顾。如光绪十八年（1892）江苏吴县一凌迟犯人在狱中患病甚重，为防止其"幸逃显戮"，知县命令延请官医，轮流诊治，进以参汤。[①]该知县非常担心该凌迟重犯在被公开处决前瘐死狱中。罪大恶极之犯病危，督抚有时会直接将其先行正法。在事后的奏折中督抚也会经常表现出因为未能善为调理而致将其先行正法的自责之状。对一些供词不能指实之人，皇帝有时担心地方官将其刑毙，从而使其幸逃显戮，还会叮嘱督抚不要用刑过重。

因为那些应该"明正典刑"的犯人在其被公开处决前死去，从而"得免肆市""幸逃显戮"，督抚等地方官经常被乾隆帝斥责。有些被乾隆帝视为情节重大之犯，督抚如果不将其速决，有时也会被乾隆帝申斥。[②] 加上现

---

① 《逆犯伏诛》，《申报》1892年9月3日，第2版。

② 如乾隆四十二年（1777），盛京工部侍郎富察善奏请将殴伤伊母之张汝振拟斩立决，乾隆帝认为其所办非是。他说，向来各省遇有蔑伦之犯将父母伤害致死者实为天地所不容，曾谕令各督抚于审明时一面奏闻，一面即将该犯凌迟处死，以快人心而维风化。今张汝振辄敢用拳殴伤伊母额颅，虽未至死，按律即当斩决。自当照例绑赴市曹即行处斩，俾众知惩儆。又何必俟得旨后始行办理耶！富察善等殊不晓事，著传旨申饬。仍著将张汝振即行正法，毋使稍稽显戮。并将此通谕各督抚知之（台北故宫博物院编《宫中档乾隆朝奏折》第40辑，台北故宫博物院，1985，第611~612页）。富察善的做法虽然符合当时律例规定，但乾隆帝不满意，认为应该将犯人速决。虽然乾隆帝的此类谕旨不能作为后面类似事例的依据，地方督抚仍时有引用。这在乾隆时期并非个例。这个事例同时也反映了乾隆帝对儒家伦理的维护。

实中各地犯人自杀、越狱、解审途中脱逃之事屡有发生。为防止出现犯人发生监毙、自杀、越狱等意外，使犯人"明正典刑"，乾隆帝谕令即行正法、谕令本地（处）正法、杖毙①、赶入本年秋审②等方式被更广泛地使用。有的谕旨此后还被修入《大清律例》。乾隆帝中晚期刑事政策最为严厉，请旨即行正法、恭请王命先行正法这些速决方式甚至常被皇帝鼓励使用。大臣也经常揣摩上意，以"未便久稽显戮"为由"请旨正法"。这就省去了中间繁杂的招解等环节。大臣在将犯人"请旨正法"时常加上"即行"两字，以强调处决刻不容缓。现实中还有一些可能会被认为蛊惑人心的犯人也会被以速决的理由处决。

与前朝相比，在乾隆时期一些不按照正常审判程序处理、快速将犯人处决（即速决）的手段更常被使用。这与乾隆帝个人有直接关系。他非常关注刑狱。《清史稿》载："高宗尤垂意刑名，秋审册上，每干饬责"。他通过对刑狱的关注注意到了刑科题本、奏折中大量的监毙情况。乾隆三年（1738）议准，督抚在具题强盗案件时，监毙人数于题本内声明，管狱官才会被免除处分。③ 此后，强盗案件监毙人数更多地被乾隆帝知晓。

乾隆时期众多速决方式更常被使用，还与秋审有直接关系。雍正三年

---

① 与"请旨即行正法"和恭请王命先行正法相比，"杖毙"在《大清律例》中并无规定。乾隆五十九年（1794），刑部议准定"谋反大逆"门某例时，原奏内有即行杖毙之语，但在定例时却将其删去［（清）薛允升：《读例存疑》卷25，胡星桥、邓又天等点注，中国人民公安大学出版社，1994，第394页］。其原因可能系出于维护皇权的考虑。无皇帝命令，地方官直接将人杖毙的行为则为非刑，如被揭发，地方官会受到处分（乾隆年间，无皇帝命令，督抚将犯人杖毙之事时有发生。督抚的依据为乾隆帝在之前处置类似事件时杖毙的谕旨）。现实中常见地方官将犯人杖毙后，以在监瘐毙上报的情况。其原因为，说犯人在监瘐毙，地方官承担的责任更小。晚清总督吴文镕也说过，州县官对某些情重之犯，须请示巡抚发令就地正法。再不然，巡抚允许州县官将其杖毙，以格毙、瘐毙上报，另单呈明［（清）吴文镕：《吴文节公遗集》卷66，《清代诗文集汇编》第575册，上海古籍出版社，2010，第437页］。格毙为犯人拒捕时被格杀至死。吴文镕也承认，这样做也大有流弊。州县官可能会妄杀无辜，藉此案销彼案，甚至虚无缥缈，并无其事而托言以了案者。这也要防范，须视其官之为人如何。州县官将人杖毙后以格毙、瘐毙上报，这些情况在晚清较多，这是晚清社会动荡的反映。

② 乾隆二十五年（1760）乾隆帝称，赶入本年秋审之犯情罪重大，法无可缓，用速宪典，以示惩创。见《清高宗实录》卷622，乾隆二十五年十月戊寅。

③ 光绪《大清会典事例》卷840《刑部·刑律断狱·淹禁》。

（1725）才开始正式勾到秋审犯人，这些犯人系由皇帝亲自勾到，皇帝由此接触到了更多的案件，也由此对监毙犯人之多有了更加直观的感知。与之前相比，随着全国人口数量的增长，乾隆时期参与秋审犯人的数量和监毙犯人的数量也随之增多，监毙犯人数量之多越来越引起乾隆帝的忧虑。因为首次进入秋审的犯人需要在州县与省城之间往返递解，在递解途中犯人时常脱逃。乾隆帝对秋审的重视使其对解勘途中犯人脱逃之多有了更多直接的感知。在"逐级审转复核制"下命盗重案需逐级解审，犯人在解审途中也经常脱逃。解勘、解审途中犯人脱逃的常见引起了乾隆帝的担心，他经常以犯人脱逃为借口谕令督抚将部分犯人速决。

当然，乾隆帝对官场中办案拖延作风不满也是在其统治时期速决方式更常被使用的重要原因。他对督抚的办案拖延作风非常了解，并经常批评。如乾隆五十五年（1790），他对直隶一盗案被延宕超过两年深感不满。他认为，各省督抚凡遇刑名重案等事，往往因循怠忽，辗转迟延，阳藉详慎之名，阴遂诿玩之计。① 地方官办案拖延，案犯未被及时处决，直接影响了"明正典刑"的效果。除此之外，速决方式的使用也常反映了地域、时间的影响。距离京城更远的南方广东、福建等省被乾隆帝要求速决的情况更为常见。福建台湾地区的犯人在特定时期（林爽文起义爆发后一段时间）曾被乾隆帝要求速决。

速决在当时的公文传递方面也有体现。在乾隆四十九年（1784）前很多立决案件公文系由兵部转发提塘递送。因为非系应由驿驰递事件，所以，在递送时不得擅动驿马。这些犯人被当时朝廷认为亦应速正典刑，若仍由提塘转递，未免迟缓，且恐日久渐滋沉搁漏泄之弊。所以，江西巡抚郝硕奏准，这些公文与秋审勾到钉封公文一样，改由驿递驰送，较为严密迅速。② 由此可见，速决的需要是改变这些公文递送方式的最重要原因。

---

① 《清高宗实录》卷1351，乾隆五十五年三月丁酉。
② 台北故宫博物院编《宫中档乾隆朝奏折》第49辑，台北故宫博物院，1986，第84~85页；光绪《大清会典事例》卷778《刑部·兵律邮驿·递送公文》。

　　为了速决，有时乾隆帝还会谕令破例特事特办。乾隆二十九年（1764），广东海丰县知县刘绍汜违例于停刑日期将逆犯杨秀园处决。两广总督将刘绍汜参劾。乾隆帝认为，叛逆重犯情罪重大，决不待时，应于定拟奉旨之日即行明正典刑，以昭炯戒。此辈狡黠性成，安知不因缓死须臾，致有乘间免脱和畏罪自戕情事？像逆犯杨秀园这样的重囚，毋庸拘泥停刑日期，致稽显戮。所以，刘绍汜不必交部议处。① 同类事件特事特办的情况增多之后，请示皇帝反而会遭到皇帝的责问。对有些已经经过乾隆帝明示允许速决的情况尤其如此。所以，督抚有时也不再请示乾隆帝，直接将犯人速决后再奏闻皇帝。乾隆中晚期对脱逃之改遣充军犯人的处理就是如此。乾隆三十九年（1774），江苏巡抚萨载明知停刑期不能杀人，在未请示乾隆帝的情况下，以未便稍稽显戮为由，直接将一脱逃之改遣充军犯人正法。萨载所正法之犯按照当时《大清律例》的相关规定系请旨即行正法之犯。乾隆帝在看到奏折后并未明确表示反对。② 同年，江苏按察使龙承祖又以某官犯系奉旨处决之犯，未便拘泥常例，致稽显戮为由，在停刑日将其先行正法。③ 没有乾隆帝之前对类似案犯速决的允许和鼓励，督抚、按察使根本不敢如此行事。在乾隆帝速决观念的影响下，《大清律例》有关停刑日期的相关规定经常被忽略。乾隆三十八年（1773），乾隆帝又进一步谕令对凶盗逆犯干涉军机，应行立决之人，毋庸拘泥停刑日。④

　　同样服务于速决的目的，"俨对天威于咫尺"、宣示王命（皇命）的性质正是"恭请王命、先行正法"的增多和杖毙被取消的主要原因。除杖毙外，乾隆后大臣"请旨即行正法"、恭请王命先行正法仍然常被使用。如果没有这些速决方式，那些犯人的生命还能多延时日。所以，这些速决方式实际上加重了对犯人的刑罚。嘉庆四年（1799），嘉庆帝亲政后，谕令问刑

① 《清高宗实录》卷705，乾隆二十九年二月己酉。
② 台北故宫博物院编《宫中档乾隆朝奏折》第36辑，台北故宫博物院，1985，第610页。
③ 台北故宫博物院编《宫中档乾隆朝奏折》第37辑，台北故宫博物院，1985，第119页。
④ 《清高宗实录》卷944，乾隆三十八年十月丙戌。

衙门不得于律外加重。① 不久之后嘉庆帝又称，声明赶入本年（秋审），虽罪名仍按斩绞本律，而问刑之官遽请赶入，即属加重之意。所以，谕令赶入本年秋审停止不用。② 嘉庆十七年（1812），嘉庆帝对各省率以未便稍稽显戮为辞，动辄奏请即行正法的状况不满。于是，特降谕旨，令刑部分别应题应奏章程，饬交问刑衙门遵办。③ 此后，各省"请旨即行正法"的情况也有所减少。督抚"恭请王命、先行正法"的使用会使皇帝对自身所掌控的"生杀大权"受到侵害产生疑虑。因为皇帝对司法掌控力的降低，道光时期督抚在将犯人"恭请王命、先行正法"后所受到的皇帝的疑虑大为减少，"恭请王命、先行正法"的使用更为常见。道光末闽浙总督刘韵珂甚至以"辗转审解每至迟延，长途又易疏脱"等理由，奏请将例应斩枭之盗犯毋庸解省，由省委员审定，就地处决后奏闻。④ 刘韵珂的奏请因为过于偏离既定的司法体制而未获允准。

咸丰后，因为太平天国起义后各地形势的发展，"各省军务繁兴，土匪、变兵纷起，因奏报周折，迁延多误军机"，更为速决的"就地正法"章程产生并被推广。⑤"就地正法"章程的产生不仅与统治者的速决意识有关，还与皇帝司法掌控力的降低和社会形势的变化有关。当然，与吏治也有直接关系。在吏治日坏的大环境下，疑难案件案犯更加难以缉获。命盗重案竟有三四年未获犯，六七年不讯结者。甚至犯已获而贿通保释，证已齐而借故延宕，辗转株连，拖累者羁禁瘐毙，小民之冤未伸而家产已荡，人证已物故。就令数年后能决一案，物换星移，数年后将犯人处决尚望能资惩儆乎！⑥ 数年后才将犯人处决，这在时人眼中根本达不到惩戒犯人和犯罪预防

---

① 《清仁宗实录》卷37，嘉庆四年正月甲戌。

② （清）沈家本：《叙雪堂故事》"秋审事宜"，徐世虹主编《沈家本全集》第二卷，中国政法大学出版社，2010，第380页。

③ 《清仁宗实录》卷264，嘉庆十七年十二月庚戌。

④ （清）佚名：《驳案集成》卷29，高柯立、林荣辑《明清法制史料辑刊》第2编第20册，国家图书馆出版社，2014，第325～355页。

⑤ （清）刘锦藻：《清朝续文献通考》卷244《刑考三》。

⑥ 《光绪二十三年四月十五日京报全录》，《申报》1897年5月29日，第12版。

的日的。"恭请王命、先行正法"的实施一般需要督抚亲临，"就地正法"则不需要。与"恭请王命、先行正法"相比，"就地正法"更为速决。

第二节　恭请王命，先行正法

对一些情节重大的死刑犯，没有皇帝的命令，督抚可以"未便久稽显戮"为由先行将其处决，之后再奏闻皇帝。这便形成了事实上的先斩后奏。督抚先斩后奏的依据为"王命旗牌"。"王命旗牌"之制最早可以追溯至儒家经典《周礼》和《礼记》。《周礼·地官·掌节》载："掌节，掌守邦节而辨其用，以辅王命。……凡通达于天下者，必有节以传辅之。无节者，有几则不达。"汉代著名学者郑玄解释为："王有命，则别其节之用，以授使者、辅王命者，执以行为信。"①《礼记·王制》载："诸侯赐弓矢，然后征。赐鈇钺，然后杀。"隋唐时期著名学者孔颖达解释为："赐鈇钺者，谓上公九命得赐鈇钺，然后邻国臣弑君、子弑父者得专讨之。"② 节、钺俱为王赐大臣的信物，其最初的具体含义虽然不同，但后来逐渐节钺并称，成为中国古代最高统治者赐与官员，官员可以便宜行事的象征。③

在明清时期旗牌即相当于古之节钺。例如，明末清初著名学者方以智认为，汉制假棨戟以当节钺。现在的节钺为旗牌，官员有了旗牌之后，才能斩人。④ 又如清初著名学者阎若璩认为，古书中"持节"的"节"即当今之王命旗也。⑤清代在旗牌前面加"王命"二字，可以明显看出官方在有意识地强调其与前引《周礼》的联系。在清代文献中，节钺即为"王命旗牌"的代称，假

---

① 《周礼注疏》，（汉）郑玄注，（唐）贾公彦疏，赵伯雄整理，北京大学出版社，1999，第386页。
② 《礼记正义》，（汉）郑玄注，（唐）孔颖达疏，龚抗云整理，北京大学出版社，1999，第369页。
③ 有关中国古代专杀、便宜行事的研究，可参见杨虎得、柏桦《历代便宜权的授予》，《史学集刊》2016年第2期；柏桦《明代赐尚方剑制度》，《古代文明》2007年第5期；柏桦、李瑶《明代王命旗牌制度》，《古代文明》2017年第1期；柏桦、赵宁芳《中国古代的专杀权与专杀罪》，《史学集刊》2019年第3期。
④ （清）方以智：《通雅》卷34，《文渊阁四库全书》第857册，上海古籍出版社，1987，第665页。
⑤ （清）阎若璩：《潜邱札记》卷6，《文渊阁四库全书》第859册，上海古籍出版社，1987，第560页。

（秉）节钺、假（秉）节即为督抚提镇等拥有"王命旗牌"官员的代称。如彭启丰《江苏巡抚题名碑记》曰："窃以巡抚之职，奉玺书，秉节钺，宣畅民隐，出纳王命，非徒张皇恢廓而已"①。巡抚之所以能"出纳王命"，系因为其"秉节钺"，节钺即旗牌，系皇帝所赐。

　　光绪朝《钦定大清会典事例》载，王命旗牌系"顺治初年定"。②此顺治初年当为顺治二年（1645）。该年，"工部奏请颁给督抚等官旗牌，查会典开载：京营总督旗牌十二副，各边总督及挂印总兵官十副，提督八副，巡抚六副，总兵、副将五副，参将、游击三副，今俱应照例颁给，从之"。③此处的"会典"即为明代万历年间所编会典。④清代的王命旗牌之制系沿自明代。顺治二年后，督抚俱获赐王命旗牌。王命旗牌的样式可参考图1。督抚在获赐王命旗牌后，出纳王命，可便宜从事。先斩后奏即为其可便宜从事的一个体现。⑤

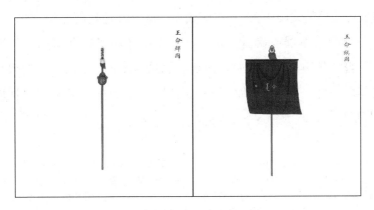

图1　"王命旗"和"王命牌"

注：图见《皇朝礼器图式》，彩绘零页，维多利亚与阿尔伯特博物馆藏，清内府绘本。

---

①（清）彭启丰：《芝庭诗文稿》"文稿卷四"，《四库未收书辑刊》第9辑，第23册，北京出版社，2000，第494页。

② 光绪《大清会典事例》卷130《工部·虞衡清吏司·军器》。

③《清世祖实录》卷19，顺治二年七月甲寅。

④（明）申时行等：《大明会典》卷193《工部·战车旗牌》。

⑤ 梁章钜道光时期曾任巡抚。他说，今各直省督抚遇重犯有先请王命即行正法之条，亦可谓之先斩后奏。见（清）梁章钜《浪迹续谈》卷1，陈铁民点校，中华书局，1981，第252页。

正因为王命旗牌为皇帝所赐，督抚在决定使用王命旗牌时，王命旗牌须"请出"，仪式隆重。如晚清某江苏巡抚在用王命旗牌处决犯人时，王命旗牌放于王命亭中，由人抬着，"缓缓而行"。至法场后，将王命亭供于校场演武厅中间，由专人护卫，各官依次行礼之后才行刑。①

督抚请出王命旗牌，处决人犯的制度即为"恭请王命，先行正法"之制。② 为强调"速决"，督抚在事后奏闻皇帝时，常将其描述为"恭请王命，即行正法""一面奏闻，一面正法"。王命旗牌系"俨对天威于咫尺"。③ 王命旗牌象征着皇帝的命令。虽然在处决犯人时已经请出了王命旗牌（皇帝的命令），但督抚在将犯人处决后，仍须奏闻皇帝。皇帝要知晓"恭请王命，先行正法"的经过。这凸显了皇帝的死刑决定权。

"王命旗牌原以奉天威而行军法"，雍正十三年（1735）七月议准于王命旗牌上钤盖兵部堂印一颗。④ 在清代五朝会典、通典等官修政书中，"王命旗牌"俱归入军器或武备之例。顺治二年（1645）获颁王命旗牌之人为京营总督、各边总督、提督、巡抚、总兵、参将、游击，他们俱有管理军务之责。总之，"恭请王命，先行正法"本来的军法（速决）性质非常

---

① 《逆子凌迟》，《申报》1884 年 1 月 18 日，第 2 版；《决犯情形》，《申报》1885 年 1 月 8 日，第 3 版；《逆犯伏诛》，《申报》1892 年 9 月 3 日，第 2 版；《逆犯正法》，《申报》1894 年 4 月 21 日，第 2 版；《斩犯二则》，《申报》1895 年 10 月 11 日，第 3 版。笔者在《杜凤治日记》中发现，广东在将犯人"恭请王命先行正法"时，仪式感似乎并不那么隆重。有次行刑时，南海县知县杜凤治说，巡抚王命旗牌已于乱时毁坏。当时监斩时抚标四营将虽然履行了请王命的手续，但系以令箭代替。还有一次行刑，总督之王命旗由某都司骑马手持（在法场未下马），各官似乎并未向其行礼。以上见（清）杜凤治《杜凤治日记》第 6 册，邱捷点注，广东人民出版社，2021，第 3087 页；（清）杜凤治《杜凤治日记》第 5 册，邱捷点注，广东人民出版社，2021，第 2352 页；第 9 册，第 4582 页。

② 张世明：《乾嘉时期恭请王命旗牌先行正法之制的宽严张弛》，《内蒙古师范大学学报》（哲学社会科学版）2009 年第 4 期；铃木秀光：《恭请王命考——清代死刑判决的"权宜"与"定例"》，《内蒙古师范大学学报》（哲学社会科学版）2009 年第 4 期；孙靖洲：《清代恭请王命制度的渊源与流变》，朱勇主编《中华法系》第五卷，法律出版社，2014 年，第 313～344 页。

③ 张伟仁主编《明清档案》A68—144。

④ 张伟仁主编《明清档案》A69—114。

明显。①

在清代，镇压叛乱时，两军对阵，将敌人擒获，督抚等请出王命旗牌，将其快速处决，或请出王命旗牌，将违反军纪的本方军人处决，这可被视为军法范畴，这是督抚的便宜之举，无须事前取得皇帝同意。但在中国古代，军法与寻常司法界线模糊，"刑起于兵，兵刑不分"。在剿匪时，面对大股匪徒，常须动用军队。交战时将抓获之人，经审明后督抚以军法的名义请出王命旗牌，将其处决，亦事所常有。聚众案中"恭请王命"的实施是其典型，也是"恭请王命"从军事领域向司法领域扩展的重要步骤。如乾隆十七年（1752）对湖北罗田天堂寨奸民为匪一案，乾隆谕令湖广总督永常、两江总督尹继善将叛逆显然之案犯于讯明之日，用王命旗牌即行正法，不必久系囹圄。② 从乾隆帝的提示来看，此时"恭请王命"的实施应不普遍。③

"各省颁发王命，原为案情重大、刻难稽诛者而设"④。"刻难稽诛"即为速决之意。"恭请王命，先行正法"在雍正、乾隆初期，逐渐渗透于寻常司法领域，以实现对极重人犯的速决。乾隆中期以后，随着恭请王命具体事例的增加，有关"恭请王命，先行正法"的定例开始出现。乾隆五十五年（1790），乾隆帝谕令将杀一家六命凶犯审明后，"一面奏闻，一面恭请王命，先行正法"。⑤ 乾隆帝的这个谕令后被修入《大清律例》中。

因为"恭请王命，先行正法"为事实上的先斩后奏，对皇权会造成一

---

① 在清代，军法领域内除了"王命旗牌"外，尚有遏必隆刀。遏必隆为康熙初辅政大臣，金川之役乾隆帝以遏必隆之刀赐傅恒，命于军前诛其孙督师大学士讷亲。咸丰元年（1851），为镇压太平军，上命大学士赛尚阿为钦差大臣，赴广西督剿，"特赐用遏必隆刀，期于信赏必罚，以振军威而作士气""其有临阵退缩不能用命，或守御不严致贼窜逸，贻误事机者，该大臣即用朕所赐遏必隆刀立正典刑，以肃军纪"（《清文宗实录》卷50，咸丰元年十二月庚子）。如同明代的尚方剑，事后，遏必隆刀亦须缴回。但遏必隆刀只用于军法领域，而且不常用，实录所见遏必隆刀仅曾赐傅恒、赛尚阿、徐广缙三人而已。故"王命旗牌"系清代督抚等专杀的标志。

② 《清高宗实录》卷414，乾隆十七年五月癸酉。

③ 林乾教授认为，雍正时"恭请王命"不常见，乾隆十三年后"恭请王命"的案例急剧上升，至乾隆五十年时达到峰值。见林乾《治官与治民：清代律例法研究》，中国政法大学出版社，2019，第213~226页。

④ 《清仁宗实录》卷318，嘉庆二十一年四月戊午。

⑤ 《清高宗实录》卷1367，乾隆五十五年十一月壬寅。

定的损害。《大清律例》有关"恭请王命，先行正法"的例文并不多见。全
道光末，只有子孙殴杀祖父母、父母等几种情形可以依照《大清律例》将
犯人"恭请王命，先行正法"。这些情形督抚把握较易，对他们来说操作起
来尚不至于有侵犯皇权的困扰。在司法实践中，"恭请王命，先行正法"更
多被作为一种权宜措施来实施。清代皇帝的作风各不相同，乾隆帝相对强
势，对皇权的维护更为严厉，同时对极重人犯的速决也颇重视。他对自己
对司法的掌控力非常自信，为了速决，经常有意放权。比如，谕令督抚将
拿获之脱逃发遣犯人"恭请王命，先行正法"，经其谕令后，地方督抚在处
理类似事件时经常不请示皇帝即将犯人"恭请王命，先行正法"。无论如
何，督抚在实施"恭请王命，先行正法"时，仍须考虑到乾隆帝的感受，
在速决与皇帝威严之间多所权衡。嘉庆帝虽然不如乾隆帝强势，但其对皇
权的维护仍然比较严厉。道光后各皇帝对皇权的维护不如乾隆、嘉庆二位
皇帝那么严厉，督抚"恭请王命，先行正法"的使用更为常见。但咸丰年
间"就地正法"章程的出现使"恭请王命，先行正法"的使用受到了影响。

第三节　就地正法①

在"逐级审转复核制"下，盗案在被解省审勘后即由督抚题奏，在获得
皇帝的批准后，地方官才分别将犯人正法、发遣。② 咸丰三年（1853）"就地

---

①　对"就地正法"的词义应结合语境、场合去理解，至少不能将清代文献中的"就地正法"
一词全部视同一义。在咸丰"就地正法"章程颁行前，督抚在实施"恭请王命，先行正法"时，也
经常使用"就地正法"一词。这是因为，被"恭请王命，先行正法"者一般也须被押往省城正法，
但在现实中，督抚有时不在省城，因为现场处置的需要，也可以当时请出王命旗牌，直接将犯人在
本地正法。这种"就地正法"实际上还是"恭请王命，先行正法"，其多发生于福建台湾等地区。
其含义与晚清"就地正法"章程所指的"就地正法"含义不同。民国时期和现在民众对"就地正
法"的理解都不一样，更不能视同一义。所以，在研究"就地正法"的含义时须设定前置条件。本
书讨论的是晚清"就地正法"章程中的"就地正法"，这也是通常意义上的清代"就地正法"。先
行一些有关晚清"就地正法"的研究将"军前正法"、"本地正法"、"请旨即行正法"、"恭请王命
先行正法"与"就地正法"混为一谈，这非常不妥。

②　（清）朱寿朋编《光绪朝东华录》，张静庐等校点，中华书局，1984，第1248页。

正法"章程颁行后，正常的盗案审勘程序遭到破坏。相对于寻常盗案人犯须解省审勘，应被就地正法的犯人却无须如此办理，就地正法之"就地"即为此意。因为免去了解省审勘、处决前督抚题奏的环节，被就地正法之犯人较一般立决犯人得以更快速地被处决。就地正法之速决意义非常明显。正如晚清刘锦藻《清朝续文献通考》所云：自咸丰初年"粤匪"倡乱，各省军务繁兴，土匪、变兵纷起。因奏报周折、迁延，多误军机，暂定就地正法先斩后奏之章。① 军务、军机对晚清"就地正法"章程的产生有直接影响。就地正法之速决意义产生于军事需求，与军事兵贵神速相联系。当然，晚清"就地正法"章程在时人眼里经常不被视为军法，其与军法之间既有区别，也有联系。

晚清法学家陶保霖认为，乱匪适用军律，盗案则适用《大清律例》，然而，乱匪与盗案颇不易分。咸丰三年"就地正法"章程产生时为各省乱匪最剧之时，所以，清廷万不得已才创此章程。当时剿办大股乱匪时，如果将对方捕获，自当适用军律，直接将其正法，不用遵循《大清律例》中的盗案解勘具奏成例。② 之所以另定此章程，系因为乱匪与盗案有相同之处。乱匪与盗案虽然实质不同，前者意在颠覆政府，后者为暂时纠合，其志仅在财物，但两者外在表现形式有时是相同的，亦即乱匪有啸聚成群、持械抢劫、拒捕官兵的情节，部分盗案也可能有这样的情节。太平天国起义爆发后，在社会秩序大乱的情况下，大股匪徒增多，为防止盗匪酿成乱匪，清廷于是推广适用军律之范围，创"就地正法"章程治盗匪。所以，该章程系由军律推广而来。之后乱匪被平定后，已无推广军律之必要，但督抚却不肯规复旧制。其原因有二：一为督抚惮解勘之繁费，乐于简易；二为督抚久操生杀之权，习于残

---

① （清）刘锦藻：《清朝续文献通考》卷244《刑考三》。
② 宣统三年（1911），宪政编查馆在解释宣统元年（1909）法部就地正法章程时称，该章程既云抗拒官兵，自系指派兵剿办时而言。凡由军营官兵登时于军前拿获者，暂准讯明禀请军令，立予就地正法。此外事后拒捕人犯，但有拒捕情形，只能按律治罪。诚以罪人拒捕，现行刑律列有专条，与抗拒官兵者，情事确有不同，仍应遵照现行法令，送交审判衙门或地方官衙门讯办，不得率行处决，致有冤滥之虞（见佚名辑《清末筹备立宪档案史料》下册，台北文海出版社，1981，第902页）。宪政编查馆将军令与刑律区分得非常清晰，这与陶保霖的理解实际是相同的。只是在当时的大背景下，宪政编查馆意图将就地正法限制在军法范畴内，有借此限制地方督抚权力的考虑。

忍。① 陶保霖令人信服地讨论了军法（军律、军令）与"就地正法"章程之间的关系。"就地正法"章程在当时有时被称为军法（军律、军令）的原因也即在此。现实情况复杂，面对以劫财为主要目的的大股盗匪，地方常动用军队，对被抓获的盗匪常以军法将其立即处决。这种行为既可被视为适用军法，也可被视为寻常司法领域"就地正法"章程的实施。

明清时期，"以正法为死罪立决"。② 仅就其字面意思而言，"就地正法"是指无须将犯人解省审勘，直接将其在当地立即处决。至于处决的方式，以斩决最为普遍。如果罪行更重，可加枭示或施以凌迟。③ "就地正法"与"恭请王命，先行正法"俱为事实上的先斩后奏。后者在处决人犯时，尚须督抚宣示王命，前者只须督抚批示即可。被"就地正法"的犯人大多未被解往省城，在当地处决；"恭请王命，先行正法"的犯人一般须解往省城，或解至督抚的临时驻地。所以，"就地正法"比"恭请王命，先行正法"更为速决。太平天国起义爆发后，盗风日炽，为快速打击土匪等各类盗匪，咸丰三年（1853）"就地正法"章程于是产生。对极重盗犯更为速决的处决方式"就地正法"逐渐取代了"恭请王命，先行正法"。此后，以"恭请王命，先行正法"的方式处决强盗的情况大为减少。④

---

① （清）陶保霖：《论就地正法》，《法政杂志》第六期，1911。
② （清）沈家本：《历代刑法考》（附《寄簃文存》），邓经元、骈宇骞点校，中华书局，1985，第1508页。
③ 相关的研究见李贵连《晚清"就地正法"考》，《中南政法学院学报》1994年第1期；邱远猷《太平天国与晚清"就地正法之制"》，《近代史研究》1998年第2期；韩广道《"就地正法"辨析》，《濮阳教育学院学报》2001年第2期；王瑞成《就地正法与清代刑事审判制度——从晚清就地正法之制的争论谈起》，《近代史研究》2005年第2期；娜鹤雅《清末"就地正法"操作程序之考察》，《清史研究》2008年第4期；邱远猷、王茜《我国死刑复核制度的历史与现实》，《内江师范学院学报》2008年第9期；张世明《清末就地正法制度研究》（上）、（下），《政法论丛》2012年第1、2期；刘彦波《晚清两湖地区州县"就地正法"述论》，《暨南学报（哲学社会科学版）》2012年第3期；〔日〕铃木秀光《清末就地正法考》，杨一凡等编《日本学者中国法制史论著选》（明清卷），中华书局，2016；柏桦、高金《正法与就地正法考》，《社会科学辑刊》2016年第3期；刘伟《晚清州县"就地正法"司法程序之再考察》，《社会科学》2015年第7期。此外，很多文章其实亦有涉及晚清"就地正法"之制的内容，此处不赘。
④ 〔日〕铃木秀光：《恭请王命考——清代死刑判决的"权宜"与"定例"》，吕文利、袁野译，《内蒙古师范大学学报》（哲学社会科学版）2009年第4期。

　　在咸丰三年（1853）"就地正法"章程颁行前不久，"就地正法"在四川、福建等省已奏准实施。①咸丰三年三月上谕将四川、福建等地的"就地正法"实践推广至全国。所以，"就地正法"章程的颁行一般以咸丰三年为始。晚清"就地正法"章程系由很多独立的章程组成。既有刑部奏定章程，也有各省奏定章程。虽然它们互有影响，但内容又有所不同。即使本省的"就地正法"章程在不同时期也有变动。地方督抚的奏请实际上经常扩大了"就地正法"的对象，将对象由土匪扩大到马贼、会匪、游勇等重犯，又在部分省份扩大到罪应斩决之寻常强盗等犯。

　　正如陶保霖所言，"就地正法"章程的对象为盗匪（即强盗）。清廷有关"就地正法"章程存废与否的最大一次争论发生于光绪七、八年，当时刑部、督抚、御史争论的焦点是土匪、马贼、会匪、游勇等案能否按盗案旧例处理。亦即虽然土匪、马贼、会匪、游勇等犯名目不同，但在刑部、督抚、御史的眼里，他们都是强盗。②光绪八年（1882），最后刑部奏准：各省实系土匪、马贼、会匪、游勇案情重大并形同叛逆之犯均暂准就地正法，仍随时具奏备录供招咨部查核外，其余寻常盗案现已解勘具题者，仍令照例解勘，未经奏

---

　　①　光绪二十四年（1898），四川总督奏称，川省幅员辽阔，汉夷杂居，盗匪之多甲于天下。咸丰三年前督臣裕瑞不得已而变通办理，始有就地正法之请。非因军兴而始用重典（中国第一历史档案馆编《光绪朝朱批奏折》第109辑，中华书局，1996，第809~810页）。该总督主张本地"就地正法"章程非因军兴始，所以，现在也不能因为军兴终结就废止了该章程。其理由掩盖了太平天国起义的爆发对全国宏观大环境的直接影响。随着大环境的恶化，咸丰朝君臣也随之加重了对盗匪的处理。按，裕瑞于咸丰二年（1852）七月署理四川总督。

　　②　民国初，何西亚著有《中国盗匪问题之研究》。该书指出，土匪即本地之匪（不限于本地人）。虽然盗匪、土匪名称不同，但指向都是相同的，即均指抢财劫货之人（何西亚：《中国盗匪问题之研究》，上海泰东图书局，1925，第3页）。马贼、会匪、游勇实际上也是如此。光绪八年（1882），山西巡抚张之洞奏称，刑部所议就地正法章程语意浑括，不得不再请明晰定章以资遵守。他说，劫盗中多有五方游匪猝然聚会，纠伙多人，执持刀械、火枪，出没各省界上，拦路抢掠，迭劫多次，逞凶伤人，公然拒捕，复有窝盗招匪作线分赃。谓之马贼，则仍系徒行。谓之游勇，则未著号褂。谓之会匪，则不肯供出会党姓名。谓之土匪，则非籍隶本境，而其为害则较之马贼、会匪、土匪仅止二三人者而有甚焉［（清）张之洞：《张之洞全集》第1册，河北人民出版社，1998，第141页］。虽然张之洞未能清晰定义马贼、会匪、游勇、土匪，但其实质都有抢财劫货的行为，都是强盗。官方根据其某项显著特征将其区分，比如骑马的为马贼，曾穿号褂者为游勇，有会党姓名的为会匪，籍隶本境的为土匪。

明解勘者，统予限一年一律归复旧制办理。①刑部之意为，寻常盗案按照正常
程序处理，土匪、马贼、会匪、游勇案情重大并形同叛逆之犯为非寻常盗
案人犯，暂时允许地方官将其就地正法。"就地正法"章程的对象为非寻常
盗案人犯和案情重大并形同叛逆之犯。后者在统治者眼里有攻城拒敌等行
为，其情节重于聚众抢劫之强盗，在现实中经常也被视为强盗。② 所以，现
实中"就地正法"章程又经常被称为盗犯（案）"就地正法"章程。因为
各地"就地正法"章程的实施增加了督抚的权力，被"就地正法"的对象
常超出了盗犯的范围。比如光绪六年（1880）刑部称，对职官犯罪，均应
拟议具奏请旨遵办，今各省亦有先行正法者。③ 当时就连犯罪职官也有被就
地正法的，普通命案犯人就更不用说了。④ 在光绪八年刑部奏定章程的实施
中，地方督抚常以该章程"语义浑括"为借口，由自己酌核"案情重大"
与否。⑤ 地方督抚经常将寻常盗犯办成"案情重大"之犯。光绪二十六年
（1900），刑部对光绪二十五年秋季广西各属盗犯就地正法者中的十四案有
异议，认为他们系寻常盗案，不在土匪、会匪、马贼、游勇四项之列。认
为该抚的做法"殊与定制不符"，应令嗣后遇有此等案件务须一律遵照旧例
解勘具题。广西巡抚黄槐森不仅未认错，还顺带奏准扩大了本地"就地正

---

① （清）朱寿朋编《光绪朝东华录》，张静庐等校点，中华书局，1984，第1318～1319页。
② 如同治六年（1867），山东巡抚丁宝桢通饬所属各州县拿获土匪一项，如果讯有当日拜会
结盟、攻城劫狱、拒敌官兵、焚掠村庄等项逆迹，速即开具供折通禀，俟奉批准即行就地处决，以
昭炯戒［（清）佚名：《东省通饬》，杨一凡、刘笃才编《中国古代地方法律文献》丙编第14册，
社会科学文献出版社，2012，第225页］。在该巡抚眼里，叛逆之犯有时也被视为了土匪。
③ （清）潘文舫等：《新增刑案汇览》卷6，法律出版社，2007，第126页。
④ 当然，现实情况复杂。命案与盗案的界线有时并不十分清晰。光绪三十四年（1908），上
海知县李超琼曾请将一谋财害命之犯就地正法。上海道台不同意，说该案是命案，应按照正常程
序处理。意即该案并非盗案，所以，不能请就地正法。李超琼认为，谋财而杀人，固即盗也。（清）
李超琼：《李超琼日记》（光绪三十一年三月至宣统元年闰二月），苏州工业园区档案管理中心编，
古吴轩出版社，2017，第716页。
⑤ 宣统三年（1911），《时事新报月刊》曾刊文章批评了当时的广东"就地正法"章程。该文
说，今粤督此奏若但沿用吾国官文书上之宽泛字眼，而不加以法律上精晰正当之制限，则设有张皇邀
功之官吏欲利用此奉旨批准之就地正法，以蹂躏民权，如法律何？如宪法何？（《论就地正法》，《时事
新报月刊》1911年，第1期，第14～15页）。《大清律例》等清代各种典章制度经常有语义宽泛之处，
这在现代法学看来会引起歧义。该文同时指出该"就地正法"章程侵犯了司法独立体制。

法"章程适用的范围。① 地方督抚在掌握认定"案情重大"与否的权力的基础上，经常奏准扩展适用"就地正法"章程。②

刑部虽然要求地方督抚"按季汇案具奏"，地方督抚在汇案具奏时却经常只具奏简单案由罪名和犯人姓名。③ 刑部甚至连很多犯人的姓名也无从知晓。④ 这导致刑部无法核实。前引广西巡抚黄槐森的事例说明，即使刑部有能力核实，又能怎样呢？地方督抚"按季汇案具奏"没有实质意义。有的地方

---

① 《莫如用猛》，《申报》1900 年 7 月 19 日，第 2 版。

② （清）朱寿朋编《光绪朝东华录》，张静庐等校点，中华书局，1984，第 2064～2066、2342～2344 页。

③ 如同治五年（1866），广东巡抚郭嵩焘《奏报广东省第八次决过逆匪盗犯名数目疏》所附之罪名清单只列了两项犯人名册。一为审拟斩枭就地正法人犯 90 名，一为审拟斩决就地正法人犯 43 名。郭嵩焘在分别列举两项犯人姓名后，各简要列举了其罪名。前项清单说，以上 90 犯，或行劫三次，伙众 40 人；或行劫拒捕，杀人掳捉勒赎；或从逆攻扑城池，拒敌官兵；或潜谋聚众，拜会滋事，经地方官访闻拿获，应照行劫三次以上及伙众 40 人强盗杀人劫掳勒赎各例，并照谋叛律，均拟斩立决，加以枭示。后项清单说，以上 43 犯，行劫一二次不等，均照强盗已行不分首从皆斩律，拟斩立决〔（清）郭嵩焘：《郭嵩焘全集》第 4 册，梁小进主编，岳麓书社，2012，第 684～686 页〕。这 133 名犯人虽然有名有姓，但其罪名却极简单，该犯之供招，刑部无从得知，更无从审核。在这种情况下，就连犯人姓名真假也很难判断。光绪五年（1879），针对广东的第六十九次汇奏情况，光绪皇帝（实为慈禧太后）批道："已决人犯即有供招，亦无从查核"（中国第一历史档案馆编《光绪朝朱批奏折》第 109 辑，中华书局，1996，第 527 页）。

④ 一些被处决的强盗由此还成了地方官藉以借盗销案的资源。光绪初杜凤治在任广东南海县知县时为开复自身盗案三参四参处分，曾在按察使的允许下活动借盗销案事宜。杜凤治说，借盗销案，盗皆各属抢犯已斩决者也。由其话语可知，借盗销案这一做法至少在当时的广东地区是常见的。有些无法结案盗案（案难破或犯难获）会给州县官带来处分（影响仕途），以斩决盗犯和病故盗犯替换无法结之盗案盗犯，从而实现州县官处分被免除的后果。一些被抓住的活着的强盗也可能会成为借盗销案的资源。州县官在审讯时可能会与强盗做交易，也可能会强制强盗按照自己的意思招供。光绪初杜凤治在任广东罗定州知州时，其下属西宁知县请示可否入监贿买四贼认领某案（该案一贼未获）。如此，不但上游处可以少宽，事主上控出言无状。杜凤治笑许之。他说，若辈既犯此等案，照例立决，两次三次者加以枭示，总之一死而已，乐得外来钱财，且图目前酒肉洋烟一快乐也。这样的事情让人感觉非常容易完成，杜凤治也乐得卖个人情。从其话语中可知，当时当地这种借盗销案的做法应该是常事。道光时期华仲起《粤东管见》说，广东地方文武官员每遇劫案不能获凶，往往规避处分，化重为轻，改劫为窃，匪徒漏网，视为故常。即使上宪访问，或被控告，行札严拿，差役竟可买凶抵塞。该匪亦有得赏自投，亦间有借盗销案，赃证全无，重案已结。迨至正凶被获，又以他案办之，此盗案之陋习也。广东地区借盗销案的方法多样，至迟在道光时期就已经很普遍了。以上见（清）杜凤治《杜凤治日记》第 9 册，邱捷点注，广东人民出版社，2021，第 4805 页；第 4 册，第 1961 页；第 7 册，第 3335、3429 页；第 9 册，第 4498、4693、4696、4752、4767、4805 页；第 8 册，第 4030 页；（清）华仲起《粤东管见》，桑兵主编《七编清代稿钞本》第 307 册，广东人民出版社，2015，第 321 页。

甚至连汇奏也未能做到。①

虽然各地“就地正法”章程的具体内容有所不同，但俱将以前处决犯人的正常程序简化了。犯人一般不需解省，在州县官审明案情，该管道、府复审，请示督抚，督抚批饬后，即将犯人正法。于是，一般不用督抚再行亲审，督抚将复核的权力交给了道台、知府等被委之员。对督抚来说，道台、知府等官复核减轻了他们的负担。然而，在速决的追求下，原先“逐级审转复核制”下的一些监督没有了，道台、知府等官的复核大多流于形式。所谓“督抚仅凭禀报，道府以空详塞责，委员以会禀销差，草菅人命，在所不免”。② 晚清“就地正法”章程的实施增加了地方督抚的司法权力，使内外（刑部与外省）、上下（地方上下级）相互监督、牵制的司法体制遭到了破坏。章太炎所谓“刑部不知，按察不问”即是此意。结果导致“刑章枉桡”，百姓“呼天无所”。③ 这不可避免地增加了冤案、错案的发生几率。

各地“就地正法”章程大多未赋予州县官直接将犯人处决的权力。④ 即使赋予了，州县官也要在事后补办相关手续。同治五年（1866），两江总督曾国藩奏称，因为在某次剿捻时担心将“捻匪”拿获后有劫犯逃逸等弊，所以，自己预先颁发大令，由各该员讯明，即行正法，录供具禀。⑤ 宣统元年（1909），广东谘议局议员陈炯明称，陶模在任两广总督时有当场拿获，准先行惩办，随后录供禀报之通饬。⑥ 除了曾国藩和陶模等少数事例外，各

---

① 光绪三十年（1904），江苏按察使朱之榛称，光绪二十三年至二十九年江苏省盗劫各案就地正法各清册未造报（《饬查盗案》，《申报》1904年11月27日，第3版）。从其话语可知，该按察使对所辖各州县往年就地正法情况可能没有备案，奏报更是无从说起。

② （清）李宗棠辑《奏议辑览初编》卷14，黄山书社，2016，第441页。

③ 章太炎：《讨满洲檄》，《章太炎全集·太炎文录初编》，徐复点校，上海人民出版社，2014，第197页。

④ 近代小说家许国英（？～1923）在评论毓贤在山东曹州知府任上的重典治盗之事时说，即近岁有就地正法、便宜行事之例，然亦非府、县所得擅主，何毓之能有此特权也？许国英：《十叶野闻》“毓屠户”，中华书局，2007，第98页。

⑤ （清）曾国藩：《曾国藩全集》第9册，岳麓书社，2011，第202页。

⑥ 陈炯明：《谘议局议员陈炯明停止就地正法议文》（1909年11月），段云章、倪俊明编《陈炯明集》上卷，中山大学出版社，2007，第18页。

地绝大多数"就地正法"章程不允许州县官在未经督抚批准前擅自将犯人处决。① 虽然如此，现实中州县官不请示上级，直接将犯人就地正法，事后"补具供看"，只通详各上司候批存案之事却时有发生。之所以如此，系因在督抚的庇护下，很多州县官常任性妄为，乱杀无辜。这给后人留下了州县官有权直接处决犯人的假象。同时我们也要看到，现实中也常见未取得督抚批准，擅自将犯人"就地正法"而被革职的州县官。如同治十二年（1873）广西州县官李椿年便因此被广西巡抚刘长佑参劾革职查办。刘长佑称，本地一切罪犯应报解者照例解勘，不得滥请就地惩办。其情重土匪恶迹素著、甘心附逆者先行录供通禀，由本抚批饬该管府州提讯明确。如果情真罪当，实在应正法者，由该管府、道禀准再行就地办理，不得由州县官擅自处决。李椿年在署全州知州时曾将未定罪名之蒋某称系土匪，录取犯供，并无确据，禀请就地严办，竟敢不候批示，辄行处决。刘长佑因此称其"糊涂残刻"。刘长佑所言之本地就地正法程序系当时各地"就地正法"章程所规定的一般程序。② 又如光绪初，山西隰州某知州禀请巡抚曾国荃将一名杀死巡夫之窃贼就地正法。曾国荃认为，窃贼杀死巡夫，这是寻常命案，自应遵照定例，填格录供，通报复审，按拟解勘。该知州前请就地正法，已属草率。即或实应就地正法之犯，亦应候示遵办。乃既经具禀请示于前，竟敢不候批示遽行正法，办理殊属冒昧，非寻常疏忽可比。惟业据自行检举，现正诸事紧要之时，未便遽易生手，姑从宽记大过三次，以示薄惩。③ 之所以李椿年等少数官员因此被革职查办，系因为督抚对其不愿或者不能庇护。可以说，州县官在未经督抚批准前擅自将犯人处决，这

① 正如光绪六年（1880）刑部所言，近年各省办理强盗等案，有因转辗解审恐致疏虞，援请章程就地正法，第亦均由各州县录供，详由该管上司详督抚或委员会审，或交该管道复审，果系赃证明确，始行禀候批饬就地正法，从无该管地方官擅自决囚之理〔（清）潘文舫等：《新增刑案汇览》卷16，法律出版社，2007，第315页〕。此处的该管地方官即为州县官。光绪七年（1881），台湾道张梦元说，地方州县遇有抢劫盗犯，不得私行处决。见吴密察主编《淡新档案》第28册，台湾大学图书馆，2008，第284页。

② 《同治十三年三月初四日京报全录》，《申报》1874年5月2日，第4版。

③ （清）曾国荃：《曾国荃集》"批牍"，梁小进主编，岳麓书社，2008，第35～36页。

是晚清史治败坏，州县官"武健严酷"的一个表现。①

另外，正如陈炯明所言，两广总督陶模通饬的结果使州县官的权限扩张了。不独陶模任两广总督时如此，即使在将犯人就地正法前需要请示督抚，州县官的意见也至关重要。正如光绪八年（1882）御史陈启泰所言"一案既出，但凭州县禀报，督抚既批饬正法"。② 因为虽然各地"就地正法"章程经常有督抚令该管府、道复核的内容，但这种复核大多流于形式。光绪十六年（1890），台湾恒春县知县高晋翰禀请将一起命案人犯就地正法。时台湾巡抚刘铭传认为，此案系谋财害命之案，与强盗杀人之案不同。本未便援引本地"就地正法"章程，惟犯人曾有中途截夺杀伤事主的行为，尚属迹近强盗。所以，姑准将该犯就地正法。并命嗣后如遇命案务须按例招解。③ 在本案中，虽然刘铭传不同意知县的看法，但仍可能在没有委员复核的情况下便批准了该知县的请求。这并非个案。各地"就地正法"章程的实施不仅扩大了督抚的权力，同时实际上也扩大了州县官的权力。④

晚清"就地正法"章程实施后，每年被处决的犯人人数明显增加。如

① 光绪三十二年（1906），奉天通化县拿获日本招降队豢养的土匪五人，该县知县请示东三省总督可否将其就地正法。该总督批示道："犹复拘泥成例，实属不知缓急！"郑秦教授以此例说明就地正法的权力下放到州县一级（郑秦：《清代法律制度研究》，中国政法大学出版社，2000，第197～198、207页）。个人浅见以为，这个例子恰好说明知县本来没有权力直接将犯人就地正法，犯人就地正法与否由督抚大吏批准。知县就地正法权力的获得取得了总督的同意。这在当时并不普遍。光绪三十二年（1906），广东门丁李云甫藉案诈赃，两广总督岑春煊不先行奏闻即将其就地正法。李云甫的行为不符合当时就地正法和恭请王命先行正法的条件。两广总督岑春煊对李云甫应奏闻后再将其正法。对岑春煊不先奏闻即将李云甫处决的行为，刑部坚决反对（《刑部奏斩绞人犯无论监候立决俱应按照正例议拟折》，上海商务印书馆编译所编纂《大清新法令》（点校本·1901－1911）之第1卷，李秀清等点校，商务印书馆，2010，第297～299页）。总督将寻常藉案诈赃犯人"就地正法"，尚且受到了刑部的牵制。那种认为州县官拥有"就地正法"权力的观点，在很大程度上系被晚清秩序大乱背景下州县官日益增多的胡作非为行为迷惑的结果。

② （清）朱寿朋编《光绪朝东华录》，张静庐等校点，中华书局，1984，第1316页。

③ 光绪《恒春县志》卷19《凶番》。

④ 同时也应该看到，在盗案的处理上，州县官为免除自己的盗案疏防处分，经常倾向于以简单粗暴的方式处理。在晚清贼盗猖獗的大背景下，对州县官来说，盗案难破，盗犯难获。光绪二十四年（1898），署理湖南按察使黄遵宪为免疏防处分，州县官往往只图破获一二名辄禀请就地正法［（清）黄遵宪：《黄遵宪集》下卷，吴振清、徐勇、王家祥编校整理，天津人民出版社，2003，第602页］。对州县官来说，这样就省去了很多麻烦。

前文，笔者估算，乾隆、嘉庆、道光时期，每年被处决的犯人数量应在2000 人以下。而据光绪初曾任广东陆丰知县的徐赓陛所言，每年广东省会枭戮无虑 2000 人，而郡县诛锄者尚不在内。① 光绪二十八年（1902）一年之内，广东各府州县正法者多至 3500 余名，被站笼处死者尚不在此数。② 就连地广人稀的吉林一地，光绪末每年被就地正法的人犯数量便常年超过千人。③ 在被"就地正法"犯人人数剧增的同时，地方督抚通过正常途径题奏的死刑犯人数却大为减少了。④ 正如光绪七年（1881）御史胡隆洵所言："军兴以来，因剿办土匪，定有就地正法章程。从此各省相沿，即寻常盗案亦不待审转复核，概行就地惩办，题奏之件十无一二。"⑤ 光绪二十四年（1898），署理湖南按察使黄遵宪称，上年湖南就地正法之犯有 138 名，较之每届秋审增至 10 倍。⑥ 光绪中期尚有比较完整的秋审勾到数据。此时，每年通过秋审被处决的犯人数量平均每年不足 300 人，不仅远低于乾隆中晚期，也明显低于道光时期。秋审本来定位于"恤刑巨典"，统治阶层因为担心"逐级审转复核"下可能出现的冤案，意图通过秋审进行挽救。现在秋审人数太少，经常引起统治阶层的紧张。比如光绪七年（1881）御史秦钟简奏称，近来广西阖省秋审案只 10 起内外，即本年亦止 13 起。以六七十州县劫抢命案层见叠出，而详办仅有此数，其被抑者不知凡几。冤气郁结，

---

① （清）徐赓陛：《不慊斋漫存》卷 2，《清代诗文集汇编》第 751 册，上海古籍出版社，2010，第 403 页。晚清广东处决犯人的数量常年多于内地普通省份，就更不用说一些特殊年份了。如晚清来华外国人经常提到两广总督叶名琛在任时曾处决七万多（有的说是八万多或十万多）人。虽然数据无法证实，但叶名琛在当地剿匪手段之狠辣、处决人数多也是事实。

② 《辟以止辟》，《申报》1903 年 7 月 13 日，第 2 版。

③ 中国第一历史档案馆编《光绪朝朱批奏折》第 109 辑，中华书局，1996，第 626、797、874 等页。

④ 太平天国战争结束后几年秋审人数的减少与全国总人口的减少有直接关系。但光绪中后期全国总人口已接近恢复至太平天国战争之前，秋审人数却较太平天国战争之前大为减少。这显然主要受到了各地"就地正法"章程的影响。

⑤ （清）朱寿朋编《光绪朝东华录》，张静庐等校点，中华书局，1984，第 1248 页。

⑥ （清）黄遵宪：《黄遵宪集》下卷，吴振清、徐勇、王家祥编校整理，天津人民出版社，2003，第 601 页。

上戾天和，旱潦偏灾，恒必出此。① 从命盗案件在秋审中占比来看，咸丰后秋审中命案占比增多，盗案占比减少。②

"就地正法"章程的实施取得了一定的效果。光绪八年（1882），《申报》某文将近年劫案不若从前之多与"就地正法"章程的实施相关联。③然而，在各地盗案仍然时有发生，强盗在有些地方有时甚至还有杀不胜杀的感觉。显然，速决、严厉的"就地正法"章程并不治本。时人对"就地正法"章程的实施常有反省。晚清著名法学家吉同钧一针见血地指出，法愈加愈严而盗日杀日众，教化、吏治之不修，而徒事重法，亦何益哉！④ 严刑峻法不仅未能止盗，还越杀越多。"就地正法"章程是清政府的应急对策。对盗贼治理须综合考虑多种因素，不能专恃重法。在晚清吏治更加败坏的大背景下，"就地正法"章程的实施效果并不理想。

与吉同钧的视角不同，许宗衡更关注立法繁密的弊端和百姓的生计。许宗衡为咸丰二年（1852）进士，官至起居注主事。与官场作为相比，他的文学成就更被后人所知。其与龚自珍等被后人列为"清词后七家"。他曾给陕西地方官孙毓林写过信。他在信中说，严刑峻法（"斩艾剥割之惨极乎法之用"）不仅未能止盗，盗反而日增。这是因为百姓根本不欲为盗，但"不能遂其生"，生计日艰，"无不死"，没有办法，才转而为盗。"盗不即死，而且可快其生"。他也曾认为"法立而民畏"。当时治盗之法确实多，但法"不胜其繁"，又因为现实中"法不必行"，犯者有空可钻，百姓心存侥幸心理，结果导致了"民玩""法弛"的结果。况且饥寒驱之，百姓生无可乐。而复有吏之苛敛、兵之骚扰，百姓卒不可避，必欲避焉，则惟铤而

①　（清）朱寿朋编《光绪朝东华录》，张静庐等校点，中华书局，1984，第1151页。

②　同治十二年（1873），广东南海县知县杜凤治说，本年广东秋审皆命案。广东抢劫、拐卖两案，一经审实，臬台过堂便定罪弃市（即就地正法）。（清）杜凤治：《杜凤治日记》第6册，邱捷点注，广东人民出版社，2021，第2854页。

③　《办理盗案宜复旧章说》，《申报》1882年5月19日，第1版。

④　（清）吉同钧：《大清律例讲义》卷3，闫晓君整理，知识产权出版社，2018，第90页。

走险，愤而为盗，反而能"安其生"。① 许宗衡虽然未能把"就地正法"与强盗联系起来，但各地"就地正法"章程不正是立法繁密、严峻的表现吗？为什么以各地"就地正法"章程为代表的立法不仅未能治盗，盗却日益增多？归根结底，是立法过于繁密和百姓的生计出现了问题，其次是吏之苛敛和兵之骚扰。至于百姓生计出现问题（"饥寒驱之"）的原因，许宗衡则未能正面回答。按照晚清督抚大员彭玉麟的话来说，"兵燹之后，民生多困，实由吏治多疏"②。所以，这与当时的大环境和吏治情况有直接关系。所以，在考察晚清"就地正法"章程的效果等问题时，应结合当时的社会、吏治和立法思想等因素综合思考。

虽然晚清"就地正法"章程的实施并未取得预期效果，"流弊滋多"，但地方督抚在实施该章程过程中"乐其便己，相沿不改"。对督抚来说，"就地正法"章程的实施不仅降低了他们的司法成本，省去了很多麻烦（"省事既多，惩犯极易"），也增加了其司法权力。所以，虽然军务平定后，朝廷对"就地正法"之制屡议废除，但都被督抚推脱。终清之世，"就地正法"之制"未之能革"。③

余　论　"就地正法"与"格杀勿论"的区别

目前学界对清代"格杀勿论"和"就地正法"的含义尚未能严格区分。④

---

① （清）许宗衡：《玉井山馆文续》卷2，《清代诗文集汇编》第640册，上海古籍出版社，2010，第267~268页。《申报》有个案例很典型。奉天府盖平县有次抓到几名土匪，其中一年仅十七的王姓少年因为年幼未被正法。王某被亲族具结保释后未久又国抢劫被抓。知县见之大怒。王某说，小的在家实无所事，惟有从伊等抢劫耳（《营口丛谈》，《申报》1889年8月4日，第2版）。虽然此个案信息太少，但就业机会少，流民多，何尝又不是当时一个突出的社会问题呢？

② （清）彭玉麟：《彭玉麟集》上册，岳麓书社，2008，第224页。

③ 赵尔巽等：《清史稿》卷143《志一百十八·刑法二》，中华书局，1977，第4202~4203页。

④ 闫晓君：《唐律"格杀勿论"渊流考》（《现代法学》2009年第4期）。此文主要讨论了唐律中的"格杀勿论"的适用、渊源和明清时期"格杀勿论"的流变。该文虽然提到了"就地正法"，但并未讨论两者的区别。有关清代"就地正法"的研究较多，这些研究俱未有意识地或未能区分两者之间的区别。

因为不能区分两者的含义，导致对一些史料存在误解。如咸丰三年（1853）三月，为了应付太平天国运动爆发后动荡的社会形势，咸丰帝发布了一道著名的上谕，该上谕曰：

> 前据四川、福建等省奏陈缉匪情形，并陈金绶等奏，遣散广东各勇沿途骚扰，先后降旨，谕令该督抚等认真拿办，于讯明后就地正法。并饬地方官及团练、绅民如遇此等凶徒，随时拿获，格杀勿论。现当剿办逆匪之时，各处土匪难保不乘间纠伙抢劫滋扰。若不严行惩办，何以安戢闾阎？著各直省督抚一体饬属随时查访，实力缉拿。如有土匪啸聚成群，肆行抢劫，该地方官于捕获讯明后即行就地正法，以昭炯戒。并饬各属团练、绅民，合力缉拿，格杀勿论，俾凶顽皆知敛戢，地方日就乂安。至寻常盗案仍著照例讯办，毋枉毋纵。①

此即著名的咸丰三年"就地正法"章程。有学者认为此上谕与不久之前的一个上谕授予了团练随便杀人的权力，甚至据此上谕认为，团练也可以将土匪"就地正法"。并举出咸丰年间某案中团丁乱杀人的事例来论述"就地正法"的弊端。但我们仔细阅读该上谕发现，在该上谕中，"就地正法"和"格杀勿论"分别出现了两次，"就地正法"的实施者俱为地方官，"格杀勿论"的实施者包括地方官、团练、绅民，但主体是"合力缉拿"的团练、绅民。这至少说明"就地正法"和"格杀勿论"实施主体的不同。团练不是将犯人"就地正法"的主体。所以，至少从这一角度来看，用某案中团丁乱杀人的事例来说明"就地正法"的弊端并不妥当，这至少误会或者夸大了团练的职能。那么，在清代，到底应该如何更准确理解"格杀勿论"和"就地正法"两者之间的区别呢？

"就地正法"存在于审判、执行程序中。亦即官方通过简化审判程序的方式，将犯人更快速地处决。而"格杀勿论"存在于抓捕程序中。亦即

---

① 《清文宗实录》卷88，咸丰三年三月丁巳。

"应捕之人"抓捕"罪人"时，若"罪人"拒捕，"事在仓猝"，"应捕之人"可以立即将其杀死而不用承担刑事责任。① 《大清律例》有关"格杀勿论"的规定主要体现在《大清律例·刑律·捕亡》"罪人拒捕"门。该门规定：若罪人持仗拒捕，其捕者格杀之。及（在禁或押解已问结之）因逃走，捕者逐而杀之，若囚（因追逐）窘迫而自杀者（不分囚罪应死，不应死），皆勿论（以下简称"格杀勿论"条）。适用"格杀勿论"条的前提是格杀和被格杀之人须分别为"应捕之人"和"罪人"。正如乾隆年间王又槐所言，"格杀勿论""乃指本犯应该拘讯，本官因而差遣，方为应捕之人，律得勿论。非凡有罪之犯，无论何人皆可捕杀，概得勿论也。若捕者非应捕人，则拒伤者不得为罪人。既非罪人，则不得援格杀勿论之律矣"。② 在现实中，为防止滥捕滥杀，官方对"罪人"和"应捕之人"的认定非常严格。

并非所有触犯律例的人都可以被视为"罪人"。比如"诓骗、诈欺等项，情节轻重不同"，不能一概以罪人论。③ 也并非所有的人都可以抓捕"罪人"。比如涉奸案罪人的"应捕之人"一般为本夫、本妇有服亲属。涉盗案罪人的"应捕之人"除了事主、邻右之外，还包括事主奴仆、雇工等。"应捕之人"资格的认定因案因时而异。现实情况复杂，律例的相关规定经常被变通适用，而且时有变动。

"格杀勿论"的适用除了须具备"罪人""应捕之人"的条件外，还须罪人具备"持仗拒捕"这一要件。《大清律例·刑律·贼盗下》"夜无故入人家"门的规定亦可被视为"罪人拒捕"的具体表现。从司法实践来看，"夜无故入人家"门有关"持仗""格杀"的解释也经常适用于"格杀勿论"条。该门将"持仗""格杀"解释为"凡刀械、石块皆是持仗。事在顷刻，势出仓猝，谓之登时。抵格而杀，谓之格杀"。在司法实践中，并非

---

① 参见张田田《"罪人持仗拒捕格杀勿论"律的清代司法实践》，《人民法院报》2018年9月7日，第5版。

② （清）王又槐：《办案要略》"论命案"，《官箴书集成》第4册，黄山书社，1997，第760页。

③ （清）祝庆祺、鲍书芸编《刑案汇览》卷56，法律出版社，2007，第2939页。

这么绝对。在一些特殊情况下，"持仗"经常不被强调，"事在仓猝"（即"登时"）的因素更被经常强调。如《刑幕要略》说，"持仗"二字虽须重看，但"不可执定"，"设或罪人竟不持仗，被揪发辫狠打，情急举足向踢，适伤身死，亦可照格杀勿论办"。"格杀之案……必须持仗，或徒手殴打情急，然后格杀之，方合律意"。① 如何判断"事在仓猝"在清代的司法实践中是个难题。沈家本认为，"必捕者受伤"才能适用"格杀勿论"条，但他同时举出实例说明实际情形不尽如此。②

实际上，前引咸丰三年上谕只是授予了团练对"啸聚成群、肆行抢劫"土匪的"捕人"资格而已。咸丰三年上谕虽然未明言团练可以将土匪"格杀勿论"的依据为《大清律例》"格杀勿论"条，但我们可以通过其他途径知道事实的确如此。如咸丰五年（1855）王大臣议复御史唐壬森等奏折称："查刑部律载，罪人持仗拒捕，其捕者格杀之勿论。又官司故入人罪者，以全罪论，各等语。是州县凡遇土匪啸聚成群，肆行抢劫，自当钦遵谕旨，于捕获、讯明后，即行就地正法，并各属合力缉拿，准令格杀勿论。其盗犯持仗拒捕，被捕者格杀，亦得照律，予以勿论。"③ 从"土匪啸聚成群，肆行抢劫"这样的文字表述来看，该奏折中所指的"谕旨"即为前引咸丰三年上谕。所引该奏折部分内容很清楚地显示各属合力缉拿"土匪"，"准令格杀勿论"，其依据正是奏折中首先点明的"格杀勿论"条。通过咸丰三年上谕与该奏折内容的对比可知，该奏折中的"各属"自然包括团练。

"查土匪就地正法章程，各省情形不同，办理未尽画一，且系权宜之计，未便永远遵行，似毋庸纂入例册"。④ 以咸丰三年"就地正法"章程为

---

① （清）佚名：《刑幕要略》"捕亡"，《官箴书集成》第5册，黄山书社，1997，第23页。
② （清）沈家本：《律例杂说》下，徐世虹主编《沈家本全集》第一卷，中国政法大学出版社，2010，第925～926页。
③ 《刑部通行条例》第3册，第33页，同治己巳（1869年）聚珍版，北京大学图书馆藏。
④ （清）薛允升：《读例存疑》卷32，胡星桥、邓又天等点注，中国人民公安大学出版社，1994，第547页。

代表的各项"就地正法"章程系属"暂时变通章程"，系权宜之计，所以，并未著为成例。但授予团练对土匪"捕人"资格的规定后经修改却被修入了《大清律例·刑律·捕亡》"应捕人追捕罪人"门。该例规定："各省团练，除奸细、土匪并盗贼，及遇有要犯，经官札令协缉者，准其拿解外，其余逃军、逃流，并一切寻常案犯，仍责成地方官拿解。倘该团练私拿酿命，即照谋、故杀各本律定拟。"此条系"同治四年，湖南巡抚李瀚章咨称，济阳县逃流周三伢即周代鳌潜回原籍，被邻村团总陈沅吉捕拿、殴伤后，被追失足落塘身死一案，纂辑为例"。① 与咸丰三年上谕相比较，此例的规定更为具体。虽然该例并未直接规定团练可以对土匪"格杀勿论"，但根据该例，团练正式获得了对"奸细、土匪并盗贼，及遇有要犯，经官札令协缉者"这些"罪人"的"应捕之人"资格。又据前引《大清律例》"格杀勿论"条的规定，若这些"罪人"持仗拒捕，其"应捕之人"——"团练"可以将其格杀而不用承担刑事责任。该例同时规定"其于寻常案犯，不得谓之应捕"，即对寻常案犯，团练并无"应捕之人"资格。② 在咸丰三年"就地正法"章程中，与"团练"并列的"绅民"因为亲身受害，

① （清）薛允升：《读例存疑》卷45，胡星桥、邓又天等点注，中国人民公安大学出版社，1994，第769页。详见俞国娟主编《清代刑部通行条例——绍兴县档案馆馆藏司法文书选编》，浙江古籍出版社，2012，第246～249页。该例系同治九年（1870）被修入《大清律例》中，见（清）吴坤修等编撰《大清律例根原》卷103，郭成伟主编，上海辞书出版社，2012，第1648页。

② 同治七年（1868），在陕西省某团长致毙纵放游勇之乡约一案的办理中，刑部不同意陕西的做法。刑部认为，乡约并非奸细、土匪，亦非盗贼，该团长虽充团长，于寻常案犯不得谓之应捕，其将该乡约致毙，应照凡斗科断（即按《大清律例·刑律·斗殴上》"斗殴"门的规定处理）〔（清）吴潮、何锡俨编《刑案汇览续编》卷17，法律出版社，2007，第789～790页〕。亦即在该案中，该团长并无"应捕"资格，所以，其不能适用《大清律例·刑律·捕亡》"罪人拒捕"门"擅杀"条的规定。光绪十三年（1887），陕西巡抚叶伯英在办理陕西某案时认为，杜某与苟某向人估借强取，情同恐吓取财，与奸细、盗贼、土匪不同。余某充当团长，既非奉官伤拿，辄敢私自纠人追捕，主使将杜某殴毙，并砍毙苟某兄弟三人，活埋一人。巡抚叶伯英对本案律例适用的思路非常清晰。他一方面认为被杀之杜某与苟某固然有罪，但他们不是奸细、盗贼、土匪。另一方面又认为，杀人之团长余某无"应捕"资格。所以，团长余某不能适用《大清律例·刑律·捕亡》"罪人拒捕"门"擅杀"条的规定（中国第一历史档案馆编《光绪朝朱批奏折》第106辑，中华书局，1996，第549～555页）。笔者之所以不厌其烦列举事例，证明团练无权擅自杀人，系因为笔者不止一次见到在有关团练的研究中夸大团练作用的表述。

其事主资格使其自然拥有对侵犯自己人身和财产权益盗匪的"应捕之权"，所以，不必在律例中再予强调。

联系到当时的形势，咸丰三年"就地正法"章程，使各属团练、绅民可以对"啸聚成群，肆行抢劫"的土匪的"格杀勿论"，这并不让人费解。一方面，这可以和"就地正法"相配合，达到快速缉捕、处决强盗，稳定社会秩序的目的。赋予各属团练、绅民可以对"啸聚成群，肆行抢劫"的土匪的"应捕之人"资格，使得土匪时时生活在被抓捕和被格杀的恐惧之中，对土匪起到了极大的震慑作用。① 另一方面，这使各属团练、绅民在保卫自己的财产和生命安全时可以将那些土匪格杀而不用担心承担刑事责任，从而促进了各属团练、绅民对土匪的同仇敌忾之心和缉捕的积极性。如果说"就地正法"增加的是督抚等各级地方官的积极性，那么，"格杀勿论"则增加的是团练和绅民的积极性。

现实中，由于缺乏约束，发生团练藉端滋扰，及挟仇残害等情事在所不免，故于同治四年（1865）奏定章程，以示限制之意。② 咸丰三年团练"应捕之人"资格的获得，一方面将其捕拿对象限制在"啸聚成群，肆行抢劫"的土匪之内。对"啸聚成群，肆行抢劫"土匪之外的罪犯，非地方官札令帮同缉捕，亦不准团练干预。另一方面，如团练的行为超过"格杀勿论"条的限制，理论上也会受到律例制裁。咸丰三年团练"应捕之人"资格的获得更多是"权宜办理之法"。③ 其"因捕酿命，例无治罪专条，诚恐办理无所依据，是以奏定章程，分别科罪"。④ 同治四年章程则是将其"应捕之人"资格定例化、规范化的结果。如同《大清律例》中邻右人拥有对盗贼的"应捕之权"，团练对土匪"捕人"资格的获得只能被视为清政府一

---

① 正如晚清广东知县杜凤治说，格杀勿论，例有明条。为该匪拒捕，彼此斗杀，非此杀彼，即彼杀此，仓卒之中不得不从权科断，使该匪知此不敢公然拒捕也。（清）杜凤治：《杜凤治日记》第1册，邱捷点注，广东人民出版社，2021，第119页。

② （清）吴潮、何锡俨编《刑案汇览续编》卷16，法律出版社，2007，第749页。

③ 《刑部通行条例》第1册，第31页，同治己巳（1869）聚珍版，北京大学图书馆藏。

④ （清）吴潮、何锡俨编《刑案汇览续编》卷17，法律出版社，2007，第790页。

种现实的、有针对性的赋权之举。①

晚清"格杀勿论"的被扩大运用，并非官方自坏制度之举，而是太平天国运动爆发后，为应付"匪徒愈肆，盗贼横行"的现实，加强缉捕匪徒、盗贼的需要。如果超过"格杀勿论"条的限制，理论上尚有《大清律例·刑律·捕亡》"罪人拒捕"门"擅杀"等条的约束。固然晚清"格杀勿论"条的扩大适用与"就地正法"章程的实施引起了很多弊端，但"格杀勿论"条的扩大适用从未引起过如"就地正法"章程的实施所引起的那么大的争论。因为，一方面，在当时的形势下，"格杀勿论"条的扩大适用不会如"就地正法"章程的实施引起中央对督抚专杀、内轻外重的恐慌。另一方面，"格杀勿论"条历史久远，其至少在汉代便已著于律文，而"就地正法"章程来源于军法，被视为权宜。正如署理湖南按察使黄遵宪所言，当时处"无可如何之时势"，制定了"就地正法"章程这一"万不得已"之权宜。②"就地正法"章程既然被时人视为"万不得已"的权宜，其当然未被写进律例中。所以，与"就地正法"章程相比，"格杀勿论"条更具合法性。同时也应该看到，晚清地方督抚、知府、州县等地方官在打击特定罪犯时，经常超越自身权限有意识地将罪犯"应捕之人"范围扩大。③ 这是晚

---

① 有学者在讨论晚清团练的作用时，由于不能准确区分"格杀勿论"与"就地正法"，往往忽视了团练本来的社会治安功能，夸大了团练的司法权。晚清一些团练滥杀人的情况，从根本上来说，源于社会秩序的混乱，不能理解为清政权从制度上赋予团练杀人的权力，更不能认为团练拥有了司法上杀人的权力。在清代，皇帝牢牢掌握生杀大权，晚清督抚"就地正法"权的获得尚且屡被非议和限制，团练怎么可能因获得司法上杀人的权力而从未被非议，反而却被载《大清律例》呢？得出团练获得了生杀大权这样的结论本身便是对《大清律例》"格杀勿论"条的误解。

② （清）黄遵宪：《黄遵宪集》下卷，吴振清、徐勇、王家祥编校整理，天津人民出版社，2003，第601页。

③ 比如咸丰初河南知府贾臻曾发布告示，晓谕其辖下宜阳等四县乡民，在遇有"捻匪"时可以当场将其格杀，照例勿论。如前文，州县官"做案"行为的存在使州县官对"应捕之人""格杀"行为的确定能被上级接受。亦即之所以常见贾臻等地方官发布的各类允许"格杀勿论"的告示，其根本原因在于，他们对"应捕之人""格杀"的认定有很大的话语权。同治时广东四会知县杜凤治曾威胁某案尸母说："尔子向非安分，既党正等为尔和说，勿听旁人言，致多缪辕。限五日内了结，否则径行详报，谓尔子所为不善被人格死。尔年老，恃此养赡，若详报无可恃矣。"其言外之意，如果你不私和，我就将你儿子办成被格杀，如果那样，你将会什么都得不到。这不是杜凤治凭空威胁，他完全有能力把其子办成被格杀。更有甚者，据晚清法学家陶保霖所言，（转下页注）

清社会背景的反映，同时也不可避免地导致了滥杀之弊。

小　结

　　出于对人命的重视，清代司法程序繁杂而漫长。即使中间不经历上级驳审，一名犯人从被抓，接受审判，至其被定罪和处决，中间也要经历相当长一段时间。如果是斩、绞监候案件，犯人还要进入秋审程序，案件彻底完结所需时间更长。如果吏治不佳，还会发生要证未获、审案逾限这些情况。在官方看来，从案发至犯人被处决的这段时间越长，公开行刑的效果就越差。将犯人"明正典刑"的主要目的本来是儆戒他人，预防犯罪。这一目的因为正常程序过于冗长，犯人未及时被处决而未能得到较好的实现。而且繁杂漫长的司法程序不仅加重了地方官的负担，也使犯人备受折磨。监狱条件恶劣，犯人容易染病身亡。监狱条件简陋，存在越狱的可能。犯人在解审途中脱逃也是常有之事。犯人瘐毙、越狱、解审途中脱逃使其未受到法律的制裁，这在官方眼里是国法不彰的表现。法律预防更是无从说起。

　　在这样的大背景下，快速将某些极重犯人处决（即速决），就显得非常

（接上页注③）向来偏僻之区，民风号称强悍者，地方官之治盗，除酷刑致死及瘐毙狱中不计外，以正式刑人于市者时有所闻。细审其实，大率非但未经复核具奏，且亦未曾具报上官，盖均以拒捕格杀捏报也。上官虽亦有闻，以习惯如此而默认之。陶保霖所说的现象早在道光三十年（1850）御史汪元方的奏折中就提到过。汪元方奏称，为省事、省费，州县官在办理盗案时不约而同存在变通之法，有立毙杖下而以监毙报者，有中途恐劫就地致死，而以拒捕格死报者，有致死于狱中者，上司知而不问也。对州县官来说，与有意将犯人杖毙、监毙相比，将犯人办成格杀成本最低。"格杀勿论"，不仅州县官不用为此承担任何责任，也没有人会为此承担责任。而且在详文禀文的书写上，免掉了犯人口供的书写，省去了很多麻烦。再者，格杀勿论之案系由州县自行详结，不存在解府、咨部等问题，上级无从监督。以上见（清）贾臻《退崖公牍文字》卷2，《明清法制史料辑刊》第1编第24册，国家图书馆出版社，2008，第203~207页；（清）杜凤治《杜凤治日记》第2册，邱捷点注，广东人民出版社，2021，第827页；（清）陶保霖《论就地正法》，《法政杂志》第六期，1911年；（清）汪元方《请整顿捕务因时制宜疏》，（清）盛康编《皇朝经世文续编》卷79，台北文海出版社，1972，第2223页；（清）薛允升《读例存疑》卷49，胡星桥、邓又天等点注，中国人民公安大学出版社，1994，第858页。

有必要。与前朝相比，在乾隆时期一些不按照正常审判程序处理、快速将犯人处决的手段更常被使用。这与乾隆帝个人有直接关系，也与乾隆帝更多地感知到了秋审案件中犯人瘐毙等情况有直接关系。乾隆时期速决方式除了谕令即行正法、大臣"请旨即行正法"外，还包括杖毙、"恭请王命，先行正法"。赶入本年秋审在乾隆中晚期常见使用，这也是速决的表现。为了速决，乾隆帝有时还谕令在停刑日将犯人处决。

同样服务于速决的目的，"俨对天威于咫尺"、宣示王命（皇命）的性质正是"恭请王命，先行正法"的增多和"杖毙"被取消的主要原因。"恭请王命，先行正法"本来是军法，其速决的特点非常明显。雍正、乾隆初期，"恭请王命，先行正法"逐渐渗透于寻常司法领域。《大清律例》有关"恭请王命，先行正法"的例文并不多见。在司法实践中，"恭请王命，先行正法"更多被作为一种权宜措施来实施。随着皇帝司法掌控力的降低，乾隆后，"恭请王命，先行正法"的使用逐渐增多。咸丰年间"就地正法"章程的出现使"恭请王命，先行正法"的使用受到了影响。盗案被"恭请王命，先行正法"的越来越少。"恭请王命，先行正法"和"就地正法"俱为事实上的先斩后奏。

咸丰后，因为太平天国起义后各地形势的发展，更为速决的"就地正法"章程产生并被推广。"就地正法"章程的产生不仅与统治者的速决意识有关，还与皇帝司法掌控力的降低和社会形势的变化有关。当然，与吏治也有直接关系。"就地正法"章程在实施过程中主要针对情重强盗。各地"就地正法"章程大多未赋予州县官直接将犯人处决的权力，只有督抚才有权力命令将犯人"就地正法"。各地"就地正法"章程的实施虽然取得了一定的效果，但并不治本。其主要原因在于对盗贼的惩治不能专恃刑法，应该综合考虑百姓民生、吏治状况等因素。"就地正法"与"格杀勿论"不同，前者发生在案件审判、执行程序中，后者发生于抓捕程序中。

第五章　法场行刑

第一节　处决人犯公文的到达

刑部在收到"批红"本后，制成咨文，发往各省。[①] 这些公文俱要钉封严密、坚固，封面注明件数。[②] 在乾隆四十九年（1784）前，斩（绞）立决案件的公文由刑部送交兵部，再由兵部转发提塘递送。因为提塘在递送过程中不得擅动驿马，递送较为缓慢。四十九年后，这些公文与秋审勾到等案件的公文一样，俱由刑部钉封后，派笔帖式交兵部，封面注明件数和

---

① 光绪二十二年（1896），刑部官员唐烜比较详细地记载了这一过程。某日某省勾到后，日将午，御史捧本至刑部。一堂官跪接，各司官在大堂西东向立。堂官起立，与御史各一揖。候御史升车，堂官回白云亭，各司官随秋审诸君同往。启封，捧本回司，命书吏开读，读讫行文，用马上飞递，遣一笔帖式送兵部。（清）唐烜：《唐烜日记》，赵阳阳、马梅玉整理，凤凰出版社，2017，第55页。

② 晚清小说《二十年目睹之怪现状》借一名书吏之口对刑部钉封文书作了介绍。这名书吏说："凡是钉封文书，总是斩决要犯的居多。""那文书不用浆糊封口，只用锥子在上面扎一个眼儿，用纸拈穿上，算是一个钉子，算是这件事情非常紧急，来不及封口的意思。"［见（清）吴趼人《二十年目睹之怪现状》第四十八回，浙江古籍出版社，2015，第220页］。雍正五年（1727）议准，凡咨行部院衙门及外省一应公文均加套实封，事关重大者用钉封（光绪《大清会典事例》卷608《刑部·八旗处分例·奏章文册》）。

"马上飞递"字样。[①] 在清代，最紧要事件以日行六百里字样加签。签发"马上飞递"的公文系紧要公文，定限日行三百里。[②] 这些公文到达兵部后，兵部发驿站驰递，随到随发，不得汇齐数件再发。[③]

驿站是清代传递官府文书或者来往官员途中食宿、换马之处。嘉庆时期全国驿站就超过了 2000 个。[④] 因为信息传递的重要性，驿站被视为要政。乾隆五年（1740）颁行的《大清律例》共有律文 436 条，其中与驿站有直接关系的"邮驿"门的律文便有 16 条。该门对驿站管理、文书传递等事项作出了比较详细的规定。除《大清律例》外，尚有很多其他规定。如同治元年（1862）议准，部院衙门咨行外省紧要事件，凡有事关军机、紧要钉封公文，悉用高丽纸捻连钉两处，于纸捻两头粘贴印花。下站接到上站钉封，详细查看。如果没有私行拆动情形，即由该站出具印收，填明并无私拆字样，交上站递送弁兵、马夫带回，呈明该管官查核。如果接到时查有私拆形迹，即由下站将上站递送弁兵、马夫扣留，回明本站该管官秉公阅看，取具上站弁兵、马夫亲供，一面将公文加封，叙明上站拆动缘由，粘贴印花，赶紧前递。不准留难迟误。[⑤] 这些规定经常变化。

各省接到处决犯人的公文后，如果被处决人犯被收押于按察使司监狱（司监），这些公文直接由督抚转交于按察使。《大清律例·刑律·断狱下》"有司决囚等第"等门例文规定，被收押于按察使司监狱的犯人主要包括斩

---

① 光绪《大清会典事例》卷 778《刑部·兵律邮驿·递送公文》。关于钉封的具体内容，可参见《额勒和布日记》的一次记载 [（清）额勒和布：《额勒和布日记》，芦婷婷整理，凤凰出版社，2018，第 29 页]。

② 柳堂《居官杂录》说，限行三百里者昼夜兼行，每时行二十五里。（清）柳堂等辑《居官杂录》，桑兵主编《五编清代稿钞本》第 205 册，广东人民出版社，2013，第 497 页。

③ 因为地形限制，马上飞递公文可能做不到全程骑马传递。乾隆四十三年（1778），广西巡抚吴虎炳奏称，本地僻处边陲，路非孔道，且崇山峻岭，马匹难行，是以向未设立驿马。每遇紧要文报，俱专差站夫一名昼夜赍送，逐站换夫。两广总督杨景素等奏称，广东亦未设有驿马。凡遇一切紧要公文报匣，陆路则遴派健役驰送，水路则选拔快船飞送，均系遵照定例差拔两人同递。见台北故宫博物院编《宫中档乾隆朝奏折》第 42 辑，台北故宫博物院，1985，第 12～13 页；台北故宫博物院编《宫中档乾隆朝奏折》第 41 辑，台北故宫博物院，1985，第 803 页。

④ 刘文鹏：《清代驿站考》，人民出版社，2017，第 6 页。

⑤ 光绪《大清会典事例》卷 702《兵部·邮政·邮递》。

（绞）立决人犯①、秋审官犯②以及福建台湾府，甘肃哈密、安西、玉门、敦煌等厅州县斩、绞监候人犯［乾隆十五年（1750）定］。按察司监的收押对象时有变化。③ 被"恭请王命，先行正法"的犯人实际亦多关押于按察使司监。当然，这些犯人也可能会被量拨关押于省城首府、首县监狱。斩（绞）立决犯人行刑时，一般系由按察使会同督抚标中军（参将、守备等）、首府、首县监斩。乾隆三十三年（1768）后，在秋审人犯行刑之日，秋审官犯会全部绑赴法场，由按察使监视行刑，将奉到皇帝勾决谕旨当场开读，将予勾之犯验明身份后处决。④ 未被勾决的犯人则一般会继续监禁，以待来年秋审。每个省的情况不同。比如在晚清江苏、广东等地，按察使实际上很少亲自监斩。经常在巡抚衙门坐堂（验明正身），由首府、首县会同抚标（或督标）中军（参将、守备等）监斩。

对关押于省城之外监狱的死罪犯人，为防止泄露消息，督抚要计算公文到达最终目的地的日期。如果日期在正月、六月停刑期内的，督抚即将公文密存于按察使衙门内。此后仍要计算公文到达最终目的地的日期，如果该日期已非停刑日期，便将公文钉封，专差驰递。⑤ 与道、府相比，如果州县离省城更近，为防泄露，公文不必由道、府转行，该督抚即派委在省

---

① 乾隆四十八年（1783）遵旨议定，盗案内情有可原例应免死之犯、误伤尊长人犯、同谋杀死亲夫罪应凌迟及斩决之奸妇，仍行递回赃事州县监禁。其余斩、绞立决人犯概禁按察使司监。乾隆五十一年（1786）军机大臣等议准，逆匪、劫盗、案情重大者留禁司监，并交该督抚量拨省城府县分禁。寻常谋故杀等案仍发原监。见光绪《大清会典事例》卷838《刑部·刑律断狱·因应禁而不禁》；《清高宗实录》卷1265，乾隆五十一年九月辛卯。

② 乾隆三十三年（1768），乾隆帝谕令，嗣后应入秋审官犯俱在按察使衙门收禁。见《清高宗实录》卷818，乾隆三十三年九月丁酉。

③ 乾隆五十六年（1791），乾隆帝谕令，嗣后各省秋审情实人犯解审后俱即留于按察使司监羁禁，不必发回各州县。嘉庆四年（1799），经军机大臣会同刑部议复，仍将各省秋审人犯照旧例发回各州县监禁，届期分别处决（《清高宗实录》卷1386，乾隆五十六年九月甲申；《清仁宗实录》卷80，嘉庆六年三月庚寅）。所以，除乾隆五十六年至嘉庆四年之间外，各省秋审情实人犯一般系发回各州县监禁，勾到部文到达后，被勾决之犯系在各州县被处决。当然，相关规定经常变动，在其他年份也有过犯人解审勘后即留禁省监的规定。

④ 《清高宗实录》卷818，乾隆三十三年九月丁酉。

⑤ 此条系乾隆二十八年定，嘉庆六年改正、六、八月为正、六、十月，道光四年于十月上增入八月，咸丰二年节删，见光绪《大清会典事例》卷844《刑部·刑律断狱·有司决囚等第一》。

之同知等官，驰往监决。

穆翰《明刑管见录》认为，凡州县每逢勾到之时奉有钉封，事简之处监犯无多，斩绞之犯不过一二，易于办理。如果系事繁之区，人犯众多，名姓每多相同、相似，且有旗蒙人民杂处，最要留神。钉封仅注某人予勾，并不开写案由。若名同而案情又仿佛，当此之时，自可确查，方保不错。州县官须于无事之时将此等卷宗预先查出，其罪名约难以邀免者检出内存。如果有案情仿佛，又同姓名者，须作一暗记，犯人认明某人何样年貌方妥。俟钉封一到，将已勾人犯与卷对妥，须要镇静。宜严嘱门丁、吏役不可张皇。通知狱官小心进狱弹压，移知营汛，然后升堂点名。则诸事方有次序，不致错乱。缘钉封一到，阖邑皆知，狱中人犯各各惊慌，关系甚大，不可不慎。如钉封到日，时值不应行刑之期，务将钉封暂押数时，照旧暗中预备，齐集密嘱司狱、营汛，并选派家人、健役在狱外小心巡逻。狱内须嘱司狱小心防范。俟一过其时，即刻行刑。不可不慎。穆翰又认为，勾决之日总有明发谕旨，约计何日到省，何日转县，总可预计。如约计到县正是斋戒等日期内，先差妥役前往迎接，嘱托赍钉封之人或缓一日到县，或赶一日到县，重加赏赐而免一番防范。如不关斋戒等日，亦宜嘱其于十里外摘去马上响铃，以免烘动闲人。[1] 曾任知县的云茂琦也说，钉封到后，断不宜稍漏泄，可照常从容，不露声色，密为安排停当，方才开口。[2]

之所以如此，主要是为了防止犯人狱中自杀或被劫走。[3]《申报》的很多报道表明，在钉封公文到达州县时经常被门丁、百姓获知。可能州县官

---

① （清）穆翰：《明刑管见录》，高柯立、林荣辑《明清法制史料辑刊》第2编第72册，国家图书馆出版社，2014，第501~503页。

② （清）云茂琦：《阐道堂遗稿》卷11，海南出版社，2004，第237页。

③ 处决犯人的消息提前被民众知晓，可能会有别的麻烦。光绪三十三年（1907）某日，上海县署接到苏抚钉封公文，民众疑系处决某犯之公文。于是，来观者道路为塞，并有西人携带照相器具前来。后知为传闻之误，遂告散去。事实是次日该犯确实被处决了（《处决贼之讹传》，《申报》1907年6月13日，第19版；《剧贼王阿仁斩决》，《申报》1907年6月14日，第19版）。即使人口大县上海县处决犯人也不常见，所以，民众对此会有很大热情。州县官即使在行刑当日放出消息也能聚集起足够的民众围观。提前放出消息只会聚集更多的民众，这可能引起不必要的麻烦。所以，州县官不需要提前放出消息。民众能提前知道消息，只能说明钉封泄密了。

并未做好保密工作，吏役等衙门中人可能会将钉封公文到达州县之事泄露
出去。也可能钉封公文一般首先是由门丁等人接收，根据钉封公文的样式
和公文的到达时间（每年秋审勾到时间相对固定），门丁等人易猜中所接收
公文的性质。① 总之，在现实中钉封公文容易泄露。正如乾隆二十八年
（1763）江西按察使颜希深所言："钉封公文尤为吏胥所属目，意料无难，
漏泄最易。"② 有时甚至连犯人自己也能提前知道自己即将被处决。比如光
绪十四年（1888）安徽的一名即将被处决的犯人就有时间请狱卒替自己购
酒数壶和鱼肉挂面。③ 宣统元年（1909），江苏一名犯人在得知自己不日会
被就地正法后，很快就在县监吞烟自尽了。知县为此专门托朋友在京城运
动，试图将处分抵销。惟典史无可如何，只得听候参革了。④

《大清律例·刑律·断狱下》"死囚复奏待报"门律文规定，死罪囚如
果已复奏回报应决者，听三日乃行刑，若限未满而刑，及过（三日之）限
不行刑者，各杖六十。⑤ 该律系沿袭明律的规定。根据笔者所见《申报》的
众多记载，州县官在接到刑部钉封公文后，次日即行刑的情况很常见，所
以，"死囚复奏待报"门三日限满行刑的律文在现实中实际并未得到遵守。
又《大清律例·刑律·断狱下》"有司决囚等第"门例文规定："该州县奉
到部文，即日处决"。根据笔者所见《申报》的众多记载，"即日"应该理
解为马上。该例产生于乾隆二十八年（1763），其与前引律文虽非属同门，
但在司法实践中，因系后出例文，其效力要高于前者。之所以马上行刑，
主要是出于担心消息泄露，发生犯人被劫、自尽等意外，导致犯人"幸逃

---

① 清代某长随所编《偏途论》说，钉封文书由转桶而进，例不由宅门呈报［（清）佚名：
《偏途论》，谢兴尧整理，庄建平主编《近代史资料文库》第十卷，上海书店出版社，2009，第354
页］。在这种情况下，钉封公文更易被感知。
② 《清高宗实录》卷690，乾隆二十八年七月丙寅。
③ 《皖江双鲤》，《申报》1888年2月29日，第2版。
④ 《县令对于监犯服毒之布置苏州》，《申报》1909年8月20日，第10版。
⑤ 清初著名律学家沈之奇认为，虽然已奏报应决，犹听三日，恐有宽宥之后命也。未满三日
而即刑则伤于迫，已满三日而不刑则失之缓。（清）沈之奇：《大清律辑注》卷28，怀效锋、李俊
点校，法律出版社，2000，第1049页。

显戮"情况的出现。① 这与乾隆时期强调"速决"的背景实际并无二致。其次，如果死罪犯人在监自尽，州县官分别会受到降三级调用和降二级调用的处罚。②

州县官在行刑日期的确定上应该避开《大清律例·名例律上》"五刑"门、《大清律例·刑律·断狱下》"有司决囚等第"门和《大清律例·刑律·断狱下》"死囚复奏待报"等门律例规定的停刑日和不理刑名日。这些日期的产生主要系朝廷顺应天时和人事的考虑。③ 这些规定产生于不同时期。不同时期的停刑日和不理刑名日可能有所不同。雍正三年（1725）规定，每年正月、六月，其五月内交六月节及立秋在六月内者，俱停刑。如果行刑时适逢这段时期，应待二月初及七月立秋之后再行刑。本年又规定，凡遇庆贺穿朝服及祭享、斋戒、封印、上元、端午、中秋、重阳等节，每月初一、初二、并穿素服日期，俱不理刑名。四月初八日（即浴佛节）不宰牲，亦不理刑名。行刑亦系刑名事件，在这些不理刑名日期，也不能行刑。④ 嘉庆十二年（1807）议定，冬至前十日、夏至前五日，俱停止行刑，如果公文到达时正值冬至、夏至、斋戒日期，或者已过冬至、夏至者，于

① 嘉庆十六年（1811），江西信丰县绞犯曾某越狱脱逃后被抓。官方的说法是，曾某虑及秋审已过，畏惧正法，起意逃走。道光十二年（1832）某日，江苏如皋县三名入于秋审情实之犯听闻监外人声众多，误认为系奉文处决之事。于是，起意放火脱逃。后因不能脱逃，恐火灭即行处决，情急畏罪自缢身死［（清）祝庆祺、鲍书芸编《刑案汇览》卷58，法律出版社，2007，第3038～3039页；中山大学历史系中国近代现代史教研组、研究室编《林则徐集》第1册，中华书局，1965，第131页］。官方的说法是，这些犯人不愿意被公开处决。虽然其逃走、自缢的原因都是官方说法，但不排除实有其事。

② （清）沈贤书、孙尔耆校勘《钦定吏部处分则例》卷49《刑·禁狱·罪犯在狱自尽》，光绪二年（1876）照部新修。

③ 如对在立春、立夏、立秋、立冬以及春分、秋分、夏至、冬至这八节不得行刑，许缵曾《太上感应篇图说》解释为，人既犯罪，固刑其所当刑，特以分节之日为民稍缓须臾，无伤天地之和耳。今刑部每朔望不行刑，不审事，犹存此意也。徐忠明和任强认为，为维持自然秩序、政治秩序和社会秩序的和谐，确保"天道"与"人道"的协调，古人有停刑的制度安排。见（清）许缵曾辑《太上感应篇图说》第8册"八节行刑"，乾隆年间云间许氏刊本；徐忠明、任强《中国法律精神》，广东人民出版社，2007，第28页。

④ 同治时杜凤治初任广东南海知县时办理了一次监斩事宜。当日为某皇后忌辰，杜明知是日不理刑名，仍坚持行刑。并说只可日后详报修改日期而已。见（清）杜凤治《杜凤治日记》第4册，邱捷点注，广东人民出版社，2021，第1936页。

冬至七日、夏至三日以后再行刑。京城行刑日期还应该避开南郊北郊大祀前后五日和祈雨、祈雪期间。

万寿月（当时皇帝生日当月）也不能行刑。① 在现实中慈禧太后的生日也常被称为万寿圣节。其生日当月内（从初一到三十）也不能行刑。② 光绪末广东南海县知县裴景福曾在皇太后万寿节当月将一名犯人站毙。裴景福明知故犯，并说"如有以违制纠予者，窃愿身任其咎"。③ 其话语见诸公开发行的《申报》。裴景福好像并不担心自己被纠劾。

《钦定吏部处分则例》规定，官员于停刑之日违例行刑者，俱罚俸六个月。④ 乾隆三十八年（1773）谕令对凶盗逆犯干涉军机，应行立决之人，毋庸拘泥停刑日的规定。薛允升认为，此条对究竟何项无庸停刑，何项准其停刑之处，规定得并不清晰。⑤

《大清律例》对怀孕妇女的行刑日期又有特别规定。《大清律例·刑律·断狱下》"妇人犯罪"门律文规定，对怀孕妇女，产后百日行刑。乾隆二十三年（1758）又确定其罪应凌迟处死者，产后一月期满行刑。

为防止发生劫囚等风险，在确定行刑日期后，州县官须预先束请本地绿营武官（一般为城守营守备）于行刑日会斩。州县官（文官）与武官系属不同的职官系统。虽然州县官对武官无管辖权，但武官在接到州县官的

---

① 光绪《大清会典事例》卷 298《礼部·朝会·万寿圣节二》。万寿节或年节皆穿蟒袍，因袍上绣有蟒纹，所以，又谓之花衣期。郭嵩焘说过，太后寿辰前后各三日，为花衣期。《申报》某文也说过，皇太后万寿花衣期为七日。夏仁虎：《旧京琐记》，骈宇骞点校，北京出版社，2018，第211 页；（清）郭嵩焘：《郭嵩焘全集》第 9 册，梁小进主编，岳麓书社，2012，第 229 页；《龙山如睡》，《申报》1896 年 12 月 1 日，第 3 版。

② （清）祝庆祺、鲍书芸编《刑案汇览》卷 59，法律出版社，2007，第 3105 页。同治十二年（1873），广东按察使张瀛曾饬属下，说京中每逢万寿之月二十日以外，照常行刑［（清）杜凤治：《杜凤治日记》第 6 册，邱捷点注，广东人民出版社，2021，第 3037 页］。张瀛长期在刑部为官，其所说应为可信。此前广东应非如此，否则张瀛不会专门饬令下属照办。

③ 《惩匪判词》，《申报》1902 年 12 月 7 日，第 2 版。

④ （清）沈贤书、孙尔耆校勘《钦定吏部处分则例》卷 50《刑·用刑·决囚违误》，光绪二年（1876）照部新修。

⑤ （清）薛允升：《读例存疑》卷 49，胡星桥、邓又天等点注，中国人民公安大学出版社，1994，第 857～858 页。

通知后，必须在预定的时间赶赴现场。正如清代文学作品《果报录》所言，某武官在接到知县的柬请后说"彼此攸关，敢不协视？"① 如果法场出现意外，文官、武官俱会承担相应责任。在通知武官的同时，州县官命令刑房书吏赶备行刑牌、斩条等物，并命令衙役准备行刑所需要的一些临时应用。还须饬知牢头、禁卒、更夫防守犯人，"毋许犯人知道"。② 所以，在外省普通百姓理应不会事先知道何时执行死刑。③ 至于在行刑日之所以会有很多百姓围观，其原因有三：一为将犯人绑赴法场途中动静较大。毕竟从监狱至法场还有段距离，为防止发生意外，途中必须戒备森严。二为在钉封公文到达州县时常被吏役、百姓获知。三为行刑前的准备事项也容易泄露消息。当然，也有州县官有意识主动提前泄露行刑消息的情况。

第二节　绑赴法场

行刑当日清晨，州县官升堂（经常为大堂），命令衙役持标明犯人姓名的监牌赴监狱提出犯人。此时犯人在得知自己即将被处决时，理应表现出非常恐惧的表情，正所谓"饶伊好汉也消魂"。有时也不尽然。《点石斋画报》有一图描写了一名犯人从监狱被提出的过程。该犯名叫二皮，系杭州驻防旗人。其所犯系杀兄之罪。在其被提出监狱时，狱中犯人有向其贺喜者，该犯即向其点头示意。外传该犯当时言笑如常，并无戚容（见图2）。为防止此时发生犯人难于就缚的情况，有的地方可能会对犯人略施诡计。如在晚清上海县，监犯至夜间按照惯例须除下手铐、挺棍，同系大练，名曰收封。在知县命将犯人提出前一晚，会提前告知监狱里的老犯（在上海名为"大灶"）。由该老犯诱令将其大练解开。在将其诱至萧王堂后，等待

---

① （清）佚名：《果报录》卷6，光绪三十二年（1906）香港石印书局西法影印版。按，该书又名《倭袍传》。

② （清）佚名：《衙役职事》，中国社会科学院近代史研究所图书馆整理，庄建平主编《近代史资料文库》第十卷，上海书店出版社，2009，第325页。

③ 〔英〕威廉·R. 葛骆：《中国假日行》，叶舟译，生活·读书·新知三联书店，2019，第92页。

的差役会向其道喜，然后捆绑。①

图2　公饯逆犯

注：图见《点石斋画报》庚集·一期，标题为"公饯逆犯"。根据《申报》的记载，处决二皮的公文系二月二十日三更到浙，次日因仁和县知县（系浙江首县）另有他事，未将其处决。二十二日午时，浙江巡抚立传抚标中军与仁和县知县同至监狱，将该犯当堂绑缚。该图作者意图将众多情节展现在一幅图中。据《申报》所载，在该犯出县衙大门时，其友争先唤问，该犯一一答应，有赠以饮食的，该犯皆推却不要，谓此时已不能下咽也。其同旗兄弟以巨杯劝饮，随行随饮，一路不绝（见《逆犯正法》，《申报》1886年4月4日，第2版）。通过该图，可知当时仁和县监狱的外形、犯人衣着等大致情形。

将犯人提到公堂，验明犯人年貌、箕斗无误，经过简短的问讯后，刑房书吏呈上斩（绞）条（有时也叫招子、标子、标牌、纸标、犯由牌），州县官以朱笔判一斩（绞）字。② 命令兵役将犯人用结实麻绳如法捆绑。捆绑

---

① 《憨不畏死》，《申报》1893年11月27日，第3版。

② 清人《衙役职事》对此有形象描写。该书记道：刑房将法标倒放公案，官用朱笔向外一拖，将笔【投】地不要。表示人犯被处决与我无关，笔亦不吉利。当然，每个地方情形不同，《衙役职事》所述不代表每个地方都是如此。如乾隆末浙江省城臬司决囚，犯人系由臬司衙门二门中之中门去门下闸板，令犯从下钻入，多人扶持上跪发绑，幕宾旁桌判斩条。见（清）佚名《衙役职事》，中国社会科学院近代史研究所图书馆整理，庄建平主编《近代史资料文库》第十卷，上海书店出版社，2009，第325页；（清）郑光祖《醒世一斑录》"杂述八·神惊"，《续修四库全书》第1140册，上海古籍出版社，2002，第272页。

前，其上衣一般会被脱去。① 然后差役将斩（绞）条缩于小竿，由发辫内插至捆手绳头处，州县官即会同本城绿营武官督率兵役将人犯押赴法场。斩（绞）条内容一般为：（简单罪名）斩（绞）犯一名（姓名）斩首（绞决）示众（如"放火抢火斩犯一名周大发斩首示众"）。② 有时，州县官觉得时间紧迫，可能在监狱内验明正身后，即直接将犯人绑赴法场。③

为震慑罪犯，两旁差役在捆绑时可能会吆喝一声。加上士兵警戒时所营造的"刀枪犀利，光耀人眸"气氛，犯人受惊，易于捆绑。当然也经常有在捆绑时不肯帖耳就缚的犯人。④ 光绪二十二年（1896），江苏一名犯人在被绑缚时头忽然返顾，以口嚼刽子手手臂，致其"肉脱血溢"。⑤ 还偶尔有自行抢步上前，主动报名绑缚的犯人。光绪二十年（1894），浙江杭州一名犯人在受绑时不仅大声索酒饱啖，还应景地高唱起京剧《锁五龙》（即文学作品中隋末罗成力擒窦建德等五王）。⑥ 验明正身后，有的地方可能会有祝赠语。⑦

将犯人验明正身、绑赴法场意味着行刑即将开始，这对犯人的心理当然是巨大考验。表面上看，这一过程必然充满杀机，空气凝滞，事实也不尽如此。余孟亭系晚清著名的浙西青帮首领。光绪三十四年（1908），在其抗击清军被捕后，时任江苏巡抚瑞澂在亲审余孟亭过程中，被其气节打动。

① 据罗惇曧《拳变余闻》所记，犯官就刑，例得服衣冠（罗惇曧：《拳变余闻》，《笔记小说大观》第 10 编第 10 册，台北新兴书局，1975，第 6479 页）。晚清一些照片显示确实如此。

② 民国《前清有系统的杀人制度》一文说，朝审勾到当天，书吏要在已经准备好的杀人的招子上填写姓名。犯人姓名旁全要加上三点水，意为斩人不斩字，用水将字洗净，便可以毫无妨碍。其人作恶被诛，连姓名都受了污染，死后还有人认为不祥，设法涮洗之。见献征《前清有系统的杀人制度》（续），《益世报》（天津）1932 年 7 月 19 日，第三张。

③ 光绪八年（1882），因为湖北汉阳县知县"素有不忍之心"，验明正身之时为之恻然，令在堂下将犯人绑赴。《汉阳决囚》，《申报》1882 年 12 月 7 日，第 2 版。

④ 太平军某将领在被绑上身时，一脚将刽子手踢死，挣脱欲逃，被数名武官用枪刺倒后才被就缚受刑。（清）龚淦：《耕余琐闻》（选录），太平天国历史博物馆编《太平天国史料汇编》第 5 册，凤凰出版社，2018，第 2014 页。

⑤ 《秦淮灯舫》，《申报》1896 年 7 月 31 日，第 2 版。

⑥ 《浙省决囚》，《申报》1894 年 10 月 7 日，第 3 版。

⑦ 民国《镇宁县志》卷 2《经制志》。

并应余的要求，给其家中母亲汇去洋银五十元。余孟亭再三叩谢。案结后，余被时任两江总督端方饬令就地正法。在行刑当天巳时（上午九点至十一点），由瑞澂将余提至案下，又问余是否还有悬恋。余供：大人恩德，切骨铭心。罪犯自知终不免一死，早置性命于度外。惟求大人赐一棺木，如有家属来领，更求格外恩典，俯准领回。则存殁感戴，衔环结草，来生图报有日。瑞澂点头同意，随即命令左右以洋银三十元购棺一具停置法场，并命行刑后雇匠缝其首级。又赏给洋银五十元，令再寄家中，为其母身后之需。余再三叩谢，瑞澂才命令捆绑。① 在《申报》的报道中经常见到犯人恳求赏棺殓埋，监斩官同意的事例。② 还有犯人以子年幼或母老无人奉养请求抚恤，地方官同意的事例。③ 也有开导犯人的监斩官。④ 也有目不忍视，两泪盈盈的监斩官。⑤ 由此可见，此刻地方官并非全部严肃无情。当然，也有在此时大骂监斩官的犯人。⑥

在《水浒传》《狄公案》等明清文学作品中，行刑前死刑犯会有"长休饭""永别酒""斩酒杀肉"等名目。根据《申报》的众多记载，行刑前这

---

① 《余孟亭正法纪详》，《申报》1908 年 3 月 28 日，第 4、5 版。《申报》有此日登有余孟亭被正法前照片。其时为春分前后，苏州天气已经比较暖和。在该图中，余身着棉袄、棉裤，脚穿棉鞋，不似《点石斋画报》数幅有关监狱犯人"蓬头垢面"的形象。余在监狱中应该受到了优待。据《申报》所记，余在受到瑞澂的提讯后，瑞澂饬令厨房赏给饭食，下午并给酒点，"甚为优待"。因余事关重大，瑞澂饬令将其关押于首县吴县监狱内监。据《大清律例·刑律·断狱上》"陵虐罪囚"门例文的规定，像余孟亭这样的重犯，应用铁锁、杻（即手铐）、脚镣各三道。照片虽然不清晰，但其身上的铁锁、杻、脚镣数量应该不符合《大清律例》的规定。

② 《皖垣决囚》，《申报》1881 年 6 月 8 日，第 2 版；《皖垣决囚》，《申报》1884 年 1 月 23 日，第 3 版；《阅江楼题壁》，《申报》1892 年 4 月 6 日，第 2 版。当然，也有在与家属诀别时与家属核实棺木之事的犯人。也有请求监斩官允许其家属收尸棺殓的犯人。总之，棺材在普通百姓心目中的地位非常重要。

③ 《会匪斩首》，《申报》1892 年 4 月 24 日，第 3 版；《记犯官李显谋戮尸并匡匪正法事》，《申报》1893 年 6 月 7 日，第 2 版。

④ 英国外交官密福特曾在京城目睹了一次行刑。他说，当时执行的官员对死囚都很仁厚，自己掏钱给他们买烟抽、买茶买酒喝。见〔英〕密福特《清末驻京英使信札（1865－1866）》，温时幸、陆瑾译，国家图书馆出版社，2010，第 127 页。

⑤ 《论温州绞犯临刑胡言》，《申报》1882 年 12 月 22 日，第 1 版。

⑥ 《汉阳决囚》，《申报》1879 年 12 月 7 日，第 2 版；《彝陵琐缀》，《申报》1889 年 4 月 25 日，第 2 版；《苏台秋柳》，《申报》1893 年 10 月 17 日，第 1 版。

些名目虽然常见，但并不必然有。行刑前的饮食各地不同，普遍算不上丰盛。在浙江杭州，地方官会供给犯人猪肉、鸭蛋等物。[①] 在江苏苏州，凡有案犯斩决时，县官必赏钱百文购冰片、高粱，给犯人喝，使其临死昏迷，不知痛楚。惟独逆伦及谋杀人的案犯则不给。[②] 在江苏扬州，在将犯人捆绑后，会循例赏给犯人酒肉。[③] 在光绪十九年（1893）广东的一次验明正身后，每犯给以大馒头一个，俟饱啖毕，即行捆缚。[④] 天津在将犯人验明正身后，会赏给酒饭。[⑤] 在安徽安庆，地方官经常让犯人在监狱里饱餐畅饮后才将其验明正身、绑赴法场。甚至还有允许犯人在监狱里吸洋烟的。[⑥] 也有赏给药酒的。赏给药酒可能不仅有使犯人意志模糊的考虑，还有更能稳住犯人的考虑。毕竟法场中也常发生犯人力大、挣断绳索、摆脱束缚之事。当然，此时也常见主动索取酒食的犯人。[⑦]

各地将犯人押赴法场的方式不尽相同。在晚清京城一般系每名人犯各乘（骡）车（无布围）一辆，车内经常有差役扶后，车外另有差役把门。即使系凌迟人犯亦系如此。[⑧] 有的地方系将犯人装入无顶小轿、木笼、竹篮或荆筐中。木笼或荆筐需两人抬着。[⑨] 根据《申报》对押解过程的描写，犯人被装入筐中是比较正常的情况。可能犯人在被押入法场前，已经经历了严刑拷讯，身体受到了很重的损伤，甚至达到"不能动弹"的程

---

① 《杭州决罪犯十名及改造西式房屋事》，《申报》1873 年 8 月 16 日，第 2 版。

② 《决犯情形》，《申报》1885 年 1 月 8 日，第 3 版。

③ 《邗上题襟》，《申报》1886 年 10 月 15 日，第 2 版。

④ 《穗垣寒雨》，《申报》1893 年 1 月 15 日，第 2 版。

⑤ 《津城绞犯》，《申报》1889 年 1 月 7 日，第 2 版。

⑥ 《皖垣决囚》，《申报》1881 年 9 月 27 日，第 1、2 版；《皖垣决囚》，《申报》1882 年 7 月 21 日，第 2 版。

⑦ 民国《梵天庐丛录》说，清代囚徒之犯大辟者，思刑戮痛苦，往往私贿狱卒，取蒙花药酒饮之，至于不识不知。则受刑时绝不觉痛楚。酒一瓶，狱卒有需索至数十金者。实则酒非甚异，仍以风茄为末，投常酒中。饮之即睡去。柴小梵：《梵天庐丛录》卷 36，《笔记小说大观》第 17 编第 10 册，台北新兴书局有限公司，1977，第 6448 页。

⑧ 《犯妇就刑》，《申报》1885 年 6 月 15 日，第 2 版。

⑨ 《逆子凌迟》，《申报》1884 年 1 月 18 日，第 2 版；《恭行天罚》，《申报》1892 年 3 月 8 日，第 1 版；《逆犯伏诛》，《申报》1892 年 9 月 3 日，第 2 版；《斩犯二则》，《申报》1895 年 10 月 11 日，第 3 版。

度，不适合坐轿或坐车，所以，会被装入筐中，被人抬着。① 当然，被人抬着也可能是犯人出监后不肯行走或因恐惧无法行走的缘故。②

为防止中途犯人被劫等意外，犯人前后会有官兵、衙役围绕护送（见图3）。护送官员的等级和官兵、衙役数量与人犯罪行轻重、犯人数量有直接关系。如系凌迟人犯，护送官员的等级更高，官役的数量也更多。光绪十年（1884），《申报》对江苏苏州将一名凌迟犯人押赴法场的途中现场作了比较详细的记载。这次押解队伍的前导系刑房、招房书吏五人，其后有刽子手两名，他们与书吏同样坐着轿子。刽子手窄袖短衣，貌极狰狞。过了一会，有一名办差家人飞马而过。当时苏州护龙街绵长六七里，观看的人奔逐、叫嚣着，非常热闹。街道两旁店铺内外男女老幼引颈驻足，据《申报》估计人数不下五万人，"望气如墨"。过了很久，江苏巡抚的抚标五营兵士列队而来，每营各长矛、红色大旗数十面，洋枪刀又数十对，人数不下四五百名。在每营中间，又有哨弁等官十数骑，他们皮冠斗篷，翎顶修翘。整个队列整齐，蹄声得得，皆具威武严肃之容。当时虽然人头如蚁，但都寂静无哗，动色观瞻。之后，有掮牌手高擎小锣一面，每击三声，牌上写明该犯姓名和逆迹。继之者即系囚笼，由两人扛抬。犯人大约五十多岁，当时仰首瞑目，身上稍有血痕。囚笼的两边有差役十多人围护，他们各持藤条，藉以驱逐闲人。其后有营勇数十人，骑马军官十余对。他们都是抚标当差世职，各负弓矢及令箭随行。其后又有状似刽子手者两名，年纪甚轻，也坐在马上。后面冉冉而来系身穿长可盖膝、黄色布衣差役数人，他们提着提炉一对，掌着黄色宫扇、羽节等三五对，黄伞一柄。其后系巡抚辕门戈什哈（即巡抚之亲兵）十余员，他们佩刀缓步而行。再其后，由四人共同抬着王命亭，亭之中供一青色方形令旗，头锐加枪，悬一令牌，大可似月，瞻望之下，凛怀可长。然后是两镇总兵乘轿而来，最后是苏州

---

① 如光绪二十年（1894）京城一名斩犯因为臀股膝骨溃烂不堪，不能行走，只得以筐箩抬异（见《京邸琐闻》，《申报》1894年9月6日，第1版）。

② 《再决盗囚》，《申报》1879年12月8日，第3版。

知府和长洲、元和、吴县三首县知县。总计全队约有一千多人，缓辔徐行，倍形整肃。①

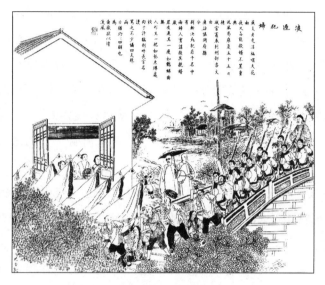

图3　绑赴法场途中

注：该图见《点石斋画报》子·集二期"凌迟犯妇"。该图描写的主题发生于广州。两名女犯系被放在筐里抬着到达法场。据该图所附文字，此两妇人系母女，女系因奸杀死亲夫，母毒杀其婿，俱被判凌迟。其一瘦如鹳，蜷曲无人形。其一肥如瓠，束缚处饮肉寸许。临刑呼长官名谩骂之，不少慑。两妇四肢分离后，两目犹灼灼四顾也。绘图者于是"为图厥状以靖浇风"。如后文所述，在明清文学作品中，木驴刑主要使用于将因奸杀死本夫罪应凌迟的妇女押往法场途中。在《申》等资料中，并无妇女骑木驴的记载。在《申报》有明确的记载中，将这类妇人装入囚笼的记载较多。此图出自纪实性较强的《点石斋画报》，可以与《申报》的记载互相证明。这也是所谓的木驴刑在现实中不存在的证据。

此次被绑赴法场的犯人为杀死母亲罪应凌迟之犯。《大清律例·刑律·断狱下》"有司决囚等第"门例文规定，对这样的犯人，如果犯事地方距省城在三百里以外，督抚审明后，即恭请王命，先行在省城正法。此次行刑

① 《逆子凌迟》，《申报》1884年1月18日，第2版。光绪十六年（1890），江苏省城将一名致毙其父的逆犯恭请王命。时元和知县李超琼说，当时文自按察使及府、县，武自参将、守备偕往监视行刑。（清）李超琼：《李超琼日记》（元和—阳湖—元和），苏州工业园区档案管理中心编，江苏人民出版社，2012年，第34页。

江苏巡抚系按律行事，监斩官系江苏首府（苏州知府）、首县（长洲、元和、吴县三县知县）。因为此次行刑系"恭请王命，先行正法"，现实中很不常见。在行刑过程中，仪式非常隆重。此次将犯人绑赴法场，护卫的官兵、差役有千余人，气象森严，令人望而生畏。两旁引颈观看者不下五万人。这个押解过程向民众展示了威严和权力。如果是极重要犯，为防止其被党羽劫走，刽子手常持刀在旁，准备随时行刑。在《申报》的众多记载中，即使系绞死人犯，在其被押赴法场的沿途也有很多人围观。在《申报》的相关记载中，"巷溢街填""如山如海""填塞街衢"等词语的经常使用充分说明了途中围观民众之多。

在将犯人押赴法场途中，犯人的表现时常引起《申报》的关注。根据《申报》的记载，犯人的表现各不相同。在沿途中，战兢缩首者有之，垂头丧气者有之，哭泣甚哀者有之，骂不绝口者有之，神色自若者有之，仰天大笑者有之，洋洋得意者有之，不怨不尤者有之，且咒且骂者有之，恶态毕露者有之，在兵役的押解下一路飞奔者有之，沿途朗诵《高王观世音经》者有之，一路口呼阎皇爷者有之。亦有心督色变，强作豪态的人。路上唱歌的犯人更多，有高唱民歌的，有高唱时曲的，有高唱情词的，有高唱淫词艳曲的，也有高唱京剧的。光绪十九年（1893）广州府一犯年方弱冠，在被押赴法场途中，临刑犹高声歌唱，无异清客之登台串戏，大有眉飞色舞情形。见者咸喝彩，叹为未曾有。[1] 女犯一般大哭的比较多，也有骂人的，还有出狱之时犹调脂傅粉、作时世妆的奸妇。[2] 当然，那些表现夸张的犯人更易被《申报》报道，所以，《申报》对法场途中和法场中犯人的报道不尽客观。

在押解法场途中犯人的一些话语反映了当时民间的阴间观念。光绪五年（1879），湖北汉阳某犯在被押往法场途中，因为该犯在途扶掖者前拉后拥，致其所穿之鞋踏脱。该犯即止步不前，旁人说马上就要行刑了，此刻

---

① 《穗石谈资》，《申报》1893年2月11日，第2版。
② 《白下决囚》，《申报》1898年12月11日，第2版。

无须穿鞋了。该犯骂道，生须鞋子行路，死在阴曹岂不要鞋子行路乎？命人将鞋代拔上始行。据说当时该犯仍"面不改色，昂然自若"。① 光绪十三年（1887），江苏镇江某犯在被押解法场途中，队伍行经西门桥，适有某鞍工在身畔经过，被该犯扯住，曰：尔与吾同去，俟吾受刑后，将头缝好，吾之家属自有重酬，断不薄待。鞍工大惊，战栗不能出声，面色如纸。幸好经刽子手解劝，允为代缝，该犯方肯释手，鞍工才鼠窜而去。② 光绪十五年（1889），湖北东湖县某囚被绑出衙时，看见一妇人在哭，说汝不快去场上烧纸，在此何为？③

在押赴法场途中，不仅有像二皮那样有许多好友相送敬酒的情况，还有很多不相识的民众主动施舍酒、冰片等物的情况。晚清京城宣武门外、菜市口之北有一家店铺名瑞露居，曾常年为犯人施舍酒水。押解犯人的囚车至瑞露居前都会停车，任犯人畅饮。光绪十六年（1890），一位即将被处决的回回人在瑞露居饮尽七大黑碗，直到不能再饮。④ 光绪二十二年（1896），浙江温州七名犯人在被处决前，除一犯畏缩低头、愁眉不展外，其余六犯不仅饱啖馒头，竟然还喝去二十七斤烧酒。⑤ 此时也常见畏不下咽的犯人。当然，对一些违背伦理道德之犯，沿途民众指骂也是常见的情况。

《申报》对绑赴法场和法场中犯人的表现多有描写，对其穿着、形象却很少描写。犯人铁索银铛、赭衣褴褛、蓬头污面应该很常见。在《点石斋画报》和《申报》中，二皮、余孟亭的形象却与此相距甚远，他们的事例应该是个案。二皮系当地驻防旗人。余孟亭从被抓获至被正法不足十天，而且当时还受到了巡抚的关照。

---

① 《汉阳决囚》，《申报》1879 年 12 月 7 日，第 2 版。
② 《还我头颅》，《申报》1887 年 12 月 7 日，第 12 版。该事被《点石斋画报》所绘（《点石斋画报》五集·四期"金针乞度"）。图中犯人系步行到达法场。
③ 《彝陵琐缀》，《申报》1889 年 4 月 25 日，第 2 版。
④ 《京师琐事》，《申报》1890 年 4 月 11 日，第 2 版。
⑤ 《瓯江据唱》，《申报》1896 年 1 月 16 日，第 2 版。

第三节　　法场位置

　　《申报》在报道各地法场决囚情况时，常提到法场名、位置等信息。如光绪十二年（1886），《申报》有一则《京口决囚》的报道，其内容为：

　　　　本月十八日上午，丹徒县会同城守营督率兵役，押解犯人四名至城内鼓楼冈正法。向例，决囚皆在西门外阳彭山。是日倾盆大雨，道路难行，故为权宜之计也。闻四人俱春间伙劫沙墩村大港东码头等处要犯，其首级盛以木桶，分县各处示众云。①

　　丹徒县是镇江府的附郭县。《申报》关于镇江府行刑的报道多达十则以上，其中多数提到了阳彭山，加上此则的报道，可以断定镇江府法场位于阳彭山（有时也写作凉篷山）。报道还提到了阳彭山位于镇江府西门外。《申报》关于晚清各地法场行刑的大量报道使我们能够足够了解 20 余处清代府县法场的相关信息。② 这些府县多为当时两江总督所辖（含现在的江苏、安徽、上海和江西四省市）和沿江省份。笔者将其制成表格（见表5）。

　　正如沈家本所言，各直省府、厅、州、县法场大都在城外空旷之地。③各地一般有固定的法场，法场多位于城外。其主要原因为，城外较之城内一般有较大空地可供选择。

　　由表5可见，各地法场多设立于本城西门外和北门外。这也经常被《申报》之外的其他很多资料证实。比如清代盛京法场位于大西边门外。④ 广西阳

---

　　①　《京口决囚》，《申报》1886 年 8 月 24 日，第 2 版。

　　②　当然，《申报》有时会有些比较模糊的信息，如对扬州大汪边刑场，《申报》有时称西门外大汪边，有时称南门外大汪边，其实大汪边位于扬州城西南，所以，西门外大汪边和南门外大汪边实际都没有问题。城西南大汪边的说法相对更准确。

　　③　（清）沈家本：《历代刑法考》（附《寄簃文存》），邓经元、骈宇骞点校，中华书局，1985，第 2061 页。

　　④　萧乾主编《辽海鹤鸣》，中华书局，2005，第 105 页。

朔县刑场昔在西门外。① 江苏无锡县北门外大桥，系该县决死囚之地。② 江
苏山阳县北门外之朱家营为平日决囚地。③ 广西来宾汛校场在县城北门外里
许，为行刑之所。④ 云南大姚县法场在北门城墙下。⑤ 为什么各地法场多位
于本城西门外和北门外呢？

表5　《申报》所见各地法场简要情况[1]

	城市	行刑地点	方位	备注
1	天津	西门外	西门外	
2	江宁	水西门外和笪桥市（十字路口）法场	水西门系西南门。笪桥市位于江宁府和首县上元县、江宁县西	笪桥市法场相对少见
3	苏州	北寺（报恩讲寺）后大校场和王废基小校场	北寺在府城北隅（城墙内）	王废基小校场法场相对少见。据乾隆间苏州诸生顾公燮所言，苏郡刑人向在阊门吊桥，康熙时改在北寺前，后又改在校场[2]
4	杭州	清波门和涌金门	清波门系府城西南门，涌金门系城正西门	涌金门法场相对少见
5	安庆	北门和西门外狮子山前法场	北门和西门外	西门外狮子山前法场相对少见
6	南昌	德胜门	府城北	
7	武昌	武胜门外	省城北	沙湖地方
8	广州	天字码头	南门外	
9	福州	北门外或北校场	城北	北门外或北校场可能系福州同一个固定的法场[3]
10	扬州	大汪边和西门外大校场	大汪边位于城西南，大校场位于西门外	大汪边和西门外大校场不知是否同一个法场，有时《申报》的报道称为西门外大汪边
11	松江	西门外东岳庙	西门外	
12	镇江	城西阳彭山和北门外校场	西门外和北门外	北门外校场相对少见

---

① 民国《阳朔县志》第二编《社会》。
② （清）薛福成：《庸庵笔记》"鬼欺衰老"，江苏古籍出版社，2000，第182页。
③ 同治《重修山阳县志》卷21《杂记二》。
④ 民国《来宾县志》"县之区画一·地理篇一"。
⑤ 光绪《大姚县志》卷8《建置》。

续表

	城市	行刑地点	方位	备注
13	芜湖	北门外校场	北门外	
14	嘉兴	杉青闸大校场	系府北门外	
15	宁波	南门外法场	城南	南门外有校场
16	九江	西门外老马渡	西门外	
17	淮安	西门外北城隅	西门外	
18	宜昌	东门外法场	东门外	
19	汉阳	凤山门	在府城西	凤山门外有个大校场法场
20	通州	北门外粮市	北门外	
21	上海县	小南门外校场、大南门外校场、城西九亩地法场	南门、城西	据民国《上海县续志》的记载，小演武场在北门内，俗呼九亩地[4]
22	厦门	沙坡尾	城南	
23	荆州	西门内碑亭畔	西门内	
24	常德	西门外麦公桥	西门外	

注：1. 各地法场相关信息的确定俱有《申报》三次以上的报道证实。

2. （清）顾公燮：《消夏闲记摘抄》卷上"刑人教场"。

3. 张集馨曾于咸丰年间署理福建布政使，据其《道咸宦海见闻录》所记，福州北门为行刑之地。见（清）张集馨《道咸宦海见闻录》，杜春和、张秀清点校，中华书局，1999，第299页。

4. 九亩地法场准确位置是上海县城西北。1907年两江总督端方转述上海县绅者士商曹骧等人的话说，九亩地大境北首城根应开辟一门，名曰小西门（《江督端奏陈上海添开城门片》，《南洋官报》1907，第87期，第23页）。英美等国租界在上海县城北（稍微偏西），上海城市框架逐渐往北延伸。所以，九亩地法场称为城西法场也无不妥。王韬《瀛壖杂志》说，上海县厉坛本在北关外，旧时决囚于此。自西人至后，乃迁于南门外演武场。其后，厉坛又迁至西门外〔（清）王韬：《瀛壖杂志》卷1，光绪元年（1875）刻本〕。又据民国《上海县续志》的记载，校场本在小南门外。光绪三十二年（1906）后，校场迁至大南门外。见民国《上海县续志》卷13《兵防》。

嘉庆末景燮在任安徽繁昌知县时，曾有意将本县的法场由南门大街改为城外西北隅，并勒石碑相记。景燮认为，决囚在南门大街是很奇怪的事。南方不宜作为法场，因为"南方乃文明之象，于八卦属离。离者，丽也。王者向明而治，大人继明，照于四方，盖取诸此"[1]。中国古代把南方视为至尊。《礼记·明堂位》载，过去周公代表天子在明堂接受诸侯朝见时，背朝斧

---

① 道光《繁昌县志》卷6《食货志》。

依，面朝南而立。之所以天子面南而立，西汉桓宽《盐铁论》认为："天贱冬而贵春，申阳屈阴。故王者南面而听天下，背阴向阳，前德而后刑也。"① 中国古代官方建筑以面南背北（即背阴向阳为正）为主。② 帝王的座位都是坐北朝南。县衙等官衙也是如此。清代县衙一般亦如北京紫禁城般"面南背北"布局。③ 南方系日光旺照之所，得气最甚，而万物赖以孳妊者也。④ 处于至尊方位的南方和阳气最盛位置的南门外便不适合刑杀。笔者所知只有广州府、宁波府等个别地方的法场位于城南或南门外。山西太原府历来行刑皆在大南门外，光绪末年杨珍林任太原知府时，认为行刑本系凶事，近西方肃杀之气，南门为当阳之地，行刑实非所宜，改为旱西门外，"后以为常"。⑤

景燮又认为，国家定制，处决犯人必于秋后，系因为秋主肃杀，于时为阴。他又认为："兵象于行为金，故京师刑科、刑部、天下府州县刑房皆列于西，以顺天地之义，气理则然也。"在中国古代阴阳五行学家看来，在东、南、西、北、中五个方位中，西方主庚、辛、申、酉之金。⑥ 亦即西方

---

① （汉）桓宽：《盐铁论校注》卷9，王利器校注，中华书局，1992，第557～558页。

② 李零：《中国方术续考》，中华书局，2006，第208页。

③ 《论语》有"雍也可使南面"之语，意为冉雍之人，可以让他去做官。在中国古代文献中，以南面指代做官的话语非常多。在北宋，京师省、寺皆南向，惟御史台北向。宋人叶梦得《石林燕语》认为，唐以来俱如此。说者以为隋建御史台，取其与尚书省便道相近，故唐因之。或云御史弹治不法，北向取肃杀之义。莫知孰是。南宋赵与时亦指出，当时州县治南向。北宋黄庭坚《送徐隐父宰余干》诗有"地方百里身南面"之语，即系当时州县治南向之意。元代徐元瑞认为，省、院、部、寺、路、府、州、县诸司衙门，皆向南坐北。按《延光集》云：南方属离卦，盖离中虚则聪。又南方属火位，火明则能破暗，故表南面聪明，为民治愚暗之事。又诸侯代天子，南面而治，天下之义也。《御史门记》曰：台门北开，取肃杀就阴之义。韦述《唐两京记》曰：台门北开，以纠劾之司主意于杀，故门北启，以象阴杀。或曰：俗传开南门不利大夫。《谭宾录》曰：隋初移都，兵部尚书李圆通兼御史大夫，欲向省便，故开北门。唐因循不改，迄今遂为故事。《唐会要》载裴冕语云：台司以纠正冤滥，有好生之德，岂创冬杀之义以入人罪乎？冯鉴以冕言为当。见（宋）叶梦得《石林燕语》卷7，中华书局，1984，第100页；（宋）赵与时《宾退录》，上海古籍出版社，1983，第13页；（元）徐元瑞《吏学指南》"衙门南北之异"，杨讷点校，浙江古籍出版社，1988，第18～19页。

④ 《澄衷蒙学堂字课图说》卷1，（清）刘树屏编撰，吴子城绘图，光绪三十年（1904）澄衷蒙学堂十一次石印，第17页。

⑤ （清）杨树编《杨珍林自订年谱》，《北京图书馆藏珍本年谱丛刊》第176册，北京图书馆出版社，1999，第390页。

⑥ 《澄衷蒙学堂字课图说》卷1，（清）刘树屏编撰，吴子城绘图，光绪三十年（1904）澄衷蒙学堂十一次石印，第15、17页。

在五行中属金，金主杀，有肃杀之气。^① 繁昌知县景燮在将本县的法场由南门大街改为城外西北隅时，曾有"八卦"方位的考虑。"乾、坎、艮、震、巽、离、兑、坤"八卦分别对应八个方位，在各地州县衙中，比对坐北朝南的方位，兵、刑、工三房一般位于大堂的西方和右侧。京师刑科、刑部亦为如此。此系"顺天地之义，气理则然也"。清代各地州县衙的布局正符合了阴阳五行学家西方属金的观点。当然，这一布局与中国古代传统的"左文右武""左主吉、右主凶"观念也有直接关系。^②

景燮又认为，前任知县曹德赞不听浮言，行刑时选择当地北门外祀坛之南作为法场。自己任知县后，亦选择在北门外将死刑犯处决。之所以如此，系因为"北方属水，为极阴之地，刑之宜也"。每天日出东方，日落西方，北门外成为背阳向阴之地。杀人为阴事。在中国古代，有北门主兵之说。古人出师常走北门。^③ 中国古代常兵刑不分。所以，北门外亦适合刑杀。苏州、安庆、南昌、武昌等府的法场俱设在本地的北门外。

景燮为改变当地法场"一于坛之南，一于北门外，迄无定所"的情况，经过实地调查，决定将法场确定于城外西北隅，"于卦为困，若动悔有悔，是亦吉行之象也"。在八卦中，西北为困卦，"动悔有悔"是吉行之象，宜于行刑。

道光《繁昌县志》在记录景燮所勒之碑后，其编者又加了按语。该按语指出，繁昌县法场本来就在城北。只是将法场设于铺户繁盛的南门外，兵役易于沿门诈索，这才改变了当地的法场位置。有不遂兵役之欲者，"辄刑囚于其门，商民病之。沿其弊且数十年矣"。^④ 该方志编者将法场方位由

---

① 当代著名作家汪曾祺《昙花·鹤和鬼火》一文将主人公所在县的法场安排在了本地东门外。汪曾祺借该文主人公的口吻写道，按照中国的传统观念，西方主杀，别处的刑场都在西门外，为什么偏偏本县的刑场却在东门外呢？见汪曾祺《昙花·鹤和鬼火》，汪曾祺《汪曾祺小说自选集》，新华出版社，2014，第396页。

② 清人徐发《天元历理》说：文东武西，面南背北，元始之象实然。故文事尚左，武事尚右，明农以东，行刑以西，为百职之定例。见雍正《朔州志》卷2《星野志》，萧泰芳点校，杨淮审订，三晋出版社，2017，第6页。

③ 王题：《雾里看方术》，故宫出版社，2011，第205~206页。

④ 道光《繁昌县志》卷6《食货志》。

北变为南的原因归于兵役，其所言可能失之偏颇。编者同时指出繁昌"南街铺户繁盛"，正是人多之地，符合中国古代"刑人于市"的传统，可能这也是南门大街曾作为本地法场的重要原因。广州府选择南门的天字码头作为本地法场的原因可能也与当地经济繁华、人口密集有关。

中国古人深受佛教影响，佛教有西天极乐世界的说法，这一说法又逐渐赋予了西方与死相等同的内涵，"驾鹤西归"便是中国古人对死的一种婉转说法。西方直接与肃杀、与死相关联。这在行刑前和行刑时都有所体现。《衙役须知》为清代曾长期在官府中从事师爷工作的人所著。据该书所载，在将犯人从监狱提出至公堂验明正身时，犯人系由东角门进大堂，将其绑赴法场时，系由西角门出。① 在法场行刑时，犯人系面向西方跪下。② 晚清刑部故事，犯人自刑部东门出则宥，出西门则死。③ 晚清杜凤治在任广东罗定州知州时说，当地凡有要斩决者，开西门令出。其间有不肖差役恐伊值日无案件可差，瞒人暗自偷开西栅门，希冀有命案呈报，伊可于中得利。④ 各省省城在办理秋审日，犯人系从巡抚衙门东角门带进，过堂后，从西角门带出。

类似情节在清代文学作品中也有书写。比如清代小说《梦中缘》在描写何鳌、王学益两犯被处决时，写明他们系面西跪着。⑤ 在笔者所见的清代

① 据清人方濬师《蕉轩随录》所言，外官衙署正门左右各有一门，谓之东角门、西角门，属官参谒，均由角门进入。见（清）方濬师《蕉轩随录》卷11，中华书局，1995，第435页。

② （清）佚名：《衙役职事》，中国社会科学院近代史研究所图书馆整理，庄建平主编《近代史资料文库》第十卷，上海书店出版社，2009，第325页。

③ 梁启超：《戊戌政变记》，《梁启超全集》第一集，汤志钧、汤仁泽编，中国人民大学出版社，2018，第591页。

④ （清）杜凤治：《杜凤治日记》第8册，邱捷点注，广东人民出版社，2021，第4051页。

⑤ （清）李修行：《梦中缘》，陕西师范大学出版社，2001，第125～126页。明代文学作品《西湖二集》的描写更为明显，在《西湖二集》中，犯人王延寿被处决前对刽子手说："我一生并不曾侵欺库中一文钱将来私用，只为放生缘故，所以受此一刀之罪。但我放了亿万生灵，功德浩大，今日断然往升西方极乐世界。可将我面朝着西方，安安稳稳，竟向西方而去"。清代小说《海公大红袍传》某段情节为，在将犯人由监狱提出后，犯人周大章系由东角门带进，在验明正身后，由西角门带出。见（明）周清原《西湖二集》第八卷，浙江古籍出版社，2017，第74页；（清）李春芳编次《海公大红袍全传》第五十回，上海古籍出版社，1993，第946～947页。

文学作品中最多的便为西市（包括西门外、西郊等）法场。西市经常被指代法场。如清代小说《野叟曝言》中"素臣至此，一无生路，引领西市，静候典刑"① 中的"西市"即指代法场。当然，在清代文学作品中"西市"经常被作为法场，这与明代京城法场为"西市"也有一定的关系。总之，西城门外适合刑杀。天津、九江、镇江、松江等府的法场便设立于西门外。②

《汉书·律历志》载："以阴阳言之，太阴者，北方。北，伏也，阳气伏于下，于时为冬。冬，终也，物终臧，乃可称。……太阳者，南方。南，任也，阳气任养物，于时为夏。……少阴者，西方。西，迁也，阴气迁落物，于时为秋。……少阳者，东方。东，动也，阳气动物，于时为春。春，蠢也，物蠢生，乃动运。木曲直。"③《汉书·律历志》对春、夏、秋、冬与阴阳、方位的对应关系的理解被清代所继承。比如晚清蒙书《澄衷蒙学堂字课图说》对东、南、西、北四字的解释就明显受到了《汉书·律历志》的影响。④ 另一部蒙书《绘图识字实在易》对东、南二字的解释也是如此。⑤《汉书·律历志》载，北方和西方分别被训为伏和迁，分别为"阳气伏于下"和"阴气迁落物"时，于时分别为秋季和冬季。所以，在西门外和北门外刑杀还与中国古代"秋冬行刑"的思想相合。在笔者所见清代文学作品中北门外法场出现的频率虽然明显少于西门外，但明显多于东门外和南门外。东方属木，为日出之所，得气最先，万物赖以生动。所以，《汉书·律历志》《说文解字》等书都训东为动。处决人犯系结束他人生命的行

---

① （清）夏敬渠：《野叟曝言》第二卷，四川大学出版社，2014，第393页。
② 在西汉首都长安犯人常被斩于当地东市，比如晁错便是如此。后世也曾常以"东市"指代法场。在唐代长安东、西二市俱曾经作为公开处死囚犯的地点。这说明在唐代以前各朝不必然将本城西部某地作为法场。明清时期文学作品中"东市"被指代法场的情况非常少见。本城西部某地作为主要法场的大量出现应主要与佛教的传播与流行有关，也与明代京城西市成为法场有关。
③ （汉）班固：《律历志第一上》，《汉书》卷21（上），中华书局，2013，第971页。
④ 《澄衷蒙学堂字课图说》卷1，（清）刘树屏编撰，吴子城绘图，光绪三十年（1904年）澄衷蒙学堂十一次石印，第17页。
⑤ 《绘图识字实在易》第20册，上海彪蒙书室，光绪三十一年（1905）年，第26页。

为，所以，亦不宜在东门外设立法场。① 在东门外设立法场的情况最为少见，笔者所知只有宜昌府、长沙府。②

众所周知，清代京城的法场为宣武门外菜市口，宣武门为京城的西南门。除京城外，江宁府和杭州府的主要法场亦位于该城西南门外。在中国古代，西南方与刑事之间的关系紧密。如在清代，各州县监狱多位于本地官衙的西南方（刑部南、北两监分别位于刑部衙的西南和西北），中国古代与刑事有关的官衙多位于本地主要官衙的西南方（如清代刑部、大理寺即位于紫禁城的西南方）。③ 后世学者在对《周易》"西南得朋，东北丧朋"等语作注解时常认为，在八卦中，西南为坤卦，东北为艮卦。坤卦主阴，阴主刑杀。将法场设于西南门外等现象应该与此有关。当然，这亦与清代"面南背北""左文右武"的官衙布局相合。

当然，法场位置的确定不仅与中国古代传统的方位观念有关，有时也有地方官现实的考虑。由表 5 可知，很多地方的法场系当地校场。校场系

---

① 文海《自历言》建议，州县官上任，不宜从城市南门进入，因为南门主地方亢旱，离属火，火克金。州县官到任，宜进东门，取生气为是［见（清）文海《自历言》，《官箴书集成》第 6 册，黄山书社，1997，第 714 页］。清初黄六鸿亦有大致同样的建议［（清）黄六鸿：《福惠全书》卷 1，《官箴书集成》第 3 册，黄山书社，1997，232 页］。黄六鸿、文海的观点在清代官场不是个案，不能简单用封建迷信去批判。同治十年（1871），顾文彬出任浙江宁绍道台。在到达地方后，专门由南门绕至东门进城入署。见（清）顾文彬《过云楼日记》点校本，苏州市档案局（馆）、苏州市过云楼文化研究会编，文汇出版社，2015，第 100 页。

② 晚清成都府的法场可能也在东门外［见（清）王培荀《听雨楼随笔》，魏尧西点校，巴蜀书社，1987，144 页；（清）李星沅《李星沅日记》上册，袁英光、童浩整理，中华书局，1987，第 231、241 页］。晚清长沙府的法场在东门浏阳门外。见张翰仪编《湘雅摭残》卷 14，曾卓、丁葆赤点校，岳麓书社，2010，766 页。

③ 《申报》某文说，狱房建于县署大门内右首隙地（《论监犯脱逃》，《申报》1883 年 10 月 9 日，第 1 版）。亦即即监狱位于县署大门西侧。该文所言并未特指某地监狱。笔者根据民国《江苏省通志稿》（缪荃孙等编撰）"建置志""第二卷·署廨"，对清代江苏各府、州、县监狱方位进行了统计。在对监狱方位有明确记载的 46 个府、州、县中，有 41 个位于当地正印官衙署的西方或西南方。这不能用偶然现象来解释。道光初，著名学者包世臣《山东西司事宜条略》一文说，山东藩署在西城根，臬署在东城根，故藩曰西司，臬曰东司，与各处称谓相反。由此可见，臬司在当时普遍被称为西司。臬署在城西应是普遍情况。晚清广东知县杜凤治曾以西头、西处指代臬司。见（清）包世臣《中衢一勺》卷 4，李星点校，黄山书社，1993，第 111 页；（清）杜凤治《杜凤治日记》第 1 册，邱捷点注，广东人民出版社，2021，第 236、237；第 2 册，第 589 等页。

清代士兵操练或比武的场地。将校场作为法场主要有以下三个方面的考虑：其一，校场因系士兵操练或比武的场所，将校场作为法场，较易警戒。乾隆四十九年（1784）福建巡抚决定将福州北校场作为法场，因北校场"北临河港、南倚城墙，东西两面易于堵截"。① 行刑在清代是大事，安全性是行刑时必须要考虑的重要因素。其二，监斩官在法场监斩时，胥役一般须提前预备桌椅。校场演武厅内一般有现成的桌椅，将校场作为法场，可以免去很多麻烦。其三，校场一般面积较大，可以容纳较多的围观民众。

除此之外，法场位置的确定可能还有别的原因。如晚清浙江杭州的法场之所以位于清波门和涌金门外，应与此二门与杭州府府衙和首县（仁和县、钱塘县）县衙距离更近有一定关系。②

第四节　行刑时间

在行刑队伍到达法场后，队勇分列四隅，将旗帜展开，列伍成围。州县官升坐公案，兵役将犯人提至公案前。州县官验明正身。③ 点名完毕，即发下行刑牌，喝令行刑，随着信号一响④，刽子手即开始行刑。

关于行刑时间，"午时三刻"行刑可以说已经成为当前社会大众对古代行刑时间的基本看法。复旦大学法学院郭建教授认为，"午时三刻"是一天当中"阳气"最盛的时候，因为杀人是"阴事"，在阳气最盛的时候行刑，

---

① 《福建省例》"刑政例下"《秋审情实重犯留禁省监，奉到部文处决》，台北大通书局，1987，第939页。

② 见《安澜园至杭州府行宫道里图说》，http://digitalatlas.asdc.tw/map.jsp? id = A103000134，2017年3月5日访问。

③ 俄罗斯人科瓦列夫斯基观察到京城菜市口的一次行刑，他说，验明正身不过是核查一下插在每个犯人背后的牌子。见〔俄〕叶·科瓦列夫斯基《窥视紫禁城》，阎国栋等译，北京图书馆出版社，2004，第163～164页。

④ 放枪的情况比较常见。光绪二十年（1894），直隶广平府处决犯人时，某人在城墙上观看，适兵丁燃枪排放，一弹丸将其膀打折，洞贯而出。《盗犯正法》，《益闻录》1894年，第1404期，第424页。

可以压抑鬼不敢出来纠缠。① 纪昀《阅微草堂笔记》有个故事说，扬州某人目能视鬼，他说，午前阳盛，鬼多在墙阴；午后阴盛，鬼则四散游行。② 在明清文学作品中鬼经常夜里现身，白天消失，其原因就在于鬼属阴，夜里阴气重。午时三刻是阳气最盛的时候，鬼一般不会在此时出现在公开的场合。"午时三刻"行刑时，被杀之人的鬼能很快散去。从这点来看，郭建教授的解释确实很有道理。只是其在说明理由时未见引用可靠的材料予以证实。

《水浒传》之所以出现"午时三刻"行刑的书写，可能与营造劫法场的气氛有关。在中国古代文学作品中行刑、劫法场之事最为吸人眼球，读者在读到这类书写时一般会更加心潮澎湃。在当天最为炎热的午时三刻时候劫法场，热上加热，这会增加文学作品的魅力。试想，如果在早晨或者晚上劫法场，读者岂会受到如此强烈的情绪感染？

如前文，"秋冬行刑"制度在从西汉至清代的各主要朝代颇有影响。既然不能在阳气最盛的夏季杀人，那么，在一天之中"阳气"最盛的时候行刑也是有违天时的行为。从这一角度来看，郭建教授的解释就稍显牵强。

中国古代并无午时行刑的制度规定。南朝陈时规定，当刑于市者，夜须明，雨须晴。③ 说明当时夜里可以行刑。这一规定至迟至唐玄宗时仍然沿用。唐玄宗时制定的《唐六典》规定每天未后行刑。④ 未时相当于现在的下午一点至三点。《唐六典》的这一规定至少在五代后唐时仍在执行。⑤ 宋仁宗天圣七年（1029）修成的《天圣令》仍规定日未后乃行刑。⑥ 至迟到宋神宗元丰年间（1078～1085）行刑时间有所改变，这一时期制定的《元丰

① 郭建：《话说"午时三刻"——中国古典文学中的法文化》，《文汇报》2001年11月18日，第4版。郭建教授也指出，在明清文学作品中，并非全是"午时三刻"行刑。

② （清）纪昀：《阅微草堂笔记》卷2，上海古籍出版社，2016，第23页。

③ （唐）魏征等撰《隋书》卷25《志第二十·刑法》，中华书局，2011，第703页。

④ （唐）李林甫等撰《唐六典》卷6，陈仲夫点校，中华书局，1992，第189页。

⑤ （宋）王溥：《五代会要》卷10，上海古籍出版社，1978，第161页。

⑥ 《天一阁藏明钞本天圣令校证（附唐令复原研究）》，天一阁博物馆、中国社会科学院历史研究所天圣令整理课题组校证，中华书局，2006，第161页。

令》规定以未、申二时行刑。① 南宋《庆元条法事类》规定仍以未、申二时行刑。② 元代没有行刑时间方面的规定。

在明代，嘉靖元年（1522）前亦无行刑时间的规定。有"五朝元老"之称的马文升于孝宗弘治年间（1488～1505）任兵部尚书时曾上疏皇帝，称北京在处决犯人时，"处决之际，因是囚众，多至日晚，或至更深，人多不见。甚非刑人于市，与众弃之之义"。③ 至少在当时的北京行刑时间并非午时。嘉靖二年（1523）御史陈逅奏称，自正统后有批手留人事例，行刑多在深夜。由此可见，黑夜行刑在英宗正统（1436～1449）之后比较常见。嘉靖元年（1522），给事中刘济奏称，经过复杂的程序后，行刑时已过酉时，天色已黑，这与"刑人于市，与众弃之"之意相悖，请限在未刻前行刑完毕。获得批准。嘉靖七年（1528）又定议过午行刑。④ 这便是中国古代可信史料中与"午时三刻"行刑最接近的时间点。清代无行刑时间的具体规定。

虽然明代嘉靖元年前无行刑时间的具体规定，但黑夜行刑在英宗正统后比较常见。元代虽然没有规定行刑时间，但元代"行刑之事绝少"，甚至在七八十年之中，老人、孩童没有目睹过行刑之事。⑤ 从《唐六典》到《庆元条法事类》，唐宋有关行刑时间的规定虽然略有不同，但其实具有一定的连贯性。如果按照文学界的一般说法，《水浒传》产生于元末明初，那么，其有关"午时三刻"行刑的描写缺乏现实基础。当然，不能仅据行刑时间

---

① （宋）李焘：《续资治通鉴长编》卷376，上海师范大学古籍整理研究所、华东师范大学古籍整理研究所点校，中华书局，2004，第9118～9119页。

② 《庆元条法事类》卷73《刑狱门三·决遣》，杨一凡、田涛主编《中国珍稀法律典籍续编》第1册，黑龙江人民出版社，2002，第745页。

③ （明）马文升：《为申明律意以弭盗贼事疏》，（明）陈子龙等辑《明经世文编》卷64，中华书局，1962，第548～549页。

④ （清）张廷玉等撰《明史》卷94《志第七十·刑法二》，中华书局，2013，第2316～2317页。明清小说中众多的"午时三刻"行刑的描写可能与嘉靖初的规定有关。明代的出版事业，以正德为界，至少可以分为前、后两个时期。明代后期，因为经济的发展，市场购书需求增多，再加上雕板印刷技术的成熟和出版家的努力，出版事业空前繁荣［缪咏禾：《中国出版通史》（明代卷），"导语"，中国书籍出版社，2008，第10～11页］。

⑤ （明）叶子奇：《草木子》卷3下，中华书局，1959，第64页。

的描写便断定《水浒传》产生于嘉靖时期。

穆宗隆庆四年（1570）刑科给事中舒化奏称，在申、酉时处决形成了故事。① 申时大概相当于现在的下午三点至五点。在嘉靖初至隆庆四年的近五十年时间里，申、酉行刑便形成了故事，这说明嘉靖初的规定并未得到较好的贯彻。

晚清《申报》经常提及具体的行刑时间。根据《申报》的记录，行刑时间不固定。一般来说，行刑时间与上级公文到达的时间、地方官的态度和行刑人数等因素有关。有时地方官中午前接到上级钉封公文，即准备行刑，在经过一系列的程序后，可能直到下午、晚上才能将犯人处决。② 有时即使清晨很早就准备行刑，可能直到下午才将犯人处决。③ 晚清电报开始使用，也有地方官在晚上接到督抚批饬"就地正法"的电文后，即将犯人处决的事例。章太炎所谓"府电朝下，囚人夕诛"④ 并非无稽之谈。毕竟，处决人犯在清代是大事，正如嘉庆帝所言"地方官承办事件，孰有大于此者？"⑤ 地方官对此当然不能大意。在将犯人押解至法场，诸事就绪后，为防止劫囚等意外的发生，便会立即行刑，一般不会专门等到某个时间点再去行刑。光绪七年（1881），《申报》曾有文章称"寻常斩绞之犯奉部复如在午后，必至次日清晨发饬营县监提赴市，从未闻各省刑案有傍晚戮人者。"⑥ 因为"就地正法"章程被滥用，晚上甚至夜里行刑之事《申报》也报道过。

---

① 《明穆宗实录》卷49，隆庆四年九月癸未。

② 光绪二十三年（1897），上海知县在晚上九点钟收到钉封公文，因次日适逢冬至令节，未便行刑。遂决定马上行刑。将诸事准备好后，直到十二点钟时才将犯人提出，验明正身。光绪二十五年（1899年）十二月某日黄昏时江苏按察使接到刑部钉封公文，因次日系国忌日，例不行刑。因于是夜札饬省城首县元和县知县将犯人绑赴法场处决。见《本邑决囚》，《申报》1897年12月22日，第3版；《辟以止辟》，《申报》1900年1月16日，第2版。

③ 如光绪十二年（1886）朝审勾决当天凌晨四点钟步军统领便派兵将犯人提出，直到下午一点左右监斩官才开始行刑（《朝审勾缓人犯名单》，《申报》1887年1月4日，第12版）。

④ 章太炎：《讨满洲檄》，《章太炎全集·太炎文录初编》，徐复点校，上海人民出版社，2014，第197页。

⑤ 《清仁宗实录》卷80，嘉庆六年三月庚寅。

⑥ 《论粤东长寿寺案办理情形》，《申报》1881年12月27日，第1版。

也许《申报》的记录尚不足以让人信服，清代行刑时间的记录散布于各种史料中。如乾隆二年（1737），甘肃巡抚德沛奏称，其属下岷州、河州等地方官曾于酉时、巳时、申时、卯时、戌时、午时处决过犯人。[1]《清高宗实录》载，乾隆三十七年（1772）四月十五日卯刻，山东菏泽县将一名人犯处决。[2] 乾隆四十一年（1776），广东嘉应州在一次处决犯人时，奉委之知县与本地游击并不亲往监刑，委吏目、千总于黑夜行刑。[3] 清人俞蛟《吏目决囚记》一文所记即系此事。俞蛟亦认为，"待旦不及而决于夜，亦恒有之"[4]。亦即黑夜行刑在当时是常有的事。咸丰戊午科场舞弊案犯人之一程炳采被斩于晚上。[5] 同治年间广东南海县知县杜凤治一次行刑已到上灯时候，需要"点火把办事"。[6] 光绪中后期，江苏首县之一元和县知县李超琼就经常在夜间（或近夜时）决囚，[7] 戊戌变法时唐烜是刑部官员。他说，杨深秀他们"临刑已日夕矣"。[8] 由此可见，晚上行刑也是比较常见的。也有早晨行刑的。比如光绪二十一年（1895）福建古田教案人犯就在早晨被正法。[9]

《越恨》一书系晚清《中国女报》号外，系秋瑾被处决时关于秋瑾案资料的最完整结集，由当时《中国女报》总编辑陈以益所编。根据《越恨》所收《奇冤案》一文所记，秋瑾被正法系在六月初五早三点钟。[10]《轩亭冤

---

① 张伟仁主编《明清档案》A73–112。

② 《清高宗实录》卷907，乾隆三十七年四月甲午。

③ 《清高宗实录》卷1002，乾隆四十一年二月丁巳。

④ （清）俞蛟：《梦厂杂著》卷4，北京出版社，2001，第95页。

⑤ （清）王钟霖：《王钟霖日记》，周生杰、周恬羽整理，凤凰出版社，2017，第65页。

⑥ （清）《杜凤治日记》第5册，邱捷点注，广东人民出版社，2021，第2333页。光绪三十三年（1907）京城的一次行刑也点了火把。（清）唐烜：《唐烜日记》，赵阳阳、马梅玉整理，凤凰出版社，2017，第335页。

⑦ （清）李超琼：《李超琼日记》（元和—阳湖—元和），苏州工业园区档案管理中心编，江苏人民出版社，2012年，第61、68、139、160页。

⑧ （清）唐烜：《唐烜日记》，赵阳阳、马梅玉整理，凤凰出版社，2017，第140页。

⑨ 《闹犯正法》，《益闻录》1895年，第1507期，第434页。

⑩ （清）陈以益《越恨》"奇冤案"，章开沅、罗福惠、严昌洪主编《辛亥革命史资料新编》第四卷，湖北人民出版社，2006，第1页。据冯自由《革命逸史》所记，秋瑾就义于凌晨四时。见冯自由《革命逸史》，新星出版社，2016，第303页。

传奇》同被《越恨》所收，其系文学作品。剧中主人公为秋瑾。在该剧中，隶役于近午时将秋瑾从监中提出。① 暗示秋瑾系午时被斩。同一作者在描写同样的事件时对事件发生的时间作了不同的陈述。毫无疑问，前者更为真实，其对秋瑾被正法时的细节描写可以与《申报》等记载相互印证。后者系文学作品，其有关行刑时间的记录虽然与明清文学作品的相关记载相互印证，但不能被作为说明秋瑾被处决时的可信史料。

《清稗类钞》的编者徐珂（1869～1928）将戏剧中杀人必午时三刻与痛必倒仰、入梦必三更三点等情节视为"无情无理，其最可笑者"。徐珂在清朝生活了四十余年，其有关"午时三刻"的说法当然可信。② 总之，"午时三刻"行刑不仅制度上不存在，现实中也非常少见"午时三刻"行刑的事例。"午时三刻"行刑在现代之所以深入人心，与《水浒传》的影响有直接关系。③

第五节　行刑细节

一　绞

清人关之初，死刑一般为斩首。顺治年间修订律例时，沿用明代旧制，始有斩、绞之分。《大清律例·名例律上》"五刑"门规定，凡是律文中不注明监候、立决字样的，皆为立决；凡是例文中不注明监候、立决字样的，皆为监候。情节更重的人犯会被枭首，最严重的死刑犯为凌迟人犯。一些情节特别严重的死刑犯即使在行刑前死亡，也须戮尸。枭首、戮尸、凌迟皆特别之法，并非五刑中的正刑。

如果系绞死，一般由捕役充当刽子手。行刑前，衙役会在法场上预钉

① （清）陈以益编《越恨》"轩亭冤传奇"，章开沅、罗福惠、严昌洪主编《辛亥革命史资料新编》第四卷，湖北人民出版社，2006，第101页。

② 徐珂：《清稗类钞》第11册，中华书局，2010，第5011页。

③ 在古人的观念中，午时主刑害。王夫之说，午者，人之承天之位，人君南面而行刑赏，人事备，天道才能融洽 [（明）王夫之：《尚书稗疏》卷4上，岳麓书社，2011，第131页]。《水浒传》午时行刑的书写可能与此有关。

木桩，桩上可能有铁圈等物。在行刑时，衙役将犯人捆绑于木桩上（或十字架上），将其发辫穿系圈内。绞绳一般为麻绳，有时也会用到弓弦、马缰绳等物。刽子手将绳系犯人颈后，再穿入数寸长的木棍一根或两根。① 然后徐徐转动木棍，犯人因窒息逐渐眼睛突出，舌头外伸，腹部渐渐膨胀，面色变成青黑色，面相比较恐怖。有时刽子手会提前用布将犯人的脸盖上。如果中间发生断绳的意外，则要换绳再绞，直到绞毙。绞毙后，刽子手请官验明绞毙是实。

英国旅行家威廉·R. 葛骆观察了晚清上海县的一次绞刑行刑过程。他注意到刽子手的一个学徒将绳索弄湿，另一个则反复摩擦囚犯的腹部，防止其身体肿胀，第三个人则监视囚犯的心跳，让他尽可能多活一点时间。② 犯人可能被注射了鸦片，所以并不感觉如何痛苦。③ 他的说法没有别的资料证实，可能是个别地方的做法。美国传教士卢公明说，刽子手经常在犯人快要断气的时候松松绳索，让他喘最后一口气，然后让他再次经历绞杀的痛苦。④ 这一说法可以与近代著名藏书家贺葆真的说法相印证。1915 年，贺葆真某日访问学者纪钜维时，纪钜维告知其一位前清为官的亲戚被绞死的过程。贺葆真将其话记录在自己的日记中。他在日记中写道，刽子手在执行绞刑时先将绳子勒紧后再松开。经过数次这样的操作后，刽子手再用脚踢其腹部，犯人于是气泄而死。⑤ 这一过程持续的时间比较久。贺葆真的亲戚家人为减轻其痛苦，行贿刽子手等人数百两银子。行刑时，刽子手在用

---

① 这是较多见的情况。在上海彪蒙书室于 1905 年所出《绘图识字实在易》一书中，"绞"意为"用索子绞死的绞"。其插图所显示的绞死方式与常见的绞死方式不同。在该图中，两役各用一根接近一人高的木棍拴紧绳子的一端，然后将绳做套套入已被绑在木桩的犯人的脖子上。两役在两端各立起木棍，两手握住木棍上端，用力往相反方向拉扯。《绘图识字实在易》第 14 册，上海彪蒙书室，光绪三十一年（1905），第 32 页。

② 同治年间广东南海知县杜凤治在一次行刑时说，绞须坐待两三刻工夫始毕。（清）杜凤治：《杜凤治日记》第 4 册，邱捷点注，广东人民出版社，2021，第 2106 页。

③ 〔英〕威廉·R. 葛骆：《中国假日行》，叶舟译，生活·读书·新知三联书店，2019，第 101 页。

④ 〔美〕卢公明：《中国人的社会生活》，陈泽平译，福建人民出版社，2009，第 186 页。

⑤ 笔者在晚清和民国报纸中见到过绞犯时"三放三束""三收三放"这样的表达。其中的"三"与"三缄其口""三番五次"等词语中的"三"都是泛指多次。

手按其身体上某穴道后，绳子稍微一收紧，犯人便身亡。贺葆真说，纪钜维所说的与自己幼时从某位至亲身上听闻的相合。只是纪钜维所说的用手按不准确，应该是用针扎。①

民国时期《前清有系统的杀人制度》一文也说，在执行绞刑时，刽子手须在犯人的小腹上用脚一踹，使其真气从下部放出。② 这个情节在《点石斋画报》中也有反映。根据该图文字所言，犯人最后被人"践足于腹"，"气从下泄而后绝命"。③ 所以，虽然《前清有系统的杀人制度》写于1932年，其对这一细节的书写应为客观性的书写。当然，各地情况不同，这一细节不能被视为各地俱有的情况。

乾隆四十九年（1784），福建巡抚曾定立章程，规定在福州府法场绞死秋审人犯时，应派丞倅一员、守备一员在下面监视行刑。绞犯绞毕后，应由按察使会同总督中军逐一亲点，封住绞桩。命令地保看守尸体一宿。如果绞犯众多，让城守营派千总或把总一员带兵数名，佐杂一员带领县役十数名，协同地保看守。俟次日仍由监刑官验明松绞。④ 之所以如此，是担心犯人未被绞死。很多地方都有绞毙后暴尸一日或三日的做法。有的地方会用蒲包等物再套住已被绞毙犯人的头部。到期后，经州县佐贰等官验明后，尸体方能殓埋。

二　斩

美国学者卜德和克拉伦斯·莫里斯在《中华帝国的法律》一书中统计了各类刑罪的数量。其中，绞监候272项，斩监候218项，绞立决71项，斩立决222项，凌迟30项。⑤ 在立法上，应施斩刑的罪名数要多于绞刑，两者差距其实并不大。在本书表2中，笔者统计了乾隆年间部分年度部分省

---

① 贺葆真：《贺葆真日记》，徐雁平整理，凤凰出版社，2014，第427页。
② 献征：《前清有系统的杀人制度》（续），《益世报》（天津）1932年7月27日，第三张。
③ 《点石斋画报》壬集·九期"绞死要犯"。
④ 《福建省例》"刑政例下"《秋审情实重犯留禁省监，奉到部文处决》，台北大通书局，1987，第939页。
⑤ 〔美〕卜德、〔美〕克拉伦斯·莫里斯：《中华帝国的法律》，朱勇译，中信出版社，2016，第116页。

份奏报决过人数。部分督抚在奏报决过人数时会披露本省被处决犯人的斩、绞情况。由此可知，被斩首、绞死和凌迟的犯人数量分别为 194 人、19 人和 10 人。被绞死犯人大多出现在秋审犯人中。这应该比较客观地反映了乾隆年间斩刑和绞刑的实施情况。①

如果系斩首，犯人先下跪，低着头。斩首前，插在犯人背后的斩条会被拿走。除了刽子手之外，有的地方还有一名助手，站在犯人前面，负责拉住套在犯人头上的绳子（即拉笼头，有时拉的是辫子，见图 4）。这样做可能是为了防止犯人在被斩首时缩颈致刀砍偏。宣统二年（1910）即有一犯人因为缩颈不伸而致被砍三刀后头才被砍掉。② 有的地方系树木缚犯，以

图 4　晚清京城画师周培春所绘法场行刑的一组图画

---

① 陈志武教授等人根据题结册统计出绞和斩分别占 77.5% 和 20.1%（陈志武、林展、彭凯翔：《清代命盗重案的统计特征初探——基于 10.6 万件案件的分析》，《新史学》第十二卷，第 101 页）。该统计包括监候和立决，不能反映实际被处决犯人的情况。笔者的统计样本的确偏少，但我们现在通过网络等各种途径所能见到的晚清行刑照片中，几乎见不到绞刑的照片。这也是当时绞刑很少被实施的反映。因为晚清"就地正法"章程的实施，被处决犯人增多。被"就地正法"的犯人绝大多数系斩首。所以，在晚清斩刑实施的比率要比乾隆时期高。

② 《五天王之巨魁正法武昌》，《申报》1910 年 6 月 4 日，第 10 版。

刀横砍。犯人头被砍落后，刽子手将犯人头颅提至公案前，跪请州县官检验。① 州县官用朱笔在人犯头颅额头上点下，表示检验无误（不是必经程序）。行刑完毕。

斩首完毕后，其亲属一般可以备棺殓埋。儒家认为，"身体发肤，受之父母"，若有毁伤，则是对父母不孝的行为。尸首分离一方面对身体构成了毁伤，可被视为不孝。另一方面，在明清时期人们普遍相信，在人类生活的世界之外，另有一个鬼神的世界。人死之后会成为鬼，鬼在阴间活动。犯人尸首分离会非常不利于其在阴间生活和来世。所以，亲属在将人犯殓埋前，一般会先将其尸首缝合，以示尸体完整。如果该犯没有家属，应该由本地保甲或善堂等备棺抬向义冢殓埋。② 光绪四年（1878），江苏扬州在处决某官犯时，该官犯家属人等早在法场伺候，行刑后即搭棚设筵祭奠。③ 次日午刻松绑，将尸身用红衾裹起，抬至坊口大街某酱园屋内重新将其衣衾穿好，用棺收殓，一日成服。并延僧追荐，一切俱照寿终办理。④ 因为案情较重，有官方暂时不让收尸，有意识地让其尸横法场。⑤

三 枭首⑥

枭首又名枭示，意即砍掉犯人头颅后将其头颅悬挂示众。在枭首被隋

① 有的地方可能会有专门的执头者。在江苏上海县，据说执头者亦以素有经验者充之。盖头落时即将头抛至数丈以外，身手之敏捷，非尽人所能也。斯时人虽身首异处，但头脑忽受剧烈之痛楚，遇物即咬，状甚可怕。见《杀头琐谈》，《申报》1925 年 11 月 23 日，第 11 版。

② 如晚清秋瑾受刑后，系由当地同善局施棺收殓（见《株连秋瑾女士确耗》，《申报》1907年 7 月 20 日，第 4 版）。各地情况不同，如在华亭县被处决后的尸首曾经由丐户收抬（见光绪《重修华亭县志》卷 8《天赋下》）。

③ 英国传教士约翰·亨利·格雷观察到，一名武官被处决后，其仆人们迅速来到他那无头尸体边，点起蜡烛祭奠。他们还烧了纸，不仅是为了给他的灵魂提供在冥界的生活费，也是为了安抚阴间的所有饿鬼，让他们不要骚扰到达阴间的主子的魂灵。〔英〕约翰·亨利·格雷：《广州七天》，〔美〕李国庆、〔美〕邓赛译，广州人民出版社，2019，第 215 页。

④ 《犯官正法》，《申报》1878 年 12 月 21 日，第 3 版。

⑤ 《枭匪暴尸示儆》，《申报》1908 年 3 月 8 日，第 4 版。

⑥ 枭本为一种不孝鸟，其子长大食母。据说黄帝欲绝其类，命令下在祭祀时用枭。所以，凡诛戮有罪，悬首木上，谓之枭首。清人对枭的详细解释，见《澄衷蒙学堂字课图说》卷 3，（清）刘树屏编撰，吴子城绘图，光绪三十年（1904）澄衷蒙学堂十一次石印，第 78 页。

文帝杨坚废除之后，自唐至元，正史少见其名。至明清，枭首常被使用。在清代，被判枭首的犯人，首先须将其斩首，然后将其头颅悬挂示众。斩首是为了对其已犯之重罪进行惩罚。枭首不仅达到了斩首的目的，还可以"警将来"。枭首重在示众，非于本犯之身加重处罚。① 将犯人头颅悬挂示众对他人来说是一种儆戒、威慑，意图使其畏惧不敢犯，从而起到预防犯罪的目的。《大清律例》有关枭首的律例较多。在司法实践中，以强盗枭首最为常见。嘉庆十四年（1809）定例，妇女犯枭首之罪者，将其斩首即可，不用枭首。薛允升认为，这是受到了《左传》"妇人无刑，虽有刑，不在朝市"记载的影响。②

如果系枭首之犯，斩首完毕后，州县官命将犯人首级装入木笼（桶）（为便于保存，可能首级会用石灰处理一下），粘贴封条，命令差役带至犯事地方或在当地通衢显要位置悬挂示众。被示众的首级附近常会书明该犯罪状。如光绪三十年（1904），一名犯人首级被县役悬挂在山东烟台大关码头示众。其首级旁有东海道台的牌示，云：海盗张某杜某迭次纠伙在洋面执持枪械行劫船只，得赃分肥。现奉抚宪批饬就地正法，枭首示众。③ 犯人尸身在有的地方会被拖入万人坑或义冢地面上，在有的地方会由知县命当地地保备棺收殓，在有的地方棺木系由当地州县每年津贴钱两购买。④ 如果枭首人犯较多，有时可能会提前将写有犯人名字的小竹牌系于犯人发辫，以便识别。

对枭首犯人头颅发往犯事地方的程序，各地的做法稍有不同。道光二十五年（1845），广东巡抚黄恩彤通饬下属，嗣后应行枭示人犯，按察使必须先派定委员，俟正法后，该委员即行领解，仍责令地方官俟首级解到，立即悬竿示众，一面会同委员禀复查核。⑤ 江苏省城枭首犯人的首级一般系

① （清）祝庆祺、鲍书芸编《刑案汇览》卷59，法律出版社，2007，3097 页。

② （清）薛允升：《读例存疑》卷49，胡星桥、邓又天等点注，中国人民公安大学出版社，1994，第874 页。

③ 《烟海春涛》，《申报》1904 年4 月4 日，第2、3 版。

④ 民国《怀宁县志》卷4《公局》。

⑤ （清）黄恩彤等撰《粤东省例新纂》卷7，杨一凡、刘笃才编《中国古代地方法律文献》丙编第11 册，社会科学文献出版社，2012，第33 页。

由县丞、巡检、主簿等低品级的官员委解。《申报》比较详细地记载了一次将枭首人犯头颅发往犯事地方的过程。光绪二十九年（1903），在江苏巡抚恩寿"恭请王命"，将某犯处决后，旋派委候补巡检尚某将首级盛以木笼，按站解至南汇县犯事地方悬竿示众，所过州县必加贴封条。经过上海县时，尚某投文禀明知县汪瑶庭，汪饬令将封条粘贴，交与尚某继续前行。[1] 当然，巡检等官并非孤身一人委解，其下还有护解差役若干名。[2] 在委解首级途中还可能发生解役向店铺需索之事。[3] 装首级的木笼可能会被放于木箱内。在将犯人首级解至终点后，由当地地方官出具印领，饬令差役或地保将其悬诸犯事等地示众。[4]

徐文弼乾隆中期曾任四川永川等县知县，他说："其决过犯尸枭示者，著挂通衢，取地方收管"。[5] 其所言地方收管即指交由地保收管。在晚清上海县等地，首级一般亦系由当地地保负责看管。光绪三十年（1904），某犯首级忽然不知所踪，负责看管的地保沈某匿不禀报。知县怀疑有弊窦，将沈某提至案前。沈某供称，首级谅必被风吹落河中。知县命役查明实情核办。[6]

至于首级悬挂的时间，律例并无明文规定。雍正四年（1726），汪景祺因被年羹尧牵连而被枭首。乾隆皇帝即位不久，在都察院左副都御史孙国玺的奏请下，其已悬挂菜市口十年的头颅才被获准掣竿掩埋。[7] 乾隆四十三年（1778），在《一柱楼诗》案结后，虽然徐述夔早已死去，还是被乾隆

---

① 《枭首示众》，《申报》1903 年 10 月 27 日，第 3 版。

② 《护解首级》，《申报》1893 年 6 月 4 日，第 4 版。

③ 《盗党正法》，《申报》1905 年 3 月 30 日第 10 版。

④ 英国商人奥利弗·G. 雷迪曾在中国境内看到了押解的过程。当时，两三个骑马的人和一群队形混乱的士兵沿着这条小路快速行进，紧随其后的是由苦力抬着的、挑在竹竿上的三个红色大包裹，此外还有很多士兵和少数几个坐在轿子上的官员紧随其后，这支步履匆匆的队伍被淹没在熙熙攘攘的人群中。见〔英〕奥利弗·G. 雷迪《在中国生活和运动》，马成昌译，中国文史出版社，2019，第 146 页。

⑤ （清）徐栋：《牧令书》卷 19，《官箴书集成》第 7 册，黄山书社，1997，第 437 页。

⑥ 《上海县署琐案》，《申报》1904 年 11 月 9 日，第 9 版。

⑦ （清）觉罗雅尔哈善辑《成案汇编》卷 26，杨一凡编《清代成案选编》甲编第 20 册，社会科学文献出版社，2014，第 447～448 页。

帝谕令将该犯之尸枭去首级，凌迟锉碎，撒弃旷野。首级悬示东台县城。①
两年后，其头颅仍用木笼悬杆示众于东台县北门外地藏庵旁，被县民窃取
图诈他人。② 汪景祺案和徐述夔案是皇帝钦定大案，不能代表其他枭首案犯
也是如此。

　　光绪十八年（1892），哥老会匪陈启怀、王金龙二人在上海被处决后，其
首级被解往上海大东门外大码头地方悬竿示众。一个月后，知县饬差往传当
地地甲将二颗首级收回，饬差送至西门外义冢掩埋。③ 光绪二十五年
（1899），因为天气炎热，七个头颅在扬州城内悬示片刻后即被舁往城外掩
埋。④ 光绪末年江苏扬州某犯被枭首后，其妻子向监斩官哭求头颅，监斩官未
准。因为天气骤暖，尸体腐烂，秽气熏蒸。某绅士不得已再三向监斩之武官
求情，该武官才同意其领埋。⑤ 这说明监斩武官也可以决定首级悬挂的时间。

　　咸丰六年（1856），给事中伍辅祥奏称，前岁以来，京师菜市口枭示凶
犯及奸细首级不下百余。因当年直隶、河南等省飞蝗为灾，伍辅祥奏称菜
市口地狭而人稠，悬首累累，腥臭塞路，渗气所积，易酿为亢旱疫厉之灾。
奏请刑部，凡枭示人犯，或半月或十日后，随饬地面官于郊外掩埋，俾小
民得远恶厉而迎祥和。⑥ 咸丰帝并未完全同意其奏请，谕令京师枭示凶犯首
级，历时较久者，由步军统领、五城饬坊掩埋。⑦ 这说明如果不是伍辅祥的
奏请，被枭示悬挂两年左右的头颅会被继续悬挂。咸丰九年（1859）十二
月，又因本年秋冬以来雨泽稀少，节逾冬至，未需祥霙，咸丰帝又谕令步
军统领、五城饬坊将京师枭示首级掩埋。同时谕令，嗣后每年冬至前并将

　　① 《清代文字狱档》（增订本）"补辑"，上海书店出版社，2011，第658页。
　　② （清）沈沾霖辑《江苏成案》卷8，杨一凡编《清代成案选编》甲编第50册，社会科学文献出版社，2014，第73~77页。
　　③ 《会匪斩首》，《申报》1892年4月24日，第3版；《悬首藁竿》，《申报》1892年4月25日，第4版；《首级掩埋》，《申报》1892年5月25日，第3版。
　　④ 《剐盗正法》，《申报》1899年6月29日，第9版。
　　⑤ 《邗沟柳叶》，《申报》1901年5月26日，第3版。
　　⑥ （清）伍辅祥：《敬陈治蝗诸法疏》，（清）盛康编《皇朝经世文续编》卷46，台北文海出版社，1972，第5041页。
　　⑦ 《清文宗实录》卷206，咸丰六年八月癸丑。

京师枭示首级收埋一次，以消沴气。① 其意应为，自此以后，头颅最多悬挂一年。咸丰十一年（1861）刑部又奏请嗣后问拟斩枭人犯，其首级均悬示一月即行收埋，并于收埋后报部备查。② 董康晚清曾在刑部和法部任职，他在介绍京城死刑时说，枭示者，函首示众三日。③ 说的应该是其任职刑部时的情况。总之，头颅示众时间因地、因时、因案情而异。

四 凌迟

沈家本说，陵迟之意，本来是山由渐而高，杀人者欲犯人死之"徐而不速"，从而缓慢将其折磨致死的处死方式。较之斩首之顷刻致死，犯人所受痛苦更甚。之所以名为"凌迟"，系借取"陵迟"一词的"渐次之义"。④顺治年间修订律例时，沿用明代旧制，定下凌迟之刑。⑤ 根据《大清律例》的相关规定，清代被判凌迟的罪名有十余种。比如谋反、谋大逆，只要是共谋的人，谋杀祖父母、父母的人，都会被凌迟处死。同治四年（1865）英署使威妥玛呈递说帖至总理各国事务衙门，建议废除凌迟。恭亲王奕訢回复称，凌迟之刑中国向不轻用，惟于背弃三纲、凶恶万状者，始一用之。⑥ 现实

---

① 《清文宗实录》卷302，咸丰九年十二月癸卯。

② （清）吴潮、何锡俨编《刑案汇览续编》卷32，法律出版社，2007，第1471页。

③ 董康：《董康法学文集》，何勤华、魏琼编，中国政法大学出版社，2005，第150页。

④ （清）沈家本：《历代刑法考》（附《寄簃文存》），邓经元、骈宇骞点校，中华书局，1985，第111页。清初律学家沈之奇认为，凌者，细也；迟者，缓也。沈之奇不仅强调了凌迟的"缓死"意义，也强调了用刀之"细"。总的来看，凌迟的"缓死"意义更被强调。美国学者卜德和克拉伦斯·莫里斯认为，"凌迟"一词是从辽人的语言中借来的。沈家本将刑罚之"凌迟"与古代"陵迟"一词相联系，令人难以信服。（清）沈之奇：《大清律辑注》卷18，怀效锋、李俊点校，法律出版社，2000，第546页；〔美〕卜德、〔美〕克拉伦斯·莫里斯：《中华帝国的法律》，朱勇译，中信出版社，2016，第105页。

⑤ 《清德宗实录》卷543，光绪三十一年三月癸巳。在清入关前，虽无凌迟之名，但有类似于凌迟的刑罚。如天命七年（1622），第三牛录茂海违犯国法，奸宿户下汉人之妇。努尔哈赤因饬八旗杀而裂其尸，分悬八门示众。天聪四年（1630），大明将领刘兴祚军前被杀后，皇太极命将其碎尸以狗。见金梁辑《满洲秘档》，台北文海出版社，1966，第68页；《清太宗实录》卷6，中华书局，1985，第86页。

⑥ 中华书局编辑部、李书源整理《筹办夷务始末》（同治朝）第5册，中华书局，2008，第1717~1718页。

中即使京城和省会也很难见到凌迟刑。①

凌迟人犯对刽子手的要求更高。因为凌迟多在省会和京城执行，在这些地方凌迟的刽子手可能是专职的，也可能由斩首时的刽子手充当。在凌迟前，犯人须先绑缚于木桩上，背后高插斩条。各地的凌迟程序不尽相同。沈家本曾任保定知府。他说，凌迟之法为刽子手师徒口授，外人根本不知道详情，而且即使京城与保定距离这么近，也微有不同。沈家本又说，凌迟相传有八刀之说，"先头面，次手足，次胸腹，次枭首"。② 嘉庆十六年（1811）时，刑部奏称，该部在办理凌迟人犯时，先于不致命处所脔割数下，使其身受痛苦，然后剖其脏腑，断其首领、肢体。对于叛逆重犯，则细加寸磔，使其身无完肤。③ 沈家本长期在刑部为官，其所言程序与嘉庆十六年刑部所言也不相同。董康晚清时亦曾在刑部和法部为官，其所言程序与沈家本也不相同。董康说，凌迟人犯，先割两乳，次两臂，次开膛，出其腑脏，划以三刀，最后乃砍头。④

在嘉庆十九年（1814）立春后对牵涉林清事件各犯的审拟中，按其情节轻重程度，各犯分别被问拟了寸磔、凌迟、斩决、斩监候。⑤ 寸磔实际亦为凌迟，凌迟在现实中亦分等次。前引嘉庆十六年（1811）刑部所言，寸磔适用于叛逆重犯，寸磔的结果是"身无完肤"。这在现实中非常少见。所

---

① 自1872年至1911年，笔者在《申报》中只找到三名被凌迟的上海犯人。他们分别是1883年张金鉴夫妇被杀案凶手毛顾氏、吴杨氏和1885年殴伤伊父身死之金阿二。他们俱在省城苏州被凌迟。也就是说，在这四十年时间内上海县本地未见过凌迟的实施。1872年《申报》创刊，此时距上海开埠已近30年。1872年后上海县（包括租界）人口数量超过大部分省城（上海县各类案件也较多）。数据见邹依仁《旧上海人口变迁的研究》，上海人民出版社，1980，第90页；曹树基《中国人口史》第五卷，复旦大学出版社，2001，第800、801、809等页。

② （清）沈家本：《历代刑法考》（附《寄簃文存》），邓经元、骈宇骞点校，中华书局，1985，第111页。

③ （清）毌庸纂辑《刑部各司判例》卷6，杨一凡、徐立志主编《历代判例判牍》第6册，中国社会科学出版社，2005，第388～389页。

④ 董康：《董康法学文集》，何勤华、魏琼编，中国政法大学出版社，2005，第150页。京城刽子凌迟所用刀见马芷庠《老北京旅行指南》。马芷庠又说，凌迟分尸刀有十柄。马芷庠：《老北京旅行指南》，北京燕山出版社，1997，第106页图23。

⑤ 《清仁宗实录》卷283，嘉庆十九年正月甲申。

以，凌迟一般不会达到"身无完肤"的结果。[①]

笔者在《申报》中读过四则现场观看凌迟犯人时比较详细的描写，它们分别发生在京城、天津、武昌和苏州。京城的凌迟程序为：第一二刀去其两乳，第三刀去其胸口之皮，勾出恶心，挑匕首上，遥示监斩官，既而向脐腹一划，即时肝肠迸出，第四五刀去其两手，第六七刀去其两腿，至第八刀而头落地矣。[②] 这与嘉庆十六年刑部所言程序相似。[③] 凌迟后的最终结果是人犯被分为头、躯干、两上肢和两下肢六段（沈家本所言凌迟程序的最后结果亦如此）。民国时期《前清有系统的杀人制度》一文描写了晚清大盗康小八在菜市口的受刑过程。先将犯人脑门之皮削下，盖住两眼，免得犯人目睹被剐之惨。然后在肘腋间一划一拧，卸去两只胳臂。再卸去两腿，开膛，最后割头。[④] 嘉庆时奉天府凌迟犯人时也有开膛的情况，围观百姓可以看到行刑者提着犯人的心、肝、肺从面前经过。[⑤] 总的来看，开膛的情况在各地似乎不常见。

《申报》有三则关于江苏的报道，虽然它们没有明说将犯人凌迟，但俱称人犯已分为六段。[⑥] 因为除凌迟外其他刑罚都不可能使犯人尸体分为六

---

① 在著名的"刺马案"中凶犯张文祥被凌迟处死后在马新贻灵柩前摘心致祭。这非个案。美国军官士觅威将心脏在中国文化中的重要意味与凌迟时挖心的举动联系起来。他说，心脏是善与恶之所在，是生命的灵魂。心脏被挖出，意味着这会永远消灭犯人的灵魂，犯人永远不会到达极乐世界。[（清）曾国藩：《曾国藩全集》第 12 册，岳麓书社，2011，第 275 页；〔美〕士觅威：《对中国及中国人的观察》，〔美〕李国庆整理，广西师范大学出版社，2009 年，第 189 页]。这样的说法很难见于中国人笔下，也很难从中文世界证实两者之间的关联（即心脏在中国文化中的重要意味与凌迟时的挖心举动）。

② 《犯妇就刑》，《申报》1885 年 6 月 15 日，第 2 版。

③ 凌迟犯人可能在行刑过程中死去。英国人哈代说，有些犯人的亲友在行刑前已经贿赂了刽子手。犯人被鸦片麻醉，在割第三刀的时候就死了。尽管他死后仍被割了很多刀，但这种死亡并不比在笼子里饿死和窒息死更糟糕。见〔英〕爱德华·约翰·哈代《中国佬约翰在老家：中国的人民、风俗和事物概述》，〔美〕李国庆整理，广西师范大学出版社，2015，第 296 页。

④ 献征：《前清有系统的杀人制度》（续），《益世报》（天津）1932 年 7 月 24 日，第三张。

⑤ （清）王清任：《医林改错》上卷，《中华传世医典》第 12 册，吉林人民出版社，1999，第 365 ~ 538 页。

⑥ 《逆犯伏诛》，《申报》1892 年 9 月 3 日，第 2 版；《女犯正法》，《申报》1894 年 6 月 25 日，第 2 版；《斩犯二则》，《申报》1895 年 10 月 11 日，第 3 版。

段，所以，这些犯人所受刑罚应为凌迟。这也说明在江苏凌迟犯人的程序
应该与京城类似。六段（块）的情况在清代小说中也有体现。①

　　天津的凌迟程序为：各于额上剚两刀，以片肉盖其两目，随剥去其衣，
就两肩两乳迭次奏四刀，复当胸直刺一刀，另由一刽子举刀砍头落地。此
次系凌迟两名犯人，行刑刽子手共两名，一提大刀一柄，一带小刀两柄。
大刀只用来斩首。其他场合用小刀。② 武昌的凌迟程序为：刽子先剚其两眼
皮，次两乳，然后将尖刀刺心下，剖二寸许，另以一人提大刀枭其首级。③
武昌与天津的程序相似，只是中间两肩两乳用刀部位、数量有所不同。天
津、武昌的前面两刀落于眼皮处，笔者在清代数幅外销画中见到犯人额上
有被划的血痕，这说明一些外销画所表达的凌迟主题有事实根据。苏州的
凌迟程序为：先将犯人喉管勒断，血流如注，血止始将首领砍下。又砍去
手足，请官验明。将首置入小木笼中。④

　　根据这四则描写，京城和天津在凌迟人犯时俱为八刀，武昌为六刀，
《申报》某篇文章说凌迟"旧名六刀"。⑤ 沈家本凌迟"相传有八刀"的说
法应该说的是京城和天津等地区。⑥ 无论如何，凌迟"千刀万剐"的说法至

---

　　① （清）石玉昆：《续小五义》，华夏出版社，2016，第388页。在明清小说中，"碎尸万段"
经常被用来诅咒罪大恶极者。即因为某人罪大恶极，所以，即使将其碎尸万段也不能偿其罪。之所
以有如此说法，与当时民众对阴界刑罚的想象有关。凌迟的结果系将人分为六段，虽然在程度上不
及碎尸万段，但在民众眼里也有重要的象征意味。被碎尸数段者可能会影响其阴界生活、来世的进
程和结果。比如乾隆时陕西地方有将已死之少妇幼孤以刀剖腹，以为不令再来［（清）陈宏谋：《培
远堂偶存稿》"文檄卷十九"，《清代诗文集汇编》第280册，上海古籍出版社，2010，第463页］。
以刀剖腹就会影响来世，就更不用说碎尸数段者了。先行研究在讨论凌迟的意义时，经常过于重视
犯人身体上的痛苦，而忽略了当时民众心理上的感受。
　　② 《恭行天罚》，《申报》1892年3月8日，第1版。
　　③ 《凌迟女犯》，《申报》1881年5月31日，第2版。
　　④ 《决犯情形》，《申报》1885年1月8日，第3版。
　　⑤ 《中西殊刑后说》，《申报》1890年3月22日，第1版。
　　⑥ 道光年间江西金溪人李元复说：尝闻诸亲目今之凌迟者，首先割两眼上胞以掩其视，次割
两乳、两臂肉，各一刀，皆不令殊。又刺心下剟至脐，然后断其首，习称为八刀［（清）李元复：
《常谈丛录》卷6，道光二十八年（1848）味经堂刊本］。当然，其亲戚不一定必然是江西人。虽然
如此，八刀的说法应该比较普遍。

少不符合晚清的事实。① 虽然各地凌迟程序不尽相同，但最后一刀俱为砍头。嘉庆十六年（1811）刑部遵旨议准定例，凡是两犯凌迟重罪的，在处决时要加割刀数。董康晚清曾任职刑部和法部，他说，两犯凌迟加割刀数者，于未绝之前，刮其两肋。② 在清代，除女犯外，凌迟人犯无不枭首，其头颅亦须悬挂示众。

五　戮尸

对部分死刑犯在被"明正典刑"前已经死亡（监毙）的，《大清律例》还有特别规定。沈家本说，汉代的"发棺断头"与后来戮尸枭示之事相符。③ 其所说的后来当然包括清代。部分死刑犯的尸体尚要像活人一样被斩首，这就是戮尸。清初著名律学家王明德说："谳狱定例，如罪犯身死，则曰已服天刑，不复更为推讯。其于罪大恶极、情同枭獍之流，虽云已服天刑，而法有不容于不尽者，则仍即其尸而戮之。"④ 戮尸的对象为罪大恶极、

<hr>

① 凌迟"千刀万剐"说法的形成应该与明代有关。晚明有郑鄤凌迟三千多刀的比较可信的史料。明武宗时大宦官刘瑾凌迟时被割了三千三百五十七刀。凌迟三日在明代应该是真实的情况，刘瑾即被明武宗命凌迟三日。《水浒忠义志传》对方腊受刑的描写为：将方腊于东京市曹上凌迟处死，割了三日示众。该小说作于明代。笔者见过《新刻法笔惊天雷》的清抄本和刊本，其内容基本一致。虽然它们都刊于清代，其有关五刑的内容实际为明代的。其认为凌迟处死，俗谓剐罪，所以碎其尸也。康熙初期王明德《读律佩觿》说：凌迟者，"其法乃寸刑之碟之，必至体无余胬，然后为之割其势，女则幽其闭，出其脏腑，以毕其命。仍为支分节解，菹其骨而后已。"该说法只能反映当时的情况，可能当时凌迟的程序与明代相似。前引沈之奇不仅强调了凌迟的"缓死"意义，也强调了用刀之"细"。后来刀数大大减少，可能与统治者已经意识到刀数太多与仁政之间的矛盾。道光时期李元复《常谈丛录》说，凌迟习称为八刀。如是，则与宋时之创酷为稍从减矣。第不审自元明来，何时酌减也。殆亦有如放翁（即宋代陆游）之用心者为之定法著令乎！正因为如此，此后，相对用刀之"细"，凌迟"缓死"的意义才更被强调。以上见（清）计六奇《明季北略》卷15，任道斌、魏得良点校，中华书局，1984，第262页；（明）张文麟《端岩公年谱》，《北京图书馆藏珍本年谱丛刊》第44册，北京图书馆出版社，1999，第517~518页；《明武宗实录》卷65，正德五年八月戊申；（明）施耐庵编辑《水浒忠义志传》，《古本小说丛刊》第2辑，第2册，中华书局，1990，第892页；（清）王明德《读律佩觿》卷4下，何勤华等点校，法律出版社，2001，第136页；（清）李元复《常谈丛录》卷6，道光二十八年（1848）刊本。

② 董康：《董康法学文集》，何勤华、魏琼编，中国政法大学出版社，2005，第150页。

③ （清）沈家本：《历代刑法考》（附《寄簃文存》），邓经元、骈宇骞点校，中华书局，1985，第126页。

④ （清）王明德：《读律佩觿》卷4下，何勤华等点校，法律出版社，2001，第138页。

情同枭獍之流。对具体哪些罪大恶极、情同枭獍之犯在监毙后还需要戮尸，《大清律例》并无明确规定。嘉庆二十一年（1816）前，各省办理方法不统一。该年，刑部规定，如果监毙系斩枭人犯，应戮尸、枭示；如果监毙系凌迟人犯，应剉尸示众并枭示。① 道光六年（1826），刑部又规定，如果罪犯系凌迟之妇女监毙，剉尸示众，不用枭示。②

《大清律例》对犯人戮尸的程序没有规定。各地做法不同，有将尸体拉至法场戮尸的，也有不拉至法场的。光绪十八年（1892），上海县知县在将某犯人戮尸前，先命将尸棺放在县城西门坛上，定于某日午后牒请当地城隍神后再戮尸。③ 届期清晨，由原差赴西门坛上预备公案三座：一为上海县公案，一为绿营武官公案，一为本境城隍土地神公案。上设牌位二，用黄纸套上写本境城隍之神位、本境土地之神位，并有招魂旗一面插在案前。亭午时，原差等将尸棺起出，安置田侧。午后四点钟时，知县等人到达升座后，命将尸棺抬至，将尸体取出，即命刽子手动刑。但闻炮声一响，刽子手已将尸首割下，呈知县案前。知县验视无误，遂命将头颅解往犯事地方悬竿示众。④ 从该案可知，戮尸不仅有公开罪犯罪行的考虑，罪犯在阴间所受影响应该也是戮尸成为刑罚的重要原因。⑤ 在中国古人的信仰中，死则魂升于天。仅仅暴露棺骸，就能使死人的体魂不安。⑥ 如果再将尸体砍头，其鬼会成为无头鬼。其在阴间肯定更受折磨。

《申报》对光绪十九年（1893）江宁的一次戮尸过程作了记载。该过程为：先令土工将棺前横木击开，曳出尸身，验明尸未全腐，喝令刽子解某持刀刹之，坚硬异常，头不能断，急换利刃，力剐始得身首异处，当即装

① （清）祝庆祺、鲍书芸编《刑案汇览》卷59，法律出版社，2007，第3096～3097页。
② （清）祝庆祺、鲍书芸编《刑案汇览》卷60，法律出版社，2007，第3133页。
③ 《准备戮尸》，《申报》1892年3月16日，第3版；《定期戮尸》，《申报》1892年3月18日，第3版。
④ 《戮尸详述》，《申报》1892年3月21日，第3版。
⑤ 在现实中有犯人在监病故后受害人亲戚要求将犯人戮尸伸雪的事例（《验尸汇志》，《申报》1899年2月2日，第3版）。受害人亲戚肯定更关注犯人在阴间所受的影响。
⑥ （清）陈宏谋：《培远堂偶存稿》"文檄卷二十七"，《清代诗文集汇编》第280册，上海古籍出版社，2010，第657页。

入木笼。① 咸丰十年（1860），密云县一盗首在监病故，根据律例规定仍应戮尸。地方官发掘其棺木后，并未发现犯人尸骸。密云县知县王宝权于案情未定之日率行饬令尸亲领葬，已属疏忽，事后复不严密访查，究问地保，被咸丰帝谕令交部严加议处，责令查获。②

《大清律例》还有剉尸之刑。剉尸，即将人的骨头剉碎成灰。③ 剉尸首先应该先戮尸，然后将其尸体焚毁。在《大清律例》中，被剉尸的对象有两种：其一为杀一家非死罪三人及肢解人，为首监毙的，该条系沿袭明代的规定；其二为子孙殴祖父母、父母，其祖父母、父母因伤身死的。该例产生于乾隆四十八年（1783）。这两条律例俱未明确尸体被剉碎后的处置问题。同治三年（1864）太平天国运动领袖洪秀全的尸身被觅获后，被同治帝谕令将其剉尸枭示。据曾国藩所奏，洪秀全尸身被戮尸焚化（戮尸毕，举烈火而焚之）。④ 洪秀全被焚毁后的尸骨应该会被扬去。"剉骨扬灰"较剉尸更进一层，明确了尸体被剉碎后的处置问题。在乾隆帝时期的个别文字狱等案中有犯人被命令"剉骨扬灰"。明确将剉碎后的骨灰扬去。⑤ 编于乾隆年间的《清朝通志》称"大逆者锉骨扬灰"，这是因为当时文字狱多以大逆案结案的缘故。实际上，"剉骨扬灰"在清入关前就已经存在。⑥ 被"剉骨扬灰"者在结案前一般已监毙或案发前即已死亡。有被皇帝命令将检出骨殖烧扬的情况。也有被皇帝要求将犯人处决后，再将其锉尸扬灰的事例。⑦

乾隆年间"剉骨扬灰"的扩大使用有一定的社会背景。被"剉骨扬灰"者的尸身要被焚毁，这与火葬有一定联系。清入关前实行火葬。雍正十三

---

① 《记犯官李显谋戮尸并匪匪正法事》，《申报》1893年6月7日，第2版。

② 《清文宗实录》卷311，咸丰十年三月丙戌。

③ 有时也写作"锉尸"。

④ （清）曾国藩：《曾国藩全集》第7册，岳麓书社，2011，第330页。

⑤ 1730年一位传教士在致本国科学院院长的信中说，我们曾在中国发现过将那些死后才发现其罪行的恶棍歹徒掘尸出墓。官方并不将其尸体剁碎，因为他们的肉体已经腐烂了。而是将遗骨抛撒通衢，让动物践踏，让车辆碾压。见〔法〕杜赫德编《耶稣会士中国书简集：中国回忆录》（中卷），朱静、耿昇译，大象出版社，2005，第57页。

⑥ 中国第一历史档案馆：《满文老档》，中华书局，1990，第451~452页。

⑦ 《清高宗实录》卷1102，乾隆四十五年三月癸巳。

年（1735），乾隆皇帝颁发严禁火葬上谕时说："本朝肇迹关东，以师兵为营卫，迁徙无常。遇父母之丧，弃之不忍，携之不能，故用火化，以便随身捧持，聊以遂其不忍相离之愿，非得已也。"① 在清入关前尸体火化本来就是常态，将骨灰扬弃最多使后人无法睹物纪念。所以，当时"剉骨扬灰"在满洲民众心里尚不算过重。清初吴三桂和噶尔丹俱被粉骨扬灰，捣为细末，抛撒通衢。当时朝廷应有绝其党羽拜祭的考虑。

清入关，社会秩序趋于稳定后，统治者的观念逐渐发生了变化。虽然火葬在现实中的确存在，但无论是官方的《大清律例》，还是民间，反对火葬逐渐成为主流。同治年间《禁火葬录》一书收录了顾炎武等人反对火葬的言论。顾炎武说："举其尸而畀之火，惨虐之极，无复人道，虽蚩尤作五虐之法，商纣为炮烙之刑，皆施之于生前，未至戮之于死后也。"② 顾炎武反对佛家焚尸的做法，认为火葬"惨虐之极，无复人道"。顾炎武有关火葬的讨论反复见之于清人各类文集中。《禁火葬录》还收录了南宋时即已流传的《文昌孝经》的部分内容。《文昌孝经》说："夫人之死，口不能言，肢体难动，实心未死，犹知痛苦。过七七日，心之形死。其形虽死，此心之灵，千年不死，火焚而炽，碎首裂骨，烧筋炙节，立时牵缩，心惊肉跳，若痛苦状。俄顷之间，化为灰烬，于人且惨，何况我亲。"尸体被焚毁，连其千年不死的心灵都会化为灰烬，于人至惨。这在百姓心里当然是个极重的打击。虽然《文昌孝经》和顾炎武等人反对火葬的角度不同，但说明在清人眼里，火葬至少是极惨虐之事。对当时普遍有鬼神迷信的普通百姓、士人来说，火葬"戮之于死后"，更是惨虐至极。③ 咸丰年间四川永宁道汪堃在办理一起大案时被时任四川总督黄宗汉诬其捏造叛逆。汪堃因此被革

---

① 《清高宗实录》卷5，雍正十三年十月乙酉。

② （清）佚名辑《禁火葬录》，张仁善整理，庄建平主编《近代史资料文库》第十卷，上海书店出版社，2009，第5页。

③ 清人朱海所著《妄妄录》专门写鬼。其中一个小故事说，一对鬼夫妻在知晓其棺即将于次日被火焚时痛哭。一鬼劝他们藉酒消愁。鬼夫妻说：烈火之惨在明日，念而战栗，复何心饮酒耶？（清）朱海：《妄妄录》卷2，文物出版社，2015，第41页。

职。其曾在本地城隍庙前起誓：如系捏造叛逆，诬陷良善，下为民殃，上干帝怒。阳有国法，幽有冥诛。千百世之余孽覆祀绝宗，十八狱之奇刑劙肌碎骨。[①] 其将阴间之"劙肌碎骨"与毁坏宗庙，断绝后代相提并论，由此可见"劙肌碎骨"之惨。

清入关后，"剉骨扬灰"不多见，乾隆年间有所增多。雍正十三年（1735），乾隆帝严禁火葬。在这个背景下，乾隆皇帝应有借"剉骨扬灰"的事例对汉族士人进行恐吓的想法。毕竟，被"剉骨扬灰"者大多系针对汉族士人。犯人尸体虽被焚毁，其死后心灵犹在，受痛犹甚。最后化为灰烬，被撒弃通衢。被"剉骨扬灰"后，连魂魄、心灵都不存在了，这对犯人及其亲属来说，打击极大，对他人也极具震慑力。

六　行刑后的事项

行刑完毕后，州县官与武官呵殿而回，照例赴当地城隍庙（有的地方为土谷祠或者关帝庙）烧香。烧香意图因人而异，有的想除去秽气。[②] 有的只是想告知城隍今日不幸而杀人。[③] 光绪末江苏知县李超琼说，自己每遇此事，皆默祷于神，冀启牖愚氓，改恶从善，庶以成"辟以止辟"之治，为"刑期无刑"之休焉。[④] 吉林梨树县在行刑后，监斩官必晋谒城隍，谓之交

---

① （清）汪堃：《逆党祸蜀记》，台北文海出版社，1990，第131页。

② 广州谓之"解秽"。英国某驻华公使夫人苏珊·汤丽说，行刑后，官员都要到关帝庙祭拜，祈求关帝压制住死囚的灵魂，不要让他来找自己报仇〔〔英〕苏珊·汤丽：《英国公使夫人清宫回忆录》，曹磊译，江苏凤凰文艺出版社，2018，第69页）。对处决犯人后的赴庙烧香行为，其原因、目的可能因地而异。

③ 《民呼日报图画》描写了一个怕鬼的知县。该知县将一名抢匪站毙后听说他家中无人。当即对众役长叹说，该犯至阴司无钱使用，这岂不要受罪吗？于是，特焚烧钱纸数十斤，金银纸锭若干。嘴上还喃喃暗祝说，我是奉上宪命令，不得已而为之，非我定欲将尔站毙。尔切莫怨我［《民呼日报图画》"怕鬼的知县"，《清代报刊图画集成》（六），全国图书馆文献缩微复制中心，2001，第172页］。虽然该图画最后又说，众差役无不嗤之以鼻，但现实中应该不乏这样的知县。处决犯人后烧香的行为也可能有怕鬼魂来纠缠自己的意思。

④ （清）李超琼：《李超琼日记》（光绪二十四年四月－光绪三十一年二月），苏州工业园区档案管理中心编，古吴轩出版社，2017，第22页。

魂。① 在贵州省镇宁县等地，行刑完毕后，州县官在城隍庙行香时，会轻杖刽子手数十下，以示不得无故杀人，象征对刽子手的杀人行为已经进行了处罚，然后再赐其银、酒。②

烧完香后，衙役早已预备好排衙等事。③ 传鼓三通，州县官于是升座公堂，处理完公事后，退入内衙。为祛除不祥，在浙江嘉兴等地州县官回署后还要燃放鞭炮。江西省城南昌监斩毕，按察使和武官俱换补服，诣关帝庙行香，谓为驱邪。时按察使署西辕门内至大门先以稻草二担铺地，门子二人以火捻候伺。按察使轿甫入辕，即烧草。掖舆者四人各以肩承舆杆，并舆夫为八，一呼齐走，径由火草飞度，门子随燃鞭炮，烟焰眯目，谓为

---

① 民国《梨树县志》丁编《人事卷2》。

② 民国《镇宁县志》卷2《经制志》。沈从文短篇小说《新与旧》也有类似情节。该小说作于1935年。该小说描写了一名刽子手在晚清和民国的经历。在晚清，当地行刑完毕，刽子手在城隍庙被地方官杖责四十红棍后，被赐一个装有钱的小包。沈从文说，法律同宗教仪式联合，产生了一个戏剧场面。其原因为，在这边疆僻地，必在人神合作的情形下方能统治下去。统治者必使百姓得到这样的印象。即使是为官家服务的刽子手，杀人也有罪过。这罪过由神做证，用棍责可以禳除。这事在当地已经成为习惯。民国成立后，不仅一切社会组织崩溃了，那种人神合作的模式也没有了。沈从文：《沈从文全集》第8卷《新与旧》，北岳文艺出版社，2002，第288～298页。

③ 清人顾张思说，妆门面曰排衙。此官署中语也。官初莅任，及开印封印，必陈执事。役吏叩头，皂隶站傍吆喝，谓之排衙。盖借言之。冯友兰的父亲在光绪末曾担任过湖北崇阳知县。冯友兰后来回忆说，父亲下乡验尸回到衙门时，他看见"排衙"。"排衙"是一种仪式。大概因为验尸一类的事是不吉利的，县官回来在大堂下轿，不进宅门，先坐公座，跟随的人两边排开，有一个人跪在中间，高喊："大老爷天喜！"之后，县官离开公座，走向宅门。宅门预先挂了一大串鞭炮，他一脚跨进宅门，鞭炮就响了。人们大概是相信，经过这阵鞭炮，一切污秽不吉利的东西都可以驱除了。处决人犯和验尸性质类似，一般都需要进庙烧香，排衙仪式应该也差不多。可能冯友兰身在县衙，未能见到其父进庙烧香的事。同治年间杜凤治在任广东四会知县时，验尸后都会诣城隍庙行香，排衙放鞭入署。光绪初杜凤治在任罗定州知州时，曾验尸后到武帝庙、北帝庙和一不知名庙行香解秽。光绪末李超琼任上海县知县时，因为平时验尸太多，只有个别情况会诣庙行香、入署排衙。以上见（清）顾张思《土风录》卷9，曾昭聪、刘玉红校点，上海古籍出版社，2016，第129页；冯友兰《三松堂全集》第一卷，河南人民出版社，2000，第22页；（清）杜凤治《杜凤治日记》第2册，邱捷点注，广东人民出版社，2021，第761、858页；（清）杜凤治《杜凤治日记》第7册，第3892页；（清）杜凤治《杜凤治日记》第8册，第4060、4197页；（清）李超琼《李超琼日记》（光绪三十一年三月－宣统元年闰二月），苏州工业园区档案管理中心编，古吴轩出版社，2017，第691页。

避煞。咸丰末李桓说，自己在任江西按察使后将此举禁革。①

　　若系省城决囚，当天州县官要赴督抚处缴令销差。有时，州县官还会很快出示行刑牌示，简单描写一下犯人被处决的前后经过，"以昭炯戒"。乾隆四十二年（1777）乾隆帝谕令，每年秋审勾到后，由大学士会同刑部将已勾、未勾情节摘叙简明事由奏闻，行知各地督抚于处决时揭示通衢晓谕。督抚于次年开印后须将本年决过人犯情况汇题。

　　《礼记·祭义》曰：众生必死，死必归土，此之谓鬼。《左传》曰：鬼有所归，乃不为厉。所以，古之孝子仁人在其亲人死后必将其掩埋。正因为如此，清代地方官经常掩枯埋骷。② 在现实中很多人死后得不到掩埋，也有人死后即使得到掩埋，但因为在雨水等外力作用下其骸骨裸露。这会使那些鬼魂无所依归，从而为厉人间。当地灾害、温疫的发生，经常被认为系那些无所依归鬼魂为厉人间的结果。③ 为避免那些死无所依的鬼魂精魄未散，结为阴灵，凄惨可怜，为厉未泯，在每年的三月清明日、七月十五、十月初一，很多地方都会置备祭品享祭那些无祀鬼魂（赈济孤魂），其中就包括那些死于刑罚者。④

---

① 李桓还说，天子命决囚，无冤则无资于神佑，不祀神何损？有冤则难逃于神谴，虽祀神何益。且决囚重典以阳道始，以阴道终，其若王命何。寮属咸谓然。迨回辕火举，则仓猝不能遏，但有愕眙。（清）李桓：《宝韦斋类稿》卷78，《清代诗文集汇编》第705册，上海古籍出版社，2010，第135页。

② 如光绪初张联桂在任惠州知府期间曾将生前遭受刑戮之犯的尸身收殓另埋，并发动同僚捐助。在捐助银中提出一百十四两发商生息，以为递年清明、中元两节致祭各该犯之需。张联桂将此视为"稍尽有司之责"之事。他之所以如此认为，不仅是出于同情，他也担心这些"强魂毅魄"狂啸哀号，作祟人间。见（清）张联桂《问心斋学治续录》卷3，《明清法制史料辑刊》第1编第31册，国家图书馆出版社，2008，第79~83页。

③ 当然，不限于灾害、瘟疫，比如道光八年（1828），台湾道丁曰健中元设祭时牒台湾府城隍文将近日海浪异于前时与游魂为厉联系起来。（清）丁曰健：《治台必告录》卷2，台北台湾银行经济研究室，1997，121~122页。

④ 有的地方官可能确实害怕犯人被处决后为厉。光绪时，湖南有一盗犯被获后供称与某差头、某马快逐件分赃。该盗要求与二人同定大辟，方可甘心。后来，该盗被饬令就地正法。其在绑赴市曹时，见分赃两犯俱不在场，心甚不服，破口大骂，谓官庇衙役，大为不公，即或被斩，死将为厉。极口丑诋，不堪言状。知县当时应该是害怕了。当将两人拘到，置诸站笼。该盗始帖然就缚，押赴法场。《斩犯攀供》，《益闻录》1896年，第1600期，第388页。

这在清代被称为"祭厉"。① 光绪《大清会典事例》载，"祭厉"之礼系顺治初年定。光绪《大清会典事例》详细规定了"祭厉"的程序。② 该程序庄重虔敬。

在很多地方，民间每逢每年的三月清明日、七月十五、十月初一也会

---

① 有些地方会发布"祭厉"文（或称"厉祭"文）。这些"祭厉"文常明确其对象包括"有遭刑祸而负屈死者"，可能字面上不包括所有被处决的人。有些地方的"祭厉"文明确为"凡在无祀，并沾恩赉"，应该也包括了所有被处决而无祀的人。美国传教士卫三畏说，中国人害怕恶人变成的游荡饿鬼，请和尚、道士来念经，叫作"打醮"，以安抚这些扰乱人们清福的家伙。这在当时人看来也许是一种信念，不能以迷信视之。郭嵩焘在被免驻英公使、蛰居乡野多年后，曾为一名深受疾病困扰的地方官写过一段文字，这段文字实际就是一段驱鬼文字。在郭嵩焘看来，该地方官应该受到了鬼的残害（因为其在阳间被该地方官处决）。郭嵩焘曾出使英国，在当时思想观念相对较为先进，尚且如此相信厉鬼为祸阳间的说法。郭嵩焘的文字如下：国有常刑，官实司之；于何征信？取证供词。人心变幻，百出不穷；匿情狡辩，爰有熬供。熬供不承，情真弗治；但一自承，尽从吏议。罹法科罪，岂忍为残；国法森然，明神所监。嗟汝之罪，官疑未决；汝自承招，官非汝迫。临刑视汝，怦然涕淋；一念之仁，有感于心。汝即乘之，据为冤抑；嗟官之仁，汝岂弗识？汝虽冤死，亦命使然；官惟执法，非故汝冤。于惟张君，三至长沙；民欢士感，无有疵瑕。汝自谓冤，殃吾贤父；阴阳一理，于义岂顺！今吾以汝，宜佛持经；超度汝魂，元关紫庭。多焚冥锱，资汝游衍；为解汝冤，逍遥息偃。天地万物，大哉皇皇；生死顺逆，在变皆常。汝魂有灵，当知辨此；超然悟澈，霍然病已。在郭嵩焘的笔下，监斩官在监斩时"怦然涕淋"，并非毫无感情可言。民间的鬼神信仰不独存在于普通老百姓那里，也同样存在于曾担任地方大员、深受儒家思想影响的郭嵩焘那里。在地方官那里，对死刑犯鬼魂的安抚（而非压抑）是项重要的工作。地方官之所以要安抚（感化）这些鬼魂，也可能与其对历来死刑犯的判罚不自信有关。清初学者黄中坚说，苏州市乐桥这个地方相传为以前的法场，强死者多，游魂为厉。日落则往往闻鬼哭，甚者白昼迷人，居民患之。有僧能治鬼，用大铁瓶摄鬼于其中，封好后悬于竿上，其患乃绝。后来僧人死了，瓶子也坏了，鬼复出为患。听说周康王时刑措不用四十年，若立庙祀之，必能平其怨而绝其患。庙建好后果然如此。黄中坚又说，锻炼周内之下，其无罪而死者，不可胜数。悲忿痛切，无所发舒，则相聚为厉，无足怪者，而僧人欲以符水禁制之，是重其憾，鬼焉得能散？所以，必能使死者之憾释然无余，然后生人之患可以永绝。这非人力所能及。然后他又介绍了康王的功绩和建康王庙的必要性。各地"祭厉"仪式的基本思路也是如此，先是承认有被冤死者，然后对恶鬼（即"厉"）只能安抚（感化），不能压抑。所以，官方是"祭厉"，而不是"镇厉"。祭厉的最终目的还是使无主孤魂有所凭依，不能复为民害。以上见〔美〕卫三畏《中国总论》，陈俱译，上海古籍出版社，2014，第761页；（清）郭嵩焘《郭嵩焘全集》第12册，梁小进主编，岳麓书社，2012，第162～163页；（清）黄中坚《周康王庙记》，（清）贺长龄辑《皇朝经世文编》卷90，台北文海出版社，1966，第3246页。

② 光绪《大清会典事例》卷444《礼部·祀·直省祭厉坛》。有关"祭厉"的历史，详见（清）秦蕙田《五礼通考》卷127《吉礼》，《文渊阁四库全书》第137册，上海古籍出版社，1987，第1078～1084页。

举行祭祀城隍神的活动。① 在民间的城隍庙会期间，要举行隆重的城隍出巡赦孤活动。民众有扮鬼的，有扮犯人的，有扮刽子手的，非常热闹。他们希望藉此可以消难、驱邪、降福。② 被安抚的孤魂野鬼有时也包括那些被处决的人。比如光绪三年（1877）清明节时，天津是夜赦孤在西门外法场。当时所有楮帛几同山积。③ 既然是在当地法场举行赦孤活动，其对象自然包括那些被处决者。

笔者见到一张民国时期为阴间亡灵准备的护票。该护票系云南省政府在某年夏季的中元节期间颁发的一份正式的亡灵护照。其格式和措辞几乎与本人跨省旅行的护照（路引）相同，为亡灵在涉邪地区的安全通行提供了保障。很多亡灵成为无祀孤魂，久羁异域，无所归依，官方格外悯怜。现在给他们发护票，并给盘费。命他们回籍三日前赴该管州县城隍处验明缴销。这些亡灵也包括那些受到国法制裁而被处决者的亡灵。④ 从该护票的格式、表达和语气来看，相信清代也有这种护票（路引）。⑤ 在官方的想象中，亡灵也得回籍。如果不得回籍，可能会在当地作祟。所以，与其如此，不如顺势引导，为其消除回籍的障碍，让其顺利回籍。

---

① 官方和民间的活动可能有交织。

② 有关死后鬼魂、阴间以及三节游行的描写，可以参考约翰·莱蒂·布莱克在日本横滨创办的《远东》杂志上的一篇名为《祖先崇拜》的文章。该文说，有些魂魄因为没有家人祭拜，完全依靠社会的施舍度日。因为这个信条，生者每年三次会给死者烧纸钱或者元宝，以便让他们在阴间可以度日。见赵省伟主编《西洋镜：〈远东〉杂志记录的晚清1876—1878》，广东人民出版社，2020，第509～541页。

③ 《赛神盛会》，《申报》1877年6月8日，第2版。

④ 该护票见〔美〕哈·阿尔弗森·弗兰克《中国南方漫游记》，〔美〕李国庆、〔美〕邓赛整理，广西师范大学出版社，2014，第482页。

⑤ 嘉庆中期铁保曾任喀什噶尔参赞大臣等职，作有《送旅榇入关路引》一文。该文说，故事，南北两路军营兵民病毙者乡人扶榇入关，官给路引，咨呈山川神祇。否则，魂不得归。病毙者也包括那些军流犯人。虽然他们法所难有，死则情有可矜。是皆客子之所心伤，仁人之所心恻者。夫人神道殊，职掌则一。分司守土，岂容作幻于游魂。念切首邱，应听归骸于故里，是用发给路引，俾作护符。冥路虽遥，阴行无阻，庶几死复其所，魂不痛夫馁而鬼有所归。为避免那些客死无归者为厉，庶几疵疠不生、灾害不作，连年鲜遭风沉溺者，咸丰年间台湾道徐宗干曾在某年七月中元节牒郡城隍护送他们回归原籍。以上见（清）铁保《梅庵文钞》卷6，《清代诗文集汇编》第432册，上海古籍出版社，2010，第460页；（清）徐宗干《斯未信斋杂录·壬癸后记》，台北台湾银行经济研究室，1997，第72页。这些同时说明了回籍对死者的意义。

第六节　京城行刑

　　与地方不同，京城处决人犯须有皇帝和刑科给事中签发的驾帖。① 如前文，每年立决人犯数量一般要少于监候人犯，京城也大致如此。光绪三年（1877）朝审，京城只处决了七名犯人。《申报》说，一年之中所干大辟者止有此数。② 可见，除朝审勾到日与少数例外情况外，京城平日一般很少处决犯人。③ 京城平日处决犯人并无特别之处。入于本年度的朝审情实人犯和最终被处决的人犯数量更多，朝审勾到日更受朝廷重视。笔者所知，乾隆四十七年（1782）朝审有 140 名情实人犯，最终多达 91 人被勾决，人数远多于乾隆其他年份。④ 光绪时，朝审被勾决人数已远低于乾隆年间，光绪八年（1882）和二十九年（1903），各有 21 人被勾决，人数明显多于光绪其他年份。朝审勾到当天，进入本年朝审情实的人犯俱会被押入菜市口法场。每年都有未被勾除的人犯，官方有意识地围绕着行刑在京城集中展示、宣扬帝恩。正如《点石斋画报》针对光绪十二年（1886）朝审中官犯唐炯、徐延旭等人未被勾除的事评论说，"帝泽如春"，他们惟有感激涕零。正所谓"怜他西市归来日，感戴皇恩天地宽"。⑤ 朝审勾决当日本来进行的是血腥的杀戮行为，其重心却变成了向臣民展示皇帝恩德的平台。

　　在朝审勾到前一晚刑部会赏给被列入勾到名单各犯酒肴，并准犯人家眷进监看视。言笑歌乐在所不禁。该犯饮食何物，官役立即购买。并

---

　　① 清代驾帖沿自明代，是皇帝授权的官员或宦官执行某项任务时的证明。有关驾帖的研究，参见张金奎《明代的驾帖与精微批》，《社会科学辑刊》2017 年第 4 期。

　　② 《朝审决囚》，《申报》1878 年 1 月 2 日，第 1 版。

　　③ 嘉庆十八年（1813）、十九年，因处理林清事件而处决了 200 余人。即使如此，嘉庆皇帝仍"恻然哀悯"，命有司于菜市口筑坛超度 [（清）昭梿：《啸亭杂录》卷 2，何英芳点校，中华书局，1997，第 29 页]。

　　④ 《清高宗实录》卷 1167，乾隆四十七年十月庚寅。

　　⑤ （清）赵舒翘：《提牢备考》卷 4，《续修四库全书》第 867 册，上海古籍出版社，2002，第 586 页。

延雇各样玩艺入内演唱，有莲花落、大鼓书、什不闲、八角鼓。使犯人既恣口腹之欲，又得耳目之娱。以快乐两字为死者饯行，以完成人生最后之一幕。至晚间监狱内外高烧红烛，恍如不夜之城。① 惟禁卒衙役在在谨慎提防。迨至公鸡打鸣，霎时声寂，令人骨悚神寒。此际官役防范益严。东方既白，即将各犯提至大堂，立为绑缚，由刑部扶出，押入囚车。②

如果是官犯，在行刑前一日，刑部司狱官必先期告知，邀请赴宴，宴毕穿素套，戴大帽，望阙谢恩，然后就死。③ 光绪二十二年（1896）朝审勾到前叶志超等五名官犯实际上已经知晓自己不会被处决，"殊觉意态坦然，身穿元青布褂，头戴无顶大帽，端坐囚棚，啜茗以待天之破晓"④。

光绪十年（1884），在中法战争中以失误军机被议罪的巡抚唐炯、徐延旭等人被军机大臣、大学士会同刑部定拟斩监候。⑤ 光绪十一年（1885）为秋审、朝审情实各犯停勾之年。⑥ 光绪十二年（1886）朝审勾到时，一共有 24 名情实犯人（其中包括唐炯、徐延旭等官犯）参加勾到，最终有 19 人被勾决。⑦ 根据《点时斋画报》的记载，唐炯、徐延旭当时感觉"案无生望"。监斩官带同刽子手押犯人赴菜市口，唐炯、徐延旭等人皆穿元套，其仆从皆穿白袍元色褂，其同年、朋友、亲戚随后亲送，家属号泣之声，途人不忍闻。适逢云暗不明，增加了当天的惨状。突然有一官飞马奉圣谕至，唐炯、徐延旭等著加恩免予勾决，改发边省效力赎罪（见图 5）。

---

① 图见《点石斋画报》壬集・五期"以永今夕"。

② 《朝审决囚》，《申报》1878 年 1 月 2 日，第 1 版；《京华纪余》，《申报》1888 年 1 月 4 日，第 1 版；《帝京纪事》，《申报》1888 年 12 月 31 日，第 2 版；《秋曹大惨》，《申报》1894 年 1 月 8 日，第 2 版；献征：《前清有系统的杀人制度》（续），《益世报》（天津）1932 年 7 月 19 日，第三张；董康：《董康法学文集》，何勤华、魏琼编，中国政法大学出版社，2005，第 353～354 页。

③ 《朝审决囚》，《申报》1878 年 1 月 2 日，第 1 版。

④ 《莘毂祥光》，《申报》1896 年 12 月 29 日，第 1 版。

⑤ 《清德宗实录》卷 199，光绪十年十二月壬午。

⑥ 《清德宗实录》卷 209，光绪十一年六月己巳。

⑦ 《清德宗实录》卷 235，光绪十二年十一月乙巳。

图5　菜市口法场

注：《点石斋画报》壬集·七期"绝处逢生"。

　　在朝审勾到前，应预先将刑场监斩棚、囚棚准备完毕。此事应由都察院札行五城，由五城饬令司坊派匠役准备。① 光绪二十四年（1898）朝审犯人的行刑日期为十一月初三，十月二十九相关人员便已开始准备在菜市口搭盖圣旨棚、监斩棚和囚棚了。② 《申报》一篇文章说，当时京城菜市口所有监斩棚、囚棚应归某官棚铺支搭，其西北两城地面开设棚铺等均各出京钱若干串付给某官棚铺作为贴费。至监斩棚内应用一切桌凳、囚棚内应用板凳向归米市胡同某家伙铺预备，其西北两城北面所有家伙铺等亦各出京钱若干串付给某家伙铺作为贴费。③

　　朝审勾到当天，进入本年朝审情实的人犯俱会被押入菜市口法场。④《大清律例·刑律·断狱下》"有司决囚等第"门规定，每年朝审勾到，刑

---

① 《决犯纪闻》，《申报》1893年1月7日，第3版。
② 《神京珥笔》，《申报》1898年12月21日，第3版。
③ 《决犯纪闻》，《申报》1893年1月7日，第3版。
④ 笔者在网上看到一篇文章，其对菜市口法场的具体位置、枭首柱的设置、凌迟的位置、祭刀棚的存在等问题进行了详细的考证。http://blog. sina. com. cn/s/blog_4945b4f80102yfri. html，2018年11月4日访问。

部将人犯绑出之日，步军统领衙门派步军翼尉一员护送。如果是提前已知结果的陪绑官犯，对其押解则要宽松得多。光绪五年（1879）朝审时前安西提督成禄已陪绑四次，每次赴市犹坐大鞍红围轿车，其坐车前后尚有从骑数人，到达菜市口后到监斩官棚内应名。[①]

囚车由刑部南门走出后，至刑部街，走交民巷，过化石桥，沿城根，出宣武门。沿大街，至瑞露居处停车畅饮后，再驱车至菜市口。将各犯羁入囚棚，犯人暂憩片刻，以待驾帖到，然后行刑。

因为每年朝审勾到日期早已确知，所以，民众欲赴菜市口观看行刑，当日一定要早到。[②] 行刑时，围观民众自然很多，经常"车不能行"。当日菜市口佣贩蔬果者俱会收摊以待行刑。[③]

京城选择菜市口作为法场，除了可能有西南方位的考虑外，还有其他考虑。正如沈家本所言，清代各地法场大都在城外空旷之地。[④] 京城九门中距离刑部最近的为正阳门和宣武门。正阳门系京城正南门，系圣驾之所从出，不宜犯人进出。宣武门为"圣驾所不经由者"。[⑤] 宣武门外便成为京刑法场的首选。菜市口为东、南两城交界，系"宽广所在"，便于行刑。菜市口于是成了清代京城的法场。晚清刑法改革时，曾短暂将刑场移至长椿寺北。此处地平旷，外筑垣绕之。[⑥] 中国古代的公开行刑传统至此一变，短暂的秘密行刑时期由此开始。[⑦]

康熙十五年（1676）题准监斩官系都察院御史和刑部司官各二员，俱分满汉。[⑧] 在乾隆十四年（1749）后，朝审勾到当日行刑系由刑科给事中和

① 《陪绑述闻》，《申报》1880 年 1 月 9 日第 2 版。

② （清）洪亮吉：《更生斋集》卷 4，刘德权点校，中华书局，2001，第 1041 页。

③ （清）李慈铭：《荀学斋日记》"己集下"，《历代日记丛钞》第 102 册，学苑出版社，2006，第 124 页。

④ （清）沈家本：《历代刑法考》（附《寄簃文存》），邓经元、骈宇骞点校，中华书局，1985，第 2060～2061 页。

⑤ 《朝审决囚》，《申报》1878 年 1 月 2 日，第 1 版。

⑥ （清）孙宝瑄：《忘山庐日记》（下），上海人民出版社，2015，第 1117 页。

⑦ 当时有竹枝词写道："当年弃市任观刑，今日行刑场筑成。新旧两般都有意，一教警众一文明。"钱仲联主编《清诗纪事》第 4 册，凤凰出版社，2004，第 3856 页。

⑧ 光绪《大清会典事例》卷 1016《都察院·六科·监视行刑》。

刑部侍郎一人监视行刑。[①] 薛允升《读例存疑》说，现在办法系右侍郎二人监视行刑，与例不符。[②] 有时皇帝会特旨命令某刑部堂官或其他人负责监视行刑。[③] 行刑前先期派司坊官员等官前往弹压，清理街道，严闭栅栏，不许闲人往来。为防止日久玩生，嘉庆五年（1800），嘉庆帝又谕令每年朝审处决犯人时，都察院与步军统领衙门严饬营城各员弁兵役等于行刑处所周围排列，严格巡查，毋许街市闲人拥挤。并派是日轮住城外京营总兵亲往巡查弹压。倘若派出城营各员弁及兵役等不能实力奉行，由监视行刑之刑部侍郎与刑科给事中，据实指名参奏。[④]

同时，由刑部派出司员（有时系堂官）由紫禁城内恭捧驾帖。[⑤] 前有二役担负高头回避粉牌二面，行走颇为迟缓，以示法不得已而用之之意。驾帖一到，恭设香案，三跪九叩礼毕，入监斩棚，升座，令堂书遵旨宣唱已勾犯人姓名，即将被勾决者逐一处决。先斩后绞。[⑥] 未被勾决的犯人仍令装

---

① 《清高宗实录》卷349，乾隆十四年九月癸酉。

② （清）薛允升：《读例存疑》卷49，胡星桥、邓又天等点注，中国人民公安大学出版社，1994，第846页。吴振棫《养吉斋丛录》也说系刑部满、汉右侍郎两人。刑科是满、汉给事中两人监斩。（清）吴振棫：《养吉斋丛录》卷6，童正伦点校，中华书局，2005，第75页。

③ 董康回忆支持义和团大臣启秀、徐承煜被杀时的情况说，在确定行刑日时，推定刑部满左侍郎景沣、汉右侍郎胡通芬前往监视，余及郎中琦璋、主事孙文翰、王守恂监刑（董康：《书舶庸谭》卷4下，朱慧整理，中华书局，2013，第167页）。监视与监刑措辞的不同显示了他们在监斩时的职能分工。吴振棫《养吉斋丛录》说朝审勾到后犯人系由刑部司员监视处决。监斩官为刑部满、汉右侍郎，刑科满、汉给事中 [（清）吴振棫：《养吉斋丛录》卷6，童正伦点校，中华书局，2005，第75页]。京城法场处决犯人时在场主要官员应该有分工，有负责近距离监刑的，有远距离监视的。

④ 光绪《大清会典事例》卷1160《步军统领·职制·禁令一》。

⑤ 皇帝勾毕后，奉黄册以出，大学士照汉字本勾清字（满文）本缮签进呈，候批写清字、汉字毕，密封，标红字，交该御史（朝审系京畿道）恭领，即交刑部遵行。见（清）翁心存《翁心存日记》第3册，张剑整理，中华书局，2011，第1176、1373页；徐一士《一士类稿续集》三十，徐泽昱、徐禾编，中华书局，2019，第140页。

⑥ 笔者的依据主要为《申报》的相关记载。董康所记与此有异。董康说在宣武门外有一公馆，刑部六名堂官俱在此等候圣旨。圣旨由京畿道御史从宫中捧出，至公馆后宣读。完毕后，刑部各堂官拆旨核对，无误后，再将圣旨交与六名捧旨官（刑部新补缺之员外郎）。捧旨官用仪仗导引至监刑篷内，将圣旨供奉于案。监斩官点名行刑（董康：《董康法学文集》，何勤华、魏琼编，中国政法大学出版社，2005，第354页）。《益闻录》有则报道说，御史坐车恭捧谕旨，缓缓而行。至菜市口囚棚，吏人传报接旨。监斩官恭设香案，跪迎听宣。御史宣毕，按名唱点，斩绞如法。《朝审勾到单》，《益闻录》1892年，第1134期，第23页。

入囚车，解回刑部收禁，一般会等待来年朝审决定其命运。乾隆四十二年（1777），乾隆帝谕令朝审犯人已勾、未勾简明事由系由刑部发交该城榜示。

光绪十九年（1893）十一月初九系朝审勾到日，孙宝瑄曾目睹了行刑过程。据其所云，南面系囚棚。东北状如屋脊之棚系监斩棚，南向。监斩棚旁有小棚，祀刑具，俗呼曰神器。自明至今数百年，杀人无算，血迹斑然，似钝甚，而用之若新发于硎。处决时，由书吏唱名，众拥罪人出前下跪。报名完毕后，将犯人牵出处决。很快，围观民众的欢呼声由东而西。一人持血淋漓之首级至监斩棚前，报首级到。吏复唱名如前。如是循环，直到处决完毕。①

根据《申报》所记，京城处决犯人后，刽子手必将尸身衣裤尽行剥去，然后雇人弃掷万人坑中。② 因中日平壤之战受罪、曾屡次被绑赴菜市口刑场的叶志超曾发善念，每逢刑部有立决人犯，给刽子手纹银一两，免褫衣服，按名给予棺木一具，免致尸骸暴露。③

京城系宗室、觉罗、八旗正身之人的主要聚居地。如果宗室、觉罗、八旗正身之人因故被处决，其处决程序与普通民人不同。乾隆元年（1736）议准，嗣后觉罗有犯斩、绞之罪者，如果系情实，仍禁高墙，听候刑部具奏各犯情罪时，缮入情实罪犯觉罗之名次具奏，奉旨予勾时，亦照宗室例交本族人等即行办理。④ 亦即他们不会在菜市口被公开处决。如果犯人系京城八旗正身，此时处决犯人一切事务应归本旗佐领监刑，领催行刑，莫吉格献头，在本旗地面行刑。实际一般系聘请刑部刽子手行刑。对该旗佐领

① （清）孙宝瑄：《忘山庐日记》（上），上海人民出版社，2015，第2~3页。《王钟霖日记》在记录柏葰被斩时提及菜市口有官棚、刀棚名目［（清）王钟霖：《王钟霖日记》，周生杰、周恬羽整理，凤凰出版社，2017，第47页］。此处的官棚应该就是孙宝瑄说的监斩棚，刀棚应该就是孙宝瑄说的祀刑具的小棚。
② 据清末进士许承尧所言，京城万人坑位于城南西。被处决之犯人尸体按照惯例不掩埋"投以饲虺蛇"。万人坑中"白骨纵横排，深窅无寸泥"。那里有专吃人肉如犬般大小的老鼠。犯人尸体被抛入坑后，第二天就只剩白骨了。见（清）许承尧《疑庵诗》"附录一"，黄山书社，1990，第7页。
③ 《首善纪闻》，《申报》1896年5月22日，第1版。
④ 光绪《大清会典事例》卷725《刑部·名例律·应议者犯罪》。

来说，行刑过程花费较大。光绪十一年（1885）镶白旗凌迟某犯妇的花费不下五百余金。[①] 光绪十二年（1886），情实绞犯、宗室再锡临决前三日由宗人府空室处脱逃，近一年之后才于奉天被拿获。当天被迅速解京，宗人府请示光绪帝再锡应否押赴市曹行刑。光绪帝谕令将再锡押赴本旗坟茔处绞。[②] 所以，严格地说，菜市口并非20世纪初晚清刑法改革前京城唯一的法场。[③]

小　结

地方官在收到处决人犯公文后应该保密，并马上决定行刑日期，做好行刑前的准备工作。行刑日应该避开律例规定的停刑日和不理刑名日。在将犯人绑赴法场前，须验明正身。在州县层面，监斩官为州县官和本地绿营武官。在京城和省城，监斩官数量更多。在将犯人押赴法场途中，犯人前后会有官兵、衙役围绕护送，犯人不一定是步行至法场，也可能是被抬或坐车赶至法场。途中犯人的表现各不相同，不必然是恐惧。在中国古代，因为方位与司法事务之间存在一些关联，法场常设于本地的西门外和北门外，南门外和东门外的法场比较少见。关于行刑时间，"午时三刻"行刑可以说已经成为当前社会大众对古代行刑时间的基本看法。实际上，中国古代并没有"午时三刻"行刑的制度规定。至少在清代，"午时三刻"行刑的事例非常少见。"午时三刻"行刑存在于明清文学作品中。即使在明清文学中，也不全是"午时三刻"行刑。

行刑细节是本章关注的重点。虽然全国各地在行刑具体细节上可能会有不同，处死犯人的方式还是相同的。斩就是砍头，绞就是把犯人勒死，枭首就是把头砍下之后将头悬挂示众，凌迟就是在犯人身上割数刀后再枭

---

① 《犯妇就刑》，《申报》1885年6月15日，第2版。

② 《清德宗实录》卷249，光绪十三年十一月己卯。

③ 《都下委谈》，《申报》1887年4月5日，第2版；《京师剩语》，《申报》1893年7月9日，第9版；《逆伦巨案》，《申报》1893年1月13日，第2版。

首，戮尸就是把已死犯人的头颅砍掉。各地行刑细节存在差异，我们现在没有必要对当时到底如何砍头、如何绞死犯人这样的问题过度较真。凌迟在乾隆后并非真正将犯人千刀万剐，实际只是在犯人身上割数刀而已。行刑后，监斩官一般会去庙里烧香。为避免那些死无所依的鬼魂精魄未散，结为阴灵，凄惨可怜，为厉未泯，在每年的三月清明日、七月十五、十月初一，很多地方都会置备祭品享祭那些无祀鬼魂（赈济孤魂），其中就包括那些死于刑罚者。这在清代被称为"祭厉"。在很多地方，民间也会定期举行祭祀城隍神的活动，被安抚的孤魂野鬼有时也包括那些被处决的人。

与其他地方相比，京城行刑更具象征意义。乾隆至咸丰时，在一般情况下，朝审勾到日是每年京城处决犯人最多的一天。当天，官方会有意识地围绕着行刑展示、宣扬皇帝的恩德。最高统治阶层非常重视朝审勾到日的系列工作。无论是监斩官的选取、勾到名单的传送，还是勾到前晚犯人的狂欢、犯人的押送、行刑时的法场秩序、未勾犯人的处理，都体现了京城行刑的特殊性。京城系宗室、觉罗、八旗正身之人的主要聚居地。如果宗室、觉罗、八旗正身之人因故被处决，其处决程序与普通民人不同，一般不在菜市口行刑。所以，菜市口法场可以说不是清代京城唯一的法场。

第六章　法场中的当事人和参与人

第一节　监斩官

在清代，地方官对百姓有教养之责。百姓犯了死罪，可被视为地方官失于教养。从这个角度来看，地方官也有责任，对此应该愧疚。[①] 地方官有时还会有痛悔流泪的表现。此即古人所谓"大禹泣囚"，痛百姓失教养之意。[②]《大清律例·刑律·断狱上》"狱囚衣粮"门规定，斩、绞重犯穿赭衣。[③] 赭衣即赤红色。行刑时，地方官为显示自己对此有责任，俱身披红

[①] 如乾隆三年（1738），乾隆皇帝在勾到云南等省犯人后告诫大臣说，这些陷于罪戾的小民大都由于饥寒切肤及教化未逮所致。对此，我君臣皆有责任，岂能无愧？《清高宗实录》卷77，乾隆三年九月壬申。

[②] 该故事大意为：大禹巡行诸侯之国。路上遇见一些罪犯，心中不忍。便下车问其犯罪之由，因而伤痛垂泣。左右的人说道，这犯罪之人所为不顺道理，正当加以刑罚。君王何故痛惜他。禹说，我想尧舜为君之时能以德化人，天下的人都体着尧舜的心为心，守礼安分，自不犯刑法。今我为君不能以德化人，这百姓每各以其心为心，不顺道理，所以犯罪。是犯罪者虽是百姓，其实由我之不德有以致之，故我所以伤痛者，不是痛那犯罪之人，盖痛我德衰于尧舜也。这个故事虽然系后人演绎，在中国古代却很具影响。

[③] 根据宣统年间《图画日报》所记，中国凡官署中收押人犯，罪重者只不准剃发，并无犯衣。虽戏剧中凡斩犯及发配之犯皆穿红衣，今已久废。见环球社编辑部编《图画日报》第3册，上海古籍出版社，1999，第511页。

衣。这在南方很多地方被称为"大红一口钟"。在清代文学作品中监斩官常身穿红衣。当然，在清代平民百姓的吉服多为红色。红色也有避邪之意。[1] 在《说岳全传》《五美缘》《善恶图全传》《绣像文武香球》等清代文学作品的行刑场景中，红衣常与吉服二字同时出现。《绣像清风闸全传》等文学作品中有监斩官穿吉服监斩的描写。虽然其中未说明吉服是何颜色，但可断定，吉服应是红色。

监斩的绿营武官亦身穿红衣。正如《申报》所云：州县营汛监视行刑，往往不论品级，竟用全红，相沿成习，不知所本。近来无论何官俱用红兜镶黑边。年复一年，镶逾窄，甚至庶民亦复滥用。[2] 庶民滥用的目的应该系出于避邪。在有关死刑的场合常见红色。如光绪四年（1878）江苏扬州在处决某官犯后，次日其家属用红衾将其尸身裹起。[3] 据陈恒庆《谏书稀庵笔记》所言，在朝审会议之时，犯人之亲友以山里红（即大红山楂）一串挂其项上。此物色红而形圆，盖取其团圞（即团聚）之意。[4]《春冰室野乘》说，清代大臣临刑，必用红绒绳面缚。[5] 咸丰五年（1855）太平天国北伐将领林凤祥被凌迟时的监斩官之一萧浚兰说，当时监斩官无不头戴红帽。[6]

《申报》在书写行刑时，时常会关注犯人、刽子手和围观民众，对监斩

---

① 晚清来华美国传教士卢公明说，在中国普遍的说法是，红色能驱邪。见〔美〕卢公明《中国人的社会生活》，陈泽平译，福建人民出版社，2009，第394页。

② 《红风》，《申报》1876年2月5日，第3版。

③ 《犯官正法》，《申报》1878年12月21日，第3版。

④ （清）陈恒庆：《谏书稀庵笔记》"朝审"，台北文海出版社，1969，第59页。民国时期崇晖《清代菜市口之刑场》也有此说法（崇晖：《清代菜市口之刑场》，《中华周报》1944年第1卷第9期，第20版）。《益闻录》在报道光绪二十一年（1895）朝审会议时说，除官犯外，各犯均穿红棉袄。《朝审勾到单》，《益闻录》1895年，第1517期，第496页。

⑤ （清）李孟符：《春冰室野乘》"庚子拳乱轶闻"，张继红点校，山西古籍出版社，1995，第133页。又据民国黄濬《花随人圣庵摭忆》说，京城三品官被处决前系以红色丝线绑缚。见黄濬《花随人圣庵摭忆》——六《北京狱卒谈数十年来狱事》，李吉奎整理，中华书局，2008，第220页。

⑥ （清）李桓：《宝韦斋类稿》卷84，《清代诗文集汇编》第705册，上海古籍出版社，2010，第176页。在小说《荆公案》中，监斩官荆公身穿大红一口钟，头戴大红风帽。刽子手也身穿鲜红战服。见（清）佚名《荆公案》，江西美术出版社，2018，第437页。

官、负责警戒的兵役则极少涉及。其原因在于，因为行刑系当地大事，为防止发生劫囚等意外，监斩官、负责警戒的兵役一般能认真履行自己的职责，成不了法场瞩目的焦点，很难成为新闻人物。① 《申报》法场行刑各则报道的书写者也是围观民众，从围观民众的角度来看，他们的目光自然更加聚焦于犯人和刽子手。读者在阅读《申报》的相关报道后，除了对身着红衣有印象外，对监斩官没有其他更深的印象。可以说，在《申报》中监斩官是被动的行刑组织者。他们就像现在的机器人一样，毫无思想、表情可言。读者在阅读《申报》相关报道时自然无法揣摩监斩官在监斩时的所思所想。除《申报》外，清代各种文献对监斩官的书写也非常少见。监斩官临刑时心慈垂涕，这是《申报》外的文献对监斩官比较常见的书写。② 裴景福于光绪末年曾任广东南海县知县，他曾经与官场中人说，牧令是民之父兄，父兄不养不教，任子弟为非，从而杀之。我等监刑，与为子弟送丧何异？闻者也很感慨。③ 其将监斩视为为至亲送丧，监斩官怎能不伤心垂泪？这实际上就是上文所说的"大禹泣囚"之意。④ 当然，这只是裴景福自己的说法，不代表凡监斩官必然如此。每个监斩官情况不同。⑤ 并不是每个监斩官都会在法场上心伤自责，尤其是在监斩次数较频的广东省城。⑥

---

① 在光绪十二年（1886）浙江杭州的一次行刑中，有某兵弁在法场上防护，当行刑时，竟于人丛中掷洋枪而遁。《申报》此则报道认为，该兵弁系因见绞犯形状可怜而遁（见《澜垣琐拾》，《申报》1886 年 11 月 20 日，第 2 版）。类似事例在《申报》报道中非常少见。

② 中山大学历史系中国近代现代史教研组、研究室编《林则徐集》（日记），中华书局，1962，第 219 页；民国《融县志》第七编；（清）郭嵩焘：《郭嵩焘全集》第 12 册，梁小进主编，岳麓书社，2012，第 162~163 页。

③ （清）裴景福：《河海昆仑录》卷 2，台北文海出版社，1986，第 167 页。

④ 也不能排除佛教的影响。比如安徽安庆北门外刑法场上靠墙竖立一块长方形的佛石。上刻"南无阿弥陀佛"（〔美〕威廉·埃德加·盖洛：《中国十八省府》，沈弘、郝田虎、姜文涛译，山东画报出版社，2008，第 204 页）。该佛石的竖立应该反映了地方官和当地民众的信仰。

⑤ 比如杜凤治曾遥观了一次行刑，描写了两名监斩官的表现。一名监斩官表现了无所谓的态度，另一名监斩官在行刑完毕后仍面不改色，仍问杜被杀者是否真匪。（清）杜凤治：《杜凤治日记》第 3 册，邱捷点注，广东人民出版社，2021，第 1335 页。

⑥ 李超琼光绪中后期在任江苏省城首县知县时也经常监斩犯人。对比《李超琼日记》和《杜凤治日记》的相关记载，可以很清晰地看到，无论是监斩频率，还是每次被处决人数，江苏省城俱明显不如广东省城。相对于杜凤治，李超琼监斩时更常自责。

在州县层面，监斩官一般系两名，一文一武，文官为主导。他们分别系当地文官和武官系统的最高长官（省城除外）。文官有一定的知识积累和文化修养。虽然目前留存了大量由清代地方各级文官书写的各种内容的史料，但有关法场的书写（尤其是行刑细节的书写）却非常少见。法场行刑充满了血腥味，他们一般不愿意书写。① 这是今人对清代行刑细节充满神秘感的重要原因。与其他人相比，杜凤治对法场行刑进行了相对较多的书写。杜凤治的书写在当时是个案，所以，其价值很高。

杜凤治于同治五年（1866）至光绪六年（1880）历任广东广宁、四会、南海、罗定州等地州县官。在杜凤治日记中，负责监斩被称为"办犯"。南海与番禺同系广东首县，案件远多于广宁、四会等县。在"办犯"时，南海知县与番禺知县一般系分头同时行动。杜凤治在任官广宁、四会和罗定州时，"办犯"次数和人数均屈指可数。杜凤治在南海知县任内监斩的犯人大多为省内各州县解来的寄监犯人。他称，南海、番禺两县每月"办犯"二三次不等，少五六十人，多百余人。司空见惯，视为故常。远超省内其他州县。新任广东按察使张瀛在得知这一情况时为之咋舌，说他省无如此之多。② 同治二年（1863），广东巡抚郭嵩焘甚至说广东盗贼之多，百倍他省。③ 光绪初两广总督刘坤一也说，他在江西一年之中未见有盗案出，如有一二起则大众哄传，官绅论议，摘顶勒限，非同小事。未有如广东之报案不绝，司空见惯，习为故常者也。④ 两相对照，当时广东每年处决的犯人要

① 法国学者巩涛认为，与欧洲、日本相比，中国缺乏对死刑及其相关事项的详细叙述，这体现了中国文化的一个特征。中国历史学家可能继承了儒家自古以来不语怪力乱神的传统，所以，对描绘具体行刑过程有着某种偏见［〔法〕巩涛：《晚清北京地区的死刑与监狱生活——有关比较史学、方法及材料的一点思考》，陈煜译，周东平、朱腾主编《法律史译评》（2013年卷），中国政法大学出版社，2014，第262、282页］。在中国古代，本地出现死刑犯对地方官来说是一种罪过，书写行刑之事无疑彰显了自己的罪过。从这个角度来说，地方官不愿意书写。

② （清）杜凤治：《杜凤治日记》第6册，邱捷点注，广东人民出版社，2021，第2957～2958页。

③ （清）郭嵩焘：《郭嵩焘全集》第4册，梁小进主编，岳麓书社，2012，第94页。

④ （清）杜凤治：《杜凤治日记》第9册，邱捷点注，广东人民出版社，2021，第4821页。

远超江西等省。① 处决人犯之多是杜凤治在其日记中经常书写"办犯"过程的基础。

要知道当时广东地方官还不全是武健严酷之辈，处决人犯却已经如此之多。杜凤治曾说，武营常恨我们不肯杀人，解来之犯十有九人从宽。这并不是我们纵盗。伊有一线可原，我们希望他们或能改悔，何必擅杀以伤天和？② 这虽然有点言过其实，但未尝不反映了杜凤治他们在决定将犯人判处死刑时存在的信仰顾虑（即儒家"天人感应"思想所谓擅杀会导致伤天地之和）。有的督抚臬司还因为受到佛教因果报应等思想的影响不愿意轻易判人死刑。如广东按察使张瀛不肯经手杀人。他说，我杀了他，伊必要到阎王前告我。我执定你有应杀之罪方才杀你，则死者亦无言并无怨矣。③ 刘坤一在任江西巡抚期间处理过一件因疯伤父案，时按察使李文敏主张将其恭请王命正法。刘坤一说自己当时下笔一点时，竟然手颤，点不下去。他还说，自己在接任两广总督后，本地杀人之多，并非不当其罪，初办此类案件实觉骇然。仅仅两年后就习惯成自然了。④ 广东被处决犯人之多与其区域社会背景有直接关系。杜凤治认为，广东民情贪利，无耻轻命，即使严刑，抢劫拐卖案仍层见迭出，真可诧怪！后来他又补充了一点，广东各犯漏网者多，既图快活，复图侥幸。⑤ 广东沿海，犯人"往往逃逃出海外"，

① 杜凤治在自己的日记中经常痛斥广东地区的社会风气，并与江浙地区对比［（清）杜凤治：《杜凤治日记》第1册，邱捷点注，广东人民出版社，2021，第99页；第6册，第3154页；等等］。毛鸿宾、张之洞、李瀚章、李鸿章、岑春煊等两广省级大员都有广东盗贼远多于内地其他省份的话语［见（清）毛鸿宾《粤东劫盗重案请就地正法片》，（清）陈弢辑《同治中兴京外奏议约编》卷8，台北文海出版社，1966，第643～644页；中国第一历史档案馆编《光绪朝朱批奏折》第109辑，中华书局，1996，第685、726页；（清）佚名辑《光宣政书杂钞》，桑兵主编《三编清代稿钞本》第141册，广东人民出版社，2010，第476～477页；雪珥《危险关系：晚清转型期的政商赌局》，山西人民出版社，2015，第180页；等等］。虽然这些话语也有偏见，但这些总督毕竟在全国各地历任多职，见闻较广，结合上下文所引材料，晚清广东盗贼远多于内地其他省份应是事实。

② （清）杜凤治：《杜凤治日记》第9册，邱捷点注，广东人民出版社，2021，第4866页。

③ （清）杜凤治：《杜凤治日记》第6册，邱捷点注，广东人民出版社，2021，第3002～3003页。

④ （清）杜凤治：《杜凤治日记》第9册，邱捷点注，广东人民出版社，2021，第4949页。

⑤ （清）杜凤治：《杜凤治日记》第6册，邱捷点注，广东人民出版社，2021，第3142～3143页。杜凤治看到的是表象，对广东盗匪之多应结合该地长期的地域社会情况、鸦片战争后百姓民生等因素综合考虑。

也常逃往近在咫尺的香港，不容易被捉住，所以，常心存侥幸。在这样的区域社会背景下，即使碰上刘坤一这样的督抚臬司，被处决的犯人也不为少。① 就更不用说碰上瑞麟那样的了。瑞麟于同治四年至十三年间任两广总督。他素恶盗贼，居广东久，深悉广东风气，对盗贼皆从严办。盗贼只要有供词，都会被杀。② 当然，在当时的社会背景下，随着广东"就地正法"章程的实施，滥杀无辜之事应该也会发生。③

杜凤治对"办犯"过程的书写一般非常简单。虽然其书写很少涉及行刑细节，但也基本能重构当时广东省城处决人犯的常态。这一常态有时也反映了司法实践与《大清律例》的悖离。如在行刑日期的选择上，虽然《大清律例》有停刑日不准行刑的规定，但杜凤治等人仍然曾经在停刑日行刑。其理由为，案情重大，恐漏风声，必须迅速将其处决。当然，事后详报时行刑日期需要修改。所以，《大清律例》虽然有停刑日不准行刑的规定，地方官仍能规避相关规定。其原因在于，行刑详文系由地方官自己书写。④ 他们好像并不担心停刑日行刑之事被揭发。⑤ 根据《大清律例》的相关规定，应由按察使充当省城处决人犯的监斩官。可广东按察使在监斩时"向来不到"。⑥ 充当监斩官最高级别的文官为广州知府。广州知府充当监斩

---

① 杜凤治曾说，刘坤一刑讯从未见过，可标新闻［（清）杜凤治：《杜凤治日记》第9册，邱捷点注，广东人民出版社，2021，第4582页］。加上前面下笔手颤的事例，说明在司法事务上刘坤一至少在当时的广东并不严厉。

② （清）杜凤治：《杜凤治日记》第6册，邱捷点注，广东人民出版社，2021，第3002～3003页。

③ （清）杜凤治：《杜凤治日记》第6册，邱捷点注，广东人民出版社，2021，第3022～3023页。同治三年（1864），广东巡抚郭嵩焘当天办完秋审，在日记中写道，今天秋审过堂，人犯共二十九名，以情罪准之，十九皆疑窦。乱之所由生，由纪纲法度之废弛，不可诬也［（清）郭嵩焘：《郭嵩焘全集》第9册，梁小进主编，岳麓书社，2012，第13页］。官方在办秋审案件时远比就地正法案件详慎，巡抚郭嵩焘相信秋审案件疑窦之普遍，却也无法改变现实。就更不用说就地正法案件了。

④ （清）杜凤治：《杜凤治日记》第2册，邱捷点注，广东人民出版社，2021，第887页；第4册，第1936页；第8册，第4318页。

⑤ 清代某长随所编《偏途论》说，如在万寿日期有停刑之例，缘知州县何敢缓决，惟在报文斟酌申报可也［（清）佚名：《偏途论》，谢兴尧整理，庄建平主编《近代史资料文库》第十卷，上海书店出版社，2009，第355页］。由此可见，州县官不遵停刑日不能行刑的规定是普遍情况。

⑥ （清）杜凤治：《杜凤治日记》第9册，邱捷点注，广东人民出版社，2021，第4582页。

官的情况也很少见。为了速决，不使犯人久稽显戮，有罪应凌迟之犯被改为斩决。因为罪应凌迟之犯须请部示，俟部文到后方可将其处决，其过程更为漫长。① 这些都说明现实复杂，地方官并不完全恪守《大清律例》的规定。《大清律例》在现实中经常被变通适用，即使在办理处决人犯这类重要事务时也是如此。

当时处决犯人分为两类：一类为经过皇帝批准处决的犯人。皇帝批准后，刑部通过兵部将钉封公文移送至广东巡抚（非两广总督）。巡抚再由按察使、知府发县。钉封到即办，向不请令。② 另一类为督抚札饬"就地正法"的犯人。一般系督抚札饬按察使（也可能有按察使详文请示在先），然后由按察使札发知府，知府札发知县。③ 在收到督抚的饬令后，南海和番禺两首县可能在将犯人积压到一定数量后才将其处决。在正式"办犯"前南海和番禺两知县还须向广东巡抚请令，同时知会本城武官。洋盗则须向两广总督请令。④ 事后令箭须缴回。令箭应该只具象征意义。杜凤治在知罗定州时说，本地办犯向例系城守营赴协署（即参将）请令箭。⑤ 每个地方情况不同，并非全部要向本地上级武官请令箭。

请完令，杜凤治回署，取监牌，按名令典史传犯，将其绑定。少顷，坐大堂，点名，标犯由牌，插犯背。令武弁先押犯行，其随后上轿出城。押解队伍向例走归德门，不准走大南门（正南门）。⑥ 有两次处决重要犯人（一为安南国叛犯，一为凌迟犯人），某位广州知府也参与了监斩过程。其本人系

---

① （清）杜凤治：《杜凤治日记》第 5 册，邱捷点注，广东人民出版社，2021，第 2285～2286 页。

② （清）杜凤治：《杜凤治日记》第 6 册，邱捷点注，广东人民出版社，2021，第 3142 页。

③ 同治十一年（1872），因为九月皇上大婚，十月慈禧太后万寿节，这段时间不能办犯，有一海盗案要办时正要赶上这段时间。杜凤治建议广东巡抚张兆栋赶紧将处决文书札发按察使。按察使直将札发县，按名先办。按察使发府、府发县文书以后再补办。（清）杜凤治：《杜凤治日记》第 5 册，邱捷点注，广东人民出版社，2021，第 2613 页。

④ 还有请王命旗牌的形式。这很少见。杜凤治曾经监斩过一个被请王命旗牌处斩的犯人。他说，巡抚王命旗牌已于乱时毁坏。当时监斩时抚标四营将虽然履行了请王命的手续，但系以令箭代替。（清）杜凤治：《杜凤治日记》第 6 册，邱捷点注，广东人民出版社，2021，第 3087 页。

⑤ （清）杜凤治：《杜凤治日记》第 7 册，邱捷点注，广东人民出版社，2021，第 3450 页。

⑥ （清）杜凤治：《杜凤治日记》第 9 册，邱捷点注，广东人民出版社，2021，第 4582 页。

独行，走大南门。因为大南门距离法场更近，① 所以，其能较押解队伍先到。杜凤治对犯人被押往法场的方式和沿途犯人、民众的表现从未书写。②

至珠光里法场（因其邻近著名的天字码头，故又常被称为天字码头法场，见图6），将令箭交武弁执往监视行刑。杜凤治说，每办犯，斩最速，十

图6　广州法场

注：https://www.hpcbristol.net/visual/hr01－086，2019 年 3 月 10 日访问。晚清外国人来广州后经常参观法场。美国传教士 Benjamin Couch Henry（香便文）说，这里是制陶手艺人晾晒陶器的地方［Benjamin Couch Henry, *Ling-Nam or Interior Views of Southern China*（London：S. W. PARTRIDGE AND CO.，1886），pp. 39～40］。美国商人亨特说，刑场在一条窄窄的巷子里，巷子的一头被墙堵死［〔美〕亨特：《旧中国杂记》，沈正邦译，广东人民出版社，2008，第 200 页］。英国人密迪乐对该法场有更详细的描写［Thomas Taylor Meadows, *The Chinese and their Rebellions*（London：Smith, Elder，1856），pp. 651～652.］。美国人约翰·斯塔德《1897 年的中国》一书也收有一张广州法场的照片。该照片拍摄角的方位与图 6 的方位应该是相反的。约翰·斯塔德还说，每当有因犯要被砍头时，这些陶器制品都会被移走。在这里，甚至还有向参观者展示收藏的头盖骨以赚取小费的人（〔美〕约翰·斯塔德：《1897 年的中国》，李涛译，山东画报出版社，2004，第 83～84 页）。当然，参观者应该大多为外国人。在 1860 年的一幅广州地图中，可以见到在珠江口一块凸起位置有"杀人地"的标识。该地虽然离江面很近，但并不直通珠江（该地图见 https://nla.gov.au/nla.obj－230559586/view，2019 年 5 月 13 日访问）。

① 法场位于外城永清门外河边。在内城八门中，正南门距离永清门最近。

② 对广州犯人在被押往法场途中的表现，《申报》常有书写。见《穗石谈资》，《申报》1893 年 2 月 11 日，第 2 版；《海南雁字》，《申报》1896 年 12 月 12 日，第 3 版。

数犯发令甫坐不一二语即可了结。绞必俟其气绝，必待监视之武官报已气绝才可。① 办毕，杜凤治他们照例应赴大佛寺行香。因常办犯，大佛寺距离较远，所以，就近步行至华光大帝庙行香。此庙实一小庙耳。武官不行香解秽。② 如果是绞犯，尚要责成地保看守绞犯尸体，交与印花封绳结。如果有枭首，还要嘱捕厅留神须解往犯事地方枭示之首级。斩犯尸身一般会扛至东门臭岗地方。事后杜凤治经常不马上回署，或拜访他人，或在外处理公事。缴还令箭之事便经常被其委诸他人。

　　杜凤治也经常提到行刑时间。在杜凤治日记中，连"午时"行刑的书写都未见到，就更不用说"午时三刻"了。如果没有其他事情打扰，从请令箭到处决完毕，杜凤治恨不得马上办完。所以，行刑节奏一般会很快。怎能专待"午时"行刑？

　　杜凤治还说过，因为省城首县时有"办犯"之事，所以，"无甚要事不出门"。③ 首城处决人犯频率较高，由此影响了他对其他公务的处理。表面上看其话语挺有道理。但他还说过每月"办犯"二三次不等这样类似的话。虽然每月"办犯"二三次的频率尚不足以达到让其"无甚要事不出门"的程度，但"办犯"毕竟影响了很多公事的处理。杜凤治"无甚要事不出门"的话语实际表达了对"办犯"的较强抵触心理，亦即杜凤治不愿意"办犯"。因为需要处决的犯人较多，杜凤治和番禺知县不愿意一次只办几名。在上级陆续行文下来后，积至有十余名方办，有迟至二十余日才办者。这引起了新上任按察使张瀛的不满。张瀛命杜凤治他们，札文必须随到随办。虽然杜凤治为此怨气颇深，但也没有办法。频繁的"办犯"经历本来就在不断地折磨着杜凤治，按察使张瀛的举措和压力使其像即将喷发的火山。官场地位的较大差距使其心中的怒火只能在日记中发泄。

　　这位按察使对行刑之事非常谨慎。他曾叮嘱杜凤治说，钉封发下，一

---

① （清）杜凤治：《杜凤治日记》第5册，邱捷点注，广东人民出版社，2021，第2501页。

② （清）杜凤治：《杜凤治日记》第6册，邱捷点注，广东人民出版社，2021，第3087～3088页。

③ （清）杜凤治：《杜凤治日记》第5册，邱捷点注，广东人民出版社，2021，第2613页。

经到县，立时绑出市曹。办时恐走风，有抢劫法场之事。杜凤治说，张瀛说此等话时两眼睁得滚圆，如铜铃然。说时必低言此事了不得，岂同儿戏，说了又说，几乎发抖。杜凤治说他大约看《水浒传》晁盖、吴用、李逵劫法场救宋江、戴宗事而有戒心也。他对此颇不以为然，说自己以前曾两次将犯人绑至较远的佛山正法。当时即使"人心汹汹"，自己也坦然、不动声色如寻常般完成了任务。① 虽然杜凤治说此话时更像是在调侃嘲讽张瀛，毕竟此时他对后者已经完全没有好感，但不排除现实中确实有像张瀛那样在监斩时谨小慎微的地方官。

杜凤治"办犯"时对法场和沿途的戒备情况好像很自信，对围观民众的反应无动于衷。其日记未对围观民众进行任何书写。② 作为监斩官的他比平时更要向围观民众展现自己的威严。只有围观民众被吓住，才能更好地维护法场秩序。押解途中坐轿子时不能轻易被民众看到，一旦被看到，就会大大降低这种威严。在法场上，即使思绪万千，杜凤治也要表现得冷若冰霜，盯紧犯人，目不斜视。即使珠光里法场狭窄，人群拥挤，他也可能没有心思打量民众。

杜凤治很少书写行刑细节，其实他也不愿意书写行刑细节。最详细的一次为对某妇女凌迟过程的书写。在此之前，杜凤治还没有充当过凌迟犯人监斩官的经历。在将犯人押至珠光里法场后，武弁请示杜凤治，凌迟时是大办还是小办。杜凤治不解，问何为大办。武弁说，大办先须将手足卸下，然后割眼皮、乳房、破胸膛。小办只于手足划数刀，眼、乳亦划数刀，即枭首级，不破膛也。这是杜凤治借武弁之口简单书写了凌迟过程。在听完该武弁的说法后，杜凤治感叹了该凌迟妇女之"愚"。为另嫁，她将病夫毒死，以为必无人知，是真"愚"！在谳局讯供时尚乞恩，又何其"愚"！杜凤治也曾审讯过她，见其人甚肥，认为其心中无忧可知。当时还居然知

---

① （清）杜凤治：《杜凤治日记》第6册，邱捷点注，广东人民出版社，2021，第3244页。

② 江苏知县李超琼有次监斩时虽然怀疑犯人有冤，但知道自己无法改变现实，只能在法场上闭目塞耳而已［（清）李超琼：《李超琼日记》（辽左—苏州—溧阳），苏州工业园区档案管理中心编，江苏人民出版社，2015，第413页］。可能杜凤治也有面临这种情况的时候。

"呜呜低泣"，"真一畜类耳！"虽然杜凤治对其极其厌恶，但还是发了善心，命将其小办。① 杜凤治没有在日记中写明为什么最终会选择将其小办。这个妇女太可恨了，他何尝又不想将其大办。但他早已厌倦了法场中的血腥味，想快点完成"办犯"任务。即使他还没有看过凌迟大办过程，也有了解大办过程的冲动，他也不愿意选择大办。所以，杜凤治此时发善心，主要是因为其急切心理战胜了其对该妇女的厌恶心理。杜凤治在作出决定时一定仔细打量了该妇女。毫无意外，杜凤治对该名妇女的法场表现未有任何书写。

杜凤治也曾罕见地书写了砍头细节。他说，快如削瓜，一刀亦只斩两人。第三人往往头不脱，犹连于颈。即换刀，人实无用，头一落地，身亦随仆，脚亦一动不动也。三人动手，十九名犯人不到一刻都了却矣。② 在杜凤治笔下，犯人在刽子手刀下非常脆弱。也许正是此地处决犯人太多，刽子手练就了比较高超的本领。《申报》中刽子手数刀砍下犯人头颅的事情在这里极少发生。在整个过程中犯人犹如猪狗。③ 即使犯人死亡在即，即使他们也有挣扎的意识，可结局早已注定，挣扎又有何意义？晚清来华外国人笔下的麻木犯人，并非他们对中国人国民性的完全歧视性书写。那些书写多少还是有点事实根据。只是杜凤治书写的视角与他们不同，犯人的意识、表情被他漠视，系因为杜凤治经常监斩，已经能够做到对犯人熟视无睹了。这也说明杜凤治根本就不担心法场的安全，砍几只被紧缚的"猪狗"而已，又会有什么风险呢？整个行刑过程"甫坐不一二语"就已经结束，这对急

---

① （清）杜凤治：《杜凤治日记》第 6 册，邱捷点注，广东人民出版社，2021，第 3142 页。
② （清）杜凤治：《杜凤治日记》第 4 册，邱捷点注，广东人民出版社，2021，第 1954 页。
③ 杜凤治也曾作为一名观众遥看了一次行刑。他说，以予论之，此时目睹斩决如屠猪狗，情似可悯，而不知其平时无法无天时，亦真有令人发指恨恨无已者［（清）杜凤治：《杜凤治日记》第 3 册，邱捷点注，广东人民出版社，2021，第 1335 页］。此时他的心理与他作为监斩官时的心理其实并无二致。虽然日记中没有他作为监斩官时将犯人视为猪狗的记录，但解读当时杜凤治的心理，其在监斩时将犯人视为猪狗，是恰当的。这既表明了他对犯人的轻视（说他们是烂匪），也表明了他对法场安全的自信。也形象地表明了此时犯人的无力和待宰状。

切完成"办犯"任务的杜凤治来说，却没有表现出丝毫喜悦之情。① 有的只是完成任务的放松感觉，以及对法场上生命脆弱的感叹。这也在无形中增加了杜凤治监斩时的心理压力。

当行刑时，杜凤治也常思绪万千，心情颇不平静。他说，他见过很多次砍头，虽然人不是他杀的，他当时未尝不叹息慨恻，且怜且恨。他们多半年轻，二十岁左右的最多。多半不知法而犯法，心中魁隗不宁，叹其何苦为此等事。② 对犯人，杜凤治也曾非常怜悯与不忍。他曾与人拟捐资为犯人购买棺木，并出银雇人照看。③ 但他对犯人更多的是痛恨，认为他们"死不足惜"，还表现出一副恨其不争而自己又无能为力的样子。④ 这体现了父母官在对子女疏于管教后犯大错流露出的自责之情。他还说，刽子手杀人皆由前及后，在砍头时，跪在后面的犯人看到前面的犯人被砍头，看得非常清楚。待立刻轮到自己头上时，该犯心中不知如何想。他此时尚知悔否？⑤ 虽然是疑问，但杜凤治之意为，犯人本应后悔。这和《申报》笔下犯人法场当后悔的笔调相似。犯人后悔，观者应该受到儆戒，不会再犯。但杜凤治却又失望地说道，观者不仅未受到儆戒，而且还悍然不顾，仍然无法无天。其抢劫声势鸥张，风驰电掣。凶犯难当，揆其情事，一死不足以蔽，故其杀时甚可怜而不知其为时之实可憾也。⑥ 此时杜凤治只是真情吐露，没有质疑公开行刑效果的意思。作为一名接受传统儒家教育的地方官，

---

① 美国商人亨特声称目睹了 54 名叛匪在广州被砍头。他说，一切在一两分钟内就完事了（〔美〕亨特：《旧中国杂记》，沈正邦译，广东人民出版社，2008，第 201 页）。《龙旗下的臣民》的一位作者也说自己目睹过广州行刑过程。他说，头很轻松地被砍下来，围观民众不需要在这里待上太长时间〔〔英〕吉尔伯特·威尔士、亨利·诺曼：《龙旗下的臣民》，刘一君、邓海平译，光明日报出版社，2000，第 264 页〕。英国人密迪乐描写了一名刽子手一口气将 33 个犯人脑袋砍下的过程。据称其用时还不超过 3 分钟〔Thomas Taylor Meadows, *The Chinese and Their Rebellions* (London: Smith, Elder, 1856), pp. 654~655.〕。
② （清）杜凤治：《杜凤治日记》第 9 册，邱捷点注，广东人民出版社，2021，第 4866 页。
③ 原先斩犯尸身系被扛至东门臭岗地方，并不入土。（清）杜凤治：《杜凤治日记》第 5 册，邱捷点注，广东人民出版社，2021，第 2363 页。
④ （清）杜凤治：《杜凤治日记》第 9 册，邱捷点注，广东人民出版社，2021，第 4866 页。
⑤ （清）杜凤治：《杜凤治日记》第 9 册，邱捷点注，广东人民出版社，2021，第 4717 页。
⑥ （清）杜凤治：《杜凤治日记》第 9 册，邱捷点注，广东人民出版社，2021，第 4866 页。

可以说，杜凤治还没有产生质疑公开行刑效果的意识。在法场上，杜凤治也曾可怜、同情犯人。他心情惆怅，也经常流露出了犯人死不足惜的态度。他也曾慨叹为什么会"办愈严，犯愈众"。有时，他还会为拿到盗匪而喜悦，为被斩强盗之头目逃脱而失落。所以，他在法场上实际上并不冷漠，有时甚至可以说是心情澎湃，五味杂陈，感慨万端，夹杂着对犯人失于教化的负罪、受伤感和可怜、痛恨之情。从这层意义上来看，监斩对杜凤治来说的确是件苦差事。他当然不愿意充当监斩官。所以，能快还是快点吧。在杜凤治监斩时，法场中的验明正身环节从未有过，与犯人的交流更不会发生。除非发生番禺知县因故迟到的情况，到达法场后即开始行刑，行刑很快就结束。过程顺畅的背后反映了杜凤治想要急切结束的心情。

作为一名监斩官，杜凤治很少表露心迹。如果去除少数的类似几则书写，阅读杜凤治的其他"办犯"书写，会感觉杜凤治在履行监斩官职责时，更像一名被迫匆匆完成"办犯"任务的监斩官。仅从字面来看，那些"办犯"书写有两个特点：一是书写简洁，二是节奏快。这正是杜凤治"办犯"心理的体现。杜凤治曾说过，南海、番禺两县每月"办犯"二三次不等。可在其南海知县任内日记中，"办犯"频率并没有那么高。可能杜凤治没有将其"办犯"之事全部书写，那些更多的短短十几字二十余字的"办犯"书写可能是杜凤治极不情愿书写的。简言之，与其他地方官相同，杜凤治也不愿意书写行刑之事。

杜凤治恨不得所有犯人都是斩首犯人。绞犯还要俟其气绝，"坐候久之"。等候时间又何其久。[1] 某次番禺知县因故很久不到法场，法场"血腥冲鼻，实不可闻"。[2] 读其日记，我们可以体会出杜凤治当时的确等不及了。辅以快节奏的"办犯"书写，我们更能深入理解杜凤治当时的心理。

在杜凤治对"办犯"过程的书写中，到达法场后布置法场、验明正身，

---

① 杜凤治在一次行刑时说，绞须坐待两三刻工夫始毕，不比斩者头落即已。（清）杜凤治：《杜凤治日记》第 4 册，邱捷点注，广东人民出版社，2021，第 2106 页。

② （清）杜凤治：《杜凤治日记》第 5 册，邱捷点注，广东人民出版社，2021，第 2333 页。

以及斩首完毕后检验头颅等环节从来未被书写。① 也许这些环节被急于完成任务、不愿意多在法场停留片刻的杜凤治省掉了。所以，在到达法场后杜凤治就直奔主题，命令行刑，行刑完毕后不检验头颅便马上离开了。也许对这些环节杜凤治根本就不想书写，毕竟即使书写也没有什么意义。在杜凤治那里，公开行刑的仪式不像有些学者想象的那样庄重。公开行刑的象征意味与儆示效果也没有那样强烈。除行刑后的解秽事项之外，行刑甚至没有仪式可言。虽然每次行刑现场都挤满了喧哗的民众，但监斩官却很"孤独"，他们既无法随众喧腾，也无法做到独静其心。有时候还会有些"子不教，父之过"的负罪感。广州法场逼仄阴暗，更容易使监斩官心情沉重。他们挤出时间快速赶来后不久即起轿离去，不愿多待片刻。真是来也匆匆，去也匆匆。当然了，虽然有时候心情很复杂，但杜凤治在日记中实际上很少表现出哀伤的样子。可能在其任职南海县知县早期时哀伤之情更常见一些。很难想象他也会像很多监斩官那样落泪垂涕。至少在日记中我们看不到任何他作为监斩官时有落泪垂涕的书写。可能他监斩的次数太多了，早就可以做到无动于衷了吧。从这个角度来看，杜凤治不是一个典型的监斩官。

杜凤治曾不止一次放任生病犯人自生自灭。② 他说自己历任州县，向不轻以站笼办人。虽然如此，他毕竟也曾经将犯人站毙。③ 他经常将犯人责打数百小板，甚至杖责千余。对当地花子会"恃众滋事"之为首者他虽然明知其"罪不至死"，但为了杀一儆百，他力主将其定成死罪。④ 他也曾因枷

---

① 美国商人亨特说自己曾观看过广州行刑。他说，监斩官很快就看完案卷，把一小块方木头朝桌上一拍，喊声"杀"（〔美〕亨特：《旧中国杂记》，沈正邦译，广东人民出版社，2008，第200 ~ 201页）。杜凤治在法场上即使有这样的活动，他的日记也不会书写。

② （清）杜凤治：《杜凤治日记》第4册，邱捷点注，广东人民出版社，2021，第1803页；第7册，第3560页；第8册，第3934 ~ 3935页。

③ （清）杜凤治：《杜凤治日记》第2册，邱捷点注，广东人民出版社，2021，第808页；第8册，第3970页；第9册，第4637页。

④ （清）杜凤治：《杜凤治日记》第9册，邱捷点注，广东人民出版社，2021，第4865 ~ 4866、4910页。

死犯人而懊恼不已。① 他也曾判两人同肩一枷，后又因连枷过重担心将其枷毙，改成了单眼枷。② 对南海羁所口粮不足，他主动捐廉发给。他也曾发善心，为人所不敢为，把已被收监十余年的叛逆巨匪之妻妾子孙尽行释放。③ 对一老奸巨猾、被押十四年之久的老人，为防止其因病押毙，杜凤治宁愿被骗也要把他放了。④ 他说自己历任数邑，到即清厘监羁。⑤ 他还经常释放收押数年的犯人。杜凤治对犯人既经常表现出了残酷的一面，有时也表现出了体恤的一面。也许单看某几件事，杜凤治算得上酷吏或者慈吏。但我们如果把大部分的事情列举出来，酷吏或慈吏的总结对杜凤治来说肯定不是全面的。杜凤治自己也说过，刑官不可为，然必有人为之。既为之，立心慈祥严正，缺一不可，是在为之者。⑥ 刑官也是有感情的人，既有慈祥的一面，也有严正的一面。对刑官来说，二者缺一不可。杜凤治也是个正常的人，是个有血有肉的性情中人。跟所有的正常人一样，他也经常被感情打动，从而对一些事情作出了非常感性的处理。很多事情的处理之所以被称为感性，因为有些处理直接违背了《大清律例》的相关规定。之所以称之为非常感性，是因为有些事情的处理可能会直接带来人的死亡。而这已经远远超出了《大清律例》赋予州县官杜凤治的权限。他之所以会作出违背《大清律例》规定的处理，很多时候是受到了自身价值观、利益观和周边环境的影响。人的价值观、利益观和周边环境是复杂的，不是一成不变的，随着时空的变化而变化。每个人的价值观或利益观都不相同。体现在州县官的司法活动中，不同的人对相同事件的处理可能会不相同。杜凤治鲜活的地方官形象正是我们现在研究他的意义所在。如果我们在研究作为监斩官的杜凤治时仅仅着眼于其"办犯"书写，杜凤治自身（监斩官）复

---

① （清）杜凤治：《杜凤治日记》第 2 册，邱捷点注，广东人民出版社，2021，第 927 页。
② （清）杜凤治：《杜凤治日记》第 8 册，邱捷点注，广东人民出版社，2021，第 4162 页。
③ （清）杜凤治：《杜凤治日记》第 8 册，邱捷点注，广东人民出版社，2021，第 4112～4113 页。
④ （清）杜凤治：《杜凤治日记》第 8 册，邱捷点注，广东人民出版社，2021，第 4039 页。
⑤ （清）杜凤治：《杜凤治日记》第 8 册，邱捷点注，广东人民出版社，2021，第 4366 页。
⑥ （清）杜凤治：《杜凤治日记》第 9 册，邱捷点注，广东人民出版社，2021，第 4796～4797 页。

杂的个性很难被展现出来。我们对法场中的监斩官的理解必然也不是全面的。笔者观察了作为监斩官的杜凤治，"办犯"只是其日常司法活动的一小部分而已。通过阅读杜凤治日记，清代州县官形象和司法运作实况会得到更好的展示。先行有关州县司法的研究过于强调了"应然"和州县官的理性，对复杂的"实然"和感性的州县官很少关注。①

第二节 犯人

犯人的表现经常是《申报》的书写重点。毕竟在法场中处决犯人才是主题，法场中的各项活动都要围绕着犯人进行。虽然犯人是法场中监斩官、士兵和围观民众的视线聚焦点，犯人的衣着却从来没有被书写过。《申报》更多地关注了犯人的话语和表现。与犯人相比，刽子手距离犯人最近，却很少被《申报》直接书写。

与押赴法场途中的情形相似，法场中犯人的表现也各不相同。毕竟死亡在即，犯人恐惧在所难免（见图7）。临刑时犯人呼天叫地，极口求饶，应该是正常的情况。法场中常见悔罪的犯人。光绪二年（1876）江苏省城苏州一冯姓匪首被就地正法。临刑时，冯某犹谓其子曰，家有微资，若能安分营生，当可度日，慎毋再作害人害己事，以致身受极刑。他说自己当日因要铺不要命，今已悔之晚矣。② 即使被《申报》认为非常强悍的犯人也有临刑痛哭后悔的。光绪十三年（1887），江苏扬州一名犯人雄壮异常，绑后即向人索酒痛饮，沿路或歌或骂，声不绝口。不料，临刑时他忽然放声痛哭。《申报》认为他此时应该有懊悔之意了吧。③ 犯人行刑前痛哭流涕、

---

① 比如先行对州县司法程序的研究就是如此。现实中案件（官司）来源复杂，州县官素质参差不齐，并不是每个案件（官司）都会经历所有的司法程序。先行对民事审判是否"依法裁判"的论断正是基于理性州县官的基础。州县官在处理民事案件时，并不必然理性，有时相当简单粗暴。在贪官、庸吏较多存在的大背景下，这是很正常的情况。所以，不能想当然地认为州县官判案时会有所依据。也不能想当然地认为清代存在处理官司的一般程序和所谓的法秩序。

② 《匪犯斩决》，《申报》1876年9月14日，第2版。

③ 《会匪正法》，《申报》1887年10月4日，第2、3版。

萌生悔意是常见情况。毕竟惜生畏死系人之常情。行刑时因畏惧缩脖不伸，是很多犯人的正常反应。为延显戮，在法场临刑呼冤的犯人也时常有之。嘉庆十二年（1807）十一月，朝审绞犯钟宽于临刑时极口呼冤，监斩官刑部侍郎广兴等具奏请旨。经嘉庆帝特派未经审办此案之大学士庆桂等详加提讯后，庆桂等认为钟宽情真罪当，毫无屈抑，议请将其改为斩立决。嘉庆帝又令将其先重责四十板后再行正法。① 经嘉庆帝谕令后，此事例由大臣恭撰为例。该例载《大清律例·刑律·断狱下》"辩明冤枉"门。该例规定，凡是人犯在临刑时呼冤的，监斩官应该停止行刑，按照程序向上奏闻，

图7　法场

注：该图见《点石斋画报》数集·七期"就地正法"。据该图所附文字所言，本次斩决盗犯系详奉上宪批饬就地正法之犯。当时观者人山人海。行刑时，刽子手轮流用刑，刀光飞处，竟将好头颈逐一斫落。盗中一最少者年仅十七，意气刚强，谈笑自若，真憨不畏死者矣。余皆面色如灰，悲惨万状。又况前者既仆，后者又临，须臾之残喘难延，一息之生机遽绝。当此之时，上天无路，入地无门，始知身犯刑章，不可幸免脱矣。世有觍然面目，阴怀盗之心者，其亦阅是图而爽然也乎。这些文字详细描述了行刑过程、行刑效果。从其对行刑效果的描写来看，该文系符合当时官方价值观的标准文字，亦即无论对犯人自身，还是对"阴怀盗之心者"，此次行刑俱达到了预料中的效果。图中犯人恐惧绝望的表情突出表现了《点石斋画报》该图作者的书写倾向。

---

① 《清仁宗实录》卷187，嘉庆十二年十一月己酉。

等待复审。如果审明实有冤抑，应立即申雪，将原审官参奏，照例惩治。如果系犯人妄行翻异，冀延显戮，如原犯绞罪者，改为斩罪，即行正法。如果监斩官明知冤枉，不予办理，以故入人罪论。[1] 笔者在《申报》中所见的临刑呼冤事例，除光绪七年（1881）河南王树文案等案件外，法场上停止行刑的极少。毕竟，王树文等案证明，停止行刑的后续程序复杂，而且翻案会破坏官场生态。停止行刑对监斩官来说需要相当大的勇气和决心。

在法场上还有很多谈笑从容、毫无惧色的犯人。光绪四年（1878），江苏扬州在处决某官犯时，该犯自出狱至临刑时，从容不迫，面不失色，气不抽丝，绝无丝毫惊悲之态。[2] 光绪三十四年（1908），著名浙西青帮首领余孟亭在被解抵法场后，犹从容步行至江苏巡抚瑞澂替其购买的棺材前，连声喝彩。旋问谁为行刑之方寿山大老爷。方向其点头示意。余孟亭说道，尚乞照应。于是，跪下受戮。[3] 光绪七年（1881），四名盗犯自安徽安庆府监提出，均沿途高唱兼乞酒食。临刑时，求稍宽片刻，谓尚有酒三盅未饮。[4] 光绪九年（1883），天津某周姓盗犯临刑时，犹言负责审问之窦某是好官，他虽死亦无憾。又谓众人曰，此间天津人不少，周某虽误结匪人，致有今日，然不肯稍失豪气，以贻同辈羞。语毕，伸颈就刑。[5] 光绪十七年（1891），浙江永嘉县一老者临刑时谈笑自若，索食酒饭，谓免致在九泉之下作饿鬼。[6]

同时，法场上也常见凶悍、愍不畏死之徒。光绪二年（1876）京城一名犯人当临刑时竟将自己舌尖咬破，满口含血喷向刽子手。刽子手猝不及

---

[1] （清）沈贤书、孙尔耆校勘《钦定吏部处分则例》卷48《刑·审断下·办理冤枉》，光绪二年（1876）照部新修。

[2] 《犯官正法》，《申报》1878年12月21日，第3版。

[3] 《余孟亭正法纪详》，《申报》1908年3月28日，第4、5版。本篇报道同时刊登了余孟亭正法时的照片。《新闻画报》据此画了一个画像［《新闻画报》（上），《清代报刊图画集成》（三），全国图书馆文献缩微复制中心，2001，第291页］。该画像表达了法场中余孟亭之从容。当然，读者解读角度不同，解读的结果也不一样。将其解读为犯人麻木，也未尝不可。晚清西方人对犯人麻木的书写不一定是客观书写。可能犯人很从容，就被那些西方人视为麻木了。

[4] 《皖垣决囚》，《申报》1881年1月9日，第2版。

[5] 《慷慨就戮》，《申报》1883年3月4日，第2版。

[6] 《瓯江帆影》，《申报》1891年10月19日，第1版。

防，竟致被血污满面目，不能下刀。① 在光绪十七年（1891）浙江的一次行刑中，犯人一路言笑自如，不露觳觫状。在抵达法场后，十名原差才将犯人拽出，其时犯人尚倔强，轿已被其踢为齑粉。行刑时，刽子手迅速下刀，虽然其头马上滚出丈余，但其嘴犹翕张，眼犹翻动。"见者相与咋舌"。② 光绪十八年（1892），安徽芜湖某犯力大如牛，行刑时竟将绳索挣断，夺取白刃，向众人乱挥，欲突出重围而不得，最终毙命于乱刀之下。③ 光绪十九年（1893），江苏一名犯人从受绑时就辱骂监斩官，沿途顾盼自雄，歌声与骂声不绝于口，直到头颅堕地其声始绝。④

法场中嬉笑自若，毫无戚戚之容，凶悍异常的犯人经常被《申报》各报道认为他们为戾气所钟，别有肺肠，性与常人异。亦即他们本该害怕却未害怕，本该追悔却未追悔，这被《申报》视为违背常理。他们为戾气所钟，无法像常人一样被教化，就该受死。

妇女被行刑时害怕的居多，也有非常凶悍的。光绪年间某地一谋杀亲婿的妇人在被凌迟时呼长官名，谩骂之不少慑，四支殊，两目犹灼灼四顾。⑤ 光绪三十二年（1906）年，奉天有一女匪临刑时欢呼笑骂，极称磊落。⑥

《申报》某文认为，之所以各省正法盗犯皆不畏行刑，无觳觫乞命之状，甘于就死，系因为他们无业无技，无食无衣，安分亦死，不若拼命以徼万一之幸。⑦ 这实际上也反映了当时的社会，即民生艰难，流民众多，他们经常无技在身，在生存的重压下，适逢乱世，于是，铤而走险，身犯国法。

光绪二十六年（1900）湖北东湖县某犯临刑时，犹顾谓旁人曰，不消二十年又是一刚强好汉，可与彼教中人为仇矣。⑧《申报》某文认为，愍不

---

① 《舌血溅面》，《申报》1876 年 1 月 7 日，第 3 版。
② 《歌功颂德》，《申报》1891 年 11 月 3 日，第 4 版。
③ 《鸠水寒涛》，《申报》1893 年 1 月 11 日，第 3 版。
④ 《苏台秋柳》，《申报》1893 年 10 月 17 日，第 1 版。
⑤ 《点石斋画报》子集·二期"凌迟犯妇"。
⑥ 《女匪正法》，《中华报》1906 年，第 548 期，第 5 页。
⑦ 《性恶述证》，《申报》1878 年 5 月 27 日，第 1 版。
⑧ 《罪恶贯盈》，《申报》1900 年 11 月 25 日，第 2 版。

畏死之徒每于临刑时以二十年后又是一条好汉自慰，此语固数见不鲜也。①由此可见，如今古装影视作品中经常出现的某某二十年后又是一条好汉之语并非编造。《申报》之《论释氏轮回之说足以误人》一文又认为，悆不畏死之命盗各犯临刑时二十年后又一好汉之语，并非他们临时聊以解嘲之虚言，实平日有恃无恐之成见。这些命盗各犯之所以敢为凶悍不法之事，即此二十年后又一好汉之言误之也。佛教有死后二十年仍得转生为人之说。二十年本系佛教警世之语，不料命盗各犯却以之为借口。②命盗各犯临刑时口中二十年后又一好汉之语明显偏离了佛教二十年之说的本意。③

　　《申报》对法场行刑的书写不仅满足了读者猎奇的心理，还宣传了自己的价值观，传达了价值观导向。该价值观导向主要通过对犯人和围观民众的描写展现给读者。如《申报》某则书写将奸妇受刑时痛哭流涕的表现认定为似萌悔意，"特录之以为世之淫凶犷狠者戒"。④为达到教化的目的，劝戒"世之淫凶犷狠者"，《申报》特意描写了奸妇受刑时痛哭流涕的"悔意"表现。《申报》的很多书写给民众传达了当时官方正面的价值导向。"嚎啕大哭""悔之晚矣"等话语的使用会使读者深受感染。犯人在被处决前的恐惧表现也会使读者认为该犯有悔罪表现。读者在同情、痛恨犯人的同时，在情绪上也会受到感染，在心里告诫自己以后不能作恶。即使犯人在处决前未表现出惊恐状，《申报》的书写也能使读者感到该犯凶悍、倔强、悆不畏死等状，其被处决大快人心，所以，围观民众会鼓掌、呼哨响应。气象森严的护卫队伍和恐怖的行刑过程也会使围观民众受到惊吓。无论如何，犯人被处决后，围观民众受到了儆戒和现实的法律教育。《申报》

----

① 《论愚夫佞佛为作恶犯法之基之□》，《申报》1897年6月12日，第1版。

② 《论释氏轮回之说足以误人》，《申报》1896年2月18日，第1版。

③ 同治末广东南海县知县杜凤治在其日记中也说，广东地区虽然经过严刑打击，犯者仍接踵，悆不畏死，口称十八年后又一少年好汉〔（清）杜凤治：《杜凤治日记》第6册，邱捷点注，广东人民出版社，2021，第3154页〕。英国传教士约翰·亨利·格雷描写了广州的行刑情景，也提到了十八年后的话语（〔英〕约翰·亨利·格雷：《广州七天》，〔美〕李国庆、〔美〕邓赛译，广州人民出版社，2019，第215页）。可见广州地区有临刑口称十八年后又一少年好汉的。

④ 《淫凶就戮》，《申报》1892年12月18日，第2版。

通过对犯人和围观民众的描写，实际向读者灌输了自己的价值倾向，意图达到说教的目的。教育百姓不要犯罪。① 《申报》的价值倾向实际与官方主张公开行刑的原因一致。其原因在于，《申报》有关法场报道的作者所受教育系传统儒家教育，他们深受《礼记》等儒家经典"刑人于市，与众弃之"思想的影响，这与当时官场中人所受教育并无不同。② 对法场行刑的事实认定、价值观导向和目的，双方基本站在了同一立场。③ 应该看到，为了宣扬行刑的价值导向，也为了吸引读者（经济利益），《申报》的书写有偏向性和选择性。在《申报》的报道中，那些凶悍、倔强的犯人总体上要多于哀痛迫切、呼号乞命之徒。事实当然不尽如此。④

《申报》对各地法场行刑的众多书写多以法场行刑为中心，对犯人是否被冤杀很少发表意见。毕竟这对《申报》来说难度很大。在光绪十七年（1891）京城的一次行刑中，菜市口两旁"观者如堵"。有一盗向众大声说，他自为盗以来三次枪伤失主，目今虽死无憾。惟内有一人实系良民，因与某盗伙挟仇，被盗伙攀诬为同盗，他当堂据实供明，欲为开脱，无如供难翻转，以致同受一刀之苦。该盗伙恐难免下世仍从刀下丧生也。说完，竟怒目视某盗伙，咬牙不止。《申报》此则书写的作者认为，该盗将作刀下之

---

① 《点石斋画报》也是如此。比如《点石斋画报》某图文字说，谁无父母妻子而顾自取灭亡，甘作无头之鬼乎？世有被匪煽惑狡焉思逞者尚其以此为殷鉴。见《点石斋画报》金集·二期"罪魁骈戮"。

② 黄晋祥：《晚清〈申报〉的主笔与社评》，《光明日报》2007年6月15日，第9版。

③ 虽然督抚在书写行刑时对行刑细节不予书写，也不关注犯人在法场中的表现，却经常书写围观民众的表现。在督抚和《申报》的笔下，围观民众的表现并无明显差别。比如乾隆十六年（1751），直隶总督方观承在奏报某次行刑时说，在将犯人正法后，城乡百姓于时跪听晓谕，皆有动色相戒之意（台北故宫博物院编《宫中档乾隆朝奏折》第1辑，台北故宫博物院，1982，第586～587页）。这反映了督抚和《申报》作者的价值观导向是相同的，意即犯人确实该杀，围观民众受到了儆戒。与《申报》不同的是，督抚在书写时更常用到人心大快（快人心）这个词语。至于这是不是事实，应理性看待。围观民众人心大快和受到儆戒只是用来强调行刑的民意基础，行刑已达到了目的，有时也迎合了奏折的读者皇帝的心理。督抚的书写至少掩盖了犯人亲属、朋友的悲痛心情。

④ 《益闻录》同样创办于上海，在当时也很有影响。《益闻录》也经常刊载一些行刑报道。这些行刑报道所表达的价值观导向与《申报》基本相同。只是其对凶悍、倔强犯人的书写相对较少。美国传教士卫三畏说，一般来说，罪犯经过长期折磨，困苦备尝，早已体力衰竭，无从反抗，顺从自己的命运而无所怨叹，而且也不会向观众发表临终前的演说（〔美〕卫三畏：《中国总论》，陈俱译，上海古籍出版社，2014，第353～354页）。这样的犯人在现实中肯定是存在的，只是《申报》这样的描写较少。

鬼而犹欲为无辜被累者剖陈，真是皂白分明，天良不昧。真所谓盗亦有道者欤！[1] 该案也说明了法场喊冤翻案之难。《申报》的此则书写没有任何为犯人申冤的意思，更没有反省当时的制度弊端。《申报》的相关书写很少同情犯人。除个别情况外，《申报》的相关书写默认犯人确实该杀。

《点石斋画报》记录了一犯人在法场获生的事情。该事发生于广东，某人因被诬为盗而被议准就地正法。兵役将该人装入以竹丝所编之箩，以代囚车，押赴法场。至中途绳断，换绳复如故。在行刑时，其妻子抱持不释，引颈愿代，手下回禀军门，复又提讯。于是，审得该人被诬攀为盗，并非正凶。军门于是将其释放。该图的作者并未言明该人是否曾经喊冤。其被释放实在过于偶然和随意。这也从侧面证实了晚清"就地正法"章程在实施中确有因追求速决而致发生冤案的可能。

第三节　刽子手

清代有行刑刽子手和官仪刽子手两种。官仪刽子手出现在当地一些比较重要的场合。有的地方官在平时出行时也经常带有这种刽子手。在这些场合，穿着严肃、肩扛大砍刀的刽子手的出现衬托了场合的隆重与地方官的威严。这种刽子手一般头插雉尾，以显示刽子手的勇武气势。头插雉尾的刽子手形象经常出现在清代文学作品中，也经常出现在当时的戏剧表演中。同治十年（1871），为伺候、迎接新任福建台湾镇总兵，福建台湾淡水厅同知周某命令本地六班头役汤才等人速向戏班借出长秀雉尾四对，刽子手额眉、红绿衣帽各二副。本年，为迎春应用，该同知周某在向戏班借出长秀雉尾等件外，又借出斩刀一副。[2] 这至少说明在福建淡水厅当地，地方官仪中刽子手与戏剧中刽子手形象的高度相似。笔者在两幅清代彩色图画中找到了这种刽子手的形象（见图8左图）。这两幅画俱出自广东，只是产

---

① 《金台剩语》，《申报》1891 年 7 月 16 日，第 1 版。

② 《淡新档案选录行政编初集》，台北大通书局，1984，第 344、347 页。

生于不同时期。这两幅图画中的刽子手衣帽穿着样式、色彩、刀的样式非常相似。与淡新档案中的红绿衣帽的描写也很相似。刀的样式与笔者在麟庆《鸿雪因缘图记》一书中所见刀的样式也很相似。这说明广东、台湾等地区地方官仪中的刽子手形象应该具有很高的相似度。为烘托气氛，在清代有关行刑场景的图像中经常出现这一形象的刽子手。因为文章主题的关系，笔者后文不再涉及这种刽子手。

图 8　官仪刽子手（左）和行刑刽子手（右）

注：左图见王次澄等编《大英图书馆特藏中国清代外销画精华》第 1 册，广东人民出版社，2011，第 190～191 页。该书注：图下英文原标题：一位官员的第五位雇员。《靖海全图》（水墨设色绢本，香港海事博物馆藏，清嘉庆时期绘）描写了 19 世纪初嘉庆年间清总督百龄奉旨平定广东海盗、张保仔归顺朝廷后班师回朝的盛况。在该全图"奏凯还师"和"绝岛燔巢"的主题中也出现了这种刽子手的形象。晚清来华美国传教士卢公明在其《中国人的社会生活》一书中说，在闽浙总督的仪仗队中常见刽子手的身影。他们身着红色仿明朝式，腰系一条围裙，拿着一柄样式特别的大刀，头带两支雄鸡翎毛（〔美〕卢公明：《中国人的社会生活》，陈泽平译，福建人民出版社，2009，第 165～166 页）。该书中的"刽子手图"与图 8 左图相似。同治十年（1871），本地司、道在迎接新任广东巡抚刘长佑时带有戴雉尾之刽子手〔（清）杜凤治：《杜凤治日记》第 4 册，邱捷点注，广东人民出版社，2021，第 2046 页〕。右图为晚清画师周培春所绘。其文字为"此中国刽子手之图也，凡营此差之人乃是姜姓世传，若要出差，前三日由刑部传，是日在菜市口抱刀伺候"。据英国人密福特的一次在京城菜市口的观察，刽子手在要行刑时"套上血迹斑斑的黄皮围裙"〔〔英〕密福特：《清末驻京英使信札（1865－1866）》，温时幸、陆瑾译，国家图书馆出版社，2010，第 128 页〕。俄罗斯人科瓦列夫斯基观察到，刽子手从黄色的刀鞘里抽出刀来（〔俄〕叶·科瓦列夫斯基：《窥视紫禁城》，阎国栋等译，北京图书出版社，2004，第 163～164 页）。笔者在网上见过京城两名刽子手抱着刀的照片，刀被布裹着。抱刀的姿势和图 8 右图周培春的画很相似。只是因为是黑白照片，所以，无法判断刽子手服装颜色等信息。综合判断，周培春的图符合京城行刑刽子手的实际情况。

充当绞刑的刽子手一般系捕役，也有由其他人充当的情况。如乾隆四十九年（1784），福建布政使、按察使两司会议称，福建福州绞犯处绞，向系两县仵作动手。[①] 在京城和省城，斩首、枭首的刽子手经常是专职的。在其他州县多由当地的绿营士兵和屠夫充当，各地以绿营士兵充当的情况更为常见。晚清上海斩犯长期由绿营士兵充当。光绪二十一年（1895），因充当刽子手多年的某绿营士兵病故后，无人承充该役。上海县知县出示招充，要求充斯役者，务要精谙熟手，著具保结，投候验充。[②] 刽子手经常被视为极贱之人，如皂隶一般。[③] 毕竟很多刽子手本身就是捕役，他们在律例中被视为贱民。

从晚清照片来看，各地行刑刽子手所穿衣服、打扮都不一样。一名不知姓名的法国人通过绘制近 400 幅水粉彩画全面记录了晚清西方人在京城观察到的各色人物。其中有一幅画描写的系刽子手。在该画中，刽子手身穿红衣白裙，头戴红帽。[④] 该刽子手头插雉尾。虽然晚清照片都是黑白色，但该法国人所描写的京城刽子手形象应该不符合京城刽子手的实际情况。至少在我们现在所见到的晚清照片中京城刽子手并未头插雉尾。《点石斋画报》中的图像虽然都是黑白色，但刽子手上身所穿深色衣服清晰可见，与下身衣服色彩明显不同。刽子手在用刀时大多紧身打扮，"窄袖短衣"。

从网络上流传的晚清刑场的照片可以看出，刽子手所用刀的样式不一。在光绪四年（1878）天津的一次行刑中，刽子手提柳叶刀，长二尺许，阔两指余。[⑤] 英国人密迪乐在广州法场现场上估计刽子手用的刀长三英尺

---

① 《福建省例》"刑政例下"《秋审情实重犯留禁省监，奉到部文处决》，台北大通书局，1987，第939页。

② 《招充刽手》，《申报》1895年11月4日，第3版。

③ 《时评其一》，《申报》1911年4月12日，第6版。

④ 韩炜炜编著《辫子与小脚：清都风物志》，〔法〕佚名绘，北京时代华文书局，2019，第81页。法国一篇文章也说，在行刑时刽子手经常上身穿红衣，下身套白色围裙（〔法〕马沙尔·德·伦威尔：《从法国到清朝——取道俄国与西伯利亚》，赵省伟主编《西洋镜：法国画报记录的晚清1846—1885》，张霞、李小玉译，广东人民出版社，2018，第134页）。

⑤ 《棍徒斩决》，《申报》1878年4月30日，第2版。

（91.4 厘米），刀刃不超过 1.5 英寸（3.8 厘米），稍微弯曲，渐细至刀刃。①
英国人芮尼在观察京城的一次行刑时，注意到刽子手的刀是一把很重需要
两手操作的弯刀，上面染有血迹，且有一两处缺口。②《龙旗下的臣民》一
书的作者也仔细观察了刽子手用刀，他说，这是一把需要用双手握住的大
刀，刀身很宽，刀背极其厚重，刀刃跟剃须刀一样锋利。③ 俄罗斯人科瓦列
夫斯基观察到，当时行刑时的刀宽如手掌，刀背厚如手指。④ 日本人藤井彦
五郎在其 *The Views in North China*（《北清名胜》）一书中说，刽子手用 blunt
swords（即钝剑）斩人。⑤

　　1932 年，天津《益世报》曾连载了《前清有系统的杀人制度》一文。
该文作者说，自己的舅舅在清代曾经做过刑部云南司经承，即书吏头目，
专司稿案。其在孩提时期曾听他舅舅说过刑部的一切情形，其本人也曾亲
眼见过几次行刑。他说，北京城当刽子手的，是专门的技术，是世袭的差
使。掌刑之家姓"江"，从明代直到清末，世袭罔替。他家杀人的刑刀一共
有五口。这些记载与晚清《申报》的一篇文章吻合。《申报》该文还说，该
五口刀盛以黄袋，供之净室。⑥ "盛以黄袋"的记载又与周培春手绘京城
"刽子手"图的描写相吻合。只是周培春说"凡营此差之人乃是姜姓世传"。
民初徐珂著有《清稗类钞》一书，该书的出版早于《前清有系统的杀人制
度》（因为徐珂逝于 1928 年）。根据该书所言，姜姓于明代已充此役，世守
弗替。《前清有系统的杀人制度》一文应未抄袭《清稗类钞》的相关记载。

---

　　① Thomas Taylor Meadows, *The Chinese and their Rebellions*（London：Smith, Elder, 1856），
pp. 654。

　　② 〔英〕芮尼：《北京与北京人》，李绍明译，国家图书馆出版社，2008，第 405 页。

　　③ 〔英〕吉尔伯特·威尔士、亨利·诺曼：《龙旗下的臣民》，刘一君、邓海平译，光明日报
出版社，2000，第 261～264 页。

　　④ 〔俄〕叶·科瓦列夫斯基：《窥视紫禁城》，阎国栋等译，北京图书馆出版社，2004，第
166 页。

　　⑤ 〔日〕藤井彦五郎编，*The Views in North China*，东京国光社出版，日本明治三十六年
（1903 年）。该书未编页码。

　　⑥《宣南杂俎》，《申报》1899 年 3 月 29 日，第 2 版。

京城刑部刽子手应该姓姜。①

　　虽然《前清有系统的杀人制度》一文把刽子手之姓误记为江，该文虽然载民二十一年，但却有相当的可信度。该文又说，该江姓家中父子兄弟全有这种专门的技术。行刑有五口刀，俗呼为江家五虎。这五口刀，其家人均呼之为大爷、二爷、三爷、四爷和五爷。如果明天杀人，今天须向着刀祝告一番，当日夜间，必听见铮铮有声。第二天早晨，这五口刀之中必有一口探出鞘来（见图9）。②今天无论有多少差使，全都在这口刀下被终结生命。当晚清末叶，只有四爷、五爷经常出差。大爷自咸丰年间杀大学士柏葰之后，久已因老休致。二爷、三爷也轻易不愿出来。这种刀据说重在三十斤上下，背宽刃厚，铁锈重重，其形式浑重，与寻常的刀大不相同。如果说这刀可以杀人，简直就无人肯信。③

　　江苏上海县的刽子手用刀虽然不如京城的神秘，但用刀也非常讲究。据说此刀异常受重视，平日不放置家中，放在上海县小南门之佛阁内。斩犯之前焚香礼拜，将刀请出，磨砺锋利后，即持至刑场。用毕，仍放归原处。④

　　在《水浒传》等文学作品中，刽子手在行刑时，经常口喊"恶杀都

---

　　①　民国时期日本学者仁井田陞曾请教过董康。董康告诉他，京城刽子手叫姜安，无论他们原来姓名是什么，人们都叫他姜安。清开国时就有"姜家五虎"的说法。后来姜姓不幸被捕斩首。"姜家五虎"被后人奉为"五虎神"，成为刽子手的守护神。转引自〔法〕巩涛《晚清北京地区的死刑与监狱生活——有关比较史学、方法及材料的一点思考》，陈煜译，周东平、朱腾主编《法律史译评》（2013年卷），中国政法大学出版社，2014，第275～276页。

　　②　徐珂《清稗类钞》记曰：（姜姓刽子手）有刀五口，刀头有五式，一龙、一虎、一鼠、一蛇、一龟。相传刀颇神异，如次日值行刑，一夕必自出鞘而啸。且用之数百年，锋芒完好。闻明代曾封以五将军之号（徐珂：《清稗类钞》第12册，中华书局，2010，第6007页）。民国时期张次溪《燕京访古录》说，刑部大堂刀架上有五把刀。第一把刀处决过明末杨继盛，第二把刀处决过明末熊廷弼。第三把刀系本朝大员伏法所用。第四、第五把刀乃寻常刑人所用。刀刃极其锋利。"岁久通灵"道光时，第三把刀上忽然汩汩流血，知必将有大员就刑。果然不久后提督余步云即以失律被诛（张次溪：《燕京访古录》，京华印书局，1934，第71～72页）。虽然《清稗类钞》、《燕京访古录》与《前清有系统的杀人制度》对刀的描写有异，但都有几个共同点，都说刀有五口，以及行刑前夕刀的灵动。《申报》的几次描写将其称为"神刀"。

　　③　献征：《前清有系统的杀人制度》（续），《益世报》（天津）1932年7月23日，第三张。前文芮尼、科瓦列夫斯基等人所观察到的刽子手用刀应该都是京城刽子手所用。

　　④　《杀头琐谈》，《申报》1925年11月23日，第11版。

来"。所谓"恶杀"意为那些不得好死的人（包括被处决者）。[1] 刽子手口喊"恶杀都来"四字或者其他大声喊嚷行为应该系为壮胆。[2] 虽然这样的描写都是文学描写，但在现实中应该有行刑时口喊"恶杀都来"的刽子手。[3]

图9　京城刽子手所用刀

注：〔日〕《亚东印画辑》第2册〔昭和二年（1927）〕，根据该图边上文字所言，它们当时被保存于北京博物馆故宫午门楼上。汪曾祺说自己1948年夏天至1949年春天曾在午门的历史博物馆工作过一段时间。其《午门忆旧》一文说，在午门西北角一间亭子里陈列的东西却有点特别，是多种刑具。有两把杀人用的鬼头刀，都只有一尺多长。他这才知道杀头不是用力把脑袋砍下来，而是用"巧劲"把脑袋"切"下来〔汪曾祺：《汪曾祺自述》（修订本），大象出版社，2017，第179～180页〕。笔者在网上见过类似照片，样式和这个差不多，这应该是晚清京城刽子手所用之刀。刽子手刀的正面样式同时见（民）马芷庠《老北京旅行指南》，北京燕山出版社，1997，图24。马芷庠还说，刀柄以各种坚木制成，形状狰狞可畏，眼珠能转动（见该书第106页）。现在在北京警察博物馆至少能见其中一把。其形状与该图左侧第一把很相似。该刀刀柄很长，刽子手行刑时系双手握住刀柄。有一外销画中的汉字说行刑"所用之刀名鬼头刀，其柄上有一鬼头故也"。该刀刀柄上的鬼头非常明显。

---

① 将恶杀解释为恶煞也无不可。清人顾张思说，始死有所谓煞者。（清）顾张思：《土风录》卷2，曾昭聪、刘玉红校点，上海古籍出版社，2016，第13页。

② （清）刘寿眉：《春泉闻见录》卷3，《续修四库全书》第1177册，上海古籍出版社，2002，第555页。

③ 美国人威廉·埃德加·盖洛说，中国人怕闹鬼，衙门里、马车上、轿子里、私宅内，甚至蚊帐后，处处都有鬼魂出没。中国人时刻生活在担惊受怕之中，提防阴阳两界的众多鬼魂〔〔美〕威廉·埃德加·盖洛：《扬子江上的美国人：从上海经华中到缅甸的旅行记录（1903年）》，晏奎、孟凡君、孙继成译，山东画报出版社，2008，第10～11页〕。在行刑前后，刽子手、监斩官、围观民众的一些行为实际上都与鬼魂有关。如监斩官事后的驱邪、解秽行为，每年的"祭厉"仪式，围观民众事后的高呼行为（意图驱鬼），斩首犯人家属的缝头举动，等等。

如前文，现实中斩多于绞，《申报》对斩首的报道远多于绞刑。在《申报》的报道中，固然有刀利手快、不啻削瓜切菜的刽子手，但也常见技艺不精或者心惊手颤的刽子手。有刽子手因为系临时雇来，技艺甚劣，甚至将犯人牙床斫去、鼻柱剁落。① 清末进士许承尧说，刽子手下刀时"中肩或中颅，刃下难邃知"。② 这在《申报》中是常见的情况。

至于将犯人头颅砍下的刀数，以数刀比较常见。③ 笔者在《申报》中所见刀数最多的为37刀。"是亦仅见者矣"。记录本次行刑的《申报》该文作者认为其原因一是刽子手系新充，尚有手软心慈之病，一系犯人正值壮年，骨力坚挺，气血凝结，几有刀斧不入之势。④ 在光绪九年（1883）湖北的某次行刑中，犯人躺在地上乱滚，刽子手不能捉定，第一刀砍背，第二刀砍耳，第三刀方入颈。再挥刀，其头始落。⑤ 在光绪九年（1883）江苏的一次行刑中，刽子手刀落下后，犯人头竟不断，其脖子上仅有白痕一条。《申报》该文认为此犯有闭气功夫。刽子手又连砍两刀才将其头砍下。⑥ 因为数刀的情况更容易被《申报》所报道，《申报》有关行刑刀数的记录不能被视为正常情况。

当代著名作家汪曾祺在《昙花·鹤和鬼火》一文中写道，据说当初杀人就是让犯人跪在坑里，由背后向第三个颈椎的接缝处切一刀。⑦ 笔者在《申报》中未见到类似的描写。民国时期《前清有系统的杀人制度》一文描写了一个高姓刽子手。他本来是一名营官。他在行刑时，左手背着刀。为了刀能从骨缝中穿过，其右手要在犯人脖颈上一点。然后双手提刀，高高擎起，轻轻落下，不费一点力气，犯人的头颅随刀而落，滚出数尺之远，

① 《枭匪暴尸示众》，《申报》1908年3月8日，第4版。
② （清）许承尧：《疑庵诗》"附录一"，黄山书社，1990，第6页。
③ 美国人士觅威说，很少一刀就能将头砍下，大多数要砍好几刀才将头砍下。〔美〕士觅威：《对中国及中国人的观察》，〔美〕李国庆整理，广西师范大学出版社，2009年，第184～185页。
④ 《盗犯处决》，《申报》1881年7月7日，第3版。
⑤ 《逆犯正法》，《申报》1883年6月25日，第2版。
⑥ 《吴中近事》，《申报》1884年1月23日，第2版。
⑦ 汪曾祺：《昙花·鹤和鬼火》，汪曾祺《汪曾祺小说自选集》，新华出版社，2014，第396页。

他身上不见一点血。高某用的刀与姜家用的刀不同，前者主锋利，后者主沉重。姜家的技术是三个人收拾一个人，一个拉笼头的，一个搬肩膀的，一个掌刀行刑的，这三个人要连贯一致，前面一拉，后面一搬，能将犯人的脖子拉出一尺多长，脖身既长，脖子当然加细，然后以重三十斤、背宽刀厚的大刀，向下一轧，自然将脖子轧断。这是技术活。所以，他们的刀既不用磨，也不求快，年年使用，经过好几百年，换人不换刀，仍然守着这五口利器。①

　　与凌迟和绞死相比，斩首中刀落下的结果实际更具偶然性。毕竟，在法场上刽子手和犯人都会紧张。为少受痛苦，经常有犯人在行刑前嘱咐刽子手从速动手。在光绪八年（1882）天津的一次行刑中，行刑前犯人已嘱咐刽子手，但在处决第一犯时，用了两刀。剩余两犯便怒骂不已。刽子手被其所激，在处决第二犯时，"毫无窒碍"，第三犯亟赞好刀。但在轮到他时，亦系两刀头落。刽子手真"有负其一番叹美也"。② 在光绪十二年（1886）江苏镇江某次行刑中，犯人嘱咐后，刽子手点头。在其挥刀后，却误斫犯人耳根，犯人回头说："我与你何怨，竟如此相衔耶？"含血喷向刽子手，刽子手满面猩红色，心愈慌，连砍九刀，头始堕地。③ 在光绪十九年（1893）江苏苏州的一次行刑中，适值当地著名刽子手王三之徒名阿全者行刑。在轮到某犯时，某犯大踏步上前，从容跪下，引颈谓阿全曰，请老弟做得干净些，使我爽，快字尚未说出，其头已落地。④ 在光绪二十一年（1895）京城的一次行刑中，某犯王升与刽子手徐五素所熟识。徐见王，即以升儿呼之，王即回称徐叔父。徐即叮嘱俟临刑之时自必照应，王随即感谢。至斩之时，徐却手软，约锯至数十下，其头始落。⑤

　　除了发生连砍数刀的意外之外，刑场上也经常发生其他意外。如在光

① 献征：《前清有系统的杀人制度》（续），《益世报》（天津）1932 年 7 月 26 日，第三张。
② 《天津决犯》，《申报》1882 年 7 月 25 日，第 2 版。
③ 《斩犯述异》，《申报》1886 年 3 月 18 日，第 2 版。
④ 《头颅有几》，《申报》1893 年 5 月 30 日，第 9 版。
⑤ 《徒然照应》，《申报》1895 年 10 月 21 日，第 9 版。

绪十七年（1891）台湾的一次行刑中，行刑后犯人首级已落地许久，其尸忽勃然直立。两旁观者如堵，莫不为之胆落。① 在同年江苏的一次行刑中，在犯人头颅落地后，其尸身挺然直立，刽子手疾飞一脚，始倒地而两足犹在地下乱掷，逾时始止。②

《点石斋画报》有一图描写了广东一名受过到惊吓的刽子手（见图10）。这名刽子手在行刑时，举刀一挥，犯人脖子喷出的血便立刻溅出来了。不提防该犯头虽然落地了，但身体尚能翻身骤起，将刽子手之胸紧紧抱住，抵死不放。刽子手大惊，与犯人身体一起倒地。经兵勇将犯人的手扯开后，该刽子手已经脸色惨变，口不能言。地方官马上雇轿将其送回，因为其胆已吓破，到夜里便死了。

图10　法场

注：该图见《点石斋画报》书集·一期"惊杀刽子"。

根据《申报》的报道，在晚清上海县也发生过类似事情。光绪十九年（1893）在上海县的一次行刑中，犯人临死时，犹睁眼盯着刽子手。刽子手

① 《斩犯倔强》，《申报》1891年4月23日，第1、2版。
② 《吴苑吟秋》，《申报》1891年10月10日，第2版。

心惊胆战，回营后竟卧床不起，同营之人为之延医诊治，毫无效验，很快便一命呜呼了。① 不过《申报》很快又澄清，本次行刑刽子手名叫李云春，在抚标营为掌号，惊毙者实为同营后哨赵某。行刑时，赵亦在场观看，以致受惊，回营后医治无效而死。②

刽子手的待遇各地不同，一般是按次获得报酬。③ 如光绪三十四年（1908），上海县两名刽子手获得了各十五元大洋的赏赐。④ 也有按月取得的，如安徽芜湖县署刽子手月得支领红粮钱二千文。⑤ 很多地方每年都有固定的决囚费用（处决花红银、决囚公费银等名目），其中应该包括了刽子手的费用。

刽子手可能会有额外的收入，比如在行刑过程中通过作弊获得好处。⑥ 行刑之后向附近商家娄索更为常见。如安徽芜湖县署刽子手在月俸之外，在每逢处决犯人后必向沿街各肉铺娄索青蚨二百翼，布店则索红布一匹，其余各店铺有索至洋银二三元者。⑦ 在广西同正县，行刑完毕后，刽子手必持血淋淋之钢刀前导，有许多亲兵在后跟随，巡行各墟场示威，同时迫令各屠户割奉猪牛肉一斤至二斤不等，谓之戮犯肉。有割奉稍后者，刽子手即怒目切齿，提血刀，拟亲作切割状，吓得各屠户面如土色，所以，屠户咸奉命惟谨。⑧ 在光绪十四年（1888）福建的一次行刑过后，刽子手某挖出犯人心肝，持向各酒店饭店，要求烹煮。店主因其有碍生意，皆厚贿使去。

---

①　《刽子惊毙》，《申报》1893 年 11 月 30 日，第 3 版。

②　《张冠李戴》，《申报》1893 年 12 月 1 日，第 3 版。

③　原因很简单。除广州等少数地方行刑之事较为常见外，其他地方一般很少行刑，一年也轮不上几次，所以，没有必要供养专职的刽子手。这也是法场经常出现刽子手数刀才将犯人头颅砍下的重要原因。

④　《刽手销差》，《申报》1908 年 3 月 8 日，第 18 版。

⑤　《螺矶秋浪》，《申报》1901 年 10 月 4 日，第 3 版。

⑥　（清）方苞：《狱中杂记》，见彭林、严佐之主编《方苞全集》第 9 册，复旦大学出版社，2018，第 583~587 页。根据昭梿《啸亭杂录》所记，嘉庆时曾任刑部侍郎的广兴在被处决时，其一下人以重贿付刽子，速使其毙，免诸痛楚。见（清）昭梿《啸亭杂录》卷 7，何英芳点校，中华书局，1997，第 223~224 页。

⑦　《螺矶秋浪》，《申报》1901 年 10 月 4 日，第 3 版。

⑧　民国《同正县志》"吏治第九"。

刽子手沿途勒诈获利不少，见之者称其胆大如鸡卵云。[1] 刽子手向肉铺索取
陋规在很多地方都有，江苏上海县等地也是如此。据说上海县刽子手于斩
犯之后例往各肉店中收取陋规，多至数元，少至数十文不等。[2] 之所以如
此，《申报》之《杀头琐谈》一文的作者认为，斩犯系屠者分内事，今既以
刽子手代其劳，自当报以酬资也。[3]

第四节　围观民众[4]

为了防止劫囚等意外的发生，在将犯人押解至法场后，当地绿营士兵
会立即将法场包围。乾隆四十九年（1784），福建巡抚定立章程，规定法场
应派游击一员、守备一员、千把总四员，带马兵二十，兵乘骑梭巡，步兵
一百名扎墙站队。法场之东系路口，往来人众杂沓，最关紧要，应由抚标
中军驻此，带领兵丁巡查弹压，禁止闲人闯入法场。[5]

道光六年（1826），安徽阜阳县处决秋审犯人时，因为押解途中围观民
众太多，将两名犯人拥前挤后，以致误将绞犯处斩，将斩犯处绞。道光帝

---

[1] 《八闽纪事》，《申报》1888 年 9 月 21 日，第 2 版。

[2] 沈从文短篇小说《刽子手》也有类似情节。见沈从文《沈从文全集》第 4 卷《刽子手》，
北岳文艺出版社，2002，第 139 页。

[3] 《杀头琐谈》，《申报》1925 年 11 月 23 日，第 11 版。

[4] 卜正民、巩涛和布鲁在《杀千刀：中西视野下的凌迟处死》一书中讨论了 1904 年京城王维
勤被凌迟时围观民众的表情。在他们的笔下，照片中的民众入神、焦躁、惊恐、沮丧（〔加〕卜正
民、〔法〕巩涛、〔加〕布鲁：《杀千刀：中西视野下的凌迟处死》，张光润等译，商务印书馆，
2013，第 234～237 页）。巩涛又说，许多外国观察人士经常认为围观民众"麻木"，此话未必尽然，
如果我们仔细观察照片上看客的表情，或许我们会发现一些端倪〔〔法〕巩涛：《晚清北京地区的死
刑与监狱生活——有关比较史学、方法及材料的一点思考》，陈煜译，周东平、朱腾主编《法律史
译评》（2013 年卷），中国政法大学出版社，2014，第 267 页〕。笔者无意与他们辩驳。在王维勤的
照片中，因为王维勤身边除刽子手之外，还可能有刽子手的助手和维持秩序的士兵、差役。仅从照
片来看，很难判断他们所截取的民众为仅为观看行刑的民众。另外，拍摄者为西方人。当时的京城
虽然较常见到西方人，但这些中国人在面对照相机时的表情是否真实地反映了其当时的心理？是否
有被照相机吸引而改变表情的情况？照片中的确有视角朝向照相机的人。所以，用照片来说明行刑
时围观民众的表情、心理，这是有缺陷的。

[5] 《福建省例》"刑政例下"《秋审情实重犯留禁省监，奉到部文处决》，台北大通书局，
1987，第 938～939 页。

下旨谕令，嗣后各督抚严饬州县，于秋审勾决各犯先期会营。并多派兵役弹压，肃清地面，毋任人多嘈杂。① 法场上"戈矛簇拥，剑戟腾芒，青锋闪烁"，这会营造出一种守卫森严的景象。这种景象在《点石斋画报》的相关图像中经常有体现（见图5、图7、图10）。② 笔者未见到雍正后有法场被劫之事。"气象森严""令人望而生畏"是《申报》对行刑队伍的常见描写。这对犯人和民众有着很强的威慑力。

　　在行刑前后，民众可以说既是围观者，也是参与者。每次行刑都有众多的民众围观。虽然大多数民众平时很少见官，但他们对威严的监斩官和士兵实际上并不害怕，"令人望而生畏"好像只是表面情况。法场好像有一股巨大的吸引力驱使民众争先恐后，先睹为快。如在光绪十八年（1892）江苏的一次凌迟时，沿途"人山人海""万人空巷"，法场内只见"万头拥挤"，几无插足之地。为了能从正面观看行刑场景，人们争先恐后奔至教场演武厅后面，"极力挤轧"，其中有个少年一时立足不牢，掉进河里淹死了。③ 光绪二十年（1894）江苏昭文县某逆犯被处决时，因为一时人多挤轧，法场前一竖立石条被挤轰然一声突然倒下，压伤三人。其中一人年仅十五，被压伤右足，骨碎如粉。另二人皆受重伤，性命难保无虞。④ 为了能看得更清楚，有爬上屋顶观看的。在光绪二十五年（1899）天津的一次行刑中，围观民众争以先睹为快，西门外大街某茶肆屋宇本不甚坚固，其时多有猱升屋顶纵观者，遂将屋压倒。伤及八九人，幸未压死人。⑤ 即使很晚行刑，仍会有很多民众围观。光绪二十三年（1897）十一月二十七日晚上九点上海知县才接到钉封公文，因为次日系冬至令节，遂决定马上行刑。诸事就绪后，直到十二点钟时才将犯人验明正身。当将犯人拥至大堂捆绑

---

① （清）祝庆祺、鲍书芸编《刑案汇览》卷60，法律出版社，2007，第3135页。

② 笔者在网上看到了很多晚清法场行刑的照片。大多照片显示法场戒备并不那么严密。《点石斋画报》的描写固然有点夸张，但法场不被劫也是事实。其原因除了与法场戒备较为严密、行刑过程匆忙有关外，还有一个重要原因，即至少在内地各省，意图劫法场者并不能形成成功劫法场的力量。

③ 《斩犯续闻》，《申报》1892年9月5日，第2版。

④ 《石倒伤人》，《申报》1894年4月25日，第2版。

⑤ 《盗犯伏诛》，《申报》1899年11月10日，第2版。

之时，很多民众站立大堂右隅钱粮柜上闲观，以致该柜忽然坍倒。观看者从高处坠下，或失去鞋帽，或拉破衣衫，喊哭之声闻于远近。自县署至法场，观看者几如浪滚涛翻，有小孩被挤倒后受了重伤，回去后死了。① 这到底是一种什么样的巨大力量使本该早已闭户休息的众多民众出门围观行刑？《申报》对法场中民众"极力挤轧"的描写表现了他们为了能更好地目睹行刑过程用尽全力挤进前排、站立高处的过程。在这个过程中，他们头脑里只有一个问题，那就是如何更好地看到行刑。至于安全问题和即将受到的极大惊吓，却已无暇思考。这可以说是一种集体冲动，这也许就是公开行刑存在的民众基础。在光绪八年（1882）杭州的一次行刑中，杭人远近来观者不下数百人，皆登城而作壁上观，有一五十多岁老人目睹诸犯处死毕，忽然以两手捧头大呼，似欲从城上跃下，幸有其同伴两人扶掖下城，始免倾跌。其已目瞪口涎，抚颈惟呼爽快。② "目瞪口涎"说明其受到了极大的惊吓，他还差点从城上跃下，"抚颈"说明其入戏之深，"惟呼爽快"说明其心理得到了很大满足。行刑使民众既受到了惊吓，又使其心理得到了满足，这正是行刑的神奇之处。

围观民众对法场行刑之所以能有如此大的兴致，行刑场景平时很难见到是重要原因。如笔者前文所言，即使晚清"就地正法"章程实施后，行刑在全国大多地区也非常少见。民众平时很难看到行刑场景，死刑的神秘感使民众对法场行刑产生很大兴致。光绪十八年（1892），江苏甘泉县绞死一名犯人。据《申报》的记载，甘泉县居民咸以为见所未见，联袂往观。③这是当地平时处决犯人数量少而致民众产生兴致的真实写照。苏州为江苏巡抚驻地，处决犯人数量相对较多。与其他地方相比，苏州民众看到行刑的机会应该更多。在观看行刑时，苏州民众应该表现得不那么热情。事实并非如此。光绪九年（1883），三名盗犯被押赴法场时，天适大雨，裸体淋

---

① 《决囚余话》，《申报》1897 年 12 月 23 日，第 3 版；《本邑决囚》，《申报》1897 年 12 月 22 日，第 3 版。

② 《因吓成疯》，《申报》1882 年 7 月 16 日，第 2 版。

③ 《刑人于市》，《申报》1892 年 12 月 9 日，第 2 版。

漓。途中观者甚众，随赴法场者亦蜂拥如蚁。① 光绪二十年（1894），在苏州的一次行刑中，因观者过多，壅挤特甚，一年约十龄之孺子竟为踏毙。② 苏州民众之所以表现了如此大的热情，行刑不那么常见（相对于其人口数量）是一方面，死刑的神秘性、残酷性也是一方面。

在光绪元年（1875）苏州的一次行刑中，观者如堵。临刑时男女皆拍手高呼曰，不要杀，不要杀。《申报》说，此亦苏民习尚使然。询其何故高呼，则曰，魂魄有知，以为非吾等欲杀之也，不致相随至家而为祟耳。《申报》认为，观于苏民之举动与"刑人于市，与众弃之"和孟子"国人杀之"之意大相剌谬。虽然吴人尚鬼，时有趋吉避凶之意。独不思杀人为至惨之事，原不必结队来观。既惧其相随而回，不如闭门家里。③ 虽然苏州城民怕鬼，也有大量民众会前往观看。不仅苏州有围观民众高呼、拍手、呼哨等情况，江苏上海、安徽芜湖、湖北汉口等地也有。当然，围观民众高呼等动作可能有迷信成分。④ 也可能确实有些穷凶极恶的犯人在被处决时围观民众以高呼等举动显示其被处决时的大快人心之状。

围观民众经常通过拍掌呐喊、唾骂等动作参与了行刑（见图10、图11）。有的甚至因入戏过深而受到精神感染。在对民众所受精神感染的描写

---

① 《苏垣决囚》，《申报》1883 年 4 月 20 日，第 2 版。

② （清）李超琼：《李超琼日记》（元和—阳湖—元和），苏州工业园区档案管理中心编，江苏人民出版社，2012 年，第 226 页。

③ 《监斩凶犯》，《申报》1875 年 8 月 26 日，第 2 版。

④ 美国旅行家威廉·埃德加·盖洛说，在安徽安庆，行刑时，在城墙上围观的民众会用高声呼喊和鼓掌等手段，把鬼魂挡在城内（〔美〕威廉·埃德加·盖洛：《中国十八省府》，沈弘、郝田虎、姜文涛译，山东画报出版社，2008，第 205 页）。英国人威廉·R. 葛骆也注意到了这个情况。他说，在浙江台州，犯人被砍下头颅后，士兵们大喝一声，枪炮齐鸣（空弹）。士兵的叫声和枪声的作用其实也差不多。只不过在士兵这个案例中，死囚的灵魂被"嘘"了一声，这是因为官员不想因是他们下令处死他，把其灵魂赶走，从而遭其亡灵的报复。当然，枪声和叫声的另一个作用是要将人群驱散。枪响的五分钟之内，法场已经空无一人（见〔英〕威廉·R. 葛骆：《中国假日行》，叶舟译，生活·读书·新知三联书店，2019，第 96～97 页）。《申报》某篇有关镇江行刑的报道提到，行刑完毕后，各兵燃放排枪一周，以示威武（《斩决盗犯》，《申报》1896 年 7 月 2 日，第 2 版）。《申报》的这则报道未将放枪与死囚的灵魂联系在一起。

中，以受到惊吓最为常见。因此吓得目瞪口涎者有之①，舌挢不下的有之②，惊吓晕倒的有之③，本自夸胆力而被吓成疯癫者有之④，将"意气自雄、摩拳擦掌"的少年吓得胆破命丧者也有之⑤。民众受到感染、惊吓不正是官方"刑人于市""知所儆戒"的目的吗？《申报》在对刑场进行描写时，总有"想各匪徒目睹情形，当知所警惕矣""观此当触目警心，不复敢以身试法矣"等诸多类似的描写。其话语正暗含着本次行刑的目的已经达到的意思。

当然，受到惊吓、拍手高呼并非围观民众的全部感情表现。这些大多只是迎合当时主流价值观的书写。洪亮吉曾对京城菜市口行刑时围观民众进行了描写。他说，围观者数百人，在行刑时有皱眉流泪的人。⑥ 这些皱眉流泪的人可能是犯人的亲友。也可能只是出于同情，毕竟并非每个被处决的人都罪大恶极。⑦ 嘉庆时奉天府一妇女被凌迟，中医王清任欲观察人体脏腑结构，跟至西关法场。至法场后忽然醒悟，以彼非男子，不忍近前。只得在外围观察到行刑者提其心、肝、肺从面前经过。⑧ 王清任不忍近前的事例只能代表他自己，从现在我们可以见到的晚清一组凌迟犯妇的照片来看，犯人身边就挤满了男人。道光二十七年（1847），闽浙总督刘韵珂说，本年将洋盗就地处决时，该犯属等环视哭泣，无不痛心疾首，悔及噬脐。⑨ 该犯亲属哭泣是正常情况。与洪亮吉相比，该总督的书写多了家属们痛心疾首、后悔的内容。至于他们是否痛心疾首、后悔，这是该总督为了迎合其读者（皇帝和刑部等官）而作的主观性书写，意图传达此次行刑有民众基础这样

---

① 《因吓成疯》，《申报》1882 年 7 月 16 日，第 2 版。

② 《凶犯正法》，《申报》1896 年 4 月 28 日，第 1 版。

③ 《刑人于市》，《申报》1895 年 7 月 11 日，第 9 版。

④ 《因奸正法》，《申报》1874 年 12 月 16 日，第 3 版。

⑤ 《斩犯续闻》，《申报》1892 年 9 月 5 日，第 2 版。

⑥ （清）洪亮吉：《洪亮吉集》卷 4，中华书局，2001，第 1041 页。

⑦ 比如光绪九年（1883），浙江温州一绞犯临刑时犹大呼皇天救命，众人悯其因贫所致，闻其言，见其形，间有为之垂泪者。《绞决男犯》，《益闻录》1883 年，第 319 期，第 597 页。

⑧ （清）王清任：《医林改错》上卷，《中华传世医典》第 12 册，吉林人民出版社，1999，第 365～538 页。

⑨ （清）吴潮、何锡俨编《刑案汇览续编》卷 32，法律出版社，2007，第 1440 页。

的信息。① 对有些犯人，因为案情特别，围观民众经常会表现出其他表情。如光绪九年（1883）湖北江夏县一因通奸谋杀本夫而被凌迟的妇女与奸夫被同时押往法场，两犯年均三十余，状貌甚丑，观者无不掩口而笑。② 对被砍数刀的犯人，围观民众也经常表现出为之惨然的表情。

在《点石斋画报》中，笔者注意到在行刑现场没有女性围观民众。《申报》对围观民众受惊的描述基本为男性。英国外交官密福特目睹了京城的一次行刑过程。他注意到，虽然平房屋顶上站满了观看的人，但却没看到一个妇女。③ 在清代，女性的生活空间被限制。④ 女性从小就被教育"些小事，莫出门"。⑤ 在打官司时，除非特殊情况，女性一般不允许出现在公堂上。⑥ 不仅在处决犯人的现场，在其他刑罚执行的场合也很少见到女性。在那些有女性的图片中，女性或因涉案不得已出现在现场，或其身在屋内，系从窗户露面观看现场。⑦

《点石斋画报》一则名为"绞决凶犯"的图（见图11）很具代表性。该图描绘了因奸杀人犯人被绞死的情形。据该图配文所言，在行刑时，法场中人山人海。见二犯色如土灰，形容凄惨，有人指着犯人骂道，当你们

---

① 乾隆四十六年（1781），江苏巡抚闵鹗元按照乾隆帝的要求在处决秋审人犯时，将未勾之盐枭数名一同绑赴市曹。闵鹗元说，未勾各犯均各悔惧感激，当场士庶无不触目警心，互相告诫（台北故宫博物院编《宫中档乾隆朝奏折》第49辑，台北故宫博物院，1986，第659～660页）。这是迎合其读者乾隆帝和刑部等官的书写。因为乾隆帝在谕旨里已经告诉督抚们，在行刑完毕后集众宣示谕旨，让未勾之盐枭明白这是皇帝的法外之仁（台北故宫博物院编《宫中档乾隆朝奏折》第45辑，台北故宫博物院，1986，第416～418页）。督抚在奏报时，自然会以各犯均悔惧感激回应。事实当然不尽如此。

② 《鄂省决囚》，《申报》1883年2月22日，第2版。

③ 〔英〕密福特：《清末驻京英使信札（1865－1866）》，温时幸、陆瑾译，国家图书馆出版社，2010，第126页。

④ 晚清来华外国人经常关注到在中国街上妇女行人之少。如美国社会学家罗斯观察到，他们在街上一上午能遇到一千名男子，却看不到三个女人。见〔美〕E. A. 罗斯：《变化中的中国人》，李上译，电子工业出版社，2016，第115页。

⑤ （清）陈荣衮：《绘图妇孺三字书》，光绪二十六年（1900）广州蒙学书塾编辑。

⑥ 当然，至少在晚清上海县女性实际上经常出现在公堂上。就全国来说，上海不具代表性。

⑦ 当然，行刑现场有时也会有女性，只是很少被《申报》描写。有次京城凌迟女犯时，一妇女就面色惨变，惊跌于地。被人扶起后，始蹒跚举步而回。《斩犯惊人》，《益闻录》1897年，第1686期，第292页。

谋害本夫阮阿狗时，心狠手毒，无法无天。想想阮阿狗的惨状，应该比你们还惨。没想到你们不久之后就会被处决，你们为此后悔过吗？二犯瞠目不能答，很快就被绞死。该图所配文字不仅表达了围观者的指责、羞辱，也表达了犯人因此受窘之状。即使不看文字，仅看图片，我们也能直观感受到围观群众的情绪。在该图中，围观群众向前拥挤，被身穿深色衣服的兵役反身用力挡在外围，戴帽的兵役则呼喝着不要向前拥挤。在行刑时，围观群众大多举起了手。这些行为鲜明地表达了他们当时的愤怒、对犯人的一致声讨和大快人心之状。与之对比，另一等待受刑的犯人则苦着脸，看着同伴行刑，这被文字作者暗示为害怕、后悔。该图文字作者通过"有心人"之口喟然叹道：天理如此，国法如此，凶恶之徒盍亦触目而警心也夫。那些凶恶之徒在看到这些场景后，其心理必然会受到警示。①

图 11　绞决凶犯

注：该图见《点石斋画报》忠集·十二期"绞决凶犯"。犯人肚大情形非常明显。

---

①　陈平原教授认为，《点石斋画报》的绘图和撰稿各司其职，绘图部分和文字部分的作者不是同一个人。陈平原：《左图右史与西学东渐：晚清画报研究》，生活·读书·新知三联书店，2018，第192～194页。

围观民众中的匪徒等有犯罪倾向的人经常被《申报》有意提及。《申报》"想各匪徒目睹情形，当知所警惕矣"众多类似的描写是作者的推测之辞。至于围观民众中的匪徒到底是否因目睹行刑场景而受到儆戒，畏惧不敢再犯，亦即法场行刑的效果问题，只能通过实例来证实。张桂卿是19世纪末上海最著名的流氓、棍徒。光绪二十六年（1900）的前后几年，《申报》在报道本地各种流氓、棍徒时，张桂卿经常作为标杆人物出现。直到民国时期，上海仍有戏剧"活捉张桂卿"的演出。

张桂卿系上海本地流氓，曾强抢民人之妻，复纠合羽党，团聚结盟，名为"八十个党"及"七十个党"。为非作歹，种种不法，"罄竹难书"。被害者纷纷控告，苏松太道（即上海道）吕海寰察阅状词，勃然大怒，立即高悬赏格，通饬上海县暨英租界公廨细加访缉，务获严惩。张桂卿被抓获后，吕海寰亲自研审，复饬上海县知县研讯。审讯得实后，吕海寰亲赴省城，将张桂卿所供罪状详禀，请求将其就地正法。吕海寰甫卸任，两江总督刘坤一即札饬将张桂卿立时就地正法。①《申报》有关报道对吕海寰此举极尽赞赏，认为吕海寰果断精明，为民除害，诚滔滔宦海中所谓寡二少双之人。不仅如此，《申报》还为吕海寰将张桂卿就地正法努力寻找律例依据。②《申报》还认为，吕海寰将张桂卿就地正法，诚足以惩一儆百，此后上海流氓以张桂卿为殷鉴，纵未能丕变于良善，要亦当少戢其嚣陵，小民焉有不惜躯命而仍敢以身尝试者哉？③张桂卿被杀后，上海县流氓应该会敛迹了吧！

然而，"日久玩生"，不足半年后，张桂卿所纠"八十个党"之类依旧横行无忌，凶恶或更甚于前。④其后，《申报》的众多报道俱说明了张桂卿被就地正法只起到了暂时的儆戒作用。与《申报》大多强调重法严刑的文

---

① 《光棍伏诛》，《申报》1897年1月17日，第3版。该案也说明晚清"就地正法"的实施不尽起自州县官。道台有时也有权直接向督抚主张将犯人"就地正法"。
② 《辟以止辟论》，《申报》1897年1月18日，第1版。
③ 《惩一儆百说》，《申报》1897年1月20日，第1版。
④ 《论杨树浦巡防局员薄惩凶棍抢孀事》，《申报》1897年6月28日，第1版。

章不同,《申报》之《论治莠民宜先教义》一文比较少见地反思了重法的效果问题。该文说道,所谓法有时而穷,不能尽恃。流氓系盗贼之渐,欲治盗贼宜先治流氓。治流氓必思其所以为流氓之故,方得要领。仅以重典治流氓,"犹齐其末而尚未揣其本也"。[1] 重法只作用于一时,针对当时上海流氓横行、肆扰的社会现实,统治阶层不思百姓成为流氓的原因,仅用重法惩治,其效果非常有限。这与薛允升在谈及治盗时所论"专恃刑法"之弊可谓不谋而合。[2]

晚清法学权威沈家本也曾质疑公开行刑的效果。他认为,稔恶之徒不畏死,刀锯斧钺,视为故常。甚至临近处决之时,谩骂高歌,意态自若,转使莠民感于气类,愈长其凶暴之风。常人习于见闻,亦渐流为惨刻之行。[3] 公开行刑以警戒民众的目的不仅未能达到,反而还会使国民养成残忍之风。不利于培养国民的仁爱之心和教化民众。沈家本所言稔恶之徒临刑之态并非空口杜撰,《申报》有很多类似的记载。现实中确实有很多在统治阶层眼里"非德化所能感,亦非刑法所能惧"的人,也确实常见绑赴法场途中和临刑时"市人啧啧叹为豪悍""多有高声喝采者"的类似书写。晚清进士许承尧写有《过菜市口》一诗,说自己有天傍晚经过菜市口,虽然右侧所竖长杆上还挂着"红淋漓"的人头,自己触景生情,非常悲痛,但市人仍言笑如常。[4] 这说明即使行刑后被枭首人头仍被悬挂,但却很难起到儆戒作用。沈家本的前述观点在光绪三十一年(1905),修订法律大臣沈家本和伍廷芳所上《删除律例内重法折》中也有体现,成为导致当时废除凌迟、枭首、戮尸的重要原因。

鲁迅小说《狂人日记》《药》对人血馒头的描写为人熟知。在《申报》

---

① 《论治莠民宜先教义》,《申报》1899 年 6 月 10 日,第 1 版。

② (清)薛允升:《读例存疑》卷 28,胡星桥、邓又天等点注,中国人民公安大学出版社,1994,第 474 页。

③ (清)沈家本:《变通行刑旧制议》,沈家本:《历代刑法考》(附《寄簃文存》),邓经元、骈宇骞点校,中华书局,1985,第 2061 页。

④ (清)许承尧:《疑庵诗》"附录一",黄山书社,1990,第 6 页。

等材料中也有类似的描写。在同治十三年（1874）江苏镇江的一次行刑后，百姓源源而来，俱带有制钱四五文，成串于血内蘸之，用于避祟驱邪。[①] 在光绪十九年（1893）上海的一次行刑后，有一人将该犯所穿血衣一件取去，以为可以解邪。又有人将铜钱在血中染红，一转瞬间，血渍已尽。[②] 在云南某地，人们吃掉蘸着犯人血的馒头。美国人威廉·埃德加·盖洛说，这可以增强勇气或驱除疾病。[③] 不仅在南方，在北方也有人血馒头。英国人芮尼在京城观察到了一次行刑过程，他说，当犯人头颅被砍下后，刽子手从自己的身上摸出一串馒头，大概有五个，每个有橘子那么大。他把馒头蘸满了从尸体上喷出的鲜血。他又写道，这些被称为"血馒头"的馒头将会在阳光下晒干，然后小片小片地售卖。它被视为可能是医治一种肺部疾病的灵药。[④] 当然，也有围观民众被热血溅及，被世俗以为不祥的情况。[⑤] 这可能反映了各地不同的习俗。甚至还有当晚砍下部分尸体煮以下酒的人。[⑥]

围观民众不仅包括国人，还包括那些充满好奇的外国人。正如沈家本所言，每值决囚之际，不独民人任意喧呼拥挤，即外人亦诧为奇事，升屋聚观，偶语私讯，摄影而去，有乖国体。[⑦] 沈家本认为公开行刑于国体有伤，主张秘密行刑。《申报》有洋人升屋照象携带回国以备传观的报道。[⑧]

---

① 《京口决囚》，《申报》1874 年 9 月 2 日，第 3 版。

② 《监斩罪犯》，《申报》1893 年 11 月 26 日，第 3 版。民国时期上海曾恢复了斩首之刑。根据《申报》对某次斩首后的描写，行刑后，围观民众各出制钱，钱孔悬以短绳，持绳向犯人断腔中蘸血，郑重包以白纸，纳入囊中。有远道来观之妇女竟以数元之代价，购求此压邪之制钱。英国巡捕 E. W. 彼得斯有类似描写。美国人卢公明说，在中国铜钱也是一种驱邪物。以上见《太保阿书正法琐记》（下），《申报》1931 年 4 月 23 日，第 11 版；〔英〕E. W. 彼得斯：《英国巡捕眼中的上海滩》，李开龙译，中国社会科学出版社，2015，第 107 页；〔美〕卢公明：《中国人的社会生活》，陈泽平译，福建人民出版社，2009，第 394 页。

③ 〔美〕威廉·埃德加·盖洛：《扬子江上的美国人：从上海经华中到缅甸的旅行记录（1903年）》，晏奎、孟凡君、孙继成译，山东画报出版社，2008，第 220 页。

④ 〔英〕芮尼：《北京与北京人》，李绍明译，国家图书馆出版社，2008，第 406 页。

⑤ 《皖省决囚》，《申报》1893 年 1 月 8 日，第 2 版。

⑥ 《罪恶贯盈》，《申报》1900 年 11 月 25 日，第 2 版。

⑦ （清）沈家本：《历代刑法考》（附《寄簃文存》），邓经元、骈宇骞点校，中华书局，1985，第 2061 页。

⑧ 《续记革员正法事》，《申报》1901 年 3 月 11 日，第 1 版。

在晚清来华外国人的笔下，围观民众经常表现出了麻木的表情。[①] 如《龙旗下的臣民》一书的一位作者在广州观看死刑时说，当犯人被带到法场时，围观民众发出了欢呼声，他最后被围观民众挤到离行刑地点不到四英尺的地方。当刽子手手起刀落后，在场的每个人又都发出一声"哦"的欢呼声，以表达他们有幸见到这一刻的喜悦心情。刽子手每砍完一个头，围观民众就会爆发一阵欢呼声。直到最后一个头颅被砍下来，围观的人群在欢乐而疯狂地叫喊的同时迅速散去。[②] 在极其残忍的行刑场景面前，围观民众不仅未表现出应有的恐惧、悲哀等表情，反而还欢呼起来。这在西方读者眼里有悖常理。不排除确有民愤极大之犯被处决时民众会大快人心，但在他的笔下，民众的欢乐情形很可能被西方读者解读为法场的常态。英国著名汉学家庄延龄（Parker, Edward Harper, 1849—1926）说中国人爱看恐怖的刑罚。[③] 民众在法场中的欢呼表现在西方人眼里是中国人愚昧落后的直接体现。美国人威廉·埃德加·盖洛说，凌迟时观者如堵，民众对这种血腥场面的嗜爱程度不亚于古罗马民众对角斗场面的嗜爱。[④] 这实在过于夸张。按他的说法，中国民众的文明程度直接落后西方一千年以上。英国人哈代书写了一次凌迟过程。在行刑时，刽子手割下犯人的两块肉，扔向围观民众。民众们像狼一样争抢，并把他们吃尽了。基于这一情节作者猜想到，中国人是因为饥饿，还是因为暴徒相信吃了犯人的肉会增强他们的体魄或给他们带来好运。[⑤] 在哈代笔下，中国人不仅愚昧，还极度贫穷，吃人

---

① 孙琼博士关注了晚清来华外国人笔下京城菜市口法场围观民众的麻木、兴奋、喜悦等表情。她认为，这些有关围观者麻木等表情的描写，在西方人眼中成了中国人麻木、冷漠的有力佐证。见孙琼《晚清西方人士笔下的北京与中西文化交流研究》，北京出版社，2018，第120～122页。其对外国人相关书写的客观性问题未予充分关注。

② 〔英〕吉尔伯特·威尔士、亨利·诺曼：《龙旗下的臣民》，刘一君、邓海平译，光明日报出版社，2000，第261～264页。

③ 〔美〕阿瑟·贾德森·布朗：《中国革命1911：一位传教士眼中的辛亥镜像》，季我努学社译，重庆出版社，2018，第35页。

④ 〔美〕威廉·埃德加·盖洛：《扬子江上的美国人：从上海经华中到缅甸的旅行记录（1903年）》，晏奎、孟凡君、孙继成译，山东画报出版社，2008，第220页。

⑤ 〔英〕爱德华·约翰·哈代：《中国佬约翰在老家：中国的人民、风俗和事物概述》，〔美〕李国庆整理，广西师范大学出版社，2015，第297页）。

肉。哈代的书写虽然是道听途说，完全没有事实根据，但当时的西方读者在读完哈代的书写后，却留下了中国人愚昧、落后、极其残忍的印象。

戴着有色眼镜的晚清来华外国人对围观民众的书写当然不能被视为客观书写。在晚清来华外国人的笔下，民众不是被动的受影响者，而是法场气氛的主动迎合者。也向西方读者展现了最为愚昧、落后，甚至人性残暴的一面。民众是否受到儆戒并非他们讨论的重点。这与《申报》的书写明显不同。加拿大多伦多大学历史系及法学院教授陈利认为，在西方，刑罚有重要的宗教和文化象征意义。当西方人看中国刑罚时，除了认为缺乏西方的宗教和文化符号意义外，还觉得中国人缺乏文明人对受刑者所应有的同情心，受东方主义的影响，他们把中国的刑罚方式和场景当成了证明中国人是野蛮人的铁证。①

小　结

在法场上，监斩官经常身穿红衣。监斩官在法场上的心理活动因人而异。在一般情况下，行刑很少见，很多监斩官在法场上会心伤自责。对广东省城广州来说，行刑次数较频，监斩官的心态可能与一般知县不同。省城首县南海县知县杜凤治在监斩时好像很少有心伤自责的时候。清代知县一般不愿意书写行刑事项，杜凤治是个例外。杜凤治每次总是很匆忙地完成监斩任务。监斩完毕，还要步行至不远处一小庙行香解秽。杜凤治其实也不愿意书写行刑细节。最详细的一次为对某妇女凌迟过程的书写。杜凤治根本就不担心法场的安全问题。在行刑时，他经常思绪万千，心情颇不平静。在法场上，杜凤治也曾可怜、同情犯人。他心情惆怅，也经常流露出

---

① 见《访谈｜陈利：帝国和东方主义话语的内部矛盾》，https://movie.douban.com/review/9511424/，2018 年 11 月 3 日访问。详见其书 *Chinese Law in Imperial Eyes：Sovereignty，Justice，and Transcultural Politics*，Columbia University Press，2015。陈利博士还在其书的结尾处讨论了鲁迅对砍头时围观民众的描述。他发现，鲁迅对中国人的描述与外国人的描述非常相似（都非常麻木）。当然，他们的立场有着根本的不同。

了犯人死不足惜的态度。他也曾慨叹为什么会"办愈严，犯愈众"。有时，他还会为拿到盗匪而喜悦，为被斩强盗之头目逃脱而失落。杜凤治对行刑的书写也反映了当地的区域社会情况。监斩官杜凤治是名知县，他首先是个具体的"人"。和正常人一样，他也有自己的感情和利益纠葛。在从事司法活动时，他经常是感性的。在一些法律史研究中，州县官经常被想当然地认定为是理性的，他们会理性地决定案件是否上详，他们在审理词讼时会理性地引用律例或者援情定谳。至少从杜凤治日记来看，理性知县并不存在。

犯人的表现经常是《申报》的书写重点。除了恐惧之外，法场中还有很多毫无惧色的犯人。那些在法场中有凶悍表现的犯人更容易被《申报》书写。所以，《申报》对犯人的书写不尽客观。《申报》经常通过对犯人的书写向读者灌输当时的主流价值观，意图达到说教的目的。

清代有行刑刽子手和官仪刽子手两种。官仪刽子手出现在一些比较重要的场合中。充当绞刑的刽子手一般系捕役。在省城和人数较多的州县（如上海县），斩首、枭首的刽子手一般是专职的。在其他州县多由当地的绿营士兵和屠夫充当，各地以绿营士兵充当的情况更为常见。因为凌迟多在省会和京城执行，在这些地方凌迟的刽子手可能是专职的，也可能由斩首时的刽子手充当。负责斩首的刽子手不一定技术熟练。也常见技艺不精或者心惊手颤的刽子手。在法场中，常见数刀才将犯人头颅砍下。刽子手一般是按次获得报酬。

每次行刑总会有很多民众围观。这些民众实际上也是参与者。他们经常通过拍手、呼哨、唾骂烘托法场气氛，参与行刑。民众虽然经常受到惊吓，法场中仍然会挤满人。当然，《申报》对围观民众受到惊吓、拍手高呼的书写并非完全客观书写，这些大多只是迎合当时主流价值观的书写。法场中流泪的犯人亲友很少被《申报》书写。围观民众中的"匪徒"等有犯罪倾向的人经常被《申报》有意提及。《申报》"想各匪徒目睹情形，当知所警惕矣"众多类似的描写是作者的推测之辞。至于围观民众中的匪徒到底是否因目睹行刑场景而受到儆戒，畏惧不敢再犯，也就是公开行刑的效果问题到底如何？实例证明，公开行刑并未取得预想的效果。

第七章　清代死刑书写的探讨

——基于清代文学作品和晚清来华外国人作品的考察

第一节　清代文学作品中的死刑

一　文学作品死刑书写的客观性讨论

当下普通民众有关中国古代死刑的知识很多是通过阅读各种古代文学作品的方式获得。在清代文学作品中有大量的死刑书写。现在在研究清代死刑时已经不能回避当时的文学作品。历史学界对文学作品的史料价值很早就有讨论。表面上看，文学作品的情节大多系属虚构，而历史研究以追求客观性为目标，在历史研究中文学作品不能被当作史料使用。实际上，文学作品的史料价值现在已经得到了历史学界的高度认可，在现代历史研究中文学作品是重要的史料来源。当代知名历史学家齐世荣教授关注了小说的史料价值。他认为，有些小说可被作为史料使用。小说中虚构的故事虽然没有个性的真实，但有通性的真实。这主要表现在其会反映某个历史时期的部分面貌或全貌、提供具体细节等五个方面。① 不仅小说如此，诗

---

① 参见齐世荣《谈小说的史料价值》，《首都师范大学学报》（社会科学版）2010 年第 9 期。

歌、戏剧等文学作品也具有一定的史料价值。"以诗证史""诗史互证"等话语目前已经广为人知。

中国法律史研究也是如此，徐忠明、朱苏力等人利用古代文学作品都有很出色的研究。^① 在中国法律史研究中，文学作品相关书写的客观性问题很受关注。在这方面，徐忠明教授通过对包公案的研究证明，文学作品中的相关书写具有相当的客观性。仅就死刑的研究而言，作为专业的中国法律史研究者，当我们在阅读清代文学作品时，首先要思考的问题便是那些常见的死刑书写是否客观。

现实罕见的劫法场事例在清代文学作品中却常见书写。现代著名作家老舍《四世同堂》说："好戏里面必须有法场，行刺，砍头，才热闹，才叫好！"^② 不仅戏剧，小说等文学作品也是如此。虽然文学作品中众多的劫法场、砍头等热闹情节的书写推动了剧情，吸引了读者，但这样的书写的确与现实不符，所以，它们一般是非客观的书写。尤其那些带有神仙鬼怪情节的更是如此。《女仙外史》系清初神魔小说。虽然该小说对五刑、秋审有过非常深入、客观的书写，但在对劫法场的一次书写中却出现了一名道姑袖中飞出一剑将监斩官砍作两截的书写。^③ 这显然是非客观的书写。类似的

---

① 参见中国政法大学法律古籍整理研究所编《中国古代法律文献概论》，上海古籍出版社，2019，第339~344页；徐忠明《法学与文学之间》，中国政法大学出版社，2000；徐忠明《包公故事：一个考察中国法律文化的视角》，中国政法大学出版社，2002；苏力《法律与文学：以中国传统戏剧为材料》，生活·读书·新知三联书店，2006；汪世荣《中国古代判词研究》，中国政法大学出版社，1997；刘星《西窗法雨》，花城出版社，1998；梁治平《法意与人情》，海天出版社，1992。

② 老舍：《四世同堂》，作家出版社，2019，第519页。

③ 刘廷玑《在园杂志》认为，该书对明代刑书、赋役、礼仪诸事的讨论，与儒生侈谈王道者大异［（清）刘廷玑：《在园杂志》"附录"，张守谦点校，中华书局，2005，第188~191页］。因字数太多，笔者在此只引用其中有关秋审的部分内容，内容如下：七杀内"故杀"之条宜革也。……今之杀人者，千百案之中，而律以故杀者，曾未闻有一二，至律人斗、殴杀者，则千百案之中，如出一口。迨秋审之期，多入于可矜可疑，或缓决之内；其抵命者，亦曾未闻有一二。宁不滋长凶人之焰与？若曰在上者好生之心，慎重重囚，则此命可活，彼命可独死乎？生者可受矜全，死者可受沉冤也乎？王者之生杀，如天道之有春秋，相须而行，岂可以煦为为仁，而有害于乾道至刚之用？夫锄粮莠，所以养禾苗；诛奸凶，所以劝良善。孟氏云："杀之而不怨。"民日迁善而不知为之者，则是杀人者杀无赦，不必另立故杀之条，以滋其出入之端也耳［（清）吕熊：《女仙外史》，大众文艺出版社，2002，第776~777页］。其所言可与实录相印证。如康熙三十九年（1700），（转下页注）

书写在清代文学作品中比较常见，以至于给现代读者留下了当时常劫法场、法场易劫的错觉。

劫法场之事在小说《剑侠奇中奇全传》（又名《争春园》《三剑传》）中也有书写。在一次行刑中，三个男子未施计谋，就很轻松地劫了法场。如果因为非客观的劫法场书写就全部否定该书对死刑的书写，这样的做法也不可取。这次劫法场的对象是凤二员外。其因故被仇家陷害，仇家急于将其杀死。于是，想办法勾结督抚，不待京详，由督抚请出王命。②此处的"京详"体现了皇帝对普通百姓生杀大权的掌握，"王命"则系"王命旗牌，先行正法"之制。对一些有必要"速决"的犯人，督抚可以不先请示皇帝的命令（即不待京详），有权请出王命旗牌，将犯人正法。此书中的"京详""王命"比较客观地体现了清代的死刑程序和"王命旗牌，先行正法"之制的速决特点。"京详""王命"被引入该小说中说明了当时仇家的急切心情和情节之紧张。当时法场在襄阳城的西市桥，虽然不在西门外，但法场信息中有"西"字，这也可以被视为比较客观的书写。清代文学作品对法场位置的大量共性书写使我们没必要纠结于襄阳的真实法场是否为西市桥。就死刑的书写而言，在清代的文学作品中客观书写与非客观的书写经常夹杂在一起。

当然，对清代文学作品中死刑犯的法律适用是否准确的问题，需要具体问题具体分析。清代文学作品种类繁杂，数量庞大，作者的知识水平参差不齐，其中很多人是科场失意之人。就连科场成功的地方官在刑名事务上也要聘请幕友协助其处理司法事务，更何况那些科场失意的文学作品作者？当然，杀人者死、以命抵命等常识的存在使那些作者在书写死刑犯的法律适用问题时不至于过于离谱。

（接上页注③）陕西省杀人之马学成等皆系持刀故杀者，"情实可恶"，地方将其列入缓决，被人奏准改入情实（《清圣祖实录》卷201，康熙三十九年九月甲寅）。又如康熙六十年（1721），福建巡抚吕犹龙奏署甘肃巡抚事，花善将故杀张丑之田三十六并不审拟具题，擅将田三十六照斗杀律拟绞，援赦减等，应将花善降二级调用。从之。（《清圣祖实录》卷294，康熙六十年九月丁巳）。

① （清）春越溪外史：《剑侠奇中奇全传》，中国文史出版社，2021，第116页。

有些书写的客观性需要读者具备一定的中国法律史常识才能辨别。比如清代死刑主要分为斩、绞两种。凌迟、枭首、戮尸则相对不常见。木驴、腰斩虽然时常出现在清代文学作品中，但在清代死刑种类中的确没有木驴、腰斩。如果在文学作品中出现木驴行刑的书写，那么，这一书写一定是非客观的书写。像"午时三刻"行刑那样的书写虽然常见于清代文学作品中，但律例没有"午时三刻"行刑的规定，在现实中也极少见到"午时三刻"行刑的事例，所以，"午时三刻"行刑的书写也是非客观的书写。行刑时刽子手头插雉尾等情节的书写也是如此。

清代文学作品常见行刑细节，这点最为现代读者所关注。斩和绞的行刑过程相对简单，各文学作品在书写斩、绞的行刑过程时，经常一笔带过，不会有太多的行刑细节书写。对文学作品中斩首、绞死的细节，读者一般不会有争论。凌迟则不同。现实中凌迟刑在各地的行刑细节一般都不相同，在清代各种文学作品中凌迟的书写更是五花八门。繁、简、详、略的书写俱有，没有完全相同的凌迟细节书写。可以说，对普通读者来说，凌迟行刑细节书写的客观与否，最难分辨。无论如何，清代文学作品中的凌迟过程大多系非客观的书写。比如在公案小说《郭公案》某案中，浙江杭严道郭公命将私藏上百妇人之寺庙五百僧人，不问首从，悉皆斩首。并命将首犯三人务要凌迟三日，方许断命。① 郭公只是一名道台，未经皇帝批准无权直接处决犯人，更何况犯人达数百之众。凌迟三日也是颇为夸张，不符合事实。在这一事例中，无论是对死刑程序，还是对凌迟，《郭公案》的书写都是非客观的书写。

对凌迟行刑过程也有相对客观性的书写。在小说《警富新书》中，犯人凌贵兴最后被凌迟处决。其程序为，先将凌贵兴额肉割开，刮伤两乳，手足微斩四刀，然后刺入心窝，割断毒肠五寸。贵兴舌根迸出，血溢沾襟。须臾，哀叫一声而逝。② 结合《申报》等材料对凌迟行刑过程的书写，该书

① （清）佚名：《郭公案》，黑龙江美术出版社，2019，第83～84页。
② （清）佚名：《警富新书》，侯会点校，群众出版社，2003，第180页。

对凌迟过程的书写相对客观。嘉庆八年（1803），成得（又写作成德、陈德）因行刺嘉庆帝未成而被凌迟处决。陈其元《庸闲斋笔记》记其处决情形为，先立一木桩，将其缚于桩上。先割耳、鼻及乳，从左臂鱼鳞碎割，再割右臂，以及胸、背。初尚刀刀见血，继则血尽，只黄水而已。因嘉庆帝有旨令其多受些罪。成得脔割至尽乃死。① 成得系行刺皇帝，犯"十恶"谋反重罪，其凌迟程序比一般的凌迟程序更为残酷，相当于前文所说之"寸磔"。陈其元所记来源于其父的现场观察，其对凌迟程序的书写系主观再加工，虽然不能尽信，但不能不信，与文学作品中的大多同类书写相比，可以被认为是相对客观的书写。②

李启成教授认为，判断文学作品中的相关书写是否客观，必须要利用高位阶研究资料进一步证实。③ 与文学作品相比，《申报》是高位阶资料。文学作品中的很多书写可以与《申报》的相关书写相互印证。比如前文所言清代文学作品中出现的法场位置、监斩官所穿红衣等信息便是如此。判断凌迟等刑行刑过程的书写是否客观，需要利用《申报》等高位阶史料印证。

文学作品系虚构性书写，与《申报》等写实性书写相比，其内容主观性更强，其内容所体现出的感情更为丰富。文学作品中丰富的感情、细腻的心理描写不能因为其系虚构性书写便一律断定为非客观性的书写。有的书写反映了清代民众的某种观念，这在《申报》等资料中经常得不到体现，也得不到印证。比如在清末小说《三侠剑》中胜英在因故被抓时，恳求周围的人替他办两件事。其中一件为，如果最后自己被砍头，恳求官人刽子

---

① （清）陈其元：《庸闲斋笔记》，中华书局，1997，第87～88页。

② 咸丰五年（1855）太平天国北伐将领林凤祥被凌迟时，监斩官有御史萧浚兰。萧浚兰告诉李桓（后任巡抚等职）说，当时命刽子手十六人各持木柄小铁抓四面锄，顷刻间自顶至踵肉筋俱尽，仅余骨骼。[（清）李桓：《宝韦斋类稿》卷84，《清代诗文集汇编》第705册，上海古籍出版社，2010，第176页]。（清）龚淦：《耕余琐闻》说，同治三年（1864），捻军首领张乐行被凌迟时，"脱尽衣服，绑于木桩，片割其肉，撩掷空中，经一时始尽，唯留头面，以欲传首示众也。血肉淋漓之际，口吐白沫，犹能一开其眼，痛苦若不知。"（清）龚淦：《耕余琐闻》（选录），太平天国历史博物馆编《太平天国史料汇编》第5册，第2015页。他们所犯俱为谋叛重罪，比一般凌迟更重。

③ 李启成：《"差等"还是"齐一"——浅谈中国法律史研究资料之价值》，《河南大学学报》（社会科学版）2012年第3期。

手四针缝上头。另一件为，恳求老少亲友跟去三两位，带上一二百两银子。在其被处决后，替其买一口薄木棺材，横竖不要多花银钱。将其寿木驮到其老家。还表示，"我死在九泉下，感众位亲友之盛情了"。① 被斩首后犯人头颅被缝到躯干上的书写在《申报》和清代文学作品中常有体现，这当然可被视为客观性书写。

与第一个恳求相比，胜爷入棺归乡的恳求更为诚挚。如前文，根据《申报》的记载，在将犯人绑赴法场时犯人经常恳求自己被处决后身体被收敛入棺。在中国人眼里，死后身体被收殓入棺和埋尸故土是很自然的事情。所以，《申报》在记录犯人的恳求入棺话语时未解释其说出该话语的原因。对其原因，清代其他史料很少书写。② 这在来华外国人眼里却常感新奇。比如法国人古伯察观察到棺材在中国的重要意义。他说，人们只有在中国才可以听到彼此赞赏棺材的话题。在生者看来，棺材是令人向往的奢侈品。无论是富人，还是穷人，生前都会想办法准备一具棺材。如果死后得不到安葬，死者的鬼魂往往就对活人怀恨在心，百般作祟。要想避免出现这种情况，最好的办法莫过于为那些未得安葬的死者准备棺材了。他还说，中国人死就要死在自己家里，不能死在外面。③ 中国百姓眷恋故土，即使客死异乡，也会想办法尽量使自己的尸骨落叶归根。所以，结合法国人古伯察等人的观察，《三侠剑》中的这一书写也可以被视为相对客观的书写。

总之，作为现代读者，我们在讨论清代文学作品死刑书写的客观性问题时，应从个案的讨论展开，结合律例，由点及面，再由面到点，从而发现一些共同性书写。清代文学作品数量很多，作者的自身素质不同，写作方式有别，其所要表达的写作意图各异，不能因为文学作品的虚构属性就对一些客

---

① （清）张杰鑫：《三侠剑》，吉林大学出版社，2011，第160页。

② 乾隆年间，刘乔松说："藏尸入棺，藏棺入土，以妥先灵，庶得返气受荫，福及子孙。故葬以土者，不特骸骨以葬而有所附，亦使魂魄以藏而得所依"［（清）佚名辑《禁火葬录》，张仁善整理，载庄建平主编《近代史资料文库》第十卷，上海书店出版社，2009，第8页］。葬之以棺主要还是为了使人的魂魄有所依归，清人这样的解释比较少见。

③ 〔法〕古伯察：《中华帝国纪行——在大清国最富传奇色彩的历险》下，张子清等译，南京出版社，2006，第18～19、168页。

观性书写视而不见。无论如何，在众多的清代文学作品中找到一些共同性书写，并发现其背后的一些因素，也是非常有意义的。当然，有些虽然是共同性书写（如"午时三刻"行刑的书写），但也不能被视为客观性的书写。

二　文学作品死刑书写的特点

《申报》对行刑细节的书写大多向读者传达了围观民众因行刑过于恐怖而受到惊吓的信息。围观民众受到惊吓，所以，才会畏惧，不会犯罪，从而实现"辟以止辟"（犯罪预防）的效果。晚清来华外国人对行刑细节的书写则向当时的西方读者传达了残酷的行刑过程和麻木的民众等信息，这些信息是中国落后的具体表现。对同一事件，不同文本有不同的书写方向，向读者传达了不同的信息。不同读者在解读同一文本时也会因为自身立场的不同而作出不同的解读。晚清来华外国人相关书写的读者就是实例。其书写的最初读者一般是西方民众，当这些书写被翻译成中文后，中国民众又成了读者。当时的西方读者和现在的中国读者对那些书写的解读肯定是不同的。

与《申报》和晚清来华外国人对死刑的书写相比，清代文学作品的书写主要有三个特点：其一为情节虚构，其二为服务于特定的意图（如教化、申冤等），其三为擅长细节描写。情节虚构是文学作品的共性。《申报》和晚清来华外国人的相关书写并非没有虚构，毕竟这些书写都是作者主观意识的结果。作者主观再创作，其内容有所虚构在所难免。所不同的是，文学作品以虚构取胜，以精彩的虚构取悦读者。而《申报》和晚清来华外国人的相关书写如果虚构内容过多，则易引起读者的反感。以纪实见长的《申报》更是如此。①

以现代读者比较关心的木驴为例，文学作品中的木驴书写纯属虚构（木驴图像可参见图12）。晚清小说《冷眼观》指出，木驴是从前一部《倭袍》小说上治淫妇谋害亲夫用的。《倭袍》一书，半多齐东野人之语，更未

---

① 《申报》一般被视为比较可信的史料。只是为吸引读者，《申报》也经常登载一些花边新闻、小道消息。

可深信。①《冷眼观》一方面指出了木驴系属虚构，不可信，另一方面也指出了小说中木驴的惩治对象为淫妇谋害亲夫。在其他文学作品中，木驴大多系针对杀死亲夫的奸妇。此外，还有处罚侵犯皇权、谋危社稷之人的情况。根据《大清律例》的相关规定，这些犯人都是罪应凌迟之人。木驴样式的设计更适用于女性，尤其有专门针对淫妇的机关设计。在清代女性犯罪中，以奸妇因奸谋杀亲夫的行为最为纲常名教所痛恨。这种行为体现在《大清律例·刑律·人命》"杀死奸夫"等门的相关规定中。在《大清律例》中，专门针对女性的凌迟罪名只有因奸杀死亲夫、妾因奸谋杀正妻和妻妾故杀夫这三种情况，显然第一种情节更为严重，更为礼教所不容。文学作品中专门设计出用木驴惩治因奸谋杀亲夫之奸妇，可以说既和律例的相关规定相呼应，也是当时百姓现实生活中所受纲常教化的表现之一。所以，清代文学作品对木驴残酷性的书写体现了作者教化百姓的写作意图。在笔者所见的清代文学作品中，以《狄公案》对木驴的书写最为典型。

图 12　文学作品中的木驴

注：左图见（明）佚名《水浒志传评林》卷20，见刘世德、陈庆浩、石昌渝主编《古本小说丛刊》第12辑，第2册，中华书局，1991，第1000页。该书刊于明代万历年间。该图描写的是河北田虎兄弟被宋江率军平叛抓住后被凌迟处死的事。右图见（明）佚名《钟馗全传》卷4，刘世德、陈庆浩、石昌渝主编《古本小说丛刊》第2辑，第5册，中华书局，1990，第2132页。据该辑前言，《钟馗全传》当刊于明代万历年间。此图描写了地狱里的刑罚。在该书中，在阳世有不敬丈夫、搬弄是非等很多行为的人进入阴间都要受到此罚。冤魂被绑于木驴上，夜叉、小鬼各执铁钩尖刀剐其肉，轻重不等，有剐二十四刀者，有剐三十六刀者，有破肚腹者，有粉骨碎肋者，有化为飞尘者。狱中冤魂嚎啕大哭，叫苦连天。在其他文学作品有关阴间刑罚的书写中较少见到木驴地狱的书写。

---

① （清）八宝王郎：《冷眼观》，黑龙江美术出版社，2016，第219页。《倭袍》即《倭袍传》，又名《果报录》。

《狄公案》指出木驴系狄仁杰所创。狄公之所以要创造这种异样的刑具，原因是狄公要"警戒世俗"，让百姓周知谋杀亲夫之妇。该木驴"有三尺多高矮，如同板凳相仿，四只脚向下，脚下有四个滚路的车轮，上面有四尺多长、六寸宽一个横木。面子中间，造有一个柳木驴鞍，上系了一根圆头的木杵，却是可上可下，只要车轮一走，这杵就鼓动起来"。其前后两头还造了一个驴头驴尾。在将犯人毕周氏提出女监后，将其两手反绑于背后，插了标子。衙役牵过木驴，在堂口将她抬坐上去，和好鞍缰，两腿紧缚在凳上，将木杵朝下。此时，周氏已是"神魂出窍，吓得如死人一般，雪白的面目变作了灰黑的骷髅，听人摆布"。木驴系将凌迟犯人绑赴法场的工具，而非直接将犯人处决的工具。但周氏刚上木驴便已接近吓死。由此可见木驴之残酷。木驴之残酷除了体现在犯人的痛苦表现之外，也体现在围观民众的话语中。与有的文学作品相比，《狄公案》对犯人的痛苦和悔恨表现书写较少。其只对周氏的同案犯徐某在知晓自己即将被绑赴法场时"万分痛苦""大哭连天"的表现有所书写。其对围观民众的话语进行了更多的书写。

在将犯人绑赴法场的途中，众差役执着破锣破鼓，敲打前行，唯恐百姓不知，唯恐达不到万众唾骂的结果。此时，城里城外，无论男女老少，皆拥挤得满街满巷。《狄公案》借围观民众之口说出了周氏所受之具体痛苦，这些痛苦让笔者不忍，不便形之于笔下。像周氏这样背弃礼教纲常，与他人通奸杀死亲夫，在当时已足够无耻。因其无耻，地方官让木驴使其下身极度不适的无耻情况较长时间暴露于大庭广众之中，这在深受儒家纲常名教熏陶的围观民众眼里，不仅充满了"以牙还牙"似的报复快感，还发泄了自己的情绪。

《狄公案》借围观民众之口又说，周氏在途中已"面无人色，如死一般"。不仅如此，其所受折磨系公开展示，因为少见，所以，围观民众更是"争先观看"。周氏一行犯人受到了围观民众的指责和取笑，他们"无不恨这周氏"。现场真可谓"千夫所指"。还有民众在旁"哈哈大笑"。对犯人来说，这不仅是一种残酷的肉体折磨，也是一种巨大的精神折磨。围观民众的情绪由此得到了极大的宣泄。在这类文学作品中，木驴的出现使剧情达到了高潮，当时读者的心理也因此得到了很大的满足。

与《申报》的书写相同，文学作品也常书写围观民众。只是《申报》的相关书写千篇一律，除了民众受到惊吓、儆戒之外，很少有其他的表现。文学作品的书写则要细腻得多，围观民众固然也常受到惊吓，但这不是主要的。围观民众的出现更多的是为了实现作者某种写作意图（如宣扬教化、申冤等）。就宣扬教化的写作意图而言，围观民众的表现一般不是受到惊吓，而是表现出大快人心之状，无论是表情上，还是动作上，抑或是话语上。

在《狄公案》的相关书写中，作者先借两名围观民众之口表达了周氏被骑木驴之痛苦和大快人心之状。还有一位老者，从其话语来看，也是一位智者。他与先前两位取笑周氏的围观民众表现不同。他还告诫其他人，周氏"他们已是悔之不及"，你们还是不要取笑她了吧。这位老者又说，古人说得好，"天作孽，犹可违；自作孽，不可逭"。周氏他们应该安分守己，耐心劳苦。即使一时贫困，也应该一夫一妻白头到老。周氏不该生出邪念，最终害人害己。所谓祸恶到头终有报，只争来早与来迟。所以，你们大家只可以她为戒，不可以取笑她。老者的话语揭示了木驴的作用，一为犯人被取笑，二为使犯人后悔，三为民众要引以为戒。犯人临刑时后悔了，但为时已晚，已经无法挽回。所以，你们民众一定要从中吸取教训，不要再犯类似的错误。作者的教化意图借老者之口得以实现。

《狄公案》对木驴的描写虽然属于虚构，但其借围观民众之口宣传了作者的教化意图。很多文学作品都有家属送别的情节，作者对这一场景的书写也能加深读者对作者教化意图书写的印象。与《申报》的书写相同，《狄公案》等文学作品都肯定了"公开行刑"，都宣扬了当时的主流价值观。即使很多文学作品在书写冤案时，也未见反思"公开行刑"的意义和质疑死刑存在的意义。与《申报》的书写相比，《狄公案》等文学作品对教化意图的书写更多渲染。虽然与有的文学作品相比，《狄公案》对犯人的悔罪表现书写得不够充分，但其对围观民众话语的书写弥补了这一点。当时的读者在读到围观民众的话语时，会有更加亲近的感觉，从而在情绪上更易受到感染。所以，与《申报》的书写相比，《狄公案》等文学作品对教化意图的书写更有力度。与作者对木驴的残酷性书写相比，其教化意图的书写才是作者更加强调的。

《狄公案》等文学作品对围观民众、犯人话语和心理的书写不仅体现了作者的写作意图，也体现了其擅长细节书写的特点。这些细节在《申报》中大多得不到验证。文学作品对将犯人绑赴法场和斩、绞行刑细节的书写经常能与《申报》的相关书写相互验证。再以《狄公案》为例。在行刑当日，狄公绝早起来，换了元服，披了大红披肩，传齐了差役和刽子手等人，皆在大堂伺候。然后发了三梆，升了公堂。标完监牌，捆绑手先进监内，将一名犯人提出，当堂验明正身，赐了斩酒杀肉。捆绑已毕，插好标旗，命人四下围护。将犯人绑齐后，即将其解赴法场。《狄公案》这段对将犯人验明正身、绑赴法场的书写相对客观，可以与《申报》的相关书写相互验证。在这些相对客观的细节书写中，也能找到与《申报》相关书写不同的地方。比如，《狄公案》的这段书写提到"狄公绝早起来"。《申报》的相关书写也有提到监斩官很早起床的，但都不如"绝早起来"更能表现出监斩官的重视。很多文学作品还书写了犯人被提出监狱时的心理斗争、衙役的策略等，这在《申报》中也很少得到体现。《狄公案》在书写行刑细节时提到，犯人在被砍头时前面有一人拖着犯人的头发，犯人被砍头后监斩官用朱笔在其头上点一下。这些细节在《申报》的相关书写中都有体现。其在书写绞刑时提到，刽子手用的是绵软的麻绳，绞时三绞三放，这在《申报》中虽然得不到证实，但我们不能断定其为非客观的书写。

总之，《狄公案》对木驴的书写体现了文学作品书写的三个特点。如果借《申报》这样的高位阶资料去印证，文学作品对围观民众的书写便显得不客观。但《申报》对围观民众的书写过于单一，现实当然不尽如此。在其他高位阶资料中围观民众不仅经常是"失语者"，还经常得不到书写。① 所以，文学作品对围观民众的书写无法用《申报》等高位阶资料去印证。当然，《狄公案》虽然情节虚构，但狄公特地换上的大红披肩、当地法场位于西城门外等一些书写仍可被视为相对客观的书写。②

有些写实性较强的文学作品有时直接反映了当时的社会，揭露了司法腐败。乾嘉时期著名文学家乐钧《买凶》诗揭露了广东一带杀人买凶的现象。"富儿"杀人后亡命，"贫儿"受财顶其姓名。所受之财虽然"高不过三百缗"，妻孥却因此暂时解决了温饱。在受审时，"贫儿"即使茹刑，也不吐露实情。在法场上，"贫儿"临刑犹自念余粟。富者益富，贫者的状况并没有因为"贫儿"顶凶所得之财而得到根本改变。"贪天徇财宁杀身，钱能使鬼还通神。"③ 这真是太不公平了。其所言"买凶"（"顶凶"）现象在广东地区实有其事（被称为"宰白鸭"），在当时是个突出的区域社会问题。虽然该诗未能更深入当地宗族械斗、民情风俗、吏治状况等区域社会背景，但该诗仍具有重要的研究价值。该诗中"贫儿""临刑

---

① 奏折的史料价值肯定高于文学作品。在奏折中围观民众实际上也经常得到书写。这些书写总是千篇一律，亦即犯人被处决后，"人心大快"。以此显示犯人被处决的民意基础。至于到底是否"人心大快"，事实可能不尽如此，应该具体问题具体分析。至少犯人的在场亲属不会"人心大快"。根据《清穆宗实录》和曾国藩奏折，太平天国将领李秀成最终是被凌迟处死［《清穆宗实录》卷109，同治三年七月壬子；（清）曾国藩：《曾国藩全集》第7册，岳麓书社，2011，第327页］。赵烈文是太平天国运动南京被攻陷前后曾国藩、曾国荃的机要幕友。其日记说，李秀成被俘后，曾国藩"甚怜惜之"，不仅并未将其凌迟，甚至还"棺殓其躯"。他还说，曾国藩奏折中声明李秀成自知必死，恐中途不食，或窜夺逸去，转逃国法，故当地凌迟处死云云［（清）赵烈文：《能静居日记》，廖承良标点整理，岳麓书社，2013，第810~811页］。而当时《上海新报》转引南京来信却说，当李秀成、洪仁达二人被凌迟之时，远近来观者几至累万，欢声震地。正法以后，众军民又将小刀碎割其尸骨，几无余剩云云，可谓痛快人心之极矣！（《新闻》，《上海新报》1864年8月初10日，第1版）。对李秀成被处决时多则材料的书写差异表明，实录、日记和报纸这些高位阶史料的相关书写不仅不一定客观，甚至还可能有歪曲成分。《申报》对法场犯人、围观民众的书写是选择性的，那些个性张扬的犯人、法场上出现的意外情况经常被《申报》书写。如果尽信《申报》的书写，法场上的犯人大多是桀骜不驯之辈、憨不畏死之徒。事实当然并非如此。

② （清）佚名：《狄公案》，浙江人民美术出版社，2017，第156~159页。按《狄公案》又名《武则天四大奇案》《狄梁公全传》。

③ （清）张应昌编《清诗铎》卷10，中华书局，1960，第279页。

犹自念余蕣"的书写反映了犯人临刑时对家人的牵挂。这种牵挂之情甚至超越了即将被杀时的恐惧感。他当然怕死，只是这种死已经升华到舍小我、顾大家的境界。他当然是有感情的，这种感情更多的表现在内心对家人的牵挂。这种牵挂最好不要在外表表现出来，那样只能使家人更受伤。① 他绝非晚清来华西方人笔下常见的麻木不怕死的中国人。《申报》虽然对犯人临刑时的表现有大量书写，但对《买凶》中"贫儿"的这种牵挂心理却没有过书写。②

应该看到，在死刑的书写上，批判现实、反思现状的文学作品书写非常少见。无论是现实中，还是文学作品中，法场冤杀人的情况都较为常见，但文学作品除了渲染冤气之外，极少反思背后的典章制度和司法实践。即使是冤案，也不会反思死刑和公开行刑的弊端。这使那些文学作品的价值大多停留在说教和艺术欣赏层面，其内容就显得有些浅薄了。

---

① 法国人乔治·德·克鲁勒描写了类似的事情，因为视角的不同却得出了不同的结论。他说，死亡、棺材、坟墓是中国人永远都要劳心的事，棺材早就准备好了。为了拥有一口舒适的棺材，一个穷人可以顶替死刑犯被砍头。他为此会得到五十两银子，这样的交易很常见。甚至还得到了中国法律的认可。有了这笔钱，不仅棺材解决了，他还可以拿出一部分作为妻儿的生活费。他最后拿着剩下的钱换取鸦片，度过人生最后的时光。他还说，这充分表现了中国人在死亡面前所表现出的勇气。他还说中国人在战场上怯懦地逃跑，不是因为中国人怕死，而是中国人不能确保在战场上被打成重伤。被打成重伤才是中国人最恐惧的事。这也是那些中国人为什么会在被处决时一声不吭，而在用藤条抽打时却狂嚎乱叫的原因〔法〕乔治·德·克鲁勒：《进军北京》，陈丽娟、王大智、谭思琦译，中西书局，2013，第47～48页）。他的说法在晚清来华外国人中很有代表性，表面上看似有理，实际上充满了偏见与先入为主，绝对不能被视为客观描写。

② 现当代文学中也常见凌迟的书写。其中以莫言的《檀香刑》最为著名。与清代大多文学作品相同，《檀香刑》对凌迟的行刑过程书写也是非客观的书写。我们现在在阅读《檀香刑》时，不能因为该书对凌迟行刑过程的非客观书写就否认了该书价值。该书对凌迟刑书写的价值在于其通过对犯人、刽子手的心理描写实现对酷刑的反思和对凌迟背后的文化意义上的思考。法国学者巩涛认为，《檀香刑》中的刽子手形象实际上就是一个穿着中国服饰的西方人，他没有找到原始文献来支撑他的刽子手形象。〔法〕巩涛：《晚清北京地区的死刑与监狱生活——有关比较史学、方法及材料的一点思考》，陈煜译，周东平、朱腾主编《法律史译评》（2013 年卷），中国政法大学出版社，2014，第275页。

第二节　晚清来华外国人对死刑的书写①

一　"残酷"的刑罚

17 世纪的西方观察者比较正面地评价了当时中国的法律制度。② 18 世纪末,马戛尔尼使团虽然也注意到了千刀万剐、大卸八块、斩首等情况,但并未明显使用野蛮、残酷那样的字眼。③ 该使团成员约翰·巴罗不仅认为中国法律根本谈不上血腥味,而且同时也认为,在现存的专制政府中,肯定没有像中国法律那样重视人命的。④ 到 19 世纪初,由小斯当东翻译的《大清律例》仍对清朝法律给予了很高的评价。⑤ 其译文中写到,当欧洲提到中国刑律的时候,总是经常,或者说是一贯带着赞赏的语气。⑥

---

① 该部分所引文献个别作者可能未到过中国,这不影响本书的结论。当然,因为作者身份、国籍、写作背景不同,对当时中国刑罚的描述有差异,这是正常情况。本书系从总体上探讨。

② 〔美〕伊沛霞:《剑桥插图中国史》(第 2 版),赵世瑜等译,湖南人民出版社,2018,第253 页。

③ 〔英〕乔治·马戛尔尼、约翰·巴罗:《马戛尔尼使团使华观感》,何高济、何毓宁译,商务印书馆,2013,第 29 ~ 30 页。

④ 〔英〕约翰·巴罗:《我看乾隆盛世》,李国庆、欧阳少春译,北京图书馆出版社,2007,第 264 页。

⑤ 〔英〕约翰·弗朗西斯·戴维斯:《崩溃的大清帝国:第二任港督的中国笔记》,易强译,光明日报出版社,2013,第 167 页,第 176 ~ 177 页。

⑥ 〔俄〕叶·科瓦列夫斯基:《窥视紫禁城》,阎国栋等译,北京图书馆出版社,2004,第 167页。英国人麦肯齐所著《泰西新史揽要》一书在晚清产生了很大影响。当时很多中国人通过此书了解了世界。该书列举了 18 世纪末 19 世纪初英国刑法严峻暴虐的很多表现。当时斫人小树,打死别人小兔,窃人漂白布,都可能被处死。有罪犯已经绞决而复枭其首者,又有处决时悬其尸于铁索以示众者,于 1834 年(道光十四年)始除之。1834 年,英国定罪死罪者多至 480 名。虽然最后可能只有不到三分之一的人会被处死。英国每百万人口死刑犯人数还是远超同时期的中国。所以,当时英国刑法之严峻暴虐甚于中国。基于此,小斯当东等人当时对清朝法律作正面评价有事实根据。随着 19 世纪初中英交往的增多,英国法律的逐步改善,英国人对清朝司法不公的焦虑感才日益明显。到鸦片战争爆发时,英国法律的改善不过近二十年左右才初步完成,一代英国人的本国酷刑记忆却已逐渐消逝。加上成功征服世界很多国家所带来的自信与高傲,他们在与中国人打交道时,自然会集体贬低、嘲弄中国刑法的残酷。在 17 世纪前后也有说中国刑罚残酷的外国人,这些人在评论中国刑法时更多是出于本性,很少涉及中西对比,也很少居高临下。而且至迟 16 世纪晚期法国就有人开始反思酷刑。17 世纪前后,英法等国国民对自己国家酷刑的批评开始多了起来。民国初 (转下页注)

　　1840 年鸦片战争前，随着交往和纠纷的增多，在华西方人口益担心他们会受制于清朝的法定诉讼程序和丧失必要的权利。[①]鸦片战争后，这种担心最终体现在不平等条约上。领事裁判权成为现实，成为某些国家在华之人的护身符。越来越多的英国、法国和美国等国国民来到中国。他们中有很多人著有关于中国的文章和著作，还有一些人出版了有关中国各种主题的图像资料。在这些文字和图像资料中，法律是重要内容。因为清朝系公开行刑，很多外国人都目睹耳闻了斩首、枷号等刑罚。在那些文字资料中，他们经常很自然地与本国刑罚相对比。与本国当时相对文明的刑罚相比，中国的刑罚便显得很残酷。[②]残酷是 1840 年鸦片战争后来华外国人对中国刑

（接上页注⑥）英国人乔治·兰宁和库寿龄在其《上海史》一书中比较了 19 世纪初的中英法律状况。该书说，直到 1837 年，还有英国犯人的耳朵被钉在枷板上，在英国相当于凌迟、车裂的刑罚直到 1870 年才最终废止。19 世纪的英国人可能因为化装出现在威斯敏斯特大桥上而被绞死。1816 年一名年仅十岁的儿童被判处死刑。既然英国能用一个世纪的时间崛起，为什么中国就不能？以上见〔英〕麦肯齐《泰西新史揽要》第 4 卷、第 6 卷上，李提摩太、蔡尔康译，上海书店出版社，2002，第 56、93 页；〔美〕马克·P. 唐纳利、〔美〕丹尼尔·迪尔《人类酷刑简史》，张恒杰译，中国友谊出版公司，2018，第 140 页；〔美〕马克·P. 唐纳利、〔美〕丹尼尔·迪尔《人类酷刑简史》，张恒杰译，中国友谊出版公司，2018，第 133~135、206~207 页；〔英〕乔治·兰宁、库寿龄《上海史》（第一卷），朱华译，上海书店出版社，2020，第 74 页。

① 李秀清教授对《中国丛报》（1832–1851）所涉及的法律问题作出了比较系统的研究。她指出，《中国丛报》对清代刑法的书写几乎都是落后、残忍的。见李秀清《中法西绎:〈中国丛报〉与十九世纪西方人的中国法律观》，上海三联书店，2015，第 100 页。美国塔尔萨大学步德茂教授也指出，在鸦片战争前，因为 1784 年"休斯女士号"等案件的影响，西方人经常有意歪曲、指责中国法律。他们越来越固执地抵制中国司法管辖权，很不愿意成为中国司法的被告。见〔美〕步德茂《"淆乱视听":西方人的中国法律观——源于鸦片战争之前的错误认知》，王志希译，周东平、朱腾主编《法律史译评》（2012 年卷），北京大学出版社，2013，第 272~292 页。

② 在民国时期是否废除死刑的争论中，一个事例曾被多名学者反复提及。该事例是:英吉利在 16~18 世纪滥用死刑，自 1800 年至 1820 年，每年平均处死刑者约 80 人。1861 年至 20 世纪 30 年代，死刑虽未废止，而执行者逐渐减少，一年中受死刑之宣告者，约 30 人，其半数且被赦免。欧洲其他国家大致也是这个趋势。美国萨姆休斯敦州立大学米切尔·P. 罗斯教授在《以眼还眼——犯罪与惩罚简史》中说，19 世纪 30 年代，法国每年有数百死刑判决，同时期中国人口约为法国人口的 12 倍，死刑人数却相差无几。英国人乔治·斯当东在《英使谒见乾隆纪实》一书中说，中国人口众多，死刑犯非常少。中国的量刑不算重，犯罪人并不多。其话语暗含 1793 年前后中英之间的对比。19 世纪前，欧洲来华外国人虽然也有中国刑罚残酷的描述，但远没有 19 世纪之后多。这与欧洲国家自身刑法状况的变化有直接关系。徐忠明教授也指出，西方刑罚（包括死刑）逐步走向人道化和文明化的途程，乃是 19 世纪以后的事情。鸦片战争后，的确有些西方人对清代刑罚的书写有有意抹黑的政治考虑和利益考虑。加拿大卜正民、法国巩涛等学者合著的《杀千刀:中西 （转下页注）

罚的一般印象。

比如德国人恩司诺认为，法典、法庭和刑罚在今天的中国仍然与几千年前一样残忍和野蛮。《大清律例》规定了最野蛮的惩罚。[①]在澳大利亚人莫理循眼里，当时中国的刑罚为世界上最为残酷的刑罚。[②]亨利·阿瑟·卜力曾任港督。他认为，中国法庭动用的刑罚极其严酷，有时简直令人发指。[③]在对刑罚残酷性的描写上，他们的形容词经常用到了最高级。相比之下，八国联军统帅德国人瓦德西的对比则更为具体。他说，在中国，死刑的应用十分广泛，许多在我国仅判处三四个月监禁的罪犯，在中国竟然常被判为死刑。[④]即使未用到最高级，读者在阅读他们的话语时，也能很自然地感受到中国刑罚的苛重。他们在书写行刑细节时，也经常展示行刑过程中的血腥场面（很多是夸张、不客观的书写），描写自己在观看行刑时受到的巨大惊吓，以及在中国各地看到枭首头颅时的强烈震撼，这些使当时的西方读者能更直接感受到中国刑罚的残酷。[⑤]

（接上页注②）视野下的凌迟处死》指出，19世纪，西方观察家创造了中国酷爱酷刑的形象，在后续的发展中给西方的帝国主义者正当的理由：帝国主义必须在中国实行统治并将它的统治摧毁，就如同刽子手切割犯人的方式。以上见赵琛《死刑存废之问题》，《法学丛刊》1930年第1卷第3期，第7~15页；〔美〕米切尔·P. 罗斯《以眼还眼：犯罪与惩罚简史》，胡萌琦译，中信出版集团，2019，第136页；〔英〕斯当东《英使谒见乾隆纪实》，叶笃义译，群言出版社，2014，第545页；徐忠明《古典中国的死刑：一个思想史与文化史的考察》，《中外法学》2006年3期；〔加〕卜正民、〔法〕巩涛、〔加〕布鲁《杀千刀：中西视野下的凌迟处死》，张光润等译，商务印书馆，2013，第32页。

① 〔德〕恩司诺：《清末商业及国情考察记》，熊健、李国庆译，国家图书馆出版社，2014，第39页。

② 〔澳〕莫理循：《1894年，我在中国看见的》，李琴乐译，江苏文艺出版社，2013，第115页。

③ 〔英〕亨利·阿瑟·卜力：《遇见中国：卜力眼中的东方世界》，李菲译，上海社会科学院出版社，2017，第23页。

④ 〔德〕瓦德西：《瓦德西庚子回忆录》，秦俊峰译，福建教育出版社，2013，第130页。

⑤ See Li Chen, *Chinese Law in Imperial Eyes: Sovereignty, Justice, and Transcultural Politics.* (New York: Columbia University, 2016), pp. 174~175, p. 184. 李秀清教授对19世纪《中国丛报》中所体现的当时西方人的中国刑法观进行了总结。她说，当时西方人对中国刑法的观点基本一致，这是一种萨义德式的"集体的想象"。李秀清：《中法西绎：〈中国丛报〉与十九世纪西方人的中国法律观》，上海三联书店，2015，第101~103页。所以，对那些贬损清朝法律，充斥着西方优越论观点的文字，我们现在要谨慎看待。

　　与文字相比，图像资料更直观、让人更加印象深刻。英、法等国国内的一些画报有时会刊载一些有关清朝的图画，其中常见刑罚题材的图画。《伦敦新闻画报》是世界上最早的以图像为主体的画报。该报向中国派驻的画家兼记者向英国发回了大量报道。发表在该报 1857 年的一篇文章认为，《大清律例》以野蛮著称，刑罚极为残酷。这篇文章附有三张从一系列绘制精美的彩色图画中挑选出来的插图（其中一张图片见图 13）。它们分别描写了将犯人绑赴法场、绞死和将头颅悬杆示众的场景。在清朝的死刑种类里，绞刑最轻。该文章对绞刑的书写便使用了极其残忍的字眼。在文章最后作者又说，原本还有一张表现砍头和开膛破肚的画，但因为过于恐怖，不能在此发表。① 这会让当时的西方读者很自然地联想到那些血腥的场景，从而加深了中国刑罚残酷的印象。

　　有些外国人并未停留在对刑罚残酷表象的书写上，有时也会思考中国刑罚残酷的原因。1894 年，澳大利亚人莫理循曾游历中国南方，写成《1894 年，我在中国看见的》（又被译成《1894 年中国纪行》）。他认为，之所以中国刑罚残酷，是中国人感觉神经系统迟钝或者发育受阻所致。他同时认为，中国人不用麻醉就能忍受外科手术时的疼痛。恶臭刺鼻，却能兴致盎然地生活。外面响声大作，却依然能够酣睡。看过这些，谁又能怀疑这些酷刑呢?② 简言之，莫理循认为，中国人在神经上的麻木导致其对刑罚感知上的麻木。正因为感知上的麻木，所以，即使对其施加再重的刑罚，中国人也不会觉得残酷。

　　在对中国刑罚残酷原因的思考上，麻木是这些外国人一个比较大的共识。比如《龙旗下的臣民》一书所引某位外国教授的观点认为，中国人的心灵对他们同类所受到的严刑峻罚已经麻木不仁了。不仅如此，他们还相

---

① 沈弘编译《遗失在西方的中国史：〈伦敦新闻画报〉记录的晚清 1842－1873》（上），北京时代华文书局，2014，第 184～186 页。

② 〔澳〕莫理循：《1894 年，我在中国看见的》，李琴乐译，江苏文艺出版社，2013，第1156 页。

图 13 《伦敦新闻画报》中的绞刑

注：请注意该图的图片配色、犯人表情和士兵表情。士兵和犯人的表情应该被刻意表现了。士兵觉得残酷，犯人却显得很麻木，痛苦倒是其次。该图的读者系当时的西方人。该图与晚清那些以刑罚为主题的外销画所要传达给读者的目的大致是相同的，即一方面，告知西方人所更关注的行刑的方法（落后的、残酷的），另一方面，展示落后的国民形象（通过士兵、犯人的表情和穿着来表现）。至于围观民众、监斩官则经常不予表现。毕竟空间有限，如果图画描写了更多的人物，势必会冲淡读者阅读主题时的观感效果。可以想象一下，如果描写围观民众、监斩官，他们的表情必然也是麻木的。所以，对他们没必要描写。通过描写犯人和士兵，作者的目的就能达到。图画中没有神职人员，这也会让西方读者有所联想。那些有关刑罚的图画经常是连续数幅展现给读者（像亨利·梅森《中国的刑罚》那样），这与单图展现的效果当然不可同日而语。也许读者会质疑单图的真实性，连续数幅图画都是如此，其他系列的有关刑罚的图画还是如此，读者又有什么理由质疑呢？如果再像亨利·梅森《中国的刑罚》那样再配之以文字，渲染一番，那些西方读者在阅读时怎能不确信清代刑罚之多之滥之酷？在那些图画中，清代刑罚的一些正面内容极少得到表现。此类图画的去情境化处理，只是作图者欲单纯表达某一刑罚主题的需要。至于去情境化处理后事实上形成的对西方读者的视觉冲击，这可能并非出于作者的预想。在明清本国人所作的刑罚图中，去情境化的刑罚图画同样常见，作者的作画意图不宜过度解读。

信，他们现有的足以造成伤残的刑具还不足以达到目的。① 俄罗斯人科瓦列夫斯基观察到了某年朝审后京城行刑的现场，本年一共 28 名犯人被处决。他说，这不像是在行刑，而是在屠杀。一切进行的那样冷漠、无知，官员神色漠然，就连即将被处决的犯人也无动于衷。而且周围商家仍在正常买

① 〔英〕吉尔伯特·威尔士、亨利·诺曼：《龙旗下的臣民》，刘一君、邓海平译，光明日报出版社，2000，第 257 页。

卖。他接着又联想到了鸦片，是鸦片烟让中国人变得晕糊糊涂，诸事漠不关心。① 德国人骆博凯认为，即使行刑后没有脑袋的尸体血淋淋地在热闹的街道上躺着，经过的中国人也无动于衷，漠不关心。② 正因为麻木，所以，中国人在讲述恐怖之事时会面带笑容，现有那些残忍的刑具已不足以恐吓他们，那些即将被处决的犯人对死亡也会表现出无所谓的态度。这与外国人在面对中国刑罚时的强烈震撼形成了鲜明对比。在他们眼里，中国人不仅麻木，而且好像很难有开化的可能。残酷的刑罚在麻木的中国人那里自然起不到什么作用。这也同时向当时的西方读者灌输了清朝制度的落后和不可救药。

鸦片战争爆发时，英、法等国大革命早已结束。经过 17、18 世纪西方启蒙运动和理性主义的洗礼，人权、理性思想在英、法等国已经产生了很大影响，身体刑、火刑等那些残酷、野蛮的刑罚在这些国家已经基本成为历史。③ 当时英国已经在关注死刑的存废问题了。④ 俄国 19 世纪末也几乎完全废止了死刑。⑤ 这些外国人来到中国后，常以战胜国、先进国的姿态，以居高临

---

① 〔俄〕叶·科瓦列夫斯基：《窥视紫禁城》，阎国栋等译，北京图书馆出版社，2004，第 167 页、第 163～164 页。

② 〔德〕骆博凯：《十九世纪末南京风情录：一个德国人在南京的亲身经历》，郑寿康译，南京出版社，2008，第 113～114 页。

③ 光绪三十一年（1905），修订法律大臣沈家本等人说，西国从前刑法较中国尤为惨酷。近百数十年来经律学家几经讨论，逐渐改而从轻〔见《修订法律大臣奏请变通现行律例内重法数端折》，上海商务印书馆编译所编纂《大清新法令》（点校本·1901–1911）之第 1 卷，李秀清等点校，商务印书馆，2010，第 285 页〕。有学者，西欧 17、18 世纪时，欧洲人仍然热衷于观看血腥的行刑场面。福柯《规训与惩罚》一书描写了 18 世纪中期法国对弑君者处以四马分尸之刑。所以，中国刑罚不见得真比西方的刑罚本质上更为残酷。但西欧主要国家为占据道德制高点，有意抹黑中国等东方国家专制政府，从而获取利益。徐忠明教授认为，我们在进行死刑的比较研究时，最好将死刑放在相当的历史发展阶段予以考察（见徐忠明《古典中国的死刑：一个思想史与文化史的考察》，《中外法学》2006 年 3 期）。拿 17、18 世纪的西欧的事例与鸦片战争后的清朝相对比，这不妥当。鸦片战争后清朝刑罚总体上比同一时期的西欧更为残酷。对这一事实大家的看法应该不会有分歧。

④ 〔英〕乔治·N. 赖特：《中央帝国》，〔英〕托马斯·阿洛姆绘图，何守源译，北京时代华文书局，2019，第 498 页。

⑤ 〔俄〕尼·维·鲍戈亚夫连斯基：《长城外的中国西部地区》，新疆大学外语系俄语教研室译，商务印书馆，1980，第 119 页。

下的姿态看待中国。他们经常很自然地以来自文明国度自居。比如澳大利亚人莫理循认为，中国人在文明和人道方面落后他们几百年。① 残酷的刑罚无疑是其中最重要的证据之一。《龙旗下的臣民》一书的一位作者在观看行刑后专门买了一把刽子手用刀，"它时时提醒我，不要轻信我所读到的有关中国文明已经进步的文字"。②

这些外国人在讨论刑罚残酷的原因时，大多只注意到了自己所看到、听到的一些表面现象。有些人在来到中国后可能还没有走出过欧洲国家的租界。③ 他们的话语有时候虽然表面看起来挺有道理，但他们毕竟没有条件、能力结合中国文化传统、法律传统进行更深层次、更全面的思考。

同时也应该看到，这些对中国刑罚残酷的书写有时不仅为了满足西方读者的好奇心，有时也有政治考虑。晚清中日甲午战争前后的美国驻华公使田贝（Charles Denby）在其 *China and her People*（《大清国及其臣民》）一书中不仅比较详细地书写了凌迟与站笼之残酷，还说在一些特殊场合下，有将人放在油锅里活活煮死和将人锯成碎片的情况。这些特殊场合下的刑罚虽然出于田贝个人的杜撰④，但其驻华美国公使的经历使其话语更容易令当时的美国人相信。而且上述凌迟等刑的书写系被放在其书中"外交家的工作"一章中。在该章中，田贝对比了美国和清朝诉讼制度，指出了清朝诉讼制度的缺点。在比较详细地书写了清朝刑罚的残酷后，他又很肯定地说，治外法权将继续存在，直到中国将像日本那样改革其刑法。⑤ 显然，其对凌迟等残酷刑罚的书写系出于政治目的，为美国在华治外法权的存在做辩护。田贝的这些书写无疑会使美国在华治外法权获得部分美国读者的继

---

① 〔澳〕莫理循：《1894 年，我在中国看见的》，李琴乐译，江苏文艺出版社，2013，第 115 ~ 116 页、第 233 页。

② 〔英〕吉尔伯特·威尔士、亨利·诺曼：《龙旗下的臣民》，刘一君、邓海平译，光明日报出版社，2000，第 261 ~ 264 页。

③ 赵省伟编《遗失在西方的中国史：海外史料看庚子事变》（上），侯芙瑶、邱丽君译，重庆出版社，2018，第 220 页。

④ 如后文，这些外国人误将阴间刑罚视为真实存在，这不是个案。

⑤ Charles Denby, *China and her People*, Vol. I. （Boston：Coloniaal Press, 1906），pp. 85 ~ 89.

续支持。①

著名美国传教士卫三畏和倪维思在华时间更长，对中国法律等方面的理解更深刻。卫三畏认为，除非涉及反对皇帝的叛国罪，我们不能从整体上指责《大清律例》是绝对残忍的。虽然许多法令似乎需要依靠恐惧手段执行，实际处罚比想象的更为严重，但最终结果是，皇帝可能会法外开恩。一些旅行家和作者往往仅从个别受压迫和反抗的事例得出中国刑罚残酷的结论，这是不公正的。倪维思也认为，在制订和实施其法律时，中国人经常被指责为野蛮和残忍。在这一点上，我们还未发现一篇比卫三畏博士的评述更加合适或可信的证言。② 卫三畏在华肯定关注到了更多的事例，现实中确实有很多死刑犯被皇帝施恩减死，秋审中大量最终未被处决的缓决犯人即是证明。③ 在晚清来华外国人所写的文字资料中，像卫三畏、倪维思这样有着长期在华经历、对华有着深切感受的人相对不多见。

英国传教士韦廉臣夫人在与一名骡夫打交道后，对中国的一些基层官员有了更充分的理解。她说，这些基层官员不得不经常和一些地痞流氓打交道，并常对他们施以重刑，以震慑他们，让他们必须遵循律例的规定。④ 法国人古伯察也有类似观点。他在描述了凌迟的细节后认为，中国法律为

---

① 加拿大多伦多大学历史系及法学院教授陈利认为，在帝国主义时代，西方殖民者对中国等东方专制政府的刑罚或压迫行为经常表示反感和谴责，从而获得了代表现代文明和人性的道德制高点，并据此声称有权利和道义责任对对方推行文明使命，然后利用自己的文化、宗教、科学技术和军事力量来完成这一使命。见《访谈｜陈利：帝国和东方主义话语的内部矛盾》，https://movie.douban.com/review/9511424/，2018 年 11 月 3 日访问。

② 〔美〕倪维思：《中国与中国人》，张勇译，新华出版社，2014，第 39～40 页。

③ 小斯当东说，英国出版的《中国的刑罚》图册（即亨利·梅森的《中国的刑罚》）显然翻抄自中国。该图册多处向人们展示了中国刑罚的残酷。这类酷刑肯定实施过，如今还存在于一些特殊场合，但不能就此认定，这些酷刑属于常规的司法程序。乍看一下，这本图册的每一页似乎都在证明肉刑在中国的普遍性，但读者仔细阅读后会发现，中国法律有许多能减轻罪责的理由和利于特定阶级的例外规定。在某些特殊情况下，建立中国刑罚体系的目的几乎就是完全摈弃酷刑（〔英〕斯当东：《英译〈大清律例〉序》，王健编《西法东渐：外国人与中国法的近代变革》，屈文生、靳璐茜译，译林出版社，2020，第 371 页）。其说法非常有道理。

④ 〔英〕伊莎贝拉·韦廉臣：《中国古道：1881 年韦廉臣夫人从烟台到北京行纪》，刘惠琴、陈海涛译注，中华书局，2019，第 299 页。

震慑犯罪而设立的凌迟等酷刑，其中并非没有些许值得当代法律借鉴的内容。[①] 虽然古伯察承认凌迟为酷刑，但他又认为为震慑罪犯而使用凌迟酷刑是必要的。这其实也是当时中国官场的一般看法。英国人林奇也认为东方国家让犯人经受皮肉之苦的刑罚，比我们现在的刑罚更适用于蓄意的暴力犯罪。[②] 他们是当时极少数明确认为中国法律有值得借鉴之处的外国人。

二　非客观的书写

面对与自己国家迥别的刑罚种类，许多来华外国人对中国的刑罚表现出了相当的兴趣。其中很多人的确现场目睹了死刑、枷号等刑罚的执行。我们在他们所写的文字资料中经常可以看到他们对中国刑罚的具体书写，在许多书写中还经常附有照片、图画等图像资料。这些书写有详有简。在当时，这些书写的读者一般为西方读者。大多数西方读者未到过中国，最多只阅读过一些有关中国的文字和图像，或者耳闻了一些有关中国的人和事，没有或者欠缺相关的专业知识背景，所以，他们很难断定那些书写的客观性。在晚清来华外国人各种非常一致的书写（对刑罚残酷性的书写）的渲染下，他们很容易形成对中国的偏见。在此情形下，不能奢望西方读者能判断那些有关中国刑罚的书写是否客观。他们的阅读大多侧重于欣赏，亦即像阅读文学作品那样阅读。目前，很多晚清来华外国人所写的有关中国的文字已被翻译成中文，它们现在成为观察晚清政治、社会、经济的重要参考资料。在被译成中文后，其读者又变成了中国人。中国读者对其书写的客观性要求要高于欣赏性，毕竟，之所以将其翻译成中文，大多是基于其史料价值。

俄罗斯人科瓦列夫斯基在其《窥视紫禁城》一书中引用了比较具体的数字。他说，在某年秋决那天全国共处决了 1000 名犯人，这不算什么，

---

① 〔法〕古伯察：《中华帝国纪行——在大清国最富传奇色彩的历险》下，张子清等译，南京出版社，2006，第 136 页。

② 〔英〕乔治·林奇：《文明的交锋：一个"洋鬼子"的八国联军侵华实录》，〔美〕王铮、李国庆译，国家图书馆出版社，2011，第 191～192 页。

1816 年快立冬的时候，共判了 10270 人死刑，就算其中四分之一的人得到赦免，最后被处决的人还是不少。① 科瓦列夫斯基对秋审存在误解。经秋审后，全国那些将要被处决的犯人并不是如其所言在同一天内被处决。其1816 年（本年系嘉庆二十一年）的全国死刑犯数字表面上看起来非常精确，外国读者在读到如此精确的数字时，很容易受到误导，进而产生中国死刑犯数量如此之多的想法（作者说，这还不包括因违犯军法而被处决的士兵）。与中国相比，当时西方各国普遍人口偏少。在当时的西欧各国，一万多的死刑犯数量可以说近乎天文数字。这怎能不引起西方读者关于中国刑罚残酷的联想？实际上这一数字完全经不住推敲。② 对清代的死刑犯数量，笔者前文已有说明。在嘉庆时期一年不可能处决如此多的死刑犯。科瓦列夫斯基对死刑犯数字的书写肯定是非客观的书写。

英国传教士麦嘉湖在其书中提到了一种可怕的刑罚，叫作"钉刑"，亦即人被钉死在树下。③ 虽然只要稍具清代法律常识的读者就能对这类书写的客观性作出判断，但当时的西方读者大多不了解清代法律。在看了麦嘉湖的描写后，他们很容易有"钉刑"是常见刑罚的印象。事实上，即使"钉刑"在现实中确实存在，但也绝非常见。④ 这可能是麦嘉湖偶然观察到的一次行刑过程，并不能从整体上说明清代法律如何如何。要知道即使在当代法治相对更为健全的某些国家也难免经常出现司法腐败、刑讯逼供的事例。麦嘉湖《中国人的生活方式》的读者是未到过中国的外国人，他们没有或

---

① 〔俄〕叶·科瓦列夫斯基：《窥视紫禁城》，阎国栋等译，北京图书馆出版社，2004，第167 页。

② 第二次鸦片战争时的法国随军学者埃斯凯拉克·洛图尔在上海的数个星期里，注意到平均每天有 10 个犯人被处决。不仅如此，他们从被逮捕至处决，有时还不到一个小时〔法〕埃斯凯拉克·洛图尔：《中国和中国人》，应远马译，中西书局，2013，第 46 页）。当时太平军正在不远处与清军对峙，城内已山雨欲来，人心惶惶，秩序大乱，在那特殊时期上海县难免会处决很多人。洛图尔并没有交代这个背景。而且洛图尔本人曾被清廷关押半月之久，受尽折磨，其对中国法律、刑罚和监狱的描写更加主观。可以想见西方读者在读到洛图尔的描写时对中国刑罚的野蛮印象。

③ 〔英〕麦嘉湖：《中国人的生活方式》，秦传安译，电子工业出版社，2015，第 141 页。

④ 笔者在杜凤治《杜凤治日记》中发现有"钉刑"的记载。杜凤治所记载的"钉刑"有钉人架子，与麦嘉湖的"钉刑"不同。见（清）杜凤治《杜凤治日记》第 4 册，邱捷点注，广东人民出版社，2021，第 1666、1668、1669、1679、1681、1684、1686、1735 页。

者缺少清代法律的常识，所以无法辨别（或者根本无意辨别）其描写的客观与否。无论如何，麦嘉湖对"钉刑"的描写向那些外国读者传达了中国刑罚残酷的明确信息。

英国旅行家威廉·R. 葛骆描写了一个类似凌迟的刑罚。他说该刑罚几年前在中国很普遍。行刑时，让罪犯穿上一件绳制的网格衣服，将绳子勒出的肉一刀刀切下来，肉被扔到旁边的油锅里烹。葛骆还说，他曾听说过这样的事，有位可怜的人被绑在桥边，每个路过的行人都要切下他的一块肉，有些人不忍心参与这种野蛮的刑罚，只能绕远避开。① 这一来源于清代民间野史，近似文学化的书写虽然很能吸引外国读者，但的确是对凌迟刑的非客观描写。在他的笔下，大部分中国百姓冷漠残酷到令人发指。

美国人何尔康比以一件盗挖皇子之墓的案例说明了中国刑罚的残酷。虽然没有任何证据证明该案犯人亲属参与此事，但他们统统被处以死刑。这些人中包括了女人、一名 90 岁高龄的老人和一个不满两个月大的婴儿。② 清代最重的罪名为"十恶"，"十恶"最重的三个罪名为谋反、谋叛和谋大逆。所谓"罪莫重于反逆，而谋叛次之"。③ 根据《大清律例·刑律·贼盗上》"谋反大逆"门的规定，该犯最多犯了谋大逆罪。虽然大逆罪的主犯会被凌迟处死，但其亲属不一定会全部被处死。其十五岁以下子和母、女、妻、妾等女性会被给付功臣之家为奴。所以，何尔康比所举事例中婴儿和女人被处死的可能性非常低。这个个案有时间、地点，看似很真实，更容易让西方读者相信。他们在阅读到这样的事例时，更加深了对中国刑罚残酷性的认识。

类似的事例还有很多。与文字类的著作相比，那些图像所传达的信息有时更直观。英国医师唐宁（又被译为汤宁）在鸦片战争前曾逗留广州。他当

① 〔英〕威廉·R. 葛骆：《环沪漫记》，叶舟译，生活·读书·新知三联书店，2018，第 47 页。
② 〔美〕切斯特·何尔康比：《中国人的德性：西方学者眼中的中国镜像》，王剑译，陕西师范大学出版社，2007，第 22 页。
③ （清）吴坤修等编撰《大清律例根原》卷 54，郭成伟主编，上海辞书出版社，2012，第844 页。

时就说，目前大量的广州画家通过在米纸上画恐怖画面，并卖给完全相信当地人的各种残忍行径的外国游客，因而挣了很多钱。这些残暴的惩罚刑具在以前是否曾经用过可能还是个疑问，但是现在它们肯定不存在。这些画在米纸上的残暴刑罚，是完全虚构的。① 第二任港督约翰·弗朗西斯·戴维斯在其书中列举一个更为怪诞的事例。他指出有人甚至荒谬地将通常可以在广州市面上买到的某些劣质画——它象征着被打入地狱者在地狱中受到的惩罚——称为"中国式的刑罚，并将它与真实世界中的刑罚混为一谈"。② 这并非个案。第二次鸦片战争时法国随军军医阿道尔夫·阿尔芒就把自己在广州看到的拔舌、烹死、锯刑等酷刑木雕画视为真实存在。实际上，从其话语可知，这些木雕画只是寺庙地狱画而已。③ 晚清从中国流到外国的一些与刑罚有关的外销画虽然其内容时常经不起推敲，但因为画面吸引人，在外国却成了畅销书。④ 不仅外销画，那些外国人所作的图画中也经常有不符合事实之处。笔者在纽约公共图书馆（the Newyork Public Library）Digital Collections 官网上看到一个题为 *Punishment of a parricide in Chine* 的锯刑图。从画法和人物形象来看，其作者应该是外国人。该图显然把中国阴间的锯刑视为真实存在。⑤ 即使为照片，有时也会传达错误的信息，如图 14 那样。英国人奇蒂将晚清上海著名流氓张掌华被站毙的照片标示为一个水盗的死刑。⑥ 事实上，张掌华严格来说不能被视为水盗。

---

① 〔英〕杜哥德·唐宁：《番鬼在中国》（中），广西师范大学出版社，2014，第 602～604 页。

② 〔英〕约翰·弗朗西斯·戴维斯：《崩溃的大清帝国：第二任港督的中国笔记》，易强译，光明日报出版社，2013，第 170 页。

③ 〔法〕阿道尔夫·阿尔芒：《出征中国和交趾支那来信》，许方、赵爽爽译，中西书局，2011，第 276～277 页。

④ 第二次鸦片战争时，法国人查理·德·穆特雷西说，他以前对中国的了解，仅限于对各种囚犯施加的诸多刑具，并进而认为中国是真正未开化的民族。这说明那些有关清朝刑罚的图像对其影响之大。〔法〕查理·德·穆特雷西：《远征中国日记》（上卷），魏清巍译，中西书局，2013，第 90～91 页。

⑤ https://digitalcollections.nypl.org/items/510d47e1－1caa－a3d9－e040－e00a18064a99，2023 年 5 月 23 日访问。

⑥ 〔英〕奇蒂：《晚清中国见闻录》，〔美〕李国庆、〔美〕邓赛整理，广西师范大学出版社，2018，第 30 页。

图 14　晚清行刑照片

注：左图是在晚清来华外国人著作中最常见的一张照片。其作者为威廉·桑德斯（William Saunders）。张世明教授认为，这是一张摆拍照片。从该照片来看，应该只有一名犯人被处决。围观民众应该将犯人围拢，照片中的两侧民众应该向内挤，而不是向外分开（两旁民众像"八"字那样排列）。很显然，这是拍摄时为了拍到更多的民众表情而做的安排。有几个民众的眼神很显然是在看着相机，民众井然有序，没有激情。拍摄者一方面意图使人看到行刑场景，另一方面也看到围观民众的麻木表情。照片未见到明显的士兵戒备情况，未表现出士兵"四周簇护"的情形。照片中虽然有士兵模样的人，但身上未带刀枪。这是不符合律例规定和常规的情况。监斩官被刽子手遮挡好像是有意识的安排。监斩官旁站立的两人穿着戏服。右图没有戒备的士兵。在这两张照片中最主要的三个人姿势、背影基本一模一样。无论如何，在看了右边的照片之后，还会觉得左边的照片是真实的吗？右图出自 Richard Pieper, *Unkraut Knospen und Blüten aus dem Blumigen Reiche der Mitte*, 1900, p.176。德文版，出版社不详，该书系笔者从书格网上下载。

　　美国传教士明恩溥（即阿瑟·亨德森·史密斯）在其著名的《中国人的性格》一书序言中承认，任何人，无论他的知识面有多宽，都不可能真正了解中国人的全部真实情况。他又举了一个事例说明外国人言行的不可靠。一位《泰晤士报》专门采访中国的记者，他有机会亲眼看见在各种环境下生活的中国人，也有条件借采访一些名人的机会了解中国人。他却在自己的某部著作前言中承认，他对中国人特性的描述是失败的，并表达了歉意（可能是莫理循。——笔者注）。英国外交官密迪乐认为，欲对中国人的性格有正确的了解，就必须阅读大量的第一手材料（如笔记、中国人对某事件的说明等）。当然，个别事例只要是真实的，也不能粗暴地被丢在一边。① 其言外之意，很多外国人对中国的看法因为没有阅读大量的第一手材料而失之片面。虽然明恩溥批评了他人非客观的书写，也不能表明他自己

————————————

① 〔美〕明恩溥：《中国人的性格》"原书序"，徐晓敏译，人民日报出版社，2010。

的书写一定也是客观的。比如他的《中国人的性格》一书有一章专门探讨了中国人的麻木（The Absence of Nerves）。他认为，中国人的神经和他们所熟悉的大不一样。因为中国人没有痛的感觉，所以，会毫不犹豫地向他人施加痛楚。这和晚清来华外国人对中国人麻木的看法一脉相承。这当然不能被视为对中国人的客观书写。

在当时的时代背景下要求同时期的西方读者准确判断那些有关刑罚的文字描写是否客观，未免过于苛求。美国外交官何天爵指出，在他们关于中国的知识中，很多都是想象和猜测，并非基于事实。所以，不可避免地对中国产生许多误解。① 第二任港督约翰·弗朗西斯·戴维斯指出，欧洲人错误地以为凌迟是"将人割成一万片"②，就是没有经过调查的想象和猜测。尤其当时中国在英、法等国眼里是落后之国，中国刑罚残酷、落后是英、法等国国民的一般印象。限于交通等条件的限制，当时绝大多数英、法等国国民都未来过中国，他们对中国的了解大多只能依靠那些文字和图像。与对刑罚的书写类似，这些文字对中国其他方面的书写主题很多都是落后。"西方人对中国事物总是容易产生误会与曲解，这已成为一条规律。"③ 那些文字和图像很大程度上满足了当时西方读者对遥远、陌生东方大国的想象。这些想象冲淡了他们对客观性的追求。像澳大利亚人莫理循那样凭借一本中国游记的加成谋得优差的事例说明，很多文字的出版可能系出于作者成名、畅销书籍的考虑。有的外国人在现场看到行刑之后，才改变了对清朝刑罚残酷的单调印象。比如英国人密福特在目睹中国的一次行刑后说，他不无欣慰地看到，中国处决犯人的方式远比某些作家意欲让人相信的要仁慈得多。④ 这说明密福特来华前的确受到了一些文字或图像的影响。

---

① 〔美〕何天爵：《中国人的本色》，周德喜译，文津出版社，2013，第1～2页。

② 〔英〕约翰·弗朗西斯·戴维斯：《崩溃的大清帝国：第二任港督的中国笔记》，易强译，光明日报出版社，2013，第172页。

③ 〔美〕切斯特·何尔康比：《中国人的德性：西方学者眼中的中国镜像》，王剑译，陕西师范大学出版社，2007，第18页。何天爵是切斯特·何尔康比的中文名。

④ 〔英〕密福特：《清末驻京英使信札（1865－1866）》，温时幸、陆瑾译，国家图书馆出版社，2010，第130页。

三　相对客观的书写

文字的书写是人主观思维的结果。晚清来华外国人在书写中国刑罚时，肯定会对某些细节进行主观加工，穿插作者自己的想象。即使其声称现场观看了行刑过程，也不能说其对行刑现场的书写是客观的，中间仍有很多主观书写。尤其大多外国作者戴着明显的有色眼镜，其对中国刑罚书写的主观性更强。那些认为中国刑罚残酷的大量书写就是主观书写的典型。绝对客观的书写可以说并不存在。笔者不奢望依靠这些书写复原晚清死刑的具体执行过程。虽然如此，在这些文字中找到一些相对客观的书写还是可行的。

行刑过程在各地或多或少有些差异，凌迟过程尤其如此。对凌迟过程中将犯人双眉上方之皮割下的细节，外国人经常书写。如澳大利亚人莫理循说，刽子手用利刃快速在眉毛上方拉两道口子，让两眼上方的皮垂挂下来。① 英国人夏金（何耕）说，凌迟首先从额头上皮开始切开，然后剥落，皮像帘子一样在眼前悬挂着。② 虽然在细节的书写上稍有差异，在凌迟的过程中，在许多地方确实有割下前额肉皮的做法。这一书写应被视为相对客观的描写。之所以会如此下刀，他们大多未说明原因。法国传教士李明《中国近事报道（1687－1692）》写于 17 世纪末，他认为这是不让他们看见自己受刑时的惨状。③

虽然这一事例是相对客观的书写，但通过这一事例也不能说明对同一细节较多相同的书写一定是相对客观的书写。晚清来华外国人在书写凌迟时经常有"千刀万剐""割成碎片"等话语。类似的书写不仅过于夸张，还会引人发问，究竟犯人要割多少刀？对此，英国旅行家威廉·R. 葛骆纠正道，虽然一般认为凌迟就是要割一千刀，但中文中的"许多"和"一千"意思相近。所以，究竟要割犯人多少刀其实并不清楚。但犯人至少要被割五刀。④ 与那种

---

① 〔澳〕莫理循：《1894 年，我在中国看见的》，李琴乐译，江苏文艺出版社，2013，第 262 页。
② 〔英〕夏金：《玄华夏：英人游历中国记》，严向东译，国家图书馆出版社，2009，第 159 页。
③ 〔法〕李明：《中国近事报道（1687－1692）》，郭强等译，大象出版社，2004，第 243 页。
④ 〔英〕威廉·R. 葛骆：《中国假日行》，叶舟译，生活·读书·新知三联书店，2019，第 99～100 页。

听起来便耸人耳目的"千刀万剐"等说法相比，葛骆的说法相对比较客观。那些对凌迟"千刀万剐""割成碎片"的书写则是非客观的书写。因为凌迟的行刑过程在各地存在差异，所以，虽然很多文字都有对割眉上之皮的细节书写，但对其余细节的书写都有不同。

英国外交官密迪乐对凌迟过程的书写相对客观。他观察到刽子手系用单刃对钉在十字架上的犯人用刑。当时密迪乐侧身对着犯人，看见了犯人头上划的两道切口，他的乳房被割掉，还有大腿上下的肌肉也被割掉。从割第一刀开始到尸体从十字架上卸下来，然后砍去头，整个过程用了4到5分钟。在行刑过程中，犯人胸腔里发出呻吟声，其四肢抽搐不已。① 虽然各地凌迟用刀程序、部位不同，密迪乐所记与笔者前文所引《申报》的相关记载、当时的照片可以相互印证。

与凌迟相比，对斩首、绞刑的行刑过程相对客观的书写更为常见。毕竟斩首、绞刑操作更加简单。前引英国摄影师威廉·桑德斯的一张斩首照片虽然是摆拍，但其摆拍时人物姿势的设定有一定的现实基础，并非他的胡乱想象。英国人芮尼观察过一次行刑，在行刑时，刽子手站在犯人的左面，双手举起双刀。一个用绳捆扎的马笼头紧紧套在犯人的头上，他的头被前面的人大力拉前，身躯成直角。② 另一个协同者则坐在犯人后面的地上，紧紧地抱着

---

① Thomas Taylor Meadows, *The Chinese and their Rebellions* (London: Smith, Elder, 1856), pp. 655～656.

② 英国人密福特说，绳子套在了囚犯的脖子上，紧靠着下巴，这样，助手就可以把犯人的头拎起来，减少刀的反弹力。法国《卢瓦尔河报》在报道刺杀德国公使克林德的凶手恩海被处决时说，为尽量使犯人的脖子露出来，他脖子被缠了两圈细绳。法国《小巴黎人报》在报道护理直隶总督廷雍等三人被八国联军处死时说，为使廷雍他们低头，一名刽子手的助手提着他们的辫子。"拉笼头"比较清晰的照片可见允斌主编《西方的中国影像（1793-1949）》（莫理循卷）（一），黄山书社，2015，第229页。笔者在敦煌壁画中见到了类似图像。清代砍头图像和这些发生在盛唐、晚唐和五代北宋初的图像相似，也许体现了历史发展的某种关联。以上见〔英〕密福特《清末驻京英使信札（1865-1866）》，温时幸、陆瑾译，国家图书馆出版社，2010，第129页；赵省伟编《遗失在西方的中国史：海外史料看庚子事变》（上），侯芙瑶、邱丽君译，重庆出版社，2018，第299、303页；《中国敦煌壁画全集6——盛唐》，天津人民美术出版社，2006，第33、49页；《中国敦煌壁画全集8——晚唐》，天津人民美术出版社，2001，第103页；马炜、蒙中编著《西域绘画8（经变）——敦煌藏经洞流失海外的绘画珍品》，重庆出版社，2010，第22页。

他的身躯。① 俄罗斯人科瓦列夫斯基的书写与芮尼的书写基本相同，只是多了辫子和绳子被编到一起，犯人脖子被拉得老长，青筋暴起，脸憋得通红的情节。② 将芮尼、科瓦列夫斯基的书写与威廉·桑德斯的照片对照，可以发现，两者仅有一点不同，即犯人身后没有人固定犯人的身躯。结合《申报》的书写、《点石斋画报》和晚清其他照片，虽然犯人身后将犯人身躯固定的那个人不一定必然会有，但如果没有那个人，行刑时犯人躯体晃动，肯定会影响行刑效果。所以，一般来说，在行刑时会有将犯人身体固定住的一个或者两个人。所以，从这方面来看，威廉·桑德斯的摆拍照片不能完全反映现实情况。芮尼、科瓦列夫斯基对斩首的书写可以被视为相对客观的书写。

如何判断那些书写的客观性？通过和《申报》、文学作品的相关书写相互印证的方式判断，这对读者的要求比较高。主要取决于读者的自身知识积累和问学态度。无论如何，不能因为作者声称去了行刑现场，便轻易相信了作者的相关书写。如果我们在阅读时过于相信他人话语的客观性，不仅可能会失去自己进一步思考的动力，而且自己的立场、价值判断也可能会发生歪曲。尤其是当现在晚清来华外国人的很多书写被翻译成中文后，其书写的客观性问题尤须注意。比如如果我们过于相信晚清来华外国人对中国刑罚残酷性非常一致的书写，就会使我们对清代慎刑制度缺乏重视，秋审等制度的重要性就会被忽视，当时繁杂冗长的死刑程序意义又何在呢？我们在阅读晚清来华外国人的各种书写后，首先就应该重视其书写的客观性问题。

四 与《申报》相关书写可以相互印证的书写

晚清来华外国人在书写死刑时，其重点是如何行刑等细节。③ 在书写如

---

① 〔英〕芮尼：《北京与北京人》，李绍明译，国家图书馆出版社，2008，第405~406页。

② 〔俄〕叶·科瓦列夫斯基：《窥视紫禁城》，阎国栋等译，北京图书馆出版社，2004，第166页。

③ 美国旅行家威廉·埃德加·盖洛注意到了晚清某报对秋瑾行刑的报道。他说，该报的编辑似乎沾染了西方人的情绪，否则怎么会注意秋瑾穿着的细节呢？见〔美〕威廉·埃德加·盖洛《中国十八省府》，沈弘、郝田虎、姜文涛译，山东画报出版社，2008，第23页。在他的眼里，或许当时只有西方人才关注犯人穿着细节。威廉·埃德加·盖洛在中国走南闯北，见闻广博，应该也注意到了中国人很少书写行刑细节的问题。

何行刑时，经常会顺带提到一些信息。有些信息在他们看来可能无关紧要，在书写时只是一笔带过。但从另一角度来看，它们并非全部是无用的信息。有些看似无用的信息可以与《申报》的相关书写相互印证。

　　晚清来华外国人在书写行刑过程时常会顺带提到法场的方位信息。如英国旅行家威廉·R. 葛骆在杭州时曾观察到了一次行刑，当时犯人被带到了杭州的西门外。[①] 其在上海时也观察到当地的一次行刑，法场是在县城西门外。[②] 英国人芮尼曾观看了天津的一次行刑，法场是在西城门外。[③] 美国传教士怀礼在自己的书中提到北门外的一个方形区域是福州的法场。[④] 英国传教士施美夫在游历广州时经过了位于当地南大门外的刑场。[⑤] 英国人乔治·N. 赖特在其书中写道，在广州处死犯人是在城南的河边。[⑥] 澳大利亚人莫理循在云南昭通旅行时曾走出当地西城门外的一个地方，这里几天前刚处死过一名女性。[⑦] 美国旅行家威廉·埃德加·盖洛到过苏州和安庆等很多地方，注意到苏州和安庆的法场分别位于本城北部（在城墙之内）和北面的集贤门外。[⑧] 他们所见的法场大多位于本城的西门外和北门外。杭州、上海、广州、安庆等地的法场信息可以与《申报》对法场位置的书写相互印证。

　　晚清来华外国人在书写行刑过程时也常会提到行刑时间。比如英国人芮尼说，大臣肃顺系于某日下午两点被处死。[⑨] 英国人夏金在自己的书中提

---

　　① 〔英〕威廉·R. 葛骆：《中国假日行》，叶舟译，生活·读书·新知三联书店，2019，第96页。

　　② 〔英〕威廉·R. 葛骆：《中国假日行》，叶舟译，生活·读书·新知三联书店，2019，第100~101页。

　　③ 〔英〕芮尼：《北京与北京人》，李绍明译，国家图书馆出版社，2008，第405页。

　　④ 〔美〕怀礼：《一个传教士眼中的晚清社会》，王丽、戴如梅译，国家图书馆出版社，2012，第100页。

　　⑤ 〔英〕施美夫：《五口通商城市游记》，温时幸译，北京图书馆出版社，2007，第92页。

　　⑥ 〔英〕乔治·N. 赖特：《中央帝国》，〔英〕托马斯·阿洛姆绘图，何守源译，北京时代华文书局，2019，第494页。

　　⑦ 〔澳〕莫理循：《1894年，我在中国看见的》，李琴乐译，江苏文艺出版社，2013，第114页。

　　⑧ 〔美〕威廉·埃德加·盖洛：《中国十八省府》，沈弘、郝田虎、姜文涛译，山东画报出版社，2008，第179、204页。

　　⑨ 〔英〕芮尼：《北京与北京人》，李绍明译，国家图书馆出版社，2008，第346页。

到，1890年广东南海盗案犯人于某日上午十点半被斩首。① 英国旅行家威廉·R. 葛骆在上海观看行刑时提到行刑时间是晚上五六点钟。②《龙旗下的臣民》一书提到广州的一次行刑是在下午四点半。③ 笔者有意识地留意了这些外国人所提到的行刑时间，未看到午时三刻行刑的记录。

英国旅行家威廉·R. 葛骆《中国假日行》一书中还提到，没有人会事先知道处决何时被执行。当罪犯享用一顿有荤菜的早餐时，这也就是通知他约一个小时后他会被处决。这一个小时大概是从犯人被提出监狱后开始算起。否则，如果在提出监狱前给他一顿荤菜，容易发生事端。葛骆又说，大旱的时候官方会禁屠，以抚慰神灵，祈求降雨。这就是所谓的禁屠期。在禁屠期内，如果当地还能买到肉，这就意味着第二天有人要被处决了。④葛骆的这一说法与《申报》的相关记载也可以相互印证。⑤

对行刑时监斩官所穿红衣，在晚清来华外国人的相关书写中也有体现。瑞士工程师希尔维亚·安吉斯·麦斯特尔观看了云南昆明的一次行刑，当时监斩官身着红色的大衣坐在盛装的轿子里。⑥ 英国人芮尼在观看行刑时，当时看到两名监斩官穿起了大红的斗篷，戴了同样颜色的头罩，像僧人一样。⑦ 英国传教士约翰·亨利·格雷注意到，广州法场监斩官所坐桌子上盖着红布，知县坐在桌子边一张红布椅子上。⑧ 他们虽然注意到了红色，却未有针对性地作出解释。法国《旅行报》的一篇文章说，中国人认为红色能

---

① 〔英〕夏金：《玄华夏：英人游历中国记》，严向东译，国家图书馆出版社，2009，第159页。

② 〔英〕威廉·R. 葛骆：《中国假日行》，叶舟译，生活·读书·新知三联书店，2019，第100~101页。

③ 〔英〕吉尔伯特·威尔士、亨利·诺曼：《龙旗下的臣民》，刘一君、邓海平译，光明日报出版社，2000，第261页。

④ 〔英〕威廉·R. 葛骆：《中国假日行》，叶舟译，生活·读书·新知三联书店，2019，第92页。

⑤ 《虔诚祈雨》，《申报》1881年9月24日，第2版；《杭州决罪犯十名及改造西式房屋事》，《申报》1873年8月16日，第2版。

⑥ 〔瑞士〕希尔维亚·安吉斯·麦斯特尔、鲍尔·胡格：《笛荡幽谷：1903－1910年一位苏黎世工程师亲历的滇越铁路》，王锦译，云南人民出版社，2018，第96~97页。

⑦ 〔英〕芮尼：《北京与北京人》，李绍明译，国家图书馆出版社，2008，第404页。

⑧ 〔英〕约翰·亨利·格雷：《广州七天》，〔美〕李国庆、〔美〕邓赛译，广州人民出版社，2019，第210、214页。

避邪，所以在一些场合他们要穿红色的衣服。① 其所说的一些场合应该包括死刑行刑的场合。监斩官红衣的穿着可以与《申报》的相关书写相互印证。

不仅一些看似没有意义的书写可以与《申报》的相关书写相互印证，对一些细节的书写也是如此。晚清来华外国人对一些细节非常关注，比如英国人芮尼观看了绑赴法场到行刑完毕的整个过程，对这个过程有着非常详细、具体的书写。以其对犯人捆绑过程的书写为例，他写道，首先脱去犯人的上衣，用一条长绳放在他的脖子后面，绳的两端绕过他的臂窝，然后再回到他的后面。犯人伸开手臂，绳子缠着手臂从上至下至手腕。之后，双臂被反绑在背后，在手腕的地方打结。打结后余下来的绳子再反绑到颈后的绳索里。经过这样的捆绑之后，无论怎样强壮的人都难以松脱。② 这样的书写远比《申报》等国内文献的书写详细。如此详细的书写贯穿行刑整个过程。有的细节甚至因为只有他一个人书写而无法印证。比如芮尼注意到，在验明正身时，在审判官左面较前的地方站了一个官员，手里拿了一个上面绣着龙纹的丝绢包裹，里面是一面卷起的小旗，这是死刑的象征。③ 无论是《申报》等国内文献，还是其他外国人的书写，笔者都未见过有对这一小旗的书写（可能是令箭。——笔者注）。考虑到前后文其对行刑细节书写的准确性，这一书写也可以被视为相对客观的书写。

关于京城刽子手，英国人芮尼在《北京与北京人》中也说其系世袭差使。④ 对京城刽子手家五口刀被称为大爷、二爷、三爷、四爷和五爷的说法，英国外交官密福特也有书写。他曾在京城观察过一次行刑，并对这次行刑有着非常详细的书写。对刽子手所用之刀，他说，该刀刀片短而宽，类似屠刀，刀把是木头的，上面雕了个怪异的头像。这些刀已经用了两百年，都成精了，具有神力。

---

① 赵省伟编《遗失在西方的中国史：海外史料看庚子事变》（上），侯芙瑶、邱丽君译，重庆出版社，2018，第223页。

② 〔英〕芮尼：《北京与北京人》，李绍明译，国家图书馆出版社，2008，第404页。《点石斋画报》有一图可以看到绳子在犯人背后的捆绑情况。见《点石斋画报》忠集·十二期"误践囚尸"。

③ 〔英〕芮尼：《北京与北京人》，李绍明译，国家图书馆出版社，2008，第403页。

④ 〔英〕芮尼：《北京与北京人》，李绍明译，国家图书馆出版社，2008，第452~453页。

刀一共有五把，各有称呼：大爷、二爷、三爷、四爷、五爷。不用时，刀就存放在领头的刽子手家里，挂在墙上。密福特的教师曾肃然地告诉过他，人们常听到那几把刀在夜里令人毛骨悚然地吟唱以往的功绩。用得着时，这些"爷们"便会被请出来。① 这样的书写与《申报》等相关书写可以相互印证。

此外，晚清来华外国人对围观民众之多、行刑前犯人被麻醉、犯人如何被绑赴法场、验明正身时东门进西门出、犯人在途中和刑场中的表现、绞刑时犯人脸被蒙上、京城朝审勾到前夜刑部监狱的狂欢等信息都有书写。这些信息都可与当时国人的相关书写相互印证。

五　可以补充《申报》相关书写不足的书写

中国传统士人对刑罚的执行细节很少书写，无论是死刑，还是枷号、杖刑，都是如此。出于吸引读者的需要，晚清《申报》才开始大量书写行刑的细节。晚清来华外国人在书写死刑时，对行刑细节也很关注。毕竟这才是来自异域他国最直观的强烈视觉冲击。他们所书写的行刑细节很多可以与《申报》等的书写相互印证。毕竟外国人与中国人的生活环境、所受教育不同，他们在书写死刑时关注的一些细节与中国人不同。有些书写可以补充国人相关书写的不足。

在中国古代，斩首重于绞死。对犯人来说，绞死痛苦更甚，对分离身首的斩首却要重于不分离身首的绞死的原因，清人很少直接解释。有人认为，在感情上斩首更难为生者接受。② 仅此而已。没有再进一步解释为什么感情上更难接受斩首。虽然中国传统士人或多或少会受到佛教、道教阴界

---

① 〔英〕密福特：《清末驻京英使信札（1865－1866）》，温时幸、陆瑾译，国家图书馆出版社，2010，第128页。

② 晚清修律顾问日本人冈田朝太郎博士将斩重于绞的原因视为中国古来之陋习迷信。沈家本不认同此观点。他说，斩、绞既有身首殊、不殊之分，其死状之感情，实非毫无区别，略分轻重，与他事之迷信不同。亦即沈家本虽然也视该原因为迷信，但对斩重于绞的迷信，与其他迷信不同。这主要表现在斩、绞死状之感情上。亦即斩首更为当事人和其亲属所不能接受〔(清)沈家本：《死刑惟一说》，(清)沈家本：《历代刑法考》（附《寄簃文存》），邓经元、骈宇骞点校，中华书局，1985，第2099～2100页〕。无论如何，中国民间对全尸的看重是事实。晚清《申报》曾报道一名犯人的供词。该犯供认一些犯罪事实后，求恩赏全尸而毙，表示自己九泉之下衔感无涯。《县讯枭匪》，《申报》1904年7月30日，第3版。

思想的影响，但他们更受孔子"敬鬼神而远之"的影响，一般也不愿意直接书写鬼神之事。① 因为识字率低，普通老百姓一般也没有能力对行刑细节进行书写。中国古代很多文人出于劝善等目的，对阴间的行刑细节有很多详细的书写。但对阴间刑罚的书写侧重于极尽折磨之痛苦，那些折磨方式与阳间刑罚不同。② 所以，其折磨的细节对研究阳间行刑细节并无参考价值。这些最终造成了中国人对斩首重于绞刑的原因的解释停留在口头上。

西方读者是晚清来华外国人有关行刑书写的最初读者。在稍早时期的英、法等国，斩首常用于贵族，而绞刑则多用于平民。在西方人眼里，斩首理应轻于绞刑。但在中国却相反。③ 所以，很多外国人在对中国死刑进行书写时，

---

① 同治、光绪年间的广东知县杜凤治解释说，刑名家所重则全尸，与身首异处大有轻重区别耳。其解释未涉及鬼神之事。他对当时死后全尸对人的意义未进一步阐发。杜凤治还说过，凌迟之罪重于斩决者，原欲其缓死多吃苦耳。站笼比凌迟吃苦更久。实际上否定了尸体不完整在阴间的意义。光绪三十一年（1905），修订法律大臣沈家本等人说，凌迟、枭首、戮尸酷刑虽然用来惩本犯，而被刑者魂魄何知？沈家本等人虽然未否定魂魄的存在，但却否定了肢解在阴间的意义。虽然如此，从另一角度来看，"肢解"在当时人的心目中确有意义，否则，沈家本怎么会有此针对性的发问？沈家本作为晚清法律改革的主导者，其所言正是要破除当时人对"肢解"的一般观念。民国初法部的观点与沈家本相同。法部说，绞斩同一死刑，岂有死后而尚知己之生命被如何处分者哉！我国一般之论，谓斩刑身首异处，故重于绞，然亦不过就客观的感情上言之，于受刑者更无与也。以上见（清）杜凤治《杜凤治日记》第9册，邱捷点注，广东人民出版社，2021，第4637～4648页；《修订法律大臣奏请变通现行律例内重法数端折》，上海商务印书馆编译所编纂《大清新法令》（点校本·1901－1911）之第1卷，李秀清等点校，商务印书馆，2010，第286页；《中华民国暂行新刑律补笺》，高汉成编著《大清新刑律立法资料补编汇要》，中国社会科学出版社，2017，第94页。

② 如万历二年（1574），大学士张居正对万历皇帝说，佛氏虽以慈悲为教，然其徒常言，善恶皆有果报，为恶之人悉堕地狱，有刀山、剑树、碓舂、炮烙等刑，比之王法，万分惨刻，安在其为慈悲不杀乎？张居正所言刀山、剑树、碓舂、炮烙为阴间刑罚，为王法（即阳间法律）所无。这些阴间刑罚"万分惨刻"，不能反映当时阳间法律的真实情况。英国人麦吉在第二次鸦片战争期间在天津城隍庙看到了一些阴间的图像。他注意到，在这些图像中遭到处罚的多是女性。现实肯定是男性犯人远多于女性。康熙、乾隆年间广东才女李晚芳说，释老之言报应也，专说去幽冥荒渺之外，并无实迹可据，设为天堂地狱之说，挫舂烧磨之刑，不惟腾之口舌，而又著于形图，若赫赫亲见其受苦之状，以骇举世之愚夫愚妇。释老说，凡大罪恶，忏佛可消，消则登天堂而享诸快乐，不忏则入地狱受诸苦楚。是以祸福之柄操之于佛，佛受其一醮之忏，即为之转移，是以佛为纳贿鬻罪之徒矣。仁人孝子因爱亲之切，为其说所中，于是忏佛饭僧，小则解衣散钱，大则倾囊破产。李晚芳深刻地揭发了其间的利益关系。以上见南炳文、吴彦玲辑校《辑校万历起居注》，天津古籍出版社，2010，第70页；〔英〕麦吉《我们如何进入北京——1860年在中国战役的记述》，叶红卫、江先发译，中西书局，2011，第215页；（清）李晚芳《李萩猗女史全书》《女学言行纂》，刘正刚整理，齐鲁书社，2014，第296页。

③ 〔葡〕安文思：《中国新史》，何高济、李申译，大象出版社，2004，第101～102页。

常对类似的问题进行解释。英国传教士麦嘉湖认为，对中国人来说，斩首可能是发生在他们身上的最大灾难。只要能保留一个全尸，他们宁愿死上一千次，即使这些刑罚一个比一个残酷，他们也能忍受得了。① 因为中国人认为，人死后会到阴间报到，在那里人们仍将像在世时那样继续他们的生活。人被斩首后就成了无头鬼。这会给他们带来没完没了的痛苦。他的手可以拿起筷子，却没有嘴巴来接受食物。他也许希望能够结婚，可又有哪个女人愿意嫁给一个没有脑袋的男人呢？他只能四处游荡。当他在黑暗中摸索前行时，阴间的那些鬼魂们都惊恐地躲着他。如果让犯人在斩首和更残酷的刑罚之间作出选择，他将毫不犹豫地选择后者。无论这将给他带来多大的痛苦。②

麦嘉湖对无头鬼在阴间的生活进行了生动的书写，其不足之处在于未注意到儒家"身体发肤，受之父母""毁之则不孝"的思想。美国外交官何天爵在引用了儒家的名言后说道，中国人死的时候要保持四肢完好、五官齐全。被斩首犯人的朋友经常会花费大量的金钱去打通关节，以被允许在犯人被埋葬之前把他的头缝上。何天爵又发挥道，许多中国人在生病时宁愿死去，也不愿意为保命通过外科手术去掉身体的任何部分。③ 在晚清来华

---

① 在《申报》中犯人被抓后恳求全尸的事并不少见。

② 〔英〕麦嘉湖：《中国人的生活方式》，秦传安译，电子工业出版社，2015，第143～144页。清人朱海《妄妄录》写了一个关于无头鬼的故事。他们系在阳间被斩首后成为无头鬼。他们在阴间系"捧头在手"〔（清）朱海：《妄妄录》卷1，文物出版社，2015，第6页〕。所以，在清人的想象中，无头鬼可能并不是真正的无头，只是外形与正常鬼有所不同。

③ 对身体完整性的强调和犯人对阴间生活的担忧常见于晚清来华外国人对凌迟刑的书写。美国人萨拉·康格认为，中国人从来就惧怕失去身体的任何一部分，因为他们相信身体任何部分的残缺会导致他们灵魂的不完整。据说凌迟可以完全毁灭一个人的灵魂。莫理循说，中国人对凌迟的恐惧并非因为行刑时之痛苦，而是因为犯人受之父母的身体被肢解了。犯人得带着这副形象出现在地狱。英国人哈代说，当一个无头鬼出现在阴间时会被轻蔑地问道："你为什么会没有头？你在阳间一定是做坏事了。"与所受痛苦相比，不能保持身体的完整才是凌迟被视作最可怕刑罚的原因。类似的观点过于强调了中国民间迷信鬼神的习俗，忽略了凌迟犯人渐渐被折磨而死的本意。比如前引广东知县杜凤治在说凌迟重于斩首时，只说到了缓死一层，未提及灵魂。以上见〔美〕萨拉·康格《北京信札：特别是关于慈禧太后和中国妇女》，沈春蕾等译，南京出版社，2006，第64～65页；〔澳〕莫理循《1894年，我在中国看见的》，李琴乐译，江苏文艺出版社，2013，第254页；〔英〕爱德华·约翰·哈代《中国佬约翰在老家：中国的人民、风俗和事物概述》，〔美〕李国庆整理，广西师范大学出版社，2015，第296页。

外国人有关中国刑罚的书写中，常见缝头的书写。何天爵还调查到一个细节，即缝头时必须使其脸向下。① 麦嘉湖和何天爵等人对斩首重于绞刑的解释，有时虽然不尽完善，但毕竟也弥补了国人相关书写的不足。所以，他们的书写是我们研究清代死刑的重要参考资料。

对枭首犯人头颅的悬挂问题，《申报》的相关书写最多透露出头颅被装入木笼发往犯事地方（悬杆）示众等少量信息，仅此而已。当晚清来华外国人行走在中国大地时，时常看到被悬挂的头颅。对他们来说，这些头颅因为常展现了极其血腥的景象而使其难忘。他们在书写时，常为读者展示了悬挂地点、悬挂方式等一些非常具体的信息。根据他们的书写，那些头颅有被悬挂在路边大树上的，有被戳在竹（木）竿上的，有被吊在电线杆上的，有被挂在城门（墙）上的，有被挂在铁路沿线在火车上触目可及的地方的，也有挂着头颅的木杆被绑在郊外石牌楼上的。既有装在木笼、木筐、竹篮、竹笼、铁条笼里的，也有直接用辫子挂起来的。澳大利亚人莫理循在一个城市城门附近的塔楼上看到了装有头颅的木笼。他注意到，每个头一个笼子，用辫子吊在边框上，这样头颅就不会颠倒，而且能在笼子里很快发出死人骨头所发的略略声。②

至于悬挂时间，晚清在华外国人一般也不会有比较清晰的书写。美国人佛伦奇认为，犯人的头颅会在城门处被悬挂数月。③ 瑞士工程师麦斯特尔看到过一个被挂在五米高竹竿上的人头，其眼睛的位置只剩下两个爬满了昆虫的空洞。④ 法国人古伯察在考察途中也看到过悬挂的头颅，当时，有的

---

① 〔美〕何天爵：《真正的中国佬》，鞠方安译，中华书局，2006，第 166 页。法国人艾弥尔·伯德有这一书写。〔法〕艾弥尔·伯德：《中国城乡生活》，〔英〕特威切尔英译，〔美〕李国庆整理，广西师范大学出版社，2009 年，第 153 页。

② 〔澳〕莫理循：《1894 年，我在中国看见的》，李琴乐译，江苏文艺出版社，2013，第 219 页。

③ 〔美〕哈里·乌伊拉德·佛伦奇：《我们的孩子在中国》，〔美〕李国庆、〔美〕邓赛整理，广西师范大学出版社，2018，第 235 页。

④ （瑞士）希尔维亚·安吉斯·麦斯特尔、鲍尔·胡格《笛荡幽谷：1903－1910 年一位劳黎世工程师亲历的滇越铁路》，王锦译，第 92 页。

竹笼都坏了，人头仅靠胡须或头发悬挂着，有的人头已经掉到地上了。① 很显然，这些头颅已经悬挂很久了。这些都说明，头颅被悬挂很长一段时间在各地应该是普遍的情况。

来华外国人在看到悬挂的头颅后一般会有强烈的视觉冲击，在他们眼里，中国人对此早已习以为常了。英国人芮尼在一次经过京城菜市口时注意到，当时这里的人头共有100个以上，熙来攘往的老百姓对此似乎无动于衷，视而不见。② 大概同一时期（第二次鸦片战争期间），法国人乔治·德·克鲁勒也注意到菜市口挂着一百来颗人头。他说，这些人头未免太过骇人了。每当新人被处决后，那些挂在木桩上风干最严重的头颅就会被取下，换之以新头。被取下的人头会丢到邻近的金字塔般的尸骨堆里，等着晚上野狗来撕抢。③ 美国人卡尔·克劳说，他的朋友在看到第一颗悬挂的头颅时，就食欲全无了。他认为，中国人从幼年开始就目睹了比这更可怕的景象。因为残酷和血腥的场面经常会与他们近距离地接触。中国人喜欢在流行的戏剧中看到刺激的情节，而剧作家则提供了大量血腥的故事。④ 其言外之意，中国人从儿童时代就对此习以为常了，所以，当他们看到如此血腥的头颅时，不会感到恐惧。这正好也体现了他们眼中的麻木的中国人形象。这一麻木形象与其朋友在看到悬挂的头颅时"食欲全无"的表现形成了鲜明对比。

中国人真的如此麻木吗？对此，应进行个案分析。光绪十八年（1892），两名会匪头目在上海县被枭首示众，其头颅被悬挂在本地大东门外大码头。连日来远近居民争相以先睹为快。有两人因互相挤轧以致发生了互殴的

---

① 〔法〕古伯察：《中华帝国纪行——在大清国最富传奇色彩的历险》下，张子清等译，南京出版社，2006，第141页。

② 〔英〕芮尼：《北京与北京人》，李绍明译，国家图书馆出版社，2008，第452~453页。

③ 〔法〕乔治·德·克鲁勒：《进军北京》，陈丽娟、王大智、谭思琦译，中西书局，2013，第135页。当时京城被处决之人多，与京城被英法联军所占，社会秩序混乱有直接关系。西方读者在读到芮尼和克鲁勒的描写后，不仅会对中国刑罚产生野蛮落后的印象，还有被处决人太多的印象。

④ 〔美〕卡尔·克劳：《我的朋友中国人》，中国文史出版社，2019，第181页。

事。① 也许是少见的缘故，所以，能引起民众的热情围观。在这一事例中，围观民众绝对称不上麻木。类似的事例还有很多。一些晚清来华外国人可能有意识地刻意夸大了中国人的麻木。

《申报》对犯人的书写或者重点表现了犯人的后悔之状，或者强调了犯人的桀骜不驯之气。晚清来华外国人对犯人的书写比较少见，大多突出书写了犯人的麻木表现。《龙旗下的臣民》的一位作者在一次行刑时观察到，除一名犯人外，其余的犯人看起来都有点无动于衷。在正式行刑时，每个罪犯都带着可怕的动物般的好奇，伸长脖子看着在他前面的人被砍掉头颅。② 英国外交官密福特一行曾目睹了一次行刑，并与受刑人有过交谈。据说这些受刑人镇定自若，仿佛事不关己。有个受刑人问密福特他们是不是来看热闹的，这让他们想起了集市。另一个人则大笑着和密福特他们开起了玩笑。③ 在八国联军统帅瓦德西眼里，战场上"怯懦"的中国人在死刑面前居然能够从容就死，不表现出哪怕一丝恐惧或动情。这让瓦德西深感疑惑。④

《申报》对行刑时表现镇定的犯人也有书写，但相对于那些表现了后悔之状和桀骜不驯之气的犯人，前者数量更少。晚清来华外国人对犯人行刑时的镇定表现常视为麻木。⑤ 麻木的犯人、热情的围观民众与充满"厌恶感"的外国人形成反差。这突出了犯人在死刑面临时的无能为力。与西欧死刑行刑时犯人可以演讲、忏悔相比，中国的死刑犯如果不麻木，又该如

---

① 《沪滨琐话》，《申报》1892年4月28日，第3版。

② 〔英〕吉尔伯特·威尔士、亨利·诺曼：《龙旗下的臣民》，刘一君、邓海平译，光明日报出版社，2000，第261~264页。

③ 〔英〕密福特：《清末驻京英使信札（1865－1866）》，温时幸、陆瑾译，国家图书馆出版社，2010，第126~127页。美国人弗朗西斯·亨利·尼可斯在其书中收了一个被押赴刑场囚犯的照片。他说，他在客栈的院子里看到这个靠在墙上的年轻人，虽然他的手脚都被捆着，他却满脸高兴，与车夫们兴高采烈地聊着天。尼可斯在和他交谈中得知他是个杀人犯，知县要将他处死（〔美〕弗朗西斯·亨利·尼可斯：《穿越不为人知的陕西》，〔美〕李国庆整理，广西师范大学出版社，2009，第197页）。尼可斯的文字很容易使外国读者对中国犯人和中国国民性产生误解。一个要被处死的杀人犯正常不应该如此高兴。可笔者未见到这个照片中的犯人脸上有笑容。

④ 〔德〕瓦德西：《瓦德西庚子回忆录》，秦俊峰译，福建教育出版社，2013，第81页。

⑤ 笔者仔细观察了几张描写押往法场和犯人临刑时的外销画。画中犯人经常比较平静，没有激情可言。兵役、刽子手经常也比较平静。这也许也是为了表达中国人的麻木特征。

何呢？所以，晚清来华外国人对犯人麻木表现的书写不仅暗含着对中国人人性的嘲讽，还暗含着因为中国民众宗教信仰的缺乏，犯人在面临死刑时没有自我救赎能力。正如俄罗斯人科瓦列夫斯基所说，这些不幸的犯人满眼茫然地望着前方。虽然暂时还活着，他们却成了没有意识的躯壳，如同行尸走肉般地被人驱使着。在这最后的时刻，没有人提醒他们还有另一个永生的世界，也没有任何信仰来庇佑他们，为他们的灵魂祝福，照亮他们即将面临的黑暗。他们身为罪人，注定要彻底消失。① 在此，科瓦列夫斯基不仅表达了充分的宗教信仰优越感，还将犯人临刑前的麻木表现归结于中国人没有任何信仰。如前文，在晚清来华外国人笔下，围观民众也经常表现出了麻木的表情。

《申报》在书写法场细节时有时使用了"刀枪围绕""擎枪环立"等词语，以此展示法场的威严。除此之外，《申报》对士兵很少有更加直接的书写。在《申报》附送的《点石斋画报》中，法场中戒备士兵队伍齐整，个个体态富足，穿着良好，人人刀枪在握，气势威武雄壮，着实吓人。《龙旗下的臣民》一书的一位作者注意到，在押解犯人的队伍中，一队衣衫褴褛的士兵在前面开路。② 英国外交官密福特观察得更为仔细，他看到那些士兵全部衣衫褴褛，除了官员的帽子外，其他人的帽子都破烂不堪，有的甚至连帽缨都掉了。连衣服都不统一。那些形形色色的官兵，老少壮弱全有，甚至还有半瞎、全聋的。还有很多驼子、瘸子。③ 在正式行刑时，密福特非常反感士兵们的举动，他们就像一群要撕抢狐狸的咆哮的猎狗，急于挤上前去观看死刑，所有的秩序和纪律都抛诸脑后了。④ 这是一次京城的行刑，

---

① 〔俄〕叶·科瓦列夫斯基：《窥视紫禁城》，阎国栋等译，北京图书馆出版社，2004，第165 页。

② 〔英〕吉尔伯特·威尔士、亨利·诺曼：《龙旗下的臣民》，刘一君、邓海平译，光明日报出版社，2000，第261～264 页。

③ 〔英〕密福特：《清末驻京英使信札（1865 - 1866）》，温时幸、陆瑾译，国家图书馆出版社，2010，第126 页。

④ 〔英〕密福特：《清末驻京英使信札（1865 - 1866）》，温时幸、陆瑾译，国家图书馆出版社，2010，第129～130 页。

京城的士兵尚且如此破落、无秩序，何论地方呢？中国的落后形象由此得到了最清晰的呈现。《点石斋画报》中法场上的士兵形象与外国人的书写截然不同。

《申报》对法场上的监斩官除了身穿红衣的书写外，很少有其他的书写。俄罗斯人科瓦列夫斯基在观察一次京城菜市口行刑时注意到，监斩官都神色漠然地看着法场的一切。① 法国记者埃米尔·多朗-福尔格观察到现场两位监斩官不动声色地看着这场恐怖的斩首过程。② 这与清人笔下常见的落泪监斩官形象相距甚远。英国外交官密福特也描写了监斩官。他说，监斩官对死囚很仁厚，给他们准备了烟、茶、酒。③ 外国人笔下法场中的正面形象非常少见，密福特的书写使法场有了一丝人情味。

对刽子手的形象，《申报》很少有直接书写。在明清文学作品中刽子手威风凛凛、杀气腾腾，形象单一。晚清来华外国人观察得更为仔细，刽子手的形象更为丰富、多样。英国外交官密迪乐在广州法场注意到，那天行刑的刽子手中等身材，体格健壮，长得眉清目秀，根本没有人们想象中的凶蛮。④ 英国人芮尼在京城观察一次行刑时，注意到那个蓄有灰色胡子的刽子手表情严肃、冷酷，他好像饱经风霜，神情沉郁，看起来并不那么凶恶。⑤ 英国外交官密福特观察了京城的一次行刑，刽子手五短三粗的身材，并无戾气，脸上的表情就是那种有重大事情要做的人的表情，有些好奇，有些焦虑，有些迫不及待。周围的士兵对其极其崇敬。⑥ 英国旅行家威廉·

---

① 〔俄〕叶·科瓦列夫斯基：《窥视紫禁城》，阎国栋等译，北京图书馆出版社，2004，第163～164页。

② 〔法〕埃米尔·多朗-福尔格：《遗失在西方的中国史：一个法国记者的大清帝国观察手记》，〔法〕奥古斯特·博尔热绘，袁俊生译，中国画报出版社，2021，第253页。

③ 〔英〕密福特：《清末驻京英使信札（1865-1866）》，温时幸、陆瑾译，国家图书馆出版社，2010，第127页。

④ Thomas Taylor Meadows, *The Chinese and their Rebellions* (London：Smith, Elder, 1856), p. 655.

⑤ 〔英〕芮尼：《北京与北京人》，李绍明译，国家图书馆出版社，2008，第406页。

⑥ 〔英〕密福特：《清末驻京英使信札（1865-1866）》，温时幸、陆瑾译，国家图书馆出版社，2010，第128页。

R. 葛骆观看了上海的一次行刑，刽子手是一个衙役，长得挺和善。[①] 相对于围观民众、犯人和监斩官，晚清来华外国人对刽子手作了最多的正面书写。其原因可能在于，相对于围观民众、士兵，刽子手是最不易引起西方读者对中国落后思考的人物。刽子手本来自带凶残形象，如果他们再对其凶残形象进行展示，这就落入了俗套，无助于吸引读者。所以，与其如此，不如对刽子手进行点正面书写，或许还能更吸引读者。

小　结

在清代文学作品中常见死刑书写。现实罕见的劫法场事例在清代文学作品中却常见书写，这给现代读者留下了当时常劫法场、法场易劫的错觉。当然，清代文学作品中也常见相对客观的书写。就死刑的书写而言，在清代的文学作品中客观书写与非客观的书写经常夹杂在一起。文学作品系虚构性书写，与《申报》等写实性书写相比，其内容主观性更强，其内容所体现出的感情更为丰富。文学作品中丰富的感情、细腻的心理描写不能因为其系虚构性书写便一律断定为非客观性的书写。有的书写反映了清代民众的某种观念，这在《申报》等资料中经常得不到体现，也得不到印证。与《申报》和晚清来华外国人对死刑的书写相比，清代文学作品的书写主要有三个特点：其一为情节虚构，其二为服务于特定的意图（如教化、申冤等），其三为擅长细节描写。在《申报》等高位阶资料中围观民众不仅经常是"失语者"，还经常得不到书写。文学作品对围观民众的书写无法用《申报》等高位阶资料去印证。有些写实性较强的文学作品有时直接反映了当时的社会，揭露了司法腐败。清代文学作品极少反思死刑背后的典章制度和司法实践。这影响了清代文学作品的价值。

晚清来华外国人也经常书写死刑。残酷是 1840 年鸦片战争后来华外国

---

① 〔英〕威廉·R. 葛骆：《中国假日行》，叶舟译，生活·读书·新知三联书店，2019，第100～101 页。

人对中国刑罚的一般印象。麻木是那些外国人在总结中国刑罚残酷时对中国人最常见的概括。残酷的刑罚、麻木的民众是清朝落后的表现，那些外国人在书写清朝刑罚时经常表现出了本国法律的优越感。对中国刑罚残酷的书写有时不仅为了满足西方读者的好奇心，有时也有政治考虑。在晚清来华外国人对清朝死刑的各种书写中既能见到一些相对客观的书写，也经常见到一些经不起推敲的非客观书写。我们现在不能因为作者声称去了行刑现场，便轻易相信了作者的书写。虽然出现在外国的清朝刑罚图像对我们了解清朝刑罚有一定意义，但很多图像却不尽客观。晚清来华外国人的很多书写可以与《申报》的一些书写相互印证。比如晚清来华外国人在书写行刑过程时经常会提到法场的方位信息，很多这样的信息可以与《申报》对法场位置的书写相互印证。晚清来华外国人对行刑的书写也可以补充《申报》相关书写的不足。比如《申报》侧重书写那些强悍的犯人，这当然是有倾向性的书写。晚清来华外国人的书写则多突出犯人的麻木表现，这也是有倾向性的书写。我们在研究法场中的犯人时，应该结合两种书写，对法场中的犯人有个相对较客观的认识。总之，对晚清来华外国人的死刑（刑罚）书写，我们应保持清醒的认识，至少不能尽信其书写。

下　编

第一章　流刑

《尚书·舜典》有"流宥五刑"之语。一般认为，该书中的五刑系墨、劓、剕、宫、大辟五种。五刑的前四种系肉刑，大辟为死刑，都很残忍。"流宥五刑"意为宽宥某些本该施加五刑之人，将其流放远方。《唐律疏议》据此认为，流刑始于尧舜时期，本朝三流即其义。①《大清律例·名例律上》"五刑"门律文对流刑的小注虽然简单，实际亦采纳了《唐律疏议》的观点。简言之，流刑就是将犯人流放的刑罚。对具体流放地点、流刑犯的管理，各朝的规定有所不同。犯人"如水之流而不返"，这是流刑的本来意义。中国古人安土重迁，将其流放远方，终身不准返乡（有时不必然是终身），这对流刑犯人来说就是很重的处罚。② 流放路途遥远，犯人身带戒具，

---

① （唐）长孙无忌等撰《唐律疏议》，岳纯之点校，上海古籍出版社，2013，第6页。

② 康熙、雍正时期的著名学者李塨说，流重于徒而轻于死，固矣。乃徒有役，流无役。流至远不过三千里，三千里外皆无乐土乎？但不得归耳。即流寓耳。在军流犯人脱逃后官方会行文犯人原籍缉拿。乾隆中期湖南巡抚陈宏谋认为，军流犯人如逃往别省，同属异乡，与在配无异，其必逃回本籍无疑。既回本籍，或潜匿附近，在本家及地邻乡保未有不知者。乾隆三十六年（1771），广西巡抚陈辉祖也非常肯定地说，新疆改发内地遣犯脱逃后自必潜归本籍。……潜逸之始，多半思乡心切。陈宏谋和陈辉祖久任地方官，对军流犯人的脱逃情况应该非常熟悉。他们的话语充分说明了原籍对军流犯人的意义。水流不返意味着流刑犯的原籍再也回不去了。以上见（清）李塨《平书订》"刑罚第九"，《续修四库全书》第947册，上海古籍出版社，2002，第77页；（清）陈宏谋《培远堂偶存稿》"文檄卷四十八"，《清代诗文集汇编》第281册，上海古籍出版社，2010，第408页；哈恩忠编《乾隆朝管理军流遣犯史料》（下），《历史档案》2004年第1期。

长途跋涉，饥寒风雨，困苦备至，格外艰辛。至流放地点后，其生活无所资给，官方可能还会强迫其做劳役，以使其困辱。这对流刑犯人来说也是很重的处罚。总之，流刑是重刑。①

谈到流放，很多人会联想到韩愈、柳宗元、苏轼等许多中国古代著名文人被贬官、流放边陲的经历。他们在被贬官之后，其身份还是官员，只是级别被降低而已，他们不是经审判后被定罪的罪人，更不是罪行较重的流刑犯。

第一节　清代流刑概述

一般认为，先秦时期相当于隋唐后的那种流刑是存在的，只是那时的流刑还没有固定的称谓。流刑经常只有流放的内容。秦汉时期，随着疆域的扩大，流刑开始越来越多地被赋予了开发和戍守边疆的内容。在各种刑罚的内部关系上，流放作为减死之刑的地位在两汉时逐渐确立。三国两晋南北朝时期，因为政权更迭频仍，战事较多，经常多个政权并立，各国国土面积较小，流刑不常见。北魏统一北方后，流刑才逐渐稳定下来，并成为北方常见的刑罚。其后北周和北齐政权定律俱将流刑定为五刑之一。受

---

①　《申报》上《论中西刑法不同各因人情而定》一文对比了西方的监禁刑和中国的徒流刑。该文认为，西国以幽闭一室为罪，中国则以跋涉长途为罪。其原因在于人心好尚有所不同。西人每好游历千程万里，不以为困，安土重迁，不以为憾。往往涉风波，尝险阻，不惜数万里之远以邀以嬉，乐而忘返。中国人则惟以家食自安为得计。山重水复巇巇为忧，露宿晨征，劳瘁是惧。即数日之别，百里之遥，亦且行色仓皇，不胜惘惘。故俗有出门一里，不如家里之谚。亦可见中国人民之怠于行役矣。制刑者因其乐于安居而使犯罪之人或为流，或为充军，以使之离其乡背其井。于是，受罪者遂相率以为大苦（见《论中西刑法不同各因人情而定》，《申报》1897 年 3 月 7 日，第 1版）。该文作者以中国人的视角，比较了中国人和西方人对于长途跋涉的态度。长途跋涉并非中国古代流刑最核心之处。英国传教士麦嘉湖认为，流刑是一种成本低廉、成效显著的刑罚。对流刑犯人，中国政府不需要修建监狱，也不用雇人看守。中国人有很强的家庭观念，流放意味着背井离乡。不管他们的家庭有多么不幸，流放意味着硬生生地剥夺了生命中最美好的时光。流放犯人想逃跑时会想到自己的亲人会因此而受到拖累。所以，尽管他们思乡心切，但他们会觉得待在流放地就是对家人最好的关爱（〔英〕麦嘉湖：《中国人的生活方式》，秦传安译，电子工业出版社，2015，第138～140 页）。麦嘉湖不仅分析了流刑背井离乡的文化意义，还分析了政府对流刑犯人的管理成本。

其影响，隋文帝开皇元年（581）更定新律时，正式确定了死、流、徒、杖、笞五刑。流刑流放加劳役的内容也自此确定。此后，唐、宋、明、清等主要朝代的流刑内容实际并无较大变化。最多只是在常流的基础上发展了刺配、充军、发遣等刑罚。这几种刑罚最基本的内容都是流放加劳役，只是又加上了体现各自朝代特点的内容。刺配、充军、发遣等刑罚的存在也反映了流刑在宋、明、清等朝刑罚体系中的重要性和流刑的复杂性。

在清代，流刑有广义和狭义之分。狭义上的流刑为三流，在当时又常被称为常流，系五刑中的正刑。广义上的流刑包括常流、发遣、充军、发边外为民和迁徙。[①] 发遣、充军和常流同属流刑体系，相互之间存在紧密联系和许多共性，在清代文献中遣军流三字或者军流二字经常连用。笔者在本书的讨论中一般不会特意区分发遣、充军和常流。

清入关前就有将犯人发往尚阳堡的事例。顺治三年（1646）五月颁行的《大清律集解附例》正式确定了清代的五刑体制。该体制与明代并无不同。在该律中，流刑亦被分成了三等，分别为流二千里、二千五百里和三千里。三流俱附加杖一百的刑罚。乾隆五年（1740）《大清律例》颁行后，杖一百系按照其"折四除零"的规定折责四十板。因受缘坐而被判处流罪者，因其罪非己致，不加杖责。发遣新疆、黑龙江当差为奴者，到配时，亦不决杖。三流之外，又有杂犯流罪、总徒四年，以及流罪加徒之法。所谓杂犯流罪、总徒四年，犯人并非实犯流罪，在执行刑罚时，毋庸将其流放，按照徒刑的要求劳役四年即可。所谓流罪加徒之法，亦即对某些特殊流刑犯人加以徒役。与明代不同，清代并未明文规定三流犯人到配后需要做劳役。清代三流相对更强调犯人"终身不返"之意。

充军沿自明代，较常流为重。充军分为五等，又被称为五军。分别为：附近，发二千里；沿海，后改称近边，发二千五百里；边远，发三千里；

---

　　① 有人将发遣排除在流刑体系之外，这当然不妥。比如晚清法学家徐象先就直接说发遣为流属之一。（清）徐象先：《大清律讲义》第二编"总论"，高柯立、林荣辑：《明清法制史料辑刊》第3编第54册，国家图书馆出版社，2015，第120页。

烟瘴，发三千里；极边，发四千里。五军并杖一百，至戍所后折责。发边外为民，即将犯人发边外安置，乾隆三十六年（1771）将其删除，一体改为充军。三十七年，兵部根据《邦政纪略》辑为《五军道里表》。凡充军者，视表所列地方定地发配。充军之意本系使犯人入军籍当差，这与使常流犯人入民籍为民不同。清初裁撤边卫后，充军犯人至配所后，并不入营差操，也无拘役之事。系由州县官管束，于每月朔望检点，实与常流无异。至少在晚清各地充军犯人与流犯系一律安置。充军有军之名而无其实。虽然如此，充军之刑仍然相沿不改。在清代刑罚体系中，即使充军中最轻的一等——发附近充军也要重于流三千里。然而，发附近、近边充军却分别只发二千里、二千五百里之外，比流三千里的距离还要近。如果流三千里犯人因故加一等，便为发附近二千里充军，则反较本罪近一千里，轻重倒置，这被各级官员困扰。光绪十一年（1885），刑部在听取各省的意见后，奏准将流三千里加一等者的刑罚确定为改发极边足四千里充军，才最终消除了各级官员的这一困扰。①

发遣系指将犯人发往黑龙江、伊犁等处，分别种地、当差、为奴的刑罚。它是清代的特色刑罚。虽然在历史上很早便有了发遣之名，但其与清代的发遣刑有着明显的不同。② 按发遣后所从事工作的不同，发遣被分为种地、当差与为奴三种。③ 发遣为奴只是发遣中的一种。晚清著名法学家吉同钧说，遣分二项，"一发新疆，一发吉林、黑龙江。……且同一遣罪又分数等，有到配种地者，有当折磨差使者，有给披甲人为奴者，有遇赦准释回

---

① （清）佚名：《江苏省例四编》，杨一凡、刘笃才编《中国古代地方法律文献》丙编第13册，社会科学文献出版社，2012，第283～330页。

② 有关发遣的理解和清初发遣的历史，可参看刘炳涛《清代发遣制度研究》，中国政法大学硕士学位论文，2004，第3～7页。

③ 乾隆五十四年（1789），刑部审奏正白旗满洲养育兵昆英自京逃至山东德州营后被获，拟发黑龙江当差一案。乾隆帝认为，昆英系旗人正身，不知自爱，乃因伊叔责打，即行逃走。在京城内外逐日短雇当闲二年有余。又复逃至山东，实属下贱，不顾颜面。昆英著销去旗档，发往配所。该犯习于下流，到该处后即可听其自便，亦不值复令当差，反得养赡。谕令刑部嗣后遇有此等案件即照此办理。乾隆帝的谕旨后来形成条例，载于《大清律例·名例律下》"徒流迁徙地方"门。这说明发遣至黑龙江等处的犯人不一定必然是当差和为奴身人。有到配所后听其自便的人。

者，又有终身不准释回者（皆系教案及反叛案内之子孙等项也）。此外又有官犯一项，……此遣罪中之分别也"。① 所以，发遣的对象还包括官犯。发遣当差的对象既有官犯，也有旗人和民人。官犯主要系发往军台效力赎罪和发往新疆效力赎罪两项，此外，也有发往黑龙江、吉林等地的情况。他们常被时人称为"废员"。虽然系"废员"，其罪一般"不在永不叙用之律"，仍有一部分人会被再次起用。

　　军台系清代设在新疆、蒙古等边地传递军报之处。将官犯发往军台效力赎罪，即将官犯发往军台，由军台官员安置，在军台效力。在晚清将犯人发往军台效力赎罪经常系发往察哈尔都统驻地张家口。名虽效力赎罪，在晚清实际上经常无差可遣。效力之员只是所谓的"旅焉而已！"薛允升和沈家本俱认为，官犯发往军台效力赎罪始于乾隆六年（1741）。② 由尚书讷亲恭奉谕旨奏准定例，当时系针对情罪较重的侵贪各案。官员犯别项罪名原有应流、应徒地方。然而，此后在办理官犯案件时，有奉皇帝特旨发往军台的，亦有从重拟发军台的。嘉庆帝曾谕令问刑衙门不得擅拟官员配发新疆等处。③ 可见当时官员发往新疆等处已经比较常见。嘉庆时的限制并未发挥实际作用。相沿日久，至晚清时，遂有职官犯徒罪发往军台，犯军流发往新疆之惯例。④ 这一惯例并未被修入《大清律例》。直到宣统二年（1910）颁行的《大清现行刑律》才明文规定，文武官犯徒罪者，依应徒年限奏请发往军台效力赎罪，限满释放；应流、遣者，奏请发往新疆效力

---

　　① （清）吉同钧：《乐素堂文集》卷6，闫晓君整理，法律出版社，2014，第107页。吉同钧遗漏了发往各省驻防的遣犯。只是与发往新疆和吉林、黑龙江相比，发往各省驻防的遣犯数量非常之少。同治元年新疆遣犯停发后，发往各省驻防的遣犯有所增加。

　　② （清）沈家本：《历代刑法考》（附《寄簃文存》），邓经元、骈宇骞点校，中华书局，1985，第2052～2056页。

　　③ 《刑部奏斩绞人犯无论监候立决俱应按照正例议拟折》，上海商务印书馆编译所编纂《大清新法令》（点校本·1901－1911）之第1卷，李秀清等点校，商务印书馆，2010，第298页。

　　④ （清）吉同钧：《大清律例讲义》卷1，闫晓君整理，知识产权出版社，2018，第31页。吉同钧又说，嘉庆时定例官犯不得擅加发遣，尤见钦恤罹刑之心。近来督抚跋扈，凡参革职官动辄发遣新疆，若不知有此例者，以致良法仁政视同具文［（清）吉同钧：《大清现行刑律讲义》卷1，栗铭徽点校，清华大学出版社，2017，第76页］。所以，这是督抚司法权力增长的反映。

赎罪。①

《大清律例·名例律下》"徒流迁徙地方"门例文规定，凡发往军台效力废员，知县以上三年期满，如无力完缴台费，当再留台五年，共计在台八年。如其本罪为徒一年，则其实际刑期为八年，已远重于本罪。如果核其所犯本罪，可能系由杖罪加至徒一年，而且还有因公获咎、过误致罪的，亦照此例办理，结果导致对其处罚太重。《大清律例·名例律上》"五刑"门例文规定，官员犯杖罪，照例纳赎，犯徒流以上照例发配。与一般平民相比，《大清律例》等典章制度对官员犯罪本有一定的体恤。晚清徒犯一般并无应役之事，所以，官员犯徒罪发往军台惯例的形成造成了"待官员者何其过严，治徒囚者何其过宽"的结果②。

另外，官员犯军流发往新疆与犯徒发往军台，同为《大清律例》所不载，只系晚清惯例。然而新疆地方办事需人，官员前往有差可当，有力可效，非投闲置散可比，而且《大清律例·名例律下》"徒流迁徙地方"门有分别三年、十年奏请释回之例，视民人犯军流之非遇恩赦不得减免者，转有早归故乡的希望。从这一角度来看，官员犯军流的刑罚后果比民人犯军流要轻。虽然官员发往当差在一定程度上导致了刑罚体系的紊乱，但因为当差的主体为官员，官员发往军台、新疆与否尚有规律可循，所以，其弊端尚不明显。只是发往军台效力赎罪定例之初殆系地方大吏及实缺人员犯罪，方有是举，故定台费若干，不嫌过巨。到晚清时文官未入流、武弁千总把总以及候补人员等一概发台。若辈在官已属饥寒难免，一旦发往军台效力，到台无差事可派，其苦状自可想见。弱者饥寒难忍，遂致潜逃，见诸奏报者不胜枚举③。

清代发遣、充军罪止及犯人自身，不似明代之永远充军，数世后犹勾

————————

①　（清）刘锦藻：《清朝续文献通考》卷251《刑考十》。

②　（清）薛允升：《读例存疑》卷6，胡星桥、邓又天等点注，中国人民公安大学出版社，1994，第102页。

③　《坐台苦况》，《申报》1882年4月10日，第1版；《论待台员之道》，《申报》1882年4月12日，第1版。

及本籍子孙。情节稍轻的犯人尚可以遇赦放还。充军五等中最重的为发极边、烟瘴充军，所发之地仍属内地，发遣则将犯人发于边外极苦之地。军流人犯系其定罪省份督抚定地解往。遣犯系犯人递解至地点后，由目的地之将军、都统等酌量所属各地方大小，派拨安插。发遣一般重于充军。

迁徙来源于唐代之杀人移乡。明清迁徙的前提发生了变化，不再是唐律所规定的会赦免罪之杀人应死者。《大清律例》一方面沿袭了《大明律》有关迁徙的部分规定，一方面又增加了一些新的内容。如《大清律例·名例律下》"徒流迁徙地方"门例文规定，对土蛮、瑶僮、苗人仇杀、劫掳及改土为流之土司有犯，将其家口迁徙。迁徙者不得复归本籍。迁徙较五徒为重而视三流则轻。[①] 现实中被判迁徙者非常少见。《大清律例》有关迁徙的规定渐成具文。[②]

《大清律例·名例律上》"工乐户及妇人犯罪"等门律例规定，妇人犯徒、流之罪的，将其决杖一百，余罪收赎。妇女犯军流，无单身发配之例。这既是对妇女的体恤，也是为了防止解役藉机欺侮妇女之事的发生。只是因为随着现实中妇女恃收赎为护身符而故意犯罪之事的增多，律例对妇女收赎范围不断加以限制。嘉庆后妇女如有犯不孝、奸盗和刁健翻控等项有被实发的可能。虽然例内有妇女实发为奴十余条，但现实中妇女实发之案累年不获一见。有关妇女实发的定例几成具文。[③]

发遣、充军、三流案件在当时一般被简称为军流案件或遣军流案件。这类案件由州县官、知府审理完毕后，将犯人招解到省按察使司，按察使复审之后，上详督抚，督抚核定后，批按察使照造招册一本，仍用按察使衔和按察司印，全叙供看，呈请督抚将司册咨送刑部核复，并年终汇题。

① （清）徐象先：《大清律讲义》第二编"总论"，高柯立、林荣辑《明清法制史料辑刊》第3编第54册，国家图书馆出版社，2015，第113页。

② （清）吉同钧：《大清现行刑律讲义》卷1，栗铭徽点校，清华大学出版社，2017，第83～84页。

③ 《刑部奏妇女犯罪收赎银数太微不足以资警戒拟请酌量变通折》，上海商务印书馆编译所编纂《大清新法令》（点校本·1901－1911）之第1卷，李秀清等点校，商务印书馆，2010，第291页。

如案内有应行并咨吏、兵等部者，声请刑部转咨，毋庸另造招册。[①] 在按察使审详之日将充军、流放等犯暂停发回州县，听候督抚查核。如有应行复讯者，督抚即行提讯。嘉庆二年（1797）规定，命盗案内本例系由死罪减为遣军流的，定案时仍专本具题，不得咨部汇题完结。道光三年（1823）又规定，对根据《大清律例·刑律·诉讼》"子孙违犯教令"门例文规定被祖父母、父母呈送发遣之犯，该州县官于讯明后，不必解勘，止详知府、按察使。按察使核明后，转详督抚，督抚核明后咨部，俟刑部复准后，即将犯人定地起解。[②] 道光十四年（1834）等年又明确抢窃计赃计次计人数罪止拟充军、流放等犯，由该管知府复审完毕后，具详按察使司，专案请咨即可，毋庸再解按察使司。之所以如此，主要是因为这类犯罪事实较易查证。为"事归简便"，减轻各级官员的负担，官方对繁琐的勘转程序作出了一些改变。[③]

第二节　流犯解配

　　督抚在接到刑部的复准咨文后即开始定地，饬令州县官将犯人起解。[④] 嘉庆二十一年（1816）时议准，嗣后发遣官常各犯及发往军台效力与军流徒罪人犯奉准部文，定以五日分别转行州县。该州县官即以奉文之日起详请咨牌，府州定以五日详司，按察司于五日详督抚缮发咨牌，径发各州县提犯起解。并声明扣除行文往返程限，通报起解月日。[⑤] 嘉庆二十五年

---

　　① （清）佚名：《湖南省例成案》"吏律"，杨一凡编《清代成案选编》甲编第46册，社会科学文献出版社，2014，第373～379页。

　　② （清）祝庆祺、鲍书芸编《刑案汇览》卷59，法律出版社，2007，第3098～3099页。

　　③ 《清刑部通行饬令汇存》第3册，全国图书馆文献缩微复制中心，2005，第1135～1138页。

　　④ 当然，清代流刑犯还包括秋审缓决数次后减为流刑的犯人。晚清"就地正法"章程颁行前，这类犯人每年数量不少。这类犯人起解的程序与正常流刑犯人稍有不同，他们还涉及埋葬银两的追致问题。其程序可参见道光时广东某案的做法。见（清）佚名辑《公文钞本》，桑兵主编《八编清代稿钞本》第357册，广东人民出版社，2017，第317～320页。

　　⑤ （清）祝庆祺、鲍书芸编《刑案汇览》卷58，法律出版社，2007，第3029～3030页。道光十三年（1833），湖北武昌知府裕谦声称，承办书吏等多有将饬知安插军流徒各犯文视为无关紧要，迟延数日始行转饬。（清）裕谦：《勉益斋续存稿》卷2，《清代诗文集汇编》第579册，上海古籍出版社，2010，第274页。

（1820）又谕，嗣后发遣官犯于奉到谕旨之日即勒令起解，不许片刻停留。如有交代未清事件，该管上司另行核办。其官员革职者，奉旨之日即行摘去顶戴；拿问者，奉旨之日即令上锁收禁。① 解犯事项应由州县官负责起解。从《申报》的相关报道来看，在起解犯人时，州县官有时也委托典史点解。

京师现审案件流罪犯人由刑部定地，札行顺天府起送。② 充军系咨兵部定地提发，外遣亦系咨兵部差役起解。咸丰二年（1852）又规定，凡各省距省窎远之各厅州县问拟遣军流犯人，各地督抚于出咨后，即令造册，先行定地，并发给咨牌、兵牌存案，俟奉到刑部复准文书，即行金差起解。③

乾隆十六年（1751）后各省对军流犯人系按照《军卫道里表》和《三流道里表》分别等次，确定应发省份。④ 对发遣犯人，则按照《大清律例》的明文规定将犯人发往东北、新疆等地。督抚须酌量州县大小、远近，在配军流犯人多寡，均匀拨发，预先咨明应发省份督抚，先期定地，饬知入境首站州县，随到随发。其解犯兵牌内填明"解赴某省、入境首站某州县，遵照定地转解配所投收申缴"字样。为防止犯人与苗民聚处滋事，广西土司所属地方并广东琼州、连州及四川、湖南有苗民州县不得拨发安置。对新疆及内地遇有为奴之额鲁特、土尔扈特、布鲁特回子等酗酒生事，犯该发遣的，俱发往烟瘴地方。如系新疆犯事，解交陕甘总督定地转发；若在内地有犯，即由该督抚定地解往。对发各省驻防给官员为奴人犯，向系兵部酌量各处驻防官员之多寡，计该犯原籍及犯事地方，核算道里远近，俱在四千里以外均匀酌发，毋使拥挤。⑤

---

① （清）刘锦藻：《清朝续文献通考》卷250《刑考九》。

② 嘉庆初刑部有此故事，遣犯由刑部牢官点交差役，解往顺天府衙门发配。见（清）陈康祺《郎潜纪闻四笔》"刑部尚书陈若霖"，褚家伟、张文玲点校，中华书局，1997，第138页。

③ 光绪《大清会典事例》卷835《刑部·刑律捕亡六·稽留囚徒》。

④ 晚清《晋政辑要》把山西各府对应的应发和收管充军、流放地区标记得非常清楚。（清）刚毅：《晋政辑要》卷36，《续修四库全书》第884册，上海古籍出版社，2002，第741~748、750~755页。

⑤ （清）毌庸纂辑《刑部各司判例》卷2，杨一凡、徐立志主编《历代判例判牍》第6册，中国社会科学出版社，2005，第326页。

因为奉天府为国家留都，"根本重地"，乾隆十六年（1751）确定此后不再安插军流罪犯。十九年（1754）因《军卫道里表》将近京城的直隶定为附近、边卫、边远、极边，不合情理，确定此后直隶不再安插军流罪犯。此外，热河亦向无安插军流犯人。① 光绪十一年（1885），吉林将军说，吉林向办遣军流徒各犯均解赴奉天分别定地充配。②

《大清律例·刑律·捕亡》"稽留囚徒"等门有关遣军流犯人起解的规定与徒刑犯人大致相同。其不同之处主要有两点：一为乾隆前在递解遣军流犯人时，会将其妻子佥遣。遣军流犯人毕竟"终身不返"，相当一部分犯人可能终生不会得到释放回籍的机会。将其妻子佥遣，可以安定其心，减少其滋事、脱逃的机会。但因为成本较高，效果不佳，乾隆年间官方停止了这一做法。二为州县官在正式起解军流人犯前，须详请咨牌。因为起解徒罪人犯不经过他省，所以，例不请给咨牌，各州县于奉到督抚行知批发定地之日，即行按限起解。③

《大清律例·兵律·邮驿》"承差转雇寄人"门规定，在起解犯人时，每名犯人选差役二名管押，兵丁二名护送（见图15）。因为这二名差役须将犯人解至终点，所以又被称为长解。至另一州县时又须添差短解二名、兵丁二名。实际是一般六名兵役押解一名罪犯。④ 途中短解熟悉当地情况，如果犯人途中脱逃，短解呼应较灵，犯人不易逃遁。这些长解、短解途中难免有劳乏疾病之虞，他们也可以前后照应周密。因为递解犯人情形很多，而且制度经常变化，现实不尽如此。比如在乾隆中后期，在起解应发新疆改发内地人犯时，例无长解，一名犯人只配备中途短解差役二名和营兵二名。⑤

---

① （清）刘锦藻：《清朝续文献通考》卷251《刑考十》。
② （清）佚名：《江苏省例四编》，杨一凡、刘笃才编《中国古代地方法律文献》丙编第13册，社会科学文献出版社，2012，第287页。
③ （清）祝庆祺、鲍书芸编《刑案汇览》卷58，法律出版社，2007，第3030页。
④ 《福建省例》"刑政例上"《押解重犯酌用结实囚笼抬解》，台北大通书局，1987，第913页。长解多出现于解审中（因为犯人在完成审转程序后一般还要解回）。
⑤ 《清刑部通行饬令汇存》第1册，全国图书馆文献缩微复制中心，2005，第198页。

图15　外销画中的递解

注：https://www.europeana.eu/en/item/9200579/xyd236wz 2020 年 10 月 17 日访问。乾隆三十八年（1773），福建某条省例说，解审之犯本无行李。起解军流递籍人犯，实无资财挟带，其铺盖衣色应酌给挑夫一名。乾隆五十三年（1788），福建一流刑犯人在解配途中还曾托人帮背包裹。所以，该图描写的是解配或递籍图，而非解审图。乾隆四十八年（1783），湖北宜城县在递解一改遣军犯时一差役将犯链锁手同行。晚上住宿时该差因出恭自开手锁，将犯锁置后房床脚。就寝后，该犯脱锁带链铐、脚镣逃逸。这虽然是事后差役等人编造，但在递解中差役与犯人锁在一起同行，犯人锁带链铐、脚镣也应该是常见情况。至少在递解军流犯人途中，犯人戴手铐、脚镣、项锁（锁链）是常见的。如果犯人出恭，手铐可以打开，但项锁一般不能打开。笔者在中国第一历史档案馆看到一幅过境流犯因病身死尸图。该图显示犯人身上有脚镣、项锁。项锁很长。以上见《福建省例》"刑政例上"《禁滥给兜轿》，台北大通书局，1987，第 908 页；台北故宫博物院编《宫中档乾隆朝奏折》第 68 辑，台北故宫博物院，1987，第 351 页；台北故宫博物院编《宫中档乾隆朝奏折》第 44 辑，台北故宫博物院，1985，第 618～619 页；《清刑部通行饬令汇存》第 1 册，全国图书馆文献缩微复制中心，2005，第 199 页；《安徽灵璧县过境流犯奚畹章因病身死尸图》（宣统二年），中国第一历史档案馆藏，档号：16－02－006－000004－0034。

递解遣军流等犯例有咨文（牌）、兵牌、年貌清册和该州县长文解批始行起解。咨文（牌）系起解省份督抚致沿途、到配省份督抚有关递解犯人的平行文书。其文内简单叙明犯人定罪缘由和沿途、到配省份等事项。兵牌又被称为护牌，系公事差遣时拨兵护送所用，作为沿途查照应付的凭证。[1] 递解人犯例有兵丁护解，故发有兵牌。[2] 递解沿途府、州、县营汛文

---

[1]　光绪《大清会典事例》卷 701《兵部·邮政四七·疆护》。护牌内有时也会注明囚衣等事项。见（清）柳堂等辑《居官杂录》，桑兵主编《五编清代稿钞本》第 205 册，广东人民出版社，2013，第 263 页。

[2]　咨牌、兵牌的内容详见光绪末云南已革知县张祖荫被定罪发遣的事例。见（清）锡良《锡良函稿》（九），《近代史资料》总 138 号，中国社会科学出版社，2018，第 35～38 页。

武各官见有兵牌，应照例拨派兵役，护解前行。年貌清册一般包括犯人年貌、籍贯和犯罪事由等信息。① 乾隆三十二年（1767），陕西巡抚通饬各属，嗣后起解新疆遣犯及军流等犯所有咨文、兵牌、年貌清册及该州县长文俱装入短文封套内，按站转递，沿途各州县务须预为多备宽大坚厚封套，每遇接递遣犯将前项文牌册籍及转递短文一并检点装入，庶可不致擦损破烂，亦无舛讹弊混之虞。陕西巡抚同时咨兵、刑二部暨各省督抚院并顺天府尹，希望各地檄饬所属一体照办施行。②

乾隆年间王又槐说，解犯必须地方正印官亲点，验明刑具，金定正身，妥役将钥匙贮入文封内。如系新疆人犯将咨文亦封入递解文内以免擦破。预备船只、车辆务须赶至城内交替明白，守取回照。③ 回照系下站给予，是上站正常履职的凭证。上下各站州县均会将往来解犯事项登列号簿。回照与号簿可以相互印证。如果犯人中途脱逃，没有其他证据证实脱逃地点，无回照之州县将会承担主要责任。

为杜绝犯人顶冒之弊，方便递解沿途接解州县验查，乾隆二十六年（1761）议准，在递解遣军流犯人时，首先起解的地方官应详验犯人年貌、箕斗、痣疤、胡须、有无刺字和所刺何字之处备具清册，逐一注明，并将犯罪事由缮具短文转递。地方官在接解军流人犯时，应当堂查验刑具、箕斗、痣疤等处，会营选拔兵役接替护送。乾隆三十九年（1774），直隶一改遣充军犯人在解至广西全州时，因为左面并无刺字，被怀疑有顶替情弊。经调查后证实，该犯在起解刺字时用大钱一百二十文贿嘱县里承直刺字之仵作。该仵作用鞋帮子插针，于左面鬓边刺了一下，又用煤炭磨水涂擦，并未深刺。该犯途间洗去煤迹，针孔长合，以致面无针痕。该犯年貌册内曾注有左面刺"积匪改遣"四字。由直隶至广西沿途地方官可能多达十个

---

① 可参考咸丰年间广东某犯的年貌箕斗籍贯册式。见（清）佚名辑《公文钞本》，桑兵主编《八编清代稿钞本》第 357 册，广东人民出版社，2017，第 328～332 页。

② （清）佚名：《治浙成规》卷 7，《官箴书集成》第 6 册，黄山书社，1997，第 586 页。

③ （清）王又槐：《刑钱必览》卷 4《提解》，《四库未收书辑刊》第 4 辑，第 19 册，北京出版社，2000，第 420 页。

以上。这些地方官的工作流于形式，俱未经详验。① 乾隆五十三年（1788），一福建同安县流犯在解至广西浔州府贵县时，被发现其疤痕、箕斗与解文未符。从而讯出中途顶替之事。② 沿途多名地方官对顶替之事竟毫无觉察。光绪二十三年（1897），江苏上海县一名军犯在发配后因该犯面貌不符由前站退回。原来犯人在起解前曾请人将其发辫剪去。地方官只得赶备文牍再行起解。③ 王又槐说，地方官遇递解人犯过境一定要小心，必须亲自验看，叮嘱解役早起。还要查验刑具，必须将犯人年貌核对清楚，以防顶替。也要核对解役是否正身，以免雇倩。④ 从《申报》的相关报道来看，沿途州县在流犯过站时都会非常重视，一般会迅速饬命书吏赶备过站公文，并移请本地绿营武官拨派兵丁护解。⑤ 次日即须起程。

《钦定吏部处分则例》规定，递解途中日行五十里。⑥ 犯人在中途州县需要过夜时，系在该州县寄监（多为外监）。如有疏脱，将该州县管狱、有狱官分别罪名议处。犯人在中途寄监自尽，该州县管狱、有狱官俱有处分。无监狱之各州县遇有解犯到境，须即行接收，多拨兵役于坊店（即旅店）

---

① 台北故宫博物院编《宫中档乾隆朝奏折》第 36 辑，台北故宫博物院，1985，第 180～181 页。面上刺字、头发和衣服是犯人脱逃时首先需要解决的问题。头发和衣服容易解决。为了解决刺字问题，有用碗磁刮毁的，有自将刺字擦毁的，有用膏药糊住的，有用阔布带遮掩的，有用膏药贴烂的，有自用巴豆烂去的，有以针将刺字起除的，有用石灰将刺字烂毁的，有用刀自行刮除的，有用艾烧除的，有抓破销毁的，有用瓷瓦刮破的，有用磁盘划毁的，有用药销毁的，有用布遮面装成病丐的，还有别人用嘴咂除的。犯人所刺之字虽经私毁，疤痕宛在，不能泯灭，容易被提获。乾隆三十六年（1771 年），广西巡抚陈辉祖说，向来靠刺字疤痕获破者十居八九［哈恩忠编《乾隆朝管理军流遣犯史料》（下），《历史档案》2004 年第 1 期］。所刺之字也是脱逃犯人被获后地方官判断案情轻重的主要标志。乾隆三十九年（1774 年）广东巡抚德保就说，改遣重犯如有脱逃拿获即行正法，全以刺字为凭（台北故宫博物院编《宫中档乾隆朝奏折》第 36 辑，台北故宫博物院，1985，第 555 页）。

② 台北故宫博物院编《宫中档乾隆朝奏折》第 67 辑，台北故宫博物院，1987，第 149～150 页。

③ 《军犯不符》，《申报》1897 年 11 月 13 日，第 3 版。

④ （清）王又槐：《刑钱必览》卷 4《提解》，《四库未收书辑刊》第 4 辑第 19 册，北京出版社，2000，第 421 页。

⑤ 知县转解军犯的文书见吴密察主编《淡新档案》第 27 册，台湾大学图书馆，2008，第 215～218 页。

⑥ （清）沈贤书、孙尔耆校勘《钦定吏部处分则例》卷 46《刑·提解·递解人犯通例》，光绪二年（1876）照部新修。

内严加防守，毋致疏失。如有犯人脱逃，即将该地方官议处。如果犯人在坊店自尽，原解官、当地地方官区分情况，会有相应处分。① 为防止犯人逃跑、自尽等事的发生，乾隆年间王又槐建议，在中途坊店歇宿时解役亦必找寻当地地保，雇夫支更，将犯人锁锢密室，解役一同伴宿。一犯有解役数人看守，本不该有犯人中途逃跑之事的发生。但解役常将犯人脚镣开放，听其步行，一路延挨，至于昏黑，假捏出恭，防守不严，致有脱逸。解役的类似行为即使并非贿脱，亦属玩纵，州县官于重罪起解之时即应将《大清律例·刑律·捕亡》"主守不觉失囚"门故纵同罪之例切谕再三。②

如果犯人中途脱逃系少差解役、未加肘锁的缘故，该管官罚俸一年。系多差解役，已加肘锁者，该管官罚俸六个月。③ 解役按照《大清律例·刑律·捕亡》"徒流人逃"等门的规定也要承担一定的责任。虽然有关典章制度详细规定了该管官、解役等人因犯人中途脱逃所应该承担的责任，现实中军流徒犯人脱逃者依然常见。犯人脱逃的原因很多，解役不负责任是主要原因。经常有出钱找人顶替自己代解的。有差役领取口粮、车价后私自图便，商通并替，以致一犯不足二解，乃至数犯仅止一解者。还有差役将车价入己后，将徒犯脚镣私开，带其步行，以致犯人乘间逃脱。④ 现实情况复杂，官方对军流徒犯脱逃的书写也不一定是客观的。⑤

---

① （清）沈贤书、孙尔耆校勘《钦定吏部处分则例》卷46《刑·提解·解犯中途自尽》，光绪二年（1876年）照部新修。

② （清）王又槐：《刑钱必览》卷4《提解》，《四库未收书辑刊》第4辑第19册，北京出版社，2000，第420页。

③ （清）沈贤书、孙尔耆校勘《钦定吏部处分则例》卷46《刑·提解·解犯中途脱逃》，光绪二年（1876）照部新修。

④ 《清刑部通行饬令汇存》第1册，全国图书馆文献缩微复制中心，2005，第199页。

⑤ 《申报》经常发文质疑犯人脱逃另有内情。如《严防逃犯说》一文认为，官方有关脱逃的公文都是官样文章。犯人之脱逃每多乘舟过渡之际，或当风雨大作之时。看役则必行路辛苦而睡熟，至犯人去远而后觉。凡若此者决非实际情形。无非幕友为之设法点缀而已。其描摹竟有惟妙惟肖者，实则皆系子虚乌有。起初此等公文尚有人信之，既而如时文中之烂调，一人倡而百人和，剿袭雷同，千篇一律，几几令今阅者生厌。究其原因，此中逃遁人犯实则皆仗孔方兄之力而已。所以，各处富家世绅偶有犯此等军流罪名者，莫不中途禀报脱逃，其甚者竟至于未曾起解，且一经脱逃之后永无缉获到案之期。凡军流人犯之脱逃者大都由于贿纵，所以，解差看役受伤被戕究不多见，而富家子弟之犯法而逍遥法外者不知凡几 ［见《严防逃犯说》，《申报》1894年4月（转下页注）

如果犯人中途患病，由原解报明所在地方官，地方官亲身验明，出具印结，将其留养医治，候病痊起解，仍将患病日期报部。如不行留养致犯人病故，以及受贿嘱托捏病迟延的，将该地方官交部议处。其取结后犯人身死的，官役免议。若未取病结，在途身死的，金差官员交该部照例按名议处。[①]当然，这只是典章制度的规定，现实中犯人中途患病留养之事很少见。正如光绪三十一年（1905）江苏巡抚陆元鼎所称，虽然解犯患病截留医治例有明条，但各州县具报截留医治者迄无一见。盖近来州县于公事类多玩忽，遇有解犯到境，恨不得即时转递，何暇计及犯病与否。迨至在途病故，无非以该犯自愿前进一语为掩饰之计。[②]毕竟公文系由地方官书写，地方官淡化、掩饰、推卸自己的责任是正常的情况。

起解遣军流犯人并非一定步行。乾隆中期陕西陇州知州吴炳说，因陇州系为四川、陕西入甘要路，四川通省并云南、贵州两省界连四川地方应发甘肃军流人犯以及应发新疆遣犯必由陇州经过。陇州关山险峻，不通车辆。由四川入甘肃人犯俱用木兜抬送，每犯一名需扛夫四名抬送栅兜。[③]乾隆三十八年（1773），福建一章程规定，递解斩绞军流徒刑犯人时一般不准给兜轿。对那些实系老弱病残，并随行母妻子女，实在不能长途跋涉的，准

（接上页注⑤）12 日，第 1 版］。其说虽然很难被证实，但不排除现实中实有其事。薛允升就说，《大清律例·刑律·捕亡》"主守不觉失囚"门有关贿纵故纵之该管官的处分过严。过严则认真办理者必少，即实有贿纵故纵情节，亦碍于官之处分，而曲为开脱，投鼠忌器，情理固然。似应将该管官处分改轻，能究出贿纵故纵情节的，并免处分，较为有益。不然徒严处分，终属有名无实。未定严例以前，尚有此等案件。已定严例以后，此等案件绝少。近则千篇一律，其明验也［(清)薛允升：《读例存疑》卷47，胡星桥、邓又天等点注，中国人民公安大学出版社，1994，第 802 页］。薛允升所谓"千篇一律"，指的就是在解审中差役将犯人贿纵故纵后，地方官将差役治罪之官文书"千篇一律"。这就掩盖了事实真相。这也说明了律例过严之弊。

① (清)沈贤书、孙尔耆校勘《钦定吏部处分则例》卷46《刑·提解·递解人犯通例》，光绪二年（1876）照部新修。

② 《遵札截留病犯县示》，《申报》1905 年 12 月 21 日，第 9 版。实际上，至迟在道光十九年（1839），刑部意识到了这个问题，并通行直省各督抚严饬该地方官，若本犯实在不愿留养，亦应讯取供结，报部备复。(清)吴潮、何锡俨编《刑案汇览续编》卷32，法律出版社，2007，第 1432 页。

③ (清)吴炳：《请饬陕省首站宁羌州将由川入甘新疆遣犯留分解并恳拨协扛夫工食通禀》，乾隆《陇州续志》卷8《艺文志》。

量给兜轿。如果各犯偶患小病，中寒、中暑，不须停解，不便劳顿，并准暂给兜夫，病痊之日仍饬随差行走。以上应给兜轿，均由承审起解衙门长途捐给，不许骚扰驿站。① 在途中解役经常根据当地地形、交通状况选择合适的交通工具。

《大清律例·刑律·断狱上》"狱囚衣粮"门规定，凡解部及递解外省各项犯人，有司官照支给囚粮之例，按程给与口粮，亦即日给仓米一升。如遇隆冬停遣，照重囚例，每名给与衣帽。倘有官侵吏蚀，照冒销钱粮律治罪。此例系形成于康熙、雍正时期，乾隆后很多地方都有自己的办法，标准不一，而且还经常调整。如乾隆三十一年（1766）时曾议准，除湖北、湖南、甘肃、广东、广西、四川等省军流发遣及递解人犯每名日给米一升外，陕西每名日给钱二十文，云南每名日给口粮、盐菜钱十七文，贵州每名日给米八合、盐菜钱五厘。因为每日给口粮米一升较之军营各项兵丁口粮数目更属过优，乾隆四十年（1775）时又议准，所有各省递解军流人犯每日支给米一升之山西等十一省，俱改为每日以八合三勺支给。②

第三节　官犯发遣之路

对发往新疆、黑龙江为奴遣犯的解配和在配情况，学界多有研究。这些研究多是基于典章制度，以遣犯集体为对象进行研究，关注了如何解配、在配生活情况等问题。这至少忽略了不同个体之间的差异和历时性的变化。比如虽然同是发往新疆为奴遣犯，难道他们平时在配都是一样的生活状态吗？这显然不可能。有的遣犯到配即逃，有的遣犯安分服役，有的遣犯则经常触犯主人。在《刑案汇览》等案例汇编中有很多相关的材料。只是在这些材料中，遣犯是被书写者，他们基本以负面形象示人。事实当然不尽如此。之所以会出现这样的情况，其主要原因当然是我们在研究时很少用

---

① 《福建省例》"刑政例上"《禁滥给兜轿》，台北大通书局，1987，第908页。
② 光绪《大清会典事例》卷270《户部·蠲恤六·矜罪囚》。

到遣犯自己书写的材料。乾隆后为奴遣犯文化层次普遍偏低，很难有条件对自己的解配和在配情况进行书写。虽然也有文化层次较高的为奴遣犯（比如被发遣之讼师），但我们现在毕竟很难看到他们自己所写的有关解配和在配情况的材料。① 官犯不同，他们有书写能力，也有条件将自己所书写的话语传播出去。其被书写的机会也要高于普通遣犯。关于官犯的在配情况，学界也多有研究。比如对林则徐在新疆配所的作为就有很多研究。② 笔者无意再对在配官犯的生活工作情况进行研究，那样的研究实际上已无较大创新的可能。对官犯在发遣路途中的心理、生活等问题，虽然也有一些研究，但那些研究非常简单，基本未关注到其中的法律问题。对自己在发遣途中的所见所闻，官犯经常书写。对官犯发遣途中的管理，律例规定很少。我们只有阅读官犯书写的材料才能了解官犯发遣的管理和特点等问题。这些书写或简或详，或是以诗歌抒情，或是以日记达意。相对来说，乾隆年间赵钧彤和光绪年间裴景福对发遣沿途见闻的书写不仅更加详细，而且还时而率性表露自己的感情。他们的书写相对真实，对我们了解官犯发遣制度有比较重要的意义。

官犯发遣原因不一，有像洪亮吉那样因为激怒皇帝而被发遣的，有像

---

① 道光中期广东举人杨懋建因在科举考试中充当枪手被发配至边远充军（《清宣宗实录》卷302，道光十七年十月丁未）。他能文善诗，爱交游，感情充沛，完全具备文学家的品质。不出意外，他应该会有很多作品存世。他曾被著名学者阮元器重。但他在发配途中和到配后似乎不太愿意书写自己的生活状态。他在戍所编的《京尘杂录》中偶尔披露了自己的状况。他说，年来在五溪（今湖南怀化）戍所，殊有江州黄芦苦竹之感，每当风月娟好，花酒流连，坐忆故人，辄咏江文通赋曰："黯然销魂者，惟别而已。"［（清）杨懋建：《杨懋建集》，杜桂萍、任刚整理，凤凰出版社，2019，第124页］虽然自己现在也有风月娟好，花酒流连的时候，但还是景物荒凉，非常怀念自己的往昔生活。往昔生活如此之好，于是写下《京尘杂录》，记录下那些令人怀念难忘的时候。现实生活如此不堪，还是不写为好（虽然也有心情好的时候）。近来其个人文集至少被整理了两次，我们并未见到其对配所生活的更详细描写。对他个人来说，因在考试中当枪手被充军不是一个光彩的经历，他个人应该是不愿意书写。

② 黑龙江省社会科学院李兴盛研究员《中国流人史》（黑龙江人民出版社，1996年）一书比较详细地介绍了清代十余位在配官犯的情况。其情况各异，很难概括出共同特征。这说明我们在研究在配流刑官犯时不仅要关注整体情况，也应注重具体的个体。官犯如此，普通流刑犯人也是如此。只是官犯具有书写能力，其被书写的机会也高于普通流刑犯人，所以，我们现在有条件关注到许多官犯个体。

张荫桓那样因涉及最高层次政治斗争而被发遣的，有像裴景福那样得罪本管总督而被发遣的，也有像赵钧彤那样因办事不周而被发遣的。发遣缘由不同，途中的待遇也不一样。待遇最差的就是张荫桓那种。张荫桓于戊戌变法失败后被革职充发新疆。其在发遣途中受到了非常大的约束。据直隶境内负责护解之王庆保、曹景郕《驿舍探幽录》所言，在由顺天府良乡至山西途中，有苗姓参将率马队四人在车前里许巡哨。保车在前，郕车在后。步队二十人，分三班，擎枪翼车而行，两哨官率马队在后拥护，戈什四人分班轮值，夜间三人轮替，率兵勇值宿，自始至终，不得松懈。在此情况下，张荫桓对此"时作不平语"。不过随着相处时间的增多，张荫桓还是逐渐改变了启程时的"甚桀骜"状态。① 像张荫桓这样被严行约束的情况，现实只是少数，不具代表性。虽然张荫桓被严密监视，在发遣时前来饯行慰问的还是有数十百人，在直隶境内经常有前来探视的。他还随带了五名家丁。

　　乾嘉时期名学者洪亮吉虽然因言惹怒嘉庆帝，但并未因此像张荫桓那样在发遣途中被严密防范。在被发遣当日，洪亮吉出监至刑部江苏司卸去刑具，传送至兵部，车驾司拨车一辆，即日押出彰仪门。因欲送行之众友人与同乡误以为明日起程，所以，当时送行的人并不多。当日至拱极城武衙门投交拨兵相送，兵部差官乃返。抵卢沟桥后觅店投宿，当时仍有人相送。次日至良乡，王念孙、法式善、张问陶等人追送不及。未几日，即抵保定。途中常有相送、拜访之人，并常有馈赆，赆金有多至二百两的，洪亮吉却之不得。与民犯不同，发往新疆官犯途中一般不收监。② 途中有州县官邀其留至署中住宿，洪亮吉以负罪之人一路皆不入衙署为由相拒。虽然如此，洪亮吉还是曾在个别州县衙署中留宿过。洪亮吉还说，每过州县，

---

① （清）王庆保、曹景郕：《驿舍探幽录》，（清）张荫桓《张荫桓日记》，任青、马忠文整理，上海书店出版社，2004，第557、560、576页。

② 甘肃兰州是内地发往新疆官犯至新疆的必经之地。晚清《甘肃清理财政说明书》说，甘肃按察司司监羁禁特别官犯并遣戍新疆文武官犯。该监特别官犯不常有，即来往官犯亦过而不留。陈锋主编《晚清财政说明书》4，湖北人民出版社，2015，第627页。

必换文书，是以必诣治所，非驲路也。①

与洪亮吉、张荫桓相比，赵钧彤较少为人所知。乾隆四十八年（1783），直隶唐山县知县赵钧彤因雇办兵车，违禁派敛村民钱文，审无侵蚀情事，被定拟发往伊犁充当苦差。② 赵钧彤著有《西行日记》一书，记录了其在被发往伊犁路途中的所见所闻。乾隆四十九年（1784），直隶总督接到刑部复准文书后，即命下省城首县清苑县签发，赵钧彤由狱出居县署，二日后出发。行前一日，其亲友备酒食相送。出县门后，又见有人相送，赵钧彤下车，在路旁与众人喝茶，以数语相勉后分别。随行尚有两名家奴，其身上并无刑具束缚。③ 每至一驿，即换当地驿车。发遣当差官犯系通过驿站递送，驿站常不在县城，皆系前站知县预闻，遣役至驿，交相代替。犯人至驿时，系由当地巡检等官验送。所以，犯人不必再至县城。《钦定吏部处分则例》规定，犯人日行五十里。④ 在路途中，递解之役对驿站之间距离及下站处所实际已经知晓。在行至望都县时，赵钧彤因久不乘车，骨节酸痛，其已知下站为定州，距离为六十里。因系乘车，所以，他并不着急赶路。在直隶境内，每过一县，都会有当地知县等官亲自接待，积累的馈赠银两非常可观。此外，尚有变卖家产和入狱前后友人馈赠所得。在安顿完家人后，尚余一千一百余两，加上沿途馈赠，赵钧彤认为已够沿途开支了。当然，在路途中他有时也感受到了官场的世态炎凉，对此，他好像并没有表现出较大的感情波动。行至山西，有的驿站给以驴，有的县连车也不给。

① （清）洪亮吉：《伊犁日记》，《历代日记丛钞》第34册，学苑出版社，2006，第1~45页。
② 《清高宗实录》卷1193，乾隆四十八年十一月甲寅。
③ 个别官犯会有刑具束缚。如道光年间候补盐大使春龄因为吸食鸦片而被判发遣。春龄倚恃职官，抗不起程，揪扭弁兵，奏交刑部加以锁铐押令起程。（清）祝庆祺、鲍书芸编《刑案汇览》卷58，法律出版社，2007，第3030页。
④ （清）沈贤书、孙尔耆校勘《钦定吏部处分则例》卷46《刑·提解·递解人犯通例》，光绪二年（1876）照部新修。对官犯来说，日行五十里无较大意义。在发遣途中，经常日行不足五十里。犯人稍感不适或者有其他安排，在途中停留三两日也是正常情况。途中一般住客店，有时也住驿站。官犯发遣的情况也可看清人裴景福《河海昆仑录》的相关记录。裴景福自知万里荷戈，不知何日赐还，所携应用衣物在抵西安途中就装了五大车之多。这还是在当时自己坐轿子的情况下。每个人性格不同，发遣的背景不同，发遣途中的心情也不相同。裴景福与赵钧彤一样，性格比较开朗豁达。

过哈密后，车马系自己买雇。赵钧彤深知钱来之不易，所以，还要计较于雇车至伊犁的四十两花费。① 赵钧彤此行始自乾隆四十九年（1784）三月，四月抵西安，在留滞五月后，至十月西行，至次年三月终达伊犁。② 虽沿途有车可乘，有奴伺候，抵伊犁时，赵钧彤已"疲惊魂残"。虽然系被罪远戍之人，途中不免也被同僚冷脸相对，赵钧彤却比较开朗乐观，寻找理由消除自己的苦恼，沿途也不忘赏风观景，追寻古迹。③

与赵钧彤相比，裴景福在发遣前名气更大、级别更高（曾任广东首县南海、番禺知县）。其被治罪的原因虽然现在众说纷纭，在岑春煊出任两广总督前裴景福将其得罪也是事实。裴景福最后奉旨被发往新疆充当苦差。其所著《河海昆仑录》是笔者所见遣犯所记途中见闻、心境最为详细之作。该书也是现在研究晚清西北史地情况的重要参考资料。

光绪三十一年（1905），与裴景福一同被发遣的还有原广西左江镇总兵陈桂林。时有两名长解委员，一为候补通判郭某，一为原遂溪知县凌某。④

---

① 关于途中费用，裴景福说，他们两人（与陈桂林同行）由粤至新，除私费不计外，一路夫马取之官者，广东、江西水路三千里，每县发水脚二十元，酒席等费十余元（有本省本府道委员火食）。过九江后陆行，长解委员二，省委一文一武，河南有经过府委，每日需夫二百数十名，每名一百五六十文、二三百文不等。加以驿马夫料，经过一邑，至俭亦需百余千。至河南永城，人则乘轿，物则车载，夫少用而车价尽足相当。河南供给饮食尤周到，入境日起每餐人一席，大小八簋，每站约费百元。至官费可计者，长解委员路费四千两，至泾州用二十乘，每车支二十余两。由甘省至迪化每车支官项一百四十两，大约发遣一员至戍所，公家所费多则万金，少亦至五六千金，而遣员私费仍三之一。凡遣员穷乏者居多，非由驿站供给，无力可配也〔（清）裴景福：《河海昆仑录》卷2，台北文海出版社，1967，第189～190页〕。裴景福在途中应酬很多，私费应用较多。况且裴景福在途中还有收购古董、字画这样的消费。

② 光绪三十一年（1905）三月，裴景福由广州天字码头出发，至次年四月始抵新疆迪化府。（清）裴景福：《河海昆仑录》卷1，台北文海出版社，1986，第21页。

③ （清）赵钧彤：《西行日记》，《历代日记丛钞》第32册，学苑出版社，2006，第473～619页。

④ 乾隆末，浙江巡抚吉庆称，参革官员发往新疆效力赎罪，浙省向来会委短解文武员弁逐程交替，又专委佐杂官一员长解赴甘。他还称自己历任他省，每见起解此等废员并不委员长解。即如近来闽省佐解甘效力赎罪官犯均系短解员弁接递转解，亦未委员。刑部称，拟发新疆效力赎罪官犯向来各省只将起解日期具文报部，其如何委员解往俱听各省自行办理。建议浙省不用委员长解〔（清）佚名：《治浙成规》卷7，《官箴书集成》第6册，黄山书社，1997，第618～619页〕。赵钧彤在被发遣时，直隶总督就未委员长解。

裴景福还带了两名仆人,陈桂林则携一妾一幼子自随,委员也各带仆一人。① 至合肥时,还有熟悉关内外道路风土的朋友自愿伴送裴景福出关。裴景福自知万里荷戈,不知何日赐还。所以,在出发时他做了比较悲观的打算,随身携带了很多物品,其中就包括珍贵的《落水兰亭》。② 自广州天字码头出发时,南海、番禺两首县送至船内,久谈始去。有同僚送至江干,问他,别人行数百里尚有别离可怜之色,你现在适万里,为什么就如此淡定呢?裴景福的回答表现出了"壮游万里"的英雄气概。他还告诉他们,从今而后请勿以为念。两首县含泪望江水,不能交一语。对他们的含泪相送,裴景福自己却很漠然。其《河海昆仑录》显示,除了因为路途艰难等情况所引起的感情波动外,裴景福大多时候处之泰然,并未对其被发遣之事表现出丝毫的怨恨之情。当天前来送行的官员实际上并不多,毕竟裴景福得罪的是现任总督岑春煊。来送行的还有耆民十余,还有给他送米和生菜的。裴景福看似官声不错。他至少并未因将多人站毙而遭到本地百姓的普遍仇视。晚清御史安维峻因痛陈时事被论罪谪戍军台。在安维峻起行时,送行的人也非常多(见图16)。

从广东至江西为水路,尚且平稳安静。至九江后,裴景福本有机会乘舟至武昌,再坐火车至郑州。这样路途更为平坦,也可以节省很多时间。可能裴当时更想经过故乡,哪怕其家乡霍邱县并非在其所经官道上。裴景福有很浓重的家乡情结。他的《河海昆仑录》的署名为"西域戍卒霍邱裴景福",在《河海昆仑录》中"吾皖""吾乡"出现了数次,途中遇到安徽老乡时他一定会非常热情。也可能他很想见一下近在江苏的老父——原上海县知县裴大中,虽然其父未准其请。正如裴景福自己所说,从广州省城至

---

① 乾隆五十九年(1794)刑部咨行,嗣后起解新疆官犯不准携带眷属,如误行携带起解在途者,照例截留递回本籍。(清)姚雨芗、胡仰山:《大清律例会通新纂》卷4,台北文海出版社,1987,第585页。

② 因为各地车的规格不统一,途中裴景福还陆续购买了很多东西,在由兰州至迪化途中他经常在车里睡觉,所以,后期用车数量有所增加。在刚入河南境时,裴景福说自己坐轿,有大车二载行装。所以,他带的东西应该不少。

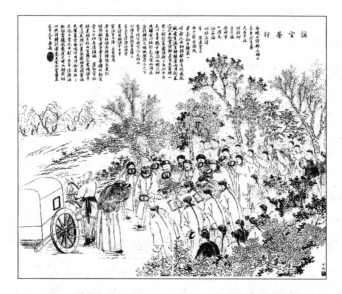

图16　御史安维峻因痛陈时事被论罪谪戍军台

　　注：《点石斋画报》御集·九期"谪宦荣行"。该图文字大意为：御史安维峻因痛陈时事被论罪谪戍军台。京城之人有相顾唏嘘的，有代为扼腕的，有温言解慰的，安维峻淡然处之。当安维峻出发时，行李萧条，京城自高官显贵至里魁市侩相与醵金壮行。并各投赠诗文，慷慨激昂。该场景在《清史稿》中也有记载。山西举人刘大鹏赴京城参加会试时，安维峻已发配两月。他在日记中称扬了安维峻的行为，还说，京城标局有一英豪，号"铁圪臂"李五，平日好以义，闻安太史得罪将行，送金千两为赠仪，大车数辆。标局中好汉二十名护卫太史到军台，京城人皆谓为义举也。安维峻发配时坐的车也可能系由民间人士准备。笔者在明人所编书中见到了一幅明代官员充军图。据该图后文字所述，尚书刘大夏因得罪宦官刘瑾而被充军。刘大夏买驴顾车，挟二童以行。故人赆谢绝不受。发都城，观者如堵。所在罢市，父老涕泣。士女携筐镳进食。此图应该能说明明代官员充军方式与普通民人不同。这跟清代官员发遣送别时的情形很相似。以上见赵尔巽等《清史稿》卷445《列传二百三十二·安维峻传》，中华书局，1977，第12467页；（清）刘大鹏《退想斋日记》，乔志强标注，北京师范大学出版社，2020，第41页；（明）汪廷讷《人镜阳秋》卷1，明万历二十八年（1600）新都汪氏环翠堂刊本。

新疆迪化府，行一万一千七百二十余里，"以我为主"。① 虽然路途中尚有两

---

　　① "以我为主"意为《河海昆仑录》的内容以我为中心展开。从另一个角度来看，裴景福对行程的安排也算得上"以我为主"。实际上，由广东至新疆，沿途经过湖南、湖北、河南、陕西、甘肃，距离更近，也是更常走的官道。比如乾隆四十六年（1781），一官犯由广东押至甘肃收审，他就是经由湖南、湖北抵达终点。乾隆三十八年（1773），一原籍陕西之军犯在配所广东仁化逃脱。广东巡抚德保认为，如果该犯回籍，应经过江西、湖广、河南各省地方。至少不会经过（转下页注）

名长解委员和另一原先级别更高的官犯,在江西、安徽、陕西境内还各有一位短解委员,但裴景福好像对行程的安排的确拥有主导权。他行动自由,没有刑具在身,路人根本看不出他是犯人。裴景福和陈桂林有时还不住同一家客店。

裴景福在起程前已经做了充分的准备,专门携带了洪亮吉《伊犁日记》和林则徐《荷戈纪程》等书。他对比了洪亮吉与林则徐两人的沿途待遇说,洪虽然触犯圣怒,却途次迎谒馈赠甚盛。林出关后如入无人之境,州县无过而问者。竟然"百物匮绝",无杯水通殷勤。他西行所过,车马酒食,供顿惟谨,即使戈壁荒远,也应有尽有。他的沿途待遇似乎胜于林。裴景福沿途应酬颇多,应酬者多为官场中人。他们或议论时务,或探讨古诗文,或畅谈书画,或攀长辈旧谊,或交流往事,或纵论历史,或结伴出游。他擅于交际,热心交友。至陕西、甘肃时,他曾数次大方地向友人展示、出借了其珍藏的《落水兰亭》和《荐季直表》,有时也能以所藏大方相赠。别人也乐与他相交,裴景福与他们有很多共同话语。在甘省提镇统兵将领聚会时,身为罪人的裴景福也能得以参错其间,酬酢甚欢。有次有位友人的过于热情和吹捧甚至让裴景福心里充满疑虑。这位友人在回答裴景福何以待其如此热情的问题时说,君名高诗工,而命又蹇。只身万里,特来相亲。君若为南海令,煊耀天南,不敢践君阶前一尺土。对如此吹捧,裴景福显得非常不习惯。别人之所以乐于与他相交,与其知识渊博有直接关系。从其《河海昆仑录》可知,裴景福有很强的学习欲望和良好的知识修养。他不仅拥有很高的文物鉴赏水平和古文功底,还不忘收买古董,了解沿途民众的生活习俗,记录当地的物价民生,考察西北历史地理。他不仅熟知诗文

(接上页注①)安徽。所以,对当时行程的安排,裴景福应该有足够大的话语权。问题的关键是,裴景福是犯人,居然能主导行程。笔者在一张官犯发遣护牌中看到,该护牌强调在犯人递解至前途衙门时交替明白。务照程限,随到随解,不得逗遛绕道。以上见台北故宫博物院编《宫中档乾隆朝奏折》第49辑,台北故宫博物院,1986,第450页;台北故宫博物院编《宫中档乾隆朝奏折》第33辑,台北故宫博物院,1985,第200页;(清)锡良《锡良函稿》(九),《近代史资料》总138号,中国社会科学出版社,2018年,第37页。

和传统学问，对西方事务还有一定的了解。这使他和大多数官员都能找到共同话语。裴景福性格豁达、坦诚、率性、热情，能够用心交友。即使分别数日，仍能写出比较真切的回忆佳作。在甘肃，他和某位道台在一起时，该道台爱谈时事，裴景福爱谈古诗文，这不妨碍他们建立了深厚的友谊。无论如何，裴景福很少因为其罪人身份而被沿途官员冷漠相待。当然，发遣官犯也经常有再次被起用之日。在裴景福的笔下，他们与他的交往，更多的是出于兴趣、爱好，而非为其东山再起后进行的利益投资。结合赵钧彤、洪亮吉等人的事例，可知沿途地方官对发遣官犯并不歧视，也很少怠慢。虽然是罪人，但也许在他们的眼里，这些发遣官犯现在还是他们的同道中人。裴景福虽然经常提醒自己的罪人身份，但在与他们交往时，他并未放低身段，至少是以常人的身份与他们交往的。① 发遣官犯的自身言论对我们理解发遣官犯的心态和官犯发遣制度有着非常重要的意义。虽然在清代刑罚体系中发遣之刑系次死之刑，但官犯发遣好像与残酷毫不搭边。也许在很多官员心里，官犯发遣只是官员犯错后被罚以苦差赎罪而已。如果以后被重新起用，其被刑经历也不会被视为污点。

裴景福与沿途官员的良好关系使其经常得到关照。或准加车，或准缓一二日出发，或允其在省城就医，或温言慰藉，或为其鸣不平。当然，途中也有催促其出行的地方官。与那些热心的地方官相比，催促其出行的地方官非常少见。裴景福还说，自己在广东做知县时，督抚以下从无一事疑我而挠我者，至今思之，犹感知遇。无奈德薄能鲜，志虽行，实不能称职。而且那七年自己心境局促，面目憔悴，终日如坐针毡，无一事称心快意。及得罪西来，登山临水，读书乐道，推己及物，觉慊然自足。这

① 直隶护解委员与地方官在良乡县去见发遣官犯张荫桓时，皆用衔名手版，衣常服，长揖不拜。说是体制宜然。当至山西境内时，山西护解委员徐某和梁某曾经因为在初见张时是否行礼还争执了一番。最后还是决定，入见时行礼。当地知州不以为然，不与他们同见，后来脱去官服，以常服进见 [（清）王庆保、曹景郕：《驿舍探幽录》，（清）张荫桓：《张荫桓日记》，任青、马忠文整理，上海书店出版社，2004，第557、576页]。该州地处官道，应该常见发遣官犯，该知州以常服见发遣官犯，这应该是常态。虽然身着常服，但在见到张时仍遵循了一定的礼仪。虽然张荫桓是罪人，但地方官至少并未完全以罪人视之。

种感觉远甚于作令时。虽然浩荡万里，极人世萧条冥漠之遭，但是现在自己魂梦皆安，真是出水火而登衽席，感觉舒服多了。总的来看，沿途裴景福的心情还是比较舒畅、乐观的，很少不平，更少愤怒，也很难见到他有寂寞的时候。之所以如此，与沿途地方官建立的良好关系是重要基础。与洪亮吉相同，裴景福沿途也罕入公署。即使与当地知县有旧谊，他也会婉辞。他也经常接受沿途知县的馈送，那些馈送多酒肴，而非钱财。

他还与两位长解委员相处融洽。在广州临行时，广东按察使曾对某委员说，裴景福途次必病，病仍促之行，勿任偃息。至西安时，两位长解委员去见西安府尹长龄。长龄问他们，裴景福途次安分否？委员答以裴性安静。长龄说，这是小安分，其实大不安分。又说，他听说裴尚有十万资财。又问，裴景福这个内地人当时为什么要逃避至港澳？这些话都是长解委员透露于裴景福，这说明他们之间的关系已经非常亲密。沿途他肯定受到了两位长解委员的关照，否则，裴景福"以我为主"的想法根本不可能会实现。

裴景福也有"凄然"的时候。虽然有仆人伺候，但从广州所带的一年幼仆人不幸于途中病亡。在陕西、甘肃境内，裴自己乘轿，仆人坐车。车重行滞，裴景福经常先到店，辄候至一二时，饥寒交迫，不胜其苦。于是，非常后悔诸事辄动委之家丁。心里直埋怨，现在活该他自己受苦。有次仆人做饭未熟，适有事他往，不得已由自己代为添柴。因为自己看离骚过于专注，饭已成为"劫灰"，自己尚且不知。他是如此专注离骚，也许是他在艰苦的环境下正沉浸在寻求离骚式的心理慰藉中。在被人发现饭已成为"劫灰"后，他还不忘在文字上取乐。有一次，当地县令来晤，问裴景福长途作何消遣。他回答说，饮苦酒，诵离骚耳。县令说，现在这地方连苦酒也不易得。两人一笑而别。在自己"凄然"的时候，裴景福经常是豁达、乐观的。有时还很积极向上，能不时反省自己。他还不忘留心沿途地理、历史、民俗。在面对困难时，裴景福还要表现得比仆人更坚强。比如在即将到达迪化省城时有段路非常难行，各仆竟然相顾含泪。裴景福自己虽然也很"凄然"，但仍要作好表率，并打起精神，鼓励他们。

越在艰苦的地方，裴景福越是思念亲人。在兰州以西有段路尤其难行，有风、寒、尘、渴、劳五难之说，饥饿在这五难面前根本不算什么。裴景福经常在大车上不能入睡，疲惫、苦痛尤甚。有天天明时他终于熟睡了，还做了一个美梦。他梦见家庭欢聚，器用精洁，多欧洲式而稚子绕膝。这些稚子因为很长时间未见，已经多不相识了。父亲将稚子们抱于怀，嬉嬉哑哑。他自己也在父亲身边，正沉浸在由新疆归家的那种幸福感觉之中。在描述完梦境之后，他又说，这难道是他日放归之兆乎！此时的他肯定还沉浸在美梦的回忆中。他非常想早日放归，他是多么思念远在万里之外已年过八十的父亲。其父可以说是他发遣途中的精神寄托。他既时而畅想释回后的家庭团聚，也时而在想到父亲话语时得到鞭策。对比鳏居无偶、不知是否饥寒的老父处境，对正在经历的艰辛，自己没有理由再埋怨。父亲对裴景福的意义远远超过了自己的子女和已经逝去的母亲。对裴景福来说，一场美梦也算是苦中取乐，丰富了其路途生活，增加了其前行的动力。回家虽然很难，但不是没有可能。为此，他现在必须乐观、向上，正视问题，克服困难。虽然"五难"给裴景福带来了很大麻烦，但裴景福最终战胜了"五难"。至少在兰州以西的路途中，腹泻、腹痛、腰疼那些前程有过的毛病好像未再出现。每个人的情况不同。裴景福的经济条件在发遣官犯中应算优越，其乐观向上的精神状态在发遣官犯中也算少见，其在途中得到的关照也较多。其他发遣官犯在面对"五难"时所遭受的困难只会更大，路途更难。

虽然是发遣犯人，虽然已年过半百，虽然预估自己短期内被释回的希望渺茫，裴景福至少还想有点抱负。他曾在途中设想，等他到达时，给一卡伦差，与三五老兵日骑马巡国界，守鄂博，穿荒风雪，幕天席地，可以出游，可以读书，三五年后于山川扼塞、部落风土必有所考证，亦流人应尽之义务也。他已经熟读洪亮吉《伊犁日记》和林则徐《荷戈纪程》等书，深知至新疆后自己也可以有一番作为。① 他要求也不高，一卡伦差足矣。他目标并不高大，平时巡视国界，实地考察，于考证边疆地理、风土人情，做出一番成绩，这样就可以了。平时还可以出游，可以读书，生活也算惬意。在非常陌生、艰苦的环境下，裴景福早已有了创业的心理准备。能够结合自己的专长，也算人尽其用。时间不长不短，三五年可能是他所认知的遣犯释回的正常时间。② 裴景福当时可能在想，新疆，他终于要到了！回家的路还远吗？也就三五年吧！③

第四节　在配流刑犯人的管理

军流犯人在被解至配所后，该管州县官应当堂验讯，视其年力如何，有无资财手艺，然后酌筹安插之法。州县官同时应向督抚、臬司申报安置军流犯人到配情况，并将兵牌具文申缴臬司。④《大清律例·户律·户役》"收养孤老"门规定，遣军流犯到配后，如其年逾六十，不能食力，地方官

---

① 裴景福到达新疆后，受到新疆布政使王树枏等人的关照，被委任为当地电报局局长。与发遣新疆效力赎罪官犯相比，发往军台效力赎罪官犯经常并无差事分派。光绪三十四年（1908），原驻藏办事大臣有泰被发往军台效力赎罪，直到两年后病逝于张家口。他在台期间未被分派差事，经常无所事事，看书（主要是小说等文学作品）、会友成为其最常做的事（后期因为病情加重，相应的活动减少了）。有泰毕竟做过高官，交友广泛，身边还有家人相伴。他刚到戍所时还能送礼周旋。他经常关注京城动态，可能还有再起的想法。在发往军台效力赎罪官犯中有泰的事例不具典型性〔（清）有泰：《有泰日记》下，康欣平整理，凤凰出版社，2018，第788～845页〕。虽然如此，发往军台效力赎罪官犯到台无差事可派，这在当时也是事实（《坐台苦况》，《申报》1882年4月10日，第1版；《论待台员之道》，《申报》1882年4月12日，第1版）。发往军台效力赎罪官员在军台期间的生活状况也可参照御史安维峻、钟德祥的事例〔（清）安维峻《望云山房文集》，《清代诗文集汇编》第778册，上海古籍出版社，2010；《点石斋画报》御集·八期"直道不孤"；（清）钟德祥：《钟德祥集》，雷达辑校，广西人民出版社，2010〕。

② 按《大清律例·名例律下》"徒流迁徙地方"门例文规定，发往新疆等处效力官犯，原犯杖徒者三年奏请，原犯军流者十年奏请，准令释回者，即令回籍。裴景福自光绪三十一年（1905）发遣，至宣统元年（1909）被释回。时间正好在三五年间。

③ 以上内容见（清）裴景福《河海昆仑录》卷1、2、3、4，台北文海出版社，1986，第21、23、31、51、61、64、65、72、85、98、100、107、168、185、189、192、202、205、222～223、252、255、263、267、294、313、314、377、387～388、395、401～402、412页。

④ 申报文书可参见道光时期广东某犯的事例。见（清）佚名辑《公文钞本》，桑兵主编《八编清代稿钞本》第357册，广东人民出版社，2017，第333～336页。

将其拨入养济院，按名给与孤贫口粮。犯人虽然年未六十而已成笃疾，不能谋生的，亦应一体拨给。其少壮军流各犯实系贫穷，又无手艺的，初到配所，按该犯本身及妻室子女，每名每日照孤贫给与口粮。自到配之日起，以一年为止，于各州县存贮仓谷项下动用、报销。① 各州县有驿递之处一切应用人夫，酌派军流少壮中无资财手艺之犯充当，给与应得工食。无驿递之州县公用夫役，均令一体充当，逐日给与工价。

遣军流犯到配，发交州同、州判、县丞、主簿、吏目、巡检、典史等官收管者，以收管之员为专管，转发之州县为兼辖。系知县为专管者，即照本管官例核议，无庸以知府、直隶州及丞倅等官为兼辖。如果遣军流犯发卫所著伍者，以出具收管之员为专管，兼辖卫所之员为兼辖。俱令每月点卯两次，并造具年貌、籍贯文册稽查。② 内地在配之遣军流犯一般由当地保长直接看守管束。③ 如果犯人脱逃，专管之巡检等官应马上将保长拘拿，详解州县官审缉。根据其有无贿纵情弊，保长会受到相应的处罚。如果其无贿纵情弊，按照《大清律例·刑律·捕亡》"徒流人逃"门的规定，保长会受到杖八十、革役的处罚。根据脱逃之犯情节轻重程度和脱逃情形，专管、兼辖各官俱会有轻重不同的处分。

---

① 刚毅《晋政辑要》说，向例，本省各州县收管军流人犯初到配所一年之内，每名日给米八合三勺，在常平仓谷内以一谷六米动碾支销。如遇小建，按日扣除。（清）刚毅：《晋政辑要》卷36，《续修四库全书》第884册，上海古籍出版社，2002，第755页。

② （清）沈贤书、孙尔耆校勘《钦定吏部处分则例》卷46《刑·提解·徒流军遣到配分别专管兼辖》，光绪二年（1876）照部新修。

③ 从台北故宫博物院编《宫中档乾隆朝奏折》等资料披露的情况来看，乾隆四十二年（1777），浙江嵊县有流刘头名目。同年，湖北光化县有军头名目。乾隆四十六年（1781），贵州仁怀有军头名目。乾隆四十八年（1783），江西弋阳县、广东博罗县有管夫名目（收管军犯）。乾隆五十三年（1788），陕西乡县有军头名目。乾隆五十四年（1789），广东兴化县也有军头名目。这说明，在保长之外，各地可能有人专门看守军流犯人，军头名目较为常见。乾隆三十九年（1774），湖南巡抚觉罗敦福在奏报拿获改遣逃犯事时称，该逃犯在发到广东仁化县安置时，系交军头保领管束（台北故宫博物院编《宫中档乾隆朝奏折》第34辑，台北故宫博物院，1985，第241页）。所以，军头等在收到军流犯人时，应出具保状，承担担保其不脱逃和不为非的责任。乾隆三十九年（1774），四川总督文绶奏报审办拿获改遣之军犯事时称，保领乡约某人并无得钱卖放的事。该乡约讯无贿纵情弊，依军流人犯在配脱逃，杖八十例，折责革役（台北故宫博物院编《宫中档乾隆朝奏折》第34辑，台北故宫博物院，1985，第628页）。所以，当时当地系由乡约管束军犯。

犯人被解至目的地州县后，还面临着进一步的安插问题。至于如何安插，《大清律例》并无规定，各地的操作不同。该事一般系由配所州县官决定。乾隆初，陈宏谋在任陕西巡抚前已在江苏、江西等地担任过按察使、巡抚等职。他对军流犯人的安插情况非常熟悉。他说，州县官惟派里中军伍安插便为了事。其中安置得法，各有养赡，不致扰害者，固亦有之，而名虽按里安插，实同分派轮养者，亦自不少。① 他又说，陕西各州县官对安插军流人犯不肯当堂查验，惟听书吏禀派。未派之前漫不经心，已派之后益不过问曾否安分。② 所以，在当时陕西等地军流犯人应系按里甲序次分发各乡。在安插过程中，书吏也发挥了重要作用。按照乾隆十年（1745）浙江道监察御史薛澂所奏，州县官之所以这样安插，主要是担心犯人兔脱，致罹参罚。州县官意图把压力传导到被分派之平民那里。每当轮养之时，平民对流犯如款嘉客，供其醉饱，若稍不如意，流犯便以脱逃恐吓。平民惧其连累，止得百计周旋，恣其求索，甚至资其银钱。今日在甲，明日在乙，周而复始。③ 乾隆五十二年（1787），福建巡抚曾通饬州县安置军流人犯先尽附近城厢及人烟稠密之市镇都图。④ 虽然福建与陕西的安插办法不同，但首先考虑的都是犯人的稽查约束问题。福建的着眼点在地理上，附近城厢及人烟稠密之市镇都图更容易稽查约束，"离城弯远，则稽察难周"。陕西的着眼点更多是生活和心理上的，犯人被供养，不仅生计无忧，还获得了心理上的满足，从而减少了脱逃的可能。这样也能做到对犯人的有效约束。乾隆六十年（1795），浙江巡抚曾通饬所属，凡有到配军流徒各犯，务须查明，如有手艺者听其自行谋生，倘系无业之犯，或分发各衙门充当役使，或令看守寺院，或听民人佣雇，酌量各处情形，设法妥为安置。仍

---

① （清）陈宏谋：《培远堂偶存稿》"文檄卷十七"，《清代诗文集汇编》第 280 册，上海古籍出版社，2010，第 413～414 页。

② （清）陈宏谋：《培远堂偶存稿》"文檄卷二十二"，《清代诗文集汇编》第 280 册，上海古籍出版社，2010，第 530 页。

③ 哈恩忠编《乾隆朝管理军流遣犯史料》（上），《历史档案》2003 年第 4 期。

④ 《福建省例》"刑政例下"《各属安置军流都图章程》，台北大通书局，1987，第 953～954 页。

责令原收管官严行约束，毋得派发无官弹压之市镇，以致扰累闾阎。① 浙江特别强调了不要将犯人派发无官弹压之市镇。陕西巡抚陈宏谋也提到州县官惟在分派里中军伍安插便为了事。无军伍之里甲不会被分派犯人。陈宏谋说，这些军流犯人大半是狡猾强横之徒，一经到配，既不能自食其力，又不肯各安本分。所以，对犯人的约束工作不能忽视。总之，在犯人被解到目的地州县后，州县官在决定将犯人具体安插到何地时，需要在犯人的约束问题和生存问题之间权衡。如果州县官不担心军流犯人在配滋事，将其分发各乡，听其自行谋生，在有些地方还能起到垦荒的作用。有的督抚会颁行本省军流犯人的安插办法。乾隆九年（1744）陕西安插办法和乾隆二十七年（1762）湖南安插办法力图在犯人的约束问题和生存问题之间寻求良策。② 即使同一配所的军流犯人，官方有时也会因人区别对待。

为方便管理，减少百姓所受扰累，很多州县建有专门安置军流犯人处所。如贵州仁怀县有草屋三间向系安插军流人犯栖止。③ 贵州黎平府府城内姚家巷北正屋三间有栖流所，向为栖止军流而设。④ 陕西府谷县有安置军流处，在城隍庙牌楼西北，乾隆四十六年（1781）知县麟书劝建，额曰"军流得所"。⑤ 陕西定边县有军流栖所，旧在县署大堂西首耳房两间。嘉庆十九年（1814），典史宋谦捐俸在县署后置买住屋四间，添筑围墙，竖立门楼，有军流栖所匾额。⑥ 嘉庆二十四年（1819），湖南桃源县知县谭震别建马王庙，以故庙房圯为安插军流徒所。⑦ 道光末陕西蓝田县知县刘达泉在城

①　（清）佚名：《治浙成规》卷2，《官箴书集成》第6册，黄山书社，1997，第380页。

②　（清）陈宏谋：《培远堂偶存稿》"文檄卷二十三""文檄卷二十四"，《清代诗文集汇编》第280册，上海古籍出版社，2010，第549、556～557、584～587页；（清）佚名：《湖南省例成案选刊》"名例"，杨一凡、刘笃才编《中国古代地方法律文献》丙编第2册，社会科学文献出版社，2012，第167～182页。

③　道光《遵义府志》卷15《蠲恤》。

④　光绪《黎平府志》卷3上《食货志第三》。

⑤　乾隆《府谷县志》"公署"。

⑥　嘉庆《定边县志》"建置志卷2·公廨"。

⑦　光绪《桃源县志》卷2《营建志》。

内建立栖流所，收养遣军流犯。共四所，每所房九间。① 光绪六年（1880），江苏六合县建发配军流犯班房一所。② 此外，广西宾州、武宣，湖南宝庆，甘肃会宁，浙江慈溪，陕西兴平县，广东阳春县、三水县等地俱有军流所（或军流犯所）。广西郁林州书吏署旁有遣犯房。③ 为了更加方便约束军流等犯，各地拘管军流等犯的场所经常设置在城内县署或捕厅附近。④ 乾隆、嘉庆时期张经田历任知县、知府、按察使等职。他建议在捕厅旁建数间栖流房拘管那些"顽梗滋事，怙恶不悛"者。⑤ 他的观点体现了因人而治的特点，其意图以较低的管理成本实现对军流等犯更有效的管理。

　　乾隆中后期乾隆帝对新疆改发云贵两广极边烟瘴充军十六项人犯的安置非常重视。各地对这些犯人自由的限制更加严格。乾隆三十六年（1771），广东有改发极边烟瘴充军犯人在配所收管官房内商同锉镣揿锁，逃出配所。⑥ 这些犯人有镣锁加身，被收管于官房内。乾隆四十八年（1783），一名改发广东博罗县的改遣充军犯人在到配后被管押于土地祠内，有差役昼夜看守。其身上还挂有木牌和铁圈。⑦ 乾隆五十二年（1787），云南按察使王懿

---

① 光绪《蓝田县志》卷12《循良传》。

② 光绪《六合县志》《建置志卷三之四·公署》。

③ 光绪《郁林州志》卷5《建置略一》。

④ 光绪年间福建某地五名新到流犯被安置于本地西关外后，屡次滋事。地保恐酿事端，急禀知县将流犯移置城内（《八闽客谭》，《申报》1886年6月25日，第2版）。道光十九年（1839），贵州巡抚贺长龄说，虽然向例军流各犯只准居住城内，不许私往各乡，但生计维艰，亦未便概行禁约。见（清）贺长龄《耐庵文存》卷5，（清）贺长龄《贺长龄集》，雷树德校点，岳麓书社，2010，第126~127页。

⑤ （清）张经田：《励治撮要》"安置配犯"，《官箴书集成》第6册，黄山书社，1997，第62页。

⑥ 《清高宗实录》卷884，乾隆三十六年五月癸丑。

⑦ 台北故宫博物院编《宫中档乾隆朝奏折》第58辑，台北故宫博物院，1987，第188页。乾隆三十九年（1774），广西巡抚熊学鹏奏称，广东西宁县几名军犯脱逃时轮流将颈悬铁牌打开。广东灵山县改遣军犯脱逃时将铁枪拧开（台北故宫博物院编《宫中档乾隆朝奏折》第36辑，台北故宫博物院，1985，第509页）。乾隆四十二年（1777），护理贵州巡抚郑大进奏称，平越府两名军犯脱逃时将项戴铁牌彼此替换砍断（台北故宫博物院编《宫中档乾隆朝奏折》第39辑，台北故宫博物院，1985，第441页）。所以，当时各地在配改遣军犯身上戴着铁枪、铁牌等物应该是常见的情况。

德曾奏请将改发人犯安置于数间闲房内，拨差看守，捕官每日早晚点卯。①
与之相比，一般军流犯人朔望点卯即可。乾隆三十四年（1769），一广东改
发充军犯人因为地保管束过严，不能出外佣食，在某天夜里乘间脱逃了。②
对犯人约束过严，犯人的生活肯定会受到影响。地方官之所以如此重视，
与当时乾隆帝对新疆改发充军犯人的脱逃非常重视有直接关系。这些犯人
脱逃拿获后，经常被督抚直接恭请王命先行正法。以上事例也说明乾隆中
后期部分改发极边烟瘴充军犯人不能自由行动。这不代表所有的充军犯人
都会被"锁铐拘系"。至少在晚清，大部分充军、流放犯人平时有行动自由
（见图17）。

图17　被流放到永昌县的直隶省人

注：允斌主编《西方的中国影像（1793－1949）》（莫理循卷）（二），黄山书社，
2015，第110页。他脚下戴着锁链，有一定的人身自由。只不过脚链那么短，行走非常不
方便。其穿着不算差，身后背着一个筐，应该与生计有关。应该不是行乞。

---

① 哈恩忠编《乾隆朝管理军流遣犯史料》（下），《历史档案》2004年第1期。
② 台北故宫博物院编《宫中档乾隆朝奏折》第38辑，台北故宫博物院，1985，第532页。

安置军流人犯场所虽然在很多地方都存在，却并非长久之计。正如光绪十年（1884）浙江巡抚刘秉璋所言"葺室栖流，无此经长之款"。[①] 毕竟那些犯人需自行谋生，碍难长行拘系。况且安置军流人犯场所的设置需要当地一定的财力保障，很多地方"经费难筹"。军流犯人大多"桀骜不驯"，犯人聚处易生事端，地方官不可能做到对其昼夜防范。[②] 至晚清法律改革前各地专门的安置军流人犯场所实际上并不常见。

为减轻在配犯人的生活负担，有的州县会在《大清律例》相关规定之外给予补助。如广东恩平县对初到配所满一年后别无生计的军流徒犯，给资本银二两，开销耗米。[③] 广东镇平县于一年期满后，给军流犯人资本银三两，在耗米内支销。[④] 因为军流犯人在配滋事逃亡，乡民被累甚深，道光末陕西蓝田县知县刘达泉倡捐数千串。除买地基建栖流所花费外，还以制钱四千串发商生息，每年得息钱三百六十串文。每犯一口日支制钱三十文，由官发给。所有安插稽查事宜分派三班衙役经管。自此以后，"民不受累"。[⑤] 给军流犯人补助，主要是出于稳定当地社会秩序和防止犯人脱逃的考虑。

对流刑犯人在配病故的办理，每个地方、每个时期的办法不同。乾隆年间王又槐说，军流人犯在配病故各处办理不同。或有验讯后叙明原案，填格取医生、仵作、同配人犯供结，由府转详者；或有通详请咨原籍饬属领埋者；亦有用验文并图形一纸通报，一面关会原籍饬领者，各循向例查办。[⑥] 光绪二十六年（1900），某郑姓充军犯人在陕西配所病毙，陕甘总督魏光焘札饬其原籍上海县，传知尸属来陕领棺归葬。[⑦] 有时地方官可能会嫌麻烦，直接饬

---

① （清）朱寿朋编《光绪朝东华录》，张静庐等校点，中华书局，1984，第1847页。

② 《光绪十一年四月十四日京报全录》，《申报》1885年6月5日，第11版。

③ 道光《恩平县志》卷7《田赋》。

④ 道光《广东通志》卷160《经政略三》。

⑤ 光绪《蓝田县志》卷1《图》。

⑥ （清）王又槐：《办案要略》"论详报"，《官箴书集成》第4册，黄山书社，1997，第779~780页。乾隆五十四年（1789年）定例规定，如果本犯配所内无资财、子女，原籍有无亲属未定者，止须知照原籍，饬知犯属愿领者听其自行赴领，不必官为传唤。见（清）姚雨芗、胡仰山《大清律例会通新纂》卷33，台北文海出版社，1987，第3402~3403页。

⑦ 《札饬领棺》，《申报》1900年10月21日，第3版。

令将犯人殡埋义冢。① 嘉庆五年（1800年），福建巡抚汪志伊咨称，嗣后凡有新疆土尔扈特等处发遣内地人犯病故，著即就近掩埋，毋庸行文查唤、搬柩，徒烦案牍。② 这是情节较重的遣犯，与一般的军流犯人不同。

　　流刑本来有遣之远去，使离乡土，终身不归，如水之流而不返之意。③ 在清代，军流人犯不必然永不回籍。只要符合《大清律例·名例律下》"徒流迁徙地方"等门规定的条件，即使是发往新疆为奴遣犯也有机会回籍。大多犯人都有机会通过被赦的方式释放回籍。在清代，赦典有恩诏、恩旨之别。"如逢万寿，及一切庆典，特沛肆赦，谓之恩诏。其遇水旱偏灾，及罪囚拥滞，由刑部奏明查办减等，谓之恩旨"。④ 每次恩诏和恩旨所涉及的犯人范围和减刑程度经常有变化。恩诏经常涉及军流以下人犯减等。以道光朝为例，道光元年、八年、十一年、二十五年、三十年俱颁发过涉及全国军流犯人减等的恩诏。此外，在道光十六年等年份还颁发过只涉及刑部审拟和直隶一省的军流犯人减等的恩诏。⑤ 恩诏大多使军流犯人直接成为无罪之人⑥，有的则减等为徒刑犯人。⑦ 在道光朝每六年左右军流犯人便会减等，其他朝也大致如此。⑧ 同治十二年（1873），大理寺卿王榕吉就说，地

---

①　《皖山晴黛》，《申报》1894年2月25日，第3版。

②　（清）姚雨芗、胡仰山：《大清律例会通新纂》卷3，台北文海出版社，1987，第299页。

③　（清）沈之奇：《大清律辑注》卷1，怀效锋、李俊点校，法律出版社，2000，第3页。

④　（清）刘锦藻：《清朝续文献通考》卷256《刑考十五》。

⑤　光绪《大清会典事例》卷731《刑部·名例律·常赦所不原三》。

⑥　至于释放后是否要将其递回原籍，相关规定经常变动。道光八年（1828），刑部说，从前军流人犯遇赦释回，俱系给咨听其自行回籍，交地方官管束。原以此项人犯一经遇赦，即属良民，若纷纷解递，即多转解之费，复滋疏脱之虞。（清）祝庆祺、鲍书芸编《刑案汇览》卷57，法律出版社，2007，第3011页。

⑦　这要履行一定的程序。在配军流人犯如奉恩诏查办，经督抚汇册送部，奉到部复，饬知下县，即叙文递回原籍，一面声明起解日期，由府转详请咨，毋庸详请护牌，始行递回，以稽时日。对减等后应递籍充徒之犯，如该人愿在配拘役，应装叙原奉减等部咨，并发捕厅转发亦可，何人管束，出具收管详请核咨。见（清）佚名《刑幕要略》"捕亡"，《官箴书集成》第5册，黄山书社，1997，第22页。

⑧　法国巴黎第十大学梅凌寒说，在宝坻档案中经常看到那些在秋审后被减为流刑的犯人，过几年后遇恩诏，往往被释放归家〔〔法〕梅凌寒：《清代流放地与法律空间》，苏亦工、谢晶等编《旧律新诠：〈大清律例〉国际研讨会论文集》（第二卷），清华大学出版社，2016，第216页〕。嘉庆、咸丰时期有恩诏称，只要各省军流人犯查明到配三年，实在安静守法，即可释放回籍。

方官经常开脱强盗，只将其拟以遣流，不数年便遇赦释回，其为强盗如故。① 此外，还有很多因为随营效力等事而被特旨减等释放的军流犯人。② 所以，除部分常赦所不原的犯人外，大多军流犯人都有机会在数年内被释放回籍。当然，这只是有机会而已，现实中还有很多无资不能回籍的人。③ 也有很多有条件却不愿意回籍的犯人。犯人由配所释回本地后，不意味着此后有完全的人身自由。他们一般还被本地州县官要求寻找保人，担保其不再犯事。

第五节　内地在配军流犯人的生活

光绪九年（1883），因为军流徒犯在配脱逃日众，刑部奏令各省督抚就地方情形妥筹安插之法。④ 各省督抚在复奏本地军流犯人管理方法时常提到本地在配军流犯人的生活情况。这些督抚对在配军流犯人生活的描述虽然也揭发了其平时的各种不法行为，但一方面其更强调州县官等专管、兼辖各官的责任，另一方面，还有督抚通过强调本地对军流犯人的有效管理以显其能。毕竟其奏折的阅读对象是皇帝和中央大员，将在本配军流犯人的不法行为和脱逃行为归咎于专管、兼辖各官，会在一定程度上转移皇帝和中央大员对自己能力不足和管理疏失的疑问。所以，各省督抚对军流犯人脱逃的书写不全是客观的书写。⑤ 与这些奏折相比，《申报》对在配军流犯人生活的记录不仅相对更为客观，也更为详细。《申报》不仅经常转引各地督抚、将军的奏折，也经常专门刊发《防贼宜先禁押店说》那样的文章批

---

① （清）王榕吉：《请盗案仍照原律定拟疏》，（清）盛康编《皇朝经世文续编》卷100，台北文海出版社，1972，第4517～4518页。

② 华立：《清代新疆遣犯的"年满为民"问题》，《历史档案》2021年第1期。

③ 《清刑部通行饬令汇存》第3册，全国图书馆文献缩微复制中心，2005，第1143页。

④ （清）朱寿朋编《光绪朝东华录》，张静庐等校点，中华书局，1984，第1619页。

⑤ 笔者曾经整理了一些督抚书写的有关军流犯人脱逃的材料。在督抚笔下，军流犯人脱逃，大多是因为生活困难，其次为思念家乡。他们能够脱逃成功，大多因为其直接管理人员未尽到职责。反正跟督抚们没有关系。毕竟文书由他们书写，结论早已形成，而且书写内容大多相似。所以，依靠这些材料去研究在配军流犯人的生活情况有着很大的缺陷。

评军流犯人所开小押之害，还常报道各地在配军流犯人的所作所为。比如
《申报》附刊《点石斋画报》有一幅图就描写了安徽芜湖军犯的索诈行为
（见图18）。除了部分军流犯人的战场杀敌行为在当时可算作正面行为外，
《申报》对在配军流犯人的报道大多是负面报道。这些报道零散、不成体
系。正如光绪十年（1884）前后各省督抚复奏情况所展示的，各地对军流
犯人的管理方法不同。毕竟各地有各地的地域特色，地方官因地制宜，制
定符合本地情况的政策才能实现对军流犯人更有效的管理。各地在配军流
犯人虽然不法者居多，但具体如何生活、如何不法仍有不同。比如不能以
新疆遣犯在配种地的事为例来说明东北遣犯的生活情况。所以，对在配军
流犯人生活的研究须放到特定区域社会的背景下进行。① 对新疆遣犯和东北
遣犯的在配生活情况，学界已经有了很多研究。笔者不得已将眼光转向其
他地方。笔者有幸在《申报》中找到了几则有关浙江杭州军流犯人的报道。
从中我们可以看到光绪中期浙江杭州在配军流犯人生活的部分情况。②

---

　　① 四川省档案馆编《清代巴县档案汇编》（乾隆卷）收入一个四川巴县乾隆五十三年九月安
置军流遣犯清册［四川省档案馆编《清代巴县档案汇编》（乾隆卷），档案出版社，1991，第72～
74页］。该清册显示，该县本年有六名军犯、九名流犯和九名遣犯。军犯中有年老无生理的，有修
脚生理的，有开铺生理的（因档案不完整，其余不详）。流犯中有算卦生理的，有面馆生理的，有
洗衣服营生的，有卖油生理的，有挑水生理的，有布铺生理的。遣犯中有下河讨米的，有卖小菜生
理的，有卖烧腊生理的，有裁缝生理的。好像没有开小押的，也没有乞讨的，与其他很多地方不
同。仅凭这个清册，很难看出更多的信息。乾隆时，陕西还有按甲派费轮养和各商贾铺面日给盘费
轮流供养的做法［（清）陈宏谋：《培远堂偶存稿》"文檄卷三十五"，《清代诗文集汇编》第281
册，上海古籍出版社，2010，第123～124页］。陕西的情况与巴县明显不同。所以，只能在区域社
会背景下关注军流遣犯的生活才有意义。

　　② 在本书中笔者数次强调了作为社会中的"人"的个体的差异。军犯也是如此。雍正、乾隆
后很少有士人被充军发遣的事例（不包括发往军台、新疆效力赎罪的官员）。道光中期广东举人杨
懋建因在科举考试中充当枪手被发配至边远充军。杨懋建起解当日，至少有十九人为其送行。在到
达岳阳后，杨懋建"住八十日"，与徐某定交。临别时，徐为其画《茧云精舍图》。根据《大清律
例·刑律·断狱上》"囚应禁而不禁"等门的规定，在他被解至岳阳时，应该被关押在当地监狱里。
犯人不太可能在被关押于监狱的情况下还能与人进行比较深入的交往。到长沙、常德后还能访人。
还能专门趋赴歌楼，找一伶人。他二月从北京启程，九月份才到长沙。虽然中途在岳阳停留了八十
日，《大清律例·名例律上》"流犯在道会赦"门有关犯人日行五十里的规定显然未得到遵守。既然
要经过岳阳和常德，为什么还要再绕道长沙？［乾隆十八年（1753）四川按察使周琬说，军流各犯
均按照军流道里表内指定地方径解知府衙门转发安置，免其解省。所以，杨懋建根本（转下页注）

图 18　军犯索诈

注：《点石斋画报》大可堂版，第9册，二期"动多忌讳"。该图文字大意为：军犯遇到卖鸡鸭的人必然会多方索诈，说自己已身陷牢笼。你怎么忍心诱使这些鸡鸭进入牢笼，这岂不是我的写照吗？勒令其开笼以雪己耻。卖鸡鸭的人一般会出点钱了事。否则，军犯必然会抢走他的鸡鸭。这种恶俗不知始于何时，现在已经形成了惯例。最近在安徽芜湖也发生了这种事，卖鸡鸭的人再怎么哀求也不行，最后某店主主动替他出钱才了事。该图作者最后认为，人既然犯了罪，不去痛思改悔，深自敛抑，却复强为牵合，肆行讹诈。其实在过于凶横。地方官竟然置若罔闻，实在是很奇怪的事。

　　《申报》记录了光绪中期杭州四位韩姓军犯的几件事，这些事反映了杭州军犯的在配生活。他们很有代表性。至于他们是否为同一人，仅就目前的资料来说尚无法考证。即使他们四人或其中的两三人为同一人，这对本书的结论也没有影响。所以，没有必要去专门考证他们是否为同一人。

（接上页注②）不用被解到长沙]。从岳阳直接到常德不是距离要近很多吗？去长沙应该是为了访人。作为才华横溢的已革举人，杨懋建应该不止一次得到了地方官的关照。杨懋建刚到戍所就有了自己的住房。他对此还挺满意，"谪居犹得住蓬莱"。一般的军流犯人不可能有这样的条件。杨懋建本人的经济条件应不宽裕。杨这次冒险作枪手，只得到了五十两银子（可能是定金）。笔者在此指出的是，杨懋建的事例只是个案。大部分军犯只是普通老百姓。又按，杨懋建之所以能在岳阳停留八十日，应是根据《大清律例·名例律下》"徒流迁徙地方"门的规定（即军流遣犯隆冬盛暑停遣之例）。以上见哈恩忠编《乾隆朝管理军流遣犯史料》（上），《历史档案》2003年第4期；（清）杨懋建《杨懋建集》，杜桂萍、任刚整理，凤凰出版社，2019，第164、205～207页；（清）祝庆祺《续增刑案汇览》卷3，法律出版社，2007，第140～141页。

第一位韩姓军犯在当地军犯中最称凶恶，凡城中之开短押盘重利者皆借其威名以为护符。有个卖炊饼为业的老百姓阿张，其人素不安分，专好与匪类交游。去年向该韩姓军犯借得四十元，即所谓印子钱（高利贷）是也。阿张近以他事与韩某有隙，韩某力索其洋，不容稍延时刻，阿张无力偿还，故权受其气，然忿忿之心恨不手刃之以泄怒。恶棍陈某与某妇本有奸情，后韩某亦与该妇有奸。该妇因韩某性爽多金，决意舍陈。陈某愤火中烧，誓将韩某与奸妇骈戮。陈某之好友、仁和县革役王某曾因赌钱事大为韩某所窘辱。还有一开茶店之人因韩某在其对门亦开茶馆，生财极其华丽，致将其店中生意一起夺去，因思以性命相拼。最终，四人因缘相聚一处，设计欲将韩某杀死。四人又纠集了七八十人。韩某得信后大怒，遂唤集同乡敢斗之士约百数人，皆怀刃藏铜而至。幸有开小押之军犯王某者老而解事，急阻韩某不得往。谓此事一经动手，不仅伤及多命，且有碍全省生意大局。王某向韩某承诺将四十元揽下，并承诺将众人设法解散。韩某唯唯受命，遣散众人。①

第二位韩姓军犯又被称呼为韩二麻子，本山西人，乃仁和县（与钱塘县同为浙江省首县）之军犯头，杭州之小押无不争奉韩二麻子为东道主，藉以为护身符。而韩二麻子则安居束手，坐收其利，每月所入不下数百余金。是以胆气益豪而威名亦益震。② 韩二麻子性甚凶横，膂力绝人，有犯之者辄以拳脚从事。所以诸无赖皆深衔之，然无敢为发难者。其人好赌，在赌场往往不欢而散，大煞风景，以致众赌棍皆恨之切齿。一日韩二麻子输洋三十余元，欲赖账，却被众人所围。韩屈于公论，不能逞强，无奈将随身所带之金饰等物抵押，始得脱身。次日再赌，与众人发生纠纷，被众人打成残废。到官后，仁和、钱塘二县之各军犯联名具呈为韩二麻子伸冤求理。③

第三位韩某出现的场合比较简单。杭州近日城中窃案迭出，差役四处

---

① 《聚众逞凶》，《申报》1882 年 6 月 1 日，第 2 版。
② 《赌棍凶狠》，《申报》1883 年 4 月 23 日，第 1 版。
③ 《斗殴纪实》，《申报》1883 年 5 月 5 日，第 2 版。

踬绁，绝无踪迹。杭州保甲总巡巡弁王某偶遇一可疑之人，跟踪至河边一船。因故不敢入船，遂怏怏而回。行过万安桥，适遇开小押之军犯韩某。韩某言及连日提出贼赃，赔累不少，今始查悉该贼以水为家，故无从缉捕。王某因以适才所见一切告之，遂与韩某同至总巡局中，面禀情节。次日，王某带领巡局勇丁及军犯、协保等蜂拥至船，将人抓获。[①]

第四位军犯叫韩阿二，系由山东发来，至光绪十三年（1887）时已历二十余年。韩阿二经前任仁和县知县点充军犯头后娶妻生子，积有余资。自此之后，操奇计赢多财，善贾。俨然成了富家翁。然其财皆自不义中来。城内小押共有三十余家，韩阿二向索月规每月须七八百文或一千文不等。即此一款，为数已属不少。此外所取规利，闻其每月约达七八十千。浙江按察使萧韶访闻其劣迹多端，立将韩阿二提案押候讯办，并将其恶款一一访明。[②]

在浙江杭州为方便管理军流犯人，由州县官指定一名军犯充当军犯头（或称流犯头）进行管理。在遇人家婚丧事或店铺开张时，须给每名军犯少许铜钱，军犯头负责持签领取。[③] 军犯头不仅管理军流犯人，还向由地方痞棍所开之小押收取规费。在杭州之小押虽然不尽为军流犯人所开，但这些小押却常恃军犯头为护身符。[④] 以上四位韩姓军犯除第三位之外，俱充当城内小押护身符。第三位韩姓军犯系自己开小押。在《申报》报道第一位韩姓军犯时提及某王姓军犯也开小押。当时杭州城内所开之小押应与军犯有关。

王云红、熊艺钧博士等人注意到，在配军流犯人常经营小押。[⑤] 小押是典当业中的一种。在典当业当中，最大的为典，其次为质，然后为押。[⑥] 与典、质相比，押的特点是规模小，资本少，赎期短，取息高。不用像典、

---

① 《积贼被案》，《申报》1884 年 8 月 18 日，第 3 版。

② 《临安碎锦》，《申报》1887 年 12 月 10 日，第 2 版。

③ 《西泠烟水》，《申报》1894 年 4 月 20 日，第 3 版。

④ 《泉唐潮汛》，《申报》1888 年 6 月 11 日，第 2 版。

⑤ 熊艺钧：《清代军流犯与小押》，《安徽史学》2014 年第 1 期。

⑥ 徐珂：《清稗类钞》第 5 册，中华书局，2010，第 2289 页。

质那样需要在地方官那里开办手续。《申报》之《防贼宜先禁押店说》一文举例说，当铺（典）以十八月为满，质铺以十四月为满，计利以二分为率。押店则大率以十日为一期，取利三分。且满四个月即可将物发卖。该文说，与当铺、质铺相比，押店真可谓"只知利己，不顾害人"。押铺之居心狠毒由此可见。① 军流犯人所开之押铺经常被称为小押，系为显示其所开押铺的规模更小之故。之所以在配军流犯人常经营小押，熊艺钧博士认为，这与清代流放制度的变革、在配军流犯人的生存状态和小押的行业特征密切相关。② 其中最主要的原因是，地方官通过默许军流犯人经营小押的方式解决了其生计，从而减少了其脱逃的机会。③ 正如《申报》之《防贼宜先禁押店说》一文所言，押店初时不过军犯为之，其资本微少，获利较易。各府县之所以听军犯为此者，系因此辈羁栖异地，无可谋生，故准其藉博蝇头小利以资果腹。④ 军犯所开小押的弊端主要有二：其一，其平时重利盘剥平民百姓；其二，押店经常为盗贼收赃。甚至有的押店全赖收押贼赃。⑤ 这无疑助长了盗风，破坏了当地的社会秩序。各地地方官经常禁止小押，却收效甚微。比如杭州就曾经"屡经官禁而开者仍多"。⑥ 光绪十三年（1887），杭州地方官曾勒令将小押店封闭。然而一年后，杭州仁和、钱塘两县境内又已开至二十余家。⑦ 这与大多数地方官对其所持的默许态度有关。在有的地方军犯以开小押为独霸之业，如果平民有开设者，彼将以为夺其利权，必至滋闹。所以，平民虽然有钱也不敢开。

　　每个地方情况不同。《防贼宜先禁押店说》一文所言平民不敢开小押也

---

① 《防贼宜先禁押店说》，《申报》1899 年 8 月 24 日，第 1 版。

② 杜凤治在任广东广宁县知县时，有一军犯刚到配不足半月便发生了与旧军犯争夺短押费之事［（清）杜凤治：《杜凤治日记》第 1 册，邱捷点注，广东人民出版社，2021，第 200、207 页］。虽然资料有限，对当地军犯的生态状态不能作更多推测，但短押费对当地军犯的意义却是非常明显的。

③ （清）陈盛韶：《问俗录》卷 5，《四库未收书辑刊》第 10 辑第 3 册，北京出版社，2000，第 258 页。

④ 《防贼宜先禁押店说》，《申报》1899 年 8 月 24 日，第 1 版。

⑤ 《论烟台叶二尹禁押铺事》，《申报》1893 年 8 月 19 日，第 1 版。

⑥ 《新开典当》，《申报》1882 年 12 月 8 日，第 2 版。

⑦ 《泉唐潮汛》，《申报》1888 年 6 月 11 日，第 2 版。

不尽是事实。光绪中期的杭州就不尽为军犯所开,只是开小押之人要藉军犯为护身符。《申报》在书写第一位、第二位军犯时都强调了其凶狠状。这是其充当小押护身符的重要资本。

第一位韩姓军流犯人与妇女通奸,赌博,还放高利贷。第二位韩姓犯人不仅经常聚赌,还惹事生非。他们可能系同一人。这是《申报》中在配军流犯人的一般形象——桀骜成性、易以生事。《申报》有很多类似的报道。这些报道说明,在配军流犯人的平时肆意滋扰行为应是常态。第四位因为擅作威福而被当时的浙江按察使萧韶处理。《申报》同时反问,若非按察使萧韶,该犯安有败露之日耶?[①] 毕竟其在当地擅作威福已非一年半载,却只见被按察使萧韶处理。这是地方官平时对其疏于管理的表现。对在配军流犯人的不法行为,地方官虽然也有过处理,但这样的处理比较少见。地方官对在配军流犯人所采取的对策取决于地方官惧其脱逃和惧其滋扰过甚这两者谁更占上风。如果地方官更惧其脱逃,则倾向于默认其平时的不法行为。如果在配军流犯人滋扰过甚,则会予以适当的打击。

第一位、第二位和第四位韩姓犯人俱很富有。第一位除了有高利贷等多个收入来源外,还开茶馆,而且茶馆生意很好。第二位仅靠为小押充当护身符一项就"每月所入不下数百余金"。其钱财来路不正。第四位更富有,据说其每月所取规例就可达七八十千文,但"其财皆自不义中来"。早在其成为"富家翁"之前便已在配所娶妻生子。在这几则报道前几年《申报》就曾说过,边省罪人之来江浙者非特无所苦而转以为此间乐,盖由地方富饶,民情懦弱,一犯发到不及半年,居然成家立业,家称小康,虽遇赦亦不愿回籍。[②] 这说明江浙地区在配军流犯人确实有机会积累一定的财富,也确实有在配"乐不思蜀"的人。虽然如此,在全国来说这只是个别情况,否则在配军流犯人的脱逃怎么会在晚清成为一个令官方非常头疼的问题呢?

第四位韩姓犯人在配已二十余年,其间经历过大赦(新皇帝登基),虽

---

① 《临安碎锦》,《申报》1887年12月10日,第2版。
② 《军犯强乞》,《申报》1877年4月5日,第3版。

然有机会返回原籍，但却没有这样做。不仅在江浙地区，在其他地方也有类似的事例。比如光绪年间安徽有一个已赦不回之军犯。该犯在皖随地保充当副役，积有微资，仍不安分，开设赌场，被其害者指不胜屈。虽然地方官也有访拿，但其仍在乡间肆毒。① 流刑本系宥死之罚，犯人本该悔罪迁善。但从各地实例来看，犯人不仅普遍未改过自新，反而更加肆无忌惮，逞凶诈扰，鱼肉乡民。从这一角度来看，流刑"奉行日久，本意浸失"，已经失去了其存在的基础。不仅流刑犯人自身未得到改造，其行为还扰乱了社会秩序，带坏了社会风气。正如光绪二十八年（1902）护理山西巡抚赵尔巽所言，流刑各犯更以身系罪因，恣意需索，徒长凶暴之风，绝无悛改之望。甚至串通盗贼，倚为囊橐，包庇娼赌，流毒闾阎，以及唆讼抗官各事亦多出其构煽。所以，流刑的存在在当时只会对当地的社会产生非常大的负面作用。②

为压制对手，第一位韩姓军犯曾纠集同乡约百数人。有军犯王某曾以"全省生意大局"相劝。熊艺钧博士认为，因为《三流道里表》和《五军道里表》中每个地方都有对应的发配地点，这意味着来自同一地方的犯人可能会发往同一目的地。同一配所的军流犯人很多是同乡。正如乾隆五十八年（1793）湖南按察使阿彰阿所言，军流等犯生本同乡，配多同所，人非善类，声气易联，难保无朋比生端，勾结滋事。③ 军流犯人的同乡关系可能会形成军流犯人的集团化，在利益方面甚至可能会形成"全省生意大局"。进而对当地的社会关系、社会秩序产生影响。④ 当然，因为遣军流犯的发配地点更侧重于新疆、东北和云贵两广极边烟瘴之地，浙江等地军流犯人数量实际不多。如光绪十年（1884），护理湖南巡抚庞际云称，以湖南安置最多之县论之，浏阳、衡阳、龙阳各九人，湘潭、宁乡各八人，此外或二、

---

① 《惩办赌匪》，《申报》1882 年 10 月 9 日，第 2 版。

② （清）朱寿朋编《光绪朝东华录》，张静庐等校点，中华书局，1984，第 4968~4969 页。

③ 哈恩忠编《乾隆朝管理军流遣犯史料》（下），《历史档案》2004 年第 1 期。

④ 道光中期，浙江温州知识分子赵钧说，山东军犯在瑞安横行久矣。非敢于横行也，官实使之。贪取私例规费，故无所忌惮而胆益张［（清）赵钧：《赵钧日记》第 4 册，温州市图书馆编，陈伟玲整理，中华书局，2018，第 195 页］。这说明本省军流犯人聚于一地，敢于为非作歹，背后可能也有当地官役的纵容。

三人不等。① 光绪二十一年（1895）时杭州在配军流犯人才有二十二名。②
如此少的人数即使不足以对当地社会产生很大影响，但因为其"声气易
联"，容易抱团，对当地的影响也不能小觑。

第三位军犯可能充当了差役缉捕盗贼时的眼线。其开小押的身份使其
对来路不明之贼赃保持警惕，并追寻贼赃的来路，这可能会成为差役缉捕
盗贼的线索。与官方的配合可能会给其带来官方对其开小押的支持。

第六节　晚清流刑的改革

各地的实践证明，官方对军流犯人的管理并不成功。即使乾隆年间各
地军流犯人也经常脱逃。当时就有督抚、按察使奏称"各省报逃之案层见
叠出"。并提出了许多完善管理之法。③ 反映在条例中，逃脱之犯被拿获后
或被直接正法，或被加等调发，或加枷号。晚清法学家薛允升在深入分析
了流刑、徒刑的历史和现状后说，这些条例并非良法，头痛治头，脚痛治
脚，此类是也。④ 光绪十年（1884），四川总督丁宝桢更是一针见血地指出，
今配所逃亡之人既苦于生计之穷迫，复峻以法令之森严，是何异以壅塞防
川，以攻伐疗疾，其不至溃败几希矣。⑤ 不考虑配所犯人生计之穷迫，有关
在配犯人脱逃的严刑峻法根本不起作用。晚清各地军流犯人脱逃案有增无
减。各省在配军流徒犯甚至达到了"几于无犯不逃"的程度。⑥ 立法本以惩
恶，这些军流徒犯却转得脱逃，未得到应有的惩处，这造成了"宪典几成
虚设"、凶顽未加惩创的后果。不仅如此，与乾隆时期相比，太平天国起义

---

① 《光绪十年七月二十八日京报全录》，《申报》1884 年 9 月 25 日，第 10 版。

② 《西关寒色》，《申报》1895 年 12 月 12 日，第 2 版。

③ 见哈恩忠编《乾隆朝管理军流遣犯史料》（上），《历史档案》2003 年第 4 期；哈恩忠编
《乾隆朝管理军流遣犯史料》（下），《历史档案》2004 年第 1 期。

④ （清）薛允升：《读例存疑》卷 46，胡星桥、邓又天等点注，中国人民公安大学出版社，
1994，第 793 页。

⑤ （清）丁宝桢：《丁文诚公遗集》"奏稿卷二十五"，《清代诗文集汇编》第 679 册，上海古
籍出版社，2010，第 704～705 页。

⑥ （清）朱寿朋编《光绪朝东华录》，张静庐等校点，中华书局，1984，第 1991 页。

后社会愈加动荡，基层社会控制能力大为削弱，脱逃犯人增加。社会流动加大，这些脱逃犯人逃回原籍的机会减少，沦为流民的机会增加。这些流民在外游荡，衣食艰难，更易滋生事端。① 加之吏治败坏，缉捕机制失灵，脱逃犯人"聚集党类，复蹈故辙"的机会相应增多，很多脱逃犯人聚成大伙匪类，肆行无忌，严重破坏了地方的社会秩序，进而"有关时局"，酿祸无穷。② 这更加引起了朝廷和各省督抚的紧张。乾隆时期的督抚、按察使等地方官并未表现出对"时局"的担忧。如后文，与乾隆末相比，光绪时全国军流遣犯数量大幅减少。对"时局"的担忧是晚清官方对军流徒犯的管理进行改革（或进行狱政改革）的重要原因。③

　　光绪五年（1879），都察院代递贵州候补道罗应旒敬呈管见一折，提出富强之道五条。上谕命李鸿章、沈葆桢体察情形，悉心妥筹具奏。罗应旒在其中一条"参西国之法例以谋远"中说，今西洋之治狱，内设百工技艺诸局，视囚之才之可学者学焉。日有操作，定以限制，不足者罚焉，有余者计所余之工以给其赏。又时为讲解而化导之。期满出狱，技艺成而有所以为业，卒为良民，故其人无游惰，无乞丐。昔吾中国良吏有行之者，此例之宜参用者也。李鸿章并未回应其奏折中提到的治狱之术。沈葆桢对此回应说，查西律与中国不同，而有可采用者，中国军流徒各犯，豢养有费，

---

① 光绪十年（1884），江苏巡抚卫荣光更是声称，近年来各省军犯脱逃之多，其原犯盗案者十居七八。（清）朱寿朋编《光绪朝东华录》，张静庐等校点，中华书局，1984，第1717页。

② 《光绪十一年正月初六初七日京报全录》，《申报》1885年3月17日，第9版。光绪二十年（1894），刑部再次强调了军流徒犯脱逃后亡命益多，其有关于时局良非浅鲜的状况。又诚如光绪末盛京将军赵尔巽所言，其弊之甚者不仅在配后之脱逃，而在于逃后之为害。与对军流遣犯逃后为匪的担忧相比，官场对军流遣犯的在配行窃等行为很少担忧。后者也很常见，但危害更小。乾隆三十九年（1774），浙江一省共问拟144件遣军流案件，其中军流犯人在配行窃案件就有5件，还有一个系在配造卖纸牌之军犯。以上见（清）刘锦藻《清朝续文献通考》卷251《刑考十》；中国第一历史档案馆编《光绪朝朱批奏折》第110辑，中华书局，1996，第589页；张伟仁主编《明清档案》A223-123。

③ 乾隆帝对遣军流犯人的脱逃非常重视，对拿获脱逃军流犯人的地方官时有鼓励举措。与乾隆帝相比，光绪时最高统治者的重视程度和地方官的执行力要差很多。对军流犯人的脱逃，光绪时地方官很难有压力和动力去抓捕。晚清法学家徐象先说，乾隆二十四年以后金妻之法废，流犯逃亡者纷纷［（清）徐象先：《大清律讲义》第二编"总论"，高柯立、林荣辑《明清法制史料辑刊》第3编第54册，国家图书馆出版社，2015，第108页］。徐象先的观点不能成立。

递送有费，然朝至则夕逃，其待赦而归者十不二三。又以食用不敷，往往骚扰闾阎，民苦之，官亦苦之。如参用西法，按其年限，勒做苦工，课其勤怠而赏罚之，徐磨其桀骜之气，而阴化其游惰之心，疾去业成，或有因而改行者矣。罗应旒的奏折只是建议当局学习西方的治狱之术，并未有明确的问题指向，未提到军流徒犯的问题。作为两江总督，沈葆桢的回复有更加明确的问题指向，他更深刻地感受到了军流徒犯实施中的各种问题，认为对军流徒犯的管理应参用西法，"按其年限，勒做苦工"。也就是说，沈葆桢认为，对军流徒犯的管理应该学习西方的治狱之术。沈葆桢的对策不仅有意识地针对了军流徒犯的脱逃问题，还针对了军流徒犯的改造问题。只是无论是罗应旒的奏折，还是沈葆桢的回复，在当时并未引起较大反响。正如罗应旒在奏折中所言，虽然西法有足采者，但"士大夫往往恶闻其语"。① 当时顽固派仍有相当势力，对西法的参用面临着现实的困境。即使光绪九年和二十年刑部尚有决心解决军流徒犯的脱逃问题，但最后刑部在拿出解决方案时，并未有只字提及参用西法的问题。所以，联系到光绪九年和二十年的情况，光绪五年沈葆桢有关改进军流徒犯管理方法建议的结局，并无意外可言。

光绪五年（1879）至九年（1883）潘祖荫任刑部尚书期间，曾"颇求整顿"。② 其整顿之事也涉及军流徒犯的管理问题。比如光绪七年（1881），刑部奏准恢复各省军流徒人犯年终汇报旧例。③ 光绪九年（1883），刑部奏各省军流徒犯脱逃日众，亟宜变通整顿。请旨饬下各省督抚、将军妥筹良法，以维法纪。④ 相对于徒刑犯人，各省督抚对军流犯人的脱逃表现了更加紧张的态度。根据光绪十年（1884）、十一年各地督抚、将军所言，各地对军流犯人的

---

① 罗应旒、沈葆桢的奏折见杨家骆主编《洋务运动文献汇编》第 1 册，世界书局，1963，第 170～184 页。

② （清）张佩纶：《涧于集》"奏议卷第二"，《清代诗文集汇编》第 768 册，上海古籍出版社，2010，第 247 页。

③ 《清德宗实录》卷 140，光绪七年十二月庚午。

④ （清）朱寿朋编《光绪朝东华录》，张静庐等校点，中华书局，1984，第 1619 页。其时潘祖荫已从刑部尚书任上因丁忧免职。

管理不尽相同。如黑龙江发遣人犯向皆分派各城效力，系宗室、觉罗，例发钱粮，官犯分别留署派卡当差，至为奴人犯则派交协领、佐领家服役。军流各犯如系旗人，系交旗约束；系民人，交水师营编管，按朔望日点卯一次。军兴后，应发边远充军者均皆改发黑龙江，人数既多，屡经严饬各管官认真稽查；笃疾之人历来寄食各庙，藉香火以资养赡。[①] 江苏各属安置军流人犯，有地处冲途，商贾云集，充当脚夫以糊口者。有就地绅董筹集捐资，酌给工本，令作小贩，或雇充巡更等项夫役以谋生者。[②] 山西军流各犯均发交乡保人等管束。[③] 安徽巡抚称，军流犯人人数既多，安插非易，势不能不发交地保雇充巡更等项夫役，俾日藉资糊口。[④] 河南巡抚称，安置军流等犯或由州县转发吏目、典史交地保管束，或发驿站充当夫役。[⑤] 四川总督称，军流犯既无差役以拘其身，又无月粮以糊其口，安置未有良法，主守徒存虚名。[⑥] 山东一律责成里保人等管束，军流并无区别，摆站、拘役、充警、巡更久已视为具文。[⑦] 云南向由地方官发交乡约管束，按月点卯，藉以稽查。[⑧] 福建则军流徒犯摆站拘役，徒有其名。充警派巡，并无其事。[⑨] 各省管束军

① （清）佚名：《江苏省例四编》，杨一凡、刘笃才编《中国古代地方法律文献》丙编第13册，社会科学文献出版社，2012，第289~290页。

② （清）朱寿朋编《光绪朝东华录》，张静庐等校点，中华书局，1984，第1716页。

③ （清）朱寿朋编《光绪朝东华录》，张静庐等校点，中华书局，1984，第1840页。

④ （清）佚名：《江苏省例四编》，杨一凡、刘笃才编《中国古代地方法律文献》丙编第13册，社会科学文献出版社，2012，第294页。

⑤ 《光绪十一年正月初六初七日京报全录》，《申报》1885年3月17日，第9版。

⑥ （清）丁宝桢：《丁文诚公遗集》"奏稿卷二十五"，《清代诗文集汇编》第679册，上海古籍出版社，2010，第704页。实际上，如后文，当时四川地区已经出台了匪徒外结章程。根据该章程的规定，将部分按照律例应拟徒、流、军、遣之罪的犯人系带铁杆、石礅。光绪十一年（1885），四川按察使认为，此等锁系杆礅人犯均系例应罪拟徒、流、军、遣，恐在途在配脱逃，故酌量系以杆礅，以消其桀骜之气，而又定立年限，予以自新之门，法至良，意至善也［（清）钟庆熙辑《四川通饬章程》卷1，杨一凡、刘笃才编《中国古代地方法律文献》丙编第15册，社会科学文献出版社，2012，第476页］。该按察使对系带铁杆、石礅给予了很高的评价。四川总督丁宝桢在回应刑部的问题时并未提及四川地区部分军、流、遣犯的系带铁杆、石礅办法。这也许说明，在当时的丁宝桢眼里，系带铁杆、石礅并非处理军流犯人脱逃的好办法。

⑦ （清）朱寿朋编《光绪朝东华录》，张静庐等校点，中华书局，1984，第1864页。

⑧ （清）朱寿朋编《光绪朝东华录》，张静庐等校点，中华书局，1984，第1903页。

⑨ （清）朱寿朋编《光绪朝东华录》，张静庐等校点，中华书局，1984，第1912页。

流犯人的主体不尽相同，具体安置方法也略有差异。

虽然从表面上看各地对军流犯人大多都有管束，但这只是官样文章，实际并非如此。否则，怎么会有如此多的犯人逃脱呢？[①] 虽然如此，从中也可以看出他们都表现出了对犯人脱逃日众状况的担忧。毕竟，军流犯人在脱逃后易滋事端，地方官如果将这类犯人的脱逃情况隐匿不报，势必会承受更大的压力。各地省级大员俱反思了造成这一状况的原因。其中，军流犯人为生计问题所迫而脱逃为他们的一致看法。正如两广总督张之洞等人所言，只严其钤束，不为裕筹生计，欲其安居配所而不狡思兔脱，盖亦难矣。[②] 在中国古代农耕社会，百姓生存技能单一。军流犯人大多本身就是"狡黠游惰"之辈。他们背井离乡，"一无依倚，举目颠连"，在配所陌生的环境下，很容易陷入生存困境。所谓"羁其身而不安其心"，这造成他们"有不能不逃之势"。当然，有关立法奉行"有名无实"，地方官因军流犯人脱逃所受处分轻（该兼专各官例止罚俸，亦复习以为常），从而对犯人拘束不严，犯人平时不受约束，从而使其"更有可以脱逃之机"。各地的建议基本围绕着"束缚之使不能逃"和"维系之使不欲逃"两方面展开。[③]

光绪十一年（1885），刑部进行了总结，对各地的建议多有肯定。虽然有的省份对军流犯人的管理系"于成例之外量加变通"，刑部也未表示反对。刑部自知对军流犯人的管理应"因地制宜"，"未便遥为悬度，强归一

---

① 光绪十一年（1885），刑部认为，各省所议有与成例相符者，有于成例之外量加变通者。无非因地制宜，求其有济。（清）佚名：《江苏省例四编》，杨一凡、刘笃才编《中国古代地方法律文献》丙编第13册，社会科学文献出版社，2012，第326页。

② 《光绪十一年四月十四日京报全录》，《申报》1885年6月5日，第11版。

③ 道光末，陕西合阳籍军犯马体元从配所逃回后，合阳知县奉文差拿，并派门丁唐二踮访。马体元央求刑书乔毓幅转向门丁差役说合布置，先给纹银五十两，后又两次给过元银七十四两，求免缉拿。乔毓幅转送总役魏海银二十四两，唐二银三十两，恳求免缉。因恐同房经书雷明春、张荣发查问，乔毓幅又分给雷明春钱十七千文，张荣发钱五千文等，合元银十七两，嘱勿声张。唐二收受后，以踮无踪迹回复知县。知县在本案中并未受赃，也不知丁役人等得银故纵情事 ［（清）张祥河：《张祥河奏折》，许隽超、王晓辉整理，凤凰出版社，2015，第174页］。该案在当时虽然不常见，但也说明军犯脱逃不尽是配所管理出了问题。

致"，认为应由各地督抚按照所奏自行定立详细章程，饬属认真整顿。① 从而将军流犯人管理的决定权交给各省。最终未能在中央与地方对军流犯人脱逃之弊的较大共识中使相关制度"大有更张""规画美善"。② 其结果可想而知，刑部的作为没有实质意义，军流犯人"仍复逃亡累累"。光绪二十年（1894），光绪帝认为，近来各省军流等项人犯往往有中途脱逃及在配所潜逃之事，谕令刑部妥议具奏。刑部不得已，又拿出了光绪十年（1884）前后各省的建议后，奏请有讯明愿带家室者地方官量为资送，及将各省军流逃犯酌加监禁十年。③ 该章程除了重复之前刑部的方案外，仍未提出实质性的对策。所以，虽然该章程被通行各省一律推行，还是未能解决各地军流犯人脱逃日众的状况。

光绪十年前后各省督抚有关改善犯人生计的建议大多系出于应付，"徒托空言，有名无实"，实际不可行，正如光绪二十八年（1902）护理山西巡抚赵尔巽所言："今只重看守之科条，严逃亡之处分，州县惧管束之不密，岂肯令充驿差，该各犯既无役可充，复何从给予工价？"④ 刑部也很清楚"政贵有恒，不在立法之严，而在奉行之力"的道理。即使有严厉的立法，但在晚清吏治败坏的大背景下，刑部无力改变地方官奉行不力的状况。光绪三十三年（1907）时，修订法律大臣沈家本等人仍称，"历来议者百计图维，迄无良策"。近数十年以来此等人犯逃亡者十居七八。对军流犯人的安置地方官既毫无有效方法，如果隐匿其脱逃之事，地方官又担心其逃后滋

---

① （清）佚名：《江苏省例四编》，杨一凡、刘笃才编《中国古代地方法律文献》丙编第 13 册，社会科学文献出版社，2012，第 326 页。

② 实际上，光绪九年（1883），刑部在发起大讨论时本来是想有点大作为的。当时刑部说，古云穷则变，变则通，通则久。又云琴瑟不调，则改弦而更张之。今日之军流徒，非所谓当变当更者乎！在奏请让督抚讨论之前，刑部已经让其十八司司员各抒所见了 [（清）刚毅：《晋政辑要》卷 36，《续修四库全书》第 884 册，上海古籍出版社，2002，第 748～749 页]。光绪十一年（1885），在进行总结时，刑部可能已经意识到改变的难度了。不久，刑部议将山西等七省遇赦减为军流人犯金同改发新疆屯垦，除了新疆巡抚刘锦棠的奏请外，应该也与这次大讨论有直接关系。

③ （清）刘锦藻：《清朝续文献通考》卷 251《刑考十》。

④ （清）朱寿朋编《光绪朝东华录》，张静庐等校点，中华书局，1984，第 4968 页。

生事端。① 长期以来，地方官对军流犯人的管理面临着相当大的压力。在晚清社会动荡的大背景下，犯人脱逃过多，由此导致的社会问题和官方对有关时局的担忧成为晚清法律改革时流刑被逐渐废除的主要原因。与之相比，地方官的经济压力则不是流刑被废除的主要考虑因素。地方督抚在讨论军流犯人脱逃问题时无一提及递解费用等问题。

"事穷则变，亦情势之自然"。光绪二十七年（1901）六月，两江总督刘坤一、湖广总督张之洞上《江楚会奏变法三折》。其第二折内已经提出将流犯和徒犯收监。在监狱内修工艺房一区，令犯人学习，将来释放后亦可以谋生。② 次年，护理山西巡抚赵尔巽有关将军流等犯在犯事地方收所习艺的奏请提出了更具可操作性的方案，得到了刑部和各地比较普遍的认同。赵尔巽称，军流等犯罪名"本意全失"，流弊滋出，不得不亟请厘定。他围绕着军流等犯脱逃和在配犯人的生计问题总结了军流徒刑的"三失""四弊"。在提出问题后，他又提出了解决问题之道。他说，流徒之制在周代、汉代等朝代少见实行。近来东西各国多以监禁工作为惩罪之科、示罚之辟。加以拘执，足启犯人悔罪之心。使其工作，足供犯人所食。如此，上无耗费，收犯皆有定所。下则逋逃少见。逋逃后为非作歹之事随之减少，则良民所受到的不良影响，奸慝之滋长诸弊更不禁而自止。于是，赵尔巽奏请各省通设罪犯习艺所，以后将命盗杂案遣军流徒各罪犯审明定拟后即在犯事地方收所习艺。其所习之艺既包括"精而镂刻熔冶诸工"，也包括"粗而布缕缝织之末"。分别犯人勤惰，严定课程，酌定年限。限满后看作工分数及有无悛悔、有无切实保结，再行释放。如此，是有"拘系本地，众知儆惕""管束有所，不致逃亡"等"十益"。最后，赵尔巽以"时势"相激，说倘仍不思变通，隐患潜滋，贫弱愈甚。奏请"定久远之规"。③

---

① 《修订法律大臣沈家本等奏进呈刑律草案折》，上海商务印书馆编译所编纂《大清新法令》（点校本·1901－1911）之第1卷，李秀清等点校，商务印书馆，2010，第458页。

② （清）张之洞：《张之洞全集》第2册《遵旨筹议变法谨拟整顿中法十二条折》，河北人民出版社，1998，第1418～1419页。

③ （清）朱寿朋编《光绪朝东华录》，张静庐等校点，中华书局，1984，第4967～4970页。

　　赵尔巽长期在地方为官，对军流等犯在配生计和脱逃等问题有深刻的认识，其对军流刑"三失""四弊"和采用建习艺所等措施后"十益"的说法面面俱到，很有说服力。在当时的背景下习艺所等措施相对可行，能被多数省份接受，也获得了刑部官员的共鸣。赵尔巽引古论今，参酌西方法律制度。还不忘说以"时势"。刑部不仅认为其所论为"因时制宜"之见，还认为各省通设罪犯习艺所系属安插军流徒犯人"第一良法"。不过，刑部同时认为，赵尔巽的相关建议虽然"固属可行"，但恐此后不法匪徒以为犯案到官不过收所习艺而已，进而有恃无恐，益将肆行凶横，无所不为。于是，刑部将赵尔巽的建议参酌变通，奏准将常赦所不原之军流罪犯仍照旧例发配，将为常赦所得原之军流罪犯免其发配，在犯事地方收所习艺。即使习艺所的兴建经费难筹，即使有贵州巡抚曹鸿勋等人的反对，各地对习艺所的兴建仍然表现出了相当大的热情。此后，很多地方兴建了习艺所。赵尔巽奏请将军流徒刑犯人收入习艺所中，有的地方习艺所收押的对象还包括笞杖枷号人犯之无力完缴罚金者，这超过了赵尔巽的奏请范围。

　　赵尔巽的奏请与前引光绪五年（1879）两江总督沈葆桢的奏请内容只有详简之别，并无实质差异。之所以赵尔巽的奏请大多获得了刑部的支持，并付诸实施，这与当时法律改革的大背景有直接关系。至少与光绪五年（1879）相比，官场对西法排斥的压力已大为减小。无论是刑部，还是地方官，当时已经普遍意识到对军流徒犯管理面临的各种问题已经到了非改不可的程度。赵尔巽的奏请可算作引入西法对军流徒犯管理进行改革的契机。

　　光绪三十三年（1907），修订法律大臣沈家本等人认为，现在交通日益便利，流刑渐失其效，建议将原五刑中的流刑废除。以无期徒刑惩役终身，以当旧律之发遣、充军，以有期徒刑三等以上者以当旧律之三流，以有期徒刑四等、五等以当旧律之五徒。① 充军名目已于四年前被刑部奏准删除，充军中之附近、近边、边远并入三流，极边和烟瘴两项改为安置。宣统二

---

① 《修订法律大臣沈家本等奏进呈刑律草案折》，上海商务印书馆编译所编纂《大清新法令》（点校本·1901－1911）之第1卷，李秀清等点校，商务印书馆，2010，第458～459页。

年（1910），《大清现行刑律》颁行，流刑得以保留，仍为三流。凡从前发遣名目只保留新疆种地当差一项，是为外遣。与内遣（即安置）相对。因迁徙之制久未实行，被一律废除不用。宣统三年（1911）颁行的《大清新刑律》刑罚有主刑和从刑两大类，主刑分死刑、无期徒刑、有期徒刑、拘役和罚金五种，从刑为褫夺公权和没收财产。流刑和遣刑被废除。

第七节　清代流犯数量的补充研究

一

对清代流犯数量的估算，学界已有相关研究。这些研究主要是对东北和新疆地区流犯数量的估算。有关东北流人的数量，王云红博士分析了刘选民、谢国桢和李兴盛等人的估算后认为，谢国桢的估算比较客观。谢国桢认为，从清入关至乾隆初年近百年间内，东北流人应在数 10 万以上。[①]对新疆遣犯数量的估算，郭文忠、祖浩展根据户科奏销题本所载盐菜银数据，估算得到乾隆朝遣犯及家属总数约为 1.93 万人。他们在研究中还引用了王希隆、胡铁球、柏桦、齐清顺等人的估算。王希隆等人的估算时间段更长，从乾隆二十三年（1758）至清亡，遣犯人数（包括家属）在 10 万人左右。[②] 笔者对清代流刑犯数据也有估算。笔者的着眼点与先行研究不同。笔者的着眼点有三个：其一为东北流人数量与新疆遣犯数量对比关系的变化，其二为晚清各地遣军流犯是否达到了人满为患的程度，其三为每年全国的遣军流犯数量的估算。虽然笔者的研究可视为对先行研究的补充，但笔者研究所依据的材料大多未被先行研究所引用，关注到一些不为先行研究所关注的问题，也就某些问题提出了自己的看法，所以，笔者的研究仍有一定的创新。

乾隆中期新疆开辟前，东北是主要的发遣目的地。乾隆中期后，随着

---

① 王云红：《清代流放政策之变迁：以流放地的选择为例的考察》，社会转型与法律变革国际学术研讨会，2008，第 390～391 页。

② 郭文忠、祖浩展：《乾隆朝发往新疆遣犯人数估算与研究》，《清史研究》2022 年第 3 期。

新疆的开辟，新疆伊犁、乌鲁木齐、巴里坤等地逐渐成为主要的发遣地之一。① 不过，新疆伊犁等地的发遣犯人数量超过东北黑龙江等地是在嘉庆年间。嘉庆十七年（1812）刑部说，当时例内应发新疆、回城条款比黑龙江、吉林等处较少。上年年终，新疆各处汇报遣犯数目共 5230 余名，亦较黑龙江、吉林等处少至 3000 余名。② 虽然乾隆四十六、四十八、五十四年和嘉庆二年等年清廷都有减少新疆发遣人犯人数的决定，但这不等于新疆遣犯人数会大幅度减少，情节较轻的遣犯仍会发遣新疆。③ 嘉庆十七年刑部所言上年新疆遣犯人数比黑龙江、吉林等地少 3000 多名，差距较大，而且新疆历年改发他地的遣犯被改发到黑龙江和吉林的只是一部分。所以，尚不能直接下结论称乾隆中后期新疆遣犯人数多于黑龙江、吉林等地。④

　　嘉庆十七年（1812），因为黑龙江、吉林遣犯过多，刑部奏准将例应发往黑龙江、吉林等处遣犯分别改发新疆、回城和极边烟瘴充军。⑤ 经过本次和次年议准改发后，发遣新疆条例数和人数才逐渐超过黑龙江等处。

　　道光六年（1826）张格尔叛乱时调剂遣犯，清廷议定将例内应发新疆人犯议准变通，酌量改发内地。道光八年（1828），新疆各城造报遣犯旧册，核止 6000 余名。至道光二十三年（1843）时，新疆各城遣犯尚有 8000

---

① 各八旗驻防也是发遣目的地，只是相对于东北和新疆地区，各八旗驻防的遣犯数量非常少。如乾隆三十二年（1767），荆州将军疏称上年共收到发遣当差为奴人犯共三名。次年，江宁将军疏称，乾隆三十二年收到发遣当差和为奴人犯共三名。《题为汇题荆州将军所属三十一年十二月起一年内收到遣犯及脱逃已未获人犯各数目事》（乾隆三十三年），中国第一历史档案馆藏，档号：02 - 01 - 007 - 020898 - 0006；《题为汇题江宁将军所属三十二年份收到遣犯及脱逃拿获各数目事》（乾隆三十三年），中国第一历史档案馆藏，档号：02 - 01 - 007 - 020896 - 0001。

② （清）册庸纂辑《刑部各司判例》卷 2，杨一凡、徐立志主编《历代判例判牍》第 6 册，中国社会科学出版社，2005，第 312～325 页。

③ 李兴盛：《中国流人史》，黑龙江人民出版社，1996，第 829～830 页。

④ 根据郭文忠、祖浩展的研究，乾隆年间每年新疆遣犯人数波动较大，最高的年份超过 2000 人，少的年份只有几十人，平均每年刚好超过 500 人（以上数字俱包括遣犯家属）。发遣政策经常调整，新疆遣犯人数有时低于东北，这也是正常情况。比如根据郭文忠和祖浩展的前引论文，乾隆三十九年（1774），新疆遣犯人数 167 人。而同年东北仅黑龙江就收到遣犯 293 人（张伟仁主编《明清档案》A224 - 27）。

⑤ （清）册庸纂辑《刑部各司判例》卷 2，杨一凡、徐立志主编《历代判例判牍》第 6 册，中国社会科学出版社，2005，第 312～325 页。

余名之多。道光二十四年时，因云南贵州等省军犯拥挤，又改回旧例发往新疆。① 至咸丰二年（1852）时，刑部称，向来问刑衙门问拟遣罪者俱发新疆分别当差为奴。② 新疆上年遣犯达 7000 余名。③ 而同年黑龙江遣犯仅有 160 名左右。次年，刑部称黑龙江安置遣犯仅有 200 多名。④ 咸丰元年（1851），因发往回疆为奴人犯倍多，难于约束，刑部奏准将例内应发回疆为奴八条酌复旧例，发往黑龙江为奴。次年，又因新疆遣犯安置过多，奏准将情罪较重、应拟外遣之犯照旧例发往黑龙江地方安置。此后，黑龙江遣犯人数应有回升。咸丰六年（1856），刑部称，吉林遣犯存配百余名，黑龙江在配遣犯并咸丰二年新例后发到遣犯，除脱逃未获 142 名外，现有 693 名之多。⑤ 虽然咸丰二年至六年黑龙江遣犯数量少，但增长幅度较大。咸丰六年（1856），吉林在配人犯有 945 名。⑥ 咸丰七年（1857），伊犁将军扎拉芬泰说，道光年间每年递解至新疆的遣犯千余名。⑦ 此时黑龙江和吉林遣犯数量与新疆遣犯数量相比有较大差距。咸丰六年（1856），黑龙江和吉林两地将军担心黑龙江遣犯增多，益恐艰于管束，会同奏请改发，经刑部议准将咸丰元年并二年奏准通行条款拟发黑龙江各犯仍照旧例改发新疆为奴。只有宗室、觉罗、太监常犯和部分情罪重大犯人仍照旧发往黑龙江。⑧ 同治元年（1862），陕西爆发回民起义，联合甘肃回民，攻陷州县

---

① 《清刑部通行饬令汇存》第 1 册，全国图书馆文献缩微复制中心，2005，第 321 ~ 330 页。

② 上年年末时，刑部已奏准将部分发往回城为奴人犯发往黑龙江，见《清刑部通行饬令汇存》第 2 册，全国图书馆文献缩微复制中心，2005，第 857 ~ 863、873 页。

③ 《清刑部通行饬令汇存》第 2 册，全国图书馆文献缩微复制中心，2005，第 873 页。按，新疆遣犯之所以只有 7000 余名，可能与道光三十年、咸丰元年两次大赦有关。短短五年后，仅伊犁现存各项遣犯（包括已奉文释免但因系无资未能回籍者）就有近万名之多。见《清刑部通行饬令汇存》第 3 册，全国图书馆文献缩微复制中心，2005，第 1143 页。

④ 《清刑部通行饬令汇存》第 2 册，全国图书馆文献缩微复制中心，2005，第 861、874 页。

⑤ （清）佚名：《刑部通行条例》卷 1《拟发黑龙江人犯仍照旧例改发新疆》，清同治木活字本。

⑥ （清）佚名：《刑部通行条例》卷 1《调剂改发人犯章程》，清同治木活字本。

⑦ 《清刑部通行饬令汇存》第 3 册，全国图书馆文献缩微复制中心，2005，第 1144 页。按同治年间木活字本《刑部通行条例》卷 1《应发新疆人犯改发极边足四千里条款》所载文字为：以道光年间计之，每年递解遣犯名数千余名至二千余名不等。

⑧ （清）佚名：《刑部通行条例》卷 1《拟发黑龙江人犯仍照旧例改发新疆》，清同治木活字本。

数十，道路梗阻。经刑部议奏，凡由烟瘴改发四千里并极边足四千里充军及实发新疆各犯俱暂发黑龙江安置。① 此后，遣犯事实上已不再发往新疆。

因为数年会赦免一次，还有很多发遣犯人符合《大清律例·名例律下》"徒流迁徙地方"等门规定的释放条件。嘉庆后，新疆遣犯数量常年维持在接近一万人的状态。② 咸丰七年（1857）伊犁将军扎拉芬泰所言道光年间每年递解至新疆的遣犯千余名，其中还包括了很多因为大赦由死罪减遣人犯。③ 以当时全国共1600个左右的州县计算，平均每个州县每年不到一名发遣犯人。所以，其实仅就单个州县来说，每年判处的发遣犯人实际非常少见。这还是发生在惩治强盗条例加严的咸丰时期。

二

有人认为，嘉道后，东北、新疆、云南等边疆地区军遣犯人时告人满为患（将其视为晚清监狱改革的诱因）。该说法非常不严谨。嘉庆后新疆遣犯数量虽然较多，但接近一万人的数量在约200万平方千米的地域内远远达不到人满为患的程度，即使是遣犯大多集中在乌鲁木齐、伊犁等少数几个城市的情况下。更不用说同治九年（1870）后在立法上发遣新疆实际上已经名存实亡了。同治九年（1870），刑部奏请将例内载明应发新疆二十五项人犯俱改发极边烟瘴充军，惟有应发回城为奴八项遣犯，因其情罪较重仍令暂行监禁。同时，因为调剂黑龙江、吉林遣犯，将有关应行发遣黑龙江、吉林等处十八项人犯俱改为实发云南、贵州、两广极边烟瘴充军。刑部同时奏请，俟新疆道路疏通，再行查明，分别核办。④ 光绪四年（1878），陕

---

① （清）佚名：《刑部通行条例》卷1《调剂改发人犯章程》，清同治木活字本。

② 乾隆六十年（1795），乾隆帝大赦天下，谕令将新疆、黑龙江等处遣犯分别减等。经刑部查核，新疆、黑龙江等处册报遣犯共9821名［见（清）魏成宪《仁庵自记年谱》，《北京图书馆藏珍本年谱丛刊》第120册，北京图书馆出版社，1999，第260页］。这是当年全国在配遣犯数。嘉庆后黑龙江遣犯数量大幅减少，至嘉庆十七年（1812）遣犯总人数应该有所增长。所以，这两处的数据可以相互印证。

③ 每次大赦既有很多被赦免的犯人，也有很多减死为流的犯人。虽然大赦时间没有规律，但此消彼长，在配发遣犯人不会有较大的波动。

④ 光绪《大清会典事例》卷743《刑部·名例律二一·徒流迁徙地方三》。

甘回民起义始被平定。从此，陕西、甘肃、新疆道路一律疏通，故始规复旧例，发往陕甘军犯照旧发往。① 但也仅此而已，遣犯发往新疆之制仍未恢复。光绪十年（1884），因为新疆军务平靖，办理屯垦需人，新疆巡抚刘锦棠奏请将已经暂行监禁之应发回城为奴遣犯发往新疆。刑部认为，此等人犯前因道路未通，暂行监禁。现又以无裨屯政，仍停发遣，势必令其永远监禁。老死囹圄，亦非矜恤庶狱之道。奏准将应发回城为奴八项遣犯均在监禁二十年限满后改发极边烟瘴充军。俟新疆地方大定，能以安插此项遣犯，再行规复旧制。② 实际上，直到宣统元年（1909）才部分恢复旧制。薛允升长期在刑部为官，兼具刑部尚书和著名法学家的身份，对晚清法律运行情况非常熟悉。他也说，同治九年（1870）将发往新疆遣犯分别改发内地，迄今遵行，遣犯遂无发往新疆者矣。③ 所以，同治九年至宣统元年并无遣犯发往新疆。④ 宣统元年（1909），法部称，发遣新疆一项自同治九年（1870）改发内地而后数十年来并未发往。⑤ 同年，法部在议复御史吴纬炳奏寻常盗犯照例解勘一折时，议准将旧例情有可原之盗犯免死减等发遣新疆种地当差。法部又专门强调，现在新疆久设行省，道路亦已疏通，罪人实塞之谋正可徐图规复。请旨饬下京外问刑衙门遇有旧例情有可原盗犯径予实发新疆，毋庸再行改军。⑥ 所以，宣统元年后仍会有新疆遣犯。⑦

　　有人在研究时曾举光绪十一年的例子说明光绪后仍存在发遣新疆之事。新疆建省后，为充实新疆户口，在查办光绪十一年大赦时，清廷曾议将陕

---

① （清）刘锦藻：《清朝续文献通考》卷251《刑考十》。

② （清）刘锦藻：《清朝续文献通考》卷251《刑考十》。

③ （清）薛允升：《读例存疑》卷6，胡星桥、邓又天等点注，中国人民公安大学出版社，1994，第117页。

④ 当然，这不包括官犯。事实上，从同治元年开始就无遣犯发新疆了，同治九年只是在立法上予以确认。

⑤ 《法部咨复大理院盗案新章逐条解释并通行各直省一体查照文》，《大清法规大全》，台北考正出版社，1972，第1777页。

⑥ 《又奏应发新疆遣犯申明定章本意请饬径发新疆片》，《政治官报》1909年，第656期，第11～12页。

⑦ 笔者在中国第一历史档案馆中看到一些宣统二年、三年的由新疆各地州县出具的收到遣犯印结文书。这些文书大多没有明确遣犯来源地，只有个别文书明确遣犯来自陕西地区。

西、甘肃、山西、四川、直隶、山东、河南七省秋审人犯减死发往新疆。当时人数共2700余名。河南巡抚边宝泉说，这项犯人系属军流犯人，与发遣当差为奴者不同。① 这次流放并非将犯人发遣新疆当差为奴，所以，不能被视为发遣。这次流放也与一般流放不同。对有家室的犯人，其妻子会被强制签同发往新疆，在当地助屯实边。② 光绪二十年（1894），新疆巡抚陶模奏称，实边莫先于兴屯，兴屯莫难于招户。新疆自经兵燹，地旷人稀，部议将直隶、山东、山西、河南、四川、陕西、甘肃七省免死减等人犯改发新疆助屯。光绪十五年复经前护抚魏光焘奏准释罪入籍为民。被恩不可谓不厚。然而，自己到任以来，叠据各属禀报逃亡仍复不少。成本概属虚悬，在屯者惮于耕耘，迄无成效。甚至欺压平民，窝藏奸宄，斗殴抢劫之案层见叠出。不仅无成效，还多滋弊端。于是，奏请将前项人犯概行停解。③ 光绪十一年的做法未坚持十年就被奏请停止，不应该将其作为光绪年间新疆发遣仍然存在的证据。所以，有的研究将新疆遣犯数量估算时间段下延至清末，这不合适。

嘉道后，不仅新疆遣犯不能说人满为患，东北、云南等边疆地区军遣犯人也不能说人满为患。如前文，咸丰二年时黑龙江遣犯仅剩160名左右。前引同治九年（1870），刑部奏请将例内载明二十五项应发新疆人犯和十八项应行发遣黑龙江、吉林等处人犯改发极边烟瘴充军。薛允升认为，本年改定例文以后，黑龙江等处发遣之犯，亦寥寥无几矣。④ 光绪十一年（1885），刑部奏称，吉林、黑龙江从前遣犯最多，后经停止。惟旗人及宗室有犯俱照例发往，每年亦不多见。⑤ 光绪三十四年（1908），东三省总督徐世昌奏称，同

---

① （清）刚毅：《晋政辑要》卷36，《续修四库全书》第884册，上海古籍出版社，2002，第760页。

② （清）刘锦棠：《刘锦棠奏稿校证》卷12，杜宏春校证，中华书局，2019，第854～856页。

③ （清）陶模：《陶勤肃公（模）奏议》卷3，台北文海出版社，1966，第10～11页。

④ （清）薛允升：《读例存疑》卷6，胡星桥、邓又天等点注，中国人民公安大学出版社，1994，第120页。

⑤ （清）佚名：《江苏省例四编》，杨一凡、刘笃才编《中国古代地方法律文献》丙编第13册，社会科学文献出版社，2012，第322页。

治九年将应发黑龙江者改为实发云贵两广极边烟瘴充军，该处之停发计已三十余年。① 所以，同治九年后黑龙江遣犯实际寥寥无几。

同治九年（1870）后被改发至云南、贵州、广东、广西极边烟瘴充军的犯人数量应该较多，但实际情况并非如此。光绪十一年（1885）时，云南巡抚张凯嵩奏称，各省解滇安置军流人犯，现计流犯 10 名，遣军犯 47 名，为数无多。② 针对刑部奏定新章行令各省通设罪犯习艺所一事，光绪三十一年（1905），云贵总督丁振铎奏称，云南定案，照章得免发配各遣军流徒及外省咨解来滇应行收所习艺人犯为数无多。③ 所以，云南地区当然远远达不到人满为患的程度。

其实，早在道光十七年（1837）御史蔡琼就因为云南军犯拥挤奏请云贵两广四省酌减安插，刑部议复通行在案。④ 三年后，云南巡抚颜伯焘称，虽然有道光十七年的刑部通行，各省仍有办理错误的，将犯人直接发往云南。目前云南每一邑安置军犯或七八十名，或九十余名，今计一省在配犯人有四千七八百名之多。以民贫地瘠之处而置若许凶犯，地方鲜有不被其害者。请求刑部重申旧制。刑部于是又通行各省一体遵照道光十七年所定章程。⑤ 道光十七年刑部通行只要求各省将例内情罪重大有关等差者仍照例发往云南、贵州、广东、广西，其余均以极边足四千里为限。在此次通行前，例内应发四省烟瘴者不下百余条。此次通行只保留了十八条。根据云南巡抚颜伯焘的说法，即使是这两次通行发布期间云南在配军犯也远不能说是人满为患，毕竟一个州县最多也就安置了 90 余名军犯。道光二十四年（1844），贵州巡抚贺长龄称，通计贵州历年安置各省寻常军流人犯（1702名）加上新疆改发人犯（1554 名），共 3256 名。改发后，有的县有积至七

---

① 《法部议复黑龙江遣犯实边北京》，《申报》1908 年 8 月 7 日，第 5 版。
② （清）朱寿朋编《光绪朝东华录》，张静庐等校点，中华书局，1984，第 1903 页。
③ 中国第一历史档案馆编《光绪朝朱批奏折》第 110 辑，中华书局，1996，第 501 页。
④ 此阶段导致云南两广四省军犯众多的原因为道光六年（1826）陕甘总督那彦成调剂新疆遣犯的奏请。（清）吴坤修等编撰《大清律例根原》卷 19，郭成伟主编，上海辞书出版社，2012，第 288、297、298 页。
⑤ 《清刑部通行饬令汇存》第 2 册，全国图书馆文献缩微复制中心，2005，第 693～699 页。

八十名之多者。改发前后的差距其实并不大。贺长龄奏请将旧时改发内地各条照旧发往新疆，其主要是基于地方官对这些犯人约束难周和不利于苗疆地区稳定的考虑。① 犯人较多，虽然超过了官方和当地百姓的承受能力，但尚不能说达到了人满为患的程度。

三

晚清著名法学家吉同钧说，在《大清律例》中，律文只有三流而少充军，例中充军、发遣条文多于三流数倍。在清代，"有例不用律"，例文的法律效力高于律文。吉同钧认为，办案拟充军、发遣者甚多，而拟流者寥寥。常流虽然为正刑，其地位却逐渐为充军、发遣所夺。② 现实中相当多的军流犯人是秋审数次或大赦后减刑之人。秋审数次或大赦后减为常流的更多。现实中常流犯人数量总体上多于充军和发遣犯人。比如乾隆五十八年（1793），湖南按察使阿彰阿说，查节次钦奉恩旨，免死减等案内减流者较多，即如湖南属内大概流犯居十之八九，军犯仅十之一二。③ 从这个角度来看，常流的地位不存在被充军和发遣所夺的问题。吉同钧所言为办案拟罪时的情况，他未考虑到秋审数次减等或大赦后减等的情况。他的观点更多出于其当时作为刑部官员时的直观感觉。他并未进行量化考查。

乾隆四年（1739），刑部议准嗣后除人命、强盗，情罪重大，罪应军流案件，例应发黑龙江宁古塔等处者，仍令各督抚特疏具题外，其余因事拟遣一切军流等案④，如果案犯情节显明，别无疑窦者，俱照诬告反坐等项之例，令各督抚迅速审拟，咨部完结，统于岁底汇题，仍将各案原招册送

---

① （清）贺长龄：《耐庵奏议存稿》卷10，（清）贺长龄：《贺长龄集》，雷树德校点，岳麓书社，2010，第237～238页。

② （清）吉同钧：《乐素堂文集》卷6，闫晓君整理，法律出版社，2014，第107页。

③ 哈恩忠编《乾隆朝管理军流遣犯史料》（下），《历史档案》2004年第1期。

④ 嘉庆元年（1796），陕西巡抚秦承恩题报乾隆六十年军流遣犯并人命拟徒案件。在该题本的表述中，遣犯表为因事拟遣遣犯，军犯表为因事拟遣军犯，流犯表达为因事拟遣流犯，徒犯表达为因事拟遣徒犯（张伟仁主编《明清档案》A272-14）。所以，因事拟遣并非遣罪之意。

部查核。① 在处理程序上，遣军流案件可分为两大类。一类需要特疏具题（即专本具题），其对象为例应发黑龙江宁古塔等处者。另一类需要咨部完结。② 对后者，乾隆四年（1739）后各省督抚需要按年汇题。汇题的对象后来有变化。乾隆二十三年（1758），刑部奏准嗣后一切汇题事件统限开印后两个月具题。此前，诬告反坐、尊长殴死有服卑幼、积匪猾贼、和同奸拐和平常军流五项汇题情况各省做法不一，有分案汇题者，也有因为罪名统属军流并案汇题者。③ 乾隆四十二年（1777），刑部又议准每年遣军流犯同有关人命拟徒案件并为一本汇题，止须分项摘叙案由，毋庸录叙全招，仍于本后声叙某项几案总数，以归简易，仍将原招分项另造清册送部查核。④ 此后，例应发黑龙江宁古塔等处需专本具题者也一并需要汇题。某案是否应被归入遣军流案件汇题的根据为首犯的刑罚。即如果首犯的刑罚为充军，这个案件就是充军案件。被汇题的遣军流案件只是那些首犯为遣军流刑的案件。在一些死罪案件中也经常有遣军流犯人，这些犯人在督抚的汇题中

_____

① 张伟仁主编《明清档案》A121-4。刑部虽然有此规定，各省的做法仍不画一。如乾隆十年（1745），河南巡抚硕色就分诬告反坐等项和因事拟遣一切军流等案两类，分别汇题（张伟仁主编《明清档案》A138-36、A138-37）。乾隆二十三年（1758），刑部定例规定，诬告反坐等项与平常军流等项并为一本，定限开印后两月汇题（张伟仁主编《明清档案》A223-123）。实际上，至晚清，各省做法仍未画一。薛允升说，诬告反坐、尊长殴死有服卑幼、积匪猾贼、和同奸拐和平常军流五项汇题，定例之始，月日先后不同，事由又多区别。是以直省办理，有照各本例分案汇题者，亦有因罪名统属军流，并案汇题者，未免纷歧，似宜均令并为一本，以昭画一［（清）薛允升：《读例存疑》卷8，胡星桥、邓又天等点注，中国人民公安大学出版社，1994，第155页］。督抚在汇题时一般会简单描写案情，由此可以判断督抚汇题的内容是否只包括平常军流犯人。有的督抚在汇题时也会说本年并无诬告反坐、积匪猾贼等项，这说明他们在汇题时将各项军流遣罪情况均统计在内了。具体可参照乾隆四十七年甘肃的汇题情况，见张伟仁主编《明清档案》A237-13。

② 当然，专本具题与咨部完结的采用经常变化。如乾隆二年（1737），直隶总督李卫奏称，和诱奸拐之案律应发宁古塔，事关外遣，是以具题。今既改发烟瘴充军，已属内流，与外遣有间。况积匪猾贼其罪浮于和诱，尚随时金遣，岁底汇题。奏请将情罪稍轻之和同诱拐之犯援照积匪猾贼之例，一面审拟咨部完结，一面即于详记档案，可省章奏之繁矣。刑部议准（张伟仁主编《明清档案》A182-71）。并非发遣案件都会专本具题，比如《大清律例·名例律下》"徒流迁徙地方"门规定，对满洲家人吃酒行凶的，该旗都统确查后，用印文送部即可发遣。

③ 张伟仁主编《明清档案》A223-123。

④ 张伟仁主编《明清档案》A268-43；（清）薛允升：《读例存疑》卷8，胡星桥、邓又天等点注，中国人民公安大学出版社，1994，第155页。

得不到体现。乾隆四十二年后，正常情况下，各省某年份被判遣军流犯数量（不包括死刑案件中的遣军流犯）能在督抚对本省该年遣军流案和有关人命拟徒案的汇题中有所体现。从各督抚的汇题中看到的遣军流犯数量少于本省本年份所结的全部遣军流犯数（因为后者包括死刑案件中的遣军流犯）。虽然如此，对督抚汇题情况的研究也具有重要意义。张伟仁先生主编《明清档案》收录了一些这一主题的汇题题本。通过阅读这些题本，我们至少可以大体上了解乾隆、嘉庆年间办案时适用常流、充军和发遣数量的总体对比情况。笔者将其制成表6。

表6　部分年份部分省份遣军流犯汇题情况

年份	乾隆七年	七年	八年	九年	十年	十六年	三十九年
省份	福建	贵州	贵州	河南	云南	四川	甘肃
常流	4人	9人	5人	6人	0人	25人	3人
充军	4人	3人	3人	3人	1人	25人	20人

年份	四十七年	六十年	六十年	嘉庆二年	四年	五年	六年
省份	甘肃	福建	陕西	福建	贵州	奉天	甘肃
常流	2人	5案	18案	14案	13人	12人	4人
充军	4人	13案	13案	9案	5人	16人	5人
发遣	15人	4案	9案	8案	0人	3人	10人

注：张伟仁主编《明清档案》A121-4、A121-40、A131-76、A138-36、A142-81、A182-71、A223-23、A237-13、A271-91、A272-14、A283-65、A292-108、A303-105、A309-122。乾隆七年（1742年），贵州有两个案件，各两名犯人。乾隆四十七年（1782），甘肃共汇题了八案，发遣犯人存于两个案件中。和其他省份一样，嘉庆五年（1800）奉天府尹在汇题时，也把犯人分为两部分（军流人犯和有关人命拟徒人犯）。在其军流人犯内，有四个犯人的情况因为过于简单，未被统计进来。嘉庆六年（1801），这十名发遣犯人分布在五个发遣案件中。

根据表6，乾隆初期，常流人数可能多于充军人数。在正常情况下，乾隆中后期被判充军、发遣的数量要超过常流的数量。吉同钧所言办案拟罪时常流地位逐渐为充军、发遣所夺的观点也能成立。晚清著名法学家沈家本说，《大清律例》例文改重者为多。[①] 例文刑罚加重至充军、发遣者多，加重至常

---

① （清）薛允升：《读例存疑》"序文"，胡星桥、邓又天等点注，中国人民公安大学出版社，1994，第2页。

流者少。这是办案时充军、发遣能够取代常流的重要基础。发遣、充军人数也会相应增多。乾隆二十年（1755），黑龙江收到遣犯只有366人，乾隆三十七年（1772）和三十九年（1774），黑龙江收到遣犯数量分别为310人和293人。① 在新疆于乾隆二十三年（1758）后成为主要发遣地之一的情况下，黑龙江遣犯人数并无明显降低。其主要原因就是发遣条例增多了。

根据表6，各省每年被判遣军流刑的人数可能比现在很多人想象中的要少很多。嘉庆三年（1798），江苏巡抚费淳题报嘉庆二年审结军流徒罪案件，称当年审结过军流徒罪应行汇题之案共141案（包括有关人命徒罪案件18案）。② 根据前引乾隆四十二年刑部所定条例，嘉庆三年江苏巡抚费淳的此次汇题既然包括了有关人命徒罪案件，也应该包括了遣犯。所以，123案是嘉庆二年江苏一省遣军流案件的总数。根据费淳汇题时对每个案情的简单描述，有的案件系数人共同犯罪。《大清律例·名例律下》"共犯罪分首从"门规定，"凡共犯罪者，以先造意一人为首，依律拟断。随从者减一等"。所以，一般情况下，首犯只能有一个，从犯的刑罚减首犯一等。如前文，某案是否应被归入遣军流案件的根据为首犯的刑罚。首犯被定遣军流刑后，从犯减等后，再被定为遣军流刑的可能性就很低了。③ 乾隆十六年（1751），四川军流案件共49案，人犯共55名。④ 乾隆五十七年（1792），四川遣军流案共80案。⑤ 嘉庆四年（1799），贵州咨部完结遣军流罪共17案，计犯27名。⑥ 嘉庆六年（1801），奉天府共审结军流人犯35案。从其对案情的简单描述可知，每个案件只有一名军流犯人。虽然各地情况不同，但平均每个案件肯定不会超过两名遣军流犯人。由江苏巡抚费淳对每个案

① 张伟仁主编《明清档案》A191-11、A217-124、A224-27。
② 张伟仁主编《明清档案》A283-129。
③ 《大清律例》中首犯和从犯俱为遣军流刑的律例虽然比较常见（如《大清律例刑律·诈伪》"私铸铜钱"门对伪造假银首犯和从犯的刑罚就是这样），但在司法实践中这些律例所体现的案件事实并不常见，所以，在现实大多案件中只有首犯的刑罚为军流遣刑。
④ 张伟仁主编《明清档案》A182-71。
⑤ 张伟仁主编《明清档案》A268-43。
⑥ 张伟仁主编《明清档案》A292-108。

情的简单描述可知，每案只有一人被定为遣军流刑的占了绝大多数。嘉庆三年（1798），江苏审结军流犯人应该不会超过150人。可以说，无论是经济实力，还是人口，江苏在当时各省中都居前列。江苏遣军流犯数量在各省中也应该位居前列。乾隆四十二年（1777），刑部称，各省军流案件在百十余案到数十案不等。① 江苏应该是刑部所说的百十余案省份。② 表6中的甘肃、福建、陕西、贵州等省应该是刑部所说的数十案不等的省份。虽然犯人数量每年都会有波动。但应该可以断定，乾隆末嘉庆初，全国平均每个州县每年遣军流案件可能还不到一个。

　　乾隆末每年全国秋审新事起数（见表4）加上立决起数应该在3500起左右，嘉庆初在总量上应该稍有增长。当时有的总督巡抚在题报上年决过人数时还会简单描述一下案情。那些死刑案件大多没有从犯。即使有从犯，刑罚也不一定是流刑。所以，在每年的死刑案件中被判遣军流的犯人数量应该不会超过1000个（包括那些在办案时由死刑直接减成流刑的犯人）。加上办案时遣军流案件中的遣军流犯数量，全国每年遣军流犯数量可能不会超过3000个。乾隆末嘉庆初那些人口较多的州县每年被判遣军流刑的犯人数量可能会超过三个，少的州县可能一个遣军流犯也没有。如前文，秋审缓决犯人逢三年或两年可能会在查办减等时被减为遣军流刑，也可能会遇赦减为遣军流刑。按乾嘉道时期每年3000左右的缓决犯人数计算，平均每年会有3000左右秋审缓决犯人会减为遣军流刑。③ 每年办案时产生的遣军流犯和因为秋审缓决减等产生的遣军流犯数量相加，即为当年所有的遣军流人，每年应在6000人左右。如后文，嘉庆中后期、道光时期因为锁

---

① 张伟仁主编《明清档案》A268-43。

② 乾隆初，江苏按察使陈宏谋说，江苏繁剧实甲天下，大小案件日积日多。江苏事件除自理外结而外，题咨之案每年四百余件，每件详册不下百数十页，几番缮详，实在繁多。（清）陈宏谋：《培远堂偶存稿》"文檄卷十"，《清代诗文集汇编》第280册，上海古籍出版社，2010，第240~241页。

③ 如前文，新疆建省后，为充实新疆户口，在查办光绪十一年大赦时，清廷曾议将陕西、甘肃、山西、四川、直隶、山东、河南七省秋审人犯减死发往新疆。当时这七省人犯就已达2700余名。所以，不同时期秋审减流人数可能相差较大。将3000左右视为中间值相对合适。秋审减等各犯多系减为三流。（清）赵舒翘：《慎斋文集》，闫晓君整理，法律出版社，2014，第98页。

带铁杆、石礅刑的使用，流刑犯数量有所减少。秋审犯人数量受到人口增长的影响有所增加。流刑总数应该不会有明显波动。

因赦减等所产生的遣军流犯人实际上绝大多数为秋审缓决犯人。只是因为适逢大赦，其减等时间被提前了。所以，总体上不用考虑因赦减等情况。另外，并非所有的遣军流犯都会被发配。很多遣军流犯在定案时就会被减刑。比如在贵州，嘉庆四年（1799）27 名遣军流犯中有四名遇赦减为徒刑。① 在奉天，嘉庆五年（1800）35 个军流案件中有 13 人被减为徒刑或杖刑。② 所以，乾嘉道时期每年全国最后真正被发配的遣军流犯人应该会少于 6000 人。③

笔者在中国第一历史档案馆有意搜集、整理了乾隆至光绪时期广东、湖北和山西三省部分年份有关军流遣犯的汇题资料。广东的部分数据为：乾隆四十七年（203 起）、五十五年（161 起），嘉庆十三年（222 起）、二十三年（282 起），道光三年（202 起），咸丰三年（132 起）、四年（33 起），同治三年（6 起）、十一年（24 起），光绪三年（47 起）、十三年（58 起）。④ 湖北省的部分数据为：乾隆三十四年（85 案 110 犯）、五十七年（107 案 133 犯），

---

① 张伟仁主编《明清档案》A292 - 108。

② 张伟仁主编《明清档案》A303 - 105。

③ 至同治、光绪时期，随着督抚权力的增加，更多本应内结案件被办为外结。如后文，在四川、广东等地很多遣军流犯被办为锁系铁杆、石礅犯人。四川、广东地区在当时都是以案件较多之地。所以，同治、光绪时遣军流犯人数量会有很明显的降低。

④ 中国第一历史档案馆所藏刑部广东司的有关材料显示，光绪二十一年十一月至十二年十月、二十二年十一月至二十三年十月、二十三年十一月至二十四年十月，广东各属所有各属详报定地发配军流徒罪人犯起解者分别为 32 起、17 起和 51 起，各省奉发解粤安置遣军流犯到配者分别为 25 起、48 起和 67 起。注意前项数字包括徒罪，这说明当时广东每年所定军流案件数不足 50 件。在新疆和黑龙江遣犯改发极边烟瘴足四千里安置的情况下，作为极边烟瘴四省之一的广东每年接收的改发配人却远不足 100 起，这是当时全国各省军流遣犯数量大幅减少的直接反映。广东的前引数据见《为查核广东光绪二十一年十一月至二十二年十月底发配遣军流徒及解粤安置遣军流到配人犯名数清册事等》（光绪二十六年），档号：16 - 01 - 014 - 000036 - 0020；《为查核广东册报光绪二十二年十一月至二十三年十月发配军流徒及解粤安置遣军流到配各犯人名数清册事等》（光绪二十六年），档号：16 - 01 - 014 - 000036 - 0021；《为查核广东册报光绪二十三年十一月至二十六年十月发配遣军流徒及解粤安置遣军流到配各人犯名数清册事等》（光绪二十九年），档号：16 - 01 - 014 - 000036 - 0026，中国第一历史档案馆藏。正文所引数据俱来源于中国第一历史档案馆广东本省部分年份的汇题情况。因为数据较多，不便一一指明详细的出处，请读者见谅。

嘉庆十四年（46 案 58 犯）、二十五年（97 案 101 犯），道光八年（44 案 46 犯）、三十年（48 案），同治元年（包括徒罪共 12 起）、十年（包括徒罪共 21 案），光绪十九年（包括徒罪共 11 起）、二十年（包括徒罪共 7 起）。山西省的部分数据为：乾隆五十五年（42 案）、五十九年（73 案），嘉庆三年（58 案），道光元年（70 案），咸丰三年（36 案）、十一年（28 案），同治六年（15 案）、七年（24 案），光绪九年（包括徒案共 18 案）、二十三年（14 案）。从乾隆末至光绪中后期，广东、湖北和山西三省的军流犯人数量俱大约减少 70% 以上。部分省份军流遣犯数量最高峰时期可能出现在嘉庆时期，也可能出现在乾隆末。从全国范围来看，最高峰应在嘉庆时期。在道光时期和咸丰时期军流遣犯数量可能都有比较明显的降低。前者可能与锁带铁杆、石礅刑的使用有关，后者可能与太平天国起义的爆发有关。嘉庆后锁带铁杆、石礅刑在各地得到推广适用，一些地方经常将那些情节稍轻于就地正法、本应处以发遣充军之刑的犯人拟以锁带铁杆、石礅。曹树基教授认为，1851 年至 1857 年，因为太平天国战争、西部回民战争和光绪大灾的影响，全国人口锐减超过一亿。[①] 咸丰三年后各地"就地正法"章程的实施使各地被处决犯人数量有所增加。很多被就地正法的犯人本该被处以遣军流刑。在同治、光绪年间全国人口又有明显增长的情况下，军流遣犯的数量却减少了。此时督抚和州县官强势，更多案件通过外结的方式（详结或者禀结）被终结了。[②]

　　值得注意的是，在各省遣军流罪案件中被判遣军流罪的女性屈指可数。乾隆三十九年（1774），在浙江全省一年 144 个军流案件中只有一名女性军流犯人。[③] 嘉庆二年（1797），在江苏全省一年共 123 个军流案件中只有三

---

① 曹树基：《中国人口史》第五卷，复旦大学出版社，2001，第 867 页。
② 笔者的推测建立在部分数据的基础上，有一定的缺陷。现在不可能搜集到所有年份各省有关军流遣犯汇题的资料。笔者认为，将现在所能搜集到的所有相关资料进行整理，推测出部分年份全国的遣军流犯数量（不包括秋审减流的情况）和时空变化规律，是可行的，而且有一定意义。
③ 张伟仁主编《明清档案》A223－123。浙江巡抚在列举简单案情时并未说明首犯刑罚为充军和流犯中的哪一种，所以，表未将其列入。

名女性军流犯人。^① 同年，在福建全省一年一共 31 件遣军流案件中只有一名女性流刑犯人。表 6 中各省当年题报时俱简单提及了首犯姓名，只有嘉庆三年（1798）福建明确提到了有一名女犯。^② 其余各省军流犯人俱为男性。如果将表 6 中军流犯人数字相加，女性占比连 1% 都不到。对女性遣军流罪犯人数量占比的统计来说，表 6 中各省相当于随机抽取，南北东西中各省俱有，以此作为统计样本科学合理。所以，女性遣军流罪犯人数量占比非常低，至少应该是乾嘉时期的客观情况。^③

有的督抚在题报某年度本省遣军流案件时会简单提及各案案情。据此，我们可以对该省区域社会情况有一个比较直观的了解。比如根据乾隆四十年（1775）浙江巡抚三宝的题报，浙江上年度盗贼案占比尤其高，奸拐案较少。^④ 根据乾隆五十八年（1793）四川总督惠龄的题报，四川上年度窃案较少，奸拐案较多。^⑤ 如果找到更多类似材料，再进行量化研究和归纳对比的话，可以对各省罪犯差异情况、该省犯罪情况的历时性变化和区域社会背景下的法律运行情况有更加直观的了解。

小 结

流刑是将犯人流放的刑罚。在隋唐至明清的刑罚体系里，流刑为仅次于死刑的重刑。在清代，流刑包括三流、发遣、充军、发边外为民和迁徙。三流和充军更强调犯人"终身不返"，军流犯人至流放地后一般不会被强迫

---

① 张伟仁主编《明清档案》A283 - 129。

② 张伟仁主编《明清档案》A283 - 65。

③ 根据本书表 2 的线索，乾隆年间部分省份在汇奏决过人数时会提及犯人的姓名，由此我们可以得知每年被处决的女性占比也非常低。各省数字相加后可知犯人总数为 263 人，被处决的女性只有 14 人，不到总数的 6%。被处决的女性约一半系通奸杀死亲夫之人（因为有的省份在奏报时未提及具体案情，因奸杀死亲夫的女性实际占比应该会更高）。一共 6 个女犯被凌迟，这占了全部凌迟犯人的六成。在军流遣案件中被判军流遣刑的 5 名女性中，杀死伊媳（儿媳）之人有 3 人，另外 2 人涉及拐案。人数太少，虽然不具备量化研究的意义，但也具有一定的参考意义。

④ 张伟仁主编《明清档案》A223 - 123。

⑤ 张伟仁主编《明清档案》A268 - 43。

做劳役。发遣比三流和充军更重，发遣犯人至发遣地后更不自由，经常伴有劳役。在清代流刑体系里，发遣最复杂。被发遣者不仅包括民人和旗人，也包括官员。发遣目的地既有黑龙江和新疆，也有各地驻防。发遣官犯既有发往军台效力赎罪的，也有发往新疆效力赎罪的。发遣民人既有种地的，也有为奴的，还有当差的。发遣政策经常调整。清代流刑犯人并非必然"终身不返"，大多军流遣犯有机会被释放回籍。

　　对流犯来说，到达配所的路程非常艰辛。这很少体现在官方话语中。也许解配路程的艰辛并非流刑被视为重刑的主要理由。流刑路程短则二千里，长则四千里，途中充满了不确定性。防止犯人途中脱逃是官方有关犯人解配最关心的内容。少有向沿途民众展示官方权力或者施加教化的考虑。徒犯解配也是如此。对发遣官犯来说，也许被发遣的经历经常不被视为仕途污点。很多官犯还有再次被起用的机会。与其他具有书写能力的流刑犯相比，发遣官犯似乎更愿意书写发遣途中见闻。洪亮吉、赵钧彤、裴景福的书写具有代表性。裴景福对自己发遣路途的书写更详细。在裴景福发遣途中，所经各处官员与"罪人"裴景福大多能友好相处。虽然在清代刑罚体系里发遣系次死之刑，但官犯发遣却与残酷毫不搭边。

　　对犯人被解至目的地州县后的安插问题，各地操作不同。该事一般系由配所州县官决定。州县官需要在犯人的约束问题和生存问题之间权衡。督抚有时也会颁行本省的犯人安插办法。即使同一配所的军流犯人，官方有时也会因人区别对待。乾隆中后期，乾隆帝对新疆改发充军犯人的安置非常重视。官方对这些犯人的管理更加严格。军流犯人的在配生活情况因地因时而异。在官方的话语体系里，在配之军流犯人大多不安分。《申报》记录的光绪中期杭州四名韩姓军犯的事例很具代表性。晚清在配军流犯人总体上面临着更加严峻的生存形势和更为宽松的管理环境，脱逃者更多。脱逃犯人的增多，统治阶层愈加紧张，并表现出对"时局"的担忧。光绪十年（1884）前后刑部和各省有关流犯脱逃的大讨论集中体现了当时官方的紧张状态。这次大讨论并未解决流犯的脱逃问题。光绪二十八年（1902），护理山西巡抚赵尔巽有关将军流等犯在犯事地方收所习艺的奏建提出了更具可操作性的方案，得到了刑部和各地比较普遍的认同。流刑改革从此跨出了实质的一步。在晚清法律改革中流刑逐渐被废除。

虽然在乾隆年间新疆逐渐成为遣犯目的地，但新疆遣犯数量超过东北是在嘉庆十七年后。同治元年（1862），陕西爆发回民起义，直到宣统元年（1909），遣犯事实上不再发往新疆。同治九年（1870），在立法上确认遣犯不再发往新疆，东北遣犯自此也寥寥无几。此后遣犯俱被改发至云贵两广极边烟瘴充军。事实上，极边烟瘴之地充军犯人并未明显增多。这应与锁带铁杆、石礅刑的使用增多有关。无论如何，无论是遣犯数量达到高峰时期的新疆、黑龙江，还是同治九年后的极边烟瘴之地，各地俱未达到遣军流犯人人满为患的程度。至于在办案中常流是否为充军、发遣所夺的问题，应考虑到时间背景。在正常情况下，乾隆中后期被判充军、发遣的数量要超过常流的数量。吉同钧所言常流地位逐渐为充军、发遣所夺的观点能够成立。根据督抚每年的具题情况，各省每年被判遣军流刑的人数可能比现在很多人想象中的要少很多。应该可以断定，乾隆末嘉庆初，全国每个州县平均每年遣军流案件可能还不到一个。嘉道后，随着全国各地人口数量的降低，锁带铁杆、石礅刑的使用，大多省份每年的遣军流犯数量都有明显降低。

第二章　徒刑

在唐律中，奴被视为"畜产"，属于当时的贱民阶层。其与良民阶层在日常生活中有着明显的差别，受到良民阶层的歧视。《唐律疏议》认为，"徒者，奴也，盖奴辱之"。亦即像对待奴一样对待徒刑犯。[1]《唐律疏议》同时认为，《周礼》中有徒刑的记载，徒刑始于周代。在周代，徒刑犯不仅被强制做劳役（"任之以事"），而且还受到羞辱，从事贱役（"入于罪隶"）。[2] 所以，将中国古代的徒刑简单解释为劳役刑并不恰当。这忽略了该刑本有的羞辱意味。简言之，徒刑是强制犯人做贱役的刑罚。隋唐至明清，

---

[1] 《大清律例·名例律上》"五刑"门律文小注也有"徒者，奴也，盖奴辱之"这样的话语。其意思并非徒刑犯与奴等同。在清代，徒刑的羞辱意味已不明显。乾隆时陕西巡抚陈宏谋说，在配军流有安分营生者即属入籍良民。军流子弟有能读书者听其入籍考试［(清) 陈宏谋：《培远堂偶存稿》"文檄卷二十四"，《清代诗文集汇编》第 280 册，上海古籍出版社，2010，第 586 页］。乾隆初，刑部左侍郎张照说，从前黑龙江宁古塔等处安设站丁水手，有系三藩案内牵连者，有系缘罪发遣者。后因伊等当差效力年久，屡经移驻分防，子孙遂成土著，咸得除名成籍，列身仕宦，诚以罪人不孥，父祖虽系罪籍，而子孙实非有罪之人也。张照同时说，为奴遣犯并非例应金遣者，仍属国家之良民［哈恩忠编《乾隆朝管理军流遣犯史料》（上），《历史档案》2003 年第 4 期］。为奴遣犯的子孙系属良民，这与旗民放出家奴子孙明显不同。虽然后来《大清律例·户律·户役》"人户以籍为定"门对军流随配入籍之子孙的考试权有限制，但对在原籍之子孙考试权并无限制。军流人犯的贱民身份总体上并不清晰，徒犯就更不用说了。

[2] (唐) 长孙无忌等撰《唐律疏议》，岳纯之点校，上海古籍出版社，2013，第 5 页。

徒刑是这些朝代的主要刑罚之一。随着历史的发展，在封建制五刑中与徒刑并列的其他四种刑罚笞、杖、流刑早已被废止，死刑虽然仍然存在，但已不那么血腥，只有徒刑仍然发挥作用，而且还是现在最常适用的刑罚。只是其内涵已经发生了很大的变化，不再具有羞辱的意味。其侧重点也不再是劳役，而是人身自由的被限制。正如晚清著名法学家吉同钧所言，古今中外刑法种类多端，而其为古今中外所共认者，莫如徒刑。① 徒刑可以说是古今中外最具生命力的刑罚。

第一节　清代徒刑概述

后世一般认为，徒刑始于周代。在以肉刑为中心的先秦时期，徒刑并非当时的主要刑罚。秦统一六国后，因为大兴工程，需要大量劳动力，劳役刑的地位有所提升。汉文帝、景帝的刑制改革进一步扩大了劳役刑的适用范围。此后，劳役刑更为重要、常见了。在曹魏、西晋等朝劳役刑成为五刑之一。至北魏时，劳役刑开始正式被称为徒刑。② 北周、北齐时，徒刑明确成为五刑之一。隋唐时，徒刑作为五刑之一的地位最终确立。对徒犯的劳役方式，各朝有不同的规定。

清入关前，刑罚唯鞭责与大辟，并无徒刑。直至顺治三年（1646）《大清律集解附例》的颁行才改变了这一状况。该律被视为《大明律集解附例》的翻版。其有关五刑的规定系沿自明朝旧制。徒刑亦被分成五等，分别为徒一年、杖六十，徒一年半、杖七十，徒二年、杖八十，徒二年半、杖九十，徒三年、杖一百。在顺治年间徒刑犯人不必尽发本省驿递。顺治十二年（1655），江西兴屯道翟凤翯奏准，嗣后徒犯酌其年份以定开垦之多寡，开完释放，其愿留者即永为己业。雍正年间又改为徒犯发本省

---

① （清）刘锦藻：《清朝续文献通考》卷251《刑考十》。

② 根据《魏书》的记载，在北魏孝庄帝永安二年（529）时，曲赦畿内，死罪至流人减一等，徒刑以下悉免。见（北齐）魏收撰《魏书》卷10《孝庄纪第十》，中华书局，2013，第261页。

驿递。①

　　徒一年、一年半、二年、二年半、三年常被统称为"五徒"。"五徒"之外，尚有准徒二年、总（准）徒四年、准徒五年名目。准徒二年系由迁徒刑所减而成；总（准）徒四年或系杂犯三流者所实际执行的刑罚，或由徒三年所加；准徒五年或系杂犯斩绞所实际执行的刑罚，或由准徒四年所加。

　　徒刑是清代刑罚体系中轻罪与重罪的分界线，徒刑以上（含徒刑）与徒刑以下有着明显的区分。《清史稿·刑法三》载："各省户婚、田土及笞杖轻罪，由州县完结，例称自理词讼。……徒以上解府、道、臬司审转，徒罪由督抚汇案咨结。"② 徒刑以上一般被视为重罪，徒刑以下则被视为轻罪。徒刑以下被视为州县官自理范畴，州县官有权对徒刑以下人犯酌量使用笞、杖刑罚。对徒刑以上犯人，州县官则须按照《大清律例》的相关规定，逐级审转复核。乾隆四十年（1775），刑部议复甘肃按察使图桑阿条奏定例规定，对发生在外省的有关人命的徒罪案件，均应将该案人犯解省按察司审转，总督、巡抚专案咨部核复，年终仍须汇题。其他寻常徒罪案件人犯解府审理，不用解至省按察司，在审理完毕后报督抚批准。督抚批结后，须详细叙明该案供招，按季报部查核。③ 一般来说，杖不解府，徒不解司，军流不解院（院指督抚）。④ 徒刑案件的断结方式分为两种：第一种为奉准部复，即为断结。其对象为外省有关人命，例应咨部者。这种案件又被称为内结徒刑案件。第二种为督抚批饬，即为断结。这种案件又被称为外结徒刑案件。对京师案件，核其情罪在徒刑以上，方准送刑部审理，由

---

　　① 滋贺秀三先生认为，在盐场等实体纳入商业化轨道后，清政府必须依靠行政权力运营的部门最后恐怕只剩下了驿递。作为适用强制劳动的适当场所，徒犯便被送来此处。〔日〕滋贺秀三：《刑罚的历史——东方》，〔日〕籾山明主编《中国法制史考证》丙编第 1 卷，徐世虹译，中国社会科学出版社，2003 年，第 87～88 页。

　　② 赵尔巽等：《清史稿》卷 144《志一百十八·刑法三》，中华书局，1977，第 4207 页。

　　③ 薛允升说，寻常徒犯现在按季咨部者不过十之一二。（清）薛允升：《读例存疑》卷 49，胡星桥、邓又天等点注，中国人民公安大学出版社，1994，第 858 页。

　　④ （清）陆耀：《切问斋集》卷 12，《清代诗文集汇编》第 352 册，上海古籍出版社，2010，第 529 页。

刑部断结，徒罪以下即由五城御史、步军统领衙门自行审理完结。^① 京城送刑部审理的案件不一定为有关人命案件。

《大清律例·名例律下》"徒流迁徙地方"门规定，徒犯系发往本省驿站。对流寓之人犯徒罪的，即在所犯地方充徒。文武员弁犯徒、总徒四年、准徒五年者，即在犯事地方定驿发配，俟年限满日释放回籍。^② 驿站在清代的信息传递中不可缺少，受到清廷的重视。各驿站俱设有夫役，以供挑扛、递送文书、喂养马匹等事。根据所处位置，各驿站所设夫役少者二三十名，多者一二百名。其夫役工食，每名日给银二三分以至七八分不等，俱于驿站钱粮内开销。^③ 加上喂养马匹等费用，各州县实际承担了较重的驿站开销。在山东等一些地方"问徒者例无口粮"。^④ 将徒犯发往驿站，一方面能在一定程度上减轻各州县的财政压力，另一方面，也便于管理，使生存技能单一、较难在异地生存的徒犯暂时解决了生存危机。徒刑犯人一般不似充军、流放犯人那么穷凶恶极，难以管束。将徒犯发往驿站在清代是可行之道。

徒罪犯人并不必然意味着要定地发配。如对乌鲁木齐等处安插兵民犯该徒罪者，照犯罪免发遣折枷例，加一等折枷，免其充徒。系民，仍令种地。系兵，交地方官指给地亩，耕种纳粮。其换班绿旗兵丁犯该徒罪者，仍留该处，不给口粮，在种地处效力，照应徒年限扣算，满日再行发回。内地贸易商民于新疆地方犯该徒罪者，仍解回内地。^⑤《大清律例·名例律上》"工乐户及妇人犯罪"等门规定，凡钦天监天文生习业已成，能专其事者，犯军、流、徒罪，各决杖一百，余罪收赎，仍令在监习业，犯谋反、采生折割人、掏摸、抢夺等罪除外。凡工匠、乐户犯徒罪的，在将其按应得杖数杖责后，留住本衙门，照徒年限拘役，支取月粮。其斗殴伤人及监

---

① （清）刘锦藻：《清朝续文献通考》卷251《刑考十》。
② 光绪《大清会典事例》卷741《刑部·名例律·徒流迁徙地方一》。
③ 光绪《大清会典事例》卷690《兵部·邮政·驿夫一》。
④ （清）祝庆祺、鲍书芸编《刑案汇览》卷16，法律出版社，2007，第950页。
⑤ 光绪《大清会典事例》卷741《刑部·名例律·徒流迁徙地方二》。

守常人盗、窃盗、掏摸、抢夺等犯不在此限。妇人犯徒、流的，决杖一百，余罪收赎。

乾隆五十二年（1787年），刑部议复云南巡抚谭尚忠条奏定例规定，总督、巡抚于通省州县内核计道里远近，酌量人数多寡，将徒犯均匀酌派至各地，不拘有无驿站，交各州县严行管束。民人在京犯该徒罪的，顺天府尹须于离京五百里州县定地充配。别省民人在京犯该徒罪的，俱解回原籍，定地充徒。乾隆十三年（1748），因奉天府各驿站丁专设旗人，不便令徒犯在驿站一体充夫。刑部议准，将奉天所属民人犯徒刑者，仿照军犯到配之例，酌定远近，分发各州县，或充河口渡夫，或充各衙门水草夫役，严加管束。①

徒罪人犯在审案定罪后，如有应追银两，讯明本犯原籍有产可赔者，移查明确，将该犯解回原籍追银。在应追银两完交后，照应配地方发配。将所完银两移交犯事地方，分别给主。如果无应追银两，或者赃项已经追完，及移查原籍并无产业者，徒犯即在犯事地方定地充徒。②

清末惯例，如果系职官犯罪，按民人应拟徒者，职官从重发往军台效力。③ 其年限以应徒之年为断，限满即行释放。如果系侵贪之案，仍令完缴台费者，限满后奏请释回。其无力完缴者，于应徒年限已满之后奏明再行留台三年，限满即行释放。《大清律例·名例律下》"徒流迁徙地方"门律文规定，徒犯年限系从到配之日起连闰计算。④

虽然《大清律例·名例律下》"徒流迁徙地方"等门对徒刑犯摆站拘役方面有明文规定，但这只是典章制度的规定。与现实有较大差距。实际情形非常复杂。尤其是那些因窃盗拟徒人犯多系不逞之徒，怙恶难悛，难

---

① 《清高宗实录》卷320，乾隆十三年闰七月丁巳。
② 光绪《大清会典事例》卷741《刑部·名例律·徒流迁徙地方一》。
③ （清）刘锦藻：《清朝续文献通考》卷250《刑考九》。
④ 乾隆中期四川巴县曾接收一名徒刑犯人。该犯于乾隆二十九年七月二十一日被递解到县，因为该犯服劳役期间有个闰月，所以，其三年徒限届满的时间为乾隆三十二年六月二十一日。见四川省档案馆编《清代巴县档案汇编》（乾隆卷），档案出版社，1991，第70页。

于管理。因为嘉庆、道光后社会秩序愈加动荡，流动人口增加，吏治更加腐败，各地对徒犯的管理更加流于形式。① 至迟道光时各地徒罪人犯常不执役，并常逃脱。道光十七年（1837），直隶总督称，近来徒犯脱逃仍复不少，地方官自能捕获者十无一二。此皆由州县藉有办理地方公事，凡遇递犯到配，不过饬交吏目、巡典，又相率玩泄，即不顾问。即有朔望点卯，按月册报，相率俱成虚设具文。而吏目、巡典又相率泄视，亦不过诿诸防夫。甚或防夫一人派发人犯多至四五名，何能望其看守无误？且应给徒犯口粮往往不能如数，吏胥从中侵扣，遂致糊口为难，听其外出乞食，来去自由，漫无约束。其带有资财者，防夫复得贿卖放。迨至报逃，地方官自以为处分不重，届期开参即可了事。所以，地方官遇有徒犯脱逃，并不上紧缉拿，亦未将贿纵实情究出惩办。② 薛允升也说，因为各州县俱以徒犯为苦累之事，不加管束，在配脱逃者比比皆是。③ 徒犯摆站拘役，仅有其名。④ 各地对军、流、徒犯的管理"有名而无实"。

　　嘉庆后，徒刑犯人在途在配脱逃、逃后再犯日益成为严重的社会问题。地方官因此也会承担相应的处分，因而不胜其扰。加上解配费用所产生的压力，各地对徒刑犯人的管理逐渐面临着"法为之穷"的困境。道光七年（1827），刑部就议准湖广总督嵩孚奏请，将罪应拟徒之湖南、湖北两省抢窃等犯毋庸解配，在籍锁带铁杆、石礅。不久后，徒犯毋庸解配的做法又被推广到福建、广东等省。道光、咸丰年间吴文镕在任云贵总督时认为，锁带铁杆、石礅限制了犯人的部分人身自由，将其拘系，不仅可以消其桀

---

　　① 嘉庆中期一驾船诱赌徒犯被发配安置到配十日即逃，数年后被获仍发原配从新拘役，一年后又因配所穷苦脱逃。之后又因诱赌再度被获 [（清）香渠辑《详稿汇抄》，桑兵主编《六编清代稿钞本》第 252 册，广东人民出版社，2014，第 39～42 页]。与乾隆年间相比，嘉庆、道光后徒犯在配犯罪和脱逃后犯罪的危害更大。

　　② 《清刑部通行饬令汇存》第 1 册，全国图书馆文献缩微复制中心，2005，第 255～256 页。

　　③ （清）薛允升：《读例存疑》卷 6，胡星桥、邓又天等点注，中国人民公安大学出版社，1994，第 102 页。

　　④ （清）刚毅：《晋政辑要》卷 36，《续修四库全书》第 884 册，上海古籍出版社，2002，第 748 页。

悍之气，也可能因此化莠为良。① 以吴文镕为代表的地方督抚意图改进对徒犯的管理，以将其锁带铁杆、石礅的方式减少他们逃脱的机会。

虽然如此，徒刑犯人和充军、流放犯人在配脱逃日众，对他们的管理仍然形同虚设。这最终引起了刑部的紧张，力图寻求变通整顿之法。光绪九年（1883），刑部奏定饬下各省总督、巡抚体察地方情形，悉心妥筹，以维法纪。② 光绪十年（1884）、十一年（1885），直隶总督复奏，建议将徒犯分成良民和游惰两种。游惰徒犯收入自新所，责令学习织带、编筐等项手艺。河南、甘肃建议将命案各犯给资营生当差，抢劫各犯收入自新所看管。河南又奏请一二年后察看情形，再一体安顿。刑部建议河南、甘肃亦应责令徒犯在所学习手艺。四川省拟设徒流所，令各犯学艺谋生。贵州、陕西、云南、安徽、福建、浙江、广东七省则以老病者入养济院，其余或给资营生，或随同捕盗屯边。湖南、湖北二省拟令犯人应役充夫及捕盗立功。刑部同时建议各省饬令各州县将逃犯数目，按季造册详报，由该督抚年终咨部查考。③ 各省复奏办法不一，实际最终仅确定了将满流加等拟发充军者均改发极边足四千里充军。其余仍从其旧，实际并未更张。各地对徒犯的管理并未有实质的变化。正如光绪二十九年（1903）刑部所称，十余年来，充军、流放、徒刑犯人"仍复逃亡累累"，几有法穷当变，不可终日之势。④

在此背景下，光绪二十八年（1902），护理山西巡抚赵尔巽奏请各省通设罪犯习艺所以安置充军、流放、徒刑犯人。刑部议准，将赵尔巽的奏请章程稍予变通后实行，其中，赵尔巽徒刑犯人毋庸解配、收所习艺的建议得到了采纳。⑤ 与晚清刑法改革大致同时，裁驿归邮逐步开展，这也导致很

---

① （清）吴文镕：《吴文节公遗集》卷66，《清代诗文集汇编》第575册，上海古籍出版社，2010，第437页。

② （清）朱寿朋编《光绪朝东华录》，张静庐等校点，中华书局，1984，第1619页。

③ 光绪《大清会典事例》卷746《刑部·名例律·徒流迁徙地方六》。

④ 《刑部议复护理晋抚赵奏请各省通设罪犯习艺所折》，上海商务印书馆编译所编纂《大清新法令》（点校本·1901－1911）之第1卷，李秀清等点校，商务印书馆，2010，第188页。

⑤ 《刑部议复护理晋抚赵奏请各省通设罪犯习艺所折》，上海商务印书馆编译所编纂《大清新法令》（点校本·1901－1911）之第1卷，李秀清等点校，商务印书馆，2010，第185～193页。

多徒犯无差可遣，徒犯停止外发逐渐成为当时的共识。宣统二年（1910）颁行的《大清现行刑律》仍保留徒刑，凡徒役各照应徒年限，收入本地习艺所工作，限满释放。宣统元年（1909），修律大臣沈家本奏准将旗人犯徒、流、军、遣各罪照民人实发，删除旧例折枷各条。宣统三年（1911）《大清新刑律》规定刑罚分为主刑和从刑两种，主刑包括死刑、无期徒刑、有期徒刑、拘役和罚金。① 徒刑年限自二月以上递加至十五年，甚至有终身作徒者。凡进士、举人、贡监生员，及一切有顶戴官犯徒、流之罪，应收所工作，饬令充当书职等项杂役，仍于办结后知照法部存案。在晚清刑法改革中，封建制五刑中的笞刑、杖刑、流刑基本被废除，死刑的条文明显减少，只有徒刑的地位更加重要。

第二节　在配徒犯的管理

近年来，法律社会史受到了中国法律史学界的密集关注。相关的研究成果很丰富，很多人还对法律社会史的研究对象和研究方法表达了自己的观点。这些观点很难统一，毕竟对法律社会史有直接影响的社会史和法律社会学也是如此。依笔者浅见，中国法律社会史研究有两个趋势，即研究范围的区域化和研究对象的具体化。前者与地方法制史的研究相呼应。近年地方法制史的研究选题呈现增长趋势。在地方法制史的研究中，历史学界区域社会史研究路径的影响虽然目前看来尚不明显，但笔者断言这种影响会越来越大。② 后者受到历史学界社会史"眼光向下"思路的影响，更注

---

① 民国学者杨幼炯认为，《大清新刑律》沿用古代五刑之窠臼，所以，亦有五刑之规定。其中，有期徒刑、无期徒刑、拘役皆属自由刑。拘役似属多分。实际上，当时的立法者对拘役的设置大有苦心。如果人之犯罪甚轻者遽处以徒刑，则于犯罪者之名誉上大有所关，所以，不如暂处以拘役。杨幼炯：《近代中国立法史》，李绍平校点，湖南教育出版社，2010，第64页。

② 现在对法律制度的研究已经不能忽视对社会的关注。（地方）法律制度的产生、运作和影响最终都会在（地方）社会有所反映。所以，地方法制史的研究与区域法律社会史并无实质不同。区域社会史更关注区域社会背景和区域社会背景下某问题的共时性和历时性变动情况（历史情境），更重视区域性资料的结合使用，试图把区域问题放到更广阔的整体空间中进行理解和对比性研究。

重对单个具体人物、人物群体的研究。① 将以典章制度、国家大事为中心的研究视角转换成以具体人物、人物群体为中心之后，不仅会有很多有意义的发现，也使研究更加生动活泼。受到研究材料的制约，对单个具体人物、人物群体的关注多局限于当时的精英个体和精英全体。他们有书写能力，留下了很多自己书写的材料，对我们了解当时的法律社会和司法运作情况具有重要的研究意义。在很多法律史问题的研究中，我们现在很难看到当事人自己书写的材料。在这种情况下，我们只能依靠一些他人书写的材料。徒刑的研究就是如此。我们现在所能见到的有关清代徒刑的材料基本非徒刑犯本人书写。在笔者对清代各主要刑罚的研究中，以徒刑的研究难度最大。相关材料太少当然是主要原因。

应该看到，无论是他人书写的材料（比如奏折题本中有关流刑犯的材料），还是自己书写的材料（比如《杜凤治日记》），都是人主观意识的结果，不尽客观。所以，不能盲目低估或高估那些由他人书写的材料的史料价值。史料价值的高低取决于我们看问题的态度。在笔者所见由他人书写的有关徒刑的材料中，刑科题本的书写最为详细。在配徒犯又犯有重罪，达到向皇帝具题的条件时，地方督抚、将军等会向皇帝具题。在这类题本中经常会有徒犯的供词。这些供词虽然由地方督抚、将军等官员书写，但也或多或少揭示了在配徒刑犯人的管理、生活状态等信息。这对徒刑的研究来说是非常重要的材料。比如在乾隆三十九年（1774）闽浙总督钟音具题审究某知县率报徒犯废疾事的题本中就有徒犯的供词等信息。这些信息向我们展示了福建一个在配徒刑犯人运作收赎事项的过程，比较直观地体现了当地徒刑犯人的管理等信息。②

该徒犯名叫詹鳌。他原是福建龙岩州监生，因为调戏他人妻子被问拟满徒。于乾隆三十八年（1773）被发配至同安县深青驿摆站。据民国《同

---

① 李在全：《让"人"回归法律史研究》，《史学月刊》2023 年第 1 期；张本照：《清代取保候审研究》，法律出版社，2020，第 24～30、286 页。
② 材料见《题为审究福建参革署理同安县知县周麟生率报徒犯詹鳌废疾家人交通受贿案依律分别定拟事》（乾隆三十九年），中国第一历史档案馆藏，档号：02－01－07－14001－006。

安县志》，深青驿在县西六十里，原系驿丞专理，清乾隆二十年裁汰，归县管理。额设赡夫六十名，抄单、走递、防夫等五名，兜夫十五名。同安县还有一个驿站（大轮驿），乾隆三十一年时，同样归县管理。① 在清代，驿站设驿丞，驿丞掌邮传迎送，系未入流之官。② 按照《钦定吏部处分则例》的规定，徒犯在到达配所后，如果系有驿州县，以驿丞为专管官，州县为兼辖官。③ 在驿丞被裁的情况下，由知县直接管理驿站。清代知县事务繁杂，像同安县这样的"冲繁疲难"县，知县对驿站的管理更是力有难及。在本案中，该驿站事务系由同安县兵房书吏陈栋经管。兵房书吏不属于官僚阶层，既非徒犯的专管官，也非兼辖官。由知县直接管理驿站，加重了知县的工作量和责任。乾隆二十六年（1761），兵部议准，徒刑犯人应发配在城驿站，交州县官就近管束。④ 就本案来说，徒犯詹鳌并未发往离县城更近的大轮驿，而是发往了离县城六十里的深青驿。

当然，并非每个州县都会有驿站。在无驿州县徒犯系发交巡检、典史等官管束、拘役。乾隆五十四年（1789）奉吏部通行条例内称，徒犯既照军流人犯派拨之例于通省州县酌配，则遇有脱逃，应照安插军流之例，以吏目、典史为专管官，州县为兼辖官。有驿州县仍以管驿之县丞等官为专管官。州县官在接收徒犯时，按照《大清律例》应得杖数折责，施加应得杖刑后，将徒犯派发巡检、典史及兼管驿务之县丞等官交保管理，取具巡检、典史收管，由州县加具收管申送督抚。⑤ 徒犯具体由谁看管，每个地方情况不同。就本案来说，徒犯系由该驿站防夫卢西看管。防夫主要负责驿站的安全工作。由防夫看管徒犯，主要是直隶、福建等地的做法。道光七年（1827），直隶总督那

① 民国《同安县志》卷19《交通·驿递》。

② 赵尔巽等：《清史稿》卷116《志九十一·职官三》，中华书局，1977，第3359页。乾隆前还有专门管理发配徒犯，不负责往来应付夫马船只事务的驿丞。如雍正年间广东总督郝玉麟曾奏准将只管理发配徒犯之阳江县太平驿、阳春县乐安驿驿丞裁汰。民国《阳江志》卷8《建置志一·城池》。

③ （清）沈贤书、孙尔耆校勘《钦定吏部处分则例》卷46《刑·提解·徒流军遣到配分别专管兼辖》，光绪二年（1876年）照新修。

④ 《清高宗实录》卷631，乾隆二十六年二月癸巳。

⑤ （清）佚名：《治浙成规》卷7，《官箴书集成》第6册，黄山书社，1997，第621页。

彦成称，徒犯到配后，折责发落，交防夫管束，均系散行。① 既为散行，犯人应有一定的人身自由。道光十年（1830），直隶通饬称，地方官每月朔望时要亲自点卯。仍于点卯后将各徒犯姓名逐一造列清册，并摘叙案由、年限、到配限满日期和防夫姓名，按月通报一次，查核。② 如有疏脱等事，地方相应各官会有相应处分。民国《交河县志》载，直隶交河县有看守徒犯防夫一名，日支工食银一分八厘，每年共支银六两三钱九分。③ 乾隆十七年（1752），福建所定防范徒犯章程也规定，徒犯到配，责令防夫加意看守。④ 在本案中，防夫卢西说，每逢初一、十五带该犯詹鳌到县点卯。该犯于当年七月二十三日到配，九月初因为水土不服，染患寒湿病，防夫当即报明。因驿所路远，暂住县城就医。十二月十五日卢西来县带犯点卯。可见点卯系在县城，由管束人带着犯人点卯。该犯詹鳌既在县城就医，防夫不在犯人身边，也可见在三个月的时间里该防夫卢西对该犯并未严密看守。

在在配徒刑犯人又犯重罪的刑科题本中，在配徒刑犯人有因小事杀人的，有行窃的，有抢劫的，有凶诈扰害的，有诬控他人的，有私铸铜钱的，有造卖纸牌的。与在配流刑犯人相比，在配徒刑犯人数量更少，也相对安分和容易管理。诸多事例说明，在配徒刑犯人身无戒具束缚，有比较充分的人身自由，防夫、差役、地保等负责看管之人对其看守并不严密。徒犯理应在驿站从事喂养马匹、递送公文、铡草、挑水等苦差。实际上，乾隆中后期时徒犯不在驿站应役，在各地也是普遍情况。⑤ 徒犯普遍较为贫穷，

① （清）祝庆祺、鲍书芸编《刑案汇览》卷16，法律出版社，2007，第949页。

② 《清刑部通行饬令汇存》第1册，全国图书馆文献缩微复制中心，2005，第212～213页。

③ 民国《交河县志》卷2《田赋志》。

④ 《福建省例》"刑政例上"《防范徒犯章程》，台北大通书局，1987，第839页。

⑤ 根据光绪十年（1884）前后各省所言，在奉天，定发徒犯系由配所各州县转发巡检、典史等衙门专管，饬令充当水火夫，日给口粮，按月点卯，防守綦严，较诸他省任其闲散，不给口粮者有间；在黑龙江，徒犯系摆站充夫，均有衣食；在江苏，徒犯均发本省有驿州县充当杂差，如无驿站之处，亦交巡检、典史等管束拘役；在山东，凡有驿州县照例令徒犯充当铡草、挑水等夫，即无驿之州县亦必于各衙署驱使人夫内设法安置；在四川，军流徒犯既无差役以拘其身，又无月粮以糊其口，安置未有良法。（清）佚名：《江苏省例四编》，杨一凡、刘笃才编《中国古代地方法律文献》丙编第13册，社会科学文献出版社，2012，第283～330页。

为了生存，需自谋生路，加之管理松懈，徒犯因而经常脱逃。在本案中，徒犯詹鳌所患并非重症，却在县城住了三个月，可见驿站并未催促其回归。在此期间，詹鳌也未被强迫劳役。詹鳌本是监生出身，能在羁留异地的情况下很快拿出番银一百圆（最后经审判后换算成银两在五十五两至八十两），这说明其家境良好。这是其运作收赎事项的重要基础。其生活状态与一般的在配徒刑犯人不可同日而语。与刑科题本中大多穷苦徒犯相比，詹鳌更有条件接近徒犯的管理人员。虽然其远离驿站，官方好像并不担心其脱逃，对其管理较为松懈。[①]

　　为防止犯人脱逃滋事，乾隆十七年（1752年），福建所定防范徒犯章程称，徒犯到配后，按照惯例脚上要穿木靴。既称之为惯例，可见这一做法在此之前便已常态化。官方也有通过使犯人脚穿木靴的方式允许其求乞（也仅此而已）的意图。这说明犯人在当时应有一定的人身自由，只是因为脚穿木靴，所以，其活动范围非常有限。该章程同时说，竖背铁棍、系胫铁圈，律内狱具图未载，所以，未便定式颁行。可见此前在福建有使徒刑犯竖背铁棍、系胫铁圈的做法。使窃盗锁带响铃、背铁棍的做法，该章程后文更是明确以非刑视之。犯人脚上所穿木靴未被视为狱具，当然也未被视为非刑，在乾隆十七年时被福建防范徒犯章程再次确认。[②]该章程同时认为，配徒摆站，计限回籍，家属自必时当计给口粮，断无坐视。但对到配后确系贫苦之人，应令该管官设法量给口粮。[③]从本案来看，不明确徒犯詹鳌脚上是否穿有木靴。

　　根据律例规定，徒刑犯人系在驿站应役。既然如此，很多驿站会有专

---

　　① 乾隆三十九年（1774），浙江全省一共有144个军流发遣案件，其中，徒犯在配犯罪和逃后犯罪就有14件。在这14个案件中，除了一个是逃徒诱拐案件外，其余均为行窃案件。其中有六个是在配行窃案件。虽然这不能反映当时全国的情况，但至少说明在当时的浙江地区在配徒犯生存之不易和管理之松懈。张伟仁主编《明清档案》A223-123。

　　② 各省对流刑犯和徒刑犯的管理细节不同。在同一地区，有的细节可能某时视为非刑，彼时不被视为非刑。在福建被视为非刑，在其他省份不被视为非刑。比如乾隆三十一年（1766），湖南有使在配徒刑犯携带枪铃的做法。（清）佚名：《湖南省例成案选刊》"刑律"，杨一凡、刘笃才编《中国古代地方法律文献》丙编第4册，社会科学文献出版社，2012，第57页。

　　③《福建省例》"刑政例上"《防范徒犯章程》，台北大通书局，1987，第839~840页。

门的房间安置徒犯。如在江苏丹徒县京口驿有驿卒房二间、萧王堂一间和徒犯房三间。① 在很多无驿州县徒犯也常有歇宿之所。如盛京将军辖区岫岩州巡检衙门西班房三间为拘禁徒犯之所。② 道光二十八年（1848），直隶定州吏目詹作周建徒犯房。③ 也可能会有专人看守徒犯，如在湖南驿站，有槽头、马夫轮流看守。④ 每个地方情况不同。乾隆后无论徒犯个人条件如何，各地徒犯普遍不在驿站歇宿。本案未明确徒犯詹鳌到驿初期的住所情况。

与传统的法律史研究相比，法律社会史更强调具体的"人"。人是有温度的。作为徒刑犯人管理者的知县也是人，他与徒犯之间会交流感情，有时还会关照徒犯。比如清初黄六鸿建议，至于曾经出仕，名列衣冠，虽法令之宜加，亦大体之当恤。倘其远在他乡，行李萧索，更须略为资助，免沦冻馁。如果具呈请假，归里省亲名色，无批准令回之例，或哀恳情切，必得有身家的保具结，定限回销，方可准允。否则，放归致生事端，该管官难辞疏纵之咎。⑤ 这说明有的徒犯在配期间甚至有机会回家。黄六鸿的建议说明律例的实行并非缺乏人情味，不可变通。当然，在配徒刑犯人也有通过贿买驿丞等方式回家的。雍正年间河东总督田文镜所编《钦颁州县事宜》说，驿丞官职卑微，惟图营利，而知县地方事冗，不复经心。奸黠徒犯每多夤缘贿买，私放归家。或倩人顶替，本犯潜回。枭贩仍然卖盐，窃盗依旧作贼。或遇旁人首告，在未经拿住者，则星夜逃回原驿，以为并未远离。倘连人捕获，则该驿倒提年月，捏报脱逃在先，借以掩饰。甚至随到卖放，旋即报逃。有一驿而连逃数人者。如此之事，经臣咨参斥革究拟，不一而足。⑥ 驿丞有机会违规操作，私放徒犯归家。知县当然也有机会进行

---

① 光绪《丹徒县志》卷20《武备志·驿传》。

② 咸丰《岫岩志略》卷2《营建志·公署》。

③ 民国《定县志》卷3《政典志·建置篇上》。

④ （清）佚名：《湖南省例成案》"吏律"，杨一凡编《清代成案选编》甲编第46册，社会科学文献出版社，2014，第168页。

⑤ （清）黄六鸿：《福惠全书》卷29，《官箴书集成》第3册，黄山书社，1997，第554～555页。

⑥ （清）田文镜：《州县事宜》"圣谕条列州县事宜"，《官箴书集成》第3册，黄山书社，1997，第689页。

这种违规操作。乾隆三十三年（1768），湖南益阳县徒刑犯人、原委署通判金文镕到配不久就禀见该县知县陈煦，向其告假，借口说往常德府找亲戚乞贷。陈煦不行禁阻，混准给假。金文镕起身离配后，日久不回，差役查缉无踪。陈煦为图避处分，匿不详报。① 从中也可见虽然律例严禁徒犯脱逃和私回原籍②，但徒犯在配期间还是比较容易脱逃和返回原籍。

当然，既有关照徒犯的，也有私自役使徒犯的。《钦定吏部处分则例》规定，驿官不得私役徒犯，如果驿官将私事役使徒犯，致令离驿他徒者，罚俸九个月。③ 虽然有这样的规定，在现实中私役徒犯的情况应该比较常见，只是很少被发现而已。如光绪元年（1875），顺天府平乡县典史因子回籍，遣在配徒犯赶车送往。该徒犯回配销差途中因面带刺字痕迹被查获。④ 如果该徒犯面无刺字痕迹，该典史私役徒犯之事应该不会被发现。刺字徒犯比较少见。

在本案中，同安县驿丞已经被裁。除知县之外，对在配徒刑负人负有管理责任的还有兵书和防夫二人。兵书和防夫也有违规操作的机会，从而使徒犯得到关照。这也正是本案的典型之处。

《大清律例·名例律下》"犯罪时未老疾"门律文规定，徒役年限内成废疾，准其收赎。本案徒刑犯人詹鳌深知此律。詹鳌在供词中说，因驿所路远，暂住县城就医。只因时常有病，又因父母年老，想通过做成废疾的方式收赎回家。于是，他找到兵书陈栋商量，陈不允。詹又供说自己在病好后腿上生有一疮。十二月初十日詹又恳请陈栋禀报废疾，许送二十圆番银。陈说一点小疮，报不得废疾。詹说自有方法做装。陈又说自己不敢溷报。詹又添许番银一百圆，陈方才依允。詹次日就将钱照数交给了陈栋。

---

① 《题为特参益阳县知县陈煦混准徒犯告假徇情捏饰请旨革职事》（乾隆三十四年），中国第一历史档案馆藏，档号：02-01-03-06391-010。

② 比如乾隆三十五年（1770）定例规定，徒犯在配与在中途脱逃，主守、押解人等，如果审明无知情贿纵情弊，照例给限追捕，限内能自捕得，准其依律免罪。如系他人捕获，或者囚已死、自首，将主守、押解人等治罪，不准宽免。见光绪《大清会典事例》卷834《刑部·刑律捕亡五·徒流人逃二》。

③ （清）沈贤书、孙尔耆校勘《钦定吏部处分则例》卷46《刑·提解·私役徒犯》，光绪二年（1876年）照部新修。

④ 顾廷龙、戴逸主编《李鸿章全集》"奏议"，安徽教育出版社，2008，第462页。

又想办法把小疮做成大伤，自己用药敷在疮上，两日疮就烂成一片。到十二月十五日，防夫卢西叫他去点卯。陈栋向卢西说明，许送他十圆番银，托他禀报废疾。卢西应允。陈就写成禀单，给卢西投递。十六日雇人将詹鳌抬到县衙。知县周麟生当堂看验，陈栋喝报肉烂筋缩，已成废疾。知县出座亲验，叫詹站起来行走。詹喊痛，假装说站不起来。知县周麟生没有怀疑，吩咐取结。陈就代写废疾甘结递进。十七日，陈将详稿夹套送进。十八日没有判出，陈担心事迟有变，就和门丁张升说詹鳌这稿是紧要的，要张催发。张供说自己当时见他形神急迫，必定得了詹某银子。就对陈说这事没什么紧急。陈就许送张十圆番银，张又回复说不便催发。陈再三央恳，加添二十圆。张供说，此时适值家主报丁忧，又届封印，诸事自必赶办，就随口应许他了。就把发出稿案留心查看，到二十日家主果然判出发房。陈栋就拿三十圆番银送给张升。陈随即写清，二十一日出详。门丁张升在供词中强调家主平日严察，稿案自判，自己不敢向家主禀催。是自己乘隙撞得，家主并不知道。并说，如果家主知情见蒙，这样严讯，敢不供出？

该案之所以被发现，系因为闽浙总督钟音在看到知县周麟生的详文后，发现詹鳌到配未久，右腿不应该忽成废疾。当即批按察司委验。按察使广德批饬泉州府知府亲提验讯，究出前情，将该知县周麟生禀揭请参。总督钟音又委署福州知府和泉州府知府会审，审出实情。总督钟音最后认为，在本案中，周麟生实没有得受犯人赃私和捏详情事，因已参革，毋庸治罪。按照《大清律例·刑律·受赃》"官吏受财"等门的规定，兵书陈栋依枉法赃五十五两，杖一百、流三千里。系无禄人，减一等，杖一百、徒三年。系书吏知法犯法，仍加一等，杖一百、流二千里。詹鳌虽系无禄人，应减一等，但原犯满徒，又敢捏报行贿，妄思脱罪，应不准减等。家人张升指称催发详稿，得受番银三十圆，折实纹银二十两八分八厘，合依枉法赃二十两，杖六十、徒一年。防夫卢西合依枉法赃一两至五两，杖八十。

在本案中，知县周麟生被兵书等人所骗，这也从侧面反映了其在决定徒刑犯人是否废疾事项上发挥的主要作用。对犯人是否废疾，周麟生需要当场亲验，只是他验得还不够仔细。对照光绪时照部新修的《钦定吏部处分则例》的类似规定，如果徒犯脱逃，专管官隐匿不报的，降二级留任，失察的兼辖官罚俸一年。如果是受贿纵逃脱的，专管官革职拿问，失察之兼辖官降二级调用。① 周麟生并未受贿，不应被革职。可能在总督钟音眼里根本不应该发生的事情，却在周麟生那里发生了。周麟生对徒刑犯人未尽到相应的管理之责。周麟生本是巡检出身，在奉文委署同安知县前曾任长汀县知县。他从巡检升至知县，能力肯定受到了总督钟音等人的认可。他还不到五十岁，尚称不上老迈。他因此案被钟音参革，距其初任同安县知县仅半年而已。钟音将其参革，可能也有将其提拔后恨其不争的意思。

　　相对于知县，兵书的作用主要表现在文书的书写和传递上。在本案中，犯人詹鳌报病的禀单、废疾甘结和详稿都由兵书陈栋所写。陈栋作为驿站的经管者，犯人詹鳌显然一开始就找对了人。陈栋兵书的身份是其与防夫和门丁沟通成功的基础。他并未直接找知县运作，可能知县周麟生确实如自己所供述的那样一应公事都亲自办理。陈栋更相信县衙门丁的力量。对县衙门丁之弊，清代官僚和书吏阶层有比较清晰的认识。② 本案知县周麟生称门丁张升为家人，张升称知县为家主。双方关系自然较为亲密。不过周麟生好像与很多知县不同，他供称自己对家人张升平日管束甚严，家人从不敢在面前多说一语。兵书陈栋有事请求，说明他认同该门丁与知县的亲近关系。他相信只要金钱到位，门丁就能在知县面前说情。门丁张升知道家主适报丁忧，又届封印，诸事自必赶办的道理。仅从这点来看，张升熟知县衙办事流程，自己不需要出面，就能拿到三十圆番银。民国《同安县志》载，本县俸银四十五两。门子二名，工食银一十二两四钱。③ 门丁张升得受番银三十圆（折实纹银二十两八分八厘），较其每年的工食银还要多出不少。在此案中门丁张升并未实质性地发挥作用，虽然如此，兵书陈栋愿意拿出三十圆番银恳其帮忙（陈栋自己实际最后剩下六十圆番银），这正是

---

①　（清）沈贤书、孙尔耆校勘《钦定吏部处分则例》卷46《刑·提解·疏脱徒流等犯隐匿不报》，光绪二年（1876年）照部新修。

②　朱声敏：《清代州县司法实践中的门丁之弊》，《学术论坛》2014年第7期。

③　民国《同安县志》卷12《度支》。

门丁重要性的体现。

负责直接看管徒犯的防夫等人的作用也不容忽视。乾隆三十三年（1768），湖南益阳县徒刑犯人、原委署通判金文镕到配不久就以驿内屋窄托该管槽头另赁驿外民房民住，并不应役。① 嘉庆末，直隶某地防夫魏某奉差看管徒犯，辄贪图分赃，故纵徒犯李狗等行窃。魏某被认定为从犯，被判杖六十，刺臂，并加枷号两个月。② 在本案中，防夫的作用主要体现在徒犯的朔望点卯和疾病禀报上。兵书陈栋虽然对驿站有经管之责，但其在要求防夫卢西禀报犯人废疾时，卢西还拒绝了。直到陈栋许给卢西十圆番银，卢西才应承下来。这说明防夫卢西对兵书陈栋并非言听计从。

第三节　清代徒刑的地位

日本著名中国法律史学家仁井田陞认为，在当今世界各国的刑罚体系中自由刑占支配地位。自由刑取得这种地位的时间欧洲要远迟于中国。欧洲始于16世纪伦敦的布莱威惩治监③，而中国至迟在公元前3世纪左右，自由刑（劳役刑）就已经和死刑、肉刑一起在刑罚体系中占据比较重要的地位。他还说，纵观自古以来自由刑的发展，可知是以受刑者的无限制而且无等价报酬的劳动作为刑罚目标的。在世界各民族（包括巴比伦、亚述和印度）的古法中，死刑占据主要地位，然后是作为身体刑的肉刑。在唐律中自由刑（包括流刑和徒刑）占据中枢地位。后来尽管刑法有过一些变化，但自由刑的地位在中国大体没有变动。特别是晚清变法修律时，自由刑并没有像杖刑那样被废除。所以，在中国自由刑可以说大体上是一直向前发展的。④

在唐、宋、明、清各代流刑和徒刑的执行中，流刑和徒刑犯人的人身

① 《题为特参益阳县知县陈煦混准徒犯告假徇情捏饰请旨革职事》（乾隆三十四年），中国第一历史档案馆藏，档号：02-01-03-06391-010。

② （清）祝庆祺、鲍书芸编《刑案汇览》卷58，法律出版社，2007，第3051页。

③ 从仁井田陞的表述来看，其所言之自由刑实际等同于现在监禁刑。

④ 〔日〕仁井田陞：《中国法制史》，牟发松译，上海古籍出版社，2018，第62~66页。

自由受到限制。在大多数朝代流刑和徒刑犯人确实被强制劳动。所以，将流刑和徒刑归为自由刑并无不妥。虽然这种自由刑与近现代刑法学意义上的自由刑有着很大的不同，后者更强调感化、改造的目的。自由刑（流刑和徒刑）在唐以后各朝刑罚体系中的地位体现了这些朝代刑罚的重心问题。在笞、杖、徒、流、死五刑中，究竟哪种刑罚更重要？对这一问题，除了仁井田陞等学者之外，学界好像很少关注。① 有进一步探讨的必要。限于篇幅，仁井田陞只是强调了流刑和徒刑在唐、宋、明、清各代刑罚体系中的中枢地位，他并未再深入探讨这种地位的表现。

　　自由刑（流刑和徒刑）在唐以后各朝刑罚体系中的地位也体现了 20 世纪初中国的刑罚体系重心的变化问题。如果承认自由刑（流刑和徒刑）在唐以后各朝刑罚体系中的中枢地位，那么，20 世纪初中国刑罚体系重心就不存在变化的问题。因为唐以后各朝本来就以自由刑为中心，20 世纪初刑罚改革的结果强化了自由刑的中心地位。既然改革前后没有什么非常明显的变化，那么，这次刑罚改革的意义也就没有那么大了。总之，自由刑（流刑和徒刑）在唐以后各朝刑罚体系中的地位问题实际上是一个非常重要的问题。

　　笔者在此没有标新立异的考虑，只想就这一问题简单谈下自己的观点。因为笔者的专业方向侧重于清代，所以，笔者后文所谈基本着眼于清代。依笔者陋见，至少在清代的刑罚体系中，流刑和徒刑并不占据中枢地位（姑且认可仁井田陞将流刑和徒刑同视为自由刑的观点），占据中枢地位的是死刑。与流刑、徒刑相比，死刑更受官方重视。无论是立法上，还是司法实践中，抑或是官场人士的认知中，都是如此。

　　首先，在清代的司法实践中，各级官员对死刑案件确实更为重视。从宏

---

①　有人认为，汉文帝和汉景帝的刑制改革使以肉刑为中心的刑罚体系转变为以自由刑为中心（也有说转变为以劳役刑为中心的）。这实际上等于认为其后各代自由刑占据中心地位。自由刑一般系指徒刑和流刑。依笔者浅见，至少在清代，自由刑并不占据中心地位。李力教授说，在五刑中，徒刑并不占据主要地位，且种类单一（李力：《法制史话》，社会科学文献出版社，2000，第 91页）。他没有展开讨论。王立民教授等所编《中国法制史研究 70 年》一书说，在中国古代的刑罚体系中，死刑最重要（王立民、洪佳期、高珣：《中国法制史研究 70 年》，上海人民出版社，2019，第 359 页）。该部分内容的作者宋伟哲没有说明理由。

观层面来看，在"天人感应"思想的影响下，统治阶层担心因为冤杀人而遭到"天"的惩罚。从微观层面来说，各级官员深受"刑官无后""刑官之后不昌"观念的影响，担心因为冤杀人而有损自己的阴德。与之相比，他们在处理流刑、徒刑案件时，就很少有这样的顾虑。从死刑案件案发时的处置，到审判，到解审，到定罪，再到执行，死刑案件的处理程序比流刑、徒刑案件繁杂得多。那些已经定罪的斩、绞监候犯人，还要经过秋审程序才能决定生死。因此大大增加了司法成本，也牵扯了各级官员的很多精力。秋审也是皇帝向全国臣民展示自己恩德的平台，经过秋审后，大多数犯人都不会被处决。秋审被视为国家大典，深受各帝重视。秋审的受重视程度也体现了死刑在刑罚体系中的地位。死刑案件也为各级官员提供了积阴功的资源，为他们提供了向犯人施恩的机会。他们在处理流刑、徒刑案件时没有这么多想法。死刑犯监毙、自尽、脱逃后地方官受到的处分重于相同情况发生在流刑犯和徒刑犯身上受到的处分。在晚清刑罚改革中，死刑改革受到的关注程度远高于流刑和徒刑。完全可以这样认为，在清代流刑、徒刑案件的受重视程度远不如死刑案件。当然，这种重视程度上的差别无法靠定量研究进行分析。死刑是我们理解清代刑事政策基本思路的最关键切入点。在研究清代刑事政策基本思路这样的问题时，只有死刑才能为我们提供全方位、多角度的素材。

美国学者卜德和克拉伦斯·莫里斯在《中华帝国的法律》一书中统计了各类刑罪的数量，分别为：笞刑罪（363 项）、杖刑罪（1071 项）、徒刑罪（721 项）、流刑罪（400 项）、军流刑罪（619 项）、死刑罪（813 项）。[①]流刑罪和军流刑罪实际上是一类，其数量最多。如果再加上徒刑罪，自由刑罪的数量明显超过身体刑罪（笞刑罪和杖刑罪）。如果因此就断定自由刑在清

---

① 〔美〕卜德、〔美〕克拉伦斯·莫里斯：《中华帝国的法律》，朱勇译，中信出版社，2016，第 116 页。他们统计的基础是《大清会典》。虽然该书并未明确是哪朝《大清会典》，但这并不重要。因为作为统计基础的样本是固定的。以此样本来统计各类刑罪的数量是能够说明很多问题的。熊谋林和刘任以四库全书版《大清律例》为样本，对五刑进行关键字检索。虽然五刑具体数量不同，但其数量排序与〔美〕卜德和〔美〕克拉伦斯·莫里斯的统计结果基本一致，都是"杖"最多，其次为"斩"和"绞"，然后为"徒""流""笞"（熊谋林、刘任：《大清帝国的赎刑：基于〈刑案汇览〉的实证研究》，《法学》2019 年第 6 期。按，他们未检索"发遣"和"充军"）。

代刑罚体系中占据中心地位，这并不合适。因为数量多不代表其更受重视。自由刑是现代人的划分，《大清律例》并没有自由刑的概念。在清人眼里，徒刑和流刑是两个不同的刑罚种类。如果因为数量多就代表其更受重视，那么，在这五类刑罪中，杖刑罪数量最多。我们是否可以因此认为在清代的五刑体系中杖刑是最重要的刑罚呢？显然不能。无论如何，在清代的刑罚体系中，杖刑不可能占据中心地位。那么，如何合理地判断哪种刑罚更重要呢？

对五刑中哪个刑罚最重要的问题，清人不会觉得这是个问题。因为在他们眼里，死刑在当时的刑罚体系中理所当然地占据着中心地位。所以，他们也没有留下死刑占据中心地位的言辞。[①] 有时我们也能从他们的话语中推测出一些信息。比如晚清著名法学家吉同钧说，自汉以前以肉刑为主而徒流之法多缺，自汉以后五刑参用流徒而肉刑始删除殆尽。吉同钧承认汉以前的刑罚体系以肉刑为主，同时也指出汉以后五刑参用流刑、徒刑的事实。该话语中的"参用"二字是我们理解吉同钧心里流刑、徒刑地位的关键。吉同钧后文又说道，明之死罪，正刑止斩、绞。正刑外仍参用凌迟、枭首、戮尸等项。凌迟、枭首、戮尸的地位当然低于正刑中的斩、绞。其后文又提到了凌迟、枭首、戮尸等闰刑对斩、绞的辅助作用。[②] 吉同钧文中的"参用"意为兼用、参酌使用、间杂而用。也就是说，在吉同钧心里流刑、徒刑并非汉以后刑罚体系的中心。流刑、徒刑只是兼用、参酌使用而已。

在清代，哪种刑罚最重要，这是现代学人提出的问题。我们在回答这个问题时，没有清人言辞可以引用，难度当然很大。对我们来说，首先需要找到一个可供比较的合理着眼点。司法实践情况不易比较。《刑案汇览》系列是收录清代案件最多的案件汇编，全面反映了清代司法实践情况。如果以《刑案汇览》系列为基础统计该系列中答、杖、徒、流、死五种刑罚出现的次数，假定出现次数最多者为最重要。在《刑案汇览》系列中，出

---

① 当然，他们对死刑诸问题的讨论要远多于其他刑罚。只是他们在探讨死刑诸问题时，一般不会直接说死刑最重要这样的话语。

② （清）吉同钧：《乐素堂文集》卷5，闫晓君整理，法律出版社，2014，第80～84页。

现次数最多的刑罚应该是杖八十和笞四十（即分别对应着《大清律例·刑律·杂犯》"不应为"门律文之不应重和不应轻两种情况）。[①] 那么，这是否意味着"不应为"律是清代最重要的律文。显然不能。比如说《大清律例·名例律上》"十恶"门律文虽然不常引用，但至少比"不应为"律更受官方重视。所以，不能以《刑案汇览》系列中刑罚的出现次数判断哪种刑罚最重要。《刑案汇览》系列收录的案件数量大、涵盖面广、延续时间长，是研究清代法律的必读资料。在研究清代法律运行、法律社会等方面的问题时，其他各种类型案例汇编（判例集）的价值俱无法与《刑案汇览》系列相比。在研究哪种刑罚更重要这样的问题时，其他各种类型的案例汇编不仅面临着如同《刑案汇览》系列那样说服力不足的问题，还面临着样本不足和样本是否典型的问题。所以，对哪种刑罚更重要这样的问题，以《刑案汇览》系列等各种类型案例汇编为基础进行研究，实际不可行。

与之相比，以立法情况为基础进行比较相对可行。虽然以《大清会典》各类刑罪的数量（即前引美国学者卜德和克拉伦斯·莫里斯在《中华帝国的法律》中的数字）进行对比也不能判定哪种刑罚最重要，但我们可以采用其他方法相对合理地解决这一问题。在《大清律例》中，很多门律文对死、流、徒、杖、笞罪同时有规定，这是比较各种刑罚地位的基础。[②] 根据该门下例文的数量，我们应该可以很直观地判断哪种刑罚更受重视。

比如《大清律例·刑律·断狱下》"有司决囚等第"门律文规定：凡有司于狱囚始而鞫问明白，继而追勘完备，军、流、徒罪各从府州县决配。至死罪者，在内，法司定议。在外，听督抚审录无冤，依律议拟斩绞情罪，法司复勘定议奏闻。候有回报，应立决者委官处决。故延不决者，杖六十。

---

① 陈煜博士指出，很多其他犯罪需要量刑的时候，常常援引"不应为"律，所以其最常用的方式就是作为量刑条款被律例内援用。到清末修律前，仅是"不应为"律中的不应重律就在律例内被援引了58次，几乎在各篇律条中都有涉及（陈煜：《论〈大清律例〉中的"不确定条款"》，《中国刑事法杂志》2011年第11期）。所以，在统计"不应为"律的实际影响时，不应忽略陈煜博士指出的这种情况。

② 如果某门律文只是关于某种刑罚的（比如《大清律例·名例律下》"充军地方"门律文），那么仅以本门下例文为基础，是无法比较各种刑罚地位的。

该律首节为"审罪决囚之定制"。① 该律对军、流、徒罪的决配和死罪定议、处决都有规定。该门内例文"烦多"，至同治九年最后一次修律时，例文多达61条。其中有关军、流、徒罪决配方面的专门规定不足10条，而有关秋审的条例就达31条。此外，处决人犯方面的专门规定还有8条。其余例文对死罪、军、流、徒罪、杖罪和笞罪都有适用。"有司决囚等第"门中死罪例文数量远多于军、流、徒罪例文，这是死罪更加受到重视的直接体现。又如《大清律例·刑律·断狱下》"妇人犯罪"门，该门律文虽然没有提及笞、杖、徒、流罪，但其开头部分有"凡妇人犯罪，除犯奸及死罪收禁外，其余杂犯，责付本夫收管"等字样，所以，妇人犯笞、杖、徒、流、死罪的情形都被包含在内。该门共7条例文，其中有4条明确适用于死罪各种情况。该门例文对妇人犯笞、杖、徒、流罪的情况虽然也有规定，但远不如对妇人犯死罪的规定详细。这也是死罪更受到重视的直接体现。类似的体现还有很多。同门律文下例文数量的简单比较，虽然不能说明全部问题，但多门律文都显示，死罪例文要明显多于其他罪名例文，这应该能充分说明在清代的刑罚体系中死刑更受重视。

美国学者卜德和克拉伦斯·莫里斯在统计各类刑罪的数量时，也统计了笞一十、笞五十、杖六十、杖一百、徒一年、徒三年、流二千里和流三千里等刑罚的数量。② 其中，杖一百刑罪数量最多，为505项。其次为徒三年刑罪（352项）和流三千里刑罪（301项）。杖一百的刑罪数量只比杖六十至九十的刑罪数量相加少了61项。徒一年刑罪只有95项，与杖一百的刑罪数量差距非常之大。笔者根据《读例存疑》统计出涉及笞一十、笞五十、杖六十、杖一百、徒一年、徒三年、流二千里和流三千里的律例条文数。③

---

① （清）沈之奇：《大清律辑注》卷28，怀效锋、李俊点校，法律出版社，2000，第1030页。

② 〔美〕卜德、〔美〕克拉伦斯·莫里斯：《中华帝国的法律》，朱勇译，中信出版社，2016，第116页。

③ 笔者的统计去除了一些无关具体罪名的律例条文，如《大清律例·刑律·断狱下》"官司出入人罪"对有关发生出入人罪时刑罚的换算问题作出了详细的规定，笔者在统计时，对该门中涉及刑罚的条文就未进行统计。

其中，涉及杖一百的条文数最多，为 370 条，其次为徒二年，为 269 条，徒一年只有 68 条。涉及杖一百的条文数与杖六十至九十的条文数相加相差无几。虽然涉及徒一年的律例条文数不是最少，但其与涉及杖一百的律例条文数差距非常明显。虽然笔者与卜德和克拉伦斯·莫里斯的统计基础不同，却得到了基本相同的结果。① 可以断定，在《大清律例》中涉及杖一百的律例条文数要远多于徒一年。在清代的刑罚体系中，从笞一十至斩绞，刑罚共分 20 等（即笞刑五等、杖刑五等、徒刑五等、流刑三等、死刑二等）。② 如此多的等级决定了每相近两等刑罚之间所涉情节轻重实际差距不会很大。③ 刑罚为徒一年的犯人虽然仅比杖一百重一等，却要面临明显更加复杂的司法程序。清代立法者在立法时应该考虑到了刑罚为徒一年和杖一百的犯人在司法实践中存在着明显不同的处理程序。《大清律例》中涉及杖一百的律例条文数量要远多于徒一年，这说明立法者在制定律例时，应该有将更多罪名的处理控制在州县官自理范畴内的考虑。或者说，他们不倾向于将更多的案件归为徒刑案件。④ 这是以律例条文数为基础进行统计后的一个总体判断。也可以这样认为，与徒刑相比，清代立法者对杖刑更为倚赖。而且在《大清律例》中涉及杖刑的律例条文数（725 条）要明显多于涉及徒刑的律例条文数（451 条）。

在司法实践中，杖刑是五刑中最常见的刑罚。清代来华外国人能见到

---

① 笔者和卜德和克拉伦斯·莫里斯的统计结果相比，只有一项数据差距较大。他们统计出的徒刑罪共 721 项，徒三年刑罚为 352 项，占了近一半。笔者的统计虽然也证实徒三年律例条文数在徒刑中最多，但徒三年的律例条文数（269 条），接近徒刑律例条文总数（451 条）的六成。

② 当然如果算上充军、发遣和凌迟等刑，清代刑罚的分等会超过 30 等。充军、发遣等刑存在的主要理由之一就是官方意图比较合理地解决常流与死刑之间的差距问题。

③ 卜德和克拉伦斯·莫里斯说，在协调刑种之间的级差，使具有合理的递增和衔接关系等方面，清代立法者已经尽了最大的努力。〔美〕卜德、〔美〕克拉伦斯·莫里斯：《中华帝国的法律》，朱勇译，中信出版社，2016，第 113 页。

④ 在笔者的统计中，在杖、徒、流三种刑罚中，律例条文数最多的就是各自刑种中最重的那种。同时，徒一年、流二千里的律例条文数分别明显少于杖一百、徒三年。这也许也反映了统治者立法时的从轻倾向。亦即在某种罪名的刑罚在杖一百与徒一年、徒三年与流二千里之间时，立法者可能更倾向于选择杖一百、徒三年。因为笞、杖刑罚的同质性，在《大清律例》中笞五十与杖六十的律例条文数量相差无几，笞杖案件俱为州县官自理，立法者可能觉得没有必要硬行区分。

的最多的刑罚就是杖刑。比如法国传教士李明（1655-1728）说，中国最普通不过的是杖刑，不管是臣子，还是庶民，都免不了要挨打。① 徒犯却很少。乾隆十四年（1749），广西巡抚舒辂奏称，当时全省已遣未遣徒犯共59名。② 亦即当时广西在配和未发配的徒犯总共才59名。乾隆三十四年（1769），广西护理巡抚淑宝奏称，广西截至上年年底通计熟筹，新疆改遣者182名，寻常军流2119名，徒犯60名。③ 其所言犯人包括两部分：一是在配之遣军流徒犯人数，二是定地问拟流徒犯人数。也就是说，当时广西在配之徒犯最多只有60名。而且在配之徒刑犯数应该是该省三年问拟之徒刑犯相加。当时广西平均每年每州县的徒刑犯人还不足一人。

晚清徒刑犯人也非常少。光绪八年（1882），福建巡抚张兆栋将安置并已结未起解及监候待质遣军流徒杖罪官常各犯共204名口造册报部。其中徒杖人犯共69名。④ 这说明当时福建一省已安置并已结未起解及监候待质徒杖人犯一共才69名。其所言徒杖人犯应该包括徒刑和杖刑两项人犯。⑤ 这说明当时福建一省徒刑犯人（包括已安置、已结未起解和监候待质三部分）还不超过69人。已安置犯人包括在配一年到三年的犯人。福建一省当时可能每年只有约20名徒刑犯人。平均每个州县每年产生不出一名徒刑犯人。光绪十年（1884），直隶总督李鸿章奏称，直隶例不安插军流，惟徒犯每年约有百数十名。⑥ 光绪二十年（1894），刑部又称，直隶一省徒犯亦有强窃抢夺之凶徒由本省充发者，并有由京城充发者。⑦ 之所以直隶有由京城充发之徒犯，系根据《大清律例·名例律下》"徒流迁徙地方"门的规定。该例同时规定，徒刑犯人应由该省督抚于通省州县内核计道里远近，酌量人数

① 〔法〕李明：《中国近事报道（1687-1692）》，郭强等译，大象出版社，2004，第241页。

② 《奏为遵旨办理本省军流以下人犯减等发落事》（乾隆十四年），中国第一历史档案馆藏，档号：04-01-01-0183-029。

③ 哈恩忠编《乾隆朝管理军流遣犯史料》（下），《历史档案》2004年第1期。

④ 吴密察主编《淡新档案》第28册，台湾大学图书馆，2008，第235页。

⑤ 徒刑犯人都要施加杖刑。所以，徒刑人犯一般不会说成徒杖人犯。杖罪人犯也有监候待质的情况。见《大清律例·名例律下》"犯罪事发在逃"门的规定。

⑥ （清）朱寿朋编《光绪朝东华录》，张静庐等校点，中华书局，1984，第1856页。

⑦ （清）刘锦藻：《清朝续文献通考》卷251《刑考十》。

多寡，均匀酌派。光绪时期直隶徒犯每年才100多人，其中还包括在京城犯徒罪者。光绪三十一年（1905），直隶总督袁世凯奏称，直隶每年内外结徒犯百余名。① 直隶全省一百四十多厅州县，平均每个州县每年可能还产生不出一名徒刑犯人。而且光绪十一年（1885）刑部还说，直隶徒犯较他省多至数倍。② 同年云南巡抚张凯嵩奏称，各省解滇安置军流人犯现计流犯10名，遣犯军犯47名，为数无多。此外杂案徒犯人数寥寥。③ 既然说人数寥寥，肯定低于当时遣军流犯数量。上年，山西巡抚奎斌奏称，本省徒犯一项每年尚属无多。④ 所以，每年各省徒刑犯人都很少。在司法实践中，杖刑要比徒刑常见得多。总之，无论在立法上，还是在司法实践中，杖刑应该比徒刑更重要。

从光绪十年、十一年各省督抚有关改善军流徒犯管理的建议可以看出，各省对徒犯的安置方法不统一，而且还比较随意。这一方面说明当时官方并不重视徒犯的安置。如果官方重视，徒犯的安置肯定有一套完整的制度可循。就像乾隆时期很多地方对流刑的安置一样。当时很多地方都有一套比较完整的安置流犯的制度规定。另一方面也说明徒犯所做劳役在当地发挥的作用甚微。如果徒犯所做劳役非常重要，地方官不可能比较随意地将其安置役使，哪里需要就将其安置哪里。在清代，正是因为徒犯少，徒犯从来没有被官方指望发挥重要作用。与徒犯相比，官方对军流遣犯开发边疆等方面的讨论要多得多。这些充分说明了徒刑的不受重视。

在清代的刑罚体系中，与徒刑相比较，流刑当然更加重要。如果将徒刑和流刑都视为自由刑，其地位是否超过死刑？对这个问题，笔者认为，这样的假设没有意义。因为清代不存在这个问题，这是现代人设定的问题。

---

① 沈祖宪、吴闿生编《容庵弟子记》卷4，《北京图书馆藏珍本年谱丛刊》第185册，北京图书馆出版社，1999，第709页。

② （清）佚名：《江苏省例四编》，杨一凡、刘笃才编《中国古代地方法律文献》丙编第13册，社会科学文献出版社，2012，第322～323页。

③ （清）朱寿朋编《光绪朝东华录》，张静庐等校点，中华书局，1984，第1903页。

④ （清）朱寿朋编《光绪朝东华录》，张静庐等校点，中华书局，1984，第1840页。

而且在清人眼里徒刑和流刑是两种不同的刑罚。另外，即使将徒刑和流刑都算作自由刑，其在清代的重要性也不如死刑。

近代以来，监禁刑逐渐成为各国刑罚体系的中心。监禁刑是自由刑的主要种类。在清代刑罚体系中自由刑（徒刑和流刑）不占据中枢（中心）地位。正因为如此，20 世纪初中国刑罚体系的重心转移至监禁刑，这种转移才更具研究意义。如果自由刑（徒刑和流刑）本来就占据中心地位，那么，20 世纪初刑罚体系的重心根本就不存在转移的问题。陈兆肆和姜翰等博士都研究了在晚清监禁刑成为刑罚体系的中心以前，监禁刑在本土已经有所发展。① 他们认为，晚清对监禁刑的重视不能仅考虑到西方狱制和监禁学说的影响，还应充分重视本土资源因素（或内在动力）。② 学界大多承认晚清法律改革时监禁刑成为刑罚中心的事实，只是对其原因有不同看法。他们对晚清法律改革前哪种刑罚是刑罚中心的问题大多没有关注，或者最多在研究汉文帝、景帝刑制改革时，强调了以肉刑为中心的刑罚体系向以

① 滋贺秀三先生也注意到了这一现象。只是其并未作出解释，〔日〕滋贺秀三：《刑罚的历史——东方》，〔日〕籾山明主编《中国法制史考证》丙编第 1 卷，徐世虹译，中国社会科学出版社，2003 年，第 94 页。

② 参见陈兆肆《清代自新所考释——兼论晚清狱制转型的本土性》，《历史研究》2010 年第 3 期；姜翰《从非刑到常法：清代锁带杆墩源流考》，《史学月刊》2022 年第 4 期。明末著名学者吕坤说，他在山西审录囚案时发现监狱里有很多应该处决而未被处决的人。今监中惟有强盗尚在严防，其凌迟斩绞等犯与牢禁人等日久天长，情通事熟，不带枷杻，半作营生。虽于法未宜，然狱狱有之，人人知之矣。在明末，囚犯半作营生的情况很常见。这样也减轻了地方政府的财政负担。吕坤继续说，这种情况应当斟酌情法，略与通融。但令大镣严镯，牢绊两足，除打绳、纺线、木作等艺不令习学外，其余挑网巾、结草履、作布鞋一切不碍关防生艺，初给半年囚粮，令作工本，待习艺颇通之日，令自为生。其有应卖之物待放饭之时各付所亲办买，以资衣食〔（明）吕坤：《新吾吕先生实政录》"风宪约卷之二"，《官箴书集成》第 1 册，黄山书社，1997，第 579 页〕。所以，明末也存在监犯习艺的情况。而且这种情况在当时很常见。明末淹禁问题突出，监狱也有由用刑转为行刑方式的条件。而且因为在监人犯相对更多，明末这种条件比晚清更充分。既然如此，明末为什么最终未能使监禁刑成为刑罚的中心？自新所的作用也不宜夸大。笔者发现，晚清上海县本来作为改造犯人或流民的场所的自新所，在现实中却更常发挥作犯人候审场所的作用。前引光绪五年（1879），两江总督沈葆桢在回应贵州候补道罗应旒的奏折时，认为对军流徒犯的管理应参用西法，"按其年限，勒做苦工"。罗应旒和沈葆桢都主张学习西方的治狱之术，都未提到中国的自新等场所。如后文，1904 年，吉同钧在简单概括清代监禁刑的发展时，提到近年监禁一项渐次加增，但其实一共也就那么几条而已。这几条体现不出嘉庆后监禁刑的发展动力。笔者认为，我们在关注晚清法律改革时监禁刑成为刑罚中心的原因时，本土因素不宜被夸大。

自由刑为中心的刑罚体系的转移过程。在从事相关研究时，因为缺乏对刑罚体系中心转移的对比意识，其研究过程不够全面，结论也显得不够深入。笔者认为，在晚清法律改革前，自由刑（徒刑和流刑）不占据刑罚体系的中心地位。死刑才是清代刑罚体系的中心。我们在研究清代刑罚时时只有以死刑为中心才能更深入地理解清代刑事政策基本思路的问题。死刑与监禁刑是两种完全不同的刑罚种类，一为完全剥夺了犯人生命，一为挽救犯人，改造犯人，使其出狱后成为对社会有用的人。晚清法律改革时刑罚体系的中心由死刑转移至监禁刑，这充分显示了当时刑罚体系变化之大和改革之不易。

第四节　清代文学作品中的徒刑、流刑

一

在清代文学作品中有很多关于徒刑、流刑的书写。这些书写主要包括两个方面：其一为在适用律例时对徒刑、流刑的书写；其二为对徒刑、流刑执行的书写。前者更为常见，在很多文学作品中有某案某人因犯事被判徒刑、流刑的情节，这样的书写一般非常简单。后者对徒刑、流刑的书写更详细，更能接触到徒刑、流刑的实质，只是相对少见。

虚构是文学作品的重要特征。在清代文学作品中既有很多关于徒刑、流刑的客观性书写，也有很多非客观性的书写。以追求客观性为目标的中国法律史研究经常希望在文学作品中找到一些客观性书写，从而达到"文史互证""以文证史"的目的。这一做法有时很有意义，有时却不可取。因为这首先会忽略文学作品的艺术价值，毕竟艺术价值才是文学作品更重要的追求。作者在进行文学创作时难免会添加夸张、渲染的内容。比如在小说《五虎平西演义》中，皇帝接受包公的建议，判定被奸臣陷害的平西王狄青徒罪。包公的理由为，狄青有失君臣之礼，"与欺君之罪相同"，本该立时斩首。惟念有功于前，从宽减等。其被定徒罪，"实为至当"。最终狄

青以王爷的身份被发配。① 无论是狄青被定罪理由，还是徒罪发配地点和发配过程，都不符合宋代和清代的相关规定。所以，仅就《五虎平西演义》来说，该书对徒罪的书写大多系非客观的书写。

以追求客观性为主要目的的法律史研究在从事具体研究时虽然很少直接涉及文学作品的价值评价，但在对某书相关部分的书写是不是客观进行判断时，或多或少也会暗示着对该书价值的评价。亦即因为该书对部分内容的书写大多系非客观的书写，所以，该书的价值不会太高。《五虎平西演义》毕竟是文学作品，有自己的艺术追求，通过书写正面人物被打压进而凸显斗争的激烈和正义战胜邪恶的不易。情节夸张、渲染是达到该书这一追求的必要手段。所以，《五虎平西演义》对徒刑的非客观书写并不影响该书的艺术价值。在对文学作品进行法律史研究时，有必要处理好非客观书写与艺术价值之间的关系。无论如何，从文学作品中找到一些客观书写仍然是法律史研究的重要目标。

总的来看，清代文学作品对流刑的书写明显多于徒刑。与对流刑的书写相比，无论是起解时的悲伤情景，还是解配途中的辛苦备至，还是到配后的生活情况，清代文学作品对徒刑的书写更难打动、吸引读者。毕竟文学作品有艺术追求，有读者考虑，这是清代文学作品中流刑书写多于徒刑的主要原因。对清代文学作品中徒刑犯执行的内容包括起解时的分别、解配途中的状态和到配后的生活情况三个方面。对前面两个方面，与流刑的书写相比，徒刑的书写并无较大亮点可言。清代文学作品对在配徒刑犯生活情况的书写对我们了解清代徒刑犯的执行相对更有价值。

因为当事人话语的缺失，我们现在对在配徒刑犯人的生活情况知之甚少。与流刑犯相比，官方对在配徒刑犯人生活情况的书写相对正面。② 官方有时也会强调部分徒刑犯人的不安分状，这些书写都是官方的一面之辞，

---

① （清）佚名：《五虎平西演义》（狄青前传），李雨堂等撰《狄青五虎将全传》，岳麓书社，2016，第 536～539 页。

② 如光绪二十年（1894），刑部称，各省徒犯多人命斗殴等犯，率皆良民，原有亲属恒业，犹冀徒满释回，故逃者尚不甚多。（清）刘锦藻：《清朝续文献通考》卷 251《刑考十》。

不尽客观。虽然《大清律例·名例律下》"徒流迁徙地方"等门对徒刑犯摆
站拘役方面有明文规定，但那些规定系站在官方的立场上，反映了徒刑犯
的被规训状态。仅通过阅读《大清律例》等典章制度的规定无法了解在配
徒刑犯人的真实生活情况。清代文学作品也常见徒刑犯摆站拘役的书写，
这些书写更详细、生动。其中以《醒世姻缘传》的书写最为典型。

　　著名学者胡适高度评价了《醒世姻缘传》。他说，将来研究 17 世纪中
国社会风俗史、教育史、经济史、政治腐败、民生痛苦和宗教生活的学者，
必定要研究这部书。① 胡适对《醒世姻缘传》的评价侧重于其纪实性，亦即
《醒世姻缘传》为我们"以文证史"的研究提供了重要材料。该书对徒刑也
有书写。该书说，徒夫新到驿里，先送驿书、驿卒、牢头、禁卒常例，先
通关节，然后才送那驿官的旧例。礼送得厚的，连那杀威棒也可以不打，
连那铁索也可以不戴，连那冷饭也可以不讨，任他赁房居住，出入自由，
还可以告假回家走动。遇着查盘官点闸，驿丞雇人替他代点。这是第一等
囚徒。若是那一些礼物不送，又没有甚么青目书礼相托，又不会替驿丞做
甚么重大的活，不用说，见面就是三十杀威大棒，发在那黑暗的地狱里边，
不让你用碗吃饭，想死也死不了，逃也不逃了。活得人不人，鬼不鬼。这
是第四第五第六等的囚徒。中间还有第二第三等囚徒。犯人吕祥被江都县
定发高邮州孟城驿摆站。长解担心本该身体虚弱的他在解配途中死了，讨
不得收管文书，每天买点粥汤替他续命。到达驿站后，吕祥无钱可送，于
是，稳稳地成了第六等囚徒。被打杀威棒不可避免，打得见了骨头，被人
拖在重囚牢里。后来，因为有驿卒关照，平时将他放出街讨饭，经常是一
两天水米不得粘牙。平时生活当然非常艰辛。所幸不久新来了一个李姓驿
丞，因为系其同乡，让他在家里做厨子，还许他一年一两二钱工食。后来
因为报复旧驿丞又被州官重惩。在将伤养好后，吕祥仍戴了锁镣，上街讨
饭。因为恨李驿丞在州官审判时将他供出来，在淮安府推官按临审录囚犯

---

　　① 欧阳哲生编《胡适文集》第 5 册《〈醒世姻缘传〉考证》，北京大学出版社，1998，第 310～
311 页。

时，又诬告李驿丞。李驿丞分辨后，推官大怒，示意李驿丞将吕祥带出自己处死。最后吕祥在狱里被活活饿死。①

在对在配徒刑犯生活的书写方面，无论是《大清律例》，还是实录，还是奏折题本，还是官箴书，还是官员日记，还是方志，都没有如此详细、生动的书写。笔者暂时也未看到徒刑犯自己书写的有关在配生活的记录。《醒世姻缘传》对社会风俗史、教育史、经济史、政治腐败、民生痛苦和宗教生活的书写，可以与其他资料互相印证，但其对徒刑的书写，却无其他资料可以印证。就其书写的客观性而言，虽然其客观性无法与其他资料互相验证，但其书写合情合理、不夸张，读者很难质疑。在本事例中，徒犯吕祥由江都县发往同省的高邮州，到配后系由未入流的驿丞直接管理，这都符合《大明律》和《大清律集解附例》的相关规定。清初驿丞因他事贪污受贿时有发生。② 雍正年间《钦颁州县事宜》说驿丞官职卑微，惟图营利。奸黠徒犯每多夤缘贿买，私放归家，或倩人顶替。③ 所以，不能排除徒犯到配后会发生驿丞受贿徇私之事。而且不独《醒世姻缘传》有这样的书写，《绣屏缘》《雷峰塔奇传》等书也有类似的书写。清初黄六鸿也说过，徒刑犯人在到达配所后，有地方官受人嘱托、特别予以照顾的情况。④ 所以，在本事例中，吕祥刚到配时的遭遇也可以被视为客观性书写。后来，吕祥在李驿丞家做厨子，如前文，这为典章制度所不允许，现实中的确也有驿丞擅役徒犯的事。被州官发现后，李驿丞因此还被罚了一分米。在本

---

① （清）西周生：《醒世姻缘传》第八十八回，中国文史出版社，2003，第960~966页。

② 比如张伟仁主编《明清档案》就收有清初驿丞索贿贪污的案例。见张伟仁主编《明清档案》A6 - 103、A18 - 032。

③ （清）田文镜：《州县事宜》"圣谕条列州县事宜"，《官箴书集成》第3册，黄山书社，1997，第689页。

④ （清）黄六鸿：《福惠全书》卷29，《官箴书集成》第3册，黄山书社，1997，第554~555页。同治年间广东广宁县知县杜凤治在省城时有一同僚替其同乡、恰好发配在广宁之军犯请求照应。杜凤治不仅坚定地回称必加照应，而且还承诺设法资助［（清）杜凤治：《杜凤治日记》，邱捷点注，广东人民出版社，2021，第294页］。嘉庆六年（1801），军犯书德发遣广西，求书嘱安置善地。案觉，事涉湖北布政使孙玉庭，部议夺职。帝念其平日官声尚好，改革职留任［（清）佚名：《清史列传》卷34，王钟翰点校，中华书局，1987，第2624页］。发配千里之外的军犯尚且有这等事，本省发配之徒犯也应该有托人求照应的情况。

事例中驿丞擅役徒犯的书写也应被视为客观性的书写。后来吕祥被驿丞有意活活饿死，虽然这一书写稍显夸张，但也不能排除现实中实有其事。这点驿丞有条件做到。总之，《醒世姻缘传》对徒刑的书写客观性很强，"以文证史"的研究思路可行。文学作品中如此详细、客观的书写非常少见。

　　当然，在利用文学作品进行法律史研究时，如果前期知识积累不足，稍有不慎可能会将文学作品中的一些非客观性书写误作客观性书写。尤其在一些虚实书写掺杂的文学作品中，区分非客观性书写与客观性书写非常困难。比如《五虎平西演义》在对狄青被定徒罪的书写中涉及发配游龙驿和服刑三年的内容。这一定程度上也符合清代的相关规定，但该书对徒刑的书写更多是非客观的。如果前期知识积累不足的话，很容易因在文学作品中找到一些客观性书写之后的兴奋情绪影响下对另外一些书写的客观性产生误判。比如在读完《雷峰塔奇传》后可能会误认为徒刑犯在到达目的地后可以通过贿赂驿丞的方式得到保领，进而获得人身自由。这当然是可能的。但许仙在配所却获得了太大的人身自由，他可以做生意，行事动静非常大，在当地还成了名医。他也可以娶妻。这是典章制度和官箴书等材料无法证实的。虽然不排除现实中实有其事，但绝对不能被视为正常的情况。

　　二

　　与典章制度中的徒刑、流刑书写相比，文学作品对徒刑、流刑的书写更贴地气。其人物形象更活跃，感情更充沛，还经常能见到丰富的个人心理描写。典章制度毕竟是静态的制度规定，不可能涵盖现实中的所有领域。典章制度系由人制定、实施。在典章制度的实施过程中，人的活动经常具有创造性，比如废除旧的条文，制定新的条文。有时还会背离典章制度的规定，造成"书本中的法律"与"行动中的法律"脱节的结果。典章制度是冰冷的条文，虽然有些条文也体现了对犯人的关怀，但它们不能直观反映围绕典章制度进行活动的各方当事人的主观状态。比如当事人在接受刑罚制裁时有着怎样的心理活动？在以客观性为追求的研究者来看，那些感情、心理书写因为人物虚构、主观性太强而无法通过典章制度印证。在进行以追求客观性为目标的相关研究时，一般会首先将其舍弃。这样做虽然未尝不可，但却失去了对相关制度社会文化基础等方面的更深层次思考。比如笔者前文探讨了文学作品中死刑行刑时围观民众、犯人话语的书写，作者通过这些书写表达了自己对死刑"公开行刑"意义的探讨。虽然围观民众、犯人话语是非客观的书写，但其背后却反映了当时有关死刑执行方面的一些主流价值观。从这个角度来看，对文学作品死刑行刑中围观民众、犯人话语书写的研究也是非常有意义的。文学作品对死刑的这些书写尚有《申报》等资料可以相互印证，其对徒刑、流刑的类似书写则没有其他资料可以相互印证。

在文学作品中找到尽可能多的客观性书写的确是我们利用文学作品研究法律史的重要目的，但我们如果转换视角，暂时抛开客观与否的判断，也会有一些比较有意义的发现。清代文学作品对徒刑、流刑的书写同样也有犯人话语、心理等主观性内容。这是文学作品中的一些无法印证的书写。徒犯、流犯在起解前与亲友告别、筹措费用、打点差役这些情节在典章制度中得不到体现，也很难与其他史料相互印证。虽然文学作品中相关情节的书写系属虚构，但类似情节的确存在于现实中。① 犯人在起解前不可能不与亲友告别（除非没有亲友），不可能不筹措费用（除非实在穷苦单身），不可能不打点差役，以获得途中更好的关照。在晚清小说《绘芳录》（又名《红闺春梦》）中鲁鹏被判刺配。鲁鹏父亲鲁道同曾任吏部尚书，已被革职。他当然不希望鲁鹏被起解，但对此也毫无办法。于是，托关系在刑部衙门里料理妥当，使其有机会在起解时回家告别。"此乃瞒上不瞒下的事，人又得了他的贿赂，乐得做分人情。"虽然对犯人在起解时能否回家告别清代典章制度并无明确规定，但至少在回家后鲁鹏有比较充分的自由，这应该不会被"上面"允许。就这点来说，得了好处的刑部衙门和解役需要"瞒上"。而且"他回家来是个私

---

① 光绪三十四年（1908）原驻藏办事大臣有泰被发往军台效力赎罪。在其正式起程前，他密集会面了官场同僚，各处送礼（也有长期未见的缘故）。还托数人给察哈尔地方官写信。还去了祖坟处。出发当日，同僚遣护卫来送，被其拒绝。很多人来送行，还有送篓酱和咸菜的〔（清）有泰：《有泰日记》下，康欣平整理，凤凰出版社，2018，第784～787页〕。虽然材料简单，但这样的材料非常少。

意，不能久耽搁的。"鲁鹏回家后，两名解役不能不跟着他。在他家里解役自
然会被好生款待酒饭。家丁还被鲁道同特别叮嘱"不可怠慢"解役。不仅如
此，鲁道同还专门取了二十两银子，托他们一路照应。解役虽然得到了这些
好处，仍时来催促。一家人在分别时很是伤感，小说作者在此免不了一顿煽
情。由此耽误了很久。解差见天色不早，他父子仍依依不舍，未知牵延到
什么时候，便上来催促说，城里又不便过夜，若被本衙门知道，我们吃罪
不起。又上来带说带劝道："鲁少爷上路罢，哭到明日都要分手的。你少爷
只顾自己说话，全不体贴我们。就是你老人家回来一趟，我们即担着千斤
的重担子呢！一经衙门里晓得，你少爷既不好看，我们是罪上加罪。"说
毕，不由鲁鹏做主，硬行搀了起身，往外就走。鲁道同赶着招呼道："一路
拜烦二位照应，回来我多多酬谢，决不食言。"解差们一头走，一头应道：
"我们理会得，老大人只管放心。"便脚也不停，一溜烟扶着鲁鹏如飞去了。
不敢走官街大路，怕的有人撞见。由小巷穿出城门，寻了所寓处歇下，预
备来日大早，按站起程。①《绘芳录》对起解时亲友分别、打点差役、差役
着急起程、写信托剌配目的地官员关照的书写非常真实。在起解时和递解
过程中犯人肯定与差役经常交流，有关材料多存在于文学作品中。我们现
在也很难看到犯人和差役自己书写的有关材料。虽然有关材料在督抚的奏
折、题本中也有体现，但都不如文学作品中的相关书写更有感情。②

① （清）西泠野樵：《绘芳录》第六十三回，光绪二十年（1894）秋上海书局石印本。
② 乾隆五十三年（1788），福建一流刑犯在递解过程中被他人顶替。闽浙总督李侍尧等奏称，
该犯和其母在起解前就已经开始运作顶替事项。在起解时，两名差役即同该犯及其母并欲顶替之人
在近县僻处等候营兵，该犯随即差役商恳顶替情事，差役不允，即欲禀官。该犯哀求，并各送给洋
钱二十圆，旋即寝隐。营兵继至，即一同点解起身。行至龙溪县，该犯备酒邀当地差役和营兵同
饮，向求顶替，许送县役洋钱各二十五圆，营兵十五圆。该兵役等依允。在行至漳浦县时，被当地
林姓差役见顶替者头发不长，向其盘问。顶替者惧被盘出实情，当送洋钱二圆，林某即不问（台北
故宫博物院编《宫中档乾隆朝奏折》第68辑，台北故宫博物院，1987，第351~354页）。虽然递
解过程中顶替事件很少见，但在督抚的奏折、题本中还是能有所体现。督抚的奏折、题本在书写顶
替等事件时，虽然不会如同文学作品那样书写犯人与其亲友离别时的伤感，但也能看到犯人与差
役、营兵交流的一些材料。差役、营兵至少会被银钱打动，使犯人获得更好的对待。在递解途中，
犯人应戴有手铐、脚镣。犯人出恭，请求兵役将手铐打开，也是正常情况。还有犯人身体不适，差
役扶掖前行的。

　　与徒刑犯相比较，流刑犯服刑时间更长、离家更远，清代文学作品在书写流刑的执行时，对犯人和其亲友的感情、心态的书写更为常见，艺术表现力更强。文学作品中的一些图像有时也表达了这类主题。如图19。《绣像玉蟾龙全传》是一部清代弹词作品。该弹词有一个情节为，侠士韩林被人陷害，本以为必死，海瑞却开恩以移尸罪判其发配边关充军。在韩林和其亲友告别时，该弹词使用了很多煽情、悲痛之词。比如姊弟双双肠欲断，牵衣痛哭好凄凉。走一步，响叮当。诸如此类。充军毕竟使犯人背井离乡，遇赦才还。犯人还有可能"总归要死他乡地"。① 在将犯人起解时犯人与亲友之间很容易产生强烈的悲伤之情。该弹词对这一过程进行了艺术加工，使读者比较容易受到感染，从而沉浸在忧伤的氛围之中。该弹词对这一过程的书写固然充满了主观色彩，但却比较真实地反映了流刑犯人与亲友离别时的感受。如果没有大赦，明清两代流放犯人的确再也没有机会回归家乡了。在"安土重迁"的大背景下，流刑犯人在与其亲友离别时怎能不极悲苦？这样的主观书写一般不会体现在典章制度中，所以，他们在一定程度上弥补了典章制度的不足。因为书写过程的主观性而否认该书写所反映事实的客观性，这当然是不适当的。在研究清代相关典章制度的运行时，这类文学作品也是适当的补充材料。

　　在官方的各种话语里，流刑犯大多为凶横玩法之辈。文学作品中的流刑犯却非如此。毕竟在文学作品中经常见到因被冤屈迫害而流放的人。这些人并非故意犯罪，其中大多数人还是正面人物。他们在当时有一定的身份和地位，一般不会在押解途中（或在配所）主动脱逃。即使脱逃，也是被动走脱。他们或者在押解途中被人所救（不一定有其即将被害的情节）②，或者纯粹因为意外而走脱③。如果其主动脱逃，岂不会给读者留下其不遵律

---

① （清）佚名：《增补绣像玉蟾龙全传》卷3，光绪年间上海书局石印本。该书借送行亲友之口说，（韩林）脚上戴了这个东西（脚镣），手上戴了这个东西（手铐），头项上盘了这个东西（链条），肩头上还要放这东西，怎么样走路呢？这显示了犯人行路之难。

② 如在《云钟雁三闹太平庄全传》中，押送被充军之钟山玉的解子途中被强盗盗杀了。

③ 如在《花幔楼批评写图小说生绡剪》中，被充军之戈二途中被老虎衔走了。

图 19　清代文学作品中的流刑

注：左图见《新刻绣像批评金瓶梅》（上），《李渔全集》第十二卷，浙江古籍出版社，2010，正文前插图。右图见（清）佚名《绣像一捧雪全传》，清嘉庆二十四年（1819）澄碧轩刻本。这两幅图都表现了犯人在起解时与亲友告别的场景。左图表现得更为真实。门外有五个人，武松戴着枷，有两个公人，另外两人应该是送行的。武松到家后变卖了家活，给公人打发了路上盘费。

例的负面印象？文学作品对惩恶扬善等主流价值观的提倡效果势必会大受影响。在现实中主动脱逃的流刑犯层见叠出，"几至无犯不逃"。从这个角度来看，文学作品对流刑的书写与现实差距很大。

因为现实中常见冤案错案，在那些被判流放的犯人中肯定有很多无辜之人。但这些人在官方话语中"失声"，无法为自己"喊冤"，从而被官方对流刑犯近乎一致的否定性书写所掩盖。我们现在无法通过当时官方的各种书写去了解那些"失声"的流刑犯在配的真实生活情况。只能通过关注文学作品中那些被冤屈迫害而被流放的人，想象一下当时他们在配的生活情况。但也仅此而已。毕竟现实中流刑犯在当时大多处于社会底层，这与文学作品中在流放前已有一定身份和地位的流刑犯有很大不同。清代流刑（也包括徒刑）的执行本有使犯人自新的考虑。因为文学作品中流刑犯大多为正面人物，这一考虑未能在文学作品中得到较好的体现。这些都体现出了文学作品与现实的差距。

在清代小说中，流刑经常出现，只是涉及新疆遣犯、黑龙江遣犯和云贵两广极边烟瘴充军犯人在配生活的书写非常少见。其原因可能与作者的经历有关。那些涉及流刑的小说作者应该很少有关注新疆遣犯、黑龙江遣犯和云贵两广极边烟瘴充军的机会。他们在对在配流刑犯生活的书写上，与现实有较大脱节。比如在很多地方"小押"的存在与流刑犯关系很大，这样的内容在清代小说中很少得到体现。与之对比，清代小说对笞刑、杖刑的书写就客观多了。行杖姿势、杖疮药等很多细节在小说中都有体现。其原因无非是，现实中笞杖刑更加常见，小说的作者更常现实感受到笞杖刑的执行。从这个角度来看，文学作品的流刑书写很难反映现实。

三

现实中存在大量的发遣官犯，他们有书写能力，也经常对自己的发遣过程和在配生活进行书写。晚清安维峻、张佩纶被发往军台当差后，其朋友和本人便写了很多诗文。安维峻在军台期间还写了一些诗歌。这些诗歌反映了他在配期间的生活状态（见图20）。[①] 御史钟德祥稍晚于安维峻被发往军台，其在军台期间也写了很多诗歌。数量之多，比较少见。[②]

同治年间天津知府张光藻因为天津教案发往黑龙江效力赎罪。他在发遣途中、配所期间和归途中写了很多诗歌。与安维峻、钟德祥等人的诗歌相比，张光藻的诗歌更浅显易懂，感情更真挚。比如其《冬夜独坐追述去岁十月出都后行路之苦》一诗非常形象地书写了发遣路途之艰苦。他说自己刚出发时股疮就发作了，"疾痛还颠连"，脓血流到了车子的坐垫和被褥上，"坐卧如针毡"，坐着躺着都非常不舒服。幸亏途中有朋友关照，雇人抬着走。途中路滑步难进，车马常翻颠。不仅翻山越岭，还要经常赤足渡河。晚上睡觉的火炕热如煎，不得已又架上木板。每天鸡鸣前就出发。"寒

---

① 可参看其《望云山房文集》《望云山房馆课赋》《望云山房馆课诗》三书（《清代诗文集汇编》第778册，上海古籍出版社，2010）。

② （清）钟德祥：《钟德祥集》，雷达辑校，广西人民出版社，2010年。

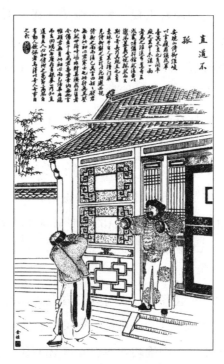

图 20　安维峻在戍所

注：《点石斋画报》御集·八期"直道不孤"。该图文字大意为：安维峻未到戍所前，有未谋面之某乙开车厂之某甲在戍所预备行馆，在告以向风慕义之忱后即飘然而去。又有素昧平生之某乙求见，安维峻推辞不见，乙以死相邀。在见面表达向往之情后，送银若干，即如飞而去。该图说明安维峻在戍所有一定的人身自由，可以自己选择住所，可以接待客人。《清史稿》说，安维峻抵戍所，都统以下皆敬以客礼，聘主讲抡才书院（赵尔巽等：《清史稿》卷445《列传二百三十二·安维峻传》，中华书局，1977，第12467页）。说明安维峻在戍所受到了优待。

风砭肌骨，手足成拘挛"。不过，在到达沈阳后，后面的路就好走多了。张光藻在发遣途中得到了朋友的关照，路途尚且如此艰难。普通遣犯路途的艰辛更是不言可知。

其《到戍一年》诗说，自己去年今日到达龙江，茅草房周围都是雪，透过窗户能看到房屋的影子。这跟南方的家乡太不一样了。这里平时很安静，腊日那天白天击鼓，外面街市很热闹，夜里听到了戍楼霜钟响声。当时心里就很忧虑，向外看到北斗星两三个，晚上睡觉做梦还梦到了一对南飞雁。实在是太想家了。转眼间春天又到了，不知道今年能不能归家。往南看着回家的道路，有种地角天涯的感觉。这里一年四季寒冷的时候更多，我好像还没有见到过花开的样子。也许心情郁闷的时候比较多，没有注意到吧。我非常盼望释罪回归的时候，对离家很久、跟随我的仆人我很可怜他。我当然也很可怜我自己。他日如果能回家，我可能已头发鬓角花白了。该诗充分表达了自己在配之忧愁状和急切盼望释放归家的心情。当他看到释归部文到时，他写诗说，"官书飞递到边门，喜信传来笑语温"。高兴自是不必说，就连以前的长途辛苦也"不须论"了。喜悦之情马上就把以前的辛苦掩盖了。其回归途中的心情与来时的心情迥然不同，说自己"来时烦恼去欣然"。就连山花也带笑如迎客。从此关河明月好，长途缓缓著征鞭。① 沿途风景很好，虽然自己着急回家，但归途不用那么辛苦赶路了。

　　与前引小说、弹词等文学作品不同，官犯书写的诗歌更多地描写了作者自己的状态。官犯在身处逆境中书写的诗歌应该感情更真实，更能反映官犯发遣的实际情况。实际上，它们囿于诗歌格式，大多出于彼此唱和的场合，并没有表达出很充分的感情。它们对官犯发遣的实际情况也没有较多的直接书写。有的属于无病呻吟，有的还很隐晦难懂。大多平淡无奇。像张光藻这样率真的书写非常少见，但其价值也仅如此而已。其书写对我们了解遣犯日常并无较大价值。总体而言，官犯所写诗歌的文学价值和现实意义并不大。虽然如此，这些诗歌仍是我们了解清代发遣官犯的重要补充资料。

小　结

　　徒刑是强制犯人做贱役的刑罚，是隋唐至明清时期的主要刑罚。在清代，徒刑始于顺治三年（1646）《大清律集解附例》的颁行。徒刑分为五等。雍正年间确定徒犯发本省驿递。在清代刑罚体系中徒刑是轻罪与重罪的分界线。徒刑以上一般被视为重罪，徒刑以下则为轻罪。徒刑以下被视

---

　　① （清）张光藻：《北戍草》，《清代诗文集汇编》第663册，上海古籍出版社，2010，第107～108、109、113、115页。

为州县官自理范畴，州县官有权对徒刑以下人犯酌量使用笞、杖刑罚。对徒刑以上犯人，州县官则须按照《大清律例》的相关规定，逐级审转复核。应处徒刑以上犯人（男犯）到案后应收监，应处笞杖刑罚的男犯则应取保候审。当然，这些只是律例规定，司法实践并非如此简单。

徒犯在清代各类资料中属于被书写的人群。现实中各地徒犯数量很少，可能平均每个州县每年徒犯数量不足一名。发本省驿递之徒犯在当地所起作用甚微。乾隆中后期时官府对徒犯的管理即已松懈，经常不将徒犯发本省驿递。各地在配徒犯大多系自谋生路。他们有比较充分的人身自由，防夫等负责看管之人对其看守并不严密。徒犯经常脱逃。嘉道后各地对徒犯的管理更加流于形式。各地徒罪人犯常不执役，并常逃脱。徒刑犯人在途在配脱逃、逃后再犯日益成为严重的社会问题。对徒犯的管理困扰着各地官员。光绪十年（1884）前后刑部和各省有关徒流犯人脱逃的大讨论未能对徒犯的管理形成良策。光绪二十八年（1902），护理山西巡抚赵尔巽关于徒刑犯人毋庸解配、收所习艺的建议得到了采纳。晚清刑罚改革实际上提高了徒刑的地位。

在清代的刑罚体系中，徒刑和流刑（自由刑）并不占中枢地位。死刑才是最重要的刑罚。与徒刑、流刑相比，死刑更受官方重视。我们在研究清代刑罚时只有以死刑为中心才能更深入地理解清代刑事政策基本思路这样的问题。晚清法律改革时刑罚体系的中心由死刑转移至监禁刑，这充分显示了当时刑罚体系变化之大和改革之不易。

清代文学作品多侧重于从徒刑、流刑犯人的角度书写犯人的心理活动和在配生活状态。这正是清代典章制度所缺乏的。在典章制度中，犯人是被书写者，无法主动书写自己的心理活动。清代文学作品中同样存在很多非客观的书写，我们应理性对待。很多描写犯人心理活动的主观性书写虽然无法被更高位阶的史料证实，但有时也具有一定的客观性，可以弥补典章制度的不足。发遣官犯对解配路途和在配生活经常有文学性的书写，这些书写对我们了解清代官犯发遣有一定意义。但总体上意义不大。

第三章　杖刑和笞刑

　　《唐律疏议》在对笞刑作注解时认为："笞者，击也，又训为耻。言人有小愆，法须惩诫，故加捶挞以耻之。"[①] 从隋代至清代，笞刑的数量相对不多。受刑人只因为犯了轻罪而受到责打，其身体所受痛苦不大，笞打的主要目的为使其感到羞耻。杖刑重于笞刑。《尚书·舜典》有"鞭作官刑，扑作教刑"之语，《唐律疏议》认为，"鞭作官刑"犹今之杖刑者也。"扑作教刑"即笞刑之义也。[②] 虽然《唐律疏议》明显区分了笞刑和杖刑，但在其疏解杖刑时，将汉文帝、景帝时的笞刑视为杖刑历史演变的一部分，这又模糊了笞刑和杖刑的区别。沈家本并非如《唐律疏议》那样将鞭刑视作杖刑，在其《历代刑法考》一书中他辟出专节分别讨论了"杖"和"鞭"。他又认为，杖、笞古本不分。[③] 在其讨论"杖"时也包含了对"笞"的梳理，亦即笞刑和杖刑同属广义上的

---

① （唐）长孙无忌等撰《唐律疏议》，岳纯之点校，上海古籍出版社，2013，第 4 页。
② （唐）长孙无忌等撰《唐律疏议》，岳纯之点校，上海古籍出版社，2013，第 4～5 页。
③ （清）沈家本：《历代刑法考》（附《寄簃文存》），邓经元、骈宇骞点校，中华书局，1985，第 361 页。

杖刑。① 隋唐至明清，笞刑、杖刑俱为击打犯人身体的刑罚，在同一朝代其所用刑具材料来源也无不同，把笞刑归入广义上的杖刑并无不妥。没有必要将同为五刑之一的笞刑、杖刑分开讨论。杖刑在中国不仅历史悠久，而且地位重要。正如沈家本等人所言，即使唐虞盛世也不废鞭扑，历代刑制虽然不同，大概皆以杖为常刑。②

第一节　清代杖刑和笞刑概述

先秦时期有相当于杖刑的"扑"刑，其更侧重于教训之用，不在当时的五刑之内。③ 秦代虽然扩大了笞刑的适用范围，但仍然比较少见。汉文帝、景帝的刑制改革使笞刑成为当时主要刑罚之一。东汉末仲长统说："下死则得髡钳，下髡钳则得鞭笞"。④ 笞刑在当时被视为轻刑。在东汉光武帝、明帝时，"杖"字开始有刑杖之意，用来指代当时的笞刑。西晋时笞刑正式成为五刑之一。北周武帝时，杖刑明确成为法定五刑之一。隋文帝开皇三年（583）所定《开皇律》确定了死、流、徒、杖、笞五刑。这一五刑体制一直沿用至晚清。⑤

与前朝相比，清代笞刑、杖刑主要有以下两个特点：其一，笞刑、杖刑刑具用竹。⑥ 唐、宋、明等朝代主要法典都明确规定本朝笞刑、杖刑刑具

---

① （清）沈家本：《历代刑法考》（附《寄簃文存》），邓经元、骈宇骞点校，中华书局，1985，第 355 页。

② （清）刘锦藻：《清朝续文献通考》卷 248《刑考七》。

③ 后世杖刑的常见使用与先秦儒家"扑作教刑"的观念有关。比如在清代，州县官为父母官，审案一般系公开进行。父母官在公开的场合杖责子女，这不也正是"扑作教刑"的表现吗？乾隆二年（1737）刑部就称杖为教戒之刑（见张伟仁主编《明清档案》A75－50）。

④ （南朝宋）范晔：《后汉书》卷 49《王充王符仲长统列传第三十九·仲长统传》，中华书局，2012，第 1652 页。

⑤ 李宜霞：《杖刑源流论考》，《湖南科技大学学报》（社会科学版）2005 年第 6 期。

⑥ 晚清上海县等地并未严格依照《大清律例》的规定实施笞杖刑罚，实际常用藤条鞭责人，其数常至千余。《申报》在报道时，常言上海县等地方官笞责数百、上千，实际所用刑具并非竹板，而是竹枝或藤条。

用木。① 该木是一种"荆木"，又名"楚"，系丛生。② 其二，清代笞刑、杖刑刑具更长。唐、宋、明等朝代主要法典都明确规定了本朝笞刑、杖刑刑具的长度。该长度明显比清代短。清代笞刑、杖刑刑具长度接近 180 厘米。刑具长度更长，这使行刑人更容易使力，受刑者更感痛苦。为了减轻受刑者的痛苦，顺治、康熙、雍正年间俱做出过减少杖数的规定。③ 雍正三年（1725）时最终确定了笞杖"折四除零"之制，亦即在将按照律例规定的数量打四折后再抹去零头。比如律例规定应笞二十，在"折四除零"之后，实际笞打五下即可；律例规定为杖九十，"折四除零"后实际为三十五下。

清入关前有鞭扑之刑。在入关后不久，顺治帝即谕令各衙门应责犯人俱用鞭责，不许用杖。④ 顺治三年（1646）确定的五刑之制与明代相同，笞、杖的部位俱为臀部，只是笞、杖的工具改成了竹板。

清代对某些犯人犯笞刑、杖刑有特别规定。比如《大清律例·名例律上》"犯罪免发遣"门规定，凡旗人犯罪，笞杖各照数鞭责。满洲、蒙古奴仆有犯笞杖之罪，亦照旗下正身例，鞭责发落（见图 21）。⑤

---

① 明人王锜（1432－1499）《寓圃杂记》说，在三十年前，官司杖人只用荆棍，或加皮鞭，所以，人易承受。后来，稍用竹篦。一篦之重，不过三四两。宪宗成化十九年（1483），某官员使用重达二斤的竹篦，狱中之人罪无轻重，受责多死。内外诸司于是纷纷仿效〔（明）王锜：《寓圃杂记》卷 5《刑具》，中华书局，1997，第 41 页〕。至明代后期，无论从当时的图像来看，还是从吕坤、高攀龙、畲自强等人的议论来看，竹板已经取代了木板。

② 荆有多种。明代李时珍《本草纲目》载，牡荆即作棰杖者。古者刑杖以荆，故字从刑，其生成丛而疏爽，故又谓之楚。荆楚之地，因多产此而名也〔见（明）李时珍《本草纲目》（金陵本），王庆国主校，中国中医药出版社，2013，第 1141～1142 页〕。按：刑杖之荆为牡荆，这是南朝陶弘景以来中医学家普遍的看法，并非李时珍的创见。朱元璋曾指道旁荆楚，对人说，古者用此为朴刑，盖以其能去风，虽伤不至过甚，苟用他物，恐致殒生，此古人用心之仁，亦宜知之（见《明太祖实录》卷 27，吴元年十一月甲午）。这实际上显示了其最初的"扑作教刑"意义。

③ 〔美〕卜德和〔美〕克拉伦斯·莫里斯认为，清代屡次减少笞、杖实际执行数的原因，在于刑具尺寸的增大，而不是出于统治者的人道（〔美〕卜德、〔美〕克拉伦斯·莫里斯：《中华帝国的法律》，朱勇译，中信出版社，2016，第 89 页）。其所言不尽准确。

④ 《清世祖实录》卷五，顺治元年六月乙丑。

⑤ 王照《方家园杂咏纪事》说，从来宗人府行杖，但举杖作虚势，口呼一、二、三、四而已〔（清）王照：《方家园杂咏纪事》，《清代诗文集汇编》第 787 册，上海古籍出版社，2010，第 508 页〕。夏仁虎《旧京琐记》说，内务有慎刑司以掌宫监之刑法，宫监有罪，皆杖脊。杖以竹为之。死刑亦以杖，则灌铅于竹。往往数杖即决云。夏仁虎：《旧京琐记》，骈宇骞点校，北京出版社，2018，第 216 页。

图21　晚清京城画师周培春所画鞭杖

注：该图为晚清画师周培春所绘。左图为"打黑鞭子之图"。此刑乃杖在旗之兵弁，或误差使，或因不法，以鞭杖之，取其裤，每杖折照七数责之。右图为"打板子之图"。其人犯杖责之罪，罚落时令其人伏于地，脱去其裤，露臀，一人坐于脊背，一皂按住两腿，一人持毛竹大板向其臀杖之。或六十、八十、一百不等，其犯臀四飞，烂血流于地。

对受杖时犯人是否脱衣去裤，乾隆五年（1740）颁行的《大清律例》并不明确。如同《大明律》，《大清律例》只对妇人犯罪作了规定。《大清律例·名例律上》"工乐户及妇人犯罪"门规定，妇人犯罪应决杖者，如果是奸罪，系去衣留裤受刑；其他之罪系单衣决罚。[①] 在中国古代，上曰衣，下曰裳。奸妇尚且留裤受刑，一般妇女更应留裤受刑，不需裸露臀部受刑。[②] 在清

---

① 光绪三年（1877），扬州一悍妇被杖时系留其内衣而杖其臀。吉同钧说，妇人犯奸，廉耻已丧，故去单衣加刑，余罪连单衣受刑者，所以养其羞恶之心也。笔者在《详注聊斋志异图咏》中见到一个女性被杖责的图像。在该图像中，一悍妇受杖时其外衣被掀起，露出臀部。裤未被脱去。古时衣服上曰衣，下曰裳。衣常过膝。裤"是贴身著在下身的"，裳"著在下身的，同裙子差不多"。民国报人喻血轮（1892－1967）说，在中国古代，似有裙而无裤，无论词曲小说，写至最露骨处，亦只有解罗裙而无解裤之说。大抵宋明以后女子始皆穿裤，至清代则视女子内裤为亵物，无敢于众目共睹处暴晒，凡出外交往，或戚党宴集，裤外必著裙矣。以上见《悍妇遭刑》，《申报》1877年11月17日，第2版；（清）吉同钧：《大清律例讲义》卷1，闫晓君整理，知识产权出版社，2018，第38页；（清）蒲松龄：《详注聊斋志异图咏》卷15，（清）吕湛恩注，光绪十二年（1886）上海同文书局石印本；《绘图识字实在易》第9册，上海彪蒙书室，光绪三十一年（1905），第20页；喻血轮：《绮情楼杂记》，眉睫整理，九州出版社，2017，第193～194页。

② 晚清著名学者俞樾认为，明初定制，笞、杖皆臀受，讯杖臀、腿受，无前代杖脊之条。于是，妇人受杖者亦以臀、腿受。而又沿袭前代去衣、单衣受杖之例，于是，有去妇人之衣，而挞其臀者，此有明一代之弊政。虽然清代有关规定系沿袭明代之旧，但因对妇女所犯杖罪，多不的决。所以，尚不构成弊政。见（清）俞樾《右台仙馆笔记》卷9，梁修校点，齐鲁书社，2004，第191～192页。相关研究见李相森《中国古代女性犯奸去衣受杖考论》，《法律史评论》2022年第1卷。

代，凡非夫妻关系发生性关系的男女，俱犯了奸罪。即使两情相悦，你情我愿，亦是和奸，在当时也是犯罪，要受到刑法制裁。《大清律例·刑律·犯奸》"犯奸"门例文规定，军、民相奸者，奸夫、奸妇各枷号一个月，杖一百。这是清代司法实践中有关奸情类案件最常被引用的规定，枷号一月、杖一百也是奸妇所受到的最轻刑罚。在"折四除零"之后，和奸妇女实际应枷号一个月，杖四十。在杖责时，去衣留裤。"去衣留裤"系羞辱之意。① 除针对奸妇之外，《大清律例》并无其他相关规定。《大清律例·名例律上》"五刑"等门律例规定，除犯奸罪、不孝等罪外，妇女犯罪多纳赎，不的决（即实际执行）。在笔者所见各种清代图像中，被杖男性远多于女性，这是现实的反映。清初黄六鸿《福惠全书》认为，奸妇去衣受刑，以其不知耻而耻之也。娼妇留衣受刑，以其无耻而不屑耻之也。在司法实践中，因为娼妇无耻，官方不屑于羞辱她，所以在受杖时，会让其留衣受刑。男犯受杖时，系去裤受杖，亦即男犯须裸露臀部受杖。②

　　笞刑、杖刑刑具两端宽度不同，这就涉及差役笞杖时手执刑具的部位问题了。《大清律例》"狱具之图"说"应决者执小头"。③ 晚清法学家徐象先也说，在责打时，系执小头臀受。④ 在笔者所见清代图像中，行刑皂隶大多执小头责打。⑤ 在这方面，图像与律例的规定并无较大差距。

　　《大清律例·刑律·断狱上》"故禁故勘平人"等门规定，问刑衙门一切刑具，除例载夹棍、拶指、枷号、竹板，遵照题定尺寸式样，官为印烙颁发外，其他拧耳、跪链、压膝、掌责等刑可以照常行用。如果有私造小

---

① 19 世纪初，一名外国人说，妇女被笞杖时，一般可以穿两条衬裤。但如果是通奸，则只能穿一条衬裤。李秀清：《中法西绎：〈中国丛报〉与十九世纪西方人的中国法律观》，上海三联书店，2015，第 143 页。

② 比如乾隆初范县知县郑板桥在杖责某人时指出"其人之臀已退露于案前"。（清）郑燮：《郑板桥文集·与豸青山人》，巴蜀书社，1997，第 99～100 页。

③ （清）吴坛：《大清律例通考》卷 2，马建石、杨育棠等校注，中国政法大学出版社，1992，第 62 页。

④ （清）徐象先：《大清律讲义》第二编"总论"，高柯立、林荣辑《明清法制史料辑刊》第 3 编第 54 册，国家图书馆出版社，2015，第 109 页。

⑤ 笔者所见明代图像也基本是执小头以大头责打。

夹棍、木棒棰、连根带须竹板等工具，或擅用数十斤大锁并联枷，或用荆条互击人背等行为的，均属非刑，立即严参。据此，问刑衙门可以对当事人刑讯，竹板系例用刑具之一。打板子是清代一种法定的刑讯方式。在打板子时，应遵照题定尺寸式样，官为印烙颁发，不得使用连根带须竹板。郑秦教授认为，这些规定俱为官样文章。州县官有权决定该打与否与打的数量，根本无须援引律例。只要批上"薄责二十示惩"一类批语或口头宣布就可以打板子了。① 乾隆十一年（1746），刑部议复御史杨朝鼎时称，竹板为有司衙门一切征追比较以及讯供发落，在在所需，实不能一一责其解呈上司衙门守候验烙，以滋烦琐。奏准仍令各该督抚转饬该管用刑衙门严查所属，有如竹板不遵成式者即行照例参处。② 所以，虽然《大清律例》规定需要将竹板官为印烙，但该规定实际上未获实施。

为规范行杖，《大清律例·刑律·断狱下》"决罚不如法"门进行了专门规定。该门律文继承了《大明律》的规定，在顺治三年（1646）时有所修改。该门律文说，凡官司决人不如法（如应笞而用杖）的，笞四十，因而致死者，杖一百。该官员均征埋葬银十两，给付死者之家。行杖之人各减一等，不追银。如果行杖之人在行杖时作弊，决不及肤的，以其所决之数抵罪，并追究其作弊缘由。如果因受财而致决不如法、决不及肤的，计赃，按照枉法赃，从重论。如果问刑官因公事主令下手者于人虚怯之处非法殴打，以及亲自以大杖伤人，至折伤以上的，减凡斗伤罪二等。致死人的，杖一百，徒三年，追埋葬银十两。其听从下手之人各减一等。如果问刑官于人臀腿受刑之处依法决打，邂逅致死，以及决打之后犯人自尽的，不用追究问刑官和决打之人的责任。③ 为了防止地方官违例行杖，《钦定吏

---

① 参见郑秦《清代法律制度研究》，中国政法大学出版社，2000，第120页。
② 张伟仁主编《明清档案》A142-6。
③ 清初著名律学家沈之奇说，决不及肤，谓决打太轻，如打衣打地之类。虚怯去处，谓脊背、腰肋等不胜刑杖之所也。公事不一定发生在审案的场合，有司催征钱粮，提调造作，监督工程之类均可谓公事。见（清）沈之奇《大清律辑注》卷28，怀效锋、李俊点校，法律出版社，2000，第1037～1038页。

部处分则例》规定，问刑官于犯人满杖之外违例杖责致死的，革职。如果将无辜之人杖责致死的，不仅问刑官革职提问，其上级府、道、臬、抚等官俱有处分。未致死的，问刑官降一级留任。①

轻罪犯人在盛暑之时被杖后受到的伤害更大（可能导致死亡），这有悖教训之刑的本意②。为了防止出现这样的情况，也为了与儒家经典《礼记·月令》中仲夏之月"百官静，事毋刑"的思想相呼应，《大清律例·名例律上》"五刑"门例文规定，每年于小满后十日起，至立秋前一日止（如立秋在六月内，以七月初一日为止），内外问刑衙门，除窃盗及斗殴伤人，罪应笞杖犯人，不准减免，其余罪应杖责人犯，各减一等，按八折发落；笞罪宽免。此即清代热审之制的主要内容。③ 热审之制在现实中常见实施，是中国古代恤刑的重要体现。

在晚清刑法改革时，笞刑、杖刑亦逐渐被取代。光绪三十一年（1905），修订法律大臣沈家本、伍廷芳在议复两江总督刘坤一等人条奏时，奏准笞杖等罪仿照外国罚金之法，律例内应受笞杖者，分别改为罚银五钱至十五两不等。如果犯人无力完纳，折为做工，应罚一两折工四日，以次递加至六十日而止。旗人有犯，照民人一律科断。他们同时奏准废除五徒三流到配加杖之法。笞、杖二刑自此被废除。④ 宣统二年（1910），《大清现行刑

---

① （清）沈贤书、孙尔耆校勘《钦定吏部处分则例》卷50《刑·用刑·违例行杖》，光绪二年（1876）照部新修。

② 乾隆二年（1737），刑部说，杖为教戒之刑，其罪本轻。当盛暑之中身受敲扑，气逼炎蒸，肌肤尤易伤残，创痕亦难平复。刑部因此奏请将杖责之犯减等，这样既顺承天气，又更广泛地表现了皇帝之仁。见张伟仁主编《明清档案》A75－50。

③ 清代某长随所编《偏途论》说，热审以小满前一日起，立秋前一日止。见（清）佚名《偏途论》，谢兴尧整理，庄建平主编《近代史资料文库》第十卷，上海书店出版社，2009，第354页。

④ 虽然有笞杖改罚金之法，此后原则上不再有笞杖刑罚，但至少上海县知县仍常施加笞杖刑罚。光绪三十四年（1908），某期《新闻画报》说，笞责一事仅上海租界试行，若内地则未尝一日去也。之前笞杖刑罚的实施主要分布在州县自理词讼和详案两部分。笞杖改罚金之法实施后，上级对州县自理词讼部分的罚金无从掌握。法部酌定，自光绪三十二年起，每州县每年解银一百两，解司转解法部。这一百两当然非每州县实际的罚金数额。见《新闻画报》（上），《清代报刊图画集成》（三），全国图书馆文献缩微复制中心，2001，第430页；《催解刑部办公银两》，《申报》1906年5月5日，第7版；陈锋主编《晚清财政说明书》4，湖北人民出版社，2015，第570页。

律》颁行，其有关笞杖改罚金的具体规定基本遵循了光绪三十一年（1905）沈家本、伍廷芳的奏准章程。

第二节　地方官打板子时的注意事项

打板子出现在刑罚和刑讯两种场合。这两种场合的打板子在清人那里实际有比较明确的区分。如穆翰《明刑管见录》认为，在对犯人用刑（刑讯）时，小板非应用之刑。小板按例系定案后犯人应笞者，用以折责。大板亦系定案后处罚人犯之用。亦即小板和大板俱为定案后对当事人施加刑罚时所用，按照"折四除零"的规则责打。这与现实中常见的讯杖不同。①讯杖即为刑讯场合的打板子。无论是在清代小说、笔记等文学作品里，还是在实录、奏折等那些相对严谨的史料中，俱常见讯杖的记载。讯杖之所以在现实中非常常见，一方面与刑罚场合的笞刑、杖刑的使用有关。笞杖工具经常被直接用作讯杖。另一方面，与打板子时当事人痛苦的渐进性有关。当事人在被打板子时，一般会感觉越来越痛。如果当事人想快点结束这种痛苦状态，只有及早招供。在打板子时地方官可以根据当事人的痛苦表现、口供的供出情况比较灵活地决定板子的力度和数量。如果犯人忍刑不供，地方官可以加大讯杖的力度和增加数量。再者，与其教训之刑的本意也有直接关系。作为教训之刑，臀部是最经常受打的人体部位。正因为现实中讯杖的滥用，《大清律例·刑律·断狱上》"故禁故勘平人"等门会对刑讯时竹板的使用进行规范。

刑罚场合的打板子在清代也非常常见。笞刑、杖刑占了五刑当中的两种，在徒刑、流刑中还各附加数目不同的杖刑，亦即五刑中有四种与打板

---

① 《大清律例·名例律上》"五刑"门例文规定："凡笞杖罪名折责，概用竹板，长五尺五寸。小竹板，大头阔一寸五分，小头阔一寸，重不过一斤半。大竹板，大头阔二寸，小头阔一寸五分，重不过二斤。其强盗人命事件，酌用夹棍。"晚清著名法学家薛允升说，笞杖有二义，有断决时之笞杖，有讯问时之笞杖。此处夹棍系专指讯问而言，应删去。（清）薛允升：《读例存疑》卷1，胡星桥、邓又天等点注，中国人民公安大学出版社，1994，第3页。

子有关。如前文，对应受答刑、杖刑的犯人州县官自己即可发落，答刑、杖刑以上的案件才要向上级汇报，由上级决定。州县官有权决定答刑、杖刑的适用。比如穆翰《明刑管见录》就说，如果地方土豪、光棍实在扰害闾阎，以及刁顽衙役延案逾限，小板偶一用之，惩一儆百，以安良善，只须用之得法即可。穆翰所说小板责打地方土豪等情形即在州县官自理权限之内。在现实中，责打板数经常超过律例规定的数量。在晚清来华外国人眼里，杖刑被视为当时最常见的刑罚。加之打板子在刑讯场合的使用情况，打板子在清代地方官的法律生活中占据了重要地位。郑秦教授认为，作为刑罚的答刑、杖刑与刑讯时的答杖虽然在性质上不同，但在处理自理案件中并无实际的差别。① 鉴于现实中两者的复杂关系，笔者后文不再有意区分刑罚和刑讯这两种场合的打板子。

在清代，因为打板子之常见，打板子的相关注意事项便成为官场探讨的热门话题。官场的探讨主要集中于以下几个方面。

其一，不要轻易杖责百姓。如后文，重视脸面（爱面子）是清代普通百姓的一个重要特点。他们一般不愿意打官司，也不愿意出庭做证。"气死不（莫）告状"类似俗语就是大多数普通百姓对打官司的真实态度。如果不得已出现在公堂上，并在公堂上裸露臀部，受到杖责，会更觉丢脸。正如《申报》上《论中西刑法不同各因人情而定》一文所言：中国人之所重者在羞恶。当其对簿公庭，匍匐阶下，忽然褫去衣服，答其臀，杖其腿。试问可羞可耻之事天下更有甚于是者乎！② 当众被打板子，甚至被视为天下最可耻之事。方大湜等人更为明确地指出，因为百姓一经受杖，便终身玷蔑。杖后有伤痕，虽然比刺字隐蔽，但也有被捕役以此诬指为惯贼、积贼的可能。即使杖伤平复，仍然会有余痛。有终身含羞，不能再复振作的；有不复顾惜，恣其所为的；有仇恨愈深，寻衅生端，子孙数代不能和解的；也有忧愤成病，

---

① 参见郑秦《清代法律制度研究》，中国政法大学出版社，2000，第 120～121 页。
② 《论中西刑法不同各因人情而定》，《申报》1897 年 3 月 7 日，第 1 版。

最终自尽的。① 正因为如此，很多官员告诫同僚不要轻易杖责百姓。道光十八年（1838），张集馨在署山西太原知府期间处理了一件讼棍因其女自杀而屡控屡翻之案。该案最终完案后，当时的按察使畏惧该郭姓讼棍翻控，将其女婿问拟不应重律，杖八十，"将以媚郭"。该女婿系童生，张集馨听闻后，认为此童生废弃终身矣。② 童生被杖后前途尽废，这在清代并非危言耸听。

另外，老百姓并非不能杖责，地方官在审案时不要急躁易怒，慢慢调查即可获得实情，不必着急通过打板子的方式获得实情。③ 如果不幸将人打死、打残，不仅有违自己所受的儒家仁爱之教，也于自己功德有亏。对那些正直善良的官员来说，心理上尤其过意不去。康熙初黄六鸿在任直隶东光县令时因故将一人重杖三十，未逾月其人身故。黄六鸿听闻后虽然对其家属有所补偿，但他说直到十八年后，自己每一念及，未尝不追悔无从。④

明末著名学者、名臣吕坤（字叔简，号新吾）著有《刑戒》（又名《祥刑要语》）一书，其中有五不打、五莫轻打、五勿就打等内容。⑤ 他告诫同僚在杖责人时，应该考虑该人的出身、老幼、性别等多种情况。其观点充分体现了中国古代的"恤刑"传统。该书在明末和清代被官箴书、官员个人文集等反复引用、改编；⑥ 也屡见于各种善书中。《刑戒》系笔者所知

---

① （清）方大湜：《平平言》卷4，《官箴书集成》第7册，黄山书社，1997，第699页。

② （清）张集馨：《道咸宦海见闻录》，杜春和、张秀清点校，中华书局，1999，第40～42页。该书此处记为该童生被问以"不应为而为，笞三十例"，不应律的刑罚只有笞四十和杖八十两种，在"折四除零后"，分别为笞十五和杖三十。所以，笔者认为，该书所记"笞三十例"应为"杖三十例"。

③ （清）黄可润：《畿辅见闻录》，《都门汇纂》（外二种），郗志群点校，北京出版社，2018，第270页。

④ （清）黄六鸿：《福惠全书》卷4，《官箴书集成》第3册，黄山书社，1997，第261页。

⑤ 笔者认为，吕坤《刑戒》等类似著作都可被归为"恤刑书"之列。在明代中后期，这类"恤刑书"数量很多。其原因不仅与当时酷吏多有关，也与明代重视恤刑的传统有关。"恤刑"在明末甚至一定程度上成了风尚。见张本照《"恤刑"之困——论明代中后期"恤刑书"的编著》，《古文献整理与研究》（第五辑），凤凰出版社，2020，第256～266页。

⑥ 比如方大湜《平平言》在引用吕坤的《刑戒》之后，又引用了王有孚提出的有司衙门五必打的观点。亦即：一曰经承压搁案必打，二曰衙役捺延差票必打，三曰仵作捏报伤痕必打，四曰皂役行杖不如法必打，五曰代书叙事不以实必打。见（清）方大湜《平平言》卷4，《官箴书集成》第7册，黄山书社，1997，第700页。

明清时期在刑法方面最常被他人提及之作，并被高度评价。比如道光时期地方官裕谦就说，这些忠厚练达之言"不可不深思而谨守之"。① 其对明末和清代的司法实践都产生了重要的影响。② 这也说明了明清官员在问案时常怀悲悯仁慈之心，并非为取口供，一味严刑责打。③ 当然，或因为未在规定的时间内结案而产生的处分忧虑，或只欲博办事迅速之誉以显其能，或欲严刑以立威，或遇上司风厉，有意迎合，自鸣强干，地方官常严刑逼供，打板子是常见的逼供手段。这在吏治大坏的明末和清末时期表现得尤为明显。

其二，防止皂隶作弊。用刑时系皂隶行杖，皂隶借此受贿较为常见。皂隶系皂、壮、快三班衙役中的皂班衙役。州县皂隶乃执杖、把门之役。④ 在清代，皂隶不仅地位很低，平时待遇也很差。他们常借打板子等场合牟取利益。⑤ 清初潘杓灿（潘月山）说，如果皂隶得钱，就散打平铺，声响而轻，皮破血出，虽至淋漓，易于平复。如果不得钱，皂隶就使性乱打，不论臀腿，必至糜烂，日久甚至可能成为废疾。还有皂隶受仇家买贿，或者让其将人打断筋骨，或者让其将人打死。在打时，用力毒打，只打一块，肉死血淤，动至立死；或棒打腿弯，筋挛骨瘘，跛瘫终身。⑥ 在湖南，更有

---

① （清）裕谦：《勉益斋续存稿》卷5，《清代诗文集汇编》第579册，上海古籍出版社，2010，第371页。

② 有关《刑戒》的研究，详见霍存福《明吕坤〈刑戒〉：控制杖罚、拷讯过度的技术方案（上）——法官箴言研究之八》，《法律史评论》2022年第2卷。

③ 同治时期直隶磁州知州赵烈文的事例很有代表性。其在日记中表露了自己杖责人后的心理斗争。他曾将某人过堂责惩，不料数日后其竟因急痛寒热腹泻而死。他说，其死固由于病，然被责未久，他心中不能无歉。因前任积玩，奸究公行，他到任后，治窃匪、拐带、讼棍不得不严。他每挞囚觉重，夜晚辄寸惕然。到任一年来类此案者已数见，他自问非忍人，胡为若此，殊令人刺促不已。（清）赵烈文：《能静居日记》，廖承良标点整理，岳麓书社，2013，第1404页。

④ （清）陈宏谋：《培远堂偶存稿》"文檄卷二十六"，《清代诗文集汇编》第280册，上海古籍出版社，2010，第637页。

⑤ 马云青《清季遗闻杂录》回忆了京城打官司时当事人为免挨打主动请托差役的过程。他还说，在五城指挥衙门最能发财的，是掌刑打人的衙役。在衙门里当十年二十年的衙役，就能成为很好的小财主。这些衙役还掌握了打人的巧妙技术，打人时就能决定治好杖伤的时间。见马云青《清季遗闻杂录》，庄建平主编《近代史资料文库》第十卷，上海书店出版社，2009，第28～30页。

⑥ （清）潘杓灿：《未信编》卷3，《官箴书集成》第3册，黄山书社，1997，第80～81页。

皂隶于行杖之时暗施恶技，毙人杖下，嫁祸本官者。① 同治七年（1868），广东四会县知县杜凤治在一次审案时，散役梁某当面舞弊，诡称杖数，以四板作五板，被杜凤治发现。② 为防止出现类似弊端，黄六鸿建议，地方官应该将皂隶各置名签，下注年貌，在用刑时掣签唤用。动刑皂隶俱归皂隶房伺候，唤刑乃出。清代州县官的公案上可能会设置有两个签筒，也可能只有一个签筒。其用途各不相同。其中一筒签可能用于确定杖责数量，一根签一般代表五板，这在《申报》和明清文学作品中常有体现。一筒签可能用于确定行刑皂隶，签上预先注明皂隶姓名（也可能用来传讯）。在用刑时，州县官抽中哪根签，便由签上标明的皂隶行刑，甚至连行杖时捉缚犯人的皂隶有时亦由掣签决定，这俱是州县官为防止皂隶提前作弊而想出的对应之策。在传讯、抓捕犯人时也可能会用到签筒之签（又叫板签、朱签）。此时，地方官要在签上用朱笔写上用签事由。

其三，在打板子时地方官应当集中注意力。③ 雍正、乾隆时期的地方官陈庆门告诫同僚，凡行杖时，地方官应该暂停阅审案卷，也不可别有问答，惟注目凝神以观受杖之人。一则视其人能受与否，倘不能受，量减数杖，杖虽减而法已尽矣；一则防行杖者有任意重责要害，毒打一处之弊。嘉庆、道光时期的地方官杨炳堃认为，对行杖时皂役的作弊恶习，地方官骤难改移。地方官应"随时留意，量其轻重以为增减"。如应责三十板者，倘属过轻，不妨多责五板十板以示严惩。如遇重手，不妨量减五板十板以存矜恤。

---

① （清）杨锡绂：《四知堂文集》卷7，《四库未收书辑刊》第9辑第24册，北京出版社，2000，第187页。

② （清）杜凤治：《杜凤治日记》第2册，邱捷点注，广东人民出版社，2021，第832页。现代著名语言学家赵元任童年曾随其祖父、冀州知州赵执诒生活。其在《赵元任早年自传》中回忆其祖父审案时的一些情形。他说："要是犯人出得起几个钱呐，他们有法子把衙门里的差役买通了，等到挨打的时候儿啊，可以打轻点儿，并且还可以少打几十板，所以打板子数数目的时候总用些乱七八糟的说法，要是半当间偷偷儿的掉了多少下儿，横是谁也听不出来的。我起头听了觉得他们说的一点儿不错，因为我听着打板子的数数，数的是很怪。"赵元任：《赵元任早年自传》，季剑青译，商务印书馆，2014，第15～17页。

③ 晚清来华美国传教士卢公明注意到，在打板子时，知县坐在大堂上，离犯人有段距离。受了贿赂的书吏差役故意在打板子时来回穿梭，挡住知县的视线，使其看不清下面到底是怎么打的。见〔美〕卢公明《中国人的社会生活》，陈泽平译，福建人民出版社，2009，第167页。

他自称在任地方官时每当行杖，从不抽签，惟目不他瞬，用心谛视，审度轻重，随时喝止，蠹役虽欲肆虐，亦无所施其伎俩矣。[①] 方大湜光绪初曾任直隶按察使、布政使等职，他也告诫同僚，在行刑时，还要定睛细视，恐皂役受人嘱托以重刑毒打一处，或不打腿而打腿弯。[②] 晚清翁传照认为，板之厚薄宽窄，竹之干湿生熟，地方官在在皆宜留心，须当堂要求皂隶呈杖请示。[③] 打板子时可能会伴着皂隶的吆喝声，也可能没有。因为事务繁忙，很多地方官经常边打板子边看案卷，皂隶的吆喝声可能会打扰到地方官，或者会分散地方官的注意力。在这种情况下，一般不会有皂隶的吆喝声。

其四，杖责时的其他事项。方大湜告诫同僚，在用刑时，为防止腰带、裤带系有坚硬物件垫伤小腹，须用皂隶搜检。[④] 在杖打时，不要拖板。[⑤] 因为如果拖板，数板就可破皮出血。也不要专用板头。乾隆时期曾官至左都御史的朱椿亦告诫同僚，应用板心，不用板头，不要偏杖破伤一处。[⑥] 至于在何地杖责，乾隆时期地方官叶镇认为，凡杖责有关世教之人，坐大堂对众杖之；每遇不孝、不悌者，遣出头门重杖，以别于他犯，且令行路之人各皆见闻，知所炯戒。[⑦] 清初李渔认为，在用刑时，应察看竹板的新旧燥湿情况以为下手重轻。因为新设之具其性倍坚，竹木皆产于地，未有不带湿气者。惟用久则水性渐收，锋芒亦去，且与人之皮肉相习，故受者虽云痛楚，未必尽其性命之忧，新设者于此一一相左，其毙人最易。板子燥湿不

---

① （清）杨炳堃：《中议公自订年谱》卷8，《北京图书馆藏珍本年谱丛刊》第141册，北京图书馆出版社，1999，第677~678页。

② （清）方大湜：《平平言》卷4，《官箴书集成》第7册，黄山书社，1997，第699页。

③ （清）翁传照：《书生初见》，《官箴书集成》第9册，黄山书社，1997，第362页。

④ 现实中有因为垫伤肾囊后伤处溃烂身死的案例。见（清）祝庆祺、鲍书芸编《刑案汇览》卷60，法律出版社，2007，第3126页。

⑤ 《龙旗下的臣民》一书对"拖板"的说明很到位。该书说，拖板有别于常见的那种一起一落的打法，区别在于板子打到人身上时还要顺着皮肤回拖，可以很快就让人的皮肤撕成一条一条的。见〔英〕吉尔伯特·威尔士、亨利·诺曼《龙旗下的臣民》，刘一君、邓海平译，光明日报出版社，2000，第117页。

⑥ （清）徐栋辑《牧令书》卷18，《官箴书集成》第7册，黄山书社，1997，第414页。

⑦ （清）徐栋辑《牧令书》卷18，《官箴书集成》第7册，黄山书社，1997，第401页。

同，受刑的痛楚也有很大的差异。① 湿者之惨加于燥者数倍。② 据说小便可以去淤生新，把竹板放在小便桶中浸泡，时间久了，虽然把人打得血肉狼籍，被打的地方也不会糜烂。著名循吏刘衡说，在对讼棍打板子时，州县官不妨稍参权术。必须亲莅大堂，于万目共睹之地示以不测之威，并震以难回之怒，如击案疾呼、离座挺立之类。还要让围观民众知晓官之所深恶痛绝者，惩一警百，此后转可以缓罚而省刑，从而实现教化的目的。③

　　这些都是中国古代恤刑制度的重要内容，体现了清代官场对犯人、百姓的体恤。这也说明官员并非为了取供、尽快结案会一味责打犯人。清代官场中有关行杖的建议或现身说法之多同时也说明当时办案宽厚的官员非常之多。当然，这些建议毕竟是书面建议，现实情况更加复杂。比如各地经常有不合律例规定的杖具。不仅有用藤条责打人的，也有用巨竹连根责打人的。《大清律例·刑律·断狱上》"故禁故勘平人"门例文所言"如有私自创设刑具，致有一、二、三号不等，及私造小夹棍……"中的"一、二、三号"应该系指竹板，系问刑衙门私设，被律例禁止。④ 虽然如此，现实中仍然常见头号大板、小板等名目，还有用木板的。为防止行杖竹板不如式，乾隆年间四川省曾要求各州县将行杖竹板按季制造，送府验烙，然后再饬发应用。⑤ 这一规定至少在道光末未得到实施。道光末四川按察使张集馨说，听说有地方官先重责二三千小板然后行刑者。有地方官对解到咽匪，不问真伪，先责小板四百，然后讯供。其中供情不得，而罪名莫定，即于大堂杖毙。⑥ 小板责至数百乃至二三千，这样的小板肯定不是《大清律例》所规定的板式。

---

　　① （清）李渔：《资治新书》卷首，《明清法制史料辑刊》第 1 编第 1 册，国家图书馆出版社，2008，第 52～55 页。晚清广东知县杜凤治曾因为天热，枷新而重，而将一名枷号犯人改处锁系石磉刑。（清）杜凤治：《杜凤治日记》第 1 册，邱捷点注，广东人民出版社，2021，第 153 页。

　　② （清）黄六鸿：《福惠全书》卷 11，《官箴书集成》第 3 册，黄山书社，1997，第 339 页。

　　③ （清）刘衡：《庸吏庸言》上卷，《官箴书集成》第 6 册，黄山书社，1997，第 198 页。

　　④ 台北故宫博物院编《宫中档乾隆朝奏折》第 1 辑，台北故宫博物院，1982，第 1 页。

　　⑤ 四川省档案馆编《清代巴县档案汇编》（乾隆卷），档案出版社，1991，第 53 页。

　　⑥ （清）张集馨：《道咸宦海见闻录》，杜春和、张秀清点校，中华书局，1999，第 96、101 页。

第三节　晚清报纸中的打板子

笔者在《点石斋画报中》整理出十幅有关笞刑、杖刑的图画（另有两幅鞭责的图片）。在这十幅图画中，犯人被笞杖的原因包括赌博、和尚犯戒、和尚撞骗、差役滥刑、佃户欠租、狎妓闹事、讼师唆讼等。犯人俱为男性。犯人受笞杖时，差役俱将其裤退下至双脚间，使其臀部裸露，有的会稍微掀开其上衣。犯人卧在地上，其身下俱无垫挡之物。两名差役分别按住犯人的上、下半身。[①] 一名差役双手握着刑具责打，在有的图画中，行刑差役一腿在前半蹲，一腿在后挺直，表现了其正在用力责打状。晚清上海县常用藤条责打犯人，此时，差役一手拿着藤条责打，差役的姿势比较灵活。在这十幅图画中分别各有一幅用大头和小头责打。其他图画分不清大头和小头。在那些对犯人表情有描写的图画中，犯人经常愁眉苦脸。围观民众常见女性，她们俱在屋内。围观男性则俱在屋外。

在这十幅图画中，板子不尽为州县官所施加，也有巡检、保甲总局委员等人所为。执行地点也不尽为衙门。在某标题为《缙绅受侮》的图画中，江西某生员夜晚在本地状元桥关帝庙门外纳凉，偃卧竹榻睡眠。适城内保甲总局委员经过，该生员起床稍迟，与巡丁发生纠纷。委员震怒，立饬扭下笞臀。该生哀求矜全体面，委员不允，喝笞四百板。某武进士闻知代求宽免，委员斥其抗拒，亦笞六百板。于是，各士子纷纷具词上禀，请雪笞责生员之辱。该武进士系投标候补千总，亦已辞标赴京城将图京控。该图下文字点评道，该委员罔知顾忌，被笞责的二位生员以缙绅之族受竹肉之刑，冤虽雪，此身其可赎乎？[②] 吕坤《刑戒》"莫轻打六条"中即有"生员莫轻打"一条。在明清时期，生员受到优待，地位较高。在日常生活中，

---

① 如果两边差役不按紧的话，被杖者会负痛在地翻动，可能会打到别的部位。具体案例见（清）祝庆祺、鲍书芸编《刑案汇览》卷60，法律出版社，2007，第3123、3126页。

② 《点石斋画报》酉集·八期"缙绅受侮"。

他们比一般百姓更重视脸面。吕坤同时告诫官场中人，即使监生、童生也莫轻打。该二位生员受笞责后，"冤虽雪，此身其可赎乎"，正意味着其脸面受到羞辱，已不可挽回。《点石斋画报》该图文字的评论充分表明了该作者的立场。也说明吕坤《刑戒》"莫轻打六条"等内容在明清时期能得以广泛传播和认同，背后的确有其存在的社会基础。

根据《申报》的记载，在被打时，有皮开肉烂，鲜血交流，哀号之声若杀猪的。① 有臀血淋漓，连连叫苦的。② 被意外杖死的也有，但比较少见。也有积惯小窃，犯案累累，笞不一次，臀有板花，皮肉坚韧，予以数百下而未必皮破血流、骨肉溃烂者。③ 也有行刑时即鼓腹受之、似能运气之僧人。④ 现实情况不同，每个人的体质有别，所以，在被杖时会有不同的表现。正如清初名医陈士铎所言："刑轻刑少，忍痛而断不叫号；刑重刑多，悲伤而自多涕泣，此气血所以愈亏也。倘受刑之先，身体原弱而不强，则恶血奔心，往往有死者。"⑤ 当然，也有皂隶作弊的。光绪二十二年（1896），江西万载县行刑皂役手段高强，在责打传讯未成的差人时，虽然数至千下，但仍皮不破，血不出。⑥

《申报》对女性被杖责的报道较少。光绪十九年（1893），苏州二名女性因装扮不雅、冲撞知府车轿而被掌嘴杖责。见者说，当二女郎匍匐知府轿前时两颊赧红，被掌嘴后变为雪白。及被杖时，则又青红相间，既羞且恨。⑦

《点石斋画报》中的这些图画还常记录了一些娱乐性质的事情。上海县某差役因擅将案内无名之人提讯到案，知县发怒，命笞一百六十板。不料在笞至满百时，该差役忽然扒起，向外逃走。当时，堂上下人众累累，

① 《重惩痞棍》，《申报》1886 年 12 月 9 日，第 3 版。
② 《榕城春色》，《申报》1888 年 4 月 12 日，第 2 版。
③ 《论刑讯》，《申报》1884 年 1 月 11 日，第 1 版。
④ 《纪妖僧羁押后近状广东》，《申报》1908 年 12 月 23 日，第 12 版。
⑤ （清）陈士铎：《洞天奥旨》卷 9，柳长华等点校，中国中医药出版社，1991，第 109 页。
⑥ 《彭蠡渔唱》，《申报》1896 年 8 月 4 日，第 2 版。
⑦ 《苏台秋柳》，《申报》1893 年 10 月 24 日，第 9 版。

几乎失笑。① 浙江某县丞下乡公干，因地保未满足其所欲，怒而笞之。时地保正患腹泻，当杖梢起处，黄水迸流，三点两点溅于县丞之须髯间。县丞本来想要的干的未到，稀的却已先到口了（意指钱未到，大便已先到。——笔者注，见图22）。浙江秀水县知县巡夜，查到三更时尚客满的某烟店，店主为某监生。知县说，既然你曾读书，必能属对，可将"地棍"二字对来。店主马上对曰"父台"。因父台在清代一般系指当地知县。知县听后大怒，命重重杖责。其实该店主对得很工整，因为地为坤，坤为母，以"父台"对"地棍"，足见该店主心思之巧。② 厦门某保甲局委员当街笞责赌犯，忽有某恶棍藐视官长，爬上屋顶，拾取瓦片，掷向该委员头上。委员未被击中，却误伤了旁人。③ 光绪三年（1877），一行脚僧因为强讨召衅而被骗至江苏元和县知县面前。知县询问来历，该僧仍出言不逊，搜其行李，并无戒单衣钵。知县喝令杖责。方欲行刑，该僧陡然跃起，竟自奔出。幸亏众役及时将其拉住，将其全身捆缚后再打。④ 光绪十八年（1892），江苏扬州两名青皮（混混）因滋事被抓。当地巡局总巡怒令赠以竹笋煨肉一大顿，各赏独桌酒一席，饬令地保牵赴教场示众。见者咸谓此二人食量甚大，此微笋肉恐不足以饱老饕，幸各赏独桌酒，两人对饮，庶免寂寞耳。⑤ 在《申报》中"肉鼓吹""竹笋煨肉""竹肉"常用来指代打板子，"独桌酒"用来指代枷号。在此事例中围观民众之意为，打板子对这两名青皮来说不足示惩，幸好他们尚需枷号示众，而且两人一起戴枷，尚不致寂寞。

　　《申报》也常注意到地方官在打板子时的一些任性妄为行为。如《论福州以押犯任清道之役》一文指出，地方官在讯供之际对未定罪之百姓常

---

① 《点石斋画报》丙集·十一集"邑宰仁厚"。
② 《点石斋画报》丑集·八期"谬对受笞"。
③ 《点石斋画报》未集·七期"赌徒藐法"。
④ 《恶僧递解》，《申报》1877年6月1日，第2版。
⑤ 《枷示青皮》，《申报》1892年3月5日，第2版。

图22　《点石斋画报》中的打板子

注：《点石斋画报》丑集·二期"请尝异味"。

笞责以千计。"亦可谓酷矣"。[1] 百姓被打死的也有。《民呼日报图画》记录了某人被不问曲直的地方官笞责致死后其亲属的惨状。虽然尸亲将其子尸体陈于大堂，众虎役依然大声恐吓其离去。"如再不去，尔亦自寻死地矣！"该人不得已，遂收尸痛哭而回。[2] 有时百姓即使明知地方官非刑致毙人命的后果，也不敢轻易尝试，向地方官讨回公道。这反映了现实的残酷。

《论福州以押犯任清道之役》一文又指出，有的犯人因为已行贿行刑者，即使其身挨数千板，"竹肉之声喧于阶下"，也会"口供曾无一字"。相传学行杖者先持杖击水，或击豆腐，必令声则喧甚而水无一点之溅，纯熟豆腐击之有声而仍完好如常。如此才可谓学习已成，始足以充役。所以，

---

① 晚清著名法学家吉同钧也说，州县审理案件往往任意酷虐，笞杖盈千累百，血肉横飞，惨不忍言 [（清）吉同钧：《大清律讲义》卷16，高柯立、林荣辑《明清法制史料辑刊》第3编第55册，国家图书馆出版社，2015，第373页]。类似说法和实例比较多，确实反映了晚清刑讯逼供的普遍和部分州县官的凶狠，但这种普遍性不宜被夸大。

② 《民呼日报图画》"罪人及孥之惨刑"，《清代报刊图画集成》（六），全国图书馆文献缩微复制中心，2001，第140页。

差役有此手段可以蒙蔽堂上地方官，地方官亦未尝不知之。①《论诱讯拐匪》一文又指出，现实中有雇人代挨打的现象，甚至连匪盗等犯之需刑讯者亦可得贿而用情，如此，匪徒又何乐而不为！其结果导致官不得实供而皂役却已得到了实惠。②

现实情况复杂，在打板子时不仅有差役蒙蔽地方官的情况，也有地方官明知受蒙蔽而不管的情况，还有地方官无法约束的情况。光绪十九年（1893），浙江乐清县知县命将一名与本地武举互殴之差役笞责。谁知行刑者竟纠合通班头役当堂求免，强辩不休。知县喝令动刑，竟不下手。知县知势难理喻，只得退堂。待武举步出仪门后，诸役大肆咆哮，任情诟詈。差役之横，官竟不能惩，竟至养痈遗患如此！③ 相对于差役，州县官虽然高高在上，但面对差役的无理取闹，州县官也有无可奈何的时候。毕竟州县官也有强势弱势之分，现实中不可能所有的州县官都能令行禁止。④

对应处笞刑、杖刑的案件，州县官可以自理。对应处徒罪以上案件应通详上级，由其上级决定。现实中州县官对应通详的案件经常匿不通详，仅对犯人处以笞杖、枷号之刑。对此，《申报》常鲜明地表明自己的态度。如对历年被拿获之口供确凿的数起哥老会会匪轻或笞臀，重或递解回籍，

---

① 《论福州以押犯任清道之役》，《申报》1887 年 7 月 19 日，第 1 版。晚清李伯元《活地狱》也有这一情节的书写。（清）李伯元：《活地狱》卷 2，王燕辑《晚清小说期刊辑存》第 11 册，国家图书馆出版社，2015，第 523 页。

② 《论诱讯拐匪》，《申报》1894 年 6 月 12 日，第 1 版。

③ 《百二峰选胜记》，《申报》1893 年 6 月 23 日，第 2 版。

④ 黄炎培形象地描写了故乡江苏川沙厅同知通过打板子达到官民两利的结果。黄炎培说："川沙城很小，我家距离厅官衙门很近，一听到街道转角一个人引吭高喊'伺候'！便见一大群衙役，全是鸦片鬼，蜂拥上衙门，知道就是厅官要升大堂审官司了。每一堂官司，几乎总是打屁股最引起观众的注意。打屁股分两种：一种是假打；一种是真打。假打是行过贿。约略五六市尺长的竹片，打得特别响，实际上是打在地上，丝毫没有'切肤之痛'。但被打者的嘴里必须喊得响亮，否则受贿者的面子上不好看。喊的什么？'大老爷饶命！大老爷饶命！'打一声，喊一声，是有节奏的。这样，一堂官司审得最圆满。有面子，有夹里，官民两利。另外，天真的老百姓，不懂行贿，打得鲜血淋漓，倒不是大老爷的期望啊！"所以，对差役作弊，地方官并不完全是不敢追究，或者甘当傻子。差役和地方官通同作弊，达到了官民两利的结果。（黄炎培：《八十年来——黄炎培自述》），文汇出版社，2000，第 25～26 页。

上海县从未照例惩办的情况，该报《书本报左道惑人后》一文表达了不满。① 另《士人宜通律例说》一文指出，乘火抢物之案历来书不胜书，在旁观推测之词咸谓犯人较强盗更为凶恶，而问官惟以笞责荷枷了事，从未加以严刑者。② 该文认为，地方官对乘火抢物之犯的处理常"失之宽纵"。不仅对会匪、乘火抢物之犯如此，州县官对拐犯、调戏妇女之流氓也经常如此。《申报》经常担心因为州县官宽纵了本该处以更重处罚的犯人，使其益无忌惮，恶迹愈彰，从而使地方更加难以治理。该报《论积窃不宜轻放》一文认为，一些虽杀之而不改的无耻之徒，岂笞辱枷示之能挽回？欲靖窃贼之风，莫若使之自愧。该文又提出了有针对性的"使其自愧"之法，即管押与罚做苦工。③

第四节　杖伤

《申报》常见百姓被杖时"血肉飞溅"、被杖后"臀腿腐烂不堪"的类似书写。这在清代文学作品中也有体现。乾嘉时期大臣汪志伊《杖谣》《竹板叹》两诗对受杖百姓表达了深切的同情，并对贪官、作弊衙役予以痛批。两诗有"痛哉痛深入骨髓""创钜痛深不能支，虐逾斩绞近凌迟"之句。④百姓受杖后创痛非常，甚至不能行走，这使打板子看起来甚至比绞、凌迟还要酷虐。作为父母官的州县官杖责百姓，不仅经常起不到教化的作用，反而还导致了公开宣扬暴力的结果。从打板子来看，父母官易给其治下百姓留下残苛的印象。

在成为官司、案件的当事人后，很多理屈的百姓知道自己有可能在审理时被杖。很多未按时缴纳钱粮的百姓经常会受到地方官的追比，打板子

---

① 《书本报左道惑人后》，《申报》1887 年 2 月 12 日，第 1 版。

② 《士人宜通律例说》，《申报》1890 年 10 月 13 日，第 1 版。

③ 《论积窃不宜轻放》，《申报》1885 年 12 月 12 日，第 1 版。

④ （清）汪志伊：《稼门诗钞》卷 4，《续修四库全书》第 1464 册，上海古籍出版社，2002，第 469 页。

是追比的主要方式。对他们来说，在被追比前已经知道自己有被杖的可能。现实中也常见为了金钱代人受杖者。[①] 为缓解疼痛，很多人在被杖前可能会预服"代杖丹""鬼代丹（散）""英雄丸""回生丸""寄杖散""铁布衫丸"等名目的药丸。[②] 在明清中医著作中号称它们能保受杖者在受杖时"血不攻心"，从而使其"受杖不痛"，亦不甚伤。清代太医吴谦等人所编《医宗金鉴》收有"代杖丹方歌"。该方歌云："代杖护心血不攻，丁香苏木蚯无名，丹皮肉桂木鳖子，乳香没药自然铜。"[③] "代杖丹"主要通过护心、血不攻的方式达到镇痛的效果，其药方包括蚯蚓、木鳖子、自然铜等成分。虽然代杖丹、鬼代丹药方名目不同，其药方组成实际上大同小异。清代中医徐大椿所谓"定痛之药，不外此方"。[④]

打与不打，存在变数。在服用"鬼代丹（散）"等名目的药丸后，如果到时不打，可能会对服用者产生副作用。在清代许多中医著作中还附有到时未打的解药。[⑤] 如《惠直堂经验方》说，服用鬼代丹后，如果不打，吃葱即解。吃素者，甘草汤解。[⑥] 当然，虽然同名为"鬼代丹"，不同医家的药方成分可能有所不同，不打后的解药也可能不同。[⑦] 从如此多临杖预服的药方名目和"鬼代丹"等药方在明清中医著作的出现频率来看，被杖前服用

① 《论诱讯拐匪》，《申报》1894年6月12日，第1版。

② 与受杖情形类似，在明清中医著作中还有"预备夹棍方""护心丹"等名目。

③ （清）吴谦等编《医宗金鉴》卷75，人民卫生出版社，1973，第426页。

④ （明）陈实功著，（清）徐大椿评《徐评外科正宗》卷10《杖疮》，上海科学技术出版社，1990。徐大椿此语系针对陈实功"铁布衫丸"药方所言。明代著名律学家王肯堂同时也是著名的中医学家，在其所著中医书中，收有"鬼代丹"一方［见（明）王肯堂《证治准绳（四）·疡医证治准绳》，施仲安点校，人民卫生出版社，2014，第513页］。陈实功之"铁布衫丸"药方、王肯堂之"鬼代丹"药方与吴谦"代杖丹"药方的确具有很大的相似性。

⑤ 明末学者田汝成《西湖游览志余》说，在杭州有鬻杖丹膏者，虽血秒狼籍，一敷而愈。又有胎骨丸，将杖时服之，虽杖不伤。若不杖则内热肉肿，必破血而后已。其曾祖父有药以施伤者，敷之立效，见（明）田汝成《西湖游览志余》卷19，《文渊阁四库全书》第585册，上海古籍出版社，1987，第541页。

⑥ （清）陶承熹、王承勋辑《惠直堂经验方》卷3，裘庆元辑《珍本医书集成》第3册，中国医药科技出版社，2016，第76页。

⑦ 比如明代医家龚廷贤的"寄杖神丹"毒性可能较小。他说，此药服后，如未受刑，用两手捶背即消。（明）龚廷贤：《（新刊医林状元济世全书）》，中国科学技术出版社，1996，第422页。

"鬼代丹"等药丸，在当时应该比较常见。① 之所以"鬼代丹"等名目在其他文献中少见记载，系因为被杖者毕竟以无书写权或书写能力的平民百姓为主。

打板子的常见也使板子伤（杖伤）的治疗成为一个常见的中医问题。对板子伤的治疗，中国古代中医著作（主要为外科类）收有很多药方。药方最后多以杖疮膏的形式发挥作用。至迟在唐代孙思邈《备急千金要方》中便已经收有了"治杖疮方"。② 清代伤科医学家胡廷光于嘉庆二十年（1815）辑有《伤科汇纂》一书。该书"板子伤"一节介绍了历代中医对杖伤的治疗，其药方多达近五十种。该书系笔者所知收录相关药方最多的书。胡廷光本人认为，板子伤系竹片笞杖之刑所伤臀也。不问皮肤已破、未破，即服琼液散，能化瘀，除疼痛，消肿而不溃，且易结瘢，其功效远胜他药。气质弱者，继之大补，以培其元，使脾胃健旺，自能荣达于下。皮若未破者砭之，或选奇方敷之；皮已破者去瘀，后以七真膏生肌。如刑重，肉糜黯肿昏愦者，剥黑羊皮，乘热贴之，以童尿灌之，继以独参汤补之。如果肉腐烂的，用黄白散洗之。③ 其所言"琼液散"（化瘀、止痛、消肿）、"七真膏"（生肌）是明清治疗杖伤的常见药方。由胡廷光的观点也可以看出，杖伤经常与血瘀、肉肿、肌腐（还可能生蛆）相关，由此可以想见被杖人所受之痛苦。

清代著名医学家魏之琇所编《续名医类案》的写法与《伤科汇纂》不同。后者系先阐明自己的观点，再简单罗列各家药方。在《续名医类案》一书中一共讨论了"杖伤"的三十余种情形。在讨论每种情形时，大多以"一人"开头讲述其被杖后的具体症状，然后再给出药方。《续名医类案》

---

① 法国人古伯察观察到，地方官反复拷打、讯问一名强盗头子。其被打后用来治伤的药很灵验，所以，每隔一天，他就能再次经受一顿拷打。见〔法〕古伯察《中华帝国纪行——在大清国最富传奇色彩的历险》下，张子清等译，南京出版社，2006，第143页。

② （唐）孙思邈：《备急千金要方校释》卷25，李景荣等校释，人民卫生出版社，1998，第547页。

③ （清）胡廷光：《伤科汇纂》卷10，《中医临床必读丛书（合订本）：临证各科卷（外科·伤科·推拿）》，人民卫生出版社，2011，第866～869页。

虽然对"杖伤"的治疗没有直接表明自己的观点，但其对症状的描写更详细，读者在阅读时感到其与自己的距离更近，其药方也相对更容易被读者所采用。《续名医类案》所收药方经常提到腿伤，由此也可见打板子时的确也会伤及腿。① 此外，在打板子时也有可能会伤及男性外肾、阴囊和两肋小腹等处。②

根据《伤科汇纂》所附各家药方，童子尿在杖伤的治疗中有比较多的运用。童子尿不仅有散瘀等功效，而且还不伤脏腑。③ 人在被杖后血瘀肉肿且痛，为免血气攻心（活血），杖后即饮（或喷）童子尿和酒是明清中医著作中常见的药方。这在唐代孙思邈《备急千金要方》和明代李时珍《本草纲目》中也有记载。④

笔者所知，明末清初中医陈士铎（号远公）《辨证录》对杖伤的讨论最常被后人引用。其主要原因为，针对杖伤"世人外治多有神方，而内治绝无妙药"的现状，陈令人信服地提出了不能"专恃外治"，应"内外夹攻"的观点。所谓"外"即外伤，"内"即乱心。现实中毕竟有被杖责后冤气在心的百姓。他说，百姓犯法遭刑，虽然多缘恶积，但肯定也有冤屈受到棒打的。冤气在心，则肝叶开张，肝气收敛，尤善引血入心，从而使无辜之人易死。陈介绍了一"异方"，该"异方"号称"内方使恶血尽散，外方使

① 蒲松龄《聊斋志异》"促织"一文描写了一百姓因为未捉到促织而遭到知县严限追比的事。该文说，旬余，该百姓即被杖至百，"两股间脓血流离"。［见（清）蒲松龄《聊斋志异》卷 4，上海古籍出版社，2013，第 159 页］。笔者在奥地利国家图书馆藏《聊斋全图》（光绪时期绘本）第41 册中见到了"促织"一文的配图。该配图清楚地显示该百姓两大腿后部有很多红点，其臀部却未有任何红点。笔者在《点石斋画报》（卯集·一期"衅遇阋墙其二"）也见到了被责者的大腿后部有被责痕迹。《大清律例》"狱具之图"规定，作为刑讯场合的打板子（即讯杖），犯人是臀受。但根据《大清律例·刑律·断狱下》"决罚不如法"门律文的规定，在官司决罚人、监临责打人时，于人臀、腿受刑去处，依法决打，邂逅致死，勿论。该律实际又允许责打腿部。

② （清）魏之琇编《续名医类案》，黄汉儒等点校，人民卫生出版社，1997，第 1164～1171 页。

③ （清）汪昂：《本草备要》卷 4，郑金生整理，人民卫生出版社，2017，第 357～358 页。

④ 宋楚望所编《公门果报录》转引了一名刑杖差役积阴功的故事。该差役每晚辄以刑杖置便桶中，以小便可以去瘀生新，浸久，虽杖至血肉狼籍，不致糜烂［（清）宋楚望辑《公门果报录》"续录"，《官箴书集成》第 9 册，黄山书社，1997，第 387～388 页］。晚清翁传照说，他听说，新竹久浸陈溺中不伤人［（清）翁传照：《书生初见》，《官箴书集成》第 9 册，黄山书社，1997，第362 页］。

死肉速生"。①

在杖后生活上，清初著名律学家王明德认为，被杖后切忌卧席。倘若不知误卧，则其气相感，毒将深不可解。不独溃烂难痊，且恐致不救。惟以布帛捆褥卧之，方可保其无虞。② 穆翰《明刑管见录》认为，杖后不要饮食牛肉、烧酒、荞麦面等发毒之物。杖后或在热炕躺卧，或用水洗，如果伤处进风，必致溃烂，毒向内攻，多致毙命。③

有的人在被杖后还须收监。对收监后的相关事项，清初潘杓灿说，有的牢头狱卒借口解臭，故意熏烧柏香，那些新经杖责的犯人受刑处一旦被熏上，就会流血不止，很难长出新的肌肉。④ 地方官应该防止这种事情的发生。据说用一钱血竭、二钱朱丹轻、三钱白占，研成末涂上，肉就会在伤处四周长起，两天就可以好。⑤ 晚清刑部堂官赵舒翘建议，监狱应预备"杖伤药""金创药"等药，以应所急。⑥

因为在被责时杖具落点不会固定在一处，有时候也会落在腿上。所以，会在犯人臀部、腿部形成花纹形状。这块花纹形状在现实中常被称为板花。⑦《申报》的很多报道显示，被杖后臀、腿上的板花会对犯人生活产生影响。差役经常根据嫌疑人身上板花有无、板花多少判断其安分与否，有

---

① （清）陈士铎：《辨证录》卷13，人民卫生出版社，1989，第821～822页。

② （清）王明德：《读律佩觿》卷8下，何勤华等点校，法律出版社，2001，第360页。

③ （清）穆翰：《明刑管见录》，杨一凡编《古代折狱要览》第14册，社会科学文献出版社，2015，第144页。

④ （清）潘杓灿：《未信编》卷3，《官箴书集成》第3册，黄山书社，1997，第91页。

⑤ （清）宋楚望辑《公门果报录》"附录"，《官箴书集成》第9册，黄山书社，1997，第395页。

⑥ （清）赵舒翘：《提牢备考》卷4，《续修四库全书》第867册，上海古籍出版社，2002，第589页。八国联军占领京城后，白曾焯为刑部提牢主事。其《庚辛提牢笔记》说，当时刑部刑伤各犯多愿敷黄玉膏，不愿敷七厘散。据云七厘散敷之益痛，黄玉膏敷之止痛生肌，而不知刑伤重者，七厘散并可服也，而究不如三黄宝蜡丸（必以黄酒送下）。三黄宝蜡丸以盛京所产为佳。此药治跌打损伤殊有神效。提牢厅宜多购备用［（清）白曾焯：《庚辛提牢笔记》，台北文海出版社，1977，第51～52、77页］。按，三黄宝蜡丸为清代吴谦《医宗金鉴》中一个主治金疮、恶疮的药方。在各种医书中，主治金疮的药方当然不止三黄宝蜡丸。

⑦ 如《申报》描写了某人被笞后"臀肉曝裂"的情形。见《倔强宜惩》，《申报》1899年10月5日，第2版。板花的形成与晚清很多地方多用藤条责人有关。清人王昶《过杨升庵先生故居》有"小桃红欲染，犹似杖痕斑"之语。王昶笔下的杖痕，文学色彩更重，与板花的形象相距较远。

板花之人更易被差役怀疑。现实中常见因人臀腿部位有板花而被抓之事。犯人身上板花的存在也可能会使其再次被抓时被区别对待。比如有因为臀上板花历历被地方官认为"无可自新"而改责手心的。^① 光绪十二年（1886），上海县一名江姓积窃被杖，地方官见江某臀上疮痕遍满，命从宽减责一百板。责毕，江某两手捧臀曰，幸哉，此疮！^② 板花的存在也可以证实行刑时差役有无作弊之事。光绪二十五年（1899），上海某犯被责五百板后被捕头查出其臀部并无板花，该捕头很快就知道当时行杖之红班差役得贿松刑了。^③ 也有因臀部、腿部无板花而被州县官"曲法贷之"的。光绪二十四年（1898），一滋事之游方僧因臀部并无板花而被地方官认为"未受过刑法"，从而获得了饬责手心八十下的处罚。^④ 对将人杖责后给其生活带来的不便地方官非常清楚。晚清翁传照甚至认为，杖痕在臀，厉于刺字在面，捕役指为惯贼积贼，操纵其身，驾驭作贼。^⑤ 当然，现实中在个别地方也存在以臀上板花多且黝者为豪，少而小者为劣的情况。^⑥ 光绪二十八年（1902），上海某积窃因为屡经受杖，两腿已起硬皮，差役认为其再杖也不会形成板花。该说法被地方官认可。^⑦

《申报》所刊《论刑讯》一文认为，两腿本属易熬之处，百姓初犯笞杖，杖疮决裂。结痂之后，所长新肉如别项疮疤。然血脉至此不流，不知痛痒，多经一次则疤上之皮结厚一次。故惯笞之犯棒痕黝然，愈显愈黑，而出血溃烂亦愈难也。^⑧ 对其说法，笔者暂时未见到其他资料证实。^⑨ 不过

---

① 《恤刑篇》，《申报》1900 年 12 月 3 日，第 1 版。
② 《英界公堂琐案》，《申报》1886 年 10 月 26 日，第 3 版。
③ 《送请验臀》，《申报》1900 年 1 月 18 日，第 3 版。
④ 《恶僧受责》，《申报》1898 年 3 月 24 日，第 9 版。
⑤ （清）翁传照：《书生刍见》，《官箴书集成》第 9 册，黄山书社，1997，第 363 页。
⑥ 光绪《江都县续志》"拾补"。
⑦ 《英美租界公堂琐案》，《申报》1902 年 6 月 3 日，第 9 版。
⑧ 《论刑讯》，《申报》1884 年 1 月 11 日，第 1 版。
⑨ 《冷眼观》借一个差役之口说，当衙门的人，穿的板子，戴的枷，屁股上一上就有老茧，不算得是件甚么事［（清）八宝王郎：《冷眼观》，黑龙江美术出版社，2016，第 218 页］。《活地狱》也说，那些真正强盗练就的厚皮厚骨，寻常刑法他受了毫不介意［（清）李伯元：《活地狱》卷 3，王燕辑《晚清小说期刊辑存》第 12 册，国家图书馆出版社，2015，第 351 页］。

现实中确实常见颇能熬刑之人。光绪六年（1880），天津一有前科之著名土棍崔某在被抓获后先被饬责四百。他极能耐刑，责毕气不少吁，面不更色。又被饬责四百后，他仍梗顽如故。知县不得已，将其驱入站笼，希望杀一儆百。[①] 光绪十七年（1891），虽然江苏甘泉县一股上隐隐有板花之老贼在被打时竹肉齐鸣，声如溅玉。但在笞至二百下后，该贼并不呼喊，似乎毫无痛楚。其股际仿佛有一肉核隆起，上下移动。县令命差役用小刀将其股上外皮划破再笞。该贼果痛极声嘶，血流漂杵。虽然如此，地方官最后还是未能得到实供。[②]《大清律例·礼律·祭祀》"禁止师巫邪术"门有禁止本犯邪术架刑和雇人作法架刑的规定。[③]《钦定吏部处分则例》中也有禁止私相传习避刑邪术的规定。[④] 不知世上所谓的避刑邪术是否与提前吃了"鬼

① 《土棍宜惩》，《申报》1880年10月14日，第2版。

② 《老贼熬刑》，《申报》1891年11月13日，第2版。

③ 该例系雍正十一年（1733）四川总督黄廷桂奏准定例。黄廷桂称，当时四川流民习有符水，名曰架法，可以禁格刑拷。罪发到官，一任谁鞫，绝不供招，甚至敲扑声喧而有鼾睡不觉者。有无籍奸匪阴相学习，有团鱼卧沙法，不畏刑具；白水护身法，则看木夹木，看石夹石。或有别犯应受夹打者，又能代为架隔。又有铁布衫，不怕刀斧，九牛水能增气力，铁牛水不怕棍石。不独奸匪之徒喜于附会学习，即素守本分愚民被其引诱，亦愿为徒。次年，四川成都知府在审问一个犯人时，将其夹起来，甫经刑讯，辄行熟睡。松刑后，仍不供吐实情。又经重责五板，仍然熟睡。该知府认为其有避刑符水，于是，募有能解符水之人，提取该犯当堂讯问，该犯始供认从前学过铁牛水。后来他又供称，在府里审问时，小的默念一遍便不狠痛。后来解法解了，就使不灵。嘉庆、道光年间江南士绅郑光祖《醒世一斑录》说："此等案情却未曾经办。但闻之同事云，边省有收水者，以符咒治跌打损伤立效。理略同于祝由科。是术，书符于水，能令犯人吞之，受刑不痛。又有寄水者，能以人手足寄于他物，受刑如有代更，或如孟密鬼术，以木石易人手足，非易去其体，乃易其神耳。使人如半身不遂，或至于死。然不过小灵小验，究竟难逃官法。不然官法亦何所施乎?"方大湜《平平言》说："避刑邪术，世不多见。然治之法，却不可不知。……《律例刑案汇纂集成》云，避刑邪术或由运气，或由符箓，须用小竹条数根，去叶留枝，令数人分持，齐击其肩背腿足，必得实供，屡试屡验。盖符箓与运气，刑不能伤者，以其心志专一耳。竹枝丛杂，著肤不止一处，则神气散乱，其术不灵矣。此又一法也。至服药架刑，全恃药力，非邪术可比。若以治邪术之法治药力，必不验。须俟其药力过后再行刑讯。"以上见张伟仁主编《明清档案》A57－100，A64－54；（清）郑光祖：《醒世一斑录》卷5，《续修四库全书》第1140册，上海古籍出版社，2002，第36～37页；（清）方大湜：《平平言》卷4，《官箴书集成》第7册，黄山书社，1997，第701页。

④ （清）沈贤书、孙尔耆校勘《钦定吏部处分则例》卷50《刑·用刑·邪术避刑》，光绪二年（1876年）照部新修。

代丹"的缘故，还是真能熬刑忍痛的缘故，抑或是惯笞之犯的缘故。[1]

第五节　晚清来华外国人眼中的打板子

打板子有两种场合，一种是作为刑罚的场合，另一种是作为刑讯的场合。在审讯时这两种场合的界限经常被地方官有意或无意地模糊了。很多晚清来华外国人有时对此也不作区分。如义和团运动时的八国联军统帅瓦德西说，中国的刑罚十分简单，其中以笞刑居多。绝大多数的犯罪行为都适用笞刑。每当坐堂开审之时，地方官必将犯人痛打一顿，使其坦白罪行。然后再将证人痛打一顿，使其不作伪证。[2] 瓦德西所说的为使犯人坦白罪行而将其痛打一顿，这属于刑讯逼供的范畴。其上文说笞刑常见，这又属于刑罚的范畴。在研究作为刑罚场合使用的笞刑、杖刑和作为刑讯场合使用的打板子时，有时没有办法，也没有必要将两种场合区分得特别清晰。无论如何，瓦德西和很多来华外国人一样都肯定了打板子的常见。就刑罚场合来说，很多人都认为杖刑是清代最常见的刑罚。[3]

虽然《申报》有大量打板子的报道，但其侧重点经常在被打之人的痛苦表现，对打板子的其他细节（比如行刑者和被刑者的姿势）却很少书写。晚清来华外国人对打板子的书写经常比《申报》更加细致。如港督亨利·阿瑟·卜力说，在执行笞刑或杖刑时，犯人俯卧在地，双脚和脖子分别被

---

[1]　光绪十七年（1891），江苏按察使陈湜通饬所属讲求听讼事宜数条。其中，"防避刑"条说，积匪到案，能茹刑者，其术有二，一能运气，一有邪法。运气者，以竹条出其不意责之，使其痛处散漫，则运气之术无用矣。邪法，以官印等正气之物破之，则邪术无用矣。甚有一种运气诈死者，用泥胶等类紧塞其粪门，使其气不能下行，即甦甦矣。道光十九年（1839），江苏巡抚裕谦说，捕役对窃贼不仅百般吓诈，且到官后授以茹刑之术，以为衣食之计。以上见（清）佚名《江苏省例四编》"听讼须知"，杨一凡、刘笃才编《中国古代地方法律文献》丙编第 13 册，社会科学文献出版社，2012，第 573 页；（清）裕谦《勉益斋续存稿》卷 15，《清代诗文集汇编》第 579 册，上海古籍出版社，2010，第 683 页。

[2]　〔德〕瓦德西：《瓦德西庚子回忆录》，秦俊峰译，福建教育出版社，2013，第 130 页。

[3]　因为译者对清代司法知识的熟悉程度不同，对英文 Bastinado、Pan-tze、Pan-tse、flogging 等词的翻译差别较大，有的还出现了明显的错误。本书在引用时有时对译文进行了一些必要的修改。

一个人按住。行刑者取坐姿，用一块大竹板或两块小竹片连续猛烈地抽打犯人。如果用小竹片打，虽然在最初的五十或六十下用力不大的抽打下，犯人几乎没有什么感觉，皮肤也没有破裂，但此后犯人就会逐渐皮开肉绽。犯人会感到极度的痛苦。这种严刑拷打造成的伤口很难愈合，因为皮肉组织被完全破坏了。① 英国人乔治·N. 赖特还观察到打板子时手握的那头细一些。② 他所说的这一细节与清代图像资料所显示的基本吻合。美国著名汉学家卫三畏说笞刑刑具有竹板、藤条、棍棒和鞭子。如果知县将犯人拷打致死，就以罪犯病死上报，或收买他的亲友，使他们不作声。③ 从清代图像和文字资料来看，卫三畏的这一说法也相对客观。所以，这些都可以被视为相对客观的书写。

有些细节无法被《申报》等资料证实。如第二任港督约翰·弗朗西斯·戴维斯说，地方官每扔下一根签代表五板。这在清代文学作品中常有体现，在《申报》中也有报道证实。所以，这也可以被视为相对客观的书写。戴维斯又说，虽然每根签代表五板，但实际上只有四板。得到减免的一板源于皇恩。④ 法国人古伯察的说法与此有很大差距。他说，当衙役看到竹签上写的十五板后，就知道犯人要吃三十大板。因为衙役每次都会在法官所给的数字上翻一番。⑤ 这类细节虽然说法矛盾，无法被《申报》等资料所证实，但也不能断定其一定是非客观的书写。这或许体现了某地的做法，即使为真，也不能被视为普遍的情况。

还有一些书写可以断定是非客观的书写。如英国旅行家威廉·R. 葛骆说，根据中国的法律，如果丈夫发现了妻子的通奸行为，他可以杀死妻子

① 〔英〕亨利·阿瑟·卜力：《遇见中国：卜力眼中的东方世界》，李菲译，上海社会科学院出版社，2017，第24～25页。

② 〔英〕乔治·N. 赖特：《中央帝国》，〔英〕托马斯·阿洛姆绘图，何守源译，北京时代华文书局，2019，第510页。

③ 〔美〕卫三畏：《中国总论》，陈俱译，上海古籍出版社，2014，第351页。

④ 〔英〕约翰·弗朗西斯·戴维斯：《崩溃的大清帝国：第二任港督的中国笔记》，易强译，光明日报出版社，2013，第171页。

⑤ 〔法〕古伯察：《中华帝国纪行——在大清国最富传奇色彩的历险》下，张子清等译，南京出版社，2006，第128页。

和奸夫。不过，他会被打板子（该书附有英国画家托马斯·阿洛姆笔下的打板子图，见图23）。考虑到他杀死奸夫的功劳，他打板子的数量与可以拿到的补偿成正比。他还说，一板应该值一两银子。^①《大清律例》有关本夫杀死奸夫、奸妇的规定虽然很复杂，但本夫在符合"登时""奸所"捉奸等条件时不必然会被打板子。《大清律例》更没有一板应该值一两银子的规定。可能他只看到了个案的处理，但这不能代表《大清律例》就是如此规定的。所以，在对比《大清律例》的相关规定后，可以断定葛骆的这段书写是非客观的书写。

图23　19世纪英国画家托马斯·阿洛姆笔下的打板子

注：在该图中犯人未裸露臀部。该场景写实性差，不能用来说明清代笞杖刑的执行情况。根据乔治·N. 赖特所著文字部分所言，此图表现的不是滥施私刑的场景，而是正常的执法行为。板子长约六英尺（稍长于一米八）。在板子长度的对比下，周围人的身材显矮。所以，该图可能有讽中国人身材矮小之意。〔英〕乔治·N. 赖特：《中央帝国》，〔英〕托马斯·阿洛姆绘图，何守源译，北京时代华文书局，2019，第499、507、509 页。

　　这些外国人经常观察到打板子时的吏役作弊之事。《龙旗下的臣民》一书的一位作者有次观察到了两人的打板子过程。在对第一个人打板子时，衙役刚开始打得非常轻。几分钟后，在场之人才听到了痛苦的呻吟声。他走上前，看见那人身上已被打得青一块紫一块，屁股也逐渐红肿起来。起

---

① 〔英〕威廉·R. 葛骆：《环沪漫记》，叶舟译，生活·读书·新知三联书店，2018，第137页。

初他是自愿躺下的，现在则是几个人死死将他摁住。其呻吟声变成了"哎呀"的叫唤声，身体也在痛苦地扭动着。第二个被打的人是名未及时将犯人传讯到案的差役。该作者注意到，这次板子落下去的声音与上次完全不同，更加剧烈刺耳，就像打在木头上。他走近一看，才发现这个捕快用蜡将一小根木头粘在腿上，衙役的板子就落在这根木头上了。所以，捕快不会感觉到痛苦。他说，这种舞弊行为是显而易见的，包括地方官在内所有在场的人一定都十分清楚到底发生了什么事情。在这种假装的惩罚过后，这位捕快活蹦乱跳地站起身，整理一下衣衫，就又重新开始自己的工作了。① 这位作者揭示的作弊情况虽然在《申报》中没有记载，但不能排除现实中确实发生过这种事情。

《申报》等资料常见对花钱顶替打板子等作弊方式的书写。对这种作弊方式，来华外国人也经常有所书写。英国传教士麦嘉湖在其《中国人的生活方式》一书中写了一件他所认为的极其荒唐的事。在一次审讯中，法官和衙役都知道在公堂上被杖责的人不是真正的罪犯。真正的罪犯是个有钱人。为了面子，他出钱让人代替自己被杖责。为了钱，当地衙门外有一群人专门替别人接受杖责来谋生。有钱人花钱保留了面子，没钱的人靠挨打谋生。有钱人受到了惩罚，正义也得到了伸张。当然，还有钱落入了法官的口袋。司法落后、黑暗由此得到了非常直观的揭露。②

麦嘉湖在讨论"面子"时引用了这一事例。为了说明中国人爱面子，麦嘉湖又说，中国的官员们任何时候，无论白天、黑夜，都得随时准备审理案子。这样做有损官员的尊严，会被认为丢了面子。所以，为了恢复暂时受损的面子，在案件审理之前，擅自击鼓告状的都会受到杖责。这已经成为中国法庭上不成文的规定。这样做不仅提高了衙门的威望，也挽回了面子。③ 如果说前一事例在现实中确有其事的话，后面的说法无疑是麦嘉

---

① 〔英〕吉尔伯特·威尔士、亨利·诺曼：《龙旗下的臣民》，刘一君、邓海平译，光明日报出版社，2000，第253~254页。

② 〔英〕麦嘉湖：《中国人的生活方式》，秦传安译，电子工业出版社，2015，第282页。

③ 〔英〕麦嘉湖：《中国人的生活方式》，秦传安译，电子工业出版社，2015，第283页。

湖的夸大其词、耸人听闻。无论如何，当时的西方读者在阅读麦嘉湖对打板子的书写后应该会对中国百姓、官员"爱面子"的特点印象深刻。对中国人"爱面子"的总结以美国人明恩溥的总结最为有名。这说明在晚清来华外国人眼里中国人"爱面子"是一个较普遍的共识。麦嘉湖通过对打板子的书写使西方读者增进了对中国社会的了解。当然，很多了解是不客观的。

《龙旗下的臣民》有位作者还说，对打板子，衙役们太精于此道。他们可以在一个人的光背上虎虎有声地打一千大板却不会打出一个水泡。在需要他们认真行刑的时候，也可以只打三下就让人出血，真正做到"血肉横飞"。正由于衙役们的技艺如此精湛，通过受刑者的贿赂，他们就会赚一大笔钱。他还说，这种巧妙的打板子的技艺据说是长期训练击打豆腐的结果。训练的方法是两人面对面跪下，轮流击打一块放在他们中间的豆腐。直到他们学会在每一次击打时都能发出巨响，却丝毫不损伤豆腐细嫩的表层，才算是练成。这与笔者前引《申报》上《论福州以押犯任清道之役》等文的相关描述基本吻合。《龙旗下的臣民》的作者还介绍了另一项他们必须掌握的技能。掌握这项技能后，他们能报出比实际击打次数更多的某个数目。这就为他们提供了暗箱操作的空间。[①] 此外，他还了解到现实中"拖板"的打法。"拖板"在现实中确有其事。由此可见，《龙旗下的臣民》的这位作者不仅现场观看了打板子，还对打板子作了一番比较深入的调查。

虽然晚清来华外国人也清楚打板子在清代的刑罚体系里是轻刑，但他们在对打板子进行书写时却经常突出残酷的感觉。法国人古伯察观看了一次打板子的过程。当知县决定将犯人打十五板时，围观人群里顿时一阵骚动，所有人的眼睛全都瞪大了，不少人还面带笑容，调整一下座位，准备仔细观看一番，仿佛是要见证一件趣事。当犯人被打得连声惨叫，鲜血飞溅后，古伯察说，面对这一惨状，他们一行再也不忍心看下去了。于是，

---

① 〔英〕吉尔伯特·威尔士、亨利·诺曼：《龙旗下的臣民》，刘一君、邓海平译，光明日报出版社，2000，第117~118页。

马上起身离开了现场。① 因为平时打板子常见，围观人群应该都看过打板子，对鲜血飞溅的惨状应该有所了解。在得知要打板子时大多表现得兴致十足。这让古伯察一行人感觉不可思议，与他们在看到打板子的惨状后"一刻都不想多待"的心态形成了鲜明的对照。在中国人眼里司空见惯的轻刑却成了外国人眼里的酷刑。地方官通过打板子获得供词，当事人被活活打死，这些情节也经常被这些外国人书写。清代司法不公、司法黑暗由此得到了更清晰的展现。

晚清来华外国人面对陌生的环境，在看见打板子的场景后，经常会思考打板子在中国常见的原因。法国传教士古伯察认为，中国实际是个无神论的国度，官方向民众灌输道德感。民众正是靠道德感使自己免遭法律的严惩。在后文他又说，中国的社会联系只能靠刑事法律，不能靠道德法律，履行职责的唯一保证只能靠鞭子和板子。其意为，中国民众的道德感已不足以使自己免遭法律的严惩，所以，官方只能依靠鞭子和板子。他还说，在欧洲不该被打板子的民事赔偿等案件当事人，在中国就得挨上几大板子。② 与很多外国人的书写相比，古伯察的书写对中国民众、法律的偏见不太明显。但在与欧洲制度对比后，当时的西方读者会形成对清代法律重体罚、轻道德的印象。与惩罚功能相比，只有美国公使康格的妻子萨拉·康格等少数人注意到了笞刑、杖刑本来的教育功能。

英国传教士麦嘉湖认为，打板子构成了每次普通审讯的基础。这中间必然伴随着皮肉的撕裂。缺少了打板子，人们只能徒劳地看着审讯像闹剧一样发展下去。西方之所以没有打板子这种形式，是因为西方有严密的讯问、律师的辩护和法官的精确分析。其言外之意，讯问、律师、法官方面的欠缺使清代司法制度离不开板子。③ 其言语中自然流露出其对于西方司法

① 〔法〕古伯察：《中华帝国纪行——在大清国最富传奇色彩的历险》下，张子清等译，南京出版社，2006，第128页。
② 〔法〕古伯察：《中华帝国纪行——在大清国最富传奇色彩的历险》下，张子清等译，南京出版社，2006，第131～132页。
③ 〔英〕麦嘉湖：《中国人的生活方式》，秦传安译，电子工业出版社，2015，第135页。

制度的优越感。

英国人乔治·N. 赖特更是将打板子与文明联系在一起。因为打板子会让被打者感到羞辱,尤其被打者经常是有身份的人。不论地位有多高,任何人都可能被皇帝打板子。[①] 这在同时期人权观念已经产生很大影响的西方主要国家当然是不可接受的。赖特又说,杖刑这种羞辱性的刑罚在中国很早就已出现,它的延续证明这个伟大帝国在反文明的道路上越走越远。[②] 在晚清来华外国人的书写中明确将打板子与文明联系起来的书写虽然很少,但那些对打板子时血腥等场面的书写又何尝不是作者展示给当时西方读者清代文明"落后"的间接证据呢?

笞刑、杖刑在清代刑罚体系里系最轻、最常见的刑罚。虽然操作简单,却成为晚清来华外国人观察清代司法制度的一个典型。有的来华外国人不仅观看了打板子的过程,还进行过调查,其在书写打板子时虽然也戴着有色眼镜,但其书写相对比较客观。有的来华外国人不仅戴着有色眼镜,还抱有另外的目的。其对打板子的书写意图并非仅仅想让当时的西方读者了解打板子。打板子不过是其揭露清代司法落后黑暗的一个工具,观察清代社会的一个窗口,衡量清代文明程度的一个事例而已。

小　结

杖刑和笞刑俱为清代五刑之一。前者侧重于身体上的痛苦,后者则侧重于精神上的折磨。无论如何,杖刑和笞刑俱为竹板责打犯人,杖刑和笞刑案件俱为地方官的自理范围,地方官在执行时一般不会刻意区分。在研究杖刑和笞刑时二者不宜分开讨论。

打板子出现在刑罚和刑讯两种场合。无论是刑罚场合,还是刑讯场合,

① 〔英〕乔治·N. 赖特:《中央帝国》,〔英〕托马斯·阿洛姆绘图,何守源译,北京时代华文书局,2019,第507页。
② 〔英〕乔治·N. 赖特:《中央帝国》,〔英〕托马斯·阿洛姆绘图,何守源译,北京时代华文书局,2019,第507页。

打板子俱属常见。打板子在清代地方官的法律生活中占据了重要地位。打板子的相关注意事项成为官场探讨的热门话题。爱面子是清代普通百姓的一个重要特点。他们一般不愿意打官司，也不愿意出庭做证。如果在公堂上受到杖责，会更觉丢脸。很多官员告诫同僚不要轻易杖责百姓。在打板子时，皂隶为牟取利益，经常作弊。很多官员告诫同僚要防止皂隶作弊。打板子时地方官应当集中注意力。这些都体现了清代官场对犯人、百姓的体恤。清代官员并非为了取供、尽快结案会一味责打犯人。当然，现实情况复杂，办案宽厚的官员和办案严酷的官员俱常见。

无论是打板子的主体，还是被打者和责打的场合，《申报》《点石斋画报》等报纸的书写俱比官箴书的书写复杂。报纸中的打板子为我们更生动地展示了打板子的鲜活场景。州县官对应通详的案件经常匿不通详，仅对犯人处以笞杖、枷号之刑，这在报纸上常有报道，却在官箴书中得不到体现。报纸上的打板子报道很少展现地方官宽厚的一面，所以，仅研究报纸上的打板子，所得结论不尽客观。将官箴书中和报纸上的打板子报道结合起来，能更客观地展现清代打板子的场景。

现实中常见打板子，百姓被打伤时有所闻。为缓解疼痛，很多百姓在被杖前可能会预服"代杖丹"等名目药丸。如果到时不打，还可能有解药。打板子的常见也使板子伤（杖伤）的治疗成为当时中医探讨的一个热门话题。许多中医著作都收有治疗杖伤的药方。仅胡廷光《伤科汇纂》一书就收有药方近五十种。百姓被杖后会在其臀部、腿部留下板花。这些板花会对其生活产生影响。

在很多晚清来华外国人的笔下，杖刑是清代最常见的刑罚。杖刑虽然是轻刑，但他们在书写打板子时却经常突出残酷之意。与《申报》的书写不同，晚清来华外国人更侧重于书写打板子的细节和强调杖刑在清朝刑罚体系中的意义。虽然杖刑操作简单，杖刑却成为晚清来华外国人观察清代司法制度的一个典型。

第四章　枷号

明代著名学者吕坤万历年间曾任刑部侍郎。他说，戴枷并非让犯人负重，使其身体受到折磨，而是将其罪名书于枷上，号令示众而已。所以，该刑罚被称为枷号。[①] 犯人被戴枷后，"以木榜其罪名"，其罪行被公开展示，难以低头掩饰、遮蔽，其脸面无处可放，受到围观者的嘲弄、指责。不仅如此，枷号"动本犯羞耻之心，令其悔过"。让犯人戴枷使其羞耻之心得到激发，进而自省悔过。所以，枷号首先是一种羞辱刑。其身体刑色彩相对较弱。在犯人被羞辱的同时，其罪行被公开展示，"使远近为恶者见而知警"。[②] 这又警诫了围观民众，从而起到了法律教育和预防犯罪的作用。[③] 晚清《点石斋画报》描绘次数最多的刑罚便是枷号。与其他刑罚相比，枷号在当时更为常见。17、18世纪欧洲启蒙运动后，至19世纪末、20世纪初，人权思想在西方已经颇有影响，在公开场合羞辱犯人的刑罚在西方主要国家已经基本成为历史。当西方人来到中国后，看到最多的刑罚便是枷

---

① （明）吕坤：《新吾吕先生实政录》"风宪约卷之六"，《官箴书集成》第1册，黄山书社，1997，第554页。

② （清）秦绍美：《于门种德书》"慎刑具"，美国国会图书馆藏，康熙十七年（1678）刊本。

③ 晚清著名小说家吴趼人将枷、杖视为"寓教于刑"的表现 [（清）吴趼人：《吴趼人全集：诗·戏曲·杂文》，北方文艺出版社，2019，第62页]。寓教于刑，意为通过枷、杖的方式达到教化的目的。此时，枷和杖本质上还是刑罚。枷号刑的教化色彩弱于杖刑。

号。他们常被枷号所吸引。通过枷号，他们更直观地感受到了中西法律的不同。他们将枷犯拍照后，或制成明信片，或收进各类著作中。于是，枷号成为当时西方人所见最多的中国刑罚。

第一节　清代枷号概述

在中国古代的法律实践中，枷号的刑具——枷不仅适用于刑罚的场合，还适用于以下四个场合：其一，为监禁囚犯时束缚其人身自由的一种工具，即所谓"羁系犯人之具，与桎梏等视"。① 这也是枷初创时的功能。其二，与讯杖类似，为刑讯逼供的工具，这在司法实践中被称为枷讯、枷问。其三，为押解人犯时限制其行动自由的一种工具，如北宋的盘枷。其四，枷号是明清时期地方官催征税粮的常见手段。②《大清律例·刑律·断狱上》"因应禁而不禁"门例文允许地方官催征税粮用小枷枷号。③

沈家本认为，枷号始于周代的嘉石桎梏之制。④ 先秦至秦汉时期，枷与耒、耜一样，本是一种农具。⑤ 三国两晋南北朝初期后赵创建者石勒在其年青时和群胡曾被西晋地方官虏至冀州，遭受"两胡一枷"。这是文献中枷被

---

① （清）沈家本等：《大清现行刑律按语》《名例律上·五刑》，《续修四库全书》第 864 册，上海古籍出版社，2002，第 47 页。北京大学历史系党宝海老师认为，唐、宋、元等朝代的罪囚关押有枷禁、锁禁和散禁三大类。党宝海：《略论元代罪囚的枷、锁、散禁》，《中国古代法律文献研究》第十四辑，2020，第 224～241 页。

② 美国人倪维思等人注意到，在中国人的游行队伍中，为了祈福禳邪，有人故意披枷戴锁走在队伍中（〔美〕倪维思：《中国和中国人》，崔丽芳译，中华书局，2011，第 217 页。书中有图）。类似情节在《申报》中常见报道，尤其在清明、中元、寒衣三节时民众为祈福禳灾，经常身戴枷锁、扮成犯人。这种场合与刑罚无关。

③ 晚清地方官杜凤治致仕后曾说，生童犯规，常常枷号，可知枷非用刑可比〔（清）杜凤治：《杜凤治日记》第 10 册，邱捷点注，广东人民出版社，2021，第 5242 页〕。此时，枷常不被视为刑罚。

④ （清）沈家本：《历代刑法考》（附《寄簃文存》），邓经元、骈宇骞点校，中华书局，1985，第 327 页。

⑤ 对于后来将某种刑具称为枷的原因，笔者推测，与农具枷相比较，应系取其形似。至少在唐宋时期（比如敦煌壁画有农具枷的形象），作为刑具的枷与作为农具的枷从表面上看具有较高的相似性。

作为刑具的最早记载。^① 北魏时，枷明确具有了刑具的意义。此时，枷为束缚人犯人身自由的工具，并非为刑罚所用。^② 枷也常被作为刑讯逼供的工具。在南北朝后期的文献中，枷字已经比较普遍地被理解为一种刑具。直到唐代，刑罚场合使用的枷才开始出现。^③ 只是这种场合在当时还很少见。在宋代枷被作为刑罚使用的场合明显多了起来。在明代作为刑罚的一种——枷号在立法和司法实践中被正式广泛使用。^④

　　清入关前就有枷号之刑。^⑤ 在清代最主要的法典《大清律例》中，枷号条例多达 260 多条，占其条例总数的近 15%。^⑥ 可见在清代枷号使用之常见。^⑦ 不仅如此，枷号条目极为复杂，办法亦甚参差。在《大清律例》中，有由笞罪加枷者，有由杖罪加枷者，这些枷犯是情节相对较轻的人犯。有由徒罪加枷者，有由流罪加枷者，有由军罪加枷者，有因丁单存留养亲，照原犯徒、流、军各本罪分别枷号者，有由军流调发加枷者，有因遣犯在配所脱逃被获不服拘管加枷者，有因积匪猾贼在配所复窃加枷者，有因新疆当差为奴改发烟瘴加枷者，这些枷犯俱为情节相对较重的犯人。^⑧ 枷犯是

---

① 参见林沄《枷的演变》，《中国典籍与文化》1994 年第 3 期，江苏古籍出版社。

② 北魏太武帝时，"始置枷拘罪人"。见（唐）李林甫等撰《唐六典》卷 6，陈仲夫点校，中华书局，1992，第 182 页。

③ （清）董诰等编《全唐文》卷 965，中华书局，1983，第 10021 页；陈尚君辑校《全唐文补编》卷 66，中华书局，2005，第 807 页。

④ 沈家本认为，枷号之法系明太祖创立。在明太祖时期有关枷号（枷令）的条文只规定在《大诰》这样的刑事特别法中，在当时所颁行、明代最重要的法典《大明律》中并未规定枷号这一刑罚，枷号在当时并不常用。《大明律》中对枷的相关规定系针对囚禁人犯时所用。明太祖后枷号被使用的场合越来越多。至英宗时期，枷号刑罚的使用趋于常态化。有关枷号的规定主要体现在弘治、嘉靖等朝所编的《问刑条例》中。武宗时宦官刘瑾还发明了立枷。熹宗时宦官魏忠贤接管东厂后，常用立枷。立枷无死刑之名，有死刑之实，极其残忍。在明初作为刑罚之一种的枷号本来系为羞辱情轻人犯而设，随着对重罪人犯使用枷号情况的增多，至明末，枷号的对象"多系情重"。枷号已经失去了其作为刑罚被设立时的本意，变成了既有羞辱色彩，更侧重身体折磨性质的一种刑罚了。

⑤ 《清太宗实录》卷 42，中华书局，1985，第 554 页。

⑥ 参见罗莉娅《清代枷号研究》，中国政法大学硕士学位论文，2010。

⑦ 薛允升说，从前枷号人犯最少，例亦寥寥无几，……后来条例，枷犯日以增多〔（清）薛允升：《读例存疑》卷 47，胡星桥、邓又天等点注，中国人民公安大学出版社，1994，第 799 页〕。

⑧ 《法部奏议复变通枷号并除苛刑折》，《大清法规大全》，台北考正出版社，1972，第 1784 页。

否为轻罪，须视场合而定。在清代的刑罚体系中，笞、杖、徒、流、死五刑为正刑，枷号为闰刑。独立使用时枷号刑重于杖刑。[①] 这时，枷号刑被视为轻刑。这也是人们所说的通常意义上的枷号刑，作为羞辱刑发挥作用。在很多枷号场景中枷号存在的原因不尽为羞辱犯人。有因替换其他刑罚而加枷者，有为实现刑罚等差目的而加枷者。

康熙八年（1669）前，律例规定的枷有两种：一种系监禁人犯时束缚其自由所用，一种系作为刑罚时使用，即枷号示众之枷。[②] 前者系沿袭明律的规定，长五尺五寸，阔（宽）一尺五寸。其长度明显长于宽度，所以，在当时又被称为长枷。康熙八年，规定内外问刑衙门监禁人犯，只用细链（即铁索），不用长枷。[③] 枷自此不再作为监禁人犯时束缚其自由的工具。此后，律例也进行了相应的修改。比如雍正三年（1725）时，规定被监禁的强盗、十恶、谋故杀重犯用铁锁、杻、镣各三道；乾隆元年（1736）时，规定笞杖等犯只用铁锁一道。[④] 无论是重罪人犯，还是轻罪人犯，在其被收监后，俱不用枷束缚其人身自由。枷于是"专为行刑之用"，其所指向的刑罚意义便更加明显了。

作为刑罚之用的枷包括寻常枷和重枷两种。寻常枷长三尺（约 1 米），阔（宽）二尺九寸，系顺治年间颁行《大清律集解附例》时所规定。该长宽规格一直沿用至嘉庆十六年（1811）。本年，刑部因为其枷号尺寸较大、不符合规定而被御史参劾。大学士勒保等人在奉旨查验后，奏准将枷号定为长二尺五寸（约 0.8 米），阔二尺四寸（约 0.768 米），重量仍为 25 斤。在枷的总重量不变的情况下，木板变厚至寸余，较之以前厚不及寸的木板，更为坚固。[⑤]《大清律例》并未规定枷系由哪种木料做成。清代某长随所编

---

① （清）高宗敕撰《清朝通志》卷75《刑法略》。

② （清）刘兆麒：《总制浙闽文檄》卷3，《官箴书集成》第2册，黄山书社，1997，第448～449页。

③ 光绪《大清会典事例》卷838《刑部·刑律断狱·囚应禁而不禁》。

④ 光绪《大清会典事例》卷840《刑部·刑律断狱·陵虐罪囚》。

⑤ （清）毌庸纂辑《刑部各司判例》卷2，杨一凡、徐立志主编《历代判例判牍》第6册，中国社会科学出版社，2005，第306～307页。

《偏途论》说，枷以松木为之，厚一寸五分。① 现实不尽如此。

关于重枷的重量，康熙八年（1669）时曾规定枷号重者七十斤，轻者六十斤，并命令内外问刑衙门照部式遵行。② 至雍正三年（1725）时又规定除了律例规定的重枷枷号情形外，其余枷号俱重二十五斤。③ 该规定并未明确重枷的重量。雍正十三年（1735）时强调，嗣后刑具务遵定式，不得滥用重枷，仍令该管道、府遇赴州县盘查之日，即将所用刑具详加查验，倘有滥用，即照擅用非刑例革职。并再次强调在征收钱粮时，官员不得用重枷将粮户辄行酷责，该管督抚应不时察访。④ 在长期的司法实践中各地对重枷重量的把握系酌量办理。⑤ 至嘉庆十七年（1812）时，刑部最终议定了重枷的重量，即于寻常枷号斤数上酌加十斤（总重三十五斤），只加厚枷面，重枷的长阔与寻常枷相同。⑥

《大清律例·刑律·断狱上》"故禁故勘平人"等门规定，对包括枷号的一切刑具，问刑衙门要遵照题定尺寸式样，官为印烙颁发，禁止擅用联枷。乾隆十一年（1746），刑部议复御史杨朝鼎时称，木枷或以折戍遣，或以抵死罪。将枷呈送验烙，俾用刑不致冒滥，立法诚为有益。奏准嗣后用刑衙门所有枷号俱照夹棍例，系州县者呈明知府验烙，系知府者呈明按察使验烙，系按察使者呈明督抚验烙。各照律图定式。违者，照例参处。⑦ 刑部有关枷号验烙的奏请虽然获准，但在各地肯定未获实施。如后文，《大清

---

① （清）佚名：《偏途论》，谢兴尧整理，庄建平主编《近代史资料文库》第十卷，上海书店出版社，2009，第 376 页。

② 光绪《大清会典事例》卷 838《刑部·刑律断狱·因应禁而不禁》。

③ 光绪《大清会典事例》卷 723《刑部·名例律·五刑》。

④ 光绪《大清会典事例》卷 723《刑部·名例律·五刑》。

⑤ 被清代沿用的明代个别条例中尚有有关重枷重量的内容，该条例载《大清律例·刑律·骂詈》"骂制使及本管长官"门。该例规定，长安门外等处妄叫冤枉，辱骂原问官者，问罪用 100 斤枷，枷号一个月发落。据嘉庆十七年（1812）刑部所言，该例"从未引用"。于是，被奏请删除〔见（清）毌庸纂辑《刑部各司判例》卷 2，杨一凡、徐立志主编《历代判例判牍》第 6 册，中国社会科学出版社，2005，第 308 页〕。

⑥ （清）毌庸纂辑《刑部各司判例》卷 2，杨一凡、徐立志主编《历代判例判牍》第 6 册，中国社会科学出版社，2005，第 308 页。

⑦ 张伟仁主编《明清档案》A142－6。

律例》有关禁止联枷的规定在很多地方实际上也未得到遵守。

枷由两块或数块木板和两个木插组成，木插系连接木板所用，一般系由铁锔将其固定在木板上。在嘉庆十七年（1812）前，枷的长度更长，犯人两手不能及口，饮食困难。嘉庆十七年奏准枷号的长宽后，枷的长度变短。如刑部所言，这样"无碍犯人饮食"。① 笔者所见晚清枷号照片显示，戴枷犯人应该能够独立饮食，但却比较费力。枷犯的双手并未被完全束缚。现在影视剧中常见的三眼枷（分别束缚人犯颈部和两手）在清代现实中并非不存在，只是其并非律例所规定的枷号样式。② 我们现在通过各种途径见到的晚清枷号图像，枷号绝大部分为一个孔（只用来束缚犯人的颈部）。

枷号主要作为附加刑存在，也能独立适用。③ 顺治三年（1646）时规定，如果在某一罪名中，其刑罚既有枷号，又有杖刑，其执行顺序为先枷后杖。④ 这是因为犯人被杖后身体受伤，戴枷将会使其伤情加重。先枷后杖对犯人来说相对更加人道。当然，在现实中，地方官不按照律例规定，擅自将犯人先杖后枷之事也时有发生。

枷号的地点一般系在衙门前、城门处和犯事地方。律例规定的枷号地点一般颇具针对性，如僧道、尼僧、女冠如果犯奸的，系在本寺观、庵院门首枷号；冲突仪仗的八旗兵丁，系在本营枷号；冒领太仆寺官马至三匹的，系在本寺门首枷号。现实中也常见戴枷游示本城或者特定地点的情况。乾隆十年（1745），陕西巡抚陈宏谋曾命令属下，对一些棍徒使用枷号，专

---

① （清）毌庸纂辑《刑部各司判例》卷2，杨一凡、徐立志主编《历代判例判牍》第6册，中国社会科学出版社，2005，第306～308页。

② 笔者在网络上看到了一个现代人制作的三眼枷照片，该枷应该陈列于某古迹中。其不是清代枷的真实描写。它之所以能出现于古迹中，系因为长期以来受到影视作品的影响。各影视作品中的枷基本为三眼枷。为迎合普通民众的一般想象，三眼枷被制作出来，并被公开展示于古迹中。笔者相信，如果将一眼枷置于古迹，普通民众反而会怀疑其真实性。当然，清代并非没有三眼枷，只是现在在我们所能见到的清代照片、图画中的枷基本为一眼枷，极少见到三眼枷。所以，我们现在不应该把三眼枷视为清代枷的一般样式。

③ 在《大清律例》中，如果某个罪名同时出现两个刑罚，后面出现的刑罚一般为主刑。比如某罪名应杖一百、徒三年，徒三年为主刑，杖一百为附加刑。如果是其表述为某刑罚加枷号，此时枷号也为附加刑。

④ 光绪《大清会典事例》卷723《刑部·名例律·五刑》。

差管押游示各乡镇市，每镇市枷示五日或十日。按其所犯情罪，镇市多寡，以定枷期。枷示之处无论风雨，务令日间列于街衢，责成地保看守，不许藏于屋内，期满再送别镇市。遇有集场者更宜出示枷面，书何项凶棍大字，不许掩盖，务使人人共见，到处聚观。游历已遍，然后重责释放。① 这些俱充分体现了枷号自警与警人的功能。

在清代，如果罪犯应处徒刑以上刑罚，应通详上级，由上级决定。如果只是应处枷号、杖刑人犯，应听州县官发落。② 州县官有权决定枷号、杖刑人犯刑罚的适用。③ 既然如此，对枷号的时间长短，州县官自然有权决定。权宜枷号几日之事在当时时有所见。④ 对不易确定罪名或不愿意按照正常程序处理的犯人，州县官也经常酌量使用枷号。在清代，州县佐贰不得擅受词讼，滥设刑具，其中就包括了枷。亦即州县佐贰不得私行枷责。⑤

清初，为保持旗人在全国的威慑力量，保有充实的八旗兵源，清廷立法规定旗人犯罪免发遣。⑥ 对在京满洲、蒙古、汉军及外省驻防并盛京、吉林等处屯居的无差使旗人（即正身旗人）犯罪，笞、杖各照数鞭责，军、流、徒免发遣，分别枷号。徒一年者，枷号二十日，每等递加五日，总徒、

---

① （清）陈宏谋：《培远堂偶存稿》"文檄卷二十一"，《清代诗文集汇编》第 280 册，上海古籍出版社，2010，第 496 页。

② （清）汪辉祖：《学治臆说》卷上，《官箴书集成》第 5 册，黄山书社，1997，第 277 ~ 278 页。

③ 道光末，浙江建德县知县段光清曾就一枷犯的释放问题对本管知府说，枷之于我，释之亦惟我〔（清）段光清：《镜湖自撰年谱》，中华书局，1997，第 14 页〕。《申报》曾记录了一名赌博犯人因颈粗无比、无法被枷而被知县斥释的事例（见《刑具难施》，《申报》1876 年 4 月 12 日，第 3 版）。这些事例都说明，犯人被枷与否，州县官有充分的自主权。

④ 如光绪二十七年（1901），上海县知县汪懋琨（瑶庭）判令将一逾时倾倒垃圾的犯人枷号游街三日（见《枷犯蒙恩》，《申报》1901 年 10 月 14 日，第 3 版）。光绪三十二年（1906），他又将一犯人发往高昌庙枷号示众三天（见《枷惩忘本奸民》，《申报》1906 年 5 月 12 日，第 18 版）。类似事例非常之多。

⑤ （清）祝庆祺、鲍书芸编《刑案汇览》卷 59，法律出版社，2007，第 3065 页。现实情况是，佐贰经常使用枷号枷责百姓。

⑥ 参见林乾《清代旗、民法律关系的调整——以"犯罪免发遣"律为核心》，《清史研究》2004 年第 1 期。

准徒亦递加五日；流二千里者，枷号五十日，每等亦递加五日；充军附近者，枷号七十日；近边者，七十五日；边远、沿海边外者，八十日；极边、烟瘴者，九十日。此时，枷号成为替代刑。此系针对正身旗人。对旗下家奴犯充军、流放等罪，俱依例酌发驻防为奴，不准折枷。因为旗人成分复杂，旗人犯罪免发遣的实行须根据具体情况而定。乾隆时期逐渐加大了对旗人犯罪免发遣的限制。① 乾隆十九年（1754），定有殴死卑幼情节残忍者发往拉林之例。乾隆二十七年（1762）又定有寡廉鲜耻实发之例。现实情况非常复杂，不能一概而论。折枷犯人与前述被视为轻罪的枷号犯人不同。折枷犯人多在京城，系发各门门监羁禁，不用示众。② 旗人折枷之制可被视为清代换刑制度的主要内容，也可被视为枷号刑的扩大适用。

　　清代枷号除了具有羞辱犯人、警示犯人自己、警示他人和换刑的功能外，还发挥了刑罚等差化的功能。正如光绪三十三年（1907）法部所言，枷号虽为辱身之具，要皆律例内定罪之差等。③ 所谓律例内定罪之差等，其意即为刑罚等差化，亦即对情节轻重不同的犯人，通过区分犯人枷号时间的长短，实现对犯人的不同处罚。比如《大清律例·名例律上》"徒流人又犯罪"门例文规定，对发遣新疆、黑龙江等处为奴犯人，如果在配所行窃，系初犯的，在配所枷号一年；再犯的，枷号二年；三犯的，枷号三年；四犯的，即拟以永远枷号。实际上，在明代，枷号有时也发挥了这一功能，只是没有清代这么常见。在清代的立法和司法中，枷号的刑罚等差化功能被深入发掘，受到了立法者和司法者的持续重视。可以说，枷号之所以能在清代立法和司法中广泛存在，其刑罚等差化功能的存在是重要原因。

---

　　① 晚清著名法学家吉同钧认为，清初旗下户口稀少，人情敦朴，犯罪不多。所以，可以以枷号代其发遣。随着旗人人口增多，渐染奢侈诈伪之习，以致旗人罪犯日益增多，非一切宽大之法所可惩戒。所以，迭次增立严例。（清）吉同钧：《大清律例讲义》卷1，闫晓君整理，知识产权出版社，2018，第31页。

　　② 《奏请刑罚划一事》（乾隆二十一年），中国第一历史档案馆藏，档号：03-1196-027。

　　③ 《法部奏议复变通枷号并除苛刑折》，《大清法规大全》，台北考正出版社，1972，第1785页。

　　乾隆十年（1745），对湖北巡抚所称本省对再犯的窃匪使用"带枷悬铃充警"的办法，乾隆帝进行了鼓励。[①] 这使戴枷的窃匪有了明确的惩处办法，其所戴之枷应该小于律例所定之枷。此后，当时福建、浙江也有类似的实践。道光元年（1821），浙江明文规定其枷式用木板，横、长各一尺五寸，厚二寸，边用铁板钉固，四角各悬响铃一个，发交地保充警。遇该处失窃之案，责令巡缉。[②]"带枷悬铃充警"的做法虽然于《大清律例》无明确依据，但地方将"带枷悬铃充警"的对象限制为徒刑以下，便无问题。因为对这些犯人，州县官无须通详上级，自己就能决定"带枷悬铃充警"刑罚的适用。"带枷悬铃充警"也可被视为枷号刑的扩大使用。

　　在明代，明太祖之后犯人枷号时间最长不超过半年。乾隆五年（1740），在对《大清律例·刑律·人律》"威逼人致死"门有关例文进行修改时，声明枷号时间最长不超过三个月。与明代后期相比，这可以被视为善政。但后来条例越来越烦，枷号时间也越来越长，有枷号一年至三年的，甚至有永远枷号的。永远枷号在时间上并非真正意义上的永远。如乾隆五十一年（1786）曾规定，各处永远枷号犯人于枷示已逾十年后，即咨明刑部汇题，分别发遣。可见，永远枷号这一刑罚要重于发遣，永远枷号犯人系重罪犯人。永远枷号犯人原犯俱系充军、发遣之罪，基于特别的原因（如发遣新疆并黑龙江等处为奴人犯，在配行窃至四犯者）而致永远枷号。

　　光绪三十二年（1906）十一月，在当时凌迟、枭首、戮尸等酷刑已被奏准废除，笞杖轻罪已改折罚的情况下，署顺天府府尹孙宝琦奏请将枷号人犯比照笞杖之例概予罚金。[③] 法部当时已经认识到枷号不仅未起到羞辱人犯的作用，在当时预备立宪的大背景下，还无助于使民众"晓然于人格之可贵"，所以，最终议准将枷号量予变通。其方案大致为，将有关枷号的律例只保留折枷及例内载明调发、改发等数项外，其余不论枷号时间长短，

　　① 《清高宗实录》卷249，乾隆十年九月戊戌。

　　② （清）佚名：《治浙成规》卷8，《官箴书集成》第6册，黄山书社，1997，第663页。

　　③ 《清德宗实录》卷566，光绪三十二年十一月丙申。

俱改为罚金五两。如果犯人无力完缴，令其做工二十日。[1] 光绪三十三年（1907）八月，为化除满汉畛域，修订法律大臣法部右侍郎沈家本又奏准嗣后旗人犯遣军流徒各罪，照民人一体发配，现行律例折枷各条概行删除。[2]宣统二年（1910），《大清现行刑律》颁行，将军流等项加枷号各条遵照光绪二十九年（1903）通设习艺所章程酌量变通办理，其旧例内附加之枷号一律改为罚银五两，枷号刑自此被正式废止。

第二节　晚清报纸上的枷号

有人研究了唐宋《十王图》中的"枷"的图像。他们把那些图像视为当时的真实描写。笔者认为，这些图像可供参考，但不能被拿来用作说明现实的情况。笔者在清代文献中发现过好几个类似明代长枷的图像。[3] 更多的清代图像显示清代的枷是方枷。即使乾隆后长枷在现实中的确存在，也不能被认为长枷系清代枷的一般样式。如果将这些长枷图像视为清代枷号形象的真实书写，则有违客观。笔者认为，即使某种枷的样式反复出现于唐宋时期的《十王图》中，也不能证明其为真实。如果某种样式只系偶现，更不能被我们研究时使用。

在《申报》等报纸上，枷号示众大致有两种情况：一种是将犯人固定在某处示众。与律例的规定相同，现实多将犯人发往犯事处所示众。另一

---

① 《法部奏议复变通枷号并除苛刑折》，《大清法规大全》，台北考正出版社，1972，第 1785～1786 页。光绪三十四年（1908），浙江巡抚增韫通饬各府，以罪犯枷号一项前经部议，将情轻者改为折罚银两，无力完缴者仍折罚作苦工。乃各州县遵照办理者固多，而狃于积习仍复滥行枷号者亦尚不免。《札饬各属停止枷号》，《北洋官报》1908 年，第 1857 期，第 9 页。

② 《清德宗实录》卷 577，光绪三十三年八月辛酉。

③ 《文帝阴骘文图说人镜阳秋》卷上，颜正注释，黄正元图说，诸灿书、华士陶绘，锡山文昌宫藏板，道光二十四年（1844）镌，第 19、40 页；环球社编辑部编《图画日报》第 4 册，上海古籍出版社，1999，第 266 页；《点石斋画报》丁集·九期"监犯越狱"；《点石斋画报》书集·七期"鬼会"；《神州画报》"官场之活剧（其十三）"，《清代报刊图画集成》（五），全国图书馆文献缩微复制中心，2001，第 353 页。笔者在《石印玉历至宝钞》《阴骘文图说》《太上感应篇图说》等书中，也见到了一些长枷图像。与唐宋《十王图》相似，这些长枷图像大多出现在阴间场景中。

种是将犯人游街示众。《大清律例》对哪些犯人需要戴枷游街示众和如何游街示众等问题没有规定。① 在现实中系由地方官自主决定到底是游街示众，还是发往犯事处所示众。有的犯人在被游街示众后还需再发往犯事处所示众。

《点石斋画报》中的很多枷号描写能在《申报》上找到印证材料。根据《点石斋画报》的描写，在晚清上海县等地，犯人戴枷游街示众时，最前方有一人敲锣，提醒路人。其后一人扛着一牌，上面写着该犯简单罪名和姓名等内容。② 因为观众为普通民众，所以，牌上内容一般浅显易懂。光绪十年（1884），某地将某拐犯枷号，游行示众。其牌上所写内容系地方官所书四言告示，该告示云：拐卖孩童，本当重惩。今姑从宽，枷号游行。俾众咸知，触目心惊。③ 该告示清楚地指明了该犯被枷游街的目的——使民众看到后受到震慑。光绪四年（1878），某地将一名窃贼枷号游街，知县在其枷上亲判：外来扒手，技艺颇精。人赃并获，切实严惩。鸣锣自唤，一枷两人。游街示众，以快吾民。④ 该犯被枷游街的目的为使民众大快，而非使犯人身受痛苦。

《点石斋画报》有几幅图画比较清晰地显示了戴枷游街犯人的愁眉苦脸、低头掩饰、无可奈何之状。《申报》有时也报道犯人戴枷游街时的表情。光绪十九年（1893），上海县一拐匪在被戴枷游街时"紧锁愁眉"，"一步一蹶"，显示出了该犯极不情愿之态。⑤ 类似的描写体现了枷号羞辱刑的

---

① 雍正、乾隆时期江西按察使凌燽曾定例规定，枷后应遣、应徒及因存留养亲应折枷等犯概免游街。其余罪止枷杖者俱于定案具详时察其罪情，果有罪浮于律，及有关民俗者酌请游示，以警愚冥。其余寻常枷犯俱令枷示通衢，不许藏匿衙前屋内，概免游示。其奉准游示之犯，用薄板轻枷，当堂枷号固封，仍用高脚牌大书所犯事由，著令原差协同地保鸣锣前导，游示城堞。其游示日期请定以枷号一月者五日，两月以上者十日，完日仍押回枷示通衢。见（清）凌燽《西江视臬纪事》"续补"，《续修四库全书》第 882 册，上海古籍出版社，2002，第 157 页。

② 也有在枷封上写明该犯简单罪名和姓名等内容的，见《严禁烟馆》，《申报》1878 年 3 月 22 日，第 1 版。

③ 《拐犯游街》，《申报》1885 年 1 月 29 日，第 3 版。

④ 《窃贼游街》，《申报》1878 年 5 月 1 日，第 2 版。

⑤ 《拐匪游街》，《申报》1893 年 6 月 23 日，第 3 版。

性质。

有时系同一人扛牌敲锣。"且行且唤"，他边敲锣，边喊着该犯犯案事由和姓名。此人或者系当地保甲，或者系差役。其后为犯人和其他衙役。为防止犯人逃跑，由他们拉着锁在犯人脖子上的铁链。①

枷上封条标有该犯简单罪名、姓名和枷示日期，一般贴于枷面的左右两端。光绪二十九年（1903），浙江鄞县拿获两名擅开花会的恶棍。知县命将其钉上脚镣，荷以巨枷，押往犯事地方示众。其枷上封条朱书"钉朽木烂，然后开释"。② 有时在枷板上会放置与犯罪有关之物。如在上海某次枷号犯人时，地方官在其枷板上钉上了该犯诓骗所得之铅饼。③

在《申报》有关戴枷游街的报道中常见围观民众"人山人海、挤拥喧嚷"等词，在《点石斋画报》有关戴枷游街示众的几幅画报中，围观民众虽然不至于"人山人海"，但数量也很可观，个别图画也确实体现了"观者塞途"的景象。

笔者在《点石斋画报》中搜集到了三十余幅有关枷号的图画。在这些图画中，枷犯所犯案情包括假官撞骗、诓骗他人绸缎、偷窃他人财物、抢米、虐待童养媳、冒认尸亲藉端图诈、乘火抢劫、唆讼等。甚至还有犬被枷的。枷号的地点为衙门前、街市等人多之处，很多地点系犯事地点。

如果严格按照《大清律例》的规定定罪，很多犯人的刑罚实际不止枷号。图24中的抢米犯人所犯案件发生于江苏江宁。该图所附文字称，在大约同时期浙江温州等处抢米之人一经拿获，俱立即枭示。因为当时的江宁知府刘誉宅心仁厚，力求矜全，待两江总督之怒稍解，始命将四犯割去双耳，戴枷游街示众。针对同一种行为，两地犯人的结果却是一生一死，结局悬殊。晚清著名作家吴趼人也注意到了这一现象，他说，犯人供成，本

---

① 光绪元年（1875），两广总督曾将一名犯人枷号，并令戈什哈一员押往各处游街［（清）杜凤治：《杜凤治日记》第8册，邱捷点注，广东人民出版社，2021，第3933~3934］。游街示众的形式可能很简单，也可能很复杂。各地没有固定的模式。

② 《四明近事》，《申报》1903年11月10日，第3版。

③ 《诓骗案》，《申报》1873年5月20日，第2版。

应拟以徒流以上之罪，地方官却惮于申详之繁且多费，常以枷杖之刑结案。① 所以，《点石斋画报》对一些本应科以重罪却仅施以枷号的描写并非没有现实基础。

图24　抢米犯人被割耳枷号游街示众

注：《点石斋画报》贞集·十二期"割耳代首"。图中犯人愁眉苦脸、不愿正面示人的表情得到了清晰的展示。图中儿童欢欣鼓舞情状与犯人的表情形成了鲜明的对比。有民众还表现出了着急观看的样子，有的民众还在议论，这会给犯人带来压力。本案犯人获得了知府的保全。这也说明官场复杂，总督虽然掌握了通省大权，对具体案件也表明了明确看法（欲将犯人枭示），但其下属在决定具体刑罚的适用时有时也能起到重要作用。

之所以会出现如此大的差距，主要因为在实际办案过程中地方官有自己的利益考虑。在解费压力下的经费考虑、案限内不能结案压力下的个人仕途考虑、如果将案办错压力下的处分考虑以及上下级关系的官场环境考虑等情况下，地方官经常不严格依照《大清律例》规定的程序办理。地方官的讳命、讳盗行为即因此发生。地方官（尤其州县官）和总督、巡抚在实际办案中，掌握了很大的权力。州县官在没有外力的影响下，经常将命案、盗案控制在自己可控的范围内，很多按照律例的规定应通详上级的案

① （清）吴趼人：《吴趼人全集：诗·戏曲·杂文》，北方文艺出版社，2019，第62页。

件并不通详上级，上级无从查核（或者不愿多事），从而使自己的利益尽量最大化。正如《申报》所刊《严惩拐贩说》一文所言，州县官在办理刑名案件时，如果将按律例规定应通详的案件通详上级，辗转需时，动辄有费；而且在办案中还可能被上级多方挑剔。他们存惮烦之见，不愿多办，每年徒流案件不过二三起而已，必至万不得已而后才详报一二起。① 州县官在将那些本应详报的案件匿不详报的同时，对这些案件的犯人又不能不有所处罚。于是，仅次于徒刑、不需要上报的枷号刑便成为其在处理这些犯人时的常用刑罚。②

另外，现实中还有很多如前文江宁知府刘誉那样"宅心仁厚"的地方官。《申报》某文说，近来地方官往往惮于为严，专务为宽，有明明显干王章，难逃国法者，官且煦妪而噢咻之，以为救人一命胜造七级浮屠，又曰与其杀不辜，宁失不经。明明见为地棍，知为流氓，而依然纵而容之。虽然本报屡经主张对地棍流氓施以重刑，言之谆谆，但听者藐藐，盖惟恐一用重典，致伤阴骘。地方官的宽厚不全是因为其受到的儒家的影响，也显示了其受到的佛教的影响。③ 宣统元年（1909），扬州某地方官因为父亲久病，担心办案过严或损阴骘，命将被抓获的五名拐犯从宽办理，仅拟枷号站笼示众三天，即行分别释放。据说该拐犯贩卖小孩每年不下百余人。④ 地方官宽厚的办案思路即便在晚清最后几年也仍然普遍存在。光绪三十四年（1908），学部复奏刑律草案时说，衙门办案本多化重为轻。⑤ 在晚清，地方官将犯人从轻办理非常常见。先前研究所展示的酷吏之多的情况也是事实，

---

① 《严惩拐贩说》，《申报》1884 年 6 月 9 日，第 1 版。

② 本部分的材料主要来源于晚清，不代表类似现象只存在于晚清。晚清之前也存在这种现象。比如雍正七年（1729）浙江巡抚李卫奏称，对有些命案，各省官员因题达不违，又恐有碍原议，致被驳诘之累，往往不依审拟，仅以枷责完结。官虽可自避处分，未免玩法纪而长刁风（张伟仁主编《明清档案》A101－55）。在行政机关扁平化趋势下，晚清州县官更强势，这种现象在晚清更为常见。

③ 《论江抚德中丞严办地棍事》，《申报》1894 年 3 月 20 日，第 1 版。

④ 《都转仅知阴骘扬州》，《申报》1909 年 6 月 10 日，第 12 版。

⑤ （清）刘锦藻：《清朝续文献通考》卷 247《刑考六》。

但与办案宽厚的地方官相比，酷吏只是少数。①

当然，这也导致了对犯人起不到应有的威慑作用。在此以诱拐犯人为例。根据《大清律例·刑律·贼盗下》"略人略卖人"等门的规定和《刑案汇览》所见大多相关案件，诱拐幼孩（妇女）者首犯的刑罚至少是徒刑。然而，正如《申报》所刊《杜绝拐匪论》一文所言，近来地方官办理拐案，诱拐者罪止枷责而止，不知其所援何例。拐匪未尝不知为犯法，特揣知官府断不按律例加以重惩。区区一枷，轻轻数板，彼则何所畏惮？所以，枷者尚未释而犯者又至，杖责者尚未痊愈而拐案又见。受害者乃至于无所控诉，无从泄愤。又何怪拐风之日炽也。该文甚至认为，目前拐风之炽，非拐匪之咎，系官长之咎。② 简言之，正是地方官怕事，遇事多存息事宁人之见，才导致了这一结果。《点石斋画报》某图文字也说，诱拐孩提贩卖，他省屡经大宪严禁严办而此风不能绝，良由十案不破者九。即破矣，地方官惮于申详，枷之责之，满月释放，故若辈益无忌惮。此非地方之福，亦非地方官之福也。如果地方官彻底根究，按照《大清律例》的相关规定将诱拐之人申详送省，督抚必不宽贷，惩一儆百，则造福于失孩之家多矣。③ 对诱拐之犯仅处以枷号杖责之刑，不仅起不到应有的威慑作用，还助长了犯

---

① 正如晚清某位传教士所说，尽管清朝官僚体制腐败透顶，但仍有许多正派和令人敬重的官吏〔〔美〕威廉·埃德加·盖洛：《扬子江上的美国人：从上海经华中到缅甸的旅行记录（1903年）》，晏奎、孟凡君、孙继成译，山东画报出版社，2008，第63~64页〕。在晚清，同时存在很多酷吏和慈吏，这并不矛盾。在儒家思想占支配地位的大背景下，酷吏因其残酷更易为人所知，前文所言知县徐赓陛就是典型。徐赓陛称自己"未罢官时束身自爱，勤求吏治，实心爱民"。仅从其《不慊斋漫存》来看，其的确算是个爱民的好官，但最终却因为将一人活埋而使令名毁于一旦。慈吏作风温和、宽厚、平淡，不易为人所知。当然，如后文所言，州县官在清代被视为父母官，父母官兼具宽厚和严厉的形象，这是正常情况。可能其严厉形象超过了其宽厚形象，就被后人视为酷吏了。如果简单给某个州县官贴上酷吏或慈吏的标签，可能会忽略人的复杂性，忽略州县官本来所具有的父母官性质。光绪年间朱一新曾任御史等职，他说，国家重民命，绞以上罪皆上请。好生之德久洽民心，而有司不达律意，往往以失出为造福。或玩视民瘼，瘐死图圄。古之酷吏持法严，今之酷吏持法宽，宽而弗断，至宽实至酷了〔（清）朱一新：《佩弦斋文存》卷上，《续修四库全书》第1565册，上海古籍出版社，2002，第237页〕。从朱一新的话语中也可知，即使是晚清，地方官也是以宽厚为主。其所言之酷吏持法至宽实至酷的现象，主要系针对现实中的吏治、积案等问题。

② 《杜绝拐匪论》，《申报》1888年3月29日，第1版。

③ 《点石斋画报》辛集·八期"凌虐拐孩"。

罪者的气焰，诱拐之犯更加有恃无恐，无所畏忌。

不仅诱拐之犯常被地方官处以枷号杖责的方式放纵，很多其他本该处以更重刑罚的犯人（如抢米、放火之犯）也常被放纵。清代学者沈起凤认为，现在对徒一年以上之刑，知府、州县必申请待报。惟枷杖得以专决。所以，情重法轻者，辄纵其恶。① 由此可见，州县官对本应处以枷号以上刑罚的犯人仅施以枷号杖责，在清代是普遍情况。② 即使这一普遍情况屡被《申报》批评，被有心人所"浩叹"，也无法被改变。州县官对有的拐匪、棍徒加重处理，将其站毙、就地正法。有的宽大处理，仅枷杖而已。这两种情况同时存在。至于采取哪种方式，则取决于州县官。宽大处理常被《申报》批评，加重处理虽然不常被《申报》批评，但《申报》却经常说，在拐匪、棍徒得到重法惩治后，若辈仍愍不畏法，故态复萌，又发生重案。《申报》将重案发生的原因常归结于若辈本性难移，而不考虑重法的局限性、百姓的民生日艰和官吏的严酷等方面。

有时州县官为显示枷号刑罚不足蔽辜，会施加割耳、割脚筋等法外刑。州县官滥将犯人枷号之事也时常发生。光绪初，广东南海县某礼部主事夫人的坐轿被人冲撞。该主事怀疑系梁某所为，托关系和知县打招呼。知县将梁某严办，命将其永远枷号，"至死弗释"。三年后新任知县徐赓陛将其责保开释。据说"闻者无不同声称快"。③

将抢米犯人割去双耳，戴枷游街示众，州县官的做法看似不符合律例

① （清）沈起凤：《谐铎》卷11，《笔记小说大观》第2编第10册，台北新兴书局，1975，第6053页。

② 笔者此处所引资料基本来自晚清，不代表鸦片战争前这种情况不常见。比如道光十三年（1833），湖北武昌知府裕谦说，讼师按律该拟遣戍，但地方官担心招解恐滋羁累，半多从宽完结，止问以枷杖。不啻如虎添翼，善良者惟有受害饮恨，无可如何［（清）裕谦：《勉益斋续存稿》卷2，《清代诗文集汇编》第579册，上海古籍出版社，2010，第281页］。清代地方官很少书写枷杖的实施。晚清报纸上记载枷杖之事的数量远远多于鸦片战争前，所以，有关枷杖实施的材料远远多于鸦片战争前。

③ 《平反狱》，《申报》1881年6月9日，第3版。此事在徐赓陛《不慊斋漫存》中也有记录。见（清）徐赓陛《不慊斋漫存》卷7，《清代诗文集汇编》第751册，上海古籍出版社，2010，第535～536页。

规定，其实正是州县官对辖境内重案办理能力的体现。州县官不仅对自理词讼能自专，而且对重案的办理也有相当的影响力。绝非按照《大清律例》的规定将重案逐级审转复核那么简单。总之，与《大清律例》等官方规定相比，《点石斋画报》《申报》所书写的枷犯才是鲜活的。

　　律例的规定在现实中有时得不到遵守，这也体现在枷号的样式上。在一些地方枷不仅长度、宽度、重量不符合律例的规定，其样式可能也有变化，其中最常见的为联枷。联枷有时也被写成连枷，即由两人或多人共戴一枷。两人同戴一枷为双联枷（见图25），三人为三联枷。戴枷者"行、止、便、溺与俱"，联枷对戴枷人犯来说当然非常痛苦，尤其对身高不同者。光绪七年（1881），江苏江宁县知县严惩地棍，曾将三名地棍使用联枷枷在一起。其中一人身材略矮，正好枷在中间，其左右二人身材较高。只要两边的人立起，中间矮者两脚悬空，势必用手攀枷，可谓"不胫而走"。围观的人都认为身材矮小的那人未免很吃亏。[①] 虽然在嘉庆十五年（1810）等年曾明文禁止使用联枷，但在晚清照片和《点石斋画报》中仍常见到联枷。地方官在处理一些案犯时，可能有意识地使用到相对不常见的联枷，以吸引更多的民众围观。[②] 也可能地方官在处理同案之犯（如僧民通奸案）时，有意识地使用了联枷。也可能有地方官借联枷有意折磨犯人。

　　笔者在《点石斋画报》中见到了六幅联枷的图片。其所犯案情有揹勒妇女接客的，有妖僧换作女装与人通奸的，有和尚吸食花烟的，有因赌博聚殴的，有群殴差役的，有烟馆"野鸡"（即妓女）肇事的，他们俱为同案犯。除其中一幅为三联枷之外，其他俱为双联枷。在"金字招牌"一图中，

---

　　① 《续办地棍》，《申报》1881年7月17日，第2版。光绪十六年（1890），江苏丹徒县也曾经发生过类似的事情。《申报》借围观民众之口，说当时三人一高二矮，高者居中，似挑担。矮者则两头悬挂，如已宰之猪云（《娼赌二案》，《申报》1890年11月14日，第2版）。《北京画报》也描述过这样的事情。当时身短的正好枷在中间，行动坐卧都很吃亏。简直跟站笼一样，过不几天就枷死了（《请看三眼枷》，《北京画报》1906年，第15期，第12页）。

　　② 如光绪十二年（1886），为惩治当地的"青皮伎俩"，江苏扬州保甲总局吴总办曾命工匠赶做联枷三面，如长方桌然。因枷式新奇，民众争相观看。见《扬州二事》，《申报》1886年6月23日，第12版。

图 25　联枷

注：https://images. hollis. harvard. edu/primo-explore/fulldisplay? vid = HVD_IMAGES&
docid = HVD_VIA8001550401&sortby = rank&q = sub，exact，Executions%20and%20 execution-
ers%20，AND&searchString = Executions%20and%20executioners%20&offset = 0&tab = default_
tab&search_scope = default_scope，2020 年 12 月 15 日访问。请注意有名犯人脚下垫有东西。

三名妓女荷戴联枷于烟馆大门处。烟馆藉妓女招徕顾客，妓女藉烟店与顾
客勾搭，影响很坏，屡被地方官禁止。南诚信烟馆的三名妓女因此被枷。
同案的两名男性以铁链锁颈，被系于联枷后，一并发往该烟店门首示众。
地方官意欲以此作为该烟店的"金字招牌"，使众人共睹，知该店所为。该
图文字说，当日观者如堵，差役驱之不得。于是，放自来水驱散人群。在
此图中，被枷之妇女愁眉苦脸，双手托着枷，被锁颈示众的一男子埋头掩
饰，另一男子侧身站着，苦着脸。现场观众很多，门内观看的观众表情轻
松，似乎正在点评。在这六幅图画中，只有这幅图画中的枷犯系坐着。①
《申报》对此事亦有记载。据《申报》所载，其枷封上文字系：枷号烟间滋
事游娼胡阿保、张新保、王才保等三名，发往犯事之南诚信门首示众。又

---

① 《点石斋画报》卯集·八期"金字招牌"。据该图文字所记，犯人被枷时观者如堵，街捕驱
之不得，乃开放自来水顶灌醒醐，观者哄然四散。于是，有人长衫被淋湿了，有人眼镜被打碎了。

云随时带验，不得擦损。①《申报》的报道又认为，吾知观者必鼓掌曰，善哉善哉！② 图中观众并未有鼓掌情形，《申报》所谓的鼓掌多出于作者的想象。亦即该作者认为，观众的情绪受到感染，理应鼓掌。这样的书写正是为了表明此次枷号的执行已经达到了目的。

在司法实践中，对一些情节较轻之轻罪犯人（也有女犯），地方官经常饬令将其荷芦席枷游行示众。③ 此外，在杭州等地的司法实践中还出现过梅花枷、竹枷等名目。④ 光绪十二年（1886），江西九江一屠夫因在禁屠期内暗宰猪一头而被判以猪肉作枷，套于屠夫脖子上，在头门示众，猪肉上还贴上了封条。封条云，限雨后始行开释。⑤

光绪二年（1876）时，《申报》某文认为，妇女犯法，轻则或批颊，或鞭背，重则竟置诸大辟，鲜见有戴枷者。⑥《点石斋画报》于光绪十年（1884）创刊，于光绪二十四年（1898）停刊，在与枷号有关的图片中妇女戴枷之事较多，约占三分之一。正如光绪十一年（1885）某期《申报》所云，当时上海英租界各小弄中吞云吐雾之场有花枝招展，法界则小东门外新街诸处莫不以女堂为招引之媒。《点石斋画报》中妇女被枷事例的常见可能反映了当时上海犯罪妇女的增多、妇女活动空间的变化和区域社会风俗的转移。

第三节 枷犯的管理

枷犯早晨被带出枷号示众，暮则带回收押（"朝发夕收"）。《大清律例·刑律·断狱上》"囚应禁而不禁"等门律例规定，清代监狱关押的对象

---

① 《法捕房琐案》，《申报》1888 年 9 月 20 日，第 3 版。

② 《风流罪谴》，《申报》1888 年 9 月 19 日，第 3 版。

③ 《点石斋画报》有一"严惩枪替"的图（《点石斋画报》壬集·七期）。在该图中生童因捉刀替考被枷。图中之枷应是芦苇所作。

④ 《武林近事》，《申报》1877 年 3 月 23 日，第 2 版；《北固秋云》，《申报》1904 年 9 月 30 日，第 9 版。

⑤ 《九江近事》，《申报》1886 年 8 月 8 日，第 2 版。

⑥ 《丐妇戴枷》，《申报》1877 年 1 月 24 日，第 2 版。

为犯徒刑以上之男犯和部分犯罪之妇人。对刑罚轻于徒刑的寻常枷犯，现实中也经常被收监。每个地方情况不同，在很多地方有被管押的枷犯。他们经常与应质要证、欠粮之人、追赃之人等同被管押于班房等场所。① 在晚清广东南海、罗定等州县，有专门的枷房（亭）关押枷犯。② 晚清上海租界巡捕房也有专门收押枷犯的场所。③ 光绪十五年（1889），法租界捕房新房投入使用，押所包括外国牢监、女监、生意人押所、窃犯押所和枷犯押所等处。枷犯押所四面俱用铁栏，上盖明瓦及玻璃。④

对那些刑罚在徒刑以上，同时附加枷号刑罚的犯人，根据前引《大清律例》的相关规定，他们应被收监。在规定的枷号时间内，更不能脱枷。

那些被管押于班房等场所的枷犯一般系由差役负责管押。⑤ 光绪初杜凤治在任广东罗定州知州时，看守枷亭犯人差役系捕班总役选取妥役具结充当。⑥ 犯人在被管押后，没有人身自由可言。身体被枷所束缚，即使晚上休

---

① （清）方大湜：《平平言》卷4，《官箴书集成》第7册，黄山书社，1997，第701页；（清）文海：《自历言》，《官箴书集成》第6册，黄山书社，1997，第715页。因为乾隆后班房被厉禁，各地常将班房改换名目，如广东香山县班房改换名目后为"新羁"。广东香山县等县羁房主要收管罪名未定人犯及应质要证并锁系枷号匪徒。见《呈查明广东地方积弊各条筹议办理章程清单》（道光朝），中国第一历史档案馆藏，档号：04-01-11-0010-001。这是当时香山县的做法，各地情况不同。同治年间杜凤治在任广东四会知县时，曾将一犯日间枷示在大门外，晚收土地祠〔（清）杜凤治：《杜凤治日记》第2册，邱捷点注，广东人民出版社，2021，第655页〕。土地祠在某些地方也发挥了班房的作用。

② （清）张之洞：《张之洞全集》第1册《通饬各属修建监狱迁善所片》，河北人民出版社，1998，第745～746页。《南海珠光》，《申报》1893年9月13日，第3版。（清）杜凤治：《杜凤治日记》第5册，邱捷点注，广东人民出版社，2021，第2639页；第7册，第3522、3730页；第8册，第3918、3941、4062、4091页等。笔者在一个有关南海县署的外销画中见到了枷犯形象。此图左侧有几名枷犯在栅栏（房间）内，有两名枷犯在栅栏（房间）外。在很多地方枷犯常被关押在衙门前栅栏内（房间）示众。见王次澄等编著《大英图书馆特藏中国清代外销画精华》第3册，广东人民出版社，2011，第33～34页。

③ 《押所宜迁》，《申报》1885年5月30日，第3版；《省释枷犯》，《申报》1886年7月11日，第3版。

④ 《规模宏敞》，《申报》1889年7月22日，第3版。租界木枷重量更轻，示众地点选在可避风雨之处，并允许受刑者回家吃饭、睡觉，第二天早饭后再重新枷号。《上海租界志》编纂委员会编《上海租界志》，上海社会科学院出版社，2001，第281页。

⑤ 也有无差役看守的情况，见《枷号棍徒》，《申报》1881年10月4日，第2版。

⑥ （清）杜凤治：《杜凤治日记》第8册，邱捷点注，广东人民出版社，2021，第4063页。

息时也不能脱枷，这导致他们"昼夜不得休息"。[①] 因为缺乏监管，差役作弊之事较为常见。《申报》上《论处置地棍》一文说，当谭钧培甫任苏州知府时，访闻地痞甚多，迹其稔恶者数十名，判以枷责示众。棍徒刚开始以为这是新官常例，出去之后只要行贿，便可疏枷。枷号限满到案时，便可直接释放了。谭钧培久已深知此弊，查验封条悉碎裂，大怒，命令重新枷号，并笞责了差役。命令以后只要封条有碎，虽然枷限已满，仍须重新起算时间。[②] 该事例也说明在苏州当地差役作弊是常态。《点石斋画报》"换枷骇闻"一图描写了一名被判戴二号木枷的犯人因毫无使费而被差役欺骗，使其戴以大枷之事。该枷重百十余斤，即使犯人哀啼求饶，差役仍强拖硬拽，将其头颅装入。该图下文字认为，虽然该犯咎由自取，但该差役之蛇蝎其心，上下其手，竟敢施之于省会之地，真令人望而生怖矣。[③] 这说明衙役通过看守枷犯有获取利益的可能（图 26 应该也能说明这种情况）。而且此事发生于省会，也说明了衙役之嚣张。

同治年间杜凤治在任广东南海县知县时，有一县署头门枷犯在杜每次出门、回署时都戴枷跪着迎送。杜不知从何途径得知，该枷犯经常私松木枷，上街游行，酗酒赌钱无忌。有天午后杜突击检查，值日差役和头门仪门看役均张皇失措。[④] 光绪四年（1878），江苏江宁某寺僧人因假托神仙妖言惑众被枷号示众。据说该僧虽被枷号，却仍住寺内，只是有人看管而已。该僧早将看管者贿嘱，平时躲在寺内，竟将枷上的封条揭起，将枷私行开脱，因为已买通消息灵通之人，故一闻有官长来寺，便将枷戴上，地方官无从发觉。[⑤] 光绪二十二年（1896），江苏甘泉县三名枷犯甚至还有机会晚上到某烟店过瘾。[⑥] 现实中也有花钱雇人代枷之事。[⑦]

① （清）刘锦藻：《清朝续文献通考》卷 245《刑考四》。
② 《论处置地棍》，《申报》1893 年 3 月 15 日，第 1 版。
③ 《点石斋画报》亨集·九期"换枷骇闻"。
④ （清）杜凤治：《杜凤治日记》第 5 册，邱捷点注，广东人民出版社，2021，第 2641 页。
⑤ 《枷僧未释》，《申报》1878 年 11 月 30 日，第 2 版。
⑥ 《绿杨城郭》，《申报》1896 年 7 月 28 日，第 2 版。
⑦ 《广试纪余》，《申报》1890 年 11 月 14 日，第 2 版。

图 26　外销画中的枷号

注：左侧枷犯坐在板凳上。清初李渔说过，枷犯"坐时原以他物支撑，行时亦有亲人扛助"〔（清）李渔：《资治新书》卷首，《明清法制史料辑刊》第 1 编第 1 册，国家图书馆出版社，2008，第 56 页〕。戴枷犯人坐在特制的板凳上，可以减轻其痛苦。毕竟有的犯人可能会戴枷数月、甚至数年，特制板凳对家境一般的当事人来说并不困难，贿赂看守之人也不困难。此图稍一对比两名枷犯的穿着便知，坐在板凳上的枷犯经济条件更好，从而更有条件获得更好的待遇。而右侧的枷犯只有瞪着白眼，羡慕的份。该图虽然没有文字，但却真实书写了枷犯的不平等待遇。

　　因为晚清上海的特殊情况，除上海知县外，会审公廨和保甲总局也经常判处枷号。枷犯除由差役负责看管外，地方官更常将其交给地方地保、地甲看管。如果系女犯，应由官媒负责看管。上海城厢以外的乡村地区主要系由当地保甲负责社会治安等事务。一般系十户一甲，设甲长（又称地甲），十甲为一保，设保长（又称地保）。同治元年（1862），为解决太平军东征所带来的社会影响，上海成立巡防保甲局，建立军民联防，将上海城厢地区划为 27 个铺。① 铺设地甲，主要负责本铺的社会治安等事务。地甲一般系上海县知县出示招充，充此役者应熟悉该铺铺务，并无过犯，并

---

　　① 巡防局一般系以候补佐杂司之，督以候补州县，名曰总巡。根据《大清律例》的相关规定，巡防局没有权力使用枷号，但现实中却常滥用枷号。对此情况，上海道袁树勋（1901~1906 年任）虽然曾出示禁止，同时亦允许如有紧要事件必应枷号者须禀命而行。详见《论巡局委员滥行枷押之非》，《申报》1901 年 9 月 12 日，第 1 版。

须出具认保各结。地甲可向本地各铺户按月收费。① 枷犯晚上经常睡在地保、地甲家中。地保、地甲可能有专门处所用以夜间关押枷犯。② 因地保、地甲事务较多，可能同时会看管较多的犯人，他们常将枷犯交于其伙役看管。③

枷上封条一般不得擅自揭去，也不能擦损。④ 枷上封条多薄糊贴粘，虽然粘上去后早已干燥，但用烧酒或者清水润之，封条并不难揭去。⑤ 枷犯白天枷于道旁，至晚有将封条揭去、脱枷休息的情况。⑥ 光绪十二年（1886），某犯枷示期满后，上海知县提犯相验，发现枷封有异，认为"显系地保私开"。于是，传地保申斥，并著将该犯补枷二月，转发交头铺地甲看管。⑦由此可见，枷封不仅有公示犯人罪行的意义，地方官还可以通过检验枷封是否完整，察出犯人在戴枷期间是否有脱枷行为。⑧

因为疏于管理，枷犯时有逃脱。有戴枷脱逃的，有将枷板撞断脱逃的，有将枷凿开脱逃的，有将枷口（眼）刨大脱逃的，有将铁链锉断脱逃的，也有借出恭等机会脱逃的。毕竟负责看守之人不可能时刻仔细盯着枷犯，

---

① 《招充地甲》，《申报》1910 年 8 月 26 日，第 19 版。

② 《地保不法》，《申报》1886 年 10 月 16 日，第 3 版。据该文所载，地保冯某供称，其班房系奉上海县及宪案发下之枷犯夜间投宿之所。其所言之"班房"与一般意义上与差役存在直接关系的班房不同。

③ 如根据《申报》的记载，光绪二年（1876）某日，上海县某名地保同时看管了十一名枷犯。见《罪人私逸》，《申报》1876 年 9 月 5 日，第 2 版。

④ 原则上应该是这样，否则，怎么判断犯人在戴枷示众期间没有开枷？但枷犯在外示众期间，风吹日晒雨淋，枷号一个月以上的犯人，其枷上封条不可能不开裂。网上很多照片显示，枷上封条已经碎裂了。通过检验枷上封条是否碎裂的方式判断犯人是否开过枷，只适用于枷号数日、十余日的犯人。同治年间杜凤治在任广东四会知县时，曾看到某犯枷上封皮未动，其形迹似在外私开，因而喝破其弊［（清）杜凤治：《杜凤治日记》第 2 册，邱捷点注，广东人民出版社，2021，第 647页］。在某些地方，可能不用动封条就能将枷打开。

⑤ （清）潘杓灿：《未信编》卷 3，《官箴书集成》第 3 册，黄山书社，1997，第 81 页。

⑥ （清）黄六鸿：《福惠全书》卷 11，《官箴书集成》第 3 册，黄山书社，1997，第 340～341 页。

⑦ 《地保松枷》，《申报》1886 年 3 月 19 日，第 2 版。

⑧ 光绪八年（1882），天津县某窃贼被枷号示众，为防止其夜间私开，地方官命用竹片将枷钉住。见《严办窃贼》，《申报》1882 年 8 月 19 日，第 3 版。

负责看守之人也不尽是恪尽职守之人。①

《大清律例》对戴枷脱逃之犯并无作何治罪明文。《刑幕要略》认为，如果有这样的行为，应按照在押人犯脱逃加逃罪二等办理。② 根据《申报》所记，将脱逃的枷犯抓获归案后，基本不会如此办理。一般系杖责后重新枷号。

《大清律例·刑律·捕亡》"主守不觉失囚"门例文规定，如果枷犯是在枷号期间脱逃的，看守人役应拟杖六十。《钦定兵部处分则例》规定，对京城内发落各城门看守的枷犯，如果该管官弁防范不严，以致乘间脱枷逃走者，将城门领城门吏、门千总，均降一级留任。如果兵丁受贿松枷，致令乘间脱逃者，将兵丁从重治罪，失察之该管官，各降一级调用。对外省驻防各门枷犯脱逃，看守旗员也照此办理。③ 即使如此，京城内枷犯仍时有逃脱。脱逃的原因不尽相同。有贿嘱门军脱逃的，有因官给口粮不敷藉机脱逃的，有因管理散漫而致脱逃的。光绪六年（1880），一名被判枷号、发近边充军的犯人在被充军前先行在京城城门枷号示众。该犯在未贿嘱看守官兵的情况下被允许脱枷二十余日。直到犯人逃脱，此事才被曝光。④ 对京城充军重犯的管理尚且如此松懈，对那些寻常枷犯的管理可想而知。

《申报》报道了大量枷犯脱逃的事例，枷犯脱逃后，地保、地甲须报知地方官。地方官在命令其缉拿的同时，疏脱枷犯的地保、地甲等人会受到处罚，其处罚形式因人、因案情而异。有被罚戴枷示众的，有被责打的，甚至还有被罚站笼的。⑤ 地保、地甲得贿开枷私放之事时有所见。如果被发现，在枷号、杖责、掌嘴等处罚外，地保、地甲有时可能会被斥革。前引

---

① 《点石斋画报》有一图表现了枷犯脱逃的主题（未集·七期"贼谋狡谲"）。该图大意为：安徽芜湖某贼被枷，交地保看守。该贼于某夜乘人熟睡，纵火屋中。地保惊醒，该贼让其速开枷，代其移取杂物，否则，同葬火海。地保将枷开去后，该贼即逃逸而去。该图说明，当地枷犯平时系由地保看守，在夜间系戴枷睡觉。

② （清）佚名：《刑幕要略》"捕亡"，《官箴书集成》第5册，黄山书社，1997，第22页。

③ （清）薛允升：《读例存疑》卷47，胡星桥、邓又天等点注，中国人民公安大学出版社，1994，第799页。

④ 中国第一历史档案馆编《光绪朝朱批奏折》第110辑，中华书局，1996，第41～43页。

⑤ 《凶犯毁枷脱逃续纪》，《申报》1910年3月28日，第19版。

《大清律例·刑律·捕亡》"主守不觉失囚"门有关"看守人役应拟杖六十"的规定，笔者未见到地方官有过引用。

地保（地甲、差役）受贿开枷、索贿疏枷、捏报枷犯患病之事在《申报》中时有所见。光绪十九年（1893），某地保得贿后擅自将枷开放。此事被某屠户发现后敲诈。① 现实中也有因贿不如数而有意刁难枷犯的地保。② 也有差役得贿后犯人得以用手巾障面使观者不能辨其面目的情况。③

为防止差役和枷犯作弊，道光时期的知县云茂琦认为，班房应防止有私押枷犯的情况。地方官须防夜中私卸、早晨枷回之事。地方官或在夜半，或将晓时出其不意，亲自查验。每年数次如此，则差役等辈知惧。④ 在戴枷游街示众时也有作弊的可能。光绪二十年（1894），浙江仁和县判散布谣言之某著名土棍戴枷游街示众。为防止途中差役受贿放松，该知县命令该犯每到一段，即请段巡验明，给以回片一纸。⑤

因为旗人犯罪有折枷之制，被枷号之旗人数量较多。京城各旗枷犯例俱发于京城各门示众，城门内设有供枷犯住宿的房屋。这些房屋又常被称为门监。在门监内有时男女混杂，有些兵丁常借防范为名，需求陵虐，弊窦丛生。乾隆元年（1736），议准在门监之旁添造房屋一二间，或即于现在门监之内量拨一二间，另开门户，专为女犯居住歇宿之所，不许再与男犯禁于一处。并许枷犯亲属一人在门监内照管。⑥ 刑部枷发各城门之旗人由城门尉等详验，加封收管。如果发现有枷具过松，以及封皮折皱，可以脱出的，将看封之司员罚俸六个月，仍将该犯送部换枷，封固。发门示众以后，如果有将犯人散放，或疏开枷具，折皱封皮，可以脱出的，将不行查出之

---

① 《瓯海秋涛》，《申报》1893 年 10 月 7 日，第 1、2 版。

② 《开释枷犯》，《申报》1882 年 3 月 25 日，第 3 版。

③ 《拐犯作奸》，《申报》1881 年 6 月 16 日，第 2 版。

④ （清）云茂琦：《阐道堂遗稿》卷 11，海南出版社，2004，第 250 ~ 251 页。

⑤ 《匪徒游街》，《申报》1895 年 1 月 16 日，第 9 版。

⑥ 光绪《大清会典事例》卷 723《刑部·名例律·五刑》。康熙、雍正、乾隆时期的大臣李绂说，看守枷犯之役有看守不严，故意作践，断绝水饭，使枷犯风雨无依，甚至被仇家夜行毒害，翻枷压颈之事。见（清）李绂《穆堂别稿》卷 47，《续修四库全书》第 1422 册，上海古籍出版社，2002，第 640 页。

巡查官罚俸九个月。① 根据乾隆《大清会典》的相关规定，每月满汉御史各一人须稽察各门示众之枷犯。②

对枷犯的饮食，乾隆六年（1741）时规定，对刑部等衙门发交京师五城司坊枷犯，如果实系赤贫，无家属送饭的，每人每日给老米一升，按季报户部核销。③ 对其他地方的枷犯饮食，国家没有类似的规定，各地办法不同。光绪初，在广东罗定州应该是枷犯自己做饭或由别人雇送饭食。④ 对晚清上海的枷犯，官方可能并无口粮供应。光绪十五年（1889），上海一名犯人供称，自己去年被枷号时，因为无钱买饭，所以情急脱逃。⑤ 上海公共租界公廨枷犯饮食应系亲友相送。如果无亲友相送，地保会向官员求赏。⑥ 光绪三十一年（1905），因江苏省城苏州所枷之犯类多面黄肌瘦，饭资无著，江苏督粮道陆钟琦捐廉四千两，交苏州府发典生息，日给枷犯每名大钱五十文，以资饭食。⑦ 在苏州各路巡警分局未撤裁判权时，其所审讯枷犯发图示众后任其自行买食，或由地保供给，有朝夕不能一饱者。在警务公所成立后，凡该所裁判厅所审判枷号等犯由所供给两餐。每日早晨由拘留所巡员点交，清洁科员发给点心钱二十文。此项经费在警款项下支。其余案情较重之犯随时移县办理。⑧

枷号期满，根据实际情况，犯人或被直接释放，或被有条件释放（即

---

① （清）沈贤书、孙尔耆校勘《钦定吏部处分则例》卷50《刑·用刑·查验枷犯》，光绪二年（1876）照部新修。

② 乾隆《大清会典》卷81《都察院》。薛允升说，从前枷号人犯最少，例亦寥寥无几。旗人犯徒流等罪，均系折枷，是以兵部《处分则例》专指各城门枷号人犯而言。后来条例枷犯日以增多，而城门枷号之法亦废，今昔情形不同。（清）薛允升：《读例存疑》卷47，胡星桥、邓又天等点注，中国人民公安大学出版社，1994，第799页。

③ （清）薛允升：《读例存疑》卷48，胡星桥、邓又天等点注，中国人民公安大学出版社，1994，第830页。道光八年（1828），京城某发坊看守之枷犯因官给口粮不敷，哀求坊官饬令看役带同找寻亲友借贷。（清）祝庆祺：《续增刑案汇览》卷15，法律出版社，2007，第768页。

④ （清）杜凤治：《杜凤治日记》第8册，邱捷点注，广东人民出版社，2021，第4062、4107页。

⑤ 《县案汇录》，《申报》1889年4月24日，第3版。

⑥ 《枷犯求食》，《申报》1898年2月7日，第4版。

⑦ 《陆储宪以巨款体恤枷犯苏州》，《申报》1905年6月28日，第9版。

⑧ 《颁示矜恤罪犯办法苏州》，《申报》1909年12月7日，第11版。

保释)①，或被驱逐，或被递解回籍，或被管押，或按规定再施加笞刑、杖刑，或继续追加别的处罚。光绪十四年（1888），上海县知县开释了一批枷犯。其中有一名湖北籍枷犯，知县念其贫苦，在将其开释后还给钱五百文，并令其具改过切结存案备查。② 这样的情况很少见。总之，枷号期满后不代表枷犯马上就会成为自由人。

第四节　枷犯的体恤与枷号的效果

枷号刑的主要目的为羞辱犯人、警诫他人，使其身体受到痛苦并非其主要目的。所以，枷号刑对犯人身体的折磨较小，这不意味着枷犯俱能平安地挨过枷示期限。枷犯在枷示期限内死亡之事也有发生。尤其那些枷示时间较长的犯人。毕竟枷犯白天在外风吹日晒，木枷不能转动，受到围观，精神不佳，夜晚睡眠质量差。并非每个枷犯都能像光绪二十二年（1896）黄某那样，不仅能得到家人每天以"参术调养"的待遇，还能雇人抬之而走。③ 那些身体素质较差的犯人，在枷示期限内死亡并非没有可能。尤其是很多枷犯在被枷之前还经历了刑讯逼供。正如光绪三十三年（1907）法部所言，枷犯自犯事至羁押，少或数月，多则经年，大都气体久受损伤，已难免瘐毙之虑。若再加以枷号，累累荷校，寝馈愈难，各犯甫有生机，又罹死法。④

---

① 笔者在南部县档案看到一个枷犯保释文书（保状）。该保状为保人出具。保人先说明了自己与枷犯的关系（系堂兄弟），枷犯因何被枷。然后说他"实属罪有应得"，现在他披枷限满，安静守法，深知改悔，遗下妻女在家乏人顾盼，情殊可悯。请求知县仁天垂怜，予以自新之路，准予保归，安分营贸，顾活一家性命，没世不忘。并声明，倘后妄为，惟保人是究。然后说，具保状是实。最后签字画押。知县批："准保释，后如再犯，连保并究"（南部县档案，南充市档案馆藏，档号：18—974—2）。该保状虽然是保人的一面之辞，但也显示了枷号的自警目的。

② 《贤令虑囚》，《申报》1888 年 6 月 14 日，第 3 版。

③ 《闽垣吉语》，《申报》1896 年 2 月 19 日，第 3 版。

④ 《法部奏议复变通枷号并除苛刑折》，《大清法规大全》，台北考正出版社，1972，第 1784 页。光绪十年（1884）针对署理湖广总督卞宝第等人以枷号调节充军、满流的建议，光绪帝批示说："加枷一节，关系民命，不可轻率更张。"（中国第一历史档案馆编《光绪朝朱批奏折》第 110 辑，中华书局，1996，第 85 页）这说明在当时的统治阶层心里，枷号致毙人命之事并非个案，枷号不能简单被视为轻刑。同治年间杜凤治在任广东四会知县时，枷犯病死者不少见。对一 （转下页注）

　　为了减轻烈日盛暑时枷号等轻罪人犯的痛苦，降低犯人因染疫而致瘐毙的可能性，清代规定了热审制度。热审期一般为每年小满后十日起，至立秋前一日止。《大清律例·名例律上》"五刑"门规定，在热审期内，枷犯俱暂行保释，俟立秋后再行归案，照例补枷，满日发落。康熙四十五年（1706）时规定，如果枷犯患病，应该马上保释，待医治痊愈后再行补枷。① 这里的枷犯俱为轻罪犯人，那些重罪枷犯不包括在内。这些俱非具文，现实中常见实行，体现了清代法律的人性化。

　　在浙江等地方的司法实践中地方官在每年封印时，为使枷杖以下轻罪各犯回家过年，常准其觅保释放。② 光绪十四年（1888），因为时届农忙，上海县知县谕令，部分偶因犯事逮案，现欲从事耕耘的枷犯可以指名具保。③ 如果枷犯在被枷期间生病，地方官在核实后一般会将其开释。有的枷犯即使病愈后仍要补枷。在上海等地，地方官经常将生病的枷犯交与当地善堂治疗。这些都是中国古代恤刑传统的重要体现。

　　在清代恤刑书、官箴书等书中，一些作者告诫同僚要多体恤枷犯。康熙时期《于门种德书》一书的作者认为，枷号之孔宜稍宽，不宜太狭，木宜用熟，不宜用生。如果用生且紧者枷项，这对犯人来说是"不以枷而以刃"。④ 乾隆时期左都御史朱椿建议，枷犯应发何处，地方官应当堂标定枷面，将所犯之事写帖示众。已发之后，仍须查明该处有无房间，不能让其

（接上页注④）名甫释枷即病死的犯人，杜凤治说，昨日因病重释枷之麦某昨晚竟死，甚奇。杖不甚重，枷亦不至死，大约无食之故。其与已死之袁某罪固非轻，惟不至死，心颇悯之，恐有觉察不到之处。为官作孽，此等即是。二犯本拟枷十余日，不必满月释之，安料其一枷即死耶！要知道在大约五十天前当地已经有两名两海解回窃犯在枷号时病死了。杜凤治见剩下的两名犯人瘦骨支离，黑丑如鬼，发了善心，给其回家盘费，将其释放。发生这样的事，杜凤治内心也很挣扎愧疚，虽然前不久已有教训，但他吸取教训还是不够及时，犯人被释放后很快就死去了［见（清）杜凤治《杜凤治日记》第 2 册，邱捷点注，广东人民出版社，2021，第 873、880~881、925、927 页］。法部的奏折尚未提到枷犯的饮食问题，杜凤治的话语还体现了当地可能对枷犯平时的饮食难以保证供应。

　　① 光绪《大清会典事例》卷 838《刑部·刑律断狱·囚应禁而不禁》。
　　② 《赌犯未释》，《申报》1898 年 1 月 31 日，第 9 版；《开释枷犯》，《申报》1885 年 2 月 7 日，第 3 版。
　　③ 《劝谕周详》，《申报》1888 年 5 月 24 日，第 3 版。
　　④ （清）秦绍美：《于门种德书》"慎刑具"，美国国会图书馆藏，康熙十七年（1678）刊本。

露处受潮致病，尤其要查明有无累及居民之事。每隔几日将枷犯带来查验，量其所犯情事，可以释放的释放。如果其有病容，就将其取保。总之，地方官不可被差役操纵，既防枷犯瘐毙，亦防贿脱。① 著名循吏刘衡建议，对被收监和被管押的枷号各犯，地方官应时加照料，大寒大暑尤其应当注意。②

《阴骘文像注》《阴骘文图证》等书在清代民间颇有影响。这些书一般被视为劝人为善的善书。他们将明代吕坤（叔简）的《刑戒》内容稍作修改，增添了三不枷、四不久枷、五不易枷的内容。其内容大致为：老不枷（手足屈伸不便）、幼不枷（筋骨未壮，难支）、病不枷（魔障易濒于死）为三不枷，盛暑不久枷（热蒸毒入脏腑）、严寒不久枷（冻破肌肤，实惨）、孤客不久枷（疾痛无人照管）、衣食不给不久枷（露体枵腹，堪嗟）为四不久枷，人值农时不易枷（误其耕种，人口何依）、亲疾垂危不易加（子不在旁，愁苦千状）、遭凶丧事不易枷（正当悲惨，少宽非纵）、人有颜面不易枷（一朝失足，惭不欲生）、人懦弱不易枷（原非凶类，经惩自改）为五不易枷。③

19 世纪末，美国传教士明恩溥在其著名的《中国人的特征》一书中把"要面子"列在了第一位。在清代，面子对那些稍有颜面身家之人来说尤其重要、敏感。清初李渔和黄六鸿都认为，枷号只可施之市井无赖，对稍有颜面身家之人，不能轻试。因为辱甚于杀，一日之辱，终身之耻，地方官一定不要以人终身之辱取快一时之忿。④ 汪辉祖在《学治续说》中所记一事颇为典型。乾隆年间，一童子在考试时因怀挟旧文被依法枷示。其时其婚期在即，其亲友跪请，待其婚后一月补枷，地方官不准，结果新娘闻信后自杀，该童子也脱枷投水而死。⑤ 对该童子如何适用枷号，地方官有权决

---

① （清）徐栋辑《牧令书》卷18，《官箴书集成》第 7 册，黄山书社，1997，第 415 页。

② （清）刘衡：《庸吏庸言》上卷，《官箴书集成》第 6 册，黄山书社，1997，第 180 页。

③ （清）赵如升：《阴骘文像注》卷1，《藏外道书》第 12 册，巴蜀书社，1994，第 453 页；（清）佚名：《阴骘文图证》，《藏外道书》第 12 册，第 593～594 页。

④ （清）李渔：《资治新书》卷首，《明清法制史料辑刊》第 1 编第 1 册，国家图书馆出版社，2008，第 56～57 页；（清）黄六鸿：《福惠全书》卷11，《官箴书集成》第 3 册，黄山书社，1997，第 339 页。

⑤ （清）汪辉祖：《学治续说》"法贵准情"，《官箴书集成》第 5 册，黄山书社，1997，第 298 页。

定。该地方官本有既顺人情，又不违背律例的处理方法，但因为其硬性执行律例的规定，没有考虑到人情、童子的脸面，结果导致了悲剧的发生。《申报》中也记有因枷自杀之事。该人系经纪营生，因犯案被枷，以枷号颜面攸关，托人购得紫霞膏后吞服，以图毕命。①《申报》也记有自称读书人，请求地方官留其体面，以罚代枷。② 因为枷号刑的执行持续时间更长，能被更多的民众见到，与杖责相比，枷犯所受的羞辱更大。光绪二十一年（1895），甲某因故被判枷号一月、笞责一百板，其母求恩免枷以全体面，地方官代之以免枷，加责二百板，再关押捕房一个月。其母叩谢而退。③

　　《申报》经常描写戴枷时围观民众的表现。光绪十二年（1886），上海被判戴联枷的两名烟馆龟鸨在游街示众时，一些民众为追求快感甚至掷石抛砖。④ 戴枷号者时常受到一些围观民众的嘲笑、戏谑。浙江杭州吴某曾是一门丁，积得"造孽钱"。在成为富家翁后，即不复充当仆隶贱役了。光绪十四年（1888），一日看戏时不慎滋生事端，为地方官访闻，被判笞二百板，枷号示众。其家距枷处仅咫尺，戴枷时不堪羞辱，"终日掩面长吁"。《申报》借围观民众之口说，吴某虽然戴枷，但身处闹市，仍有许多美女结队而来，柳拂花萦，颇不寂寞。与那些在上海县某著名饭店吃鱼翅、烧鸭大餐自矜者相比，后者肯定不如吴某饮"独桌酒"之阔绰。⑤ 光绪十五年（1889），一游方僧在行至苏州后，因为言语不合，与本地僧人发生肢体冲突。该游方僧被移送至当地保甲局后被判令枷号通衢。当时，有善于开玩笑的民众对其说，请君独享独桌之馔，为尔洗尘，其情可谓厚矣！又有一人说，非也，此实方盘托出大西瓜耳（僧人被枷，与西瓜被放在方盘上形似。——笔者注）。此时刚进入秋天，天气尚炎热，当街唤卖大西瓜，其利定有可观。这难道不胜过你当游方僧时击破木鱼沿门抄化所得吗？此时僧

① 《畏羞图尽》，《申报》1898 年 9 月 5 日，第 3 版。
② 《法界公堂琐案》，《申报》1888 年 12 月 7 日，第 3、4 版。
③ 《法界捕房琐案》，《申报》1896 年 1 月 7 日第 3 版。
④ 《法捕房琐谈》，《申报》1886 年 10 月 9 日，第 3 版。
⑤ 《虎林近事》，《申报》1888 年 7 月 25 日，第 2 版。

人俯首不答。①

　　围观民众对戴枷者的嘲笑、戏谑当然是在羞辱他。戴枷者在被戴枷时常想办法进行掩饰，或俯首，或缩头，或想办法以他物遮面。这反映了枷号的羞辱刑性质。光绪十六年（1890），江苏镇江两逼良为娼之犯被判同戴一枷。当游街时，有人嘲笑他们说，官既以肉鼓吹（指打板子。——笔者注）待尔，复令可对面谈心，尔等得此，亦云乐矣。其中一犯欲图掩饰，急欲学龟之缩头，但其颈却为枷板所格。乃赧颜回答道，子非鱼，安知我得鱼之乐乎？② 戴枷者虽然表现出了害羞的表情，只是并未表现出立法者、执法者原先所设想的"自警"的意图。光绪十一年（1885），江苏一游勇因讹诈良懦被甘泉县访拿笞责，并被判枷号一个月。示众时旁有二村妪见到后私下说道："好个少年人，胡为至此！"此勇听到后，恼羞成怒，突然以枷板相殴。③ 由此也可见，该勇所受之羞辱。

　　当然，如同对在死刑执行中围观民众的描写，《申报》对枷号围观民众的描写亦常体现了当时的主流价值观。如同治十二年（1873），一妇女名周小大者因扮男装被判枷号。《申报》报道说，在被戴枷示众时，她俯首低眉，颇有觳觫之状。道旁行人见之，莫不哀其愚而为之太息云。夫周小大，妇女无知，且身居租界，熏染恶习，羞耻未谙。想当其改扮之时，固自以为逢场作戏，无关紧要。岂知一旦败露，遂至如此。既受官刑，复遭凌辱，亦大可悯矣。特未知该周小大斯时心中亦有自怨自艾之意否耶。④ 不过几天，周小大果然"羞愤怨恨"自尽。却因灌救及时自尽未成。⑤《申报》报道通过对周小大在被枷号时围观民众话语的描写阐明了枷号刑的意义所在，这一意义正是当时主流价值观的体现。周小大戴枷时"俯首低眉"的举动

---

① 《山塘选胜》，《申报》1889 年 8 月 18 日，第 2 版。

② 《娼赌二案》，《申报》1890 年 11 月 14 日，第 2 版。

③ 《维扬近事》，《申报》1885 年 5 月 4 日，第 2 版。

④ 《女堂倌案发落》，《申报》1873 年 2 月 10 日，第 2 版；《周小大枷责示众》，《申报》1873 年 2 月 11 日，第 2 版。

⑤ 《周小大羞忿图尽》，《申报》1873 年 2 月 14 日，第 2 版。

体现了被戴枷者因戴枷后面部无法掩饰而不得已俯首的现实，当然，如果犯人作弊或者负责看管的差役不尽责，现实中也有以手巾掩面的情况。

围观民众一定会嘲笑、羞辱枷犯吗？当然不尽如此。《民呼日报图画》中有则材料说，有人想在宁波西郊寿昌寺附近荒冢敛钱，造谣说天神下降，能医人百病云云。逐渐一唱百和，不仅附近的人来烧香祈福，就连杭州、绍兴等地也有来烧香的。当地县令亲自去查禁，并将妖言惑众之徒枷号示众。讵料往烧香者置若罔闻。不仅如此，甚至还有男女露宿其间，这关系风化实非浅鲜。在该图中，枷犯未表现出任何害羞状，眼睛盯着过往民众。除一名看守枷犯的人之外，该图还有六名围观民众，其中只有一名男性。其余五名女性对枷犯视而不见，未表现出嘲笑、羞辱枷犯的意思。最前方的一名女性提着一个篮子，她可能是从远处赶来，也可能有露宿其间的意思。① 无论如何，围观民众不仅未表达羞辱枷犯的意思，也并未因近在眼前的枷犯而受到了警诫。枷号的效果如何，意义何在呢？判断该图中的枷号书写是否客观已无意义。围观民众嘲笑、羞辱枷犯的书写说明了《申报》对枷号的书写主观倾向性较强。无论如何，《民呼日报图画》的这幅图和《申报》的几幅图书写侧重点虽然不同，他们都书写了枷号的效果。只是前者更侧重于对围观民众冷漠性书写（即围观民众无所谓），后者更侧重于对枷犯的冷漠性书写（即枷犯无所谓）。总而言之，枷号并未达到预期的效果。

根据《申报》和《点石斋画报》等的描写，犯人被枷号时，枷号封条上一般写明该犯所犯简单罪行和姓名等内容。② 为方便围观民众阅读，这些内容有时还会进行专门的押韵处理。③ 毕竟阅读对象主要是普通民众，枷板上经常会出现一些俗语，甚至还出现了"忘八""龟棍"这些极庸俗

---

① 《民呼日报图画》"迷信一至于此"，《清代报刊图画集成》（六），全国图书馆文献缩微复制中心，2001，第73页。

② 也有例外的情况，如浙江鄞县枷犯枷封上写着"钉朽木烂，然后开释"字样，见《四明近事》，《申报》1903年11月10日，第3版。

③ 《严办讼棍》，《申报》1882年8月30日，第2版。

之词。① 有的枷板已提前用朱漆标明了"专办土棍"字样。② 枷犯罪行被示众，自感受辱，"紧锁愁眉"、藉物掩面的情况固然比较常见，也常有恬不知耻、不知悔改的。《点石斋画报》描写了一件枷犯邀赌之事。在该事中，三名赌犯被判三联枷枷号示众，有围观群众戏言，你们围坐一桌，何不打牌以为消遣呢？犯人回答说，我们现在三缺一，你就过来就此入局吧。该图的作者认为，这几个枷犯虽然革面，但并不洗心。③ 甚至有两赌犯在被枷示期间各带木枷高坐桌上，点收筹码，继续赌博。④ 即使被戴上了三联枷，也有仍然表现得嬉笑如常，并购白酒、盐蛋等物置诸枷上欢饮的犯人。⑤ 还有在被枷期间沿门乞讨，以"荷校为生财之计"的。⑥ 在江苏江宁等地有棍徒借戴枷游街之机进行乞讨，一案甚至可获青蚨数十千文。不以为苦，反以为乐。甚至以遭官刑次数多少称雄于若辈。真是无耻之尤。⑦

在《申报》的相关记载中，枷犯被释放后"故智复萌"的情况并不少见。其中，尤以窃盗最为常见。有些枷犯被释放后甚至以为"官之所办不过如此"，不仅无畏惧之意，还不思悔改，甚至更加肆无忌惮。由此可见，至少官方意料中的使枷犯感到羞辱、自警的目的常未达到。早在乾隆初江

---

① 有人关注了亨利·梅森《中国的刑罚》中的一幅枷号图画，该图有"吾恶土豪混名插翅虎枷号三日责放"等字。他认为，在清代文献中不存在枷号三日的情况，如果是官府的封条，使用的应该是"责释"这样的字眼。其实根据亨利·梅森图后文字所言，将抢劫者戴枷三个月是经常的事。图中封条既为"插翅虎"，犯人所犯应是抢劫者。所以，亨利·梅森图中文字应为"三月"。"枷号三"后面那个字右下角有明显的勾，封条文字不仅要似"枷号三月"，而且也应该是"枷号三月"。即使确为"枷号三日"，也不能草率下结论说在清代文献中不存在枷号三日的情况。在《申报》中，枷号数日的情况非常常见。在《杜凤治日记》中，也常见枷号数日的情况。至于其将"责放"更正为"责释"，更是过度解读。比如光绪十五年（1889），江苏甘泉县一犯被枷，枷上用朱笔大书"枷号忘八孙得贵一名，满日责放"等字（见《龟奴荷校》，《申报》1889 年 3 月 28 日，第 2 版）。如本书所言，枷封上文字经常有粗俗之语，毕竟其观众主要为普通民众。

② 《土棍可危》，《申报》1909 年 5 月 18 日，第 19 版。

③ 《点石斋画报》壬集·九期"披枷邀赌"。在晚清上海等地，戴枷常被称为"坐独桌"。《申报》常用"坐独桌""独桌酒"等语嘲讽戴枷者。此例和后例中的"桌"即指"枷"。

④ 《鸠江纪事》，《申报》1890 年 11 月 12 日，第 3 版。

⑤ 《六朝余韵》，《申报》1892 年 10 月 23 日，第 2 版。

⑥ 《白门秋柳》，《申报》1892 年 9 月 30 日，第 2 版。

⑦ 《枷犯逞强》，《申报》1892 年 5 月 5 日，第 2 版。

苏按察使陈宏谋就指出，那些人之所以为窃贼，不在乎枷期之多寡，实在于资生之无策。[①] 其背后有时也反映了当时民生之多艰。在地方官常不按照《大清律例》的规定惩处案犯，仅将其枷责管押了事的大背景下，地方官对枷号刑的使用经常引起《申报》的反感和批评。

第五节　晚清来华外国人眼中的枷号

在晚清来华外国人的著作中枷号（Cangue，Tcha，kia，kea，Chinese Pillory）是最常见的刑罚。[②] 虽然现实中笞刑、杖刑更常见，但笞刑、杖刑很快就执行完毕，相对不容易被看到。枷号的执行少则数日，多则数年，更容易被看到。在大街上、县衙前、店铺前、钟楼附近等很多人多的地方都能看到枷犯。西方虽然也有过类似的刑罚，但同时期的西方已经远不如中国常见。[③] 18 世纪末马戛尔尼使团成员约翰·巴罗视其为一种"非常残酷的刑罚"。[④] 在很多晚清来华外国人的笔下也是如此。枷号在中国人眼中一般是轻刑，在外国人笔下却经常被视为是残酷的。

---

① （清）陈宏谋：《培远堂偶存稿》"文檄卷十"，《清代诗文集汇编》第 280 册，上海古籍出版社，2010，第 232 页。

② 英国人阿拉巴德《中国刑法评注》说，读过任何关于中国著作的人都很熟释枷号刑。Ernest Alabaster, *Notes on Commentaries on Chinese Criminal Law and Cognate Topics*, *with Special Relation to Ruling Cases.* (London：Luzac & Co, 1899), p. 69.

③ 乾隆末英国马戛尔使团的随行画师威廉·亚历山大在其《中国服饰》一书中说，中国的枷与他们的颈手枷（Pillory）相似。英国人乔治·N. 赖特说，平民鞭笞、贵族上枷之风在英格兰由来已久（〔英〕乔治·N. 赖特：《中央帝国》，〔英〕托马斯·阿洛姆绘图，何守源译，北京时代华文书局，2019，第 498、499 页）。19 世纪第二次鸦片战争时，法国随军学者埃斯凯拉克·洛图尔也说，在中国处罚最轻的是那些戴着木枷行走的人了，这种枷在欧洲也能看到（见〔法〕埃斯凯拉克·洛图尔《中国和中国人》，应远马译，中西书局，2013，第 46 页）。他们说的枷都是颈手枷。这些枷俱为三眼枷。西方人有关清代三眼枷的图画笔者见过几张。笔者推测，西方人之所以作有清代三眼枷的图画，应与西方较早时期存在的颈手枷有直接关系。西方人有关清代三眼枷的图画又影响了现在古装影视作品中的枷号形象，进而影响了现在普通大众眼里的清代枷的形象。颈手枷的样式可参照《人类酷刑简史》一书中的插图（〔美〕马克·P. 唐纳利、〔美〕丹尼尔·迪尔：《人类酷刑简史》，张恒杰译，中国友谊出版公司，2018，第 114～115 页）。

④ 〔英〕约翰·巴罗：《我看乾隆盛世》，李国庆、欧阳少春译，北京图书馆出版社，2007，第 274 页。

英国画家托马斯·霍奇森·利德尔认为，枷号的作用一是让犯人丢脸蒙羞，二是警示他人别犯同样的罪。[1] 这一看法与当时中国官方的看法大致相同。虽然利德尔等人注意到了枷号的羞辱刑意味，但他们在书写枷号刑时仍然更侧重于表达其残酷性。在他们对枷号样式的书写中，木枷大多为一眼枷。三眼枷虽然在有些图画中也出现过，但这在现实中肯定不常见。[2] 现在在网上可以看到很多晚清枷号照片，绝大多数照片显示枷是一眼枷。与对死刑的书写相比，晚清来华外国人对枷号的书写总体上相对客观。

在他们的书写中，枷号的对象基本是窃盗。这反映了现实中窃盗被枷号的常见。《申报》《点石斋画报》所反映的枷号对象更加多样化。从这点来看，《申报》《点石斋画报》的书写相对客观。毕竟，《大清律例》所规定的枷号情形远不止窃盗。而且晚清来华外国人对枷号执行的书写毕竟大多没有透露出人物、地点、时间等信息。将《申报》、《点石斋画报》与《大清律例》等资料结合使用，能比较客观地描绘出现实中枷号的适用。

许多外国人注意到，枷号经常被中国的官员滥用。他们虽然注意到了枷号的常见，但只注意到了问题的表面，没有探究枷号被常用的原因。比如在义和团运动期间，美国人明恩溥在京城看到了一名因殴打妻室而被枷号的中国男子，枷上面刻着"此人殴打妻室，罪有应得"字样。他认为，这恐怕是中华封建帝国有史以来第一例，因此吸引了一批好奇的洋人、中国人前来围观，甚觉稀奇。[3] 明恩溥未能详细介绍案情。仅从表面来看，该男子因殴打妻子被枷号在清代确为极为少见的事。[4]

---

[1] 〔英〕托马斯·霍奇森·利德尔：《帝国丽影》，北京图书馆出版社，2005，第47页。

[2] 晚清中日甲午战争前后的美国驻华公使田贝（Charles Denby）在其 China and her People（《大清国及其臣民》）一书中说枷有三个孔。可其所附枷号照片却只有一个孔。见 Charles Denby, China and her People, Vol. I. (Boston: Coloniaal Press, 1906), pp. 89~91.

[3] 〔美〕阿瑟·亨德森·史密斯（明恩溥）：《动乱中的中国：十九世纪末二十世纪初的晚清时局》，桑紫林译，上海社会科学院出版社，2019，第188页。

[4] 鹿完天《庚子北京事变纪略》一书中记载的应该是同件事。该书说，英署枷号天主教民一名。枷上大书因殴妻枷号示众。噫，中国风俗向来重男轻女，此事办理若是，识者谓将来为变法之第一初步也。（清）鹿完天：《庚子北京事变纪略》，《中国近代史资料丛刊：义和团》第2册，上海人民出版社，1957，第425页。

　　与《申报》的相关书写相比，晚清来华外国人对枷号的书写更为具体、生动。在此，以英国传教士麦嘉湖的书写为例。[①] 麦嘉湖在介绍了枷号的长、宽后，说枷"做工粗糙"。枷从中间分开，戴在犯人的脖子上，再将两片木板合起来，用挂锁锁上，然后再通过一根铁链将犯人固定住。至于锁链是被绑在枷板上，还是犯人的手、脚、脖子上，系根据其所犯罪行的严重程度。如果铁链被绑在犯人的脖子上，那就意味着他比较危险，是入室抢劫的强盗。如果铁链被绑在脚上，那就意味着他不是一个可怕的人物。对麦嘉湖的这一说法，《申报》等资料没有书写。这可能只是个别地方的做法。该说法不能以客观与否进行简单的评价。

　　麦嘉湖接着说道，罪犯被判枷号后，由地保或者其副手负责看管。每天早晨，地保将罪犯从监狱中提出，带到离案发现场不远的大街上示众。其目的有二：一为处罚犯人，二为警告那些潜在的犯罪分子。可怜的犯人要戴着枷公开示众一整天。虽然木枷看似简单，却相当折磨人。因为木板很宽，犯人的上臂只能勉强弯过来搭在木板上。他根本摸不到自己的脸，这也意味着在吃饭的时候会很痛苦。犯人只能把木枷倾斜起来，才能够让米饭落入自己的嘴里。枷犯的吃饭问题是晚清来华外国人关注的重点。他们大多认为，犯人不能自己吃饭，需要别人帮助喂食。英国人施美夫在福州观察到，犯人父母和朋友帮忙喂食需要得到警察的默许或允许。[②] 英国军医查尔斯·亚历山大·戈登说，枷犯们学会了很大的本事，他们会把米饭抛起，用嘴接住。[③] 英国人乔治·N. 赖特说，犯人吃的或者是很差劲的牢饭，或者来自别人施舍，喝的是就地取来的凉水。[④]

　　施美夫还调查到一个穷人替人顶罪戴枷的事。[⑤] 对枷号执行时的作弊行

　　① 〔英〕麦嘉湖：《中国人的生活方式》，秦传安译，电子工业出版社，2015，第135～138页。
　　② 〔英〕施美夫：《五口通商城市游记》，温时幸译，北京图书馆出版社，2007，第282页。
　　③ 〔英〕查尔斯·亚历山大·戈登：《一个英国军医的中国观察实录》，孙庆祥、计莹芸译，学林出版社，2018，第71页。
　　④ 〔英〕乔治·N. 赖特：《中央帝国》，〔英〕托马斯·阿洛姆绘图，何守源译，北京时代华文书局，2019，第500页。
　　⑤ 〔英〕施美夫：《五口通商城市游记》，温时幸译，北京图书馆出版社，2007，第235～236页。

为，美国人明恩溥也有书写。他说，只要在最关键的地方打点几个小钱，犯人只需在地方官进出衙门时戴上木枷，在其余的时间犯人完全可以把木枷丢在一边。地方官对此心知肚明，所以，他在量刑时已经把枷号时间延长了一倍。[①] 明恩溥的这一说法虽然没有其他资料证实，但也反映了地方官在适用枷号时的自由裁量权，亦即地方官自己就可以决定枷号时间的长短。

对枷犯的折磨不仅体现在犯人的饮食上。麦嘉湖接着又介绍了苍蝇的袭扰。他说，天气炎热的时候，苍蝇会成群结队地攻击他。攻击他的苍蝇既有绿头大苍蝇，也有本性邪恶的小苍蝇。犯人的脸部对苍蝇的攻击毫无还击之力。如果有只苍蝇落在他的鼻子上，除了叫好心人把苍蝇轰走外，他无可奈何。苍蝇们知道寻找最容易欺负的人，因此一旦有中国人能够满足它的愿望，它是不会放过的。类似情节在港督亨利·阿瑟·卜力那里也有书写。[②] 虽然这样的情节在《申报》等资料中没有体现，但枷犯连吃饭都很困难，在苍蝇突袭其脸部时，他除了扶枷撞墙之外又能有什么更好的办法呢？因为被枷板所挡，扶枷撞墙也不一定有效。所以，虽然《申报》等资料无法证实麦嘉湖等人对苍蝇的书写，但根据常识仍可判断他们的这一书写系客观书写。这也反映了《申报》与晚清来华外国人对枷号的不同书写方向。与《申报》相比，晚清来华外国人的书写有时更接地气。当然，这种接地气的书写更直观地向当时的西方读者传达了枷号残酷这样的信息。

因为犯人被锁住，无论是晴天还是下雨，犯人的活动范围都被限制在很小的一点区域里。直到天黑的时候地保把他带回监狱。白天的折磨结束后不代表他回到监狱就可以好好休息一下了。在晚清来华外国人的书写中，中国监狱与刑罚一样，都是中国落后的最直接证据。麦嘉湖说中国监狱是

---

① 〔美〕明恩溥：《中国人的性格》，徐晓敏译，人民日报出版社，2010，第51页。
② 〔英〕亨利·阿瑟·卜力：《遇见中国：卜力眼中的东方世界》，李菲译，上海社会科学院出版社，2017，第24页。

最悲惨、最肮脏的地方，即使人类祖先居住的洞穴也不会比中国监狱的情况更糟糕。监狱里曲的每个牢房都很小，在这么小的牢房里要挤下十个到十二个犯人。即使在阳光高照的时候，牢房也非常阴暗。墙壁和地面都很脏，地面坑坑洼洼。牢房里没有任何家具，只有几束干草作为睡觉的被褥。犯人生活在条件如此之差的牢房里，还必须考虑采取什么睡姿才能保证睡眠质量。他必须让木枷保持平衡，避免锋利、粗糙的木屑和木板边缘划伤脖子上的皮肤。不过，就算他尽最大的努力，还是会在牢房里做恶梦。当他从恶梦中醒来，又不得不忍受失眠之痛。那时，他会非常渴望早晨的阳光，因为阳光升起时，他就可以逃离牢房了。① 对枷犯的睡姿，德国人恩司诺也有书写。他说，枷犯犯人要想睡觉，唯一的可能是用手和脚在坚硬的土质地面上刨一个洞，蜷缩到洞里，这样脖子上的木枷就可以架到洞口上面。② 阅读完他们的书写，感觉他们就像在晚上见过枷犯睡觉似的。当然，这种可能性不高。笔者断定，美国外交官何天爵肯定未见过枷犯睡觉。他说，枷犯无法躺下，睡觉时只好直挺挺地蹲、坐或者站着（枷犯白天睡觉的情况可见图27）。③ 美国人威廉·埃德加·盖洛说，为得到比较好的休息，那些有钱的囚犯可以在夜间让人把枷卸下来。④ 没钱自然就得忍受戴枷的各种折磨。

　　麦嘉湖对枷号的书写虽然不尽准确，比如清朝枷犯的夜晚住宿之处不一定为监狱，其对枷犯所面临各种折磨的书写，仍是我们了解清代枷号刑的重要参考资料，在有些方面能弥补《申报》等资料的不足。当时的西方读者在看到麦嘉湖等人的书写后，会感到连在中国系轻微处罚的枷号也如此残酷，更何况其他刑罚了。

---

　　① 〔英〕麦嘉湖：《中国人的生活方式》，秦传安译，电子工业出版社，2015，第137～138页。
　　② 〔德〕恩司诺：《清末商业及国情考察记》，熊健、李国庆译，国家图书馆出版社，2014，第40页。
　　③ 〔美〕何天爵：《真正的中国佬》，鞠方安译，中华书局，2006，第165页。
　　④ 〔美〕威廉·埃德加·盖洛：《扬子江上的美国人：从上海经华中到缅甸的旅行记录（1903年）》，晏奎、孟凡君、孙继成译，山东画报出版社，2008，第134页。

图 27　枷犯睡觉的照片

注：〔日〕儿岛鹭麿，*Views and Custom of North China*，1909，天津山本照相馆出版，东京印刷株式会社，第50页。笔者在晚清外销画中见过数张枷犯睡觉的图片，那些图片中犯人的姿势与这张照片有比较大的差别。该犯并无铁链锁身。

　　在晚清来华外国人的书写中，有的枷犯相貌可敬，一副老实巴交的样子，眼泪纵横。① 有的枷犯形如枯槁，惨白如僵尸。② 有的枷犯虽然形象不佳，但似乎精神很好。③ 有的枷犯体虚弱，饥肠辘辘，伸出双手向人乞求，指着自己的嘴巴，希望有好心人给口饭吃。④ 有的长着一副无赖面孔，悠闲地漫步，还不时与别人聊天。⑤ 日本人伊东忠太注意到在汲县县衙前的一名枷犯，看上去神情甚是泰然，与过往行人有说有笑。还向旁人乞讨食物。⑥

---

　　① 〔法〕古伯察：《中华帝国纪行——在大清国最富传奇色彩的历险》下，张子清等译，南京出版社，2006，第141页。

　　② 〔英〕阿奇博尔德·约翰·利特尔：《穿越扬子江峡谷》，中国文史出版社，2019，第128页。在另一个译本中，相应的书写被翻译成"形容枯槁"。见〔英〕阿奇博尔德·约翰·立德乐：《长江三峡及重庆游记——晚清中国西部的贸易与旅行》，谢应光译，重庆出版社，2018，第78页。

　　③ 〔英〕施美夫：《五口通商城市游记》，温时幸译，北京图书馆出版社，2007，第235页。

　　④ 〔英〕阿绮波德·立德：《蓝衫国度：英国人眼中的晚清社会》，钱峰译，新华出版社，2014，第28页。

　　⑤ 〔芬〕马达汉：《马达汉西域考察日记》，王家骥译，中国民族摄影艺术出版社，2004，第426页。

　　⑥ 〔日〕伊东忠太：《中国纪行——伊东忠太建筑学考察手记》，薛雅明、王铁钧译，中国画报出版社，2018，第97页。

麻木并不是他们在书写枷号时的重点。枷犯虽然应该很受折磨，但在他们的笔下，除了饥饿之外，不必然是痛苦的，也不必然是羞辱的。比如英国记者开乐凯看到，大多数戴着木枷的惯犯看起来并不觉得这是有失颜面的事。① 俄国人尼·维·鲍戈亚夫连斯基说，在中国城市中经常可以遇见戴枷的人，中国人对此毫不介意，无动于衷。② 他一方面指出了枷号的常见，另一方面也指出了枷号的效果，即枷号不能使围观民众受到警诫。美国人威廉·埃德加·盖洛在南京看到两名联枷犯人的双眼和面部都蒙着纸条，这样既挡住了阳光，又使他们在面对民众的围观时不至于感到羞耻。③ 在很多外国人笔下，枷号并未发挥清代官方预想的那些作用。

小　结

枷号本来为羞辱刑。在清代，枷号除了作为羞辱刑发挥作用外，还有因替换其他刑罚而加枷者，有因实现刑罚等差目的而加枷者。所以，清代枷号的适用不尽为羞辱犯人，枷犯也不尽为轻犯。枷号枷板上只有一个孔，用来束缚犯人的颈部。现在影视剧中常见的三眼枷在清代现实中并非不存在，只是非常少见。晚清法律改革后，枷号逐渐被废止。

《点石斋画报》中的很多枷号描写能在《申报》中找到印证材料。那些描写记录了某犯适用枷号的前因后果，客观地表现了枷号的外形，复原了枷号的适用场合，揭示了枷号的效果。《点石斋画报》对枷号现场的描写可能稍有渲染。对现实中有些犯罪应科重罪却仅施以枷号的现象，《点石斋画报》也有描写。《点石斋画报》中还有几幅联枷图像，结合《申报》的记录，这至少证明律例有关禁止联枷的规定未得到遵守。

---

① 〔英〕开乐凯：《旧上海见闻录》，王跃如译，中国文史出版社，2021，第139页。

② 〔俄〕尼·维·鲍戈亚夫连斯基：《长城外的中国西部地区》，新疆大学外语系俄语教研室译，商务印书馆，1980，第119～120页。

③ 〔美〕威廉·埃德加·盖洛：《扬子江上的美国人：从上海经华中到缅甸的旅行记录（1903年）》，晏奎、孟凡君、孙继成译，山东画报出版社，2008，第33～34页。

枷犯早晨被带出枷号示众，暮则带回收押。有将枷犯收押于监狱的，有将枷犯收押于班房等管押场所的，有将枷犯收押于专门的枷房的。枷犯多由差役、地保看管，差役、地保有将枷犯带回自己家里过夜的。差役、地保作弊较易。枷上封条一般不得擅自揭去。从晚清枷号照片来看，枷上封条被揭去的情况很常见。枷犯时常脱逃。对枷犯的饮食，国家没有相应的规定，各地办法不同。枷号期满后不代表枷犯马上就会成为自由人。

枷号虽然主要作为羞辱刑存在，枷犯在枷示期间身体上也深受折磨。尤其那些枷示时间较长的犯人。枷示期内死亡并非不会发生。对枷犯，官方经常有体恤措施。律例规定了热审时枷犯暂行保释之法。地方官对枷犯也时常有体恤。在官箴书中，一些作者经常告诫同僚要多体恤枷犯。一些民间的善书将明代吕坤《刑戒》内容稍作修改，增添了三不枷等内容。《申报》《点石斋画报》的很多描写暗示了枷号的适用达到了羞辱犯人的效果，也描写了一些被枷和释放后不思悔改的枷犯。

在晚清来华外国人的著作中，枷号图像是最常见的刑罚图像。枷号在中国人眼中一般是轻刑，在外国人笔下却经常被视为是残酷的。这些外国人也注意到了枷号的常见适用场合和枷号被滥用的情况。与《申报》的相关书写相比，晚清来华外国人对枷号的书写更为具体、生动。外国人经常描写枷犯的表情。在很多外国人笔下，枷号并未发挥清代官方预想的那些作用。

第五章　赎刑

东汉许慎《说文解字》将"赎"字解释为"贸"。"贸"意为易财。所以，"赎"与财有关。沈家本说，凡言赎者，皆有本刑，而以财易其刑，故曰赎。[1] "本刑"是赎刑的存在前提。"本刑"意为其本应该受到的刑罚。"易"应理解为替换。当然，财不仅指钱财，后世很多朝代还有用劳役来替换应受刑罚的。所以，赎刑是指用钱财、劳役等来替换犯人本来应受的刑罚。[2] 赎刑之人本须执行其他刑罚，因特定事由的存在（如因其笃疾），得以用特定的钱财、劳役等来替换。赎刑历史悠久，早在儒家经典《尚书》中便有了赎刑的记载。后世因之不废，在各主要朝代的刑罚体系中都有赎刑。只是赎刑不是各朝的主要刑罚。因为赎刑易导致"富者得生，贫者得死"的弊端，历代对赎刑的适用都很慎重，将其范围限制于特定人群（如享有"八议"特权之人），赎刑之弊尚不明显。

---

① （清）沈家本：《历代刑法考》（附《寄簃文存》），邓经元、骈宇骞点校，中华书局，1985，第330页。

② 有人认为，赎刑是犯罪人以财物或者官爵名份来抵销所犯罪行，从而免予刑罚处罚（或免除其所应受的刑罚）的法律制度。该观点实际上不将赎刑视为刑罚，笔者认为，这不合适。

第一节　清初赎锾积谷备赈政策的废除

至明代，赎刑被适用于更多的场合，赎法比历代更详。正如《明史·刑法一》所言，对赎罪，《大明律》的规定颇严。凡朝廷有所矜恤，限于律而不得伸者，一寓于赎例，用来调济重法。国家有时藉赎罪所入，以佐缓急。实边、足储、振荒、宫府颁给诸大费，往往取给于赃、赎二项。① 实边、足储等事在明代颇受重视，赎款常被用来在实边、足储等方面以佐缓急，由此可见赎刑在明代的受重视程度。明太祖朱元璋和明成祖朱棣非常重视赎刑。他们不仅希望通过赎刑的实施产生更多的经济收益，还希望能减轻国家在运米输边等事务上的一些负担。在赎刑的运行中，有时连死罪也能赎罪。② 他们并未充分考虑到赎刑的实施会导致"贫富异刑而法不一"这样的弊端。终明之世，明廷都很重视赎刑，这与朱元璋和朱棣的持续重视有直接关系。他们的重视使相关的赎刑政策在一定程度上形成了政策惯性，此后各级政府在日常行政中或在遇到财政困难时经常利用到赎款。③

明代赎法有二：有律得收赎者，有例得纳赎者。律赎即依照《大明律》的规定得以收赎者，例赎即依照问刑条例的规定得以纳赎、赎罪者。例赎包括纳赎和赎罪二项。所以，明代赎刑又常被认为分为收赎、纳赎和赎罪三项。洪武三十年（1397）《大明律》颁行后，明太祖朱元璋令子孙守之，群臣如有稍议更改，"即坐以变乱祖制之罪"。④ 此后，《大明律》有关收赎的规定不再有变动，所谓"律之所载，笞若干，钞若干文；杖若干，钞若

---

① （清）张廷玉等撰《明史》卷93《志第六十九·刑法一》，中华书局，2013，第2293页。
② 参见王新举《明代赎刑制度研究》，中国财政经济出版社，2015，第73页。
③ 如顺治四年（1647）户部酌议官员经费时说，文职官员除额设俸薪外，有必不可缺之费用，衙役等项，所以资养廉，供使令也。前朝半取给于额派，半取给于赎锾。《清世祖实录》卷31，顺治四年三月甲午。
④ （清）张廷玉等撰《明史》卷93《志第六十九·刑法一》，中华书局，2013，第2279页。

干贯者，垂一代之法也"。例赎亦始于明太祖洪武三十年（1397）。当时，官吏、军民犯罪听赎者，大抵罚役之令居多，如发凤阳屯种、运米输边赎罪之类，俱不用钞。其后，多折工值纳钞，钞法既坏，又变为纳银、纳米。此外，现实中还存在运灰、运炭、运石、运砖、运碎砖之名。① 例赎"事例不一"，名目太多。后来因为钞法崩坏，钞银比价经常变动，赎刑内容多变紊乱，经常令时人无所适从。明代赎刑之弊主要有二，其一即为例赎之弊。

其二为赎锾积谷备赈政策之弊。与之前各朝代常平仓备赈的模式不同，明代采用了以预备仓为主兼顾常平仓的方式备赈。为解决备赈中各地预备仓多空虚的现实问题，孝宗弘治十五年（1502）九月，户部奏准：各处问刑衙门自明年为始，徒、流并杂犯死罪囚犯，系有力并官吏人等，俱照旧纳米、折谷赎罪，于各县预备仓上纳。② 从而正式将先前个别地区实行的赎锾纳米、折谷备赈政策推广到全国。这也意味着各地地方官掌控了从将犯人问罪至将赎锾交纳预备仓的整个过程。该政策的实施直接导致了地方官对所收取罪赎的支配权。毕竟有权决定是否问赎的是地方官，所赎米谷去向也在地方官的掌控之中。该政策虽然要求纳米折谷赎罪，但因赎银便于侵渔，地方官常"名虽罚谷，实则折银"。③ 不仅如此，地方官为多收赎银，经常将无力罪犯问赎，还经常滥准词讼，从而直接导致词讼增加。④ 甚至还"导民使讼"，从而使诉讼风气变差。明末部分地区健讼之风的形成与此有一定关系。因为被追取赎锾，词讼双方当事人的处境恶化，他们经常被滥禁、淹禁。明末羁候场所的兴建与此也有直接关系。为了完成预定的预备仓积谷任务，地方官不得不多将民人折赎，以至滥赎滥罚。明代赎锾积谷备赈政策的实施不仅对司法实践产生了重要影响，而且本已非常贪腐的官

---

① （清）张廷玉等撰《明史》卷93《志第六十九·刑法一》，中华书局，2013，第2299～2300页。

② 《明孝宗实录》卷191，弘治十五年九月丁酉。

③ （明）赵世卿：《司农奏议》卷2，《续修四库全书》第480册，上海古籍出版社，2002，第136～137页。

④ 《明神宗实录》卷263，万历二十一年八月丙戌。

场因此更加贪腐。因为明末战事较多，财政紧张（有三饷加派），中央甚至要求地方官将一定数量的赎锾济边以解决财政压力。① 这无疑会使赎锾积谷备赈政策之弊更为明显，甚至还形成了恶性循环。

赎锾积谷备赈政策实际是明代例赎制度的一个具体表现。其产生主要原因是明前中期统治阶层对赎刑的持续重视和各地预备仓多空虚的现状。该政策被推广至全国后产生了非常大的影响，弊端尤为明显。虽然如此，当时中央和地方对赎锾都非常倚赖，甚至在军费开支非常紧张时赎锾也会被用来助饷，赎锾积谷备赈政策不可能被废除。虽然在明末官场中也有对赎锾积谷备赈政策的实施深表忧虑之人，但真正提议将其废除的实际上非常少见。

清入关后不久，顺治帝登极，大赦天下。当时有两条大赦条款与赎刑有关，它们对明末的赎刑之弊很具针对性。其中一条条款系针对现实中的"追比罚赎"之弊。因为地方官追比罚赎，不仅使罪人反致伤生，还以罚赎不完为借口，扳引代纳。另一条系巡按科取赃赎之弊。巡按以访拿为名，听衙蠹开送，诬害良民，科取赃赎。② 虽然这两条条款俱未将其与赎锾积谷备赈政策相联系，但它们都显示了巡按等官追取罪赎的动力。该动力的来源即因为赎锾积谷备赈政策的实施而导致地方官有能力支配赎锾。巡按等官委任理刑察盘州县，科索纸赎，搜取赃罚，害民尤甚，这在平定南京、福建等地颁发的赦款中屡被提及。③ 这不仅反映了明末清初地方官支配赎锾的能力，也反映了巡按等省级官员亦藉机分赃自润。本应监察下属的巡按却成了为虎作伥者。其背后实际上也反映了在赎锾积谷备赈政策的实施中，监察系统失灵，这使州县官更加肆无忌惮地滥用该政策。这在当时不是个案，而是普遍现象。赎锾积谷备赈政策之弊非常明显。

---

① 当然，明代中后期灾害之频繁在历史上也属少见，官方非常重视备赈，这是赎锾积谷备赈政策能够持续实施的重要背景。

② 《清世祖实录》卷9，顺治元年十月甲子。

③ 《清世祖实录》卷17，顺治二年六月己卯；卷30，顺治四年二月癸未；卷33，顺治四年七月甲子。

　　顺治帝在大赦诏书中屡次谕令嗣后赎锾一切禁止，巡按官科取赃赎行为悉行禁革。这反映了当时最高统治者对明末赎刑之弊的清晰认识。他们对赎锾积谷备赈政策的态度非常明确。① 虽然如此，顺治朝对赎锾的禁止只停留在诏书上，实际并未实施。比如清初著名律学家王明德（其学术活动在康熙前期）说，明锾赎之法较详，我清定律之初，因仍其旧未为损益。② 其中的锾赎之法自然包括赎锾积谷备赈政策。顺治十年（1653），工科给事中张王治条奏救荒四事，其中一条是赎锾之积宜蠲。顺治帝认为，这条奏俱平易切实。③ 其所提及的赎锾与救荒有关，其赎锾之积宜蠲意为赎锾积谷备赈政策宜蠲。这些都说明当时赎锾积谷备赈政策仍在实施，而且明末该政策在实施中所产生的一些弊端至顺治时仍然存在。顺治十二年（1655）题准，各州县自理赎锾春夏积银，秋冬积谷，悉入常平仓备赈。置簿登报布政使司，汇报督抚，年终造报户部。其乡绅富民乐输者，地方官多方鼓励，毋勒以定数。④ 该例以立法的形式确认了赎锾积谷备赈政策的合法性。只是与明代以预备仓为主的备赈方式不同，此时官方采用常平仓方式，而且常平仓的来源不限于赎锾。官方同时意图加强对赎银和积谷的监督管理，防止出现地方官私吞赎银等情况的发生。次年，礼科给事中孙光祀的奏请不仅表明当时赎锾积谷备赈政策仍在实施，该政策的一些弊端仍然存在。他奏请在无灾祲时即以赎锾佐兵饷之急。⑤ 只是户部对此奏请好像并未理睬，只是将其提议的赎锾奏报方式进行修改后奏准实施。⑥ 针对现实中存在的滥罚隐漏现象，户部要求督抚务将问过赎锾年终造册奏报。户部的措辞也说明清初对赎锾并不像明末那样过于倚赖。如果像明末那样，不仅给各

　　① 清人关前有折赎、罚赎（锾）的规定和实践（张晋藩、郭成康：《清入关前国家法律制度史》，辽宁人民出版社，1988，第542～545页）。只是这种折赎、罚赎（锾）与明末的赎锾积谷备赈政策不同。后者覆盖面更广，赎锾有更明确的用途指向。

　　② （清）王明德：《读律佩觿》卷7，何勤华等点校，法律出版社，2001，第260页。

　　③ 《清世祖实录》卷78，顺治十年九月甲申。

　　④ 光绪《大清会典事例》卷189《户部·积储一·常平谷本》。

　　⑤ （清）孙光祀：《胆余轩疏稿》"核赎锾以收实用疏"，《清代诗文集汇编》第49册，上海古籍出版社，2010，第559～560页。

　　⑥ 张伟仁主编《明清档案》A40－14。

地方官预定赎锾数额，还不时要求额外加征，清初赎锾积谷备赈政策的弊端会更加明显。顺治十五年（1658）又复准，各省大小衙门赃赎银两逐项造册，送按察司按季清查，有隐漏不报者，计赃论罪。倘该司通同容隐者，该抚按指名题参，一并治罪。明末对赎锾的监督管理流于形式，未能发挥实效。清初的这些举措不仅加强了对赎锾的监督管理，还实际上削弱了地方官对赎锾的支配权。

次年，题准赎锾定数，规定从杖六十至杖一百，折银从二十两至三十五两不等（两年后范围有所扩大）。① 赎锾数量远多于律例规定的纳赎、收赎和赎罪银数，地方官有动力滥罚赎锾。同年，工科给事中陈台孙条奏称，杖罪遵旨折赎，其道、府、州、县必尽数申报抚按，其督抚批行者，承问官汇报巡按。巡按批行者，承问官汇报督抚。彼此互相稽核，尽数解部充饷。若田土细事所在有司径与的决，毋得一概议赎。刑部奏准应如陈台孙所请，请旨敕下各该督、抚、按将批审赎锾互相稽核，尽数报部充饷。其司、道、府、州、县自理赎锾亦尽数报部，不许私自折赎。如有隐匿冒破等弊，该抚按指名究参，计赃论罪。至小民田土一切细事无力者径行的决，不许概行滥折，以滋扰害。② 明末赎锾积谷备赈政策实施的弊端主要体现在以下三个方面：地方官滥罚赎锾、赎锾隐漏不报与上级监管系统失灵。先前对该政策弊端的消除主要体现在赎锾隐漏不报和上级监管方面。此次除了继续加强监管之外，又对赎锾的去向进行了限制，要求将赎锾报部。这意味着赎锾不再留于当地，这实际上使地方官失去了对所得赎锾的支配权。明末赎锾积谷备赈政策之弊产生的根源即在于地方官对所得赎锾拥有支配权。本年对赎锾去向的限制对根除该政策的弊端具有实质意义。本年明确赎锾的去向是报部充饷，顺治十八年（1661），又议准赎锾全部报部备赈。③顺治十七年（1660），工科给事中姚延启奏称，皇上因民间玩法者众，故增

---

① 以上俱见光绪《大清会典事例》卷724《刑部·名例律二·赎刑》。

② 张伟仁主编《明清档案》A155－4。

③ 光绪《大清会典事例》卷724《刑部·名例律二·赎刑》。

杖罪罚赎之例（指的应是去年题准赎锾定数之事）。今贪官反借此害民，赎锾尽入私囊。① 这说明虽然当时收赎范围较之明代已经大为缩小，但仍存在赎锾尽入贪官私囊的情况。官方对赎锾的监管仍不完善。

对赎锾积谷备赈政策的弊端，康熙帝即位后继续颁行有针对性的去除措施。顺治十八年（1661）三月（此时康熙帝已即位）曾奉上谕，小民无力纳赎不完，反致苦累，以后民人犯事不必折赎。② 该上谕的内容实际上在前引给事中陈台孙的奏折中也有体现。这说明当时地方官仍有动力滥罚赎锾，即使无力小民也不照律的决，强令折赎。该上谕意图对此行为进行限制。此前先因兵饷不足，暂裁孤贫口粮，户部议以罪赎给予。现在民间罪犯，法惟的决，罪赎已付乌有，孤贫口粮又从何而来？户部又复以官员折赎支给。只是官员折赎不惟为数寥寥，且又准有解部之文，有司靡所适从。康熙元年（1662），江宁巡抚韩世琦奏请在官员折赎不敷后仍于笞罪罚赎项下通融济放。③ 户部虽然未允其请，不过当时最高统治阶层可能确实有彻底停止民间罪赎的想法。④ 虽然如此，此后韩世琦仍有将所属自理赎锾给散孤贫的做法。⑤ 这同时说明，前引顺治十八年不准民人折赎的上谕至少在江苏地区未得到贯彻。

康熙六年（1667），兵科给事中吴国龙条议折赎缘由称，近日督抚参劾贪吏多以词讼勒索小民，恐民间所费较折赎为更甚，且旧例无力的决，有力折赎，原未一概折赎，致累穷民。康熙帝认为，因无力小民纳赎难完，

---

① （清）姚延启：《敬陈时务八款》，罗振玉辑《皇清奏议》卷6，张小也、苏亦工点校，凤凰出版社，2018，第310页。

② （清）姚文然：《姚端恪公外集》卷4，《清代诗文集汇编》第75册，上海古籍出版社，2010，第398～399页。

③ （清）韩世琦：《抚吴疏草》卷38，《四库未收书辑刊》第8辑第7册，北京出版社，2000，第591～595页。

④ 康熙三年（1664），地方官彭而述说，赎刑一事圣人之不得已也。今之圣人鄙一切权宜之术，断锾禁赎，期与天下更始。（清）彭而述：《读史亭文集》卷5，《四库全书存目丛书》集部第201册，齐鲁书社，1997，第72页。

⑤ （清）韩世琦：《抚吴疏草》卷47，《四库未收书辑刊》第8辑第8册，北京出版社，2000，第282～283页。

反致苦累，故令惩决。但律内开载有力折赎，无力的决，原听从民便，非强迫令其折赎。谕令以后通著照律行，如有不能折赎而强令折赎者，著该督抚指名参处。[1] 这也说明虽然有顺治十八年的限制，但该限制并未发挥实际作用，仍存在地方官滥准折赎的情况。这个上谕实际上否定了前面民人犯事不必折赎的谕旨。有力者可以折赎，只是不能强迫无力者折赎而已。康熙帝的上谕还明确了督抚的监督责任。顺治年间督抚也有监督，其侧重点在赎锾的隐漏不报方面。此次督抚的监督侧重点在地方官不能强令折赎方面。顺治十八年罢巡按，督抚权力得到加强。清初督抚多汉军旗人出身，任职时间普遍较短，与内地基层官员尚无比较亲近的关系，其时尚能发挥比较有效的监督作用。

康熙七年（1668），御史徐旭龄疏称，赎罪一项向备仓储，有司事繁地广之处赎罪殆无虚日，其申报上司十无二三，欺朝廷以饱官囊，恣有司之侵渔，不若备百姓之缓急。应请敕下督抚转饬有司，凡州县自理赎罪若干，岁底册报臬司稽核，藩臬自理赎罪若干，岁底册报督抚稽核，督抚自理赎罪若干，岁底册报刑部稽核，须明载姓名于册内，倘有隐漏，即为贪赃实迹。就实在之赎锾修实在之荒政，虽有大饥大疫而积储充实，荒不为灾。刑部也认为或有不肖官员亲为可渔之利私自肥己，基本同意徐旭龄的意见。康熙帝又谕令将罚赎之人姓名及罚数著承问各官明晰书写告示，于该地方晓谕，如有隐漏，即以贪赃治罪。[2] 康熙帝的谕旨意图增强地方罚赎政策实施的透明度，使地方官不能隐漏赎锾。该谕旨后来经修改后形成条例，被修入了《大清律例·名例律下》"给没赃物"门。康熙帝的谕旨似乎也未发挥实际作用。康熙十一年（1672），徐旭旦所著《平楚管见》中对罪赎的欺隐情况进行了批评。其批评措辞与明末人士对赎锾积谷备赈的批评措辞实际并无不同。[3]

---

① 张伟仁主编《明清档案》A165－27。

② 张伟仁主编《明清档案》A51－106。

③ （清）徐旭旦：《世经堂初集》卷26，《清代诗文集汇编》第197册，上海古籍出版社，2010，第882页。

　　本年，某给事中以现有赎锾政策开有力折赎之门而导致强弱、富贫争端为由题请将有力稍有力折赎之条一概停止。刑部认为，今如一概不准折赎，于宽宥之例不符。议准，律例本条开明某罪有准折赎，某罪有不准折赎者，仍照旧遵行外，其律例内未经开载者，问刑官临时详审情罪，应准折赎而自愿折赎者，准其折赎。情罪有不可折赎者，仍照律的决，以惩奸民。如承问大小各官有滥准折赎，并额外追取肥己者，该督抚察出，指名纠参，交与该部议处。① 该例后来被修入《大清律例·名例律上》"五刑"门时，其中的"折赎"被改为"纳赎"。其原因为，该例规定的事由属于"纳赎"，"纳赎"比"折赎"用语更为规范。该例实际上是对前引顺治十八年民人不必折赎谕旨的完善，并且更具可操作性。该例成为分别准纳赎、不准纳赎之通例。薛允升说，此条所云，恐将不应纳赎之犯，因其有力亦滥准纳赎，故严之也。他还说，律例未经开载，即系不应纳赎者也，又何临时详审之有？此例亦系虚设。② 虽然此例后来成为虚设，无关引用，但仍具重要意义。著名律学家沈之奇曾于康熙中晚期做过幕友，其《大清律辑注》一书刻于康熙五十四年（1715）。他说，折赎虽分有力、无力、稍有力，而应赎不应赎，律皆不载。惟条例有之，亦不赅括。今惟官员犯笞、杖、徒、流、杂犯，俱照有力折赎。其贪赃官役流徒杖罪，概不准折赎。并除实犯死罪、干涉十恶、常赦不原、干名犯义、贪赃枉法、受财故纵、一应犯奸犯盗、杀伤人者外，其余出于不幸、为人干连、事可矜悯、情可原谅者，皆可折赎。当随事酌定，或据情以请也。③ 其所言折赎即为纳赎。其时纳赎的对象主要为官员。除了官员之外，只有部分出于不幸、为人干连、事可矜悯、情可原谅的普通民众才有机会纳赎。康熙七年例严厉禁止

　　① （清）姚文然：《姚端恪公外集》卷4，《清代诗文集汇编》第75册，上海古籍出版社，2010，第398～399页。
　　② （清）薛允升：《读例存疑》卷1，胡星桥、邓又天等点注，中国人民公安大学出版社，1994，第9页。
　　③ 转引自（清）薛允升《读例存疑》卷1，胡星桥、邓又天等点注，中国人民公安大学出版社，1994，第6页。

了承问各官滥准纳赎的行为。该例的颁行意味着大部分普通民众失去了纳赎的机会。地方官失去了主动追取赎锾的律例依据。①

康熙九年（1670），户部将赎锾事务视为目今第一急务。户部同时指出，赎锾非额征钱粮，应照所得数目收贮。赎锾收贮事务已晓谕年久，相关治罪定例已经甚严，不便再定新例。虽然晓谕年久，户部仍然担心督抚等不行严查，所以，移咨各督抚不时严查，岁底汇报。② 户部对每年各地能收上来的赎锾数量不了解，非常担心地方官欺隐赎锾数量。即使条例已严，京城晓谕再三，仍然无法做到完全杜绝地方官的欺隐。京城此时可能已经失去了对地方官收贮赎锾行为进行约束的立法动力。前引康熙七年（1668）有关应否折赎的条例成为终结赎锾积谷备赈政策的最重要立法。赎锾积谷备赈政策被终结后，此例成为虚设。

另外，赎锾逐渐不再是备赈的来源。顺治十二年（1655），顺治帝已经谕令户部严饬遵行常平仓之法。③ 常平仓法逐渐在全国展开。常平仓米谷的来源主要有官捐、民捐和商捐三种。顺治末康熙初主要为民捐。④ 如康熙十八年（1679），令"地方官整理常平仓，每岁秋收劝谕官绅士民捐输米谷"⑤。赎锾逐渐不再是常平仓米谷的来源。地方官为完成预定积谷数量而对赎锾的依赖大为减少，清初也不再有赎锾济边的要求。顺治十三年（1656），礼科给事中孙光祀奏请在无灾祲时即以赎锾佐兵饷之急。当时"天下财用匮诎"，议国计者于屯盐鼓铸诸大政屡有条陈，孙光祀的奏请并

---

① 乾隆元年（1736）谕：赎罪一条原系古人金作赎刑之义，况在内由部臣奏请，在外由督抚奏请，皆属斟酌情罪有可原者方准纳赎。其事尚属可行。嗣后将赎罪一条仍照旧例办理（《清高宗实录》卷15，乾隆元年三月庚申）。虽然乾隆帝明确赎罪照旧例办理，但同时明确准赎与否需要奏请裁决。而在实施赎锾积谷备赈政策时，地方官掌握着百姓准赎与否的决定权。所以，此谕旨并不能简单被理解为扩大赎刑适用。

② 张伟仁主编《明清档案》A159-24。

③ 《清世祖实录》卷88，顺治十二年正月壬子。

④ 朱浒：《食为民天——清代备荒仓储的政策演变与结构转换》，《史学月刊》2014年第4期。

⑤ 光绪《大清会典事例》卷189《户部·积储一·常平谷本》。

未得到户部的支持。① 较之明代，此时赎锾在国家的财政体制中的作用已经
大为降低。虽然其间也有以赎锾佐军需之举，但总体上最高统治阶层已经
不再支持利用赎锾缓解财政困难。

　　从顺治初至康熙中期有关赎锾积谷备赈政策经常变动，这也充分说明
了该政策在当时受到的关注程度。清初统治者通过以上举措，赎锾积谷备
赈政策之弊逐渐得到了根除。至康熙中期赎锾积谷备赈政策实际上已经被
废除。此前最高统治阶层相关政策变动的主要思路是消除该政策的诸多弊
端，并非欲彻底废除该政策。但那些政策的出台确实最终导致了该政策实
质上的被废除。② 明末地方官滥准词讼等现象至此也得以改观。当然，明末
的贪腐形势至清初已经有了较为明显的改善，这是地方官私罚、滥罚赎锾
等现象得以遏止的重要基础。《福惠全书》撰于康熙三十三年（1694）、刻
于康熙三十八年（1699），该书作者黄六鸿告诫地方官，自理所罚，不过谷
石，存以备赈。照律所限，不可过多。每年上司查取赎锾起数开报达部，
无则以一二雀角小事俱经逐释，并无罚有赎谷回复。有则所开止一二件，
谷亦三石为率。若太多，反有未便。③ 这正是当时地方官不敢滥赎的体现。
同时也反映了经过治理后，赎锾的数量已经大为降低。自理赎锾数量很少，
这在各省是普遍情况。雍正十三年（1735），湖南巡抚钟保奏称，外省自理
赎锾一项历来悉由外结，部内无案可稽。每年俱以并无自理赎锾一话题复
完事。他又说，以一省之大，词讼之多，经年之久，岂无赃罚收赎之案，
总以未经报部，遂致积习相沿，因循隐匿。奏准敕部通行直省嗣后务须按
年报解，如再隐匿不报，一经发觉，严加议处。④ 钟保此奏除了揭示自理赎

　　① （清）孙光祀：《胆余轩疏稿》"核赎锾以收实用疏"，《清代诗文集汇编》第49册，上海
古籍出版社，2010，第559页。
　　② 虽然后世经常提及赎锾积谷备赈，但已无实际意义。比如说嘉庆二十五年（1820）某次恩
诏曰：罚赎积谷，原以备赈。冬月严寒，鳏寡孤独贫民无以为生，著直省各督抚令有司务将积谷酌
量赈济，毋令奸民假冒支领（《清宣宗实录》卷10，嘉庆二十五年十二月乙酉）。此时罚赎早已不
再为了积谷备赈，备赈早已不再依靠罚赎积谷。
　　③ （清）黄六鸿：《福惠全书》卷8，《官箴书集成》第3册，黄山书社，1997，第313页。
　　④ 张伟仁主编《明清档案》A69 - 122。

锾之少外，并无实质意义。此后各督抚题报本省自理赎锾数依然为数无几。在地方的财政收入中，赎锾已经无足轻重。在乾隆中期福建地区，因为经办之人舞弊，"已断者不追，已追者延搁"，报解上级的赃赎和自理赎锾数量很少。以致依靠此项钱款的上下衙门役食、囚衣和一切公用都受到了影响。① 正因为赎锾数量少，所以，州县官可能已经失去了将自理赎锾等项钱财批解上司衙门的动力。因为赎锾数量少，总体上最高统治阶层不再支持利用赎锾缓解财政困难，他们也不会给州县官施加压力，使其多罚赎锾。

地方官的自理赎锾逐渐固定用于囚犯开支，不再用于备赈。乾隆二年（1737）山西按察使奏准将赎锾银两留于本省，以作狱囚棉衣和药饵棺木之用。② 同年又题准，直隶、山东、河南、福建、甘肃各省囚犯棉衣、棉裤等件于自理赎锾银内动支。③ 五年（1740）又议准，各省赎锾银两，若所存赢余无多，应仍听本省留充下年囚粮衣药等费。如或累积不解，易起地方官挪移侵隐之弊。嗣后各省赎锾有递年存积至一千两以上者，应令该督抚解交刑部，自不致有滋弊窦。④ 此前棉衣、棉裤等囚犯需用或在秋粮耗米内拨给，或于额征存留粮内动支。赎锾并非其来源。自理赎锾完全转归地方支配，也意味着督抚监管职责加重，刑部监管职责减轻。

当然，清代中后期也存在滥罚赎锾（滥赎、滥罚）的现象。袁枚在乾隆初期曾任知县，退隐后其曾致信某知县，批评了知县滥罚赎锾之事。并认为，该事一旦为上级所知，未必不为上级所劾。⑤ 著名循吏刘衡道光时期在任四川巴县知县时曾放告说，至于罚赎一事，借充公以取巧，此穿窬伎俩而又明口张胆以行之，所谓小人无忌惮者，尤为无耻之尤。本县如或有

① 《福建省例》"铨政例"《条议属员办事酌定功过》，台北大通书局，1987，第1117页。

② 张伟仁主编《明清档案》A70 - 23。

③ 光绪《大清会典事例》卷270《户部·蠲恤·矜罪囚》。

④ 光绪《大清会典事例》卷761《刑部·户律仓库·守掌在官财物》。

⑤ （清）袁枚：《小仓山房文集》卷16，王英志编纂校点《袁枚全集新编》第3册，浙江古籍出版社，2015，第308~309页。

此，不特违宪训而玷家声，吾知天理之所不容，必为天条之所不赦。即使偶逃国法，亦断难幸免冥诛。[①] 在清代中后期滥赎确为非法。刘衡说，道光四五年间钦奉上谕申明旧例，严禁各州县罚赎。[②] 滥赎虽然存在，只是远不如明末那么常见，其所导致的弊端也远不如明末那么明显。当然，清代中后期存在的滥罚赎锾（滥赎、滥罚）现象与赎锾积谷备赈政策实施中的滥罚赎锾现象不同。后者在前引《大清律例》准纳赎、不准纳赎通例（即前引康熙十一年例修改后形成的条例）中被视为纳赎，沈家本等人针对该条例所作案语说，纳赎之制久已不行，并无承审官滥准纳赎及多取肥己之事。[③] 前者其实就是假借赎名滥罚而已。

第二节　清代赎刑概述

清代赎刑亦分纳赎、收赎和赎罪三项。纳赎为无力依律决配，有力照例纳赎。收赎为老幼废疾、天文生、妇人折杖，照律收赎。赎罪为例难的决、有力之妇女和官员正妻，照律赎罪。收赎名为律赎，原本自唐律收赎。纳赎和赎罪名为例赎，为明代所创行。[④]《大清律例》有很多条例直接来自明代。在《大清律例》中，那些来自明代的纳赎和赎罪诸例节经删改，有的内容变化很大。而律赎则照旧援用。

顺治年间修律时，五刑不列赎银数目。雍正三年（1725），始将明律赎图内应赎银数斟酌修改，定为五刑赎罪图。这为乾隆五年（1740）颁行的

①　（清）刘衡：《庸吏庸言》上卷，《官箴书集成》第6册，黄山书社，1997，第175页。

②　（清）刘衡：《蜀僚问答》"罚赎恶习有志爱民者不为"，《官箴书集成》第6册，黄山书社，1997，第157页。乾隆帝虽然反对滥行准罚，但也允许对为富不仁者酌量示罚。但须奏明请旨，不许擅自批结（《清高宗实录》卷537，乾隆二十二年四月丙戌）。按，薛允升针对前引康熙七年有关隐漏赎锾的条例说，该例云开明罚赎人姓名及所罚数目晓示，则有过犯者罚令出钱充公，亦属例所不禁 [（清）薛允升：《读例存疑》卷4，胡星桥、邓又天等点注，中国人民公安大学出版社，1994，第69页]。薛允升并不理解该例的形成背景，其说法不准确。

③　（清）沈家本等：《大清现行刑律案语》"名例上"，《续修四库全书》第864册，上海古籍出版社，2002，第49页。

④　赵尔巽等：《清史稿》卷143《志一百十八·刑法二》，中华书局，1977，第4197页。

《大清律例》所继承。根据该图，笞、杖、徒、流、死五刑皆有赎法。因为收赎系依律赎其情可矜疑者，其赎相对最轻。犯人被判笞五十，如系收赎，只需银三分七厘五毫；如系纳赎，需银一两二钱五分；系赎罪，则需银五钱。赎银钱数俱甚微。正如晚清刘锦藻《清朝续文献通考》所言："（赎刑）定例之意，原为惩戒罪犯，使之畏法，并非利用其财充公用也。"后来，因为新疆军务的需要，才定有捐赎之法。犯人捐赎与否，取决于皇帝。现实中非常少见。[①] 所以，捐赎尚不致枉滥。明代实边、足储、振荒诸事过于倚赖赎锾，从而导致地方官滥罚赎锾等弊。清代则无此弊。

收赎银数甚少，惟老幼、废疾、天文生、妇人等，得以照律收赎。唐律以后，俱为如此。《大清律例·名例律下》"犯罪时未老疾"门规定了老、幼、疾的认定标准。问刑官在处理老、幼、废疾收赎案件时，应将"老小废疾收赎"门与"犯罪时未老疾"门合看。犯罪时未老疾，事发时老疾，相对容易处理。如果系徒刑犯人，其犯罪时未老疾，在其刑罚执行期间老疾，便涉及相对复杂的计算了。比如对徒一年、杖六十的犯人，如在其徒限内老疾，其该付出多少收赎钱文？按照《大清律例·名例律上》"五刑"门的规定，徒一年、杖六十者，应赎银一钱五分。杖六十在服劳役前已执行完毕，扣去杖六十对应的收赎银四分五厘。剩下徒一年，该赎银一钱五厘。《大清律例·名例律下》"犯罪时未老疾"门又规定，一年按三百六十天算。那么平均每天该收赎银二毫九丝一忽六微六厘零。如果该犯已劳役了一百天，再扣除这一百天该收赎银二分九厘一毫六丝六忽六微六纤零。剩下未劳役的天数为二百六十天，便该赎银七八五厘八毫三丝三忽三微四纤零了。这就是该犯应付出的收赎钱文。其余类推。

纳赎虽然分为有力、无力，而犯人应赎与否，《大清律例》律文皆不载，只载条例中。纳赎的对象大抵指官员者居多。在清代，惟官员犯笞、杖、徒、流、杂犯死罪，俱照有力纳赎。其贪赃官役流、徒、杖罪，概不准纳赎。除实犯死罪、干涉十恶、常赦所不原、干名犯义、贪赃枉法、受

---

① （清）刘锦藻：《清朝续文献通考》卷255《刑考十四》。

财故纵、一应犯奸犯盗、杀伤人者外，其余出于不幸，为人所干连，事可矜悯、情有可原者，皆可纳赎。在司法实践中，纳赎与否，当随事酌定，或据情以请。康熙十一年（1672）复准，问刑官临时详审情罪，应准纳赎者，听其纳赎，如有不应准纳赎者，照律的决发落。如问刑官滥准纳赎，并多取肥己者，该督抚指名纠参。① 实际上，在清代中后期，官员犯罪或发军台效力赎罪，或发新疆效力赎罪，官员纳赎之事极为少见。除女犯杖罪纳赎之事外，其他人纳赎之事也很少见。正如晚清沈家本等人所言："现在纳赎之法久已不行。"②

赎罪则为按照《大清律例》的相关规定，犯人应决杖一百，收赎余罪者而设。以妇女为例，《大清律例·名例律上》"五刑"门规定，妇人有犯奸、盗、不孝者，各依律决罚，其余有犯笞、杖、徒、流、充军、杂犯死罪，该决杖一百者，即准其纳赎。又《大清律例·名例律上》"工乐户及妇人犯罪"门规定，其妇人若犯徒、流者，决杖一百，余罪收赎。在清代，徒、流之刑俱加杖一百。妇女若犯流三千里之罪，应先依照前引《大清律例·名例律上》"五刑"门规定，按纳赎的标准将其杖一百的刑罚折赎。然后再按照前引《大清律例·名例律上》"工乐户及妇人犯罪"门律文的规定，按收赎的标准收赎余罪（即流三千里之罪）。若审系无力，应仍依律决杖一百（即不纳赎），只将余罪收赎。简言之，妇女犯罪，杖罪纳赎，军、流、徒罪收赎，若系无力，则仍应的决杖罪。律之收赎者，赎其应赎之余罪，所以赎轻。例之纳赎者，赎其应决之杖一百，所以赎重。当然，前提是妇人犯奸、盗、不孝者除外。嘉庆、道光时又加限制。如嘉庆二十三年（1818）定例规定，妇女有犯殴差、哄堂之案，罪至军、流以上者，实发驻防为奴。犯徒罪者，若与其夫同犯，一体随同实发，不准收赎。

《大清律例·名例律上》"五刑"门规定，妇女犯奸杖罪的决，枷罪收

① 光绪《大清会典事例》卷724《刑部·名例律二·赎刑》。
② （清）沈家本等：《大清现行刑律案语》"名例上"，《续修四库全书》第864册，上海古籍出版社，2002，第45页。

赎。《大清律例》"纳赎诸例图"并未定有枷号收赎银数。《大清律例·刑律·犯奸》"犯奸"门规定军民相奸者奸夫奸妇各枷号一个月。乾隆二年（1737）复准称，《大清律例·名例律上》"犯罪免发遣"门内规定，徒一年者枷号二十日，每等递加五日。则枷号三十日者，应折徒二年。徒五等俱包杖在内。今于徒二年内，除包杖八十应折银六分外，其徒二年者，止应赎银一钱六分五厘。所以，犯奸妇女应枷号一个月，收赎银数为一钱六分五厘。至于亲属相奸，应枷号四十日，除决杖一百折银七分五厘外，应照徒三年收赎银二钱二分五厘。其和同诱拐犯奸应枷号两月者，除决杖外，应照流三千里收赎银三钱七分五厘。[①]

赎银理应从本犯那里追取。[②] 嘉庆四年（1799），贵州有一案比较特殊。龙里县详曹起富殴伤周大成身死案内刘士顺明知陈氏系有夫之妇，买娶为妻，应依买休律杖一百。官方认为，陈氏因贫被夫嫁卖，事不由己，与和同买休者有间，似应稍从末减，请照不应重律杖八十，照例收赎。刘士顺呈缴陈氏收赎银六分。该氏无宗可归，断令离异，势必转嫁，不若仍给后夫刘士顺领回。[③] 该案的处理违背了《大清律例·刑律·犯奸》"纵容妻妾犯奸"门律文妇人须"离异归宗"的规定。[④] 陈氏应缴收赎银也转由买休者（后来由官方断定成为后夫）承担。

生员犯笞、杖轻罪，俱照例纳赎。因为清代中后期各地生员出路日益狭窄，生计日艰，生员藉诉讼牟利，代写讼词，甚至直接充当讼师（或游走在讼师的边缘）的现象增多。嘉庆二十年（1815）定例规定，生员不守学规，好讼多事者，俱斥革，按律发落，不准纳赎。此例未能杜绝生员充当讼师的现象。

---

① 光绪《大清会典事例》卷724《刑部·名例律二·赎刑》。
② 一般系由差役从本犯处追取。上海县汪柳氏谋毙夫妾被定以绞监候，数年后因逢恩诏改为流罪。因系妇女，例提收赎。知县汪瑶庭升堂研讯。氏供，丈夫因已充军，家内无人，叩求开释。汪瑶庭饬即开镣交保，限一月内缴到收赎银若干（《金作赎刑》，《申报》1902年4月10日，第3版）。
③ 张伟仁主编《明清档案》A296-5。
④ 有关妇女是否强制离异等方面的司法实践经常违背《大清律例》的相关规定。相关事例也可见（清）佚名《治浙成规》卷6，《官箴书集成》第6册，黄山书社，1997，第556~559页。

　　清代还有纳银认工赎罪、效力赎罪之例。纳银认工赎罪主要存在于清初，很少适用。效力赎罪不尽为军前效力赎罪，还包括军台效力赎罪、屯田效力赎罪、堤工城工效力赎罪，以及革职余罪人员或留该省效力赎罪，或发往他省效力赎罪等名目。效力赎罪系特奉皇帝旨意，按罪重轻酌量时事，事无定例。①

　　此外，清代尚有捐赎一项。《清史稿·刑法二》认为，捐赎系律赎、例赎外，别自为制者。② 薛允升认为，捐赎之例与赎罪相同，始于康熙年间之营田例及雍正元年（1723）之西安驼例。③《清史稿·刑法二》认为，始于顺治十八年（1661）官员犯流徒、籍没认工赎罪例，其与其后的诸多条例皆事竣停止。其历朝沿用者，惟雍正十二年（1734）户部会同刑部奏准预筹运粮事例。④ 该例系参照康熙年间之营田例及雍正元年之西安驼例而成。双方俱肯定了康熙年间营田例和雍正元年西安驼例的影响。⑤ 刘锦藻《清朝续文献通考》认为，自乾隆初年因新疆军务浩繁，饷项不足，始定有捐赎之法。⑥ 这与薛允升、《清史稿·刑法二》的观点有比较明显的分歧。笔者认为，薛允升、刘锦藻等人对捐赎起于何时之所以会有不同看法，只是各

---

　　① （清）张廷玉等：《清朝文献通考》卷209《刑考十五》。王云红博士认为，效力赎罪既不属于一般赎刑，也不同于捐赎，是清代在官员治理过程中逐步形成的一套独特的官犯惩治、改造和利用手段，包括军前效力赎罪、军台效力赎罪、新疆效力赎罪和内地工役效力赎罪等多种类型（王云红：《清代官员惩治体系中的"效力赎罪"问题》，《历史档案》2019年1期）。他总体上还是把各种效力赎罪视为赎刑。按照赎刑的概念，各种效力赎罪确实也可以被归为赎刑之列。只是其中的军台效力赎罪和新疆效力赎罪被时人更多地视为官犯发遣，可被归为发遣刑之列。军前效力赎罪和内地工役效力赎罪等类型则不能被归为发遣刑之列。所以，本书将军台效力赎罪和新疆效力赎罪的研究放在流刑一章中。

　　② 关于捐赎的研究，见魏淑民《司法·行政·政治：清代捐赎制度的渐进式考察——以乾隆朝江苏省朱晴捐赎大案为中心》，《中原文化研究》2013年第5期；方华玲《乾嘉时期新疆官犯的"捐资赎罪"》，《历史档案》2015年第2期。

　　③ （清）薛允升：《读例存疑》卷1，胡星桥、邓又天等点注，中国人民公安大学出版社，1994，第8～9页。

　　④ 赵尔巽等：《清史稿》卷143《志一百十八·刑法二》，中华书局，1977，第4197页。

　　⑤ 康熙年间营田例和雍正元年西安驼例的具体内容见《清朝通典》卷89《刑十·赦宥》和《清朝文献通考》卷209《刑考十五》。

　　⑥ （清）刘锦藻：《清朝续文献通考》卷255《刑考十四》。

人的视角不同而已，没必要苛求谁对谁错。捐赎的形成确实有个过程，其中，雍正十二年（1734）的预筹运粮事例尤为重要。捐赎产生于因西域用兵，需饷孔棘的历史背景。①

捐赎之法系按罪名轻重、官品大小，定赎银之多寡。官品越高，赎银越多。即使普通老百姓犯罪也可以捐赎。如所犯系常赦所不原之罪，不论轻重，均不准捐赎。即使罪应斩、绞，但非常赦所不原者，也能捐赎。② 只是在现实中斩、绞罪名准赎者极为少见。乾隆二十三年（1758），乾隆帝谕令斩绞缓决各犯纳赎之例永行禁止。俟遇有恩赦减等，其惮于远行者再准收赎。而赎银数量则仍照原拟罪名，不得照减等之罪。③ 乾隆三十一年（1766）议准，死罪人犯遇有恩赦减等，有情愿捐赎者，无论已未到配，仍照死罪银数捐赎。④ 道光二十三年（1843）年末，刑部称，本部办理赎罪斩绞罪名向不准赎。惟斩、绞各犯恭遇恩旨减为遣军流徒之后如有呈请赎罪

①　笔者认为，捐赎的形成不能忽视此前赎锾积谷备赈的被废除。虽然赎锾积谷备赈政策被废除，最高统治阶层在面临财政困难时仍会时有想到赎锾。在捐赎的操作中，最终的决定权在皇帝，捐赎银归刑部或户部，这成功避免了赎锾积谷备赈政策在实施中所产生的诸多弊端。也许最高统治者在进行捐赎立法事项时，考虑到了此前赎锾积谷备赈政策的弊端。

②　常赦所不原者也有获准捐赎的。道光年间，已革捐职同知许朝锦因犯案，被前闽浙总督邓廷桢按照指称各衙门打点名色诓骗财物计赃该徒罪以上发近边充军例，从重发往新疆充当苦差，追赃入官。经刑部核其原犯情节系在常赦所不原之列，该犯许朝锦系退职书吏，藉案诓骗，得赃情节较重，按例应不准其纳赎。后来，许朝锦之弟许朝华捐资助饷，呈请代兄赎罪。时闽浙总督颜伯焘为其用力开脱。开脱的理由很多。颜伯焘说，查许朝锦原犯遣罪，系在常赦所不原之例，不准赎罪。但究与实犯窃盗枉法等赃稍有不同。且常人捐资助饷皆得仰沐恩施，今许朝锦身系罪囚，其弟廪生许朝华情愿变产捐制钱一万五千千文，不敢仰邀议叙，代兄赎罪。查捐赎条款五、六品发遣，应捐赎银三千六百两，该生许朝华具禀捐缴钱文计已倍逾赎罪之数。至许朝锦籍本台地，该处情形颇为熟悉。前于张逆滋事案内捐资募勇，打仗守城，曾经出力，钦奉谕旨赏戴蓝翎。且捐修文庙、城工，以及书院、考棚，屡次不遗余力。兹当海氛不靖，招集义勇防堵海口，为当先要务。倘蒙邀恩宽免，以后必当加倍力图报效，冀赎前愆。对此，刑部也附和强调说，现当海疆用兵，各省绅民捐资助饷，皆得核实保奏，仰沐恩施，似未便拘泥成例，致阻该廪生踊跃捐输之意。最后，许朝锦奉旨准赎（《台案汇录》辛集，台北台湾银行经济研究室编，1997，第259~262页）。在本案中，虽然案犯为常赦所不原，按例不准捐赎，但总督、刑部都在为案犯说情，案犯最终被允许捐赎。总督为案犯说情是该犯最终被允许捐赎的关键。

③　《清高宗实录》卷559，乾隆二十三年三月壬子。

④　光绪《大清会典事例》卷724《刑部·名例律·赎刑》。

者仍按原犯斩绞罪名银数捐赎。① 即使有这个规定，捐赎之事"累岁不获一见"。无论如何，捐赎之准、驳总由皇帝决定。光绪十七年（1891），安徽泾县人朱谱济筹银二万两为其已发遣新疆效力赎罪之父朱锟赎罪。朱锟原犯情节实与过失杀伤人无异，因系职官，被从重发往新疆效力。朱谱济所筹二万两白银已数倍于按照当时律例规定其父所应缴纳的捐赎数目，其所犯非常赦所不原。虽然直隶总督李鸿章、工部和刑部都倾向于准赎，但最后仍未获得皇帝的批准。② 正如刘锦藻《清朝续文献通考》所云：（捐赎）法虽重而不为苛，盖非常之法，必须恩出自上，虽内而部臣，外而疆臣，亦不得擅自允准，此天下所以长治久安也。③ 清代官方不过度倚赖捐赎所得。乾隆后各皇帝比较自制，即使在财政困难的情况下，也未有意放开捐赎。捐赎的适用始终被严格控制。在清代，因其少见，捐赎并未因其使富者得生的倾向而受到非议。

　　光绪二十九年（1903），刑部议复山西巡抚赵尔巽奏请各省通设罪犯习艺所折内称，笞、杖、徒、流各犯捐赎之例银数过巨，虚悬一赎罪之典而呈请赎罪之案往往累岁不获一见，未免有名无实，拟请酌量变通，俾贡、监生及平人偶蹈法网者易于赎罪自新。拟请除罪犯常赦所不原者仍不准捐赎，及官员赎罪银数毋庸议减外，凡贡、监生及平人犯罪呈请捐赎者，即照乾隆年间奏定条例减半科算，仍按笞、杖、徒、流罪名分别等数办理。当时官员不在其列。④ 后来，刑部加以推广，又将一品以下至九品官均准照原数减半科算捐赎。⑤

　　捐赎本系暂行章程，本俟军事事定后仍行废止，并非永著为例。所以，《大清律例》并未规定捐赎之法。直到宣统二年（1910）颁行的《大清现行

————————

　　① 《清刑部通行饬令汇存》第 1 册，全国图书馆文献缩微复制中心，2005，第 300 页。
　　② 顾廷龙、戴逸主编《李鸿章全集》"奏议"，安徽教育出版社，2008，第 99 页。
　　③ （清）刘锦藻：《清朝续文献通考》卷 255《刑考十四》。
　　④ 《刑部议复护理晋抚赵奏请各省通设罪犯习艺所折》，上海商务印书馆编译所编纂《大清新法令》（点校本·1901—1911）之第 1 卷，李秀清等点校，商务印书馆，2010，第 190～192 页。
　　⑤ （清）刘锦藻：《清朝续文献通考》卷 255《刑考十四》。

刑律》才在其"名例律·职官有犯"门增加了捐赎条例,将官员捐赎银数与贡生、监生、平人赎罪章程一并辑为专条。

光绪二十七年(1901),两江总督刘坤一、湖广总督张之洞上《江楚会奏变法三折》。① 其第二折内有"恤刑狱"九条,修订法律大臣伍廷芳等在讨论其"省刑责"条时,决定将笞、杖等罪仿照外国罚金之法,改为罚银。② 罚金刑与赎刑不同。罚金刑是强制犯人在一定期限内缴纳一定数量的财物或服劳役的刑罚。罚金刑可以独立适用,赎刑的适用则系抵换其他刑罚,以其他刑罚的存在为前提。③ 在清代,赎刑与罚金存在着复杂的关系,不易区分。正如《清朝通典》所云:我朝初制,罚、赎并行,用于军旅,用于猎射,用于牧放,于后有王公、职官罪应金赎者,改为罚俸,而赎与罚分矣。④ 在清代,罚俸可被视为罚金的一种形式。罚俸系官员行政处分的一种,所以,清代罚金并不必然意味着其系刑罚。

光绪三十年(1904),法律馆以妇女收赎银数太微,不足以资警诫,议准妇女犯笞、杖,照新章罚金。徒、流、军、遣,除不孝及奸、盗、诈伪,旧例应实发者,改留本地习艺所工作,以十年为限,余俱准其赎罪。徒一年,折银二十两,每五两为一等,五徒准此递加。由徒入流,每一等加十两,三流准此递加。遣、军照满流科断。如果无力完缴,将应罚之数,照新章按银数折算时日,改习工艺。非例应收赎者,不得滥及。宣统二年(1910)颁行的《大清现行刑律》废除了《大清律例》中的纳赎、赎罪各条,笞、杖均改为罚金,徒、流、遣、死之罪亦均准赎银。笞、杖分为十等,自银五钱起递加至十五两止,徒罪自十两起递加至二十两止,流罪自二十五两起递加至三十五两止,遣罪亦三十五两。较《大清律例》纳赎之

---

① (清)张之洞:《遵旨筹议变法谨拟整顿中法十二条折》,《张之洞全集》第2册,河北人民出版社,1998,第1416页。按此即两江总督刘坤一、湖广总督张之洞所上著名的《江楚会奏变法三折》之第二折。

② (清)朱寿朋编《光绪朝东华录》,张静庐等校点,中华书局,1984,第5342~5343页。

③ 参见陈谭娟《中国古代赎刑与罚金刑之区别》,《理论月刊》2005年第10期。

④ (清)高宗敕撰《清朝通典》卷89《刑十·赦宥》。

数多至数十倍，较收赎之数更多至上百倍。《大清新刑律》于宣统二年（1910）颁布，其体例、篇目、内容俱仿照西方近现代刑法典。该法典将罚金作为正刑之一，中国传统的赎刑制度被正式废除。

第三节　内结案件赎刑的适用

学界有关清代赎刑的研究并不多。最主要的原因是学术创新难度大，不易出成果。① 笔者在前文探讨了清初赎锾积谷备赈政策的废除。对赎锾积谷备赈政策，学界很少有人关注。该政策在明代后期受到重视。虽然在其实施过程中产生了很多弊端，但清初依然继承了该政策。为消除其在实施过程中产生的一些弊端，统治阶层对该政策进行了持续的有针对性的调整，并在康熙前中期逐渐实质性地废除了该政策。

在该政策的调整中，自理赎锾的提法越来越常见。自理赎锾意为地方各级衙门自己问罚的赎锾。雍正十三年（1735），湖南巡抚钟保奏称，外省自理赎锾一项历来悉由外结，部内无案可稽。② 相对于内结案件所产生的赎款，刑部对自理赎锾案件没有备案，自理赎锾的确很难监管。有关自理赎锾的监管在当时很受重视。赎锾积谷备赈政策调整的主要原因就是加强自

---

① 熊谋林、刘任的论文《大清帝国的赎刑：基于〈刑案汇览〉的实证研究》（《法学》2019年第6期）是近年有关中国古代赎刑研究的力作。该文统计了《刑案汇览》中近400份涉赎案例，认为清代赎刑的适用以老幼废疾、妇女、过失等平民犯罪的收赎为主，以官员等特殊群体的纳赎、赎罪为辅。赎刑主要用于暴力杀伤等人身安全犯罪，但违反礼制、扰乱司法等均有涉及。笞刑和死刑基本不赎，赎刑主要适用于杖、徒、流刑。该文工作量大，资料翔实，有量化研究。在近年发表的有关中国古代赎刑研究中，该文的研究方法、研究结论确有值得学习之处。但该文作者自己也说，《刑案汇览》主要收录的是刑部或皇帝审理的案件，地方司法的一般裁判情况仍有待考证。事实也的确如此。《刑案汇览》收录的案件大多相当于本书所说的内结案件，《刑案汇览》同时也收录了很多外结案件。所以，该文研究结果既不能反映内结案件赎刑适用的特点，也不能反映外结案件赎刑适用的特点。另外，因为《刑案汇览》按照《大清律例》的结构顺序排列、收录案件，有的案件所涉罪名在现实中可能非常少见，却因为《刑案汇览》列全律文各门的需要而被收录。这样的罪名越多，就越影响统计结果的准确性。比如在该文的研究中，男性适用赎刑的人数接近女性的两倍，实际情况可能正好相反。所以，以《刑案汇览》为基础进行统计实际上也不能反映刑部或皇帝审理案件赎刑适用的特点。

② 张伟仁主编《明清档案》A69－122。

理赎锾的监管。

经过康熙中期之前政策的不断调整，与赎款有关的事项逐渐形成了行追赃罚与自理赎锾两类。两者又分别被称为内结赃赎和外结赃赎。对内结与外结的概念，徐忠明教授有深入研究。①《申报》上《录中西辨论事》一文说，中国大小案件原有一定律例，但分内结、外结而已。内结之案重则斩绞，轻则军流徒，或须专奏，或须汇题，或须咨部，不独州县不能自专，即督抚亦不能擅行也。外结之案，若仅枷杖之刑始任州县自行科断。② 光绪八年（1882），四川总督丁宝桢说，恩诏查办之犯均系题咨内结人犯，而外结人犯未经题者不得与焉。③ 所以，区分内结案件与外结案件的关键之处在于谁能将案件终结。如果案件的处理结果需要题咨决定，则此案为内结案件；处理结果由督抚、按察使等各级地方官决定的案件，为外结案件。内结案件产生的赃赎被称为内结赃赎，外结案件产生的赃赎则为外结赃赎。

地方各级政府在办案时经常会出现追赃事项。该事项在《大清律例·名例律下》"给没赃物"门有详细的规定。薛允升说，追赃名目虽多，总不外还官、入官、给主三项，凡监守挪移、抢窃、诈欺等项，均在其内。乾隆前对内结案件赃款的追取非常重视，嘉庆以后渐从宽典。④ 追赎事项虽然一般不如追赃事项常见，但追取的赎款与赃款性质相同，地方官对其均有承追考成，所以，赃赎二字经常相提并论。外结赃赎有时也被称为外结赃罚，内结赃赎有时也被称为行追赃罚、部行赃罚。⑤ 相对于赃款，赎款数额一般要少很多。因为督抚、按察使、知府、州县官都属于问刑官员，都有处理案件和官司的职能，所以，在理论上这些问刑衙门官员在处理外结案

---

① 参见徐忠明《内结与外结：清代司法场域的权力游戏》，《政法论坛》2014 年第 1 期。

② 《录中西辨论事》，《申报》1874 年 3 月 18 日，第 1 版。

③ （清）钟庆熙辑《四川通饬章程》卷 1，杨一凡、刘笃才编《中国古代地方法律文献》丙编第 15 册，社会科学文献出版社，2012，第 501 页。

④ （清）薛允升：《读例存疑》卷 4，胡星桥、邓又天等点注，中国人民公安大学出版社，1994，第 65、71 页。

⑤ 乾隆十四年（1749），刑部咨称，一应赃罚银两向例每年造册题报，分别赃罚、赃变、自理赎锾等项。张伟仁主编《明清档案》A173－129。

件时都会涉及赃赎，也都有自己衙门的自理赎锾。① 总之，清代赎刑的适用
应分为内结案件赎刑的适用和外结案件赎刑的适用两个部分。② 先行有关清
代赎刑的研究忽略了这点。内结案件与外结案件差别很大，不能作为一个
整体进行研究。③

　　对内结赎刑案件适用的研究应以各省每年内结赃罚的具题为基础。对
赃罚赎锾银谷细数，顺治初年时要求督抚年终备造文册，送刑科察核。④ 此
处的赃罚赎锾银谷细数不够明确，应该主要为相当于后来的内结赃罚。至
迟康熙六十一年（1722）时，内结赃罚需要按年具题。当时刑部咨文要求
直隶、各省、八旗行追赃罚、侵挪等项银米谷石，一年追完若干，未完若
干，备造清册二本于年底查明具题。⑤ 具题事项包括赃罚、赃变、侵挪事
项。有时各地在具题时也包括了赎锾事项。各省具题内容不尽相同，大多
省份只汇报了本省一年追完若干、未完若干的总体情况，未提及个案情况。
只有个别省份列举了个案赃罚的追取情况。比如乾隆七年（1742）广西巡
抚杨锡绂在揭报应追赃罚银两各案已未完数目时提到了本省乾隆二至六年

---

　　① 康熙、雍正时期，即使布政使司、粮储道、驿盐道等非传统意义上的问刑衙门，也同样会
被要求上报本衙门的自理赎锾情况。比如顺治十七年（1660），两浙盐政迟日巽称自己董理盐务，
虽刑名不相关涉，词讼简少（张伟仁主编《明清档案》A36－016）。这说明该盐政衙门也会处理少
量词讼，也会涉及自理赎锾的问题。

　　② 比如《户部则例》"蠲恤"门规定，各省赎锾银两，无论内结、外结，所纳银两停其解部，
留充各本省狱囚棉衣、药饵、棺木等项之用［（清）薛允升：《读例存疑》卷4，胡星桥、邓又天等
点注，中国人民公安大学出版社，1994，第71页］。该例明确显示各省赎锾银两分成内结和外结两
部分。在该例颁行之前，内结案件赃赎银两系移解藩库，由藩司造入春秋二季册内报部酌拨。外结
案件赎锾银两免其解部，留充各属狱囚、衣药之用。倘支用有余，积至一千两以上另详解部。外结
案件赎锾银两和赃罚银归本省支配，本省有固定的用途，广东等地出现了按州县繁简议定应解银两
（即按缺摊派）的做法。（清）黄恩彤等撰《粤东省例新纂》卷7，载杨一凡、刘笃才编《中国古代
地方法律文献》丙编第11册，社会科学文献出版社，2012，第101页；光绪《大清会典事例》卷
82《吏部·处分例五·徇庇容隐》。

　　③ 内结案件不等于命盗重案，外结案件也不等于自理词讼。非关人命徒罪案件也属于外结案
件。很多外结案件的处理系由督抚、按察使决定，所以，外结案件的范围要远大于州县司法层面的
自理词讼。当然，内结案件与外结案件的差别可以用命盗重案与自理词讼的差别进行类比，命盗重
案和自理词讼一般没有理由作为整体进行研究。

　　④ 光绪《大清会典事例》卷1716《都察院·六科三·赃赎》。

　　⑤ 张伟仁主编《明清档案》A132－102。

份应追赃罚情况。① 其中有七个案件涉及赎款的追取，平均每年刚好超过一件。在这七个案件中，有五件为妇女收赎案件，一件为犯事时年未及岁收赎案件，一件为年逾七旬收赎案件。其中有两件为死刑案件。在其中一案中，陆氏因助夫失手将人打死而被拟绞罪，秋审时被归入可矜，免死减流。因系妇人杖罪的决，流罪收赎。在另一案中，黄某因殴死他人拟绞，秋审后被归为可矜，免死减流。因为该犯犯事之时年止十五，照例收赎，免其发遣。② 这也说明赎刑事项不一定全部发生于定案时，也可以发生于秋审时（《大清律例·名例律下》"老小废疾收赎"门例文有规定）。广西本次汇题了数年的赃罚事项。乾隆二十三年（1758）刑部奏准将行追赃罚与自理赎锾二项分款造册，统为一本汇题。同时奏准嗣后各省一切汇题事件，统限开印后两月内具题。③ 各省有关行追赃罚与自理赎锾事项需要每年汇题。此后，有的省份在汇题时会简单提到赎刑犯人姓名、罪名等事项，我们可以在此基础上做一些简单的统计，进而对清代内结案件赎刑适用的特点有个相对比较客观的认识。

内结案件的处理结果系由题咨决定，刑部会有存档。康熙六十一年（1722）刑部咨文说，各该督抚、八旗都统副都统岁底具题后，将其所题数目与本部档案查对明白行追，庶不致遗漏舛错。④ 对各省内结赃罚的具题，刑部有义务查对，也有能力查对。所以，各地内结赃赎的汇题事项和数额应该不会有遗漏。笔者在张伟仁主编《明清档案》中见到近百条各省内结赃赎的汇题，刑部（户部）对汇题事项和数额不符的纠正，笔者只见过一次。这次还是发生在顺治年间。湖广巡抚张长庚在奏销顺治十五年（1658）承追各案赃变事项时，因为各案银数参差，又未开承追职名，复奉谕旨驳查。十七年（1660），张长庚才将漏造缘由具题。当时内结赃罚追取的主管

---

① 该抚在题本中说这些赃罚款项为奉准部文应追、奉旨行追项下。奉旨行追也需要由刑部行追。所以，奉准部文应追、奉旨行追项下赃罚实际上就是内结案件赃罚。

② 张伟仁主编《明清档案》A112 - 57。

③ 光绪《大清会典事例》卷13《内阁·职掌一·进本》。

④ 张伟仁主编《明清档案》A132 - 102。

部门户部①说，备查某案，该抚前报册内止开赃银七十二两，少开二两五钱。今疏内称某人先拟徒罪，共该赃赎银七十二两，后改杖罪，止该六十九两，因完银在前，内部行文在后，是以多追三两。查刑部底册共该赃赎银七十四两五钱，今所报数目仍与刑部底册不符。奏报赃罚银两事关兵饷，关系考成，各官承追之完欠关系重大，自宜详查核算，岂容将未完者、隐漏错误者诿之经承经管各官。② 该事例同时说明在当时湖广地区赎锾事项也包括在汇题赃罚事项之内。在财政紧张的大环境下③，题报赃罚银两事关兵饷，而且承追赃罚银两例应岁底考成④，当时户部、刑部自然非常重视。在财政紧张状况得到缓解后，户部、刑部对各省每年循例汇题事项和数额不符的情况很少纠正。毕竟每年各地汇题的赃罚数量其实并不多，在财政收入中的占比非常低。同时也应该看到，《大清律例》所规定的收赎、纳赎、赎罪钱数非常少。在笔者所见的各省有关赃罚情况的具题中，每年各省赎刑案件一般不会超过五十件，赎款总数不会超过数十两。各省对如此少的赎款没必要在汇题时有意隐漏。而且乾隆二十三年（1758）时，为严稽查而防遗漏，刑部咨文要求各省将每年行追赃罚和自理赎锾二项于岁底分晰款项，汇案具题。⑤ 所以，各省每年在汇题内结赃罚的情况时提到的赎刑适用案件应该是当年审结内结赎刑案件的全部。

虽然刑部曾要求各省在造报各案赃罚清册时将各犯情由并应追赃数逐案摘叙⑥，但各省并未完全遵从。各省在具题赃罚情况时的写法仍不一致。有的会提到收赎犯人姓名；有的会简单提到犯人收赎所涉案件；有的只写赎款数量，不提犯人姓名；有的还不区分内结和外结。在笔者所见提到犯

① 康熙二十五年（1686）议准，凡官役赃罚、侵欺、挪移等项钱粮系刑部题审拟应追者，俱令刑部行追。光绪《大清会典事例》卷7353《刑部·名例律一三·给没赃物一》。之前主要由户部行追。

② 张伟仁主编《明清档案》A36 - 050。

③ （清）姚延启：《敬陈时务八款》，罗振玉辑《皇清奏议》卷14，张小也、苏亦工点校，凤凰出版社，2018，第311页。

④ 系根据顺治九年（1652）议准条例。该条例内容见张伟仁主编《明清档案》A81 - 77。

⑤ 张伟仁主编《明清档案》A283 - 70。

⑥ 张伟仁主编《明清档案》A239 - 150。

人姓名的 12 个题本中，至少有 120 个内结案件犯人适用了赎刑。① 这说明平均每个省每年大约 10 个内结案件犯人适用了赎刑。其中，有至少 6 个案件每案有 2 名收赎犯人，绝大多数适用赎刑的案件每案只有 1 名赎刑犯人。这些题本的省份分布于河南（一次）、陕西（五次）、湖北（一次）、山东（一次）、贵州（三次）和云南省（一次），时间为乾隆、嘉庆年间。当时的人口大省河南、湖北、山东内结案件适用赎刑人数较多，分别为 16 人、34 人和 10 人，都超过了平均数。这 12 个题本样本虽然数量偏少，但既有人口较多省份的题本，也有人口较少省份的题本，地域分布也较为全面。这应该能说明当时内结案件赎刑犯人数量之少。当然，每个地方情况可能差距较大，比如湖北在乾隆二十一年的内结赎刑案件数量明显多于其他省份。② 从本书表 2、表 6 和其所在章节所讨论问题来看，当时各省每年有关决过人犯数量平均也就在 30 人左右，有关军流遣和有关人命徒罪的汇题人数多的可能接近 200 人，少的可能只有 20 人左右，平均可能连 50 人还不到。这些犯人相加就基本等于各省每年的内结犯人数量。总体上来看，内结案件收赎人数占每年内结犯人总数的 20% 左右。当然，各省在人数上差距较大。本书只提供了一个大致的估算。

在 120 个犯人中，有 112 个赎刑犯人可确定赎银数。③ 其中，只有一个捐赎，五个纳赎，其余均是收赎。捐赎者系平人。在五个纳赎事例中，只有一个提到犯人因为系武举而纳赎。④ 还有两名女性。这两名女性俱出现在

① 张伟仁主编《明清档案》A197 - 65、A198 - 16、A199 - 103、A217 - 50、A231 - 10、A239 - 150、A257 - 58、A263 - 49、A264 - 32、A276 - 123、A291 - 55、A296 - 5。湖广巡抚庄有恭在汇题乾隆二十一年（1756）本省情况时有时会提到某某等名下赎银若干。在这种情况下，适用赎刑的人数不能确定。

② 本年湖北一共有 34 个内结赎刑案件，61 个外结赎刑案件（张伟仁主编《明清档案》A197 - 65）。安徽乾隆二十年内结外结赎刑案件一共 144 个（张伟仁主编《明清档案》A198 - 29）。所以，湖北数量较多也算正常。

③ 有的犯人还要同时被追缴赃款。比如湖广巡抚庄有恭在汇题乾隆二十一年（1756）湖北的情况时将有的犯人赃款与赎款合算。在此情况下，犯人的收赎银数不确定。笔者在统计时将这样的犯人除去。前文指出，有在汇题时提到的某某等名下赎银若干的情况。在此情况下，犯人数不能确定，笔者在统计中也将其除去。下同。

④ 张伟仁主编《明清档案》A217 - 50。

嘉庆四年（1799）陕甘总督松筠等有关陕西省嘉庆三年赃罚银两的具题中。宜川县赵氏和韩城县刘氏纳赎银分别为七分五厘和六分。《大清律例·名例律上》"五刑"门例文规定：妇人有犯奸盗不孝者，各依律决罚。其余有犯笞杖并徒流充军杂犯死罪，该决杖一百者，与命妇官员正妻，俱准纳赎。《大清律例》"纳赎诸例图"规定了从笞一十至绞斩的纳赎银数。① 其中并无七分五厘和六分对应的刑罚。七分五厘和六分系"纳赎诸例图"中杖一百和杖八十的收赎银数。薛允升《读例存疑》引《示掌》（应为《大清律目附例示掌》，简称《律例示掌》，夏敬一著）说：按妇人犯徒流充军，律该决杖一百，审系有力，例准纳赎者，均应照律图内每一十纳赎银一钱，杖一百，共纳银一两。其余罪仍照老幼废疾包杖收赎徒流例，除去杖一百，赎银七分五厘，按数收赎，作两项科之。薛允升认为，此条《示掌》所云甚属明晰。② 这说明在妇女纳赎的操作中，杖一百按照收赎银数计算。所以，赵氏和刘氏所受刑罚分别应为杖一百和杖八十。

收赎银的计算经常让人感到疑惑。比如在 112 个赎刑犯人中有 6 个年未及岁收赎犯人，有个别犯人的算法不同。《大清律例·名例律下》"老小废疾收赎"门规定，年七十以上，十五以下，以及废疾犯流罪以下者，准其收赎一次。乾隆三十八年（1773），护理陕西巡抚毕沅题报乾隆三十七年承追自理赎锾银两时提到，郑某等殴伤他人身死案内冯某年未及岁，收赎银七分五厘，徒罪赎银三钱。③ 根据《大清律例》"纳赎诸例图"，七分五厘系杖一百的收赎银数，三钱系徒三年的收赎银数。所以，冯某所定刑罚为杖一百、徒三年。乾隆五十七（1792），大学士管理刑部事务大臣阿桂在题报查核贵州省承追赃赎银两时提到，阿三等纠伙行劫殴伤事主身死案内鲁

---

① （清）吴坛：《大清律例通考》卷 2，马建石、杨育棠等校注，中国政法大学出版社，1992，第 53～57 页。

② （清）薛允升：《读例存疑》卷 1，胡星桥、邓又天等点注，中国人民公安大学出版社，1994，第 10 页。

③ 张伟仁主编《明清档案》A217-50。

某年未及岁，收赎银三钱。① 三钱系徒三年的收赎银数。这说明其刑罚应在徒三年以下。徒刑都会附加杖刑，从徒一年、杖六十至徒三年、杖一百。按照陕西冯某的算法，徒、杖的收赎银数相加没有正好达到三钱的。可能鲁某刑罚正好是徒三年，其杖一百的收赎银数未被计算。无论如何，陕西冯某和贵州鲁某收赎银的计算互相矛盾。笔者认为，后者的算法正确。笔者见到很多犯人在免死减流后，因年未及岁、笃疾等原因收赎，收赎银为四钱五分的事例。② 在《大清律例》"纳赎诸例图"中四钱五分系流三千里的收赎银数。这说明其还应执行的杖一百刑罚并未计算收赎银。所以，《大清律例》"纳赎诸例图"已经明确规定了徒三年的收赎银数。刑罚为徒三年的犯人虽然还要杖一百，但杖一百的刑罚不用再计算收赎银数。③ 如果是涉奸之免死减流女犯，《大清律·例名例律上》"五刑"门规定，其杖一百的刑罚要实际执行，其收赎银数系按照赎罪银的方法计算。在《大清律例》"纳赎诸例图"中流三千里的刑罚该折杖二百六十，在减去杖一百后，其杖一百六十余罪折银三钱七分五厘。④ 所以，涉奸女犯收赎银的计算方法与男性不同。如果非涉奸女犯，其收赎银的计算方法与男性相同。乾隆七年（1742），广西巡抚杨锡绂在揭报应追赃罚银两各案已未完数目时提到，某免死减流犯人陆氏，杖罪的决，流罪照律收赎，银四钱五分追出入官。⑤ 笔者认为，陆氏收赎银算法不正确。若是存留养亲之男性，《大清律例·名例律上》"犯罪存留养亲"门规定，准许存留养亲之徒流军犯，止杖一百，余罪收赎。杖一百系的决，其收赎银的算法与犯奸女性相同。

在112个适用赎刑的犯人中，妇女就有73个，占了总数的65.18%。在

---

① 张伟仁主编《明清档案》A264 - 32。

② 张伟仁主编《明清档案》A112 - 57、A263 - 49、A257 - 58。

③ 在清代刑罚体系中，枷号刑经常作为附加刑使用。如果某犯除了主刑之外，还附加了枷号刑，那么，枷号刑的收赎银还须单独另算（事例见张伟仁主编《明清档案》A296 - 5 中的李周氏）。像杖一百、徒三年这种，杖一百并非作为附加刑存在。杖一百、徒三年是个整体。

④ 事例见张伟仁主编《明清档案》A239 - 150 中的鲁来姑、沈氏、游况氏和阿九。实际上，犯奸妇人"余罪收赎"，其赎银也可以如此计算，比如杖一百、流三千里刑罚的收赎银为四钱五分，杖一百刑罚的收赎银为七分五厘，两数相减即为犯奸妇女所应缴纳的收赎银。

⑤ 张伟仁主编《明清档案》A112 - 57。

剩下的犯人中应该还有未婚女性，但数量不会多。所以，女性占比应该会稍高于65.18%。根据犯人的赎银数量可以推测犯人刑罚的大体情况。《大清律例》"纳赎诸例图"规定，徒一年的收赎银是一钱五分。在112个适用赎刑的犯人中，有两个犯人赎银合算在一起，有一个因逢大赦赎银免缴，未提到赎银数，在统计收赎银低于一钱五分的犯人总数时需将这三人去除。① 赎银在一钱五分以下的犯人占了总数的20.18%。② 这基本意味着内结案件适用赎刑犯人的刑罚绝大多数在徒一年以上。

　　内结案件的处理程序比外结案件更严格，其承审官也要承担更大的责任。内结案件主犯刑罚大多高于外结案件主犯。虽然在内结案件赎刑适用时适用赎刑的犯人不一定是主犯，其刑罚可能只是杖刑，但普遍来说，内结案件赎刑当事人的赎银数量要高于外结案件。在乾隆二十三年（1758）前，行追赃罚汇题（即内结赃罚汇题）和自理赎锾汇题（即外结赃罚汇题）二项各省有分案汇题者，亦有并案汇题者。本年，刑部认为，行追赃罚与自理赎锾同一赃赎均有承追考成，似可毋庸区别。奏准各省行追赃罚、自理赎锾二项分款造册，统为一本汇题。③ 很多省份在汇题时只会分别提到内结赃罚和外结赃罚总数，有的省份在汇题时会同时提到内结和外结犯人姓名和赎银数量。

　　根据犯人姓名可以推测女性所占百分比。比如根据乾隆二十三年（1758）刑部尚书鄂弥达对湖北乾隆二十一年行追赃赎等项已未完数目查核情况，湖北本年内结案件和外结案件适用赎刑女性犯人所占百分比分别是59.26%和53.33%。④ 考虑内结案件适用赎刑犯人姓名中有毛大女、赵女这

---

① 有一妇人逢赦免除了徒罪（张伟仁主编《明清档案》A296-5中的李王氏）。其本该按照徒二年半收赎，所以，笔者在计算时未将其排除在外。

② 当然，这只是一个粗略的估算，在细节上肯定有瑕疵。毕竟犯人不全是收赎，而且赎银的算法也不是简单的一一对应和加减关系。另外，当事人只施加枷号刑的案件一般也被视为州县官自理案件，但乾隆二年清廷在确定枷号的收赎银数时，将枷号一个月视为与徒二年的轻重程度相等。在这112个赎刑犯人中，有9名女犯收赎银数为一钱六分五厘。这些女犯大多为涉奸枷号女犯。

③ 张伟仁主编《明清档案》A283-70。

④ 张伟仁主编《明清档案》A197-65。

样明显偏女性的情况，所以，湖北本年内结案件适用赎刑女性犯人占比会更高。

根据乾隆二十三年（1758）刑部尚书鄂弥达对湖北乾隆二十一年行追赃赎等项已未完数目查核情况，在内结和外结案件犯人中收赎银低于一钱五分的犯人分别占了18.52%和86.67%。这意味着本年湖北省内结案件收赎犯人的刑罚绝大多数都在徒一年以上，绝大多数外结案件收赎犯人的刑罚在徒一年之下。外结案件犯人赎银数普遍较低，对应的刑罚也普遍较轻。也有刑罚较重的外结案件犯人。

乾隆三年（1738），河南淮宁县有两人被打伤后因风身死，凶犯分别被批允赎银四钱五分。四钱五分在《大清律例》"纳赎诸例图"中对应的刑罚为流三千里。正常情况下，该两犯刑罚应为流三千里。乾隆三十七年（1772），陕西有徐福和孙寿两犯因年逾七十收赎，收赎银俱为三钱七分五厘。[①] 三钱七分五厘在《大清律例》"纳赎诸例图"中对应的刑罚为流二千里。正常情况下，该两犯刑罚应为流二千里。这说明外结案件犯人刑罚也有超过徒三年的情况。从这四人的刑罚来看，他们所犯案件是命盗重案，应该是内结案件，却被归入了自理赎锾项下。其原因为，命盗重案人犯是否收赎，并不一定由刑部决定，至少以下三种情形可以由督抚决定：军流徒罪人犯未经发配以前或到配以后成废笃疾，具详请咨收赎；命案内凶犯监禁后因患病成笃，仍应照例审办，俟秋审减等再行详请收赎；妇人行窃拟流之案例得收赎，向不咨部，仅详院完结。[②] 在这些情形下，命盗重案人犯适用赎刑后，其赎银事项会被归入外结汇题。

每个省份每年的情况不同。比如陕西省乾隆三十七年、四十一年、五十五年和嘉庆元年的汇题俱同时披露了行追赃罚银钱和自理赎锾银钱的简

---

① 张伟仁主编《明清档案》A217-50。

② （清）佚名：《刑幕要略》"名例""贼盗"，《官箴书集成》第5册，黄山书社，1997，第6~7、12页。在广东地区，妇女有犯应遣军流、有关人命拟徒及寻常徒罪，凡例应收赎者，均由外详请批结。（清）黄恩彤等撰《粤东省例新纂》卷7，载杨一凡、刘笃才编《中国古代地方法律文献》丙编第11册，社会科学文献出版社，2012，第93页。

单情况。嘉庆元年全省只有一个自理赎锾案件，所以，单独统计一个省份一年的情况就显得不够客观。在陕西这四年内结和外结案件赎刑犯人中，女性所占百分比分别是 69.7% 和 50%，低于一钱五分的犯人所占百分比分别是 21.21% 和 47.22%。虽然样本偏少，笔者统计结果的准确性需要结合其他省的情况进一步考证，但应该能证明，内结案件适用赎刑的女性和低于一钱五分的犯人（其刑罚一般要轻于徒一年）所占百分比分别要高于和低于外结案件。

　　笔者还要强调的是，刑部对外结案件一般没有备案，其对外结案件的核查肯定不如内结案件有力、有效。各省对外结案件的汇题很随意，在汇题时经常声称各属并无自理赎锾，详细开列外结案件赎银明细的也很少见。毕竟外结案件在刑部没有备案，我们很难判断那些开列的外结案件赎银明细是否为该省当年的真实情况。① 笔者推测，督抚上报的外结案件赎银明细应为督抚（有时也包括按察使）批结赃赎各案情况。督抚批结赃赎为各属通报，经按察司详督抚，奉督抚批追赃赎。因为州县官审理自理词讼而产生的赃赎不在其内。所以，督抚开列的外结案件赎银明细不应被视为当年本省所有的外结案件赃赎的全部。

第四节　外结案件赎刑的适用

　　相对于内结案件，外结案件的范围更宽泛。内结案件的处理决定权集中在京城，外结案件的处理决定权则主要分散在督抚、按察使和州县官等各级地方官。外结案件的分散性是其难以被监管的重要原因。督抚等衙门

---

　　① 乾隆六年（1741），山西巡抚喀尔吉善奏称，自理之件由巡抚而下司道府州县各衙门俱有案牍，最为繁冗，是以晋省各属历年以来有详报上司者，亦有为数无几随因公用去，上司衙门无案可稽。刑部也指出自理赎锾不独山西一省为然，直隶各省府州县各衙门亦难必其无指称公用，不行详报之弊（张伟仁主编《明清档案》A126－131）。这说明连巡抚对本省自理案件赎刑的适用也不能做到有案可稽，而且这种情况还不独山西一省如此。柳堂等辑《居官杂录》说，自理赃赎最难稽查，但据报上有案者必须逐一查清，以凭起解［(清) 柳堂等辑《居官杂录》，桑兵主编《五编清代稿钞本》第 206 册，广东人民出版社，2013，第 28 页］。这说明有不上报的自理赃赎。

外结案件适用赎刑的结果就是产生了督抚等衙门的自理赎锾。清初清廷对自理赎锾的监管逐渐严厉。顺治十二年（1655）要求地方督抚将各州县自理赎锾簿册年终造报户部。[①] 雍正十三年（1735）要求将自理赎锾情况汇题。[②] 当年湖南巡抚钟保奏称：外省自理赎锾一项历来悉由外结，部内无案可稽，每年俱以并无自理赎锾一话题复完事。夫以一省之大，词讼之多，经年之久，岂无赃罚收赎之案，总以未经报部，遂致积习相沿，因循隐匿。臣已将雍正十二年份所有批结各属案件赃赎银两造册题报。惟是湖南如此，他省可知。仰恳敕部通行直省嗣后务须按年报解，如再隐匿不报，一经发觉，严加议处。乾隆帝谕令著照钟保所奏通行直省督抚一体遵行。[③] 这说明在此之前，各省每年以无自理赎锾报部的情况很常见。虽然乾隆帝批准了钟保的奏请，此后各地督抚声称某年无自理赎锾报的情况仍很常见。乾隆二十三年（1758），为严稽查而防遗漏，刑部咨文要求各省将每年行追赃罚和自理赎锾二项于岁底分晰款项，汇案具题。并要求各省督抚于封印时将一年内应行汇题各案查对明晰，于开印后两月内缮本具题。[④] 此后，各省督抚有将行追赃罚和自理赎锾分类汇题者，有并案汇题者，有只汇题赎银总数者。无论如何，至少自理赎锾银两需要每年汇题。然而，自理赎锾银两的汇题情况并不乐观。各省督抚经常声称本省当年无自理赎锾，或者即使有，数量也非常少。如果有，全省一年加起来最多也就几两而已。数量多少实际上并不重要，清廷更担心地方官的滥赎滥罚行为没有监管。

有的督抚在具题时也会解释原因。比如乾隆五十八年（1793）云南按察使贺长庚详称：布政司、粮储、迤东、迤南、迤西各道移称，乾隆五十七年份并无问拟奉批及自理追赃折赎事件，无凭造移等因。又据云南等府并各厅州县报称，遵奉檄行加意抚字，与民休息，词讼稀少，即有准理户婚、田土、钱债、斗殴等项，稍重者照律定罪，申请批准的决发落，情轻

①　光绪《大清会典事例》卷189《户部·积储一·常平谷本》。
②　张伟仁主编《明清档案》A257－56。
③　张伟仁主编《明清档案》A69－122。
④　张伟仁主编《明清档案》A217－50。

者即行剖断省释，并无折赎，亦无追获赃银，尤凭造报各等情。至本司衙门亦无奉有批行并径理事件，问罚赎锾无凭开造。① 这个措辞与雍正十三年（1735）云南按察使徐嘉宾、乾隆七年（1742）云南按察使张坦熊、乾隆十七年（1752）云南按察使沈嘉徵、乾隆三十五年（1770）署云南按察使觉罗法明和嘉庆四年（1799）云南按察使孙藩的措辞基本相同。② 这至少说明这样的措辞在云南省已经被使用了很多年，而且还获得了京城官员的认可，即使其间发生过比较明显的政策变动。不仅如此，类似措辞也存在于其他省份。比如乾隆十五年（1750）浙江按察使叶存仁详称，兹准各司道并据十一府陆续申复，咸称仰体圣主息事宁人之意，凡有户婚、田土细事呈告，或著亲属处息，或有审系情实，按律剖断。乾隆十四年份并无问罚赎锾，无从造报各等情。③ 类似措辞至迟在康熙三年（1664）时就已经存在。当年江宁巡抚韩世琦报康熙二年份自理赎锾疏称：臣日夕孜孜，惟以绥戢封疆，料理钦件，督率所属官吏催征各项钱粮，竭尽驽钝，拮据不遑。至于自理词讼，诚虑俗敝风刁，不敢轻为率准，以期讼息民安。间有一二情词迫切，批发所司查审。其罪应杖惩者，即遵新例的决发落，惟笞、徒等罪查与律符者准其纳赎，是以问罚赎锾为数无几。④ 虽然韩世琦的话语时间较早，其间经历了较大的政策变动，但与前引云南各按察使的措辞仍有较大的相似性。

从他们的话语中可知，自理赎锾就是在审理本省户婚、田土、钱债、斗殴等项细事时所得赎锾。本省户婚、田土、钱债、斗殴等项细事与现在学界通常认为的自理词讼不能简单等同。后者一般指向州县司法层面。实际上，能够受理户婚、田土、钱债、斗殴等项细事的衙门不限于州县衙门，

① 张伟仁主编《明清档案》A268－54。
② 张伟仁主编《明清档案》A61－62、A67－68、A70－93、A114－5、A120－7、A180－118、A209－35、A214－28、A288－49。
③ 张伟仁主编《明清档案》A165－2。
④ （清）韩世琦：《抚吴疏草》卷34，《四库未收书辑刊》第8辑第7册，北京出版社，2000，第395页。

督抚、布政使、按察使、道台、知府等衙门有时也会受理户婚、田土、钱债、斗殴等项细事。这些衙门受理的户婚、田土、钱债、斗殴等项细事就成为本衙门的自理词讼（所以，严格来说，并非只有州县衙门有自理词讼）。本衙门的自理赎锾由此产生。能够问罚自理赎锾的衙门多，这是自理赎锾监管难度大的重要原因。各省督抚具题的内容不同。有的督抚在具题本省年度自理赎锾情况时不仅会汇报本衙门的情况，也会汇报布政使、按察使、道台、知府和州县各衙门的情况。很多督抚实际上只汇报各属通报，经按察司详督抚，奉批追赃赎的情况，在这种情况下，州县官的自理词讼赎银不会被提及。

现在问题的关键是，像云南各按察使那样近乎相同的解释为什么能够长期存在，而且还获得了京城官员的认可。这至少说明那些解释的存在在当时具有充分的合理性。那些解释所针对的结论（也是中心意思）为，本省各衙门在处理户婚、田土、钱债、斗殴等项细事时尽量不问罚赎锾。所以，本省要么没有自理赎锾，要么自理赎锾很少。为了使京城官员相信这一结论，部分督抚、按察使使用了那些近乎相同的措辞。这其实是一个说理过程。这个说理过程反映了京城和外省官员处理户婚、田土、钱债、斗殴等项细事的共识。部分督抚、按察使的说理过程很简短，一般分成三个步骤：

首先，强调本省户婚、田土、钱债、斗殴等项细事很少。云南各按察使强调本省户婚、田土、钱债、斗殴等项细事很少的原因为本省云南等府并各厅州县"遵奉檄行加意抚字，与民休息"。"抚"意为抚养，"字"在《康熙字典》中有"爱"的意思。"抚""字"二字连在一起组成词语，意为抚养爱护。该词语的使用本来体现了父母对子女那种既养又爱又教的亲情。在清代，各级地方官尤其是州县官被视为父母官。父母官要像对待自己的子女一样对待自己辖境内的百姓。光绪二十四年（1898），山东巡抚张汝梅说，州县为亲民之官，首重抚字。① "抚字"在州县官的日常政务中占据了非常重要的地位。"加意抚字"强调了各级地方官对百姓尽到了父母那

---

① 《光绪二十四年九月十八日京报全录》，《申报》1898年11月13日，第13版。

种既养又爱又教的职责。"与民休息"强调了对百姓不过度役使。父母官的加意抚字，与民休息，达到了"词讼稀少"的结果。"无讼"是中国古代儒家知识分子的理想，但大家都知道这只是理想而已，实际上根本不可能实现。张汝梅同时说，"民情不能无讼"，百姓之间肯定存在纷争。在地方官的抚字下，百姓纷争减少，词讼变少，这是可以实现的。对地方官来说，这也是值得宣扬的政绩，表明了地方官抚字有方。① 云南各按察使的话语固然强调了"词讼稀少"的结果，为后文自理赎锾之少做铺垫，另外也是对自己政绩的自夸之辞。在自夸的同时，也不忘吹捧上级，自己政绩的取得是"遵奉檄行"的结果。云南各按察使的话语虽然是套话，但很容易被上级接受。

其次，强调地方官对户婚、田土、钱债、斗殴等项细事不敢轻为率准。既然各地百姓或多或少都会有些纷争，打官司在所难免。围绕着官司的进行，清代州县衙门有一个"放告"—"准状"—"审讯"—"定罪"—"发落"的过程。② 当然，不仅在州县衙门，在其他衙门打官司大致也是这个过程。百姓递上状纸后，地方官会审查，决定是否准理。里赞教授认为，"准"或"不准"才意味着州县对案件是否采取进一步审断行动。③ 如果地方官决定不予准理，一般将不会进入其后的审讯程序。因为打官司会耗费当事人相当的财力与精力，会破坏和谐的社会关系，刘衡等很多地方官告诫同僚"状不轻准"。④ 现实当然也存在很多试图通过多准、滥准呈状的方

---

① 《点石斋画报》某图附文说，要真正达到无讼的目标非常困难。现实中有地方官欲求"无讼之旨"，吹毛求疵，任意批驳，终之以不准两大字完结。从这个角度来看，达到无讼的目标并不困难。该文同时说，一邑之大，万民之众，固不能一日无讼也。听讼并不困难，地方官的困难在听讼后如何达到无讼的目标（见《点石斋画报》癸集·五期·勤求民隐）。

② 郭润涛：《清代州县衙门的"告状"、"投词"与"批词"》，陈支平主编《相聚休休亭：傅衣凌教授诞辰100周年纪念文集》，厦门大学出版社，2011，第520页。

③ 里赞：《中国法律史研究中的方法、材料和细节——以清代州县审断问题研究为例》，《法学》2009年第3期。

④ 当然，如果呈状被准理，地方官也要耗费相当的精力。对刘衡这样正直的地方官来说，是否准状，当然要反复权衡。很多时候，即使状未准理，地方官也会依靠幕友，把纠纷终结于批词阶段。地方官也经常依靠调处，解决纠纷。现实还有地方官自欺欺人，妄图以不准词讼的方式达到所谓的息讼安民的目的。

式牟取利益的地方官，他们经常被那些正直的地方官批评。至少在书面上"状不轻准"是清代各级地方官主张的主流做法。江宁巡抚韩世琦所说对自理词讼不敢轻为率准，虽然是该巡抚的书面说法，不一定是真实情况，但这样的说法毕竟符合当时的主流做法。云南各按察使说，云南等府并各厅州县词讼稀少，即有准理户婚、田土、钱债、斗殴等项……其意为云南等府并各厅州县本身词讼就很稀少，获得准理的词讼更少。获准的词讼之少与本省的自理赎锾之少有直接的因果关系。这样的说话符合当时的主流做法，刑部没有理由否定他们的说法。

最后，声称在处理户婚、田土、钱债、斗殴等项细事时尽量不问罚赎锾。江宁巡抚韩世琦说，其罪应杖惩者，即遵新例的决发落，惟笞、徒等罪查与律符者准其纳赎，是以问罚赎锾为数无几。其话语发生在前引康熙七年（1668）禁止承问大小各官有滥准折赎新例产生的前几年。所以，不能用来说明此后的情况。云南各按察使说，即有准理户婚、田土、钱债、斗殴等项，稍重者照律定罪，申请批准的决发落，情轻者即行剖断省释，并无折赎。其话语存在的时间跨雍正、乾隆和嘉庆时期，能够反映当时与此后司法实践的真实情况。他们所说的，云南等府并各厅州县对情节稍重者照律定罪，申请批准的决发落。这当然没有问题。问题是在情轻者中肯定有符合《大清律例》规定的赎刑适用条件的人，那么，为什么对那些符合赎刑适用条件的人一定要即行剖断省释，不问罚赎锾呢？刑部、云南巡抚对这一结果并未批驳，这至少说明这在当时是他们可以接受的情况。云南等府并各厅州县对情轻者宁愿剖断省释，也不愿折赎，也意味着云南等府并各厅州县对那些符合赎刑适用条件的自理词讼（外结案件）当事人，可以直接释放，不用强制征缴赎锾。云南等府并各厅州县为什么可以这样做？这在当时是否正常情况？

光绪二十九年（1903），贵州巡抚曹鸿勋说，定例之原情准赎者不过一二大端，余则等诸虚悬，使民知儆耳，如例载骂詈、抓殴罪应笞杖者何案蔑有，岂能逐案责赎，致滋苛累？他同时针对前引山西巡抚赵尔巽奏请各省通设罪犯习艺所折内有关捐赎的建议说，至笞、杖、徒、流各犯捐罚免罪，本金作赎刑之义，于定例稍为变通，原属可行。第恐犯罪之人不必皆力能赎罪之人，一经抑勒，百弊丛生，徒为不省。官吏开一营私之路，于公仍属无补。以事揆之，终恐贫富失平，易生怨谤，未必减半而遂尽人能赎也。①曹鸿勋所说的骂詈、抓殴罪应笞杖者也属于州县自理范畴。②其话语说明，虽然在自理案件中符合赎刑适用条件的人很多，但并非系逐案责赎。由此看来，前引云南各按察使所言情轻者即行剖断省释，并无折赎，这在当时是正常情况。其原因在曹鸿勋看来，主要还是担心拖累百姓。毕竟犯罪之人并不全是力能赎罪之人。如果将符合条件的人尽行准赎，地方官难免抑勒，从而百弊丛生，还给一些官吏开了一条营私之路。所以，对情轻者，与其准赎，不如直接将其释放。既然是自理词讼，赎银甚微，权衡利弊，地方官没有必要在自理词讼的赎银上耗费精力，徒增扰累。光绪末陕西按察使樊增祥和河南禹州知州曹广权更多地考虑到了百姓的现实情况。樊增祥说，寻常案件两造皆贫者居多，愚贱之民视笞责如按摩，视钱财如性命，有愿挨千板而不出一钱者。③曹广权说，罪应笞杖各案，皆系无知乡愚，家鲜藏蓄。审系情虚，照例决责。苟非迅速断结，往往稍经拖累，一有称贷，再经重利盘剥，不免破家。常有口角争毁，无力养伤，情甘加倍笞杖。④樊增祥和曹广权都承认笞杖各案穷苦百姓之多，将其问赎，不仅执行困难，百姓还有破家的可能，这当然是很现实的问题。些微赎款对地方官也无甚益处。与其如此，不如不问赎，将其直接释放。光绪三十一年（1905），云贵总督丁振铎说，滇民贫苦，历来赎罪无人。⑤所以，对云南等府并各厅州县地方官来说，对情轻者"即行剖断省释，并无折赎"，也有不得已的苦衷。另外，如果对符合赎刑适用条件的外结案件当事人强制问赎，

---

① （清）朱寿朋编《光绪朝东华录》，张静庐等校点，中华书局，1984，第5122页。
② 《清史稿·刑法三》载："各省户婚、田土及笞杖轻罪，由州县完结，例称自理词讼。"赵尔巽等：《清史稿》卷144《志一百十九·刑法三》，中华书局，1977，第4207页。
③ （清）樊增祥：《樊山政书》卷18，《官箴书集成》第10册，黄山书社，1997，第391页。
④ 民国《禹县志》卷1《疆域志》。
⑤ 中国第一历史档案馆编《光绪朝朱批奏折》第110辑，中华书局，1996，第501页。

也违背了前引康熙七年严厉禁止承问各官滥准纳赎条例的规定（即《大清律例·名例律下》"给没赃物"门条例）。

　　总之，对符合赎刑适用条件的外结案件当事人可以不用问赎，这是普遍现象，也是外结案件在赎刑适用方面与内结案件的主要区别。清廷要求督抚具题自理赎锾银数的原因是担心地方滥问赎锾，赎银去向缺乏监管。正因为各省题报并无自理赎锾的情况多，乾隆二十九年（1764）复准，各省题报并无自理赎锾，俱可咨行办理，毋庸具题。① 外结案件赎刑的适用，也反映了督抚、按察使等各级地方官在审理自理词讼时并不严格依据律例。

小　　结

　　赎刑是指用钱财、劳役等来替换犯人本来应受的刑罚。明代非常倚赖赎款，赎刑受到官方的重视。明代中后期，赎锾积谷备赈政策的推广实施对各地的司法实践产生了很大的影响，该政策弊端较多。清入关后，虽然统治阶层对明末赎锾积谷备赈政策的弊端有比较清晰的认识，该政策仍在实施，其弊端仍很明显。顺治、康熙时期为此颁行了很多有针对性的去除措施。由此，赎锾积谷备赈政策之弊逐渐得到了根除。至康熙中期赎锾积谷备赈政策实际上已经被废除。

　　清代赎刑亦分纳赎、收赎和赎罪三项。与明代相比，这些并无特别之处。清代还有纳银认工赎罪、效力赎罪之例。除此之外，尚有捐赎一项。捐赎的适用始终被严格控制。在清代，因其少见，捐赎并未因其使富者得生的倾向而受到非议。晚清法律改革时，中国传统的赎刑制度被正式废除。

　　经过康熙中期之前赎刑政策的不断调整，与赎款有关的事项逐渐形成了行追赃罚与自理赎锾两类。两者又分别被称为内结赃赎和外结赃赎。乾隆中期前，各省有关行追赃罚与自理赎锾事项需要每年汇题的规定逐渐确定。各省每年在汇题内结赃罚的情况时提到的赎刑适用案件应该是当年审

---

① 光绪《大清会典事例》卷13《内阁·职掌一·进本》。

结内结赎刑案件的全部。通过对部分省份汇题情况的统计，可知内结案件赎刑适用的一些特点。比如在适用赎刑的人群中妇女应该会占到三分之二左右。乾嘉时期每年各省适用赎刑的人数多的可能有几十人，少的可能只有几人。

与各省对内结案件的汇题相比，外结案件的汇题更随意。各省在汇题时经常声称各属并无自理赎锾，详细开列外结案件赎银明细的也很少见。部分省份在汇题时有时候也会解释自理赎锾之少的原因。从他们的话语中可知官方对自理案件、词讼的态度。在地方官的治理下，自己辖境内户婚、田土、钱债、斗殴等细事很少。这本身是对自己政绩的肯定。地方官对这些细事不轻为率准，尽量不问罚赎锾。对符合赎刑适用条件的外结案件当事人可以不用问赎，这是普遍现象，也是外结案件在赎刑适用方面与内结案件的主要区别。外结案件赎刑的适用，也反映了督抚、按察使等各级地方官在审理自理词讼时并不严格依据律例。

第六章　锁带铁杆、石礅刑

　　锁带铁杆、石礅是通过让犯人锁带铁杆、石礅的方式标示其犯人身份，限制其一定人身自由的一种刑罚。杆的长短、礅的轻重样式各地不尽相同，对其称谓也略有差异，如有的地方称为"铁枪""铁棍""石墩""石礜""巨石"。锁带铁杆、石礅并非意味着犯人被判定此刑罚后，同时须锁带铁杆与石礅。谁锁带铁杆，谁锁带石礅，系因地因时而异。如在山东系听各州县之便。① 江苏曾订立章程规定，对被罚以锁带铁杆之流氓，如果毁杆脱逃，持以逞凶拒捕，即锁带巨石五年。② 同治九年（1870）清廷曾修改条例，规定四川、陕甘地区部分匪徒于系带铁杆外，加系石礅。③ 锁带铁杆在各地更为常见。锁带铁杆与锁带石礅在晚清系同种刑罚。两者常相提并论，或被称为锁带铁杆、石礅，或被称为锁系铁杆、石礅，或被称为锁带杆礅。本书为研究方便，统称之为锁带铁杆、石礅。④

---

　　① （清）佚名：《东省通饬》，杨一凡、刘笃才编《中国古代地方法律文献》丙编第 13 册，社会科学文献出版社，2012，第 613～615 页。

　　② 《严办流氓》，《申报》1901 年 8 月 26 日，第 2 版。

　　③ 光绪《大清会典事例》卷 790《刑部·刑律贼盗·窃盗二》。

　　④ 同治十二年（1873），上海知县叶廷眷为严办土棍，曾传铁匠打造铁枪。该铁枪上下均有手足连箍（《邑尊置论铁枪惩办土棍》，《申报》1873 年 9 月 1 日，第 2 版）。铁杆两端分别锁犯人脚踝和脖子，脚踝和脖子处通过套上铁圈与铁杆相连。石礅一般锁在脚踝处。光绪七年（1881），江苏昭文县知县命将拿获之抢犯锁系石礅。每礅计三四十斤，中穿一孔，贯以巨链，锁于该犯颈项间，令其起居食息，皆负之以行。《抢犯负石》，《益闻录》1881 年，第 109 期，第 165 页。

《清史稿·刑法二》在讨论枷号刑的最后提到了锁带铁杆、石礅，认为这是嘉庆以降的一时创刑。① 如同枷号刑，锁带铁杆、石礅既使犯人感到羞辱，也使围观群众受到了儆戒。正如道光七年（1827）署山东巡抚程含章所言，锁带铁杆、石礅使该犯得与亲戚、乡邻相见，固有以动其羞愧之心，即乡里匪类亦可藉以触目警心，有所愧惮而不敢为恶。② 这与枷号刑自警与警人的目的相同。③ 所以，将其视为枷号刑的一种特殊形式并无不可。其与枷号刑的不同之处除了标示犯人身份的方式不同之外，两者羞辱犯人的目的强弱有所不同。锁带铁杆、石礅固然可以被视为羞辱刑，但其限制犯人一定人身自由的目的更为明显。所以，其也可以被视为自由刑。将锁带铁杆、石礅视为"困辱刑"更为恰当。

第一节　锁带铁杆、石礅刑概述

锁带铁杆、石礅刑并非始于嘉庆年间。康熙年间《于门种德书》一书便将墩锁与夹棍、扛子、拶子等刑具并列，此墩锁用于在监囚犯，④ 与嘉庆后作为刑罚之用的锁带铁杆、石礅不同。乾隆十年（1745），福建巡抚周学健奏准将拿获的闽县盗贼拟以三等定罪，如果系积窝积贼，即照积匪猾贼例充军；次者问拟徒刑；再次者或带小枷，或礅锁充警。⑤ 其锁礅的对象为应拟徒刑以下盗贼，锁礅的用意为充警。充警意为充巡警之役，使其巡缉当地的盗贼之徒。⑥ 该礅锁与后来的锁带铁杆、石礅至少在形式上是相同的，后世的锁带铁杆、石礅可被视为该礅锁的发展。实际上，让犯人身带

---

①　赵尔巽等：《清史稿》卷143《志一百十八·刑法二》，中华书局，1977，第4196页。

②　（清）祝庆祺、鲍书芸编《刑案汇览》卷16，法律出版社，2007，第951页。

③　与枷相同，铁杆石礅上也经常有类似封条的东西。比如光绪十二年（1886），某犯在被知县笞责一千四百板后，被锁以铁枪，押令游街示众，枪上朱标"强入典当恶窃拒捕锁颈捎枪犯人一名"。《皖垣二事》，《申报》1886年8月20日，第3版。

④　（清）秦绍美：《于门种德书》"慎刑具"，美国国会图书馆藏，康熙十七年（1678）刊本。

⑤　《清高宗实录》卷255，乾隆十年十二月丁卯。

⑥　（清）佚名：《东省通饬》，载杨一凡、刘笃才编《中国古代地方法律文献》丙编第14册，社会科学文献出版社，2012，第319页。

他物充警，至迟在康熙末戴兆佳任浙江天台县知县时便曾有过这样的实践。戴兆佳曾让一名积贼悬带粗壮铁项圈一个、大铁铃两个。[①] 类似做法在乾隆时期比较常见，所针对的对象也不尽相同。其中，各地使窃贼带枷充警的方式最为常见。乾隆初江苏长洲等州县议使部分积贼身带小枷长枪，或钉木狗，只能移步，不能奔逸。[②] 乾隆十七年（1752），福建按察使等称本地对到配徒犯有过"竖背铁棍、系胫铁圈"的做法。[③] 乾隆五十二年（1787），云南按察使曾奏请将积猾性成、情形凶恶的在配之改遣人犯永远锁带铁枪，不使其逃窜和别滋事端。[④] 乾隆五十六年（1791），浙江石门县知县请求上级在将一叠窃二案的窃贼于其本该受到的枷号三个月、杖一百的刑罚执行完毕后，再钉带铁枪，交保管束，朔望点卯，以示充警。时任浙江按察使姜开阳以前年锁带铁枪、石礅的做法曾被刑部禁止，否定了该知县的请求。[⑤] 嘉庆后锁带铁杆、石礅的对象与本次浙江的实践类似，俱主要针对窃盗。其不同之处主要在于，嘉庆后大多地方并未明确赋予锁带铁杆、石礅犯人以充警的义务。无论如何，锁带铁杆、石礅的类似做法在嘉庆前已经存在。只是因为其不在五刑之内，而且锁带铁杆、石礅者有扰累居民、铺户的可能，该刑在当时未能在各地得到普遍实施。[⑥]

《清史稿·刑法二》在提及嘉庆以降使用该刑罚的数省中，四川排在最前。其他各省在奏请使用该刑罚时，也多明确以四川相借鉴。嘉庆以降该刑罚在各省的普遍实施始于嘉庆十六年（1811）四川总督常明的奏请。在常明奏请之前，四川已有将罪止杖枷犯人和徒刑犯人锁带铁杆的实践。乾隆二十五年（1760），四川总督开泰两次奏请分别将罪止枷杖之啯噜匪类和

---

① （清）戴兆佳：《天台治略》卷3，《官箴书集成》第4册，黄山书社，1997，第112页。

② （清）陈宏谋：《培远堂偶存稿》"文檄卷十"，《清代诗文集汇编》第280册，上海古籍出版社，2010，第239页。

③ 《福建省例》"刑政例上"《防范徒犯章程》，台北大通书局，1987，第839页。

④ 哈恩忠编《乾隆朝管理军流遣犯史料》（下），《历史档案》2004年第1期。

⑤ （清）佚名：《治浙成规》卷7，《官箴书集成》第6册，黄山书社，1997，第615~616页。

⑥ 如前后文，乾隆五十四年前锁带铁杆、石礅等类似做法在四川等地区已获得奏准。奏定章程也具有法源意义。在此情况下，锁带铁杆、石礅至少在四川等地区就不能被视为非刑。在全国范围内将其一律视为非刑，也有失妥当。

在配徒刑犯人锁带铁杆。① 前者锁带铁杆为主刑，后者为徒刑的附加刑。乾隆三十九年（1774）四川省南川县知县曾将几名被获之窃犯杖刺，并责令其带杆充警。② 南川县这次实践的对象为被责杖刑之窃犯，地方官未明确其为啯噜匪类。在司法实践中，锁带铁杆的罪止枷杖者应该不限啯噜匪类。当时在四川被锁带铁杆者应该比较常见。因为那些锁带铁杆徒犯手足被拘挛，难以摆站，而且聚集一处，管束匪易，乾隆三十三年（1768），护理四川总督海明奏准将其分配于无驿州县，使其散处。③

嘉庆十六年（1811），四川总督常明奏称，四川绺匪（即掏摸小窃）动辄身带小刀，流动性大，不仅易窃人财，而且经常酿成抢夺大案。以前对本省绺匪治罪过轻，未能起到根绝盗源的作用。为防患于未然，常明奏请对其加重处理。具体办法为，按照绺匪绺窃次数及有无纠众、带刀等情况分成三等办理，在执行完其原有的枷号、笞杖刑罚之后，分别锁带铁杆三年、二年和一年。嘉庆帝批准了常明的奏请。为了防止州县官将犯人任意常年系禁，以及犯人如果限满开释后再次犯案，使案件有所查考，嘉庆帝又谕令州县官每办一案，即报明按察使、总督，由总督汇册报到刑部。在限满将犯人开释铁杆时，亦报刑部查核。④

两个月后，陕西巡抚董教增又以本省南山一带与四川毗连为由，奏准本省部分地区遇有匪徒携带刀械绺窃之案俱照四川奏定章程办理。⑤ 其后不久，陕甘总督那彦成又奏准甘肃省部分地区有携带刀械绺窃者俱照四川、陕西二省奏明之例一律严惩。⑥ 次年，广东巡抚韩崶奏请对拿获到案的广东无籍匪徒援照川省成例锁带铁杆。嘉庆帝不仅同意了韩崶的奏请，还以广

---

① 姜翰：《从非刑到常法：清代锁带铁杆墩源流考》，《史学月刊》2022 年第 4 期。

② （清）全士潮辑《驳案新编》卷 32，《续修四库全书》第 874 册，上海古籍出版社，2002，第 59～60 页。

③ 台北故宫博物院编《宫中档乾隆朝奏折》第 33 辑，台北故宫博物院，1985，第 80～81 页。

④ （清）祝庆祺、鲍书芸编《刑案汇览》卷 16，法律出版社，2007，第 947～948 页。

⑤ （清）祝庆祺、鲍书芸编《刑案汇览》卷 16，法律出版社，2007，第 948 页。

⑥ （清）毌庸纂辑《刑部各司判例》卷 4，杨一凡、徐立志主编《历代判例判牍》第 6 册，中国社会科学出版社，2005，第 357～359 页。

西近来会匪盗劫案牍繁滋为由，饬令两广总督均按照此次广东奏定章程，一律惩办。韩崶的奏请明确了铁杆每枝定限四十斤。① 道光六年（1826）至七年（1827）间，江苏、直隶、贵州、山东、湖广（湖北、湖南）各省分别奏准在本省内部分地区或全省将特定犯人锁带铁杆、石礅。道光帝在批准江苏巡抚陶澍奏请的同时，又谕令将范围扩及邻近的山东、河南和安徽三省部分地区。② 道光二十四年（1844），又命福建抢窃匪徒应拟徒、杖人犯，悉照湖南等省章程办理。咸丰元年（1851），又增入了云南省。③ 总之，罪止杖徒之犯，四川、直隶等省锁带铁杆石礅专条均由各该省自行体察地方情形，酌定年限奏请办理。④ 亦即各地锁带铁杆、石礅系地方奏请专条，因而各地内容或多或少有所不同。

各地锁带铁杆、石礅针对的对象不同。山东、云南专言窃贼，四川、陕西、甘肃专言绺匪，福建、广东、直隶在窃贼之外，又兼及抢夺犯人，湖北、湖南在窃贼之外，又旁及盐匪。总而言之，各地大多系针对窃盗。所以，各地系铁杆、石礅奏定章程大多被修入了《大清律例·刑律·贼盗中》"窃盗"门。其次为《大清律例·刑律·贼盗中》"恐吓取财"门。较之"窃盗"门，"恐吓取财"门针对的对象所犯情节更重、范围更广。⑤ 只要满足"恐吓取财"门律例规定条件的匪徒，均可锁带铁杆、石礅。匪徒所犯案件当然不限于窃盗。《大清律例·刑律·贼盗上》"谋叛"门又对云南结拜弟兄罪止枷杖匪徒锁带铁杆做了规定。此外，在《大清律例·名例律上》"徒流人又犯罪"和《大清律例·名例律下》"徒流迁徙地方"等门对部分发遣犯人锁带铁杆、石礅做了规定。这些规定主要确定于咸丰元年

---

① 《清仁宗实录》卷 255，嘉庆十七年三月癸未。

② （清）陶澍：《陶云汀先生奏疏》卷 13，《续修四库全书》第 498 册，上海古籍出版社，2002，第 804~805 页。

③ 光绪《大清会典事例》卷 790《刑部·刑律贼盗·窃盗二》。

④ （清）佚名：《驳案集成》卷 29，高柯立、林荣辑《明清法制史料辑刊》第 2 编第 20 册，国家图书馆出版社，2014，第 368~369 页。

⑤ 《大清律例根原》说，恐吓之情重于窃盗，故罪加等。恐吓者其人本不违法，而凭空张大声势使人畏惧而取其财，其情比窃盗为尤甚。（清）吴坤修等编撰《大清律例根原》卷 69，郭成伟主编，上海辞书出版社，2012，第 1078 页。

（1851）和同治九年（1870）。

在《大清律例》中，锁带铁杆、石礅针对的犯人主要为两类。其一为窃贼等各类匪徒。除浙江、江西、山西三省外，其分布至少涉及了当时内地十八省中的十五个。这类匪徒在各地多为罪止枷杖之犯，在广东、直隶等少数地方也涉及罪应拟徒人犯。后来在部分地区又扩展到罪应军流之犯。如光绪十三年（1887），陕西巡抚叶伯英奏准，将罪应军流之签匪、会匪锁带巨石，不拘年限。① 四川总督刘秉璋、湖广总督张之洞等人也有类似的奏请。官方以锁带铁杆、石礅替代其本应施加的军流、徒刑。

当然，《大清律例》并非清代的唯一法源，而且同治九年后《大清律例》不再修改，各地的奏定章程和自定省例发挥了重要的法源作用。有些地区的奏定章程和自定省例对某些匪徒也可能有锁带铁杆、石礅的内容。如光绪二年（1876），广东地方官奏准将广东地区有开设花会等八项赌博为从人犯仿照抢窃计赃计次拟徒之例，毋庸解配，于开赌处所锁带铁杆、石礅五年。② 1900 年，英国考古学者斯坦因曾在新疆见到一个犯人。他脖子上锁着根与他一般长的沉重铁棍。斯坦因说，这个农民几个月前因为重殴邻居而被处此刑。他可以与家人同住，并从事一些不需要快速走动的劳役。这个刑罚既对其他人起到了充分的威慑作用，也能引起他人的警惕。显然，斯坦因所见到的刑罚就是锁带铁杆。③ 锁带铁杆、石礅者为本地人。所以，新疆也应该制定了锁带铁杆、石礅刑的地区条例。

其二为部分到配之发遣、充军、流放犯人（图 28 应该是这类犯人）。

---

① （清）朱寿朋编《光绪朝东华录》，张静庐等校点，中华书局，1984，第 2343 页。

② 光绪《大清会典事例》卷 827《刑部·刑律杂犯·赌博二》。

③ 〔英〕马尔克·奥莱尔·斯坦因：《沙埋和阗废墟记》，殷晴、张欣怡译，兰州大学出版社，2014，第 115 页。斯坦因所见并非孤证。笔者在芬兰探险家马达汉《马达汉西域考察日记》一书里看到了锁带铁杆照片（〔芬兰〕马达汉：《马达汉西域考察日记》，王家骥译，中国民族摄影艺术出版社，2004，第 59、61 页）。马达汉的照片拍摄于 1907 年前后的新疆，被锁带铁杆者明显是新疆人，并非流放犯人。笔者在法国摄影家菲尔曼·拉里贝（Firmin Laribe）的影集里也看到了照片（〔法〕菲尔曼·拉里贝：《清王朝的最后十年：拉里贝的实景记录》，吕俊君译，九州出版社，2017，第 83 页）。拉里贝的这张照片应该拍摄于山西地区，马达汉的照片拍摄于新疆。这两张照片铁杆粗细、形状基本一样。与图 29 中的铁杆明显不同，前者明显更短、更粗、更重。

咸丰元年（1851），乌鲁木齐都统毓书奏准定例，将在配滋事犯法等遣犯视情况分别锁带铁杆一年或二年。① 同治九年（1870），因为陕甘"回乱"导致新疆道路梗阻，定例将《大清律例》内应发新疆和回城、乌鲁木齐等处条例内部分人犯改发至云贵两广极边烟瘴充军，到配后锁带铁杆石礅一年或二年。此后被改发至云南、贵州、广东、广西极边烟瘴之地的犯人应锁带铁杆石礅。同治九年是官方对《大清律例》的最后一次修改。"自时厥后，不特未大修也，即小修亦迄未举行。"② 所以，锁带铁杆、石礅之到配发遣、充军、流放犯人分布的真实情况不会反映在《大清律例》中，其真实情况反映在一些地区的奏定章程和自定省例中。在《点石斋画报》中有一图描写了军犯讹诈他人的事（见图18）。该图所绘之事发生于安徽芜湖。在该图中，军犯即身带铁杆。③ 虽然该图的描写不一定符合事实，芜湖本地的军犯不一定会被锁带铁杆，但该图中军犯身带铁杆的描写至少反映了该图作者对军犯的想象。④ 各地军犯身带铁杆可能是比较常见的情况。⑤

　　嘉庆以降锁带铁杆、石礅的对象先是罪应枷杖之犯，后扩及部分省份罪应拟徒之犯，后又及于部分罪应发遣、充军、流放之犯。无论如何，嘉庆以降，锁带铁杆、石礅在大多省份得到了普遍的执行。可以说，锁带铁

　　① 《清刑部通行饬令汇存》第 2 册，全国图书馆文献缩微复制中心，2005，第 823～825 页。

　　② （清）薛允升：《读例存疑》"自序"，胡星桥、邓又天等点注，中国人民公安大学出版社，1994，第 1 页。

　　③ 《点石斋画报》大可堂版，第 9 册，二期"动多忌讳"。

　　④ 铁杆两端一般系锁在犯人的脖子和脚腕上，在该图中铁杆只锁在了犯人的脖子上。

　　⑤ 笔者在一个名为《中国自然历史绘画》的图谱中见到一张铁杆图。该图中文标"问君军犯饰杖"。该铁杆显然系锁带铁杆之用，虽然中文标识不尽准确，但也标清了用于军犯。《中国自然历史绘画》系笔者由吉格网下载。晚清画师周培春有手绘刑罚三十二图。其中分别有一张锁带铁杆和锁带石礅图。图中文字分别说：此中国抗铁枪之图也，其人被罪，定地发遣，按站递解到地，去收在县内。每日早晨项带铁锁，身抗铁枪至集镇向卖物之人讹钱，晚上仍旧归回县衙收禁也。此中国带石礅之图也，其人犯罪定地发配某处，至配所项带铁锁，下坠石礅，每日到集镇上向行路之人要钱度日，或发三年，或发二年半，满日开放也。周培春所绘图中文字系锁带铁杆、石礅刑指向流刑和徒刑犯，这虽然不尽准确，但也说明在配流刑、徒刑犯锁带铁杆、石礅的常见。该图文字同时指出这些犯人平时主要靠讹钱和乞讨存活。他们晚上尚要被管束。

图 28　锁带铁杆犯人

注：Robert Sterling Clark，*Through Shen-kan*（London：T. Fisher Unwin，1912），pp. 96～97.

杆、石礅是当时一种常见的刑罚。① 从《清史稿·刑法二》对锁带铁杆、石礅所涉省份的举例可以看出，锁带铁杆、石礅这一刑罚主要系指针对窃贼

---

① 有人在指出锁带铁杆、石礅在晚清常见的同时，也指出晚清锁带铁杆、石礅图像却非常少见。其实，图像现在并不少见。除了乔治·亨利·梅森《中国的刑罚》中的图像外，笔者在外销画中还找到了十余幅。除此之外，《点石斋画报》、晚清照片（比如前引拉里贝的影集里和马达汉的书中）也有一些锁带铁杆、石礅的图像。笔者在清末法国驻昆明领事方苏雅（法国名为奥古斯特·费朗索瓦）所拍的一段视频中，发现有锁带铁杆犯人的图像。在该图像中，有的衣着褴褛，有的蓬头哈腰，表情多不轻松。他们有秩序地从左侧房间走出，多数人身带杆状物。左侧数名衙役正在维持现场秩序。这些杆状物并非他们自由携带，系被锁系于身。该场景应系这些犯人点卯时所拍。他们所带之杆大多同样形状、长短，还有更长和更短的铁杆。据《申报》所记，在安徽安庆等地有头号铁枪（杆）和二号铁枪（杆）（见《皖公山色》，《申报》1887年9月3日第2版；《皖中杂述》，《申报》1888年7月21日第2版）。现实中各地铁枪的长短、粗细和轻重因地而异。该视频中应该也系按犯人情节轻重锁带不同规格的铁杆。他们大多系身体右侧锁带铁杆。该视频名为《一段昆明清末影像》，见 https://www.bilibili.com/video/av4085814? from = search&seid = 13128735798401719602，访问日期：2018年3月10日。该视频拍于1902年左右。苏格兰著名摄影家约翰·汤姆逊（John Thomson）也有张锁带铁杆、石礅照片（http://www.laozhaopian5.com/qingchao/1058.html，访问日期：2020年5月26日）。该照片未被收进其著名的《中国和中国人影像》一书中。英国传教士约翰·亨利·格雷在其《广州七天》一书中说，在广东南海县衙大门前的广场上站着几名犯人，他们有的被捆绑在石头上，有的被捆绑在铁杆上。衙门大门旁边有间小屋，里面关着几个戴枷的犯人（〔英〕约翰·亨利·格雷：《广州七天》，〔美〕李国庆、〔美〕邓赛译，广东人民出版社，2019，第134页）。他所描写的情况在一幅外销画中有直接体现（王次澄等编著《大英图书馆特藏中国清代外销画精华》第3册，广东人民出版社，2011，第33～34页）。

等各类匪徒的刑罚。在此情况下，锁带铁杆、石礅为主刑。此时，锁带铁杆、石礅发挥了替代刑的功能，亦即替代了犯人本该被施加的枷杖、徒、流等刑（枷杖、徒、流等刑不再实施）。在第二类犯人中，相对于发遣、充军刑，锁带铁杆、石礅系附加刑。与第一类犯人相比，第二类犯人数量较少，情节更重。我们现在可以通过很多途径看到一些锁带铁杆、石礅影像。我们应根据各种信息综合判断这些影像中的锁带铁杆、石礅犯人属于其中的哪一类。比如我们不能因为系云南的影像就断定其为充军犯人。第二类实际上就是流刑犯人，锁带铁杆、石礅只具附加刑意味。清人所著各种文字资料中的锁带铁杆、石礅犯人基本为第一类犯人。

第二节　嘉庆后锁带铁杆、石礅刑得到推广实施的原因

"立法尤贵因时"。① 嘉庆以降，锁带铁杆、石礅刑之所以在各省得到了推广实施，首先不能忽略当时的时代背景。正如晚清著名法学家吉同钧所言，仁宗（即嘉庆帝）御极之后，承平日久，法令纵弛。地大物众，蘖牙其间。于是，川楚教匪突起，蔓延十余年，俶扰四五省。继以宣宗（即道光帝）末年，洋兵侵入中华，"粤匪"肇乱，历文宗（即咸丰帝）、穆宗（即同治帝）。二十年来，兵革不息，奸宄蜂起，不得不用严法以示惩创，故刑法复由轻入重。迨及德宗（即光绪帝），内忧虽息，外患迭起，刑法愈趋严重，章程繁密，较前加倍。②

---

① 《奏为抢窃应拟徒杖人犯请旨变通成例酌量锁系石礅事》（道光二十四年），中国第一历史档案馆藏，档号：04 - 01 - 01 - 0818 - 012。

② （清）吉同钧：《乐素堂文集》卷6，闫晓君整理，法律出版社，2014，第106页。徐赓陛也有类似的观点。只是徐从法令繁密开始分析。徐说，防检日周，禁令日密，神奸大猾转得挟吏短长，吏虑触法，隐情惜己，偷惰苟容。始而一二枭横强莫能禁，终且啸聚旦召，千百成群，杀越公行，犯上作乱。于是，吏道愈懦，民气愈骄。嘉道之间嚣然不靖矣。川楚白莲教起，积数年而始平之。由是群盗四出 [（清）徐赓陛：《不慊斋漫存》卷8，《清代诗文集汇编》第751册，上海古籍出版社，2010，第588页]。嘉道后不仅大盗多了，小窃、小盗也多了。

在吉同钧看来，川楚白莲教起义的爆发与当时法令纵弛有直接关系。宽松的律例和轻缓的刑罚对打击教匪收效甚微。其后二十余年"兵革不息，奸宄蜂起"，社会状况更加复杂、恶化。在此社会背景下，为示惩创，只能对各种奸宄施加严法。锁带铁杆、石礅的使用系刑法由轻入重的重要表现。举人周询晚清曾长期在四川为官。他认为，对日益增多的盗贼，以教化感化他们，可能作恶的人没来得及改恶从善，善良的人已经受害了。为治标计，严刑峻法之行亦有所不得已。① 对盗贼，儒家教化并非不可行，而是收效太慢了。

儒家对重刑并不排斥。《周礼》《尚书》等儒家经典中有"刑罚世轻世重""宽严相济"的思想，《左传》等儒家经典中有火烈民畏、水懦民玩的思想，中国古代史书中有子产治郑、诸葛亮治蜀、王猛治秦等重典治国的事例，在这些因素的影响下，京城官员、省级大员至少在书面上主张重典打击窃盗、强盗等犯。② 如前文，有关立法和司法宽严尺度的一个总结——立法严，行（用）法宽，是很多官场中人的共识。清代官场在对各种社会

---

① 周询：《蜀海丛谈》卷下，台北文海出版社，第 529 页。

② 这些官员在以传统思想作为论据时虽然以儒家思想为主，但易让人联想到法家的影响。如光绪八年（1882）左副都御史张佩纶就说，外省自军兴以来官吏多执乱国重典之说，于是申韩之术以渐而陋，各省谳章颇以意上下其手。"治乱国用重典"明明是儒家主张，却被与申韩之术相联系。朱一新曾于光绪中期出任御史。他认为，辟以止辟，刑乱国用重典，儒家自包有法家之义。亦即儒家实际上也采纳了法家的重刑主张。他又说，虽然儒家也主张重刑，但重刑不能用之太过。儒家之罪疑惟轻，其意并非疑者定要从轻。儒者之道过于仁慈，亦不足以为治。从张佩纶、朱一新等人的话语中可知，当时调和儒家、法家观点，主张重刑的人应该不在少数（虽然儒家理论里也有主张重刑的资源）。曾国藩也主张对恶人施以严刑。他说，管子、荀子、文中子之书皆以严刑为是，以赦宥为非。子产治郑、诸葛治蜀、王猛治秦，皆用严刑以致乂安。虽然曾国藩有意回避了韩非、商鞅的重刑主张，但也肯定了重刑的功用。其所引子产、诸葛亮、王猛等人的事例也常见主张重刑的时人议论中。晚清官场对重刑的强调，是当时社会形势的反映。同时，时人（如薛允升）也经常反思重刑的效果问题。反对重刑的人也有。总之，晚清（不限于官场）实际上有个重刑大讨论。也有人在与西法的对比中讨论了重刑的诸问题。值得注意的是，清初姚文然反对援诸葛亮、王猛事例附会治乱国用重典之说，将其视为"悖逆大不道之言"，上升到"污兴朝维新之化"的地步。清末官场实际也比较忌讳治乱国用重典的说法，民间对治乱国用重典的引用要多于官方。以上见（清）张佩纶《涧于集》"奏议卷第二"，《清代诗文集汇编》第 768 册，上海古籍出版社，2010，第 246 页；（清）朱一新《无邪堂答问》卷 3，《续修四库全书》第 1164 册，上海古籍出版社，2002，第 526 页；（清）曾国藩《曾国藩全集》第 14 册，岳麓书社，2011，第 444~445 页；（清）姚文然《姚端恪公文集》卷 18，《清代诗文集汇编》第 75 册，上海古籍出版社，2010，第 344 页。

问题提出立法上的解决方案时，立法要严经常是主要对策。① 总之，"立法严"的思想深具官场基础。

嘉庆川楚白莲教起义是社会矛盾的一次集中大爆发，是当时百姓生活日艰，社会秩序加乱，抢劫之案增多，盗匪漏网者众的反映，这使统治阶层非常紧张。在这样的背景下，他们一般认为，严惩各犯尚且不暇，曲为宽贷更不可能。总而言之，"法轻易犯"是当时京城官员、省级大员对窃盗、盗贼等犯比较一致的看法。他们在治理窃盗时，经常认为先前对窃盗的处理"情重法轻"，所以，刑罚还要加重。薛允升在注解《大清律例·刑律·贼盗中》"窃盗"门时，明确指出了杖刑，枷号和锁带铁杆、石礅三种刑罚由轻到重的递加关系。对罪刑轻微的窃盗，如果按律治罪，不过枷号、杖责而已。杖罪无以示惩，故加以枷号；枷号又不足以示惩，故加以锁带铁杆、石礅。② 铁杆、石礅还是不能达到预期效果，又定新例将部分窃贼从重拟罪。③ 锁带铁杆、石礅刑的推广实施正是官场"立法严"思想的反映。

对重刑的倚赖至少说明当时官场解决问题思路的单一。官场中人很少从更宏观的视角观察问题，解决问题。无论如何，窃盗、强盗增多最主要的原因还是百姓民生出现了问题。乾隆后随着人口增长，资源紧张，吏治败坏，百姓民生更加艰难，窃盗、强盗随之增多。伴随着川楚白莲教起义后社会秩序的愈加动荡，窃盗、强盗不仅数量增多，而且流动性大，危害更大，这是嘉庆后锁带铁杆、石礅被扩展使用的最重要基础。当时官场中人不愿意（或者不能）在百姓民生上着手解决问题，只想通过重刑举措将

---

① 比如道光十八年（1838），湖广总督林则徐认为对吸食鸦片之人"不得不严其法"。并说自己前议请将开馆兴贩一体加重，仍不敢宽吸食之条。若不从此严起，彼正欲卖烟为之源源接济，安肯破获以断来路？（清）林则徐：《钱票无甚关碍宜重禁吃烟以杜弊源片》，《林则徐全集》第3册，海峡文艺出版社，2002，第1202页。

② （清）薛允升：《读例存疑》卷28，胡星桥、邓又天等点注，中国人民公安大学出版社，1994，第475页。

③ 如咸丰元年（1851），因为部分窃贼被锁带铁杆、石礅后仍复怙恶不悛，结党肆窃，实为闾阎之害，刑部认为，对部分窃盗应酌量从重拟罪，以示惩儆。奏准将这些窃贼参照《大清律例·刑律》斗殴门"回民结伙持械例"办理。见《清刑部通行饬令汇存》第2册，全国图书馆文献缩微复制中心，2005，第827~836页。

百姓威慑，从而遏制犯罪。重刑举措简单粗暴，见效快，却不能治本。薛允升、吉同钧等很多官场中人也意识到了这点，但他们对局面的改善无能为力。毕竟，其中牵扯到了吏治等他们根本不能解决的问题。① 那些重刑举措并非完全毫无作用，它们既得到了儒家思想的支持，也会对解决问题起到一定的作用。

锁带铁杆、石礅的扩展使用始于四川、陕西，与川楚白莲教起义有直接关系。四川总督常明、陕西巡抚董教增的奏请距白莲教起义被镇压尚不足八年，最高统治阶层对起义发生的原因应该有清醒、深刻的认识。他们非常担心那些小窃小匪成为积匪、伙盗、大股盗匪。嘉庆十六年（1811），四川总督常明奏请将绺匪锁带铁杆的主要理由即为绺匪（即掏摸小窃）日久即为大伙匪徒之渐。道光时期的地方官金石声说，巨盗之源发于小窃，小窃不除，是巨盗不息。② 所以，统治阶层对那些罪止枷杖之窃盗不得不重视，力图在其成为强盗之前将其扼杀。③ 锁带铁杆、石礅在现实中的使用主

① 比如吉同钧认为，朝廷对窃盗于杖罪以上、军流以下，添出枷号一项，又以枷号不足示惩，添出锁系铁杆石礅一项。例愈多愈杂，刑愈加愈重。定例之意原在求其详备，反致失于烦琐。加重之初原为严惩匪徒，反致易长盗风。窃盗各例不过治标之法。虽然如此，就能说用不着法吗？非也。法非制治清浊之源也。自古迄今，治盗之法多矣，曾未闻畏法而人不敢为盗。治盗之策一方面不必空言清心寡欲，潜移默化。另一方面，采东西各国之法，广兴工艺、农桑、森林、牧畜各实业，使民衣食有资，然后遍设警察以稽查出入，使之无所潜藏窝顿，庶几盗少息焉。这实际就是民生和教化的问题。不过他最后又强调，其要尤在能得良吏，苟无良吏，则以上建议皆具文也。他最后将治理窃盗的希望落到了良吏那里，这在当时的官场环境里肯定是无法实现的。可能他自己也在说到良吏时也是颇多无奈。又，吉同钧在《大清现行刑律讲义》中虽然又重复了这段话，但治盗之策只强调了民生的重要性。可能在吉同钧眼里，教化在当时不可行，与其如此，不如不说。以上见（清）吉同钧《大清律例讲义》卷3，闫晓君整理，知识产权出版社，2018，第103页；（清）吉同钧《大清现行刑律讲义》卷5，栗铭徽点校，清华大学出版社，2017，第274~275页。

② （清）佚名：《告示集》，杨一凡、王旭编《古代榜文告示汇存》第10册，社会科学文献出版社，2006，第416页。

③ 《大清律例·刑律·断狱下》有"公取窃取皆为盗"门，其律文小注对"盗"有较详细的解释。"盗"不仅包括强盗、抢夺，也包括窃盗、掏摸。所以，盗案不仅包括强盗之案，也包括窃盗之案。当然，这只是律例的规定而已。在司法实践中，强盗与窃盗有着非常严格的区分。王又槐《办案要略》说：律载公取窃取皆为盗，是盗之名统强劫、偷窃等类而言也。但世俗称谓分为强盗、窃贼，办案亦因之，故凡遇报窃案件，文内忌用盗字，恐其混于强也〔（清）王又槐：《办案要略》"论强窃盗案"，《官箴书集成》第4册，黄山书社，1997，第762页〕。

要针对罪止枷杖之窃盗等犯。锁带铁杆、石礅刑在全国的扩大使用反映了嘉庆帝继位后各类匪徒日益增多、流动性大的社会现实，官方试图以锁带铁杆、石礅刑限制罪刑轻微窃盗的活动空间，加重对他们的处罚，以使其畏惧不敢触犯刑律，进而不发展成为强盗、大伙强盗，更不至于扩散至全国各地。这一社会现实的形成原因根源于时代。在当时百姓生计日艰、"窃盗日多"的时代背景下①，官方对各类匪徒的处罚不仅更为加重，而且"一省一例"，愈加繁密。薛允升认为，从此"亦可以观世变矣"。② 当然，这一时代的形成不能简单归过于嘉庆后诸皇帝的个人因素，吏治腐败、人口增长、社会变动、外患纷扰等俱是重要因素。

其次，在很多地方地方官的审案压力得以减轻。光绪三年（1877）三月，署闽浙总督文煜、福建巡抚丁日昌奏请将锁礅的对象明确为"先有证佐，后复狡翻，以及开设花会，书差诈扰，教唆词讼，掳人勒赎，一切为害闾阎，情节可恶，而供证未明"之抢窃等案人犯。③ 亦即锁礅的对象系"供证未明"之犯。因为犯人狡供、证据难获和证佐不齐而致案件实在难以完结的情况在现实中时常发生，在嘉庆后经济发展、人口增长、案件增多、吏治愈加腐败的大背景下，积案问题日渐恶化，因此带来的社会矛盾也更加突出。一些欲有作为的省级大员经常以清理积案为突破口意图改善吏治、缓和社会矛盾。文煜和丁日昌的奏请使一些"供证未明"之犯得到了更为快捷的处理，这些犯人不再需要明确的证据便可被定罪量刑。这对地方官来说"简便易行"，其审案的压力会得到减轻。由此也免去了在解审、往返驳审等过程中给其带来的很多压力。因积案而产生的一些矛盾也会减少。

这在其他很多地方也有表现。如光绪初年，张联桂在任广东惠州府知

---

① 光绪三十年（1904），刑部奏称，近来直省各案以窃盗为最多（《刑部奏变通窃盗条款折》，载《大清法规大全》，台北考正出版社，1972，第1772页）。当然，随着全国人口增长，资源紧张，百姓生计日艰、"窃盗日多"的状况早在18世纪中后期就已经很明显了。

② （清）薛允升：《读例存疑》卷28，胡星桥、邓又天等点注，中国人民公安大学出版社，1994，第475页。

③ （清）朱寿朋编《光绪朝东华录》，张静庐等校点，中华书局，1984，第378～380页。

府时曾饬令所辖州县，如果某人无案可归，确系著名匪棍，即酌拟礅禁年限，或永远监禁，或枷号示众，均经饬发该管州县照拟发落。① 明确属下州县官可对无案可归、有潜在威胁的人予以礅禁。光绪初曾任广东陆丰知县的徐赓陛更是声称，每年广东省会枭戮无虑 2000 人，而郡县诛锄者尚不在内。问拟为从而发籍礅禁、保释尤众，实则皆坚不认供之黠盗耳。② 对坚不认供的黠盗，州县官无法结案，将其以发籍礅禁结案，州县官的审案压力得以减轻。光绪末易顺鼎在广东任高雷阳道时，曾对当时信宜县知县所办某案表达不满。他认为，对该案中的几名犯人，如果实系局绅具结禀攻，称为著名要匪，应饬指出案据。如犯劫掳，即应按律办理，不容轻纵。即或未得案据，酌拟礅禁。③ 那些被局绅指为著名要匪却未得案据的，知县不用再费心思，不用按律办理，将其酌拟礅禁即可。

　　锁带铁杆、石礅刑主要系针对罪止枷杖窃盗等犯，将他们锁带铁杆、石礅，使其身负重物，会减少其再犯的可能。在当时，窃盗再犯、屡犯是一个令各级官员十分烦恼的社会问题。很多窃盗甚至在拟徒限满释回后旋复为窃。道光初直隶总督那彦成认为，对他们与其惩创于既犯之后，不如防患于未然，将其锁带铁杆、石礅。④ 这也是当时各地督抚所说的最常见理由。道光七年（1827），署山东巡抚程含章以自己曾任职广东时期的亲身经历说，将情重法轻贼盗锁带铁杆石礅，对地方官来说简便易行，他们会认真缉捕，广东地方盗案因而渐稀，实已著有成效。⑤ 窃盗等案减少，地方官的审案压力也在一定程度上得以减轻。

　　锁带铁杆、石礅刑的对象由嘉道时期的窃盗逐渐扩展到地方官深受困

---

　　① （清）张联桂：《问心斋学治续录》卷 2，《明清法制史料辑刊》第 1 编第 30 册，国家图书馆出版社，2008，第 327 页。

　　② （清）徐赓陛：《不慊斋漫存》卷 2，《清代诗文集汇编》第 751 册，上海古籍出版社，2010，第 403 页。

　　③ （清）易顺鼎：《高州存牍》卷 1，《明清法制史料辑刊》第 1 编第 37 册，国家图书馆出版社，2008，第 259～260 页。

　　④ （清）祝庆祺、鲍书芸编《刑案汇览》卷 16，法律出版社，2007，第 949 页。

　　⑤ （清）祝庆祺、鲍书芸编《刑案汇览》卷 16，法律出版社，2007，第 950 页。

扰的各类"棍徒"。这些棍徒各地称谓不同，数量很多，对地方官来说，非常不易处置。[①] 光绪末年，樊增祥在任陕西按察使时，曾明确告知其下属，其本人向来治刀匪之法，重则杖毙，轻则系石，如果照例详办，则宪幕之驳斥，罪犯之翻供，案证之拖累，招解之繁费，有不胜言者。[②] 系石即锁带石礅。他又说，至锁系其人，非棍徒即刀匪，本各有应得应办之罪。[③] 因恐各州县办案费事，层转达部又费词，故省章定为锁系之法，所以免累赘而示简严。[④] 这些被锁系（即锁带石礅）之棍徒、刀匪本有"应办之罪"，但其数量多且不说，州县官认真办理的话，麻烦太多，成本太高。对他们来说真是"累赘"。樊增祥鼓励下属直接将棍徒、刀匪锁带石礅，由此中间省去了将案件详办后的种种麻烦（即免累赘）。这些麻烦被省去后，地方官的审案压力自然得以减轻。其后续因为解审带来的翻异压力、财政压力和解配压力也将不复存在。樊增祥之"简严"，重点在州县官"简"。为了州县官的"简"，宁愿对棍徒、刀匪从"严"处置，部分被杖毙，部分被锁系石礅。从"严"之后，其他棍徒、刀匪会受到震慑，不敢犯罪，州县官的事务又会得到"简"化。锁带铁杆、石礅的对象从嘉道时期的窃盗逐渐扩展至各类棍徒，这在全国很多地方都有表现。如光绪八年（1882），四川按察使称，四川近年强盗案内应拟遣、军、流、徒人犯以及积惯讼师、窃匪、凶恶棍徒，俱皆分别情罪重轻，定以系带铁杆石礅年限。[⑤] 其中就包括"凶

[①] 刘懂礼：《清律"棍徒"之甄辨及立法逻辑探析》，《交大法学》2019年第1期。

[②] （清）樊增祥：《樊山政书》卷13，《官箴书集成》第10册，黄山书社，1997，第274页。

[③] 光绪时期直隶抚宁知县罗正钧说，抚宁向有一种棍徒，执持枪刀，专意讹诈良懦，以致绑赎奸霸，无所不为，号称刀匪，历为闾阎巨害［（清）罗正钧：《劬庵官书拾存》卷1，《清代诗文集汇编》第780册，上海古籍出版社，2010，第561页］。刀匪即带刀匪徒。在地方官眼里，实际上也是棍徒，只是其个性特征特别明显。地方官在办案时用刀匪界定这类棍徒，更容易取得上级、百姓的共鸣和支持。四川绺匪也是这种情况。

[④] （清）樊增祥：《樊山政书》卷14，《官箴书集成》第10册，黄山书社，1997，第284页。

[⑤] 巴县档案，四川省档案馆藏，档号：6-34-06792。本年该按察使详请通饬内载，嗣后盗窃案内及一切凶恶棍匪比例请锁杆石墩者，查该犯原犯罪名，如罪应拟遣者定限十年，军流定限八年，满徒定限五年，仍按半年为一等以为递减，杖罪定限二年，笞罪定限一年。见（清）钟庆熙辑《四川通饬章程》卷1，杨一凡、刘笃才编《中国古代地方法律文献》丙编第15册，社会科学文献出版社，2012，第479页。

恶棍徒"。在该按察使看来，锁带铁杆、石礅是当时四川地方官为应对犯人解省翻异和解配脱逃的必要举措。锁带铁杆石礅既可驯桀骜之气，又可省案牍之烦，因地制宜，法良意美。①"驯其桀骜之气"表面上看是出于改造罪犯的考虑，实际上犯人桀骜之气被驯服后，各级地方官也会受益。在犯人的桀骜之气未被驯服之前，其人身自由被限制，这方便了地方官的管理。"省案牍之烦"更是出于减轻地方官审办压力的考虑。所以，锁带铁杆、石礅实施的最大受益者是各级地方官。"棍徒"语义含混，涵盖面广，各类"棍徒"的存在使各地地方官非常头疼，江苏等地省例使州县官掌握了对"棍徒"（流氓）的认定权。州县官有权决定对各类"棍徒"适用锁带铁杆、石礅刑，也就是说，州县官对各类"棍徒"掌握了结案的权力。② 这类案件成为外结案件。而"棍徒扰害"例中棍徒的刑罚为充军，由刑部结案，这类案件为内结案件。外结案件不需要刑部过问，州县官对"棍徒"的认定不会受到刑部的干扰，更没有受到刑部批驳的可能。州县官对"棍徒"的认定也很少会受到上级的干扰。这实际上又增加了州县官的司法权力。③

---

① 巴县档案，四川省档案馆藏，档号：6-34-06793。

② 光绪末，因为各处流氓充斥，一与触忤，即怀挟利刃，四出寻仇，江苏某大宪严定惩办章程，札饬所属各州县遵照办理。该章程规定，对那些平日带佩凶器刀械，恃强逞凶，并确有绰号，虽无滋事重大实迹的流氓，州县官饬拿到案，枷责刺字后将其锁系铁杆一年，改悔释放。若不悛改，再系一年。如敢带枷滋事，或毁杆脱逃，持以逞凶拒捕，即锁系巨石五年（《严办流氓》，《申报》1901年8月26日，第2版）。该章程实际上赋予了州县官对流氓的认定权和处置权。该章程未规定州县官将流氓处置后需要上报。

③ 《大清律例·刑律·贼盗》"恐吓取财"门"棍徒扰害"例、"光棍"例与《大清律例·刑律·杂犯》"不应为"律被认为是概括性律例。"光棍"例因为刑罚太重，康熙后已经很少适用。"棍徒扰害"例和"不应为"律经常适用，后者是清代最常适用的一条律文。根据例文的规定，"棍徒扰害"例主要适用于"屡次生事行凶，无故扰害良人，人所共知，确有实据者"和"系一时一事，实在情凶势恶者"两种情况。实际上，"屡次生事行凶""确有实据""实在情凶势恶"等情节的认定易起分歧，地方官在适用"棍徒扰害"例时经常被刑部批驳。光绪八年（1882），四川宁远知府宗缓说，外结人犯或因案情疑似，难定爰书，或因承审迟延，难扣例限。更有情浮于法，加重示惩。亦有律无明文，比例科断，题咨恐干部诘，转致定案无期，不得不从权办理，酌归外结。其罪名分别年限，或永远监禁枷号，或系带铁杆石礅。究其本罪亦不足遣、军、流、徒。地方上"棍徒扰害"案件的办理就属于宗缓所说的"案情疑似，难定爰书"的情形。如果将其以内结的方式结案，地方官不仅可能会承担初参二处分，在处理程序上也会很麻烦。将其以外结的方式结案，地方官就能从众多的麻烦中解脱出来。当时四川地区的特殊区域社会背景最终 （转下页注）

这也是当时锁带铁杆、石礅推广至各类"棍徒"的直接原因。

再次，将那些应处徒刑的窃盗犯人锁带铁杆、石礅，更加方便了地方官对他们的管理。既然很多督抚认为对各类匪徒施加的笞杖、枷号之刑"情重法轻"，不足示惩，他们在奏请制定新例时为什么不按照五刑的顺序，直接将犯人的刑罚递加至徒刑，而是加至非五刑之列的锁带铁杆、石礅？这

（接上页注③）导致了在四川地区本该内结的"棍徒扰害"等案件逐渐被办为外结。光绪二十一年（1895），四川茂州地方官在处理某案时，率将前未禀知之案强行牵叙入禀，照四川匪徒外结章程酌加监禁。总督鹿传霖说，各州县如此等案件禀请加禁者不一而足。若以案归外结，不妨通融，并不讯取供词，率禀拟罪，是徒为州县开方便之门，施操纵之术，殊失当时定章本意。于是，通饬属下，如有似此案件，必须取具全案供词，参以证佐，实系屡次无故生事行凶扰害，或一时一事，实在情凶势恶，核明罪案，应拟军者，即或照外结章程免予详解，禀请监禁。鹿传霖所言应拟军的罪名实即"棍徒扰害"。该事例说明，在当时四川地区，州县官在认定"棍徒扰害"时的权力很大。"各州县如此等案件禀请加禁者不一而足"，说明类似情况很常见。当时四川地区对扰害棍徒的处理并不适用《大清律例》，而是适用本地的"匪徒外结章程"。根据该外结章程，州县官在处理扰害棍徒时，不用详解，在本地监禁即可。这肯定增加了州县官的权力，其上级也相应免去了看详、复审的烦恼。州县官要通过禀文的形式向总督汇报案情，由总督批结（即禀办批结）。总督鹿传霖也通过禀文发现了此案处理的不妥之处。当时四川等地区对扰害棍徒的处理也说明外结与内结并非界线分明。为减轻解费负担，降低犯人脱逃风险，州县官倾向于将更多的案件归为外结，省级官员有时对此也能起到监督、牵制的作用。不仅棍徒扰害案可以外结，四川地区外结章程还包括一些徒、流、军、遣犯人。总督刘秉璋说过，川省杆犯大抵皆罪应拟斩从轻办理之伙盗。这说明在当时的四川地区，很多应拟军遣之犯已不再按规定审转，《大清律例》所规定的逐级审转复核制度已被打破。这还是通过省例立法的方式打破《大清律例》所规定的逐级审转复核制。这一制度被打破后总督、州县官的司法权力都有所增加。逐级审转复核制被打破的区域社会背景应该得到充分重视。当然，这在全国其他很多地方也有表现，只是表现得不那么明显。逐级审转复核制被打破后，四川地区的军流遣犯数量应该有所减少，京城对此就没有反应吗？如前文，光绪十年（1884），四川总督丁宝桢在回应刑部寻求军流徒犯脱逃的对策时并未提到四川地区将部分军、流、徒犯系带铁杆、石礅的外结章程。这是当时丁宝桢对该章程实施效果的不自信，还是在装聋作哑，应付了事？可能在面对四川地区逐级审转复核制被打破的事实时，京城官员和四川地区的地方官彼此都是心照不宣的。光绪二十年（1894），给事中吴光奎、御史钟德祥奏参四川省吏治贪纵等情况，谕旨钦派裕禄、廖寿恒核查。两人复奏称，外结系杆章程不无流弊，奏准将该章程即予查销。光绪二十六年（1900）时，天全州吏目称外结人犯原办锁禁杆礅，因被奏参，经钦差查办禁止，遂改监禁。所以，对四川地区将外结人犯系带铁杆、石礅的做法，京城官员也是了解的。很多外结人犯为应拟遣、军、流、徒刑犯人，按照《大清律例·刑律·断狱上》"因公禁而不禁"门的规定，这些犯人应收监。京城官员的奏参，只是使这些外结人犯的关押地点符合《大清律例》的相关规定。次年，四川按察使还专门将其与报部外监人犯（即内结人犯）相区别。以上见（清）钟庆熙辑《四川通饬章程》卷1，杨一凡、刘笃才编《中国古代地方法律文献》丙编第15册，社会科学文献出版社，2012，第501～502、471～473、439～440、469、475、485、440、495页；卷2，第598页；《清德宗实录》卷350，光绪二十年九月癸卯。

至少说明当时官方对徒刑犯的管理并不满意。道光末闽浙总督刘韵珂在奏请将抢窃徒犯酌量锁礅时的主要理由之一就是徒犯到配可以乘间脱逃。① 嘉庆后，徒刑犯人在途在配脱逃、逃后再犯已经日益成为严重的社会问题。在各类犯人中，窃盗犯人尤其多系不逞之徒，怙恶难悛。因窃盗拟徒犯人脱逃后所造成的社会危害更大，地方官因此也会承担相应的处分，因而不胜其扰。对徒犯的管理面临着"法为之穷"的困境。道光、咸丰年间吴文镕在任云贵总督时认为，锁带铁杆、石礅限制了犯人的部分人身自由，将其拘系，不仅可以消其桀悍之气，也可能因此化莠为良。② 在他们看来，与其他刑罚相比，锁带铁杆、石礅在当时看起来似于防遏止奸之道较为周备。以吴文镕为代表的地方督抚意图以将犯人锁带铁杆、石礅的方式减少其逃脱和再犯的机会。这样还可以在一定程度上减少地方官案牍的数量和因为穷搜远捕所带来的麻烦。

与在配之徒刑犯人相比，晚清遣军流犯人的脱逃问题更受官方关注。为防止其脱逃，地方督抚常奏请将遣军流刑犯人锁带铁杆、石礅。如同治九年（1870），清廷担心改发至极边烟瘴充军的发遣犯人在配滋事、脱逃，定例将其锁带铁杆、石礅。光绪十一年（1885），江西巡抚德馨曾奏请将脱逃被获之遣军流徒犯人或酌加枷号，或锁带铁杆、石礅。③ 当然，以锁带铁杆、石礅的方式防止其脱逃，这是当时地方督抚的主观设想，或者说是一厢情愿，实际效果并不理想。正如晚清著名法学家薛允升针对前引乌鲁木齐锁带铁杆遣犯条例所言，现在锁带铁杆、石礅之犯脱逃者比比皆是，果何益耶！④

最后，将犯人锁带铁杆、石礅，一定程度上减轻了地方官的财政负

① 《奏为抢窃应拟徒杖人犯请旨变通成例酌量锁系石礅事》（道光二十四年），中国第一历史档案馆藏，档号：04-01-01-0818-012。

② （清）吴文镕：《吴文节公遗集》卷66，《清代诗文集汇编》第575册，上海古籍出版社，2010，第437页。

③ （清）朱寿朋编《光绪朝东华录》，张静庐等校点，中华书局，1984，第1991页。

④ （清）薛允升：《读例存疑》卷3，胡星桥、邓又天等点注，中国人民公安大学出版社，1994，第60页。

担。在清代，地方官在办理各类案件时须遵守严格的程序规定。对徒罪犯人，州县官须按照《大清律例》的相关规定，逐级审转复核。寻常徒罪犯人解府审理，有关人命徒罪犯人须解至省城。定案后，州县官须将徒罪犯人解至异地州县。在此过程中，将徒罪犯人解府、解省、发配所产生的费用一般系由各州县承担。嘉庆后，随着社会秩序的愈加动荡，贼盗等案的增多，这些费用支出日益成为州县官的重负。各地州县官经常将一些按规定应通详上级的案件匿不通详，也与此有关。因此也加剧了积案、上控等问题的恶化。四川、陕西、甘肃、广东、湖北、湖南、福建等省前后奏准将应处徒罪的窃盗等犯无庸发配，将其在籍锁带铁杆、石礅。与此同时，寻常应处徒罪的窃盗等犯也不再解府审理。州县官因此节省了解府、发配等项费用支出。正如道光七年（1827）署山东巡抚程含章所言，锁带铁杆、石礅刑的使用使州县官既不须赔解费，又无脱逃处分，自必认真缉捕。[①] 在州县官缉捕盗贼等犯的积极性有所提高的同时，也降低了其讳盗、讳命的可能性。因为犯人系在本地锁带铁杆、石礅，将他们就地示惩，使其更知儆戒，这不仅对根除盗源有所裨益，也更加方便了州县官的管理。

不仅徒刑犯人，遣军流犯人的处理也受到了影响。光绪初杜凤治任广东南海县知县时曾说，凡窃犯二次三次，拿获后照例充发流徒，而广东向无此办法，其应军流者，极重亦改为永远礅禁。本县礅犯多到已无屋可以安放的程度。之所以会出现这种情况，杜凤治解释说，办一军流犯，各县招解往来多费银钱，所以不为也。[②] 叶伯英在任陕西巡抚（1886～1888 年在任）时，以相似的理由奏准将罪恶昭著者即行就地正法，罪应军流者毋庸解配，以大铁链锁带巨石，不拘年限。[③] 随着晚清各地"就地正法"章程的推广，即使很多地方并未奏请，现实中一些地方也经常将那些情节稍轻于就地正法、

①　（清）祝庆祺、鲍书芸编《刑案汇览》卷16，法律出版社，2007，第951页。
②　（清）杜凤治：《杜凤治日记》第9册，邱捷点注，广东人民出版社，2021，第4651～4652页。
③　（清）朱寿朋编《光绪朝东华录》，张静庐等校点，中华书局，1984，第2342～2344页。

本应处以发遣、充军之刑的犯人拟以锁带铁杆、石磜。① 在此背景下，广东、四川等地的流刑犯人数量有所减少。地方的财政负担也有所减轻。

当然，锁带铁杆、石磜自身的优点也是该刑在嘉庆后被推广使用的重要原因。既然乾隆末刑部对锁带铁杆、石磜的使用曾持否定态度，为什么嘉庆中期锁带铁杆、石磜又得到推广使用呢？ 如前文，乾隆末刑部因为锁带铁枪、石磜不在五刑之内，而且锁带铁枪、石磜者有扰累居民、铺户的可能，从而否定了该刑的适用。虽然如此，与徒刑的缺点相比，锁带铁杆、石磜的缺点不仅不那么明显，而且还有因为免于解审、解配所带来的好处。乾隆末刑部尚未充分意识到社会秩序不稳定所带来的危害，经过川楚白莲教起义的打击后，统治阶层已充分意识到扼杀那些潜在乱源的重要性。在他们眼里，其中最重要的一步就是限制那些小窃小匪的行动自由，扼制他们发展成为强盗的可能。在很多地方，锁带铁杆、石磜者白天以乞讨为生，地方官的财政支出和看守成本较低。② 与其他刑罚相比，地方官能以最低的成本控制其人身自由。锁带铁杆、石磜覆盖面广，既能适用于应处答杖、枷号人犯，也能适用于应处徒刑、流刑犯人。其形式灵活，既能以杆、磜重量区分罪行轻重，也能使情节较重犯人锁带更长时间，还能达到示众儆戒的效果。与枷号、徒刑等刑相比，在当时各级地方官眼里，锁带铁杆、石磜的优点更为明显。

嘉庆后，不仅外患迭起，内忧加剧。嘉庆年间川楚白莲教起义虽然最终被扑灭，但此后各地盗风更炽，社会更加纷扰，命盗案件增多，地方官疲于应付。在法律诸事务上，各级地方官承受了比之前更大的压力。加之吏治的败坏，词讼增多、积案、上控、滥押滥禁等问题无不深深困扰着各级官员。各督抚欲寻求改善困境和解决问题之道，将极重犯人"就地正法"

① 如光绪八年（1882），四川按察使称，近年强盗案内应拟遣、军、流、徒人犯以及积惯讼师、窃匪、凶恶棍徒，俱皆分别情罪轻重，定以系带铁杆石磜（巴县档案，四川省档案馆藏，档号：6-34-06792）。

② 英国传教士格雷夫人在广州看到的锁着石枷和铁链的犯人应该就是锁带铁杆、石磜犯人。她说，他们可以继续先前的营生，其中有些人在做鞋。他们看见格雷夫人一行人时，向后者走来，可怜地叩赏。〔英〕格雷夫人：《广州来信》，〔美〕邹秀英等译，广东人民出版社，2019年，第86页。

是其在刑罚方面的一种尝试，锁带铁杆、石礅便也是一种尝试，只是其更侧重笞杖、徒刑犯人。锁带铁杆、石礅便利了州县官对笞杖、徒刑犯的管理。在州县官眼里，锁带铁杆、石礅还能减少徒刑犯人和发遣、充军犯人脱逃的机会，从而减少因犯人脱逃给自己带来的纷扰。对州县官来说，在处理窃盗等匪徒时又多了一种可以合法使用的刑罚。对窃盗等匪徒，州县官有时甚至可以在没有确凿证据的情况下便将他们快捷处理，不仅省去了很多麻烦，减轻了财政压力，也遏止了潜在的乱源。州县官实际获得了更大的定罪量刑自主权，积案也会因此减少。[①] 所以，锁带铁杆、石礅刑的适用实际上增加了州县官的司法权力。在清代，州县官有权决定枷号、杖刑的使用。锁带铁杆、石礅得到推广后，州县官经常自行决定锁带铁杆、石礅刑的适用。如道光时期地方官璧昌认为，凡州县官初次拿获窃贼到案，每以赃少罪轻，仅止枷、杖，往往不为详报，再偷或带以铁棍，或久押班房，仍为初犯，州县官对其不能加重办理。[②]

　　总之，嘉庆后锁带铁杆、石礅能够得以在各地普遍使用，离不开特定的时代背景。对州县官来说，锁带铁杆、石礅的使用便利了他们对盗贼的处理，减轻了他们的审案压力，降低了办案成本，缓解了因为积案产生的矛盾，增加了司法权力。州县官上报案件的减少事实上也减轻了督抚的压力。督抚有动力推广锁带铁杆、石礅刑的扩大适用。

第三节　锁带铁杆、石礅犯人的管理与锁带铁杆、石礅刑的效果

　　锁带铁杆、石礅之到配发遣、充军、流放犯人实际就是发遣、充军、

---

　　① 为清理词讼，减少犯人被发押羁所后积久置之不问之事的发生，徐赓陛在任广东知县时曾请求上级允许自己只将实犯死罪照例解勘，其他徒手抢夺、窃盗、奸拐各案即由自己即行酌拟礅禁。见（清）徐赓陛《不慊斋漫存》卷6，《清代诗文集汇编》第751册，上海古籍出版社，2010，第533页。

　　② （清）璧昌：《牧令要诀》，《官箴书集成》第7册，黄山书社，1997，第584页。

流放犯人。为了防止他们脱逃，便于管理，官方将其锁带铁杆、石碨。对锁带铁杆、石碨之到配发遣、充军、流放犯人的管理，《大清律例·刑律·捕亡》"徒流人逃"等门有详细的规定，前文已有讨论。对锁带铁杆、石碨之非发遣、充军、流放犯人（即前文所言被锁带铁杆、石碨之窃贼等各类匪徒）的管理，《大清律例》未有明确的规定。

　　各地对锁带铁杆、石碨犯人的管理办法不尽相同。如对锁带铁杆、石碨犯人的看守、管押，道光五年（1825），为防止锁带铁杆、石碨的窃贼脱逃和扰害良懦，山东巡抚饬令地方官将其安置在城内空旷闲房，选差妥役严加看守，责成典史随时实力稽查。① 道光时，广东香山县、东莞县各有羁房二三处，收管要案人证及一切追赃、枷号、锁带铁杆等项匪徒。② 光绪初年，广东惠州府知府张联桂称，其所辖和平县有公廨专收押碨禁及次等人犯，除了公廨外，尚有内所、新羁两处，内所专收命盗重犯，余犯俱押新羁。③ 光绪十二年（1886），江苏华亭县积窃杨某等八人屡惩屡犯，不思迁善自新。后又事发，枷示县署头门。知县唤铁匠熔铸铁枪八支锁于各人身上，俾不便于穿壁窬墙。日间则任其行乞市中。④ 光绪十四年（1888）两广总督张之洞奏称，其在上年将省城内绥靖营旧营房改修完整，增添房舍，建设迁善所。饬令南海、番禺两县将碨犯拨入一百数十人，洁其居处，裕其衣食，资以工本，令人教以各种工艺。俾将来释出谋生有具，不致再蹈非辜。⑤ 这说明当时南海、番禺两县碨犯至少有一百数十人，原有碨房拥挤困苦。张之洞对碨犯教以工艺的举措在当时很少见，也未得以持续。五年后《申报》报道称，广州城内有大有仓，时有犯人锁碨禁押在此，他们皆

　　① （清）佚名：《东省通饬》，杨一凡、刘笃才编《中国古代地方法律文献》丙编第13册，社会科学文献出版社，2012，第613～615页。
　　② 《呈查明广东地方积弊各条筹议办理章程清单》（道光朝），中国第一历史档案馆藏，档号：04-01-11-0010-001。
　　③ （清）张联桂：《问心斋学治续录》卷1，《明清法制史料辑刊》第1编第30册，国家图书馆出版社，2008，第300页。
　　④ 《五茸涂说》，《申报》1886年10月8日，第2版。
　　⑤ 中国第一历史档案馆编《光绪朝朱批奏折》第110辑，中华书局，1996，第161页。

系罪不至死而又恶迹昭彰者，有专门的差役负责看守。① 在江苏华亭、福建闽县可能系由地保负责看守锁带铁杆、石磴犯人。②

当然，现实中也有地方官虚应故事，并不将犯人锁带杆磴，或即锁带，却任其来往自由，转致杆磴竟反而成为讹赖之具。③ 锁带铁杆犯人相对自由，在有的地方可能在日间有谋生的机会，晚间仍要收押公所。④ 光绪五年（1879），《申报》在报道某锁带铁杆犯人脱逃时提到该犯铁枪重达四十斤，因故被暂寄于当地海防厅内，昼铐夜解。⑤ 对犯人来说，锁带铁杆时的确不易睡眠。铁杆白天锁带，夜晚睡觉时解开，在各地应该不普遍。锁带铁杆、石磴犯人白天行动较为自由，可能很多地方不负责其饮食（图 29 应该能体现这种情况）。

图 29　外销画中的锁带铁杆、石磴

注：左图系锁系石磴，右图系锁系铁杆。铁杆的锁系部位为颈部和脚腕。左图两名犯人在动武，另一名犯人在解劝。右侧犯人在做饭，有一定的自由。

也有当地负责饮食的。晚清《广东财政说明书》说广东羁磴人犯口粮，类皆由各厅州县自行捐给。⑥ 福建新竹县每名磴犯日给口粮银三瓣，与押犯

---

① 《羊城游屐》，《申报》1893 年 7 月 21 日，第 2 版。

② 《五茸涂说》，《申报》1886 年 10 月 8 日，第 2 版；《八闽纪实》，《申报》1896 年 12 月 1 日，第 2 版。

③ （清）钟祥：《缉捕审办之法》，（清）盛康编《皇朝经世文续编》卷 101，台北文海出版社，1972，第 4618 页。

④ （清）张祥河：《张祥河奏折》，许隽超、王晓辉整理，凤凰出版社，2015，第 212 页。

⑤ 《窃犯脱逃》，《申报》1879 年 8 月 29 日，第 3 版。

⑥ 陈锋主编《晚清财政说明书》7，湖北人民出版社，2015，第 586 页。

相同。① 押犯无行动自由，新竹县礅犯也应无行动自由。

如果锁带铁杆、石礅犯人脱逃，四川的某年规定为：对负责看守的差役处罚为勒限一百日严缉，限内获犯，革役免罪，如果逾限不获，一名杖八十，每一名加一等，罪止杖一百。受财故纵者，计赃以枉法论。② 山东系将负责看守的差役重责四十板。在直隶，负责看守之地保人等则系按照《大清律例·刑律·捕亡》"主守不觉失囚"门律例的相关规定办理。③

光绪末樊增祥在任陕西按察使时说，近来系石人犯或捏病取保，或乘间脱逃，地方官以为案非达部，无关参罚，平日漫不关防。及其逃也，一报了事。甚有犯逃数月并不禀报者。系带铁杆、石礅犯人脱逃问题比较严重。《大清律例》对被锁带铁杆、石礅之窃贼等各类匪徒的管理缺失，地方法规的侧重点主要针对负责看守的差役人等，很少规定地方官的责任，这使地方官平时对被锁带铁杆、石礅之窃贼等各类匪徒经常"漫不关防"。即使匪徒脱逃，地方官也不甚在意。毕竟，系带铁杆、石礅案件系外结案件，在很多地方，州县官就能自行决定锁带铁杆、石礅的适用。其上级对其在锁带铁杆、石礅犯人的管理方面约束较小。而且锁系铁杆案件为外结案件，《大清律例》等国家典章制度并未规定外结犯人脱逃后的限缉处分。各省省例也很少对外结犯人脱逃后的限缉处分作出规定。即使四川地区规定系杆人犯脱逃后将该州县记大过二次，还有应罚银两，四川系杆人犯仍然纷纷脱逃。④

各地的具体管理办法体现在本地的省例中。如山东有关锁带铁杆、石礅犯人的具体管理办法便体现在《东省通饬》中。这些管理办法主要形成于道光五年（1825）至八年（1828）。

根据《东省通饬》，谁锁带铁杆，谁锁带石礅，系听各州县之便。铁

① 《淡新档案选录行政编初集》（上），台北大通书局，1984，第224页。
② （清）钟庆熙辑《四川通饬章程》卷2，杨一凡、刘笃才编《中国古代地方法律文献》丙编第15册，社会科学文献出版社，2012，第597～598页。
③ 《清刑部通行饬令汇存》第1册，全国图书馆文献缩微复制中心，2005，第206～207页。
④ （清）钟庆熙辑《四川通饬章程》卷1，杨一凡、刘笃才编《中国古代地方法律文献》丙编第15册，社会科学文献出版社，2012，第486、491页。

杆、石磴俱为四十斤重。在拿获罪止枷杖，应锁带铁杆、石磴的窃贼后，地方官在审明后，一面叙详，一面即将该犯依律刺字，照拟锁带。如果拿获邻境贼犯，本地并无亲属，又不便尽交地保看守，应于审详后，先行刺字，递回原籍照例锁带，一体交地保、亲属保领管束。拿获邻境罪应锁带磴杆贼犯，如果籍隶外省，统由犯事地方折责锁带，交在城地保严加管束，限满报明，递籍安插。道光七年（1827），山东巡抚饬令每月朔望地保将本犯押送该管州县点卯游街。在锁带限满后，将犯人决杖释放，仍将锁带日期及看役姓名于通报文内声叙。其应加枷号者，亦于锁带年满枷示。道光八年（1828），山东巡抚又饬令在枷杖完毕后再行锁带。如果看役私自开放，以及凌虐需索，从严究治。每犯每日由该州县捐给口粮制钱三十文，以养其性命。其有素习手艺，可以劳作，无碍铁杆、石磴的，或应稍给资本，或令稍供役使，听地方官酌量办理。如有脱逃，被获后照原定年限重新锁带，所有前次锁过月日不准扣算。如锁带铁杆、石磴之犯有亲属保领，俟锁带半年后始准保释，必须该亲属系清白良民，取具五人连环甘结开释。如释放后再窃，原保之亲属照例治罪。如有私自开放及脱逃滋事，将原保之地保、亲属杖责四十，本犯拿获到案，亦杖责四十，照原定年限重新锁带。如有报称患病者，该州县验明确实，准其暂予开释，交原保人领回医治病痊后仍送案补系。如有犯亲老疾，家无次丁者，应由地方官查明取结，照例即行发落，免其锁带。如果限内脱逃复窃，按从前犯案次数并计科断，其有再犯之罪计赃轻于锁带脱逃本罪的，仍各尽本法，从其重者论之。同治十二年（1873），山东巡抚又饬令对凶横怙恶之犯，不必拘定从前一二年之制，即予永远锁带，不准开释。[①]

　　虽然嘉庆后将犯人锁带铁杆、石磴受到了很多总督、巡抚的支持，但该刑罚的执行并未取得预期的效果。道光六年（1826），道光帝谕令在批准直隶总督那彦成对部分匪徒锁带铁杆、石磴的奏请时称，如此后"盗风稍

---

① （清）佚名：《东省通饬》，杨一凡、刘笃才编《中国古代地方法律文献》丙编第13册，社会科学文献出版社，2012，第613～615、616、622、623、667、318～328页。

息"，该督即将旧例规复。① 道光帝希望在以后社会秩序好转时再将锁带铁杆、石礅废除。然而，现实证明，锁带铁杆、石礅的使用远未使"盗风稍息"。即使如此，直到晚清刑罚改革前，也未见各地有废除锁带铁杆、石礅之举。

对犯人来说，锁带铁杆、石礅的使用主要有两个目的。其一为使犯人悔罪自新。这一目的并未实现。正如光绪二十八年（1902）护理山西巡抚赵尔巽所言，各处锁带铁杆、石礅犯人平日游行街市，大多以攫物讹人为生活。在释放后，他们或寻报复，或犯别案。一旦释去杆礅重负，其人反而能身轻步快，更难追捕。在被锁带铁杆、石礅后他们也可能逃脱，转将杆礅别售于人。② 现实中也有恃有铁杆、石礅以为护身之符，故意藉端冲撞、生事的犯人。光绪二十九年（1903），河南知州曹广权说，锁带铁杆犯人攫物讹人、需索吓诈在各地是普遍情况。③ 各地锁带铁杆、石礅犯人不仅大多不悔罪自新，还继续作恶，更加横行，这明显有悖适用该刑时的初衷。

以锁带铁杆、石礅的方式防止犯人脱逃的目的也未实现。正如薛允升所言，因枷号太轻，故改为锁带铁杆，然日久亦成具文，现在锁带铁杆、石礅之犯脱逃者比比皆是，果何益耶！④ 这些事例同时也反映了在锁带铁杆、石礅之犯的生存压力下，官方对他们缺乏有效的管理。只要不离开本境，经常放任其行为。

《点石斋画报》的描写更为生动。在该画报中有一幅描写锁带铁杆贼犯被锁带铁杆后仍行偷窃的图画。该贼犯名王小五仔，因窃案如山被拿获。知县认为，与其将其笞杖，不如禁锢其身，使其不得复萌故态。于是，命

① （清）那彦成：《那文毅公奏议》卷 69，《续修四库全书》第 497 册，上海古籍出版社，2002，第 480～481 页。

② （清）朱寿朋编《光绪朝东华录》，张静庐等校点，中华书局，1984，第 4969～4970 页。

③ 民国《禹县志》卷 1《疆域志》。

④ （清）薛允升：《读例存疑》卷 3，胡星桥、邓又天等点注，中国人民公安大学出版社，1994，第 60 页。

将约重数十斤铁枪一杆系之项与足，俾形影不离。久之，居民悯其苦，不复念其旧恶，每家日给数文钱，日积月累，居然也买房娶妻了。某夜，他技痒又窃，欲从某家墙壁挖洞进入。然而，因为铁枪笨重，运掉不灵，而被事主所获，将其拿送公堂。[①] 知县对该贼的处理意图实际亦欲将其锁带铁杆，使其行动受限，不能继续做贼。[②] 然而，锁带铁杆不仅未能阻止其再行作案，他还因此买房娶妻。锁带铁杆、石礅后犯人居然有利可图，他可以藉以牟利、索诈。

锁带铁杆、石礅的实施还导致发生了一些荒谬的事。光绪初，汤肇熙在任平阳县知县时，听说竟然有愿出钱文若干，顶买铁杆背负者。[③] 现实中还常见冒充犯人，自己锁带铁杆、石礅，冀图"眩人耳目"，乞食度日的。[④]《点石斋画报》有幅图所描写之事很令人无语。有洪某犯案被州县官责令颈锁铁链、肩负巨石。洪某负此二物挨户乞食，该二物在其死后被其二子"乐得而冒袭之"。之所以如此，"以其向铺索钱较易他丐耳"。[⑤]

因为锁带铁杆、石礅的实施未能达到预期，所以，咸丰后该刑实际上未再得到大力推广适用，无论是地域上，还是在具体罪名上。[⑥] 对此，当时各级地方官应该心知肚明，他们主动要求创设新例将犯人锁带铁杆、石礅

---

① 《点石斋画报》戊集·十一期"贼不改志"。《申报》对此也有相关记载，见《贼星照命》，《申报》1885 年 11 月 16 日，第 2 版。

② 美国传教士卢公明说，在福州，这些锁带铁杆、石礅犯人总是把铁棒或石礅放在肩膀上，用手扶住。周围没人的时候，他们可以打开锁链，把负重放在一边（〔美〕卢公明：《中国人的社会生活》，陈泽平译，福建人民出版社，2009，第 186～187 页）。其所言符合某些地方的实际情况。

③ （清）汤肇熙：《出山草谱》卷 2，《四库未收书辑刊》第 10 辑第 4 册，北京出版社，2000，第 644 页。

④ 《假犯藉诈》，《申报》1875 年 10 月 30 日，第 4 版；《假犯送县》，《申报》1884 年 5 月 21 日，第 3 版；《法界公堂琐案》，《申报》1887 年 10 月 16 日，第 3 版；《上海县署琐案》，《申报》1887 年 12 月 18 日，第 3 版。

⑤ 《点石斋画报》甲集·五期"惩办假犯"。

⑥ 锁带铁杆、石礅的使用在光绪年间扩展到各类"棍徒"，其主要原因在于"棍徒"涵盖面广，语义含混，地方官对"棍徒"的认定拥有很大的权力。其他具体罪名却相对不易操作。所以，咸丰后锁带铁杆、石礅很少扩展到其他具体罪名上。

的情况其实并不常见。① 不仅如此，锁带铁杆、石礅在实施过程中还"滋累无已，种种流弊，皆足为地方之害"，终于在光绪二十八年（1902）山西巡抚赵尔巽在奏请各省通设罪犯习艺所时，奏请将锁带铁杆、石礅犯人亦入习艺所内一律办理。② 刑部议复，确定将锁带铁杆、石礅之犯加以监禁，免其锁带铁杆、石礅，俟监禁限满，概行收所习艺工作，实际废除了锁带铁杆、石礅刑。宣统二年（1910）颁行《大清现行刑律》时，锁带铁杆、石礅诸条被尽行删除。

小　结

　　锁带铁杆、石礅是通过让犯人锁带铁杆、石礅的方式标示其犯人身份，限制其一定人身自由的一种刑罚。锁带铁杆、石礅为"困辱刑"。锁带铁杆、石礅在嘉庆前就已存在，嘉庆以降该刑罚在各省的普遍实施始于嘉庆十六年（1811）四川总督常明的奏请。各地锁带铁杆、石礅针对的对象不

---

　　① 可能之前各地将窃盗等犯锁带铁杆、石礅的诉求已经基本得到满足。在实施过程中，虽然锁带铁杆、石礅的效果远不尽如人意，但毕竟也减轻了各级地方官的负担。所以，在晚清刑法改革前也未见各级地方官主动要求废除锁带铁杆、石礅的做法。毕竟效果不彰，各级地方官很少再主动要求将锁带铁杆、石礅的做法运用于更多的具体罪名上。晚清"就地正法"章程的实施也大致如此。在这些问题上，地方官与京城存在博弈，并在博弈中寻找到了彼此可以接受的平衡点。只是晚清"就地正法"章程牵扯到了皇权与人命，锁带铁杆、石礅各条例的实施远不如其敏感。锁带铁杆、石礅只是对五刑的修补。晚清统治阶层只具备根据形势发展的需要修补五刑的能力，不具备主动向近代刑罚体系发展的动力。这种修补的意义非常有限，锁带铁杆、石礅的地位和作用不宜被夸大。晚清著名法学家吉同钧简单概括了清代监禁刑的发展。他说，中国例内有永远监禁并监候待质，及妇女翻控等项酌加监禁之条，历年奏定章程军流脱逃被获分别监禁十年、五年，京城棍徒、天津锅伙监禁十年，又上年本部议复山西巡抚折内定有强盗、抢夺、会匪、棍徒四项分别监禁十年、五年，是监禁一项近年渐次加增［（清）吉同钧：《大清律讲义》卷16，高柯立、林荣辑《明清法制史料辑刊》第3编第55册，国家图书馆出版社，2015，第375页］。该文应作于1904年，其时修订法律大臣伍廷芳和沈家本《删除律例内重法折》尚未出炉。吉同钧虽然说近年监禁一项渐次加增，但其实一共也就那么几条而已（即使再加上省例，有关监禁的规定也不常见）。这几条体现不出嘉庆后监禁刑的发展动力（更不能说晚清刑法改革前监禁已由用刑转变为行刑的主要方式）。而且其所言妇女翻控等项酌加监禁等项并无做工习艺和感化自新的内容，所以，那时的监禁与近现代刑法学意义上的监禁根本就不是一回事。

　　② （清）朱寿朋编《光绪朝东华录》，张静庐等校点，中华书局，1984，第4967～4970页。

同。在《大清律例》中，锁带铁杆、石礅针对的犯人主要分为两类：其一为窃贼等各类匪徒，这类匪徒在各地多为罪止枷杖之犯，在广东、直隶等少数地方也涉及罪应拟徒人犯，后来在部分地区又扩展到罪应军流之犯；其二为部分到配之发遣、充军、流放犯人。

嘉庆以降，锁带铁杆、石礅刑之所以在各省得到了推广实施，首先不能忽略当时的时代背景。这一时代的形成不能简单归过于嘉庆后诸皇帝的个人因素，吏治腐败、人口增长、社会变动、外患纷扰等俱是重要因素。在很多地方官的想象中，锁带铁杆、石礅的使用能使窃盗等案减少，使地方官的审案压力得以减轻。将那些应处徒刑的窃盗犯人锁带铁杆、石礅，更加方便了地方官对他们的管理。将犯人锁带铁杆、石礅，一定程度上减轻了地方官的财政负担。锁带铁杆、石礅的推广实施使地方官在处理窃盗等犯时增加了一种更灵活的处置方法。锁带铁杆、石礅刑的适用实际上增加了州县官的司法权力。州县官上报案件的减少也减轻了督抚的压力。

对锁带铁杆、石礅之发遣、充军、流放犯人的管理，《大清律例·刑律·捕亡》"徒流人逃"等门有详细的规定。对锁带铁杆、石礅之非发遣、充军、流放犯人（即前文所言被锁带铁杆、石礅之窃贼等各类匪徒）的管理，《大清律例》未有明确的规定。各地的管理办法不尽相同。虽然嘉庆后将犯人锁带铁杆、石礅受到了很多总督、巡抚的支持，但该刑罚的执行并未取得预期的效果。现实证明，锁带铁杆、石礅的使用远未使"盗风稍息"。正因为如此，咸丰后该刑实际上未再得到大力推广适用，无论是地域上，还是在适用的具体罪名上。晚清法律改革时，锁带铁杆、石礅之法被废除。

第七章　其他刑罚

第一节　割脚筋

对割脚筋，陈兆肆博士和申巍博士已经有了比较详细的研究。[①] 陈兆肆博士主张割脚筋刑来源于满洲旧刑，申巍博士则重点讨论了康熙末割脚筋刑被重新合法化的原因。虽然先前一些朝代存在割脚筋的做法，但清入关后的割脚筋刑的确"沿自盛京定例"。[②] 虽然如此，我们也不能忽视中国传统观念的影响。比如康熙帝晚期和乾隆帝命令对犯人割脚筋时有时也用到了割"懒筋"这样的词语。割脚筋时"懒筋"一词的使用使割脚筋有了更为明确的指向意义，即主要指向窃盗等那些不以正常劳动为生的人。"筋"字在《说文解字》《释名》等古代字词典中被解释为肉之力、气之元，意即人体需要筋来支持，人体之气由筋产生。[③] 在传统中医领域，身体之气在人

---

① 陈兆肆：《清代"断脚筋刑"考论——兼论清代满汉法律"一体化"的另一途径》，《安徽史学》2019 年第 1 期；申巍：《清康熙朝起用断脚筋刑原因之探究》，《山西警察学院学报》2020 年第 4 期。

② 与割脚筋相比，在清入关前后，贯耳鼻的使用更常见。

③ 晚清蒙书《绘图识字实在易》将"筋"解释为"生在肉里，力气都从筋生出来的"。见《绘图识字实在易》第 9 册，上海彪蒙书室，光绪三十一年（1905），第 113 页。

体中的作用极大。① 筋因此在中国古人心目中占有重要地位。筋实际为肌腱。② 脚筋对每个人来说可见可感，其在汉语中常与力量、勤劳相联系。对不运动、不勤劳的人，人们常以偷懒筋来形容；对偶尔偷懒的人，人们常称其长懒筋。清代官员请求调理、致仕时，筋的问题是最常见的原因之一。③

脚筋系脚踝两端之后的肌腱，人的行走、跑、跳等行为离不开这条肌腱强有力的支持。一旦脚筋被割，人不仅会行走困难，也基本丧失了劳动能力。嘉庆十一年（1806），陕西富平县某调奸罪人被人割断脚筋。在本案的官方话语里，脚筋被割断很自然地与"成废"连接在一起。④ 官方话语并未言明成废的具体表现，似乎割断脚筋后人自然就"成废"了。乾隆十年（1745），湖南巡抚杨锡绂在揭报乾隆九年承追赃赎银数时提到某拟遣之犯染患风寒，两足筋缩，已成废疾，因此将其收赎。⑤ 两足之筋并未被割，只是筋缩就被官方视为废疾。清初著名律学家沈之奇认为，废疾者，或折一手，或折一足，或折腰脊，或瞎一目，及侏儒、聋哑、痴呆、疯患、脚瘸之类皆是。⑥ 其观点被薛允升《读例存疑》所引用。由此可见，在清人的眼中，将人割

① 在中国古代的中医理论中，气被认为是诸痛、百病产生的根源，即"诸痛皆因于气，百病皆生于气"［见（明）王肯堂《证治准绳（一）·杂病证治准绳》，倪和宪点校，人民卫生出版社，2014，第 81 页］。晚清蒙书《绘图识字实在易》在解释"气"字时引用了先秦《文子》"气者，生之元也"的观点［《绘图识字实在易》第 9 册，上海彪蒙书室，光绪三十一年（1905），第 19 页］。晚清蒙书《正蒙字义》用"气散曰死"释"死"字［（清）吴淞：《正蒙字义》卷下，光绪二十七年（1901）刊本］。这些都显示了"气"的重要性。筋被认为系"气之元"，这更加显示了筋的重要性。

② 清末著名中西汇通派医家朱沛文说，洋医论筋约分二种："一曰脑筋者。由脑而生……一曰肉筋者，附病而生，坚韧光白，络联周身，以助肉之运动焉。洋医之脑气筋中医所未言。中医之十二经筋殆洋所谓肉筋也"［（清）朱沛文编撰《华洋脏象约纂》，广东科技出版社，2014，第 293 页］。脚筋属于肉筋。

③ 对筋的症状描述有筋力衰弱、筋脉不舒、筋骨挛痛、筋力酸软、疯痰缠于筋络等。筋在症状中的反复出现也说明了筋在中医体系中的重要性。筋被割断后人的生存状态必定会大受影响。

④ （清）吴坤修等编撰《大清律例根原》卷 103，郭成伟主编，上海辞书出版社，2012，第 1655 页。

⑤ 张伟仁主编《明清档案》A140-1。

⑥ （清）沈之奇：《大清律辑注》卷 1，怀效锋、李俊点校，法律出版社，2000，第 63 页。

断脚筋、筋缩等同于折足。同时可见筋在人身体中的重要作用。

康熙帝和乾隆帝"懒筋"一词的使用也说明了其所受到的中国传统观念的影响。只是割脚筋在当时被视为肉刑，康熙末立法时只将割脚筋的使用范围明确限制在几个不常见的场合（见图30）。

图30　外销画中的割脚筋

注：乔治·亨利·梅森《中国的刑罚》中的脚筋图系割断，此图应系挑断脚筋。从《清高宗实录》等材料中所见相关事例来看，割断、挑断的情况都有。

雍正三年（1725），雍正帝认为，割脚筋例于律例似乎无益，因而谕令将窃盗、逃人等割脚筋例废止。[①] 乾隆三年（1738），刑部题准将涉及割脚筋两条条例进行修改，将条例中割断两只脚筋和一只脚筋的刑罚分别代之以流、徒之刑。[②] 由此也可见，在此之前在统治阶层眼里，割脚筋与徒刑、流刑等同，在刑罚体系中系属重刑。乾隆三年后，至少在国家律例层面不再有割脚筋的刑罚了。地方官将犯人割脚筋的行为系擅用非刑（法外刑罚），根据《钦定吏部处分则例》的相关规定，地方官应被革职。[③] 光绪十六年（1890），贵州署镇宁州知州唐昭敬在被上级发现其有将犯人抽割脚筋

① 《定例成案合镌续增》，杨一凡《清代成案选编》甲编第6册，社会科学文献出版社，2014，第25页。

② 光绪《大清会典事例》卷723《刑部·名例律·五刑》。

③ （清）沈贤书、孙尔耆校勘《钦定吏部处分则例》卷50《刑·用刑·擅用非刑》，光绪二年（1876）照部新修。

的行为后，正是适用了《钦定吏部处分则例》"擅用非刑"例的相关规定而被革职。[①]

乾隆三年后，乾隆帝自己仍然时常明确谕令割断一些犯人的脚筋。如乾隆三十九年（1774）九月，为防止山东教会起义领袖王伦的义子杨佩在管押解京途中逃脱，乾隆皇帝谕令将其懒筋挑断。[②] 乾隆五十一年（1786），在处理伙同入署杀官之凶犯时，为防止又有抢劫脱逃情事，乾隆帝谕令将暂留质讯之许三等十四名剔去脚筋。[③] 这些都是个案，并非常态。在一些具体事例中，将犯人脚筋割断俱出于防止其中途脱逃的考虑，割脚筋的对象并非窃盗。在清代，皇帝拥有最高的司法权力，其有权力命令官员将犯人割断脚筋。虽然如此，乾隆帝有关割脚筋的谕令并未成为定制，不能在类似案件中被援用。

虽然乾隆三年已废止了割脚筋之刑，但地方官实际仍经常有割脚筋的行为。如道光八年（1828）二月时，安徽阜阳县知县周天爵被人参奏残酷不仁，曾将犯人脚筋割断。两江总督蒋攸铦查明该知县在将抢夺犯人招解时，恐其疏脱，曾饬差役将其脚筋割断。蒋攸铦复奏时认为，该知县不应将抢夺犯人割断脚筋，请求皇帝将其交部议处。道光帝认为，该知县将犯人割断脚筋并非残暴之事，系属小过，自可宥除，该知县毋庸交部议处。[④] 由此事例可知，割脚筋在当时确为非刑，但我们不能因为其系非刑而否定其在当时现实中的存在。在道光二十四年（1844）刊印的《重刊补注洗冤录集证》一书中附有《附刊急救方》，其中一方为筋断后的续筋之法。该方曰：唐张鷟《朝野金载》云，筋断者，取旋覆花根，绞取汁，涂点断筋之两头，即续如故。积贼之割脚筋者多用此法。[⑤] 这说明割脚筋在当时主要针对积贼（非小窃）。积贼在被

---

① 《光绪十六年七月十一日京报全录》，《申报》1890 年 9 月 4 日，第 12 版。

② 《清高宗实录》卷 967，乾隆三十九年九月己卯。

③ 《清高宗实录》卷 1262，乾隆五十一年八月甲辰。

④ 《清宣宗实录》卷 152，道光八年二月壬午。

⑤ （宋）宋慈：《重刊补注洗冤录集证》卷 5，王又槐增辑，李观澜补释，道光二十四年（1844）翰墨园四色套印本。

割脚筋后并非无药可救。①晚清《申报》的很多报道也证实了当时现实中确实常见地方官将犯人割脚筋的做法。如光绪十八年（1892），为防止已被拿获的朱二、张六两名大盗逃脱，直隶总督李鸿章命将其脚筋割断，然后解送京城，交刑部审办。②《申报》的众多事例证明了当时割脚筋在各地的普遍存在，被割脚筋者多为窃贼。③被割脚筋的原因主要为防止其再犯，其次为防止其脱逃。直隶总督李鸿章甚至在将犯人割断脚筋后解交刑部审办，他好像并不担心其可能会受到刑部对其非刑的指责。

　　道光、咸丰年间的云贵总督吴文镕亦是如此想法。针对贵州盗风之难平，他认为，抢劫、磕诈等犯无死法而有死理，应将其置之不死不活之间，或断其胫④，或割其脚筋，或抉其目，狠心辣手，使阖邑闻而知惧。一邑如斯，通省皆然。此等凶徒，尽管按例牌详办，而酌量废其五官、四肢、一体，以笃疾报免解审，官不累而犯真苦，法亦尽，庶使闻之者稍知畏惧。⑤他将那些不这样做的地方官称为实无疾恶之心，念不及此。其作为地方总督大员，甚至私下鼓励其属下实践那些明显违背《大清律例》的做法。刑部权威、著名法学家薛允升认为，康熙五十二年所定行将拿获的在畅春园周围等地偷窃之贼割断懒筋之例，虽然处罚过严，究系使人不敢犯窃之意，亦古法也。此后，对犯人一味从宽，而此辈益不知戒惧矣。水濡则玩，此之谓也。⑥由此可见，薛允升主张对窃盗等犯施加重刑，即使施加肉刑，亦不为过。

――――――――――

　　①　清代笔记《亦复如是》说，尝见四川捕得匪徒即割断脚筋，并截去寸余。盖不截去即能以药续好如故云。即截去亦有能以猪、羊筋续者，惟截去过长，则不能续耳。筋断能续，药诚神效，惜不知为何药。缘匪徒等不轻以此药告人也。见（清）青城子《亦复如是》卷3，重庆出版社，1999，第92页。

　　②　《北通近事》，《申报》1892年12月30日，第2版。

　　③　晚清来华澳大利亚人莫里循认为，挑断脚筋或敲碎膝盖骨的处罚也相当普遍，特别是针对那些试图逃跑的犯人。如果脚腱被斩断，其可以通过移植山羊脚腱的方法来治疗。见〔澳〕莫里循《1894年，我在中国看见的》，李琴乐译，江苏文艺出版社，2013，第115页。

　　④　晚清蒙书《绘图识字实在易》将"胫"解释为"脚后跟的骨头"。《绘图识字实在易》第9册，上海彪蒙书室，光绪三十一年（1905），第116页。

　　⑤　（清）吴文镕：《吴文节公遗集》卷66，《清代诗文集汇编》第575册，上海古籍出版社，2010，第437～438页。

　　⑥　（清）薛允升：《读例存疑》卷28，胡星桥、邓又天等点注，中国人民公安大学出版社，1994，第465页。

吴文镕（代表地方官）、薛允升（代表刑部）的话语说明，即使割脚筋之刑在国家律例层面被废除，割脚筋等刑的存在在官场仍有深厚的基础，尤其在晚清特有的社会背景下。

在前举《申报》报道的众多事例中，将犯人割断脚筋的州县官之所以未被处分，系因其官场上级和同僚的不揭发，或者说其上级和同僚实际默认了其做法。光绪二十九年（1903），两广总督德寿对广西平南县知县张棠荫的态度即如此。张棠荫被人参劾"性近严刻"。德寿回奏称，平南县向多恶匪，罪不至死，或割抽脚筋，历任公然，非自张棠荫始，而地方赖以慑服。① 张棠荫和其前任的割抽脚筋行为得到了总督德寿的庇护，德寿对京城并不隐讳属下存在的割抽脚筋行为。光绪十六年（1890），贵州署镇宁州知州唐昭敬因其在处理一件盗案时并未按照规定录供通报上级而被上级发现。在上级调查时，又发现其将本案三名案犯抽割脚筋、一名案犯站毙和一名案犯私自斩枭的事实。唐昭敬将案犯抽割脚筋之事系被他事牵连发现，并非由其同僚主动揭发。② 《申报》所公开报道的州县官将犯人站笼处死的事例更多，却很少见到州县官因此受到处分。将犯人站笼非刑处死尚且如此，将犯人割断脚筋的情节更轻。我们现在在进行研究时没有必要主观认定当时官员在处理司法事务时存有十分理性，认为其必须绝对遵守《大清律例》《钦定吏部处分则例》等官方的规定，否则会受到处分，影响仕途云云。如果我们主观认定当时官员在处理司法事务时全依律例进行，那么当时普遍存在的讳命、讳盗等现象该如何解释？为什么会有那么多的冤案？审案中的贪污腐败行为、官场中的官官相护行为又该如何解释？

官员也是具体的"人"，都有自己的感情和想法，自己的感情和想法都会随着时间和空间的变化而变化。他们都有相应的权力，在处理案件时会权衡利弊，斟酌再三。他们熟知遵守律例给自己带来的不利后果，不遵守律例可能还会规避更多的不利后果。他们对各种案件的审理本身就是一个

---

① 《粤督德静帅奏复查明广西官幕被参情形折稿》，《申报》1903 年 5 月 16 日，第 1 版。
② 《光绪十六年七月十一日京报全录》，《申报》1890 年 9 月 4 日，第 12 版。

博弈的过程。为使自己的利益最大化，他们经常不遵守律例的规定。即使其不遵守律例规定的行为为上级知晓，其上级也不一定必然会揭发，毕竟晚清官官相护的现象普遍存在，上下级之间经常存在或多或少的利益关系。很多官员对案件的处理明显违背律例，在今人看来甚至是非常不理性的。除了前引云贵总督吴文镕私下鼓励属下将犯人割脚筋的事例外，类似事例非常之多。又如道光二十三年（1843），署陕甘总督李星沅在和别人谈话时说，当查拿刀匪时，必邻封合力治拿，不分彼此，一经获案，痛责成废，匪徒或可知儆。只将其拟军流罪名，这又有何益处？① 道光后期，督抚贺长龄说，盗贼处分，必应为州县宽之，并面谕各属，凡地方匪类，可以意惩创之，勿拘例文，如军流等罪，匪类全不知畏，而官转添招解之费，不如痛加惩处，官无费而民知畏也。国家之有律令，凡以劝善惩恶，我辈得其意不必泥其文也。② 樊增祥在光绪后期出任陕西按察使。他曾对属下说："向来治刀匪之法，重则杖毙，轻则系石。若照例详办，则宪幕之驳斥，罪犯之翻供，案证之拖累，招解之繁费，有不胜言者。死法而活用之，缓狱而速成之，老手灵心，往往于不合例之中而有极快心之举，特难为初学及不知者言耳。"③ 虽然李星沅、贺长龄、樊增祥他们在说话时的出发点不同，但意思却大致相同。意即为了惩治匪徒，不要拘泥律例的规定，即使使用了使其残废（乃至致死）的手段也不为过。为达目的，他们甚至鼓励属下使用极为残酷的非刑手段。明显偏离律例的非刑手段在州县官那里同样常见使用。在《申报》中，州县官在不请示上级的情况下使用非刑，将人站毙、杖毙的事例非常之多。同治、光绪时期的广东州县官杜凤治曾数次将人站毙、钉死。④

---

① （清）李星沅：《李星沅日记》，袁英光、童浩整理，中华书局，1987，第479页。
② （清）贺长龄：《耐庵文存》卷6，（清）贺长龄《贺长龄集》，雷树德校点，岳麓书社，2010，第561页。
③ （清）樊增祥：《樊山政书》卷13，《官箴书集成》第10册，黄山书社，1997，第274页。
④ 《申报》之《非刑说》的作者说自己宦浙时，每遇乡民争讼，平其曲直，应答杖者询知未受刑，必屈法贷之。如衙役舞弊、地棍犯案往往加以非刑，盖非此不足以蔽辜也。尝谓若辈之稔恶，虽杖毙亦不为过（《非刑说》，《申报》1876年5月9日，第1版）。他在当时颇具影响的《申报》中并不隐讳自己曾有过非刑经历。

虽然他们的话语在今人看来非常不理智，但结合当时的社会背景，一方面，可以说，他们的话语正是当时盗贼充斥的社会形势和惩治盗贼之法穷尽的直接反映，是"治乱世用重典"的体现，① 也是地方督抚司法权力增加、中央制衡减少的体现。另一方面，我们不能因此走向另一极端，认为晚清是一个酷吏遍地的时代，或者认为对盗贼尽用重典。晚清社会非常复杂，当时多武健严酷之吏是事实，② 同时也应该看到，各地普遍存在放纵盗犯的现象。现实情况复杂，其原因或者因为州县官受到"积阴功""救生不救死"等办案观念的影响（或者就是博宽厚之名）；或者因为存在盗案难破，盗犯难获，为规避盗案处分，州县官想办法将强盗曲意周旋，从轻发落；或者为省费（招解等费）、省事（如果按律处理，后续文书多、周折多）起见，往

① 当然，这不是说道光以前就没有类似的话语。如乾隆、嘉庆时期汪辉祖就曾说，剽悍之徒生事害人，此莠民也。不治则已，治则必esj使之畏法，可以破其胆，可以铩其翼。如不严治，不如且不治。盖不遽治，若辈犹惧有治之者，治与不治等。将法可玩而气愈横，不至殃民，罢辟不止，道德之弊，酿为刑名。（清）汪辉祖：《学治续说》"治莠民宜严"，《官箴书集成》第5册，黄山书社，1997，第303~304页。不同的是，汪辉祖的说法更加隐讳。道光前类似的说法也少很多。这是时代不同的缘故。

② 虽然晚清谴责小说《活地狱》以揭露当时的司法黑暗为主题，但其也只是说："做官的人千百之中真正肯下得辣手的也不过一二。而且这般酷吏若非遇见真正强盗，也用不着他那种辣手。"因为乡愚无知，偶然犯了国法，到得堂上，断无不赖之理。只要随常的刑法，或是鞭背，或是掌颊，不销费事，他熬刑不过，不怕他不招。做官的有好有歹，有酷吏，就有循吏。循吏固占少数，酷吏亦不占多数〔（清）李伯元：《活地狱》卷3，王燕辑《晚清小说期刊辑存》第12册，国家图书馆出版社，2015，第351~352页〕。如前文，正常州县一年可能连十件通详案件都没有，通详案件基本就是命盗重案。所以，每年没有几个可称得上真正强盗可供酷吏施其辣手。晚清酷吏多是事实，但可能远不如我们现在想象中的那么多。另外，我们也应该看到，深受儒家影响的地方官以父母官自居，对百姓兼有宽厚与严厉的态度，这并不矛盾。正如清初大臣姚文然所说，父母之于子也，势不能无有朴责，朴责者或乘其怒而毙其子焉〔（清）姚文然：《姚端恪公文集》卷18，《清代诗文集汇编》第75册，上海古籍出版社，2010，第343~344页〕。《申报》的《论处置地棍》一文也说，自来贤能官吏生平爱民如子，不忍以严酷为威，而于棍徒则有独见其风行雷厉、有犯必惩、不稍宽贷且有治以严刑，甚或置之站笼将其站毙者（《论处置地棍》，《申报》1893年3月15日，第1版）。因将棍徒站毙就将地方官称为酷吏可能也有失妥当。前引道光时周天爵的事例很有代表性。《申报》的《书本报留心民瘼后》等文虽然也说周天爵严刑酷罚，但更称扬其留心民事的做法（《书本报留心民瘼后》，《申报》1876年9月23日，第1版）。所以，对州县官来说，在当时的背景下，严酷或许有之，但或系不得已而用之，只要存心为民，有实政，酷吏不能成为一个官员的标签。

往将命盗等案改重就轻。① 司法实践中也存在地方官觉得确实情轻法重而将盗犯减死的现象。② 现实中经常见到官场对放纵盗犯做法的批评。③ 这至少

_____

① （清）贺长龄：《耐庵公牍存稿》卷2，（清）贺长龄《贺长龄集》，雷树德校点，岳麓书社，2010，第355～356页；《清刑部通行饬令汇存》第2册，全国图书馆文献缩微复制中心，2005，第798～799页；（清）王榕吉：《请盗案仍照原律定拟疏》，（清）盛康编《皇朝经世文续编》卷100，台北文海出版社，1972，第4517～4518页；《论江右某铺捉贼事》，《申报》1880年7月21日，第1版；等等。

② 如光绪末裴景福说，粤中讯盗有情轻法重者，问官每将犯供酌改数字，以就例案。这虽属失出，究系仁者之过。情既可原，强盗例内必有可引之条，亦非问官故生之也 [（清）裴景福：《河海昆仑录》卷2，台北文海出版社，1986，第168页]。虽然他说这话时没有任何背景，但很明显针对的是官场普遍存在的"救生不救死"现象。裴景福说得比较隐讳，道光年间何耿绳说得更直接。他说，凡问强盗，固不得有心姑息，曲为开脱。其预谋行强者，死不足惜。其临时行强者倘非有强形显著，要当存求其生而不得之心 [（清）何耿绳辑《学治一得编》"例案简明"，《丛书集成续编》第32册，台北新文丰出版公司，1988，第579页]。既然已临时行强，就是强盗，只是其未强形显著，所以，可以贷其一死。何耿绳未免前后矛盾。一方面，强调对强盗不要"有心姑息，曲为开脱"；另一方面，将非有强形显著的强盗减死，这难道就不是"有心姑息，曲为开脱"吗？总之，治乱世用重典主要是立法上的主张。前文所引"立法严，用法宽"在现实中影响很大。即使到晚清时期，立法严也不影响地方官用法宽的现实。

③ 如道光三十年（1850），御史福昌奏称，办理盗案，照例，强盗已行而但得财者无论首从皆斩，至于在外接赃把风之犯皆拟情有可原，改为免死发遣，原为法外之仁。乃近来每遇盗案，如同伙二十人，拿获到案法所难宥者不过三四人，其余俱以在外接赃把风情有可原为词开脱，而所问法所难宥者，非谓其监病故，即谓其在逃。伏思强盗结伙抢劫，原恃人多势众，岂有入室搜赃者转少，在外把风接赃者转多，殊不足以成信谳。刑部承认各省盗案声叙情有可原者固多，于是，请旨饬下各督抚严饬所属，遇有强盗重案务须悉心研鞫，据实惩办，不容稍滋宽纵（《清刑部通行饬令汇存》第2册，全国图书馆文献缩微复制中心，2005，第797～798页）。刑部只是在例行公事，并无实际意义。同治四年（1865），江苏按察使郭柏荫称，各属获办盗案，从前往往援情有可原之例声请免死发遣。自咸丰五年严定章程以后，各州县知在外把风接赃之犯亦应一律拟斩，不能再援此例。于是，又为盗犯想一开脱之法。或称临时畏惧，或称临时患病，或称在船看守，并未同行上盗，而盗犯遂得拟徒流，较之遣罪更轻矣。殊不知临时畏惧及患病不行，此不过偶有之事，且上盗行劫所恃人多，既无威吓事主，复可多取赃物。即有在船看守者，亦不过一二人而已。乃各州县缉获盗犯往往以并不同行上盗为词。如江都县详事主陈振鳌被劫一案，拿获盗犯何得胜等三名。仪征县详事主古长泰被劫一案，拿获盗犯曾麻子等四名。非畏惧不行，即在船看守，竟一无上盗行劫之犯，殊出情理之外。朝廷欲严办盗匪，不准以情有可原声请免死发遣，而各属竟愈开轻纵之门。在该州县何厚于盗匪而必欲曲为开脱耶？岂欲博宽乎之名而不顾闾阎受害耶？[见（清）佚名《江苏省例初编》，杨一凡、刘笃才编《中国古代地方法律文献》丙编第11册，社会科学文献出版社，2012，第573～574页]。由此可见，当时州县官在处置盗案时，放纵盗犯的做法是普遍情况。在办理盗案文书的书写上，还存在将盗案减死的套路。当然，前引事例显示，地方官尚能将其视为盗案，在办理时尚能在律例的框架内将其轻减，上级也能知晓该盗案的存在。现实中普遍存在改强（盗）为窃的现象，将盗案按照窃案处理，上级经常无从知晓该盗案的存在。

说明地方官放纵盗犯的做法在当时是普遍存在的。所以，晚清官场对盗贼的处理实际上是两极化：一方面，重典治盗；另一方面，放纵盗犯。这并不矛盾。地方官对盗贼到底采取哪种措施，既取决于地方官本人的态度、想法，也受到上级态度、想法的影响，还受到了当时当地社会的影响，[①] 不能一概而论。拥有话语书写权优势的京城官员、省级大员一般主张重典治盗（"立法严"），反对放纵盗犯。这是在立法上有关贼盗条例刑罚不断加重的重要原因，也是给我们以晚清对盗贼尽用重典假象的主要原因。即便如此，还是有一些省级大员经常教导下属在办案时心存宽恕。如光绪中期刚毅在任山西巡抚时所辑《审看拟式》就说，朝廷立法不得不严，我辈行法不得不恕。但有一线可宽，须存慈祥之念。欲救其人，亦要叙出一番可矜道理。不可左遮右掩，支离牵合，反因弄成重案。[②] 这同时说明地方官在办案时存在加工案情的情况，从而达到或严或宽的结果。无论是京城官员，还是省级大员，还是州县官，都不是铁板一块，不可能对治盗、审案等司法事务抱有一致的主张。我们在讨论类似问题时应充分注重人、事的不同，关注到场合和区域的差异。[③]

另外，督抚等省级大员对下属的放纵盗犯行为也无可奈何。[④] 因为那些办案文书早已经过加工打磨，他们"驳之无隙"。州县官在书写案情时存在

---

① 如光绪六年（1880），署江苏按察使说，近来徐州、淮安、海洲三属盗犯，先请处决者岁以数百计，竟无一案解勘者〔（清）佚名：《江苏省例三编》，杨一凡、刘笃才编《中国古代地方法律文献》丙编第13册，社会科学文献出版社，2012，第71页〕。这与徐州、淮安、海洲三地的区域社会有直接关系。《大清律例》中有几条有关徐州、淮安、海洲等地区的加重惩罚专条。

② （清）刚毅辑《审看拟式》"叙供法"，杨一凡编《古代折狱要览》第14册，社会科学文献出版社，2015，第280页。如前文，立法严、行法宽的说法在明清时期很有影响。

③ 比如无论是地方官放纵盗犯，还是决定使用站笼等非刑手段将人处死，他们肯定已经反复权衡了各种利害关系。不是必然在处理盗案时直接放纵盗犯，或者直接使用站笼将其处死。

④ 例如同治年间广东巡抚郭嵩焘向皇帝奏称，叶名琛在任两广总督时搜捕余匪至数十万人，地方安静四五年之久。洋人入城，变端骤起，而土匪无称乱者，良由各州县纵盗养奸，酝酿太深，一经惩创，亦可少收其效。而当时盗风稍获止息，转瞬又加炽者，实以例文拘牵太甚，中材以下，以循例为能，一时之整顿，万不能敌数十百州县之酝酿〔（清）郭嵩焘：《郭嵩焘全集》第4册，梁小进主编，岳麓书社，2012，第165页〕。郭嵩焘作为督抚大员，一方面主张重典治盗。另一方面，他又认为，虽然有个别大吏的一时整顿，也敌不过数十百州县之纵盗养奸。这也说明当时对盗犯从轻处理的普遍性。

"移情就例"的情况，所以，州县官对盗犯的放纵，经常是在符合律例规定的框架内进行的，至少表面上看并非曲法放纵。或者他们对下属的办案文书根本就不认真详细推勘，甚至徇庇属员，回护原审，非替其巧为弥缝，即多方掩饰。其能平反更正者甚至达到了百无一二的程度。① 官场早已形成了官官相护的利益共同体。在晚清吏治败坏的大背景下，虽然间有一二大吏刻意整顿，也无济于事。

第二节　贯耳鼻

在《说文解字》等古代字典中，"贯"字常被解释为"穿"。贯耳鼻，即将犯人穿耳、穿鼻。贯耳鼻刑，是用箭刺穿犯人耳朵和鼻子的刑罚。有时也被称为剌耳鼻、穿耳鼻。清入关前常见贯耳鼻之刑。② 贯耳鼻之刑为次死之刑，适用于窃盗、抢夺等很多罪名。贯耳鼻之刑的存在可能与满洲人的生活方式有关，③ 也可能与其"出则为兵，入则为民"的八旗制度设计有关。箭既是其作战武器，也是其狩猎工具，平时很常见。贯耳鼻之刑的实施不意味着犯人须同时贯耳、贯鼻，对罪行稍轻之人经常只贯耳。④ 清入关前还存在割耳刑，割耳刑要重于贯耳鼻之刑。⑤

前代也有贯耳之刑。比如《左传》载，春秋时楚君将围攻宋国，派子玉在蒍地练兵。子玉一整天才完成，在练兵中曾"鞭七人，贯三人耳"。⑥ 贯耳即"聅"。《说文解字》认为，"聅"系军法，以矢贯耳。聅刑与贯耳

---

① （清）赵舒翘：《慎斋文集》，闫晓君整理，法律出版社，2014，第58页。

② 张晋藩、郭成康：《清入关前国家法律制度史》，辽宁人民出版社，1988，第530页。

③ 王千石、吴凡文：《清入关前的法文化》，中国政法大学出版社，2015，第222~223页。

④ 如天命八年（1623），努尔哈赤命将私藏金珠之额尔德尼夫妇即行正法，情节较轻之人鞭责一百，并贯其耳鼻，情节更轻之人鞭责五十，并贯其耳（金梁辑《满洲秘档》，台北文海出版社，1966，第81~83页）。贯耳鼻、贯耳与鞭责数量之间并无固定的对应关系。

⑤ 《清太宗实录》卷20，中华书局，1985，第270页。

⑥ 《春秋左传正义》，（周）左丘明传，（晋）杜预注，（唐）孔颖达正义，浦卫忠等整理，北京大学出版社，1999，第435页。孔颖达正义认为，耳系助语。后人对此多有异议。笔者也不认同孔颖达的观点。

类似。沈家本认为，刵刑古已有之，只是系军法而已。① 沈家本既强调了刵刑的军法性质，其话语实际也隐含着清朝存在的贯耳刑与前代的贯耳刑有联系之意。只是在清入关前贯耳刑的存在原因与其自身的八旗制度更有关联，与前代的联系较小。

可能因为过于残酷，贯耳鼻之刑不能适应满洲疆域扩大后治理人民的需要，在天命七年（1622）时，诸贝勒曾议定废止刺耳鼻之刑。② 然而，此后贯耳鼻之刑实际上仍被大量使用。如在天聪六年（1632），皇太极便谕令，兵丁出猎行兵，起行之日，不得饮酒。如有离纛后行，为守城门及守关人所执者，贯耳以徇。③ 崇德三年（1638），皇太极又谕令，凡大军起营时，各按牛录旗纛整队而行。如有一二人离队往来，寻索遗物，及酗酒者，皆贯耳。④ 这些场合的贯耳刑都与军法有关。只是因为八旗组织既是军事组织，也是民事管理单位，所以，军法与寻常司法不易区分。

清入关后，因为所辖民众更加复杂，贯耳鼻之刑可能已经渗透进寻常司法领域内。⑤《清史稿·刑法二》说，过误杀之赔人，窃盗之割脚筋，重辟减等之贯耳鼻，强盗、贪官及窝逃之籍家产，或沿自盛京定例，或顺治朝偶行之峻令，不久革除，非所论也。⑥ 重辟减等即为死罪减等。《清史稿·刑法二》此处所论俱为寻常司法领域内的刑罚适用问题。至迟顺治元年（1644）五月时贯耳刑就出现在了寻常司法领域。当时正黄旗尼雅翰牛录下三人屠民家犬，犬主人因拒绝被射杀，其家人向官府告发了此事。最后，摄政王多尔衮下令将射箭之人斩杀，余各鞭一百、贯耳鼻。并下令，凡强取民间一切细物者鞭

---

① （清）沈家本：《历代刑法考》（附《寄簃文存》），邓经元、骈宇骞点校，中华书局，1985，第196页。

② 中国第一历史档案馆：《满文老档》，中华书局，1990，第387页。

③ 光绪《大清会典事例》卷581《兵部·出征·军令一》。

④ 光绪《大清会典事例》卷581《兵部·出征·军令一》。

⑤ 顺治二年（1645），监察御史廖攀龙说，今律因未定，止有鞭、立决二法，未尝不称简便。对鼠窃鹑奔之辈和讠误株连之类，罪应徒流，或止答杖者，有时概行立决，得无失之太重耶？〔（清）廖攀龙：《襄治四要》，罗振玉辑《皇清奏议》卷1，张小也、苏亦工点校，凤凰出版社，2018，第22～23页〕所以，当时贯耳鼻之刑即使已经渗透进寻常司法领域内，其也应该不常见。

⑥ 赵尔巽等：《清史稿》卷143《志一百十八·刑法二》，中华书局，1977，第4198页。

八十，贯耳。① 此处鞭一百、贯耳鼻轻于斩杀（重辟）一等，说明贯耳鼻在当时仍被视为重刑。贯耳鼻等刑罚的肉刑性质很难被当时的汉族民众所接受。顺治三年（1646）三月，刑部奏称，凡重辟减等者，鞭一百、贯穿耳鼻。奉旨，耳鼻之在人身最为显著，贯穿耳鼻之刑永行革除。②

有人认为，顺治三年（1646）顺治帝即降旨将贯耳鼻之刑除去。因为贯耳穿鼻将给人留下终生难以消失的痕迹，这种做法不仅是对人身体的摧残，更重要的是与儒家文化严重对立。即便清代地方官肆意妄为，不可能冒天下之大不韪授人以柄。贯耳鼻之刑会让受害人留下证据，只要受害人上控，则实施这种刑罚的官员本身也难逃法律的追究，违法成本太大，不可能仍旧贯耳。该观点过于武断。实际上，顺治三年后，贯耳鼻刑仍在使用。如在顺治三年三月永远革除贯耳鼻之刑之后仅仅几个月内，江苏吴江县典史高士杰便因故受到了照满洲法鞭一百、耳鼻三箭，免死的处罚。③ 既名三箭，应该系双耳和一鼻各贯一箭。被贯耳鼻之典史高士杰应系汉人，其羞辱、疼痛感觉更甚。

顺治三年后，贯耳鼻的说法逐渐被插耳箭取代，插耳箭的使用增多。其主要出现在两个场合：军法领域和寻常司法领域。军法领域内的插耳箭常见使用。晚清《申报》某文说，夫军营定例，勇丁有犯营规，则责以军棍，或插耳箭，游街示众，其甚者请军令正法。营中除军棍之外，别无刑具。④ 民国时期，光绪举人徐珂说，清代军令森严，于斩之外有特定之刑。以杖扑腿，曰军棍，将备有罪，虽官至记名提镇亦不得免。而至惨者为兵士所插之耳箭，贯耳以铁针，使之游行街市，贷其一死，犹为法外之仁。予于光绪中叶屡见之。⑤ 军棍责打、插耳箭、处决便成为清代军法中的最主要刑罚，并形成了轻重等级关系。犯人被割耳也比较常见，这实际上也可

① 《清世祖实录》卷5，顺治元年五月癸巳。
② 《清世祖实录》卷25，顺治三年三月戊子。
③ 《明清史料》己编上册，中华书局影印本，1987，第18页。
④ 《书金陵某营官刑毙勇丁事》，《申报》1881年4月1日，第1版。
⑤ 徐珂：《五刑考略》，《丛书集成续编》第52册，台北新文丰出版公司，1988，第651页。

被视为贯耳鼻刑的发展。耳朵系人体醒目处，将箭插耳或割掉耳朵，主要系羞辱犯人。插耳箭又常伴以游营示众、游城示众等内容，示众的同时亦警诫了其他人。插耳箭的具体执行方式因地而异。一般表现为：在犯人的耳朵上插以小箭。插耳箭所用之箭非打仗所用之箭。

乾隆帝也说，插耳箭惟以惩创盗窃，或军营之内违犯号令，则藉以警众。① 这至少说明至迟乾隆十二年（1747）时，军法之外，在惩创盗窃时，插耳箭常见使用。《大清律例》有三条条例涉及插耳箭，插耳箭的对象实际俱为兵丁。其插耳箭的事由不尽因为军事原因，只是因为其士兵的身份而被插耳箭。如其中一条例规定，凡捕役、兵丁、地保等项在官人役，有稽查缉捕之责者，如自行犯窃罪，应军、流、徒、杖，无论首从，各加枷号两个月，兵丁仍插耳箭游营。这三条有关插耳箭的条例俱产生于康熙之后。

《申报》某文比较详细地描写了某兵丁被插耳箭的过程。该过程为：以两小箭各穿其双耳，箭上用尖角小黄旗书其姓名、姓氏，风吹旗动，痛不可忍，另派兵丁十数人互相牵曳，一路鸣锣，传谕沿途民众。②

《申报》更多具体的事例证明了插耳箭、割耳在现实中寻常司法场合的存在。如同治十二年（1873），杭州地方官将滋事之无赖子杖责后插耳箭游城。③ 光绪三年（1877），杭州地方官又将拿获之拐妇胡氏插耳箭、荷竹枷游城示众。④ 光绪五年（1879），江苏某地方官将三名在法场陪绑强盗各割耳示儆。⑤ 光绪七年（1881），浙江宁波知府将拐犯陈阿四等杖一千，插耳箭，以双连枷枷之，发大门示众。⑥ 在光绪十七年（1891），江苏上元县知县将闹教堂一案为首之人提出重责三百板，插耳箭，荷以巨枷，鸣锣沿街示众。⑦ 光绪二十一年（1895），四川巴县某知县将某捕役重责，并插耳箭

① 《清高宗实录》卷283，乾隆十二年正月丁未。
② 《除暴安良》，《申报》1878年8月26日，第2版。
③ 《记打茶店结案》，《申报》1873年5月13日，第3版。
④ 《武林近事》，《申报》1877年3月23日，第2版。
⑤ 《盗犯正法》，《申报》1879年4月19日，第2版。
⑥ 《宁波拐案》，《申报》1881年6月8日，第2版。
⑦ 《教士慈悲》，《申报》1891年6月6日，第2版。

以儆其余。① 光绪二十四年（1898），杭州知府吴春泉曾饬属严办提供奸淫场所之人，将开设奸淫场所之老虔婆插耳箭游行。② 同年，上海县总巡戴某将在本城乔家浜沿途攫取妇女物件之某流氓拿获后，判插耳箭，押令游行各城门，以示儆戒。③ 同年，两江总督张之洞命将南京九名抢米饥民提出，当堂割其一耳，派役押之，周行市廛，以昭炯戒。④ 光绪二十八年（1902），两江总督张之洞命将被人煽惑，从习义和拳之三犯先行割耳，游街示众三日，然后发县监禁。⑤ 这些插耳箭的事例发生于寻常司法领域，犯人被插耳箭的理由不尽相同。在《申报》的众多记载中，军法领域内的插耳箭更为常见。实录等材料的记载亦如此。

笔者在姚济《己酉被水纪闻》中看到四则寻常司法领域插耳箭游城示众的事例。被插耳箭者俱为道光二十九年（1849）松江水灾时之娄县抢犯，至少有两名犯人被插耳箭之外，还被"当堂杖责"了。也有犯人仅仅被"杖责收禁"了。作者在书写这些插耳箭的事例时，用到了"甚为快事"、"此等强民不可无此大戒"、"稍彰国法"和"闻乡民已稍为敛迹，此用威之效"这样的话语，这说明了在特殊时期本地知县使用插耳箭的群众基础、重刑性质和效果。作者两次批评了邻县华亭的做法。华亭知县将某抢犯杖至盈千，监候详办。作者认为，虽然这已经很重了，也是疾恶如仇的做法，但却"似少作用"。数日后，他又说邻县因为仅将犯人监禁，未将犯人插耳箭，从而未能使民众"彰明其犯"，所以，地方还是很乱。由此可见，作者对插耳箭的使用抱有很大的信心。虽然如此，在本县使用插耳箭后，乡民已稍为敛迹，但仅仅三天后娄县又获抢犯一名。这说明插耳箭的效果并非那么明显。作者说，知县对该犯"惩治如前"，看来

---

① 《章楼听雨记》，《申报》1895 年 3 月 12 日，第 3 版。
② 《续述犯妇游街》，《申报》1898 年 2 月 8 日，第 2 版。
③ 《攫物又见》，《申报》1898 年 11 月 27 日，第 3 版。
④ 《抢米割耳》，《申报》1898 年 7 月 14 日，第 2 版。
⑤ 《拳匪定罪》，《申报》1902 年 12 月 21 日，第 2 版。

知县应该又将犯人插耳箭了。[1] 虽然这四则插耳箭的事例发生于松江水灾这个特殊时期,但从该知县插耳箭的使用频率来看,在正常时期,插耳箭在本地也应该有使用。

插耳箭、割耳也常被清代来华外国人见到。亨利·梅森在其《中国的刑罚》(该书英文版1801年就已出版)一书中收有插耳箭图(见图31)。这幅图四十多年后被英国建筑设计师、画家托马斯·阿洛姆(Thomas Allom,1804—1872)所描摹。阿洛姆与梅森的插耳箭图几乎一模一样。[2] 梅森插耳箭图所表现的插耳箭行刑过程被美国传教士卫三畏所证实。卫三畏说,那些抢劫和斗殴的犯人经常被当街鞭打,有时会在他们的耳朵上插上粘了旗子的小杆(像梅森所画的)。[3] 为逃避哥伦比亚政府的迫害,唐可·阿尔梅洛来到中国,其时正值第二次鸦片战争爆发。他观察到对盗贼使用的插耳箭刑。在该刑的执行中,在被捆住双手、耳朵上被插着小旗帜的盗贼身后,还有拿着鞭子不时抽打他的禁卒、敲锣吆喝开道的差役和肩扛写着受刑者姓名、所犯何事木牌的差役。[4] 除了扛着木牌的差役外,阿尔梅洛所书写的插耳箭行刑过程在梅森的插耳箭图中都有体现。他们对插耳箭行刑过程的书写俱可与前引《申报》上《除暴安良》一文的书写相互证实。这证明除了细节可能稍有出入外(毕竟每个地方情况不同),全国范围内寻常司法领域中的插耳箭确实不少见。

与插耳箭相比,割耳比较少见。澳大利亚人莫里循观察到一名偷砍电线杆的人被地方官割掉了耳朵。他还看到一个双耳都没有的人。该人向莫里循一行解释说自己是和敌人战斗时失去耳朵的。莫里循说,他宁愿相信他

---

① (清)姚济:《己酉被水纪闻》,庄建平主编《近代史资料文库》第五卷,上海书店出版社,2009,第316~318页。

② 〔英〕乔治·N.赖特:《中央帝国》,〔英〕托马斯·阿洛姆绘图,何守源译,北京时代华文书局,2019,第501页。

③ 〔美〕卫三畏:《中国总论》,陈俱译,上海古籍出版社,2014,第353页。

④ 〔哥伦比亚〕唐可·阿尔梅洛:《穿过鸦片的硝烟》,郑柯军译,北京图书馆出版社,2006,第153页。

图 31　插耳箭

注：乔治·N. 赖特说，小旗的旗杆直接插在犯人的头皮里，那种痛楚不亚于鞭笞。〔英〕乔治·N. 赖特：《中央帝国》，〔英〕托马斯·阿洛姆绘图，何守源译，北京时代华文书局，2019，第503页。在一本名为 Ten Thousand Things Relating to China and the Chinese 的书中，作者说，一种单一的刑罚往往是对小偷小摸和其他轻罪的人施加的。这种刑罚经常出现在广州的街道上。将大约一英尺长（30.48 厘米）的小旗插进或穿过犯人的两只耳朵，犯人双手被锁在身后，被带着走过街道。一个士兵在他前面敲锣，另一个士兵拿着藤条跟在他后面。藤条灵巧地贴在犯人赤裸的后背上〔Langdon, William B., Ten Thousand Things Relating to China and the Chinese (London：G. M'kewan, 1842), pp. 205 - 206〕。笔者在一本名为《清末各样人物图册》（该书系笔者从书格网站上下载。书格网介绍说，该书中的水粉画约绘制于 18 世纪晚期）的书中见到类似的图画。在该图中，耳箭未插入头皮，系由绳子绑在头上。耳箭从上耳轮内侧插进，再由耳垂上方插出。

是因为盗窃而被割掉了耳朵。[①] 虽然莫里循在其书中对清朝刑罚表现出了很大的偏见，但从其对插耳箭的叙述可知他对清朝刑罚的确有一定的了解。

　　笔者所见现实中寻常司法领域内的插耳箭事例均不在《大清律例》规定的场合内，所以，这些事例中的插耳箭系非刑。割耳无律例依据，更属非刑。在本书"割脚筋""站笼"等部分内容中，笔者讨论了晚清地方官常非刑将犯人致残、致死而不考虑受处分等后果的原因。至于地方官为什么能将犯人插耳箭，其理由亦大致如"割脚筋""站笼"的存在。对此，笔者

---

　　① 〔澳〕莫里循：《1894 年，我在中国看见的》，李磬乐译，江苏文艺出版社，2013，第180页、第238~239 页。

不再重复论证。在晚清刑法改革时，插耳箭因被认为系旧日军法，究近肉刑，陆军部新章已将其废除，《大清现行刑律》亦将其废除。①

第三节　站笼

一　站笼概述

晚清著名学者俞樾说，州县官经常使用站笼。② 《申报》也说，各府州县往往有站笼。③ 晚清站笼常见使用，这是事实。所谓站笼，即将犯人放于特制的木笼内，将其脖子套入形如枷的横板里，使其始终保持站立的姿势，从而达到示众的目的。从晚清各种图像来看，各地站笼外形虽然不尽相同，但都大同小异。根据《申报》一次镇江府将拐匪站毙的记载，该木笼高丈余、宽三尺，上下端方，四面以小长木为栅，上面之横板锯成圆洞，其形如枷……将手足捆缚，装入站笼，上贴封条，先以方砖垫足。为防止其倒下，站笼四面会以长木支撑。④ 广西来宾县的站笼广二尺许，高七尺余，比镇江府的小。⑤

站笼犯人不尽系必死人犯。有些站笼犯人被放入站笼仅仅是出于示众的需要，地方官并无将其处决的意图。《点石斋画报》共有三幅站笼图画，其中一幅中的犯人即未被站毙。结合《申报》的记载，该图所述之事发生于光绪十五年（1889）。⑥ 这次站笼的对象为"逆子"三人，上海县知县命将他们押往大东门外江海关前，将三人轮流站笼示众。如果释放

---

① （清）沈家本等：《大清现行刑律案语》《刑律·斗殴上》，《续修四库全书》第864册，上海古籍出版社，2002，第567页。

② （清）俞樾：《茶香室续钞》卷9，卓凡等点校，中华书局，1995，第674页。

③ 《论地方衙门以站笼诛棍徒》，《申报》1879年2月10日，第1版。

④ 《拐匪站毙》，《申报》1893年7月10日，第1版。

⑤ 民国《来宾县志》下篇《县之政典五》。

⑥ 《上海县署琐案》，《申报》1889年9月6日，第3版；《与众弃之》，《申报》1889年9月7日，第3版。

后再有忤逆，允许他们父母送官再惩。① 现实中也有地方官本欲将犯人站毙，后被其亲人或者其他人救下的情况。②《申报》更倾向于报道犯人被站毙的情况，仅出于示众目的而未有站毙事实的事例很少被《申报》报道。仅阅读《申报》，会给人留下站笼大多发生于处决人的场合。事实当然不尽如此。

在该图中，围观群众虽然不多，但站笼的确吸引了不少路人的目光。他们不仅在观看，还在议论。距离站笼最近的三人表情都不轻松，近似愁眉苦脸状。站笼中的犯人表情痛苦，另外两名犯人则低着头，侧着脸，好像要避开行人的目光。该图对犯人、围观民众的描绘实际正契合了站笼的目的，即一方面为羞辱犯人，另一方面为儆戒他人。站笼使犯人在众目睽睽之下痛苦不堪，求生不得，一时也求死不能。犯人经受了长时间精神上的羞辱和肉体上的折磨。如果地方官有意致死犯人，该犯死亡时会"口吐白沫，目张气绝"，面相会非常恐怖。围观民众会受到很强的儆戒，受害民众的心理也会受到抚慰，站笼示众的效果非常明显。

现在很多文章直接将站笼解释为立枷。这一说法始于晚清著名学者俞樾。他在《茶香室丛钞》"立枷"一文中引用明末沈德符有关立枷的说法后认为，立枷，即今所谓站笼也。③ 因为年代久远，资料所限，我们现在并不清楚明代立枷的具体样式。明末文学家沈德符说，犯人在被立枷时，"倘非厂卫注意，及有仇家者，夜间窃雇乞丐，背承其尻（即屁股或脊骨的末端。——笔者注），稍息足力"。④ 可见被立枷者并非完全被围于笼内。根据现在所见晚清站笼的各种图像以及相关的文字记载，站笼"四面以小长木为栅"，他人无法通过作弊的手段用自己的背部扛着受刑者的臀部。而且明代的立枷据说有重达三百斤的情况，其处死犯人主要应靠重压，这与主要靠悬吊方式处死犯人的站笼不同。俞樾将站笼与立枷等同，可能只是取其

---

① 《点石斋画报》午集·十一期"请看逆子"。
② 《站毙凶犯》，《申报》1894 年 12 月 6 日，第 3 版。
③ （清）俞樾：《茶香室续钞》卷 9，卓凡等点校，中华书局，1995，第 674 页。
④ （明）沈德符：《万历野获编》卷 18，中华书局，1997，第 477 页。

形似。无论是站笼，还是立枷，犯人俱要头部套枷、身体站立。立枷的说法在清代比较少见。清初黄六鸿说过，枷有地枷、立枷、连枷，其中，枷悬架上，而人不得蹲坐为立枷。① 光绪八年（1882）六月，通政使司副使张绪楷在其奏折中提到了站枷，而非立枷。② 其将站枷与站笼相并列，可见站枷与站笼不同。③ 虽然也有将站笼称为立枷的情况，但简单将站笼解释为立枷并不妥当。立枷、站笼分别系明代后期和清代后期酷刑的重要标志，各有明确的时代背景，即使两者形似，也不宜互为解释。

虽然如此，将站笼视为枷号刑罚的一种特殊形式则并无不妥。从外形来看，犯人的脖子须被套入枷内。他们系站立的枷号犯人。在《申报》的报道中，站笼两字确实有被枷号代替的情况。比如《申报》有则报道称，天津某两犯被知县判令站笼示众，其枷示日期系本月初五。因犯无实据，知县在询问众情后，于初八开枷再审。④ 从目的来看，无论站笼犯人是否系地方官意图处决的犯人，其被放入站笼俱有示众的目的，其边上封条一般也会标有该犯姓名和其犯罪的简单事实，这与枷号的主要目的并无不同。与一般的枷犯主要不同在于，站笼人犯毕竟经常系地方官意图处决之人。此外，站笼的地点与枷号的地点也不尽相同，后者在犯事地方示众的较多，前者则主要示众于衙门前等人多之处。相对于一般的枷号犯人，站笼犯人活动的空间更加狭小、受限，其所受痛苦更大。

犯人被放入站笼后，其脚下大多垫着砖块（或木板）。如果地方官欲将其站毙，令人抽去砖块（木板）即可。砖块（木板）被抽去后，犯人的身体便会悬挂起来，其脖子、双手和双腿会很难承受，缓慢挣扎直至死去。⑤ 如果适逢暑夏时期，烈日炎炎，其痛苦更甚。光绪十二年（1886），在江苏

---

① （清）黄六鸿：《福惠全书》卷11，《官箴书集成》第3册，黄山书社，1997，第340页。

② （清）朱寿朋编《光绪朝东华录》，张静庐等校点，中华书局，1984，第1354页。

③ 对站枷，《申报》也有过记录，该记录发生于广东省海阳县（见《粤事摭华》，《申报》1891年7月27日，第2版）。据该记录，海阳县站枷与《点石斋画报》中的站笼形象相似。

④ 《开枷细鞫》，《申报》1888年7月27日，第2版。

⑤ 当然，现实中也有主动将砖踢掉以求速死的犯人，见《除三害》，《申报》1897年6月10日，第2版。

吴县，陈某以拐卖诱孩被获。知县命令将其放入站笼，发交元妙观前及胥门外犯事地方示众，待游示数日后收禁再惩。此事被江苏按察使朱之榛所知，他认为，此等莠民离人骨肉，绝人后代，较之强盗劫财更为狠毒，即令站毙，也不为过。对待这样的人，不用煦煦为仁。吴县知县遵谕施行。该犯在未站毙前，极声号叫，惨不忍闻。依靠围观民众递给的食物，才得以苟延残喘。经差役禁止闲人走近后，该犯才渐至腹垂若囊，颈长尺余，两腿肿如可容五石的大葫芦。前后计有十一天陈某才宛转毙命。① 陈某可能系被"绝食而死"，而不是被抽去脚下所垫之砖（木板）后悬吊而死。犯人站笼时间比较灵活，地方官欲其速死，命人撤去其脚下所垫之砖（木板）即可。如果地方官不欲其速死，更多百姓能现场观感犯人站笼示众之事。这是站笼比杖毙更常被晚清地方官使用的重要原因。

根据《申报》对其他犯人的记载，因为犯人一直在拼命挣扎，口吐白沫血点，其眼睛可能至死圆睁，"两目如桃仁"。其手大多未被束缚，可能会因用力支撑而致两手皮肤已脱骨肉。有时犯人可能系踮立，其小腿和脚会肿大。在其濒死时可能还在咬木笼，"牙痕入木三分"。其呻吟声逐渐由大到小，直到一息奄奄，终于消失。犯人站毙后，会颈项加长，头颅下坠。这些都会给围观民众留下非常深刻的印象，从而达到预期的儆戒效果。光绪三年（1877）广东按察使周恒祺说，天下刑之重未有重于站笼者。犯人受苦殆难言语形容，倒不如一刀之快决绝。南海知县杜凤治同意他的看法，还说站笼比凌迟吃苦更久。②

陈某被站毙的事被绘进了《点石斋画报》中（见图 32）。在该图中，站笼前所挂封条的文字为："拐匪陈某，站笼示众"。现场观众较多，面部表情普遍轻松，这反映了该犯被站毙时的大快人心之状。虽然如此，当时仍有给该犯送食的观众。在该图中，该犯痛苦号叫之状和肚大情形均有明显表现。在有明确的罪名中，因为拐卖他人被站毙的情况在《申报》

---

① 《严惩拐犯》，《申报》1886 年 6 月 15 日，第 2 版。
② （清）杜凤治：《杜凤治日记》第 9 册，邱捷点注，广东人民出版社，2021，第 4637 页。

中比较常见。这也反映了晚清各地拐卖人口的普遍以及当时地方官对他们的痛恨。

图32 拐匪站笼

注:《点石斋画报》庚集·七期"拐匪站笼"。

二 站笼被经常使用的原因

无论是晚清的文字资料,还是当时的图像,俱常见站笼。站笼一定程度上成了晚清酷刑的代表。晚清站笼之所以常见,主要原因有三。其一,晚清吏治愈加败坏,以及社会、政治形势的变化,使州县官滥用非刑致毙犯人之事增多。正如《申报》上《论地方衙门以站笼诛棍徒》一文说,晚清很多庸懦疲软、贪酷凶残之辈凭借捐纳等途径成为地方官。他们在成为地方官后不能兴利除弊,不能时时以民生为念,使境内之人皆有恒业。有的还因循成习,玩泄相高,以庸碌终其任。于是,所治之境弱肉强食之事与行凶积恶之人日增。开始他们对此寂不闻见,隐忍以长其恶。此后前后数任地方官纵之、容之。于是,"恶党渐众,恶势愈张,威焰制人,道路以目"。直到万不能容时,地方绅耆环请,铺户公诉,地方官始拘之到案,置之站笼以快人心。假使地方官人人有教化其民之才,以民生为念，当地没有恶棍，何待于站笼而为之！假使刚开始时这些恶人恶迹未著，官吏早就痛惩之，亦何至于陷其死于站笼非刑哉！所以，可以说前数任之官实为民"种害"，才导致了后任地方官对站笼的使用。①简言之，该文认为，地方官使用站笼的根源在于晚清吏治的愈加败坏。

　　咸丰元年（1851）太平天国起义爆发后，各地盗贼日益猖獗，社会秩序更加动荡，针对情重强盗的"就地正法"章程产生。该章程的颁行使部分犯人死刑决定权下移，地方总督、巡抚攫取了情重强盗等犯的生杀大权。虽然各地"就地正法"章程的实施程序要求比较严格，但在晚清特有的形势下，对速决的追求使各地总督、巡抚放宽了对犯人"就地正法"与否的审核。州县官与百姓距离最近，对犯人是否"就地正法"拥有相当的决定权。嘉庆后，州县官的权力有所增加，锁带铁杆、石礅刑的扩展使用是重要表现。咸丰后"就地正法"章程的实施使州县官的权力进一步增加。在吏治愈加败坏的大背景下，未经总督、巡抚批准，州县官滥用非刑，擅自将犯人处决的事例也比以前增多。光绪末陕西按察使樊增祥经常鼓励下属直接将情重匪徒杖毙，他曾对下属直言：世皆言州县之权极重，岂不能毙一刀匪乎！②在该按察使眼里，未经上级批准，州县官直接将匪徒非刑致死并不是什么大惊小怪的事。光绪九年（1883），光禄寺少卿延茂说："今日各省所谓能干之吏，率多武健严酷之才，视民命如草芥。"③将犯人站毙是晚清那些武健严酷之吏滥用非刑、视民命如草芥的主要表现。④

---

① 《论地方衙门以站笼诛棍徒》，《申报》1879 年 2 月 10 日，第 1 版。

② （清）樊增祥：《樊山政书》卷 4，《官箴书集成》第 10 册，黄山书社，1997，第 77 页。

③ （清）赵舒翘：《慎斋文集》，闫晓君整理，法律出版社，2014，第 57 页。

④ 杜凤治说，公门事有一定规例，犯不认供，不能招解。即招解矣，臬台过堂，一经翻供，又须发回另讯。所以明知其为著匪，而能熬刑不供，无法办之，唯有日日折磨之，死之一法，而彼已免身首处矣。他还说，自己在任四会知县时，有一案犯解府屡翻，自己还挺可怜他，犹拟监禁不释，令其自死。他卸事后，继任者又解府，又翻。案犯发回后，继任者将其乱棍打死了。对犯人来说，与其不招供，留有全尸，也比招供后身首异处好。英国某驻华公使夫人苏珊·汤丽说她的一个朋友曾采访了一个在监狱里关押了十年的犯人。这个犯人对她朋友说，对地方官杀人的指控，他就是不能承认。关在这里死了还能落个全尸，要是承认了，就要被拉出去砍头。对地方官（转下页注）

其二，死刑程序复杂，很多州县官倾向于使用更加快捷的方法将一些犯人处决。在《申报》中被站毙的犯人所犯案情种类很多，有拐卖人口的，有纵火的，有抢劫的，还有所谓的棍徒、流氓，等等。其中，最常见的就是当时被称为棍徒、流氓的那种人。这些人平日为非作歹，遇事生风，借端起衅，藐视官法。正如《申报》上《论江抚德中丞严办地棍事》一文所言，中国有二十一个行省，"无一省无流氓，无一郡无流氓，无一州一县无流氓，无一乡一镇无流氓"，只是其名在各地不同而已。"流氓"则"上海人之称之也"，其在文言文中曰"地棍"，亦即其为地方上之"光棍"。他们专以害人为事，称谓虽各处不同而其为害于地方则一。① 《论处置地棍》一文将地棍比作猛兽，认为地方官当以惩办地棍为急。② 《大清律例·刑律·贼盗下》"恐吓取财"门"棍徒扰害"例和"光棍"例系专门针对现实中那些很难有明确罪名处理，却又十分令民众和地方官苦恼的人。

这些人平时一般犯案较多，根据《大清律例·名例律下》"二罪俱发以重论"等门的规定，如果根据犯案事实分别定拟罪名，他们很难罪至于死。如果州县官按照正常程序确定其罪名后，逐级解审，既有被各上级驳回重审的可能，也有可能在上级审理时被犯人反噬、拖累。毕竟他们屡次惹是

（接上页注④）来说，将不招供的犯人折磨致死有时也是一个不得已的选择。犯人监毙、瘐毙不尽是病死，也有地方官有意将其致死或者不积极治疗的情况。将犯人刑讯致死后，地方官可以通过已认供在监病故的方式上报，从而使自身利益受损最小化。本案犯人未获供即被刑讯致死，而且还被改判作为认供后因病身亡。而且在监病故犯人也可以成为地方官借以消除自己被参处分的资源（即将未获犯人转嫁于病故犯人身上）。借病故犯销案较之借盗销案（即将未获犯人转嫁于被处决强盗身上），更无痕迹。同为广东省县知县，光绪末裴景福被参的事实之一是，其在南海县任内设立站笼，站毙人犯，改作病故者，先后共128名。在交卸之前，将案陆续抽换。虽然本案更有可能出于官场斗争而起，但裴景福将人站毙之事在《申报》中屡有记录，在省城首县见闻者广。结合杜凤治的事例，可知裴景福被参之站毙人犯改作病故之事应是事实。以上见（清）杜凤治《杜凤治日记》第9册，邱捷点注，广东人民出版社，2021，第4913、4672、4805页；（清）杜凤治《杜凤治日记》第5册，邱捷点注，广东人民出版社，2021，第2579页；〔英〕苏珊·汤丽《英国公使夫人清宫回忆录》，曹磊译，江苏凤凰文艺出版社，2018，第103页；《粤督岑奏官犯潜逃洋界交回酌拟惩处折》，《申报》1905年3月5日，第9版。

① 《论江抚德中丞严办地棍事》，《申报》1894年3月20日，第1版。
② 《论处置地棍》，《申报》1893年3月15日，第1版。

生非，平时不是善荏。① 即使其刑罚最终被确定为斩、绞监候，其后繁杂的秋审程序还要使州县官深受拖累。案件辗转迁延，累月经年，仍不能将其处决。在此过程中，解审等项花费较大，约计科一罪犯需花费数百金，这对州县官来说也是一个很大的负担。② 于是，一些敢为的州县官凡遇淫凶素著之棍徒，一经获案审实，或将其立毙杖下，或将其站毙。③ 这样做不仅能使案件得以速结，而且省去了许多招解的烦恼。地方官用棍徒、流氓等称呼、界定、处理他们，既可省去很多麻烦，同时能博得受害民众的声援和取得围观民众的支持。总之，在当时一些人看来，他们虽然死非其罪，却死有余辜。

其三，与杖毙等速决方式相比，站笼的示众效果更强。正如《申报》之《严惩匪棍说》一文所言，杖毙只取决于一时，未必能做到家喻户晓。而且如果杖毙一开，地方官之性情暴戾者有可能会草菅人命，以此作为借口之资，其流弊不可不虑。如果将犯人装入站笼，则通衢大道之中，万目睽睽之下，任人观看，受害者快意，济恶者因之寒心。直至全城百姓皆知，尽人欲杀，然后将其置于死地，则情罪允当，必无冤抑之虞。这虽然近于猛厉，但却情有可原，迹虽近擅专而意则正。该文进而又认为，地方官惩办恶棍之法，以站笼为最善。④ 站笼虽系枉法非刑杀人，但百姓却常不以为酷，地方官借此除暴安良之德更大。站笼使用适当，甚至可以达到"民心

---

① 正如道光十八年（1838）江苏按察使裕谦所言，此等恶棍打一场官司，增一分声势。若经枭司访拿，仍得脱身事外，则声势更增十倍，不但该犯恶胆愈张，即其伙党亦皆有恃无恐，所以拿而轻办，不如不拿。裕谦深知属下在遇到此类恶棍时的难处，甚至明示属下将其稍事拖累，甚至可以拖毙其命。他说，如此，在该处保全首领，得免明正典刑，已属侥幸于万一。裕谦还说，他这样做，不愧天地。如果人们以为他苛刻，他亦所不辞［（清）裕谦：《勉益斋续存稿》卷13，《清代诗文集汇编》第579册，上海古籍出版社，2010，第597～598页］。所以，犯人监毙不尽是自然死亡。掌握话语书写优势的地方官当然不会主动书写其中的内情。

② 如道光二十年（1840），李星沅在四川任职期间说，现在州县擒获一些犯人，立付站笼，使之自毙，不过省招解耳。（清）李星沅：《李星沅日记》上册，袁英光、童浩整理，中华书局，1987，第103页。

③ 《严惩匪棍说》，《申报》1900年6月15日，第1版；（清）张宗芳编《张达生先生年谱稿本》，《北京图书馆藏珍本年谱丛刊》第177册，北京图书馆出版社，1999，第178页。

④ 《严惩匪棍说》，《申报》1900年6月15日，第1版。

争颂"的效果。①

与杖毙相比,站笼持续的时间更长,现实中州县官常限定几日内将犯人站毙,犯人及其罪行被曝光的范围更大,受到了更多人的关注,其示众的效果更加明显。另外,州县官将犯人置于站笼,经常不会很快将其站毙,这不仅使犯人暂时得到了严厉的处置,缓解了受害者的情绪,安抚了众人之心,又争取到了向上级请示的时间。毕竟根据《大清律例》的规定,州县官无处决犯人的权力。现实中常见州县官在取得上级批准后将犯人站毙之事。

再者,围观民众在目睹犯人站笼后拍手称快,皆曰可杀,州县官然后将其置于死地,实际使其处决犯人的行为获得了民意基础和律例之外的"合法性",从而使州县官免受严酷和违背程序的指责。② 这与孟子所谓"国人杀之"之意相同。在犯人站笼过程中,他人求情获准释放和未准释放的情况俱比较常见。这既体现了因为复杂的地方关系网络导致站笼结果的不必然性,也在一定程度上避免了冤杀。③ 现实中确实有犯人站笼后,州县官希望有人替其取保,但因无人愿保,最终将其站毙的事例。④ 当然,现实中也有州县官在民众的压力下将犯人站毙之事。⑤ 为获得民众支持,光绪六年(1880),江苏昭文县某知县还在站笼前高悬示谕,强调严惩拐匪的决心,并宣称自己万不得已起此忍心,谅吾民共谅也。⑥ 所以,州县官将人站笼,

---

① 《论地方衙门以站笼诛棍徒》,《申报》1879年2月10日,第1版。

② 当然,也有因站笼引起事端的。如光绪三十一年(1905)湖南耒阳就曾发生过一件因站笼而引起的殴官大案。周正云辑校《晚清湖南新政奏折章程选编》第十二辑,岳麓书社,2010,第667~668页。不过,这样的案子非常少见。一般情况下,当事人亲属虽然可能情绪极其低落,但也不会反抗。

③ 站笼冤杀人的情况也不少见。如翁同爵任职湖南期间(湖南按察使、布政使)说,湖南地方官不问所获者实在为匪与否,第或经团绅捆送,或被怨家诬控,或为差役误拿,一经到案,则不论其有供无供,或用站笼站毙,或则立毙杖下,捏供上详,以为见好上司地步。其实此中冤抑之人,正复不少。此等案又势难平反,盖死者生供皆其事后捏造。就其供情而论,实罪不容诛,万无生理也。(清)翁同爵:《翁同爵家书系年考》,李红英辑考,凤凰出版社,2015,第217页。

④ 《力除害马》,《申报》1896年1月15日,第2版。

⑤ 《处死火徒》,《益闻录》1885年,第489期,第394页。

⑥ 《拐匪站笼》,《益闻录》1880年,第34期,第22页。

也不尽是不考虑百姓的意见。①

　　当然，这不代表地方官将犯人站毙必然获得了民众的支持。针对一些不该被站毙的，《申报》有时也著文反对。如对光绪四年（1878）汉阳督销局假银一案，其主犯不过使用假银而已，假银并非其私造。况且他只系偶一用之，并非惯犯。《申报》认为，地方官将其站毙，不仅太过残忍、酷虐，而且"乌得其称众人而戮之也！"②从而明确否定了地方官这一做法的"合法性"。

　　州县官将犯人站毙，有悖于各地"就地正法"章程的规定，也实际侵

---

　　①　与其他材料相比，《杜凤治日记》更直观地展示了知县将人站毙的博弈过程。同治年间广东四会知县杜凤治处理了一件杀害堂兄弟案。经过两次审理，在案情认定还不能令人非常信服的情况下，杜凤治就想直接将案犯站死。他认为，此案若报出，辗转详解，反令案犯多活。受害人很可怜，凶犯又诬扳他人，使其身受重刑，令人发指。一刀太简捷，太便宜他了。十死尚不足蔽辜。须令其缓死，再加磨折，多吃些苦，方快人意。在接下来的审理中，杜的主要工作系让尸父信服。他通过门上原差转告尸父，如案犯详办出去，必须提府提省，又复发回，往返周折。归入秋审，必待明年冬至时方可处决。倘或一次蒙恩未勾决，又令多活一年。具此情节，十死不足蔽辜，而辗转苟延，反致便宜，不如就地严办，或站死，或钉死，俾多受苦楚，方足以快人心而慰死者。尸父虽然亦以为然，但杜仍要审问，以使他信服。在接下来的审理中，凶犯的供词有所反复。在获得案犯的实供后，杜还在现场以前述同样的理由开导尸父。他说，一刀太便宜他了，予痛恨已极，欲令其吃尽苦楚缓毙而死。汝具结领尸，并叙明亚华供词确凿，委系一人砍死，求即严办等语。汝子冤可立伸，尔亦气平矣。不意尸父不允。杜认为其为老奸，意图要钱。审毕，差役亦劝尸父具结领尸请办。杜认为，差等亦肯稍帮帮助，免详办，多费又多周折故也。他还认为，尸父未尝不愿将案犯就地办了，但其专心在财，具结迟疑，似同挟制。尸父的要求未得到满足，仍要挑事。杜生气，决定详报。尸父这才自具遵结呈进，复递禀请就地严办案犯，哀恳不愿详报。案件终于未能详报，尸父也得到了白银二十两的补偿。在本案中，杜凤治之所以在案情尚未确定的情况下就已经想要将案犯站毙，可能第一印象就感觉案犯狡诮，将来详解，必多翻异。其后的进展证明他确实如此。杜对详办后多事的担忧多于多费。杜也非常顾虑尸属闹事，所以，一方面审理结果要让尸属信服，另一方面还要满足其一定的经济需求，再者还得让其出具书面文书，声明是自己禀请就地严办案犯。在本案中，差役似乎也不愿意详办，所以，会做尸属的工作。虽然在日记中未提及案犯家属的情况，杜凤治肯定也考虑到了这点。案犯杀死自己的堂兄弟，即使其妻、子因为凶犯站毙上控，也不会得到族人的支持。杜凤治为认定正凶，还专门借助了城隍的力量。从本案中可见，知县将人站毙，并非完全是肆意妄为，须考虑周全［(清)杜凤治：《杜凤治日记》第2册，邱捷点注，广东人民出版社，2021，第766～771、776～777、785、793～805页]。如果只看州县档案（当时尸属肯定有哀请就地严办的书面文书，如果该文书尚保存至今的话，会被我们归为州县档案中），本案案犯被站毙就是尸属的意思，实际上说到底这是知县的意思。为达到目的，知县、差役给尸属做了很多工作，尸属才出具了哀请严办的文书。所以，结合本案，州县档案的客观性不能尽信。

　　②　《论站笼非刑诘汉阳假银案》，《申报》1878年11月1日，第1版。

犯了皇帝的生杀大权。州县官不会将犯人站毙之事书写于详文之中。为了回避上级对其擅杀的指责，在将犯人站毙后，他们可以以犯人在监病故的方式上报（即捏报病故）。① 毕竟州县官在案件的书写上拥有很大的权力。州县官"做案"之习的存在使其能有效地应付上级的复审。如果将犯人站毙被朝廷发现或上级揭发，州县官会被处分、治罪。如光绪十四年（1888）贵州署仁怀县知县崔崍便因此被革职、治罪。② 现实中因此被处分、治罪的州县官只是极少数。随着晚清社会秩序更加动荡，流动的无业人口增多，盗抢掳赎等案层见叠出，地方官不胜其扰。站笼系非刑，《大清律例》所不载，在时人眼里残酷至极。在《左传》等儒家经典中火烈民畏、水懦民玩

① （清）张宗芳编《张达生先生年谱稿本》，《北京图书馆藏珍本年谱丛刊》第 177 册，北京图书馆出版社，1999，第 178 页；《革令谳词》，《申报》1904 年 8 月 26 日，第 2 版；《粤督岑奏官犯潜逃洋界交回酌拟惩处折》，《申报》1905 年 3 月 5 日，第 9 版。在实录中，经常见到州县官将人非刑致毙后捏报病故的事例。《杜凤治日记》中也有这样的事例。在本案中，犯人不仅被非刑致毙后被办了病故，还作为认供处理。州县官可以通过这种方式减少自己的损失。在刑科题本、奏折中监毙者很常见，可能有相当一部分是被刑讯致死后州县官以补报病呈的方式将其办了监毙。当然，也可能有其他方式掩盖。如光绪中期，安徽庐江知县杨需霖用站笼将人站毙后，勒令差役担具患病保状。即通过办理取保病故的方式掩盖其将人站毙之事。晚清《图画新闻》描写了一名被株连之七十余岁老人被刑毙之事。该老人被刑毙后，知县非常惊慌，饬令将尸移入自新所，令狱卒即日报病，次日又报加重，至第三日始报病故。其时天气甚热，尸经数日未殓，已变而腐败，同狱者受其传染亦毙二人。较之在监病故，当事人取保病故，或者在自新所病故，知县承担的责任更小。道光三十年（1850），御史汪元方奏称：为省事、省费，州县官在办理盗案时不约而同存在变通之法，有立毙杖下而以监毙报者，有中途恐劫就地致死，而以拒捕格死报者，有致死于狱中者，上司知而不问也。其所言格死就是在拒捕中格杀而死。晚清总督吴文镕也说过，州县官对某些情重之犯，须请示巡抚发令就地正法。再不然，巡抚允许州县官将其杖毙，以格毙、瘐毙上报，另单呈明。所以，州县官将犯人致死不尽通过杖毙、站笼的方式，将其致死后也不尽是以捏报病故的方式将自己的损失降至最低。对州县官来说，将犯人办成格杀才是成本最低的。"格杀勿论"，不仅州县官不用为此承担任何责任，也没有人会为此承担责任。而且在详文禀文的书写上也省掉了很多麻烦。总之，州县官将犯人杖毙、站毙，或办成格杀而死，在当时是常见的。以上见（清）杜凤治《杜凤治日记》第 9 册，邱捷点注，广东人民出版社，2021，第 4672 页；（清）刘坤一《刘坤一奏疏》，陈代湘等校点，岳麓书社，2013，第 817~818 页；《图画新闻》"刑毙七十余岁之老人"，《清代报刊图画集成》（七），全国图书馆文献缩微复制中心，2001，第 273 页；（清）汪元方《请整顿捕务因时制宜疏》，（清）盛康编《皇朝经世文续编》卷 79，台北文海出版社，1972，第 2223 页；（清）吴文镕《吴文节公遗集》卷 66，《清代诗文集汇编》第 575 册，上海古籍出版社，2010，第 437 页。

② 《光绪十四年六月廿四日京报全录》，《申报》1888 年 8 月 11 日，第 10 版；《光绪十六年六月初九日京报全录》，《申报》1890 年 8 月 5 日，第 14 版。

等思想的影响下，在很多地方官眼里，《大清律例》所规定的一般刑罚已不能更有效地发挥作用，或者不能及时起到作用。为更迅速处理命盗等案，站笼这一重典加非刑手段开始使用，并越来越频繁。正如《申报》之《论地方衙门以站笼诛棍徒》一文所言，地方官并非皆苛酷，使用站笼亦甚不得已而为之。① 对一些诸如棍徒之类的犯人使用非刑将其致毙成为地方上至总督、巡抚，下至州县官的某种共识，州县官将犯人站毙的行为很少被其同僚、上级揭发。②《论地方衙门以站笼诛棍徒》一文又说，向来地方官不准滥用非刑，惟以站笼治地棍，则上司不以为过，故各省府州县往往有之，未闻以此怪咎州县官而予以处分。③ 上司不仅不以擅杀相诘问，反而"啧啧称道其贤能，以为有胆有识"，所以，州县官乐而为之。④ 州县官将犯人站毙，还经常得到了其上级的直接授意。前文光绪十二年（1886）江苏吴县陈某以拐卖诱孩被站毙即是如此。即使被站毙当事人之亲属不服上控，在当时复杂的官场环境和司法程序下，也可能会被州县官的上级驳回。⑤ 现实中因为站毙而上控之事非常少见。⑥

　　光绪末广东知县裴景福的事例很具代表性。在《河海昆仑录》中裴景福经常展现了其对民宽厚的一面。比如在其发遣途中，裴景福曾数次痛斥轿夫詈骂途人不让道的行为。他在任知县时曾将一被拐之少年收养为仆，当其在发遣路途中逝去时，裴景福为之极其悲伤，犹如丧子。有一天他听

---

① 《论地方衙门以站笼诛棍徒》，《申报》1879 年 2 月 10 日，第 1 版。

② 美国著名汉学家卫三畏认为，能够制止地方官残暴拷打的因素在于不要让其暴行传到上司耳中（〔美〕卫三畏：《中国总论》，陈俱译，上海古籍出版社，2014，第 351 页）。显然卫三畏过低估计了当时官场官官相护的生态环境。

③ 《论地方衙门以站笼诛棍徒》，《申报》1879 年 2 月 10 日，第 1 版。

④ 《论站笼非刑诘汉阳假银案》，《申报》1878 年 11 月 1 日，第 1 版。

⑤ 《刑人于市》，《申报》1898 年 12 月 20 日，第 2 版。

⑥ 笔者对站笼存在原因的探讨同样适用于杖毙。在现实中，州县官将人杖毙的情况也是常见的。杖毙远不如站笼残酷，也远不如站笼的威慑效果强。而且杖毙不独存在于晚清，在清初、中期也是常见的。杖毙的对象相对更广泛。站笼更常见于晚清，站笼被广泛使用后，杖毙的使用相应就更少见了。所以，杖毙在晚清的受瞩目程度远不如站笼。当然，笔者此处探讨的是州县官的杖毙行为，这在整个清代都是法外非刑。对皇帝允许或者鼓励（督抚）将犯人杖毙，那是另外一个问题。这种情况，乾隆年间时有所见，乾隆后就很少见了。

闻邻妇挞婢，他劝之不听，为之废食。说为官当爱民，居家当推父母之心以爱人。他在路途中经常资助路人和民夫。他曾借给友人五千金，在自己临近发遣资斧颇窘的情况下，也不愿乘人之危前往索取。与《河海昆仑录》相比，《申报》则展现了另一个裴景福。裴景福在任南海县知县期间，经常将人站毙，《申报》的相关报道多达二十余次。裴景福何以敢如此明目张胆在省会之地将人站毙？裴景福与同乡李鸿章熟识，他在由京城赴广东任职时专门拜访了直隶总督李鸿章。李鸿章直截了当地说，你这次是要刮广东地皮的吧！后来李鸿章出任两广总督，裴景福任南海知县。李鸿章问他，你现在再任首县，为政首要的事是什么呢？他回答说，先刮南海地皮。李鸿章附和说，地皮须刮得净。裴景福解释说，我们安徽呼匪人为地皮。南海多匪，公首重捕匪，故作是语。他还劝另一位两广总督，现在国家多难之时，有的事应该独断，即使违背朝命也要做。[1] 他自己在某案谳语中说道，现在本地盗风猖獗，为患闾阎，著匪积贼拿获者十无一二。幸而就获到案，亦未有不狡供者。若必俟其认供后惩办，则适堕其计，穷年累月，不能办一匪矣。所以，如果抓住后将他们轻纵，未免贻患养痈。不得已，在有足够旁证的情况下，只有使用非常规的手段（即使是明显违背律例的非刑手段），治盗才能有成效。[2] 裴景福主要使用了站笼这一手段，这不可谓不严厉。[3] 这

---

[1] （清）裴景福：《河海昆仑录》卷1、2、3、4，台北文海出版社，1986，第47、92、148、154、167～168、237～238、275、288、372页。

[2] 《猛以济宽》，《申报》1901年2月2日，第2版。

[3] 杜凤治接任南海县知县尚未满三年时说，予自莅南海，奉臬宪、府宪发办审定斩决之犯，通省皆有，约以千计，如此严刑，闻者骇然。臬台张瀛初到，亦为骇叹，至今尚以办之太严，风气如此，不办将奈何。而犯者仍接踵，愍不畏死，口称十八年后又一少年好汉，民情强悍，嗜利轻生，究与江浙等省不同。地方官对广东地区的严刑治理与该地区的区域社会背景有直接关系，这种严刑状况至迟在咸丰年间叶名琛任两广总督时就已经开始了。光绪二十六年（1900），两广总督李鸿章奏称，广东盗风甲于天下。刘坤一、张树声、张之洞和李瀚章等历任两广总督无不以治盗为急。光绪初，两广总督刘坤一说，广东之缉捕不可谓不严，诛杀不可谓不甚。光绪末裴景福在任南海县知县时，更受总督（除岑春煊外）信任，当时广东地区秩序更乱，其治理手段也更严厉。以上见（清）杜凤治《杜凤治日记》第6册，邱捷点注，广东人民出版社，2021，第3155页；（清）佚名辑《光宣政书杂钞》，桑兵主编《三编清代稿钞本》第141册，广东人民出版社，2010，第476～477页；（清）刘坤一《刘坤一奏疏》，陈代湘等校点，岳麓书社，2013，第474页。

与其《河海昆仑录》所展现的宽厚形象并不矛盾。在清代，州县官被视为百姓的父母官，应视民如子。父母对其子既有宽厚的时候，也有严厉的时候。所以，父母官对百姓应该兼具宽厚与严厉的态度。① 宽厚与严厉的选择取决于对象。那些被视为极恶不可教化的人，更可能被父母官严厉对待。"地皮"就被裴景福和李鸿章归入需要严厉对待的那一部分人。鉴于当时本地盗匪披猖的区域社会背景，裴景福采取的措施更加严厉，甚至还超过了其自身的权限，直接将犯人站毙。站笼未免过于严厉，站毙数量未免过多。在《河海昆仑录》中，裴景福所持礼刑关系的观点是传统儒者的观点，他对法家深恶痛绝。他说，商鞅、李斯、申子、韩非系生民之大忌，有国者所当屏绝仇雠也。② 所以，他绝对不会承认，其对"地皮"施加严刑的思想来源于法家。可能裴景福自己也有所忌讳，在其《河海昆仑录》一书中并未提及其将人站毙之事。他还说，他在广东前后九年，历任四邑，院司以下从无一事"疑我而挠我"者，自己的志向也得到了践行。历任督抚对裴景福非常信任、倚重，这是裴景福能够放手使用站笼和未被处理的主要原因。③

那些少数被揭发后处分、治罪的州县官可能事出有因。光绪二十九年（1903）岑春煊甫任两广总督便立即参劾南海县知县裴景福。《申报》说，在裴景福所犯各案中其将犯人站笼一事"确而有据"。④ 站毙的数量被岑春煊指出多达一百余人。南海县系广东省首县，"耳目较近，必达宪听"。《申

---

① 如雍正帝说，州县官为亲民之官，应爱民如子。必须实尽父母斯民之道，刚柔相济，教养兼施。对绅士之品行端方者当加意敬礼。其小有过愆者，则劝诫之，令其悛改。其不可觉悟，不可宽宥者，则置之于法，以警其余（《清世宗实录》卷55，雍正五年闰三月乙丑）。又如光绪初江苏昭文县知县陈康祺将一拐犯站毙，并高悬示谕云：万不得已起此忍心，谅吾民共谅也。《益闻录》评论说，除暴安良是官斯土者之责，而又语长心重，谆谆告诫，以冀力挽颓风。若陈明府者，真不愧贤父母之称矣（《拐匪站笼》，《益闻录》1880年，第34期，第22页）。所以，知县陈康祺将拐匪站笼，并不妨碍其被视为贤父母官。

② （清）裴景福：《河海昆仑录》卷3，台北文海出版社，1986，第234、257～258、308页。

③ 后来张人骏出任两广总督后奏称，裴景福历任繁剧，颇有干才，各督抚臣喜其能事，多委任之（《粤督张奏查明岑春煊被参各节折》，《申报》1908年8月21日，第18版）。《申报》在裴景福被提讯时的报道称，裴当时供称，任内所办各犯站笼致毙之案百余起。当日之事实因盗贼横行，先后禀准总督用此重典，以遏乱萌。《逃员口供》，《申报》1904年8月22日，第2版。

④ 《提讯逃员》，《申报》1904年8月20日，第2版。

报》对裴景福将人站毙的报道多达二十余次。这些报道经常见诸公开发行的报纸，岑春煊之前任和裴景福之省城同僚不可能不知道，却"知之而不问"。但将犯人站毙最终却作为了岑春煊指责裴景福的主要事实之一。[1] 如果不是岑春煊因为私人过节有意为难裴景福，裴景福将犯人站毙之事可能根本不会被揭发。同治年间，贵州遵义县前任知县邓尔巽曾两次因在任时私置站笼等事被参。他之所以在第二次时才被参倒、治罪，与其后台贵州巡抚张亮基本人当时自身难保有关。[2] 张集馨道光末年在任四川按察使时，虽然曾严禁站笼等刑，但在州县官对喜怒任情使用站笼等刑的情况习以为常，各上司恬不为怪的大环境下，其对禁令的效果很不自信，"恐未必即能丕革也"。所以，他将希望寄于后来者。[3] 光绪三十三年（1907），法部曾奏准将站笼等刑具销毁净尽，如有私用者，照例参处。[4] 虽然如此，站笼在现实中仍常被使用。宣统三年（1911），安徽提法司仍在札饬各属严禁非刑用站笼站毙应死人犯。[5]

三　站笼的具体事例

张掌华系光绪二十六年（1900）前后上海本地有名的恶棍。他可能本是一名船伙，曾于光绪二十年（1894）时因肆凶伤人，被枷号三个月。枷号期限未满，他便弃枷逃跑。[6] 光绪二十三年（1897）至二十六年（1900），他屡次犯事，日渐胆壮势大。曾经在一起凶杀案中因为被当时的上海县知县认定为从犯而被判为徒罪。到配刚满一个月，他便逃回上海。在上海他

---

① 《逃员口供》，《申报》1904 年 8 月 22 日，第 2 版；《粤督岑奏官犯潜逃洋界交回酌拟惩处折》，《申报》1905 年 3 月 5 日，第 9 版。岑指裴将站笼案卷抽换。案卷既已抽换，证据难得，所以，最终只定了其贪赃之罪，未能定其严酷之罪。

② 《清穆宗实录》卷 99，同治三年四月乙亥；《清穆宗实录》卷 192，同治五年十二月乙亥；《清穆宗实录》卷 210，同治六年八月戊戌。

③ （清）张集馨：《道咸宦海见闻录》，杜春和、张秀清点校，中华书局，1999，第 112 页。

④ （清）刘锦藻：《清朝续文献通考》卷 245《刑考四》。

⑤ 《提法司札饬各属严禁非刑用站笼站毙应死人犯文》，《安徽司法月报》1911 年，第 3 期，第 44～46 页。

⑥ 《补录去腊上海县署琐案》，《申报》1895 年 1 月 30 日，第 4 版。

依然怙恶不悛，屡犯重案，直到被抓获。在最后的审理中，上海县知县认定其由徒罪配所逃回上海，仅命案便叠犯四起，其他挖目案二起，用凶器吓诈人财物案二十一起。① 流氓、无赖、棍徒、恶棍、著名流氓、著名恶棍、巨棍，是《申报》众多报道和评论给张掌华贴上的标签。由此可见，张掌华当时恶名之大、影响之大。最终，上海县知县汪瑶庭认为其惯行如此，本应就地正法，今格外从轻，命令将其站毙。虽然都是死，站毙却使犯人留有全尸。所以，与"就地正法"之斩首相比，站毙显得更轻。于是，知县命人将其驱入站笼，令役抬出，遍游各城门示众。②

张掌华被站笼示众，在当时的上海县城产生了很大影响，"一时观者途为之塞"。为防止闲人滋生事端，十六铺巡局委员及捕头派出勇丁巡捕前往弹压。③ 在获得充分的示众效果后，知县命差役将站笼由大南门抬回，置于县衙头门外。半夜三更后，特派家丁至木笼时察阅一遍，给以酒一瓯，张饮毕，差役即将其垫脚之砖石撤去。迨悬至黎明时候，张气绝毙命。午后，其家属投县，禀请领尸棺殓，知县批准，命具领状存案。④

在张掌华被站毙前，租界中洋人也络绎往观，还有人携带照相机，将其拍照。从照片来看，张掌华双手并未被束缚，似乎还面带笑容。其旁边封条文字为"恶棍张掌华"。在将其垫脚的砖石撤去后，因为尚有双手支撑，其由生到死持续的时间更长，人也更痛苦。当时，张掌华站笼的照片在上海本地还有买卖。其照片被制成了明信片，被寄往遥远的西欧；以照片为基础，张掌华站笼之事也被画成图画，收入西方人的著作中，从而成为西方人著书论说以讥清朝法律残酷的证据。民国时期的《北洋画报》曾刊张掌华站笼的照片，用来说明清代酷吏所用之非刑。⑤ 张掌华站笼图像的

---

① 《镜中留影》，《申报》1900 年 5 月 8 日，第 3 版。
② 《恶棍站笼》，《申报》1900 年 6 月 14 日，第 3 版。
③ 《争观站犯》，《申报》1900 年 6 月 15 日，第 3 版。
④ 《恶棍站笼》，《申报》1900 年 6 月 17 日，第 3 版。
⑤ 《前清酷吏所用之非刑（光绪二十七年上海县之站笼）》，《北洋画报》1934 年 1 月 6 日，第 2 版。

流传使其成为说明晚清酷刑一个较有影响的代表（见图 33）。

图 33　张掌华站笼

注：中、右两幅照片系从不同侧面所拍。右边照片出自 1901 年上海寄往意大利明信片，其右上方的字为"恶棍张掌华"，字系后写上去的。中间照片拍摄者为美国人詹姆斯·利卡尔顿。左图出自 1907 年 3 月 17 日法国画报 le petit parisien，前面竖着的木牌上面写着"恶棍张掌华"。照片自然更真实。左图将站笼艺术化了。

　　知县汪瑶庭将张掌华站毙的决定应该来自上级。虽然如此，张掌华被站毙毕竟不符合《大清律例》的相关规定。当时《申报》借围观民众之口说，如果严格依据《大清律例》的规定，张掌华不尽然必处死刑。如果知县遽将其处死，非但有违律例，而且过于残忍，"骇人听闻"。《论流氓张掌华站毙事》一文对此进行了反驳。该文认为，惩治张掌华这种乱民断不能囿于成例，所谓一路哭，何如一家哭？对他们，地方官与其宽柔，不如猛烈，庶将来不致养痈成患。[①] 该文直接将张掌华定义为"乱民"。在当时，"乱民"与情重强盗无异。所以，张掌华即使被"就地正法"，也于法有据。在《申报》的报道中，大多数围观民众对知县的做法还是支持的。根据《申报》的记载，在张掌华站笼示众时，"一时往观之人欢声若雷，无不鼓掌称快"。[②] 虽然我们现在在看到张掌华被站笼示众的照片时看不出围观民众的"欢声若雷""鼓掌称快"之状。《申报》的数则报道不仅替知县的做法寻找理由，还不吝褒扬之辞，认为知县汪瑶庭"深得古人治乱民用重典

①　《论流氓张掌华站毙事》，《申报》1900 年 6 月 19 日，第 1 版。
②　《严惩匪棍说》，《申报》1900 年 6 月 15 日，第 1 版。

之意""自来惩治流氓之法，未有善于此者也！"

　　对张掌华站笼的示众作用，《申报》自然持乐观态度，认为张掌华这类案犯"当万目睽睽之下，呼号宛转，求死不能，亦足以寒暴徒之心而平良懦之气矣"。[①]"流氓固不必忧，土棍更不虞其作乱也。"[②] 然而不到一年，《申报》某文作者便深感张掌华被站毙，虽然远近闻风，观者如堵，甚至有在本地买卖其照片的，但仍有棍徒憨不畏死。于是，其感叹道，罪至站毙木笼、就地正法，已是至极的了，这些棍徒为什么竟仍然熟视无睹，毫无畏惧之心呢？[③]《申报》有关犯人被站毙后匪徒稍知敛戢，然后不久又复萌故态的记载并不少见。这些都说明了站笼只能在较短时间内发挥一定作用。广东南海县有天一次便站毙了六人，当地百姓本以为如此雷厉风行之举"可以惩一儆百矣"，然而当晚就发生了强攫过客缎匹之事。[④] 类似的很多事例证明了站毙甚至起不到任何作用。

　　即使在站笼现场，也常见一些犯人并未表现出悔罪状，有骂不绝口的，有嬉笑自如的，有神色自若的。也有自己主动踢去其脚下所垫之砖的"憨不畏死"之徒。在此情况下，站笼的示众效果不仅不如预期，还可能起到反作用。

　　《申报》的有关书写是有倾向性的，即通过对犯人站笼时的痛苦表现和围观民众指责的书写，以达到站笼羞辱犯人和儆戒别人的目的。这一倾向性的书写不一定是客观的书写，这会过滤掉一些信息。英国传教士麦嘉湖特意去看了一次站笼，当时虽然太阳光的灼烧和苍蝇的侵扰给犯人带来了强烈的痛苦，但人们从他脸上却看不出这种痛苦。他表情平静坚定，似乎沉浸在冥想中。[⑤] 日本人伊东忠太在四川南溪县观察到，一名刚死去不久的犯人立于站笼内，过往行人在见到这令人恐怖的惨死之状后却依旧神情自

　　①　《除恶务尽说》，《申报》1900年9月5日，第1版。
　　②　《风鹤无惊说》，《申报》1900年6月25日，第1版。
　　③　《论袁观察提讯淫棍事》，《申报》1901年2月4日，第1版。
　　④　《羊城杂录》，《申报》1900年7月3日，第9版。
　　⑤　〔英〕麦嘉湖：《中国人的生活方式》，秦传安译，电子工业出版社，2015，第140～141页。

然，气定神闲。① 虽然麦嘉湖和伊东忠太对民众麻木的书写也不一定是客观的，但至少说明《申报》的书写并不全面。不能排除现实中确有麦嘉湖和伊东忠太所说的情况。如果是这样，站笼羞辱犯人和儆戒别人的目的何在呢？

四　文学作品中的站笼

在晚清文学作品中以《老残游记》对站笼的书写最为有名。在该书中山东曹州府知府玉贤是以镇压义和团运动的著名人物毓贤为原型。② 根据《清史稿》的记载，毓贤于光绪十四年（1888）署曹州，因为善于治盗，不惮斩戮，得到了当时山东巡抚张曜的赏识保举，此后很快便升迁至巡抚。这一事实在《老残游记》中也有体现。在该书中，在署曹州的时候玉贤善治盗的名声就已经闻名省城济南了，据说其办强盗不到一年"竟有路不拾遗的景象"。其办强盗的最重要手段就是站笼。据说未到一年，站笼站死多达两千多人。③

玉贤如此残忍，在其部分同僚看来，也是可以理解的。在一个官场饭局中，其中一位同僚介绍说："曹州府的民情也实在可恨，那年，兄弟署曹州的时候，几乎无一天无盗案。养了二百名小队子，像那不捕鼠的猫一样，毫无用处。"其话语中暗示，正是曹州当时的民情、社会决定了玉贤必须采用重典，正是自己的软弱才导致自己治盗毫无作为。玉贤采用重典是当时曹州区域社会的反映。重典治乱民的意识在当时的官场中很有影响。④

这个官场饭局中的大多数同僚都赞同玉贤的方法，虽然也承认其中定

---

① 〔日〕伊东忠太：《中国纪行——伊东忠太建筑学考察手记》，薛雅明、王铁钧译，中国画报出版社，2018，第180页。

② 民国《凌霄一士随笔》说，《老残游记》虽系小说家言，而毓贤之酷固著闻于时也。徐凌霄、徐一士：《凌霄一士随笔》二，徐泽昱编辑，刘悦斌、韩策校订，中华书局，2018，第297页。

③ 《综论拳匪滋事庸臣误国西兵入京事》一书系撷拾当时传闻及报纸记载而成。该书说，毓贤性好残害，不惜人言。前为山东曹州府知府时，曹故多盗，毓抵任后，不分良莠，岁饬共杀二千余人。于是声名卓著，受荣相（荣禄）之知。见（清）佚名《综论义和团》，庄建平主编《近代史资料文库》第六卷，上海书店出版社，2009，第34页。

④ 比如在晚清官场的认知中，太平天国起义的爆发与广西巡抚郑祖琛的宽纵有直接关系。这个教训被铭记在各级官员的心里，并经常在官场中提及。

有冤枉。但只有一人明确反对。此人认为："依兄弟愚见，还是不多杀人的为是。此人名震一时，恐将来果报也有不可思议之列。"佛教果报思想在清代官场中的确有很大的影响，但这时却让位于功利性的处置。

《老残游记》接着又详细描写了一件冤案。因为强盗栽赃，被冤之于家三口人被玉贤武断地判定为强盗。经过简短的审理他们就被玉贤命令押下站笼。因为于家家人的活动，于家父子脚下被垫了三块厚砖，以使他们有更充足的时间获救。于家儿媳天天到站笼前来灌点参汤，灌了回去就哭，哭了就去求人，响头不知磕了几千，总没有人挽回得动这玉大人的牛性。即使于氏自杀，玉贤也丝毫不放下悯恤之心。加上被站毙的三个人，于家一共四口被冤死。

玉贤善治盗的名声传到了省城济南，被山东巡抚赏识。该巡抚不仅没有追究其非刑杀人的罪过，还专折保举了他，玉贤很快便由署曹州知府升到实授曹州知府。① 正如前文笔者所指出的那样，对地方官的非刑杀人的行为，其上级并不一定会揭发他。在当时的特定区域社会背景和官场环境下，玉贤酷虐的行为甚至得到了其上级的赏识。

老残在与别人聊天得知详情后，很自然地问道："于家后来怎么样呢，就不想报仇吗？"旁人说道："那有什么法子呢！民家被官家害了，除却忍受，更有什么法子？倘若是上控，照例仍旧发回来审问，再落在他手里，还不是又饶上一个吧？"于家人也确实有过要上控的举动，却被一位年老见过世面的人阻止，他说："你想叫谁去呢？外人去，叫做'事不干己'，先有个多事的罪名。若说叫于大奶奶去罢，两个孙子还小，家里偌大的事业，全靠他一人支撑呢，他再有个长短，这家业怕不是众亲族一分，这两个小孩子谁来抚养？反把于家香烟绝了。"如果他家女婿去，女婿也说："我去是很可以去，只是与正事无济，反叫站笼里多添个屈死鬼。你想，抚台一定发回原官审回；纵然派个委员前来会审，官官相护。他又拿着人家失单

---

① （清）刘鹗：《老残游记》，王燕辑《晚清小说期刊辑存》第 11 册，国家图书馆出版社，2015，第 320 页。

衣服来顶我们。我们不过说：'那是强盗的移赃。'他们问：'你瞧见强盗移的吗？你有什么凭据？'那时自然说不出来。他是官，我们是民；他是有失单为凭的，我们是凭空里没有证据的。你说，这官事打得赢打不赢呢？""众人想想也是真没有法子，只好罢了。"①

　　虽然被曹州知府冤杀一家四人，其家人却不敢上控。不仅他们一家，别人也不敢上控。这背后反映了当时百姓对官官相护的吏治环境的不信任和对上控发回重审的担心。早在同治十三年（1874）《申报》某文便指出，上级对下级所定之案往往不肯平反。犯人欲翻供声冤，上级仍发回原问官再审。州县官若果固执，谁肯另改办法。下既不改，上又不究，冤者终归于冤而已。②玉贤将一家四口非刑毙命，是很容易证明的事情。只要被证明，玉贤就很可能会因为非刑致毙人命被革职。但其家人担心上控后案件被发回重审，从而自己再被站毙。两相权衡，其家人最终很现实地选择了不上控。虽然《老残游记》是文学作品，其情节系属虚构，但结合晚清官场环境的真实情况，该文学作品对当时百姓"明知站笼系非刑，也不愿上控揭发，宁愿忍气吞声"的书写是客观的。

　　有首诗名为《站笼》，非常具体、形象地书写了站笼刑及其效果。该诗云：好官爱桐梓，累累结成团。桐梓戴好官，雨露有余欢。多留桐梓树，材木任随刊。指示造站笼，全尸尚非残。四柱高八尺，颈枷手复挛。两脚无所踏，惨同鱼上杆。千声百声喊，气微溺未干。求速今宵死，苟延三日寒。以兹诛大恶，榜样众人看。偷菜泪窃桶，笞杖嫌多端。概作笼中鬼，闻说亦心酸。法出五刑外，辟比一钱宽。乱丝从急治，秀才初任官。③

　　乱丝即指当地的社会乱，秀才（文人）初任官，对当地乱象，应下猛药治理，亦即"乱丝从急治"。这是清代官员的普遍看法，亦即所谓重典治乱民。站笼周围有四根高八尺的木柱，人在站笼里，不仅颈部被枷，双手

---

　　①　（清）刘鹗：《老残游记》，王燕辑《晚清小说期刊辑存》第11册，国家图书馆出版社，2015，第422~423页。
　　②　《论听讼》，《申报》1874年12月14日，第1版。
　　③　民国《桐梓县志》卷47《文征下集·诗二》。

还被拘束。两脚没有着力的地方，就像被钓上的鱼一样。人在站笼里，气息微弱，不停地呻吟着，小便未干。只求速死，如果迟死三天，就会更加难受。用站笼来惩处大恶，给周围的老百姓看看，警诫他们不要再犯。那些偷菜和窃桶的犯人，如果施以笞杖刑罚的话，州县官还嫌麻烦，干脆放到站笼里，一概作为笼中鬼了。听说的人都感到心酸。站笼并非法定五刑，有些百姓仅因为很小的过错便被放置站笼。该诗虽然有艺术加工，但的确是晚清站笼被滥用的客观书写。

现代著名文学家巴金父亲宣统年间曾任四川广元知县，巴金亦随其父在广元生活了两年左右的时间。后来，巴金在其《最初的回忆》中写道：（广元县）大堂外面两边的站笼里也常常是空的。巴金称"父亲的确没有判过一个人的死罪"。① 巴金的回忆至少说明在清朝灭亡的最后时刻站笼仍在使用。

小　结

本章主要讨论了割脚筋、贯耳鼻和站笼三种刑罚。其中，站笼在清代始终系非刑。因为晚清站笼的常见，本书破例讨论了站笼。割脚筋、贯耳鼻与站笼不同，前者在有些时期不尽为非刑。

割脚筋本系满洲旧刑。乾隆三年（1738）后，至少在国家律例层面不再有割脚筋的刑罚了。此后地方官将犯人割脚筋的行为系擅用非刑。乾隆帝曾经多次谕令割断某些犯人的脚筋。皇帝拥有最高的立法权和司法权，他有权这样做。乾隆帝将犯人割脚筋的事例不能被地方官援以为例。虽然如此，地方官仍经常有将犯人割脚筋的行为。在晚清特有的社会背景下，很多官员对案件的处理明显违背律例，在今人看来甚至是非常不理性的。

---

① 巴金：《最初的回忆》，巴金：《忆》，东方出版中心，2017，第58页。巴金在该文中也回忆了其父问案时"打板子"的事。巴金说，打屁股差不多是构成坐堂的一个不可少的条件。其父坐在公案前面几乎每次都要说"给我拉下去打"（见巴金《最初的回忆》，巴金：《忆》，东方出版中心，2017，第53～59页）。从巴金对其父二堂问案、竹板等细节的描写来看，该回忆的真实性很高。

除了云贵总督吴文镕私下鼓励属下将犯人割脚筋的事例外，类似事例非常之多。虽然他们的话语在今人看来非常不理智，但结合当时的社会背景，可以说，他们的话语正是当时盗贼充斥的社会形势和惩治盗贼之法穷尽的直接反映。也是地方督抚司法权力增加、中央制衡减少的体现。我们不能因此主观地认为晚清是一个酷吏遍地的时代，或者认为对盗贼尽用重典。同时也应该看到，各地普遍存在放纵盗犯的现象。

贯耳鼻刑，是用箭刺穿犯人耳朵和鼻子的刑罚。该刑也是满洲旧刑。顺治三年（1646），贯耳鼻刑被奏准革除。虽然如此，此后贯耳鼻刑仍在使用，只是非常少见，并且逐渐被彻底革除。现实中存在的插耳箭主要系军法。在寻常领域插耳箭也有使用，但比较少见。地方官还有将犯人割耳的事例。寻常司法领域内的插耳箭事例均不在《大清律例》规定的场合内，所以，这些事例中的插耳箭属非刑。

晚清州县官经常使用站笼。站笼是清代后期酷刑的重要标志。站笼犯人不尽是必死犯人，在很多场合，州县官只是意图将其示众而已，不会将其站毙。站笼之所以在晚清被经常使用，与晚清吏治愈加败坏的大环境有直接关系。死刑程序复杂，很多州县官倾向于使用更加快捷的方法将一些犯人处决。与杖毙等速决方式相比，站笼的示众效果更强。州县官将犯人置于站笼，使其处决犯人的行为获得了民意基础和律例之外的"合法性"。州县官将犯人站毙，有悖于各地"就地正法"章程的规定，也实际侵犯了皇帝的生杀大权。实际上因为使用站笼被处罚的州县官非常少见。晚清上海县著名流氓张掌华被站毙的事例和图像在当时影响很大。在清代文学作品中也经常见到有关站笼的描写，其中最有名的是《老残游记》中对站笼的书写。

结　语

现在也有死刑和徒刑，但与清朝相比，在刑罚目的等方面已经有了根本性的变化。刑罚的感化、自新目的更加明显，威慑的目的减弱。我们以今人的眼光看待清代刑罚多有残酷之感，认为其非常落后、不人道。普通民众之所以会关注清代刑罚，多是基于猎奇的目的。为吸引读者（观众）眼球，清代刑罚的残酷性、黑暗面经常被刻意夸大。清代刑罚的一些正面内容于是被有意或无意地忽略了。为更具说服力，笔者在前人有关宋代死刑数据统计的基础上，又统计了明代、清代的死刑数据。经过对比发现，清代每年被处决的死刑犯数量至少远低于北宋中后期。清人常说宋朝宽厚。① 从死刑犯数量这一角度来看，清代更有资格被认定为宽厚。

清代每年被处决的死刑犯为何如此之少？死刑犯少意味着犯罪之人少。犯罪之人少，可能意味着百姓的民生较有保障。深受儒家教化影响的中国古代百姓在温饱满足的情况下极少铤而走险。北宋中后期每年被处决的死刑犯数量多，可能意味着百姓的民生出了问题，其背后与政府的赋税政策有直接关系。北宋政府财政支出大，政府财政支出的压力最终转嫁到百姓

① 在《整顿中法折》（晚清著名的江楚会奏变法三折中的一折）中，刘坤一、张之洞说，我朝列圣皆以哀矜庶狱为心。《大清律例》较之汉、隋、唐、明之律，其仁恕宽平，相去霄壤。徒以州县有司政事过繁，文法过密，经费过绌，而实心爱民者不多［（清）朱寿朋编《光绪朝东华录》，张静庐等校点，中华书局，1984，第4744页］。宋朝宽厚之说在当时深有影响，此处刘坤一、张之洞将宋代遗漏，并非偶然。

身上。百姓缴纳赋税的压力大，生存艰难。很多人不得已逃亡山泽，脱离了政府的管控。难道宋江之伙起于山东，方腊之徒起于浙东，仅仅是不足为信的小说家言吗？北宋中后期的很多材料说明，当时的社会治安已经出现了很大问题，百姓转而为盗的现象增多，聚成群盗的情况并不少见。法律是社会的反映，北宋中后期盗贼重法、窝藏重法的颁行和该法适用范围的扩大不正是如此吗？当然，笔者无意专门饰美清朝，得出清代死刑犯数据少的原因是清代百姓民生较有保障这样的结论。毕竟即使在号称鼎盛的乾隆时期，百姓起义也时有发生。如果这样认为，笔者就会陷入无休止的论争之中。这绝非笔者本意。笔者之意主要是想证明清代死刑并非如我们想象的那么残酷。清代死刑犯数量可能远不如我们想象中的那么多，这说明其死刑制度及其运转不能简单以残酷之类的字眼来指称，同时也说明清代死刑的一些正面内容可能被我们有意或无意地忽略了。

死刑在清代刑罚体系居中心地位。清代死刑犯数量之少也直接体现了清代刑事政策的基本思路。清代总体上实施的是轻缓的刑事政策。该刑事政策的基本思路深受儒家思想的影响。该刑事政策要求对大多数可教化的百姓以儒家教义教导之，如果其偶罹法网，官方不妨从宽处理。[①] 百姓被教化，犯罪之人和死刑犯数量少，说明了官方以儒家教化为主的刑事政策行之有效。虽然儒家教化已经昌明于世，但"兆庶既众，良莠不齐"。现实中总有一些不可教化之人，他们必须受到刑法的制裁。[②] 对其中的一些极恶之人要采取严厉的措施。所谓除恶用猛、"除恶务尽"，即此之谓。此时，儒家之仁对他们已经不再适用。这是一种两极化的刑事政策。轻缓的一极系针对大多民众，严厉的一极只针对少数不可教化之人。相较于针对大多民众的宽厚，针对少数民众的严刑更易刺激民众的观感，更易被书写渲染。于是，清代这种两极化的刑事政策难免会给后人留下血腥残酷和重刑主义

---

① 笔者在本书上篇第三、六章和下篇第三、四、五、七章中都强调了地方官在处理各类案件时不尽依据律例的规定，对犯人经常从宽。地方官不仅对偶罹法网者经常从宽，对一些强盗也经常从宽。这反映了现实中地方官"用法宽"的普遍。

② 《清仁宗实录》卷207，嘉庆十四年二月壬辰。

的印象。一些先行研究在看到这些表象后，过于强调了法家重刑主张的影响，忽略了对清代刑事政策基本思路的深入思考。儒家实际上也不排斥重刑主义主张。所以，清代两极化的刑事政策并未脱离儒家思想的影响。在清代总体上轻缓的刑事政策体系里，重刑只起辅助作用，教化才是主要的。作为父母官的州县官在教化百姓时，更多地表现出慈祥父母的角色。在司法实践中，教化经常表现为用法宽厚（"行法宽"）。官场"立法严"的思想在清代真实存在①，但这不影响地方官"行法宽"的普遍存在。立法与行法之间的差距，正是法律社会学研究的主要课题。行法（即法律运行）尤其受到了法律社会学的关注。在法律社会学的指引下，就清代死刑犯数据来说，该数据体现的制度运转和社会对法律的影响等方面应该引起我们足够的重视。

　　清代皇帝以少数民族的身份入主中原，在其统治初期对不服其统治的人曾大加杀戮。在局势稳定后，其统治者"一革国初严重之例"，经常以宽厚的面貌示人。② 康熙、雍正两位皇帝在办理秋审（朝审）时实际上不经常办理勾到。即使办理勾到，被勾到的犯人数量也不多。康熙时期还经常停止秋决。雍正时期修改前明强盗得财不分首从皆斩旧律，使部分强盗免死有了律例依据。《清史稿·刑法一》对他们给予很高的评价，说强盗律的修改等类似举措，或隐合古义，或矫正前失，皆良法也，要皆定制于康熙、雍正时。③ 康熙、雍正二位皇帝在办理秋审勾到时经常宣示自己所施之仁和自己勾到之不得已，这给时人留下了宽厚仁爱的君主形象。同时这也反映了他们所受到的儒家思想影响。他们不想多杀，不想过多地向臣民展示血腥的行刑场面。向百姓进行儒家教化（而非以暴止暴，以刑立威），成为他们刑事政策（社会控制）的指导思想。这也是其后代刑事政策的指导思想。

---

① 本书以锁带铁杆、石礅的推广实施为例说明了"立法严"思想存在的官场基础。
② （清）吉同钧：《刑制论》，高汉成编著《大清新刑律立法资料补编汇要》，中国社会科学出版社，2017，第94页。
③ 赵尔巽等：《清史稿》卷142《志一百十七·刑法一》，中华书局，1977，第4185～4186页。

　　乾隆帝勤政而且强势，其对皇帝在司法上的终极决定权十分敏感在意。这在其统治的中后期表现得尤为明显。他对死刑案件非常关注。他不仅通过死刑案件更多地感知了社会百态、地方官的作为，还常将死刑案件的办理作为向天下臣民展示自己恩德的平台。秋审所涉及的死刑犯数量远超立决犯人。乾隆帝非常重视秋审。秋审绝非每年八月某日金水桥西举办的象征性仪式，在每年封印以前次年的秋审工作实际上就已经开始了。至冬至前行刑，秋审工作已经持续了一整年。[①] 秋审的每一步不仅是官方慎重人命的体现，也是皇帝展示恩德、宣扬教化的大舞台。此时内外官员很少为因为办理秋审而大大增加的司法成本叫苦。他们一方面承受着皇帝的压力，另一方面也被秋审恩德感动着，那些增加的司法成本不足以抵消这种压力和冲淡这种感动之情。这也成了内外官员办理秋审的主要动力来源。秋审也有感化犯人和潜在违法者的考虑。不尽如有的民国学者所认为的，中国古代死刑完全采恐吓主义，不考虑犯人的感受。

　　秋审被视为国家大典和恤刑巨典。在大兴文字狱、惩治贪官的时候，乾隆帝更是有意识地通过秋审施"恩"的方式，中和自己的严厉形象。通过秋审被施"恩"免死的犯人数量要远远多于文字狱、贪官案件数量。在全国总人口低于嘉庆、道光时期的背景下，乾隆中晚期每年经过秋审被处决的犯人人数明显高于嘉庆、道光时期。这是当时乾隆中晚期刑罚严厉的直接体现。乾隆帝个性鲜明，其在办理案件时有着明显的两极化刑事政策倾向。对他所认为应加重处罚的犯人，他对其处罚便极严厉。"恭请王命、先行正法"、杖毙等速决方式的采用，办理文字狱时的"剉骨扬灰"，等等，俱为如此。对其所认为的应减轻处罚的犯人，他也常不吝赐恩。他不仅通过秋审将大量犯人减死，立决案件中夹签、双请等方式也常见其使用。这种两极化的刑事政策倾向并非始自乾隆帝，只是在他身上表现得更为明显而已。乾隆帝在处理死刑案件时恩威并施，以恩为主，以威为辅。

---

　　① （清）刚毅辑《秋谳辑要》卷1，杨一凡编《清代秋审文献》第9册，中国民主法制出版社，2015，第225～232页。

他绝非我们所看到的在处理文字狱、贪官案件时所表现出的那种简单的严厉形象。

　　臣下受到积阴功等观念的影响，经常不忍刑杀，为犯人"求生"。面对乾隆帝的严厉，臣下也有自己的应变之道。这些都说明，人绝非刻板地执行制度。即使在最严厉的皇权压力下，臣下也经常能降低、规避或变通执行制度所带来的风险。制度不仅多变，而且复杂、深刻。制度的运转受到了多种因素的影响，既受到了强势人物的影响，也受到了社会形势的影响。在关注社会形势的变化时，不仅要重视历时性的变化，也要重视共时性的差异，重视区域性因素的影响。无论如何，制度由人实施，人的思想和行动受到了社会的影响。所以，我们研究制度时不能仅仅去研究人是如何被动遵守制度这样的问题，更应该关注"人"是如何主动改变制度和制度运转的社会背景。每个"人"（包括皇帝）都是生动鲜活的，都是不同的个体，所以，在同样的典章制度下，司法事件的处理结果经常不同。只有关注具体的"人"，才能更好地揭示制度运转的实态。乾隆帝的严厉与他自己的个性有直接关系，有时也体现了特定时期社会形势的变化。当然，乾隆帝自身家庭生活的变故也可能对某些年份的刑事政策产生了影响。在君权空前强大的大背景下，制度经常被他破坏。很多破坏不仅称不上理性，反而还可以说是非常感性的。比如他经常无视《大清律例》的相关规定，直接谕令将某些犯人割脚筋、杖毙、剉骨扬灰等。但同时乾隆帝对制度的更改也经常是理性的，体现了其对儒家思想的宣扬和实践。如乾隆十五年（1750）独子留养范围的扩大，乾隆二十七年（1762）等年份确定将寡廉鲜耻之旗人发遣，乾隆四十二年（1777）等年份谋反大逆案缘坐范围的缩小，以及乾隆三十六年（1771）等年份在处理涉奸类案件时对儒家伦理的强调。《大清律例》等官方典章制度经常落后于社会现实，乾隆帝时期皇帝对制度的更改是弥补制度滞后的一种主要方式。乾隆帝后各帝越来越弱势，他们对制度的更改也越来越少见（条例中钦奉上谕，恭纂为例的情况明显减少）。乾隆帝的很多作为为其后代的统治打下了坚实的基础。

　　嘉庆帝不如乃父严厉，总体上也不如乃父勤政。虽然如此，他也娴习法律，留意刑狱，往往亲裁。在其亲政之初他曾有意识地纠正臣下办案时的一些不良作风，如谕令问刑衙门不得擅用"虽但"字样、不得律外加重、取消秋审失出处分、放宽京控限制、禁私设班馆、定各省刑具式、限制赶入本年秋审等。这些不仅显示了其政务近宽的政策倾向，还显示了嘉庆帝对律例的恪守。他很少像其父那样任性破坏律例，在其统治时期未闻有谕令将犯人割脚筋、杖毙、剉骨扬灰之事。嘉庆帝死后其庙号为"仁"，不仅说明了其为政宽大的作风被道光朝君臣所肯定，也突出了其儒家的治国政策取向。这虽然是清朝的一贯政策，但在严厉的乾隆帝的对比下，其子嘉庆帝之"仁"更被道光朝君臣所感念。所以，嘉庆帝"仁"之庙号的取得毋宁说对清朝儒家教化政策的再次强调，也暗示着乾隆皇帝的严厉时代不会再有了。虽然在金光悌执掌刑部期间也有过一段倾向严厉的刑事政策时期，但那不足以抹煞嘉庆帝总体宽仁的刑事政策倾向。嘉庆帝对秋审仍然非常重视。秋审在国家政治生活中的重要性较之乾隆时期虽然有所下降，但这并未影响到其国家恤刑大典的地位。

　　道光帝对司法的掌控力进一步降低。一个明显的事实是，道光时期督抚在将犯人"恭请王命、先行正法"后所受到的皇帝的疑虑大为减少，"恭请王命、先行正法"的使用更加常见。道光晚期全国平均每年经秋审被处决的死刑犯还不到500人。秋审犯人数量的明显降低不意味着此时的社会秩序较乾隆中晚期有显著改善。与乾隆、嘉庆时期相比，随着道光时期皇帝的宽大和对司法控制力的减弱，臣下对犯人的"求生"行为终致演变成牢不可破的"救生不救死"之习。大量的死刑犯被臣下的"救生不救死"行为所救。道光二十二年（1842），道光帝也曾关注到秋审语言调戏致本妇羞忿自尽案之多的情况。对此，他只是吃惊而已，完全没有其父嘉庆帝发现这一情况时所表现出的那种魄力。而且即使发现了，又有什么意义呢？五年后他还不是又关注到了同样的情况？从道光初开始地方官越来越多地为司法成本叫苦了。他们经常主张军流刑和秋审犯人的审判、解审、递解耗财耗力耗时，他们已经不堪重负。在他们的争取下，一些例文进行了修改。① 他们也经常为窃盗等轻罪匪徒的处理叫苦。加之流动人口增多，社会更加动荡，对窃盗等轻罪匪徒的更便捷处置——锁带铁杆、石礅刑在道光时期正式成为全国性的刑罚。这使他们在打击轻罪匪徒时更加灵活，减轻了其审案时的一些压力，增加了其打击轻罪匪徒的自主性。锁带铁杆、石礅刑的适用也在一定程度上挤压了军流刑和徒刑的适用空间。锁带铁杆、石礅刑的产生和适用范围的扩大既是社会形势的反映，也是外结案件（详结或禀结）增多的反映。外结案件的增多实际上也反映了督抚和州县官司法权力的增长。职官犯罪，轻则发往军台、重则发往新疆的做法，逐渐形成惯例。这一惯例的形成与督抚司法权力的增长也有关系。对刑部的驳审，地方仍照原拟具题回复的情况增多。在这些背景下，道光末闽浙总督刘韵珂屡次奏请对一些罪应斩枭之死刑犯不用再解省，由省委员审定，就地处决后奏闻。这明显有背皇帝终极司法权的奏请发生在道光帝晚期，难道是偶然吗?②

　　咸丰帝继位后不久就爆发了太平天国起义。这次起义很快就席卷了南方很多地区，社会秩序更加动荡。鸦片战争后，百姓生计日艰，至此又遭重创，基层社会控制大为削弱。许多百姓不得已铤而走险，亡命江湖。脱逃的流刑、徒刑犯人也随之增多。对日益增多的各类盗匪，地方官穷于应对。更为速决的"就地正法"章程于是颁行，并获推广。"就地正法"章程实际上侵犯了皇帝的终极司法决定权。但咸丰帝已远非乾隆、嘉庆二帝那

① 以《大清律例·刑律·断狱下》"有司决囚等第"门"距省窎远之府州所属秋审人犯"例的修改为例，道光初年，江西、江苏、山西、安徽、湖北、河南、浙江、广西、广东、福建、陕西、直隶等省督抚对该例相继奏请修改〔〔清〕吴坤修等编撰《大清律例根原》卷103，郭成伟主编，上海辞书出版社，2012，第1849~1851〕。这种现象在道光时并不少见。

② 同治末，原广东巡抚郭嵩焘认为，本朝局至宣宗（即道光帝）一大变。其原因有三：其一，前朝本治官以严，治百姓以宽，至道光时变为，一意宽假在位者；其二，但苟幸官吏之失无有举发者，以相为掩蔽，润色鸿业；其三，本朝本由人君操大柄，道光后，则一委其权于六部，人君拱手退听而已，又将天下大权付之一二阘茸无能之欲吏。光绪初京官李慈铭对樊增祥说，伏思我朝世庙之时，法令严肃，上下凛凛，楚齐画一，何等气象！高庙、仁庙，承奉无失，至宣庙时已稍宽有容矣。晚清官场对道光朝在司法方面的转变有着比较一致的看法。道光朝在司法方面的更趋宽大，与统治阶层整体的更加平庸有直接关系（与乾隆、嘉庆朝相比）。以上见（清）郭嵩焘《郭嵩焘全集》第9册，梁小进主编，岳麓书社，2012，第608~609页；（清）李慈铭《越缦堂文集》卷5《复樊云门书》，《清代诗文集汇编》第713册，上海古籍出版社，2010，第274页。

么强势。此时的督抚不仅依靠军事上的作为攫取了更大的权力，在司法上也是今非昔比。双方力量消长对比之下，"就地正法"章程的颁行实际上充满了必然。"就地正法"章程的产生不仅反映了当时的社会形势，也反映了皇帝与督抚司法权的消长。即使其后中央屡次要求收回地方督抚"就地正法"的权力，也都无济于事。晚清"就地正法"章程的实施又影响到了秋审，使秋审起数与情实人数俱大为降低。虽然秋审在国家政治生活中的地位进一步降低，但其作为施展统治者仁政的最大平台，直到晚清法律改革时清廷也不愿意轻易将其废除。

同治、光绪两位皇帝冲龄继位。在其统治时期，甚至连勾到事务也多由大学士"恭代"。外重内轻①、皇帝势弱的形势尤其明显。在此背景下，各省谳章颇以己意上下其手。对此，作为全国司法的最高职能部门——刑部少有作为之时。光绪五年（1879）至九年（1883）潘祖荫任刑部尚书期间，曾"颇求整顿"。② 如光绪六年（1880），刑部出台了有关规范"就地正法"章程的规定③；光绪八年（1882），刑部为破地方官的"救生不救死"积习，核办本年秋审有意从严，改拟情实者较往岁稍多④；在此期间王树汶案在极大的压力下得到了平反；等等。⑤ 实际上这些作为不仅无关大局，而且其结果还无实际意义。在当时的大背景下，稍有作为的潘祖荫不可能挽回司法外重内轻的大局。虽然清朝每个时期都有地方官将人非刑致死的情况，但同治、光绪时期地方官用站笼将人致死的情况尤为常见。与

① 光绪二十三年（1897），赵舒翘由江苏巡抚调任刑部左侍郎。李超琼当时为省城元和县知县，他认为赵属升任，并说赵当时歉然不快。因为外重内轻之势成，外之威权膏润皆视内百倍，所以不以内迁为可喜。（清）李超琼：《李超琼日记》（元和—阳湖—元和），苏州工业园区档案管理中心编，江苏人民出版社，2012 年，第 364、374 页。

② （清）张佩纶：《涧于集》"奏议卷第二"，《清代诗文集汇编》第 768 册，上海古籍出版社，2010，第 247 页。

③ 光绪八年（1882），刑部称今年秋审新事人犯较往岁为多 [（清）潘文舫等：《新增刑案汇览》卷 15，法律出版社，2007，第 295 页]。这应该与光绪六年（1880）刑部对"就地正法"章程的规范有关。

④ （清）潘文舫等：《新增刑案汇览》卷 15，法律出版社，2007，第 295 页。

⑤ 光绪九年（1883），光绪刑部发起了有关流刑、徒刑犯人管理的大讨论。虽然潘祖荫当时已离职，但这与潘祖荫应该也有一定关系。因为在刑部发起讨论前，已在刑部内部进行了讨论。

之前的其他非刑方式相比，站笼的使用更为明目张胆，更加残忍。站笼被经常使用，其原因除了与愈加动荡的社会秩序有关外，也与当时地方官势强，中央难以约束有直接关系。站笼的使用也表明了地方督抚与所属州县官之间的利害共同体关系愈加牢固。督抚对州县官站笼的使用，不仅很少揭发，有时还默许，乃至鼓励。

虽然随着"就地正法"章程的颁行和站笼的常见使用，两极化刑事政策中的严厉一极更常被统治阶层强调，但这并未违背其总体上轻缓的刑事政策。无论如何，受到严刑打击的毕竟只是少数。儒家思想仍占支配地位，办案宽厚的地方官仍占多数。① 现实中地方官经常背离了用法宽厚的本意，将本应处徒刑以上的拐匪等犯仅以答责枷号完结，从而放纵了罪犯。② 这同时说明在州县官那里，自理词讼与命盗重案并非界限分明，很多本该处以徒刑以上命盗案件也可以以州县官自理的方式完结。在"逐级审转复核制"的审转体系中州县官并不是被动地执行律例。他们在决定案件是否上详、案情的书写上拥有相当大的权力。以儒家教化为主、以严刑打击为辅的刑事政策（即两极化的刑事政策）是颁行"就地正法"章程和尤其惨酷的站笼被很多地方官使用的重要基础。只是在晚清特有的社会背景下，那些重刑举措的实施不仅未得到刑一人而天下治的结果，反而还给人以"刑不胜刑""以刑召刑"的观感。其根源在于统治者过于倚恃重刑，而忽视了对百姓民生的改善。

在内外压力下，光绪末年清廷开始改革法律。改革刑罚是其中的重要内容。刑罚观念随时代而变迁。中国古代死刑中报复、威吓主义思想的影响和缺点被放大。为使人见而生畏，行刑场景残酷、血腥。这一思想在晚清法律改革时已被时人视为不人道，有悖当时的世界潮流。近代刑法学经

---

① 当然，这种宽厚的办案作风也受到了"积阴功"观念和惰懒作风等因素的影响。

② 《论江抚德中丞严办地棍事》，《申报》1894 年 3 月 20 日，第 1 版。当然，正如《申报》某文所言，地方官非为此徒博宽大之名，特若必照律以惩，则辗转申详，必至多方挑剔，且原告须到处质讯，拖累尤属难堪。故不得不予宽容，转可宁人息事。如此，地方官既博取了宽大之名，又省却了很多麻烦。在晚清吏治昏愦的大背景下，这种宽厚办案作风的存在实际上又助推了地方官庸懒怠惰办案作风的发展，积案、班房管押等问题严重与此有直接关系。

常从犯人的角度考虑问题，主张在狱内秘密行刑，在行刑时只求绝其生命，不使其多受痛苦。修订法律大臣沈家本等人一方面吸收了当时世界各国在死刑方面的一些先进理念；另一方面，在大革历来名目的同时，也对一些旧的死刑内容有所保留，如只对特定罪名保留了斩首之刑。当时对死刑的改革主要体现在三点：其一为死刑执行方式变为以绞刑为主，废除凌迟、枭首等酷刑；其二为减少死刑罪名；其三，变公开行刑为秘密行刑。值得注意的是，沈家本等人主张废除凌迟等刑时并未一味地对其同僚说以世界大势。为了更好地争取同僚的支持，"不仁"也是他们主张废除凌迟等酷刑时的主要理由之一。他们意图以违背儒家之"仁"来动摇凌迟等酷刑的存在根基。皇帝上谕也认为凌迟等酷刑"究非国家法外施仁之本意"。既然凌迟等酷刑有悖国家之"仁"，那么，它们也就没有存在的必要了。在他们的话语中，世界大势并不是当时清廷废除凌迟等酷刑的主因。当然，违背儒家之"仁"并非清廷废除凌迟等酷刑的主因。对真正的主因，慈禧太后和沈家本等人都心照不宣。这也从另一个方面说明儒家之"仁"在清朝刑事政策中的地位。枷号、笞杖等刑也因为不人道，起不到实际效果而最终被罚金等刑所取代。

　　晚清法律改革意图扩张徒刑的适用范围。当然，此时徒刑的执行方式也开始发生变化。徒刑犯人不再解配，系在当地习艺所、监狱内做劳役。沈家本等人的改革赋予了徒刑在刑罚体系中的中心地位。虽然中国历史上的徒刑与近代徒刑有着本质的区别，但毕竟都有劳役的内容。徒刑经过改造后，既减少了改革的阻力，也顺应了国际趋势。宣统三年（1911）《大清新刑律》的颁布使以前被判流刑的犯人基本被分流到了徒刑，以前的很多死罪和充军发遣条文也被分流到了无期徒刑。这直接导致徒刑犯人人数大增和徒刑在刑罚体系中的地位日益重要。作为收押徒刑犯人主要场所的习艺所、监狱不仅成为徒刑犯的劳役场所，也承担了改造犯人的功能。徒刑犯人的感化教育、技能教育被强调，困苦的意味被减弱。随着徒刑地位的提升，习艺所、监狱的重要性更加凸显。只是《大清新刑律》未及施行，清政府即被取代。

　　清朝刑罚并未就此退出历史舞台。进入民国之后，其政府基本接受了《大清新刑律》对刑罚的改革，与死刑有关的条文不足二十条。虽然如此，前清时的死刑观念仍有影响。1929 年，国民政府训令称，现制死刑以用绞为原则，刑事特别法令间有用枪毙者。斩首早已废除，而今斩首却犹多沿用。所以，特别申明禁令，嗣后凡执行死刑一律禁止死刑用斩首。①

　　然而，次年周建人却说道，谈到杀人，中国至今还是喜欢用刀斫。所以，1929 年国民政府的这个训令实际未起到作用。周建人还说，从进化的程序上看，本来用刀对仗的时代用刀斩，进到用枪的时代便用枪击，到科学更进步的时代当用更进步的方法来代替那些，叫死者死时更安全，迅速，更少痛苦。这是很明显的，不幸中国老是立在旧路上，用枪还觉不畅快，必须用刀斫下头颅，血流满地的蛮法。若在进步的社会，用死刑者，无非因其人存在，实不利于社会，至于施刑和受刑者是并无仇隙的，只为了社会的缘故，盖出于不得已。然而中国却不然，杀人常含有报复的意味，个人的关系，同时用刑也务求残酷！不但如此，帝王时代死者临刑时非跪不可者是因为帝王时代之故，并非不跪即不会死也。不幸清室退位后许多年了，还在跪着杀头，只差没有向北阙谢恩罢了，并且常闻有人说"明正典刑"。典刑，可叹！② 清王朝早已被取代，砍头情况却仍较为常见，有一些地方还存在将犯人枭首的情况。就连在上海这种理念较为先进之地，地方官也常将犯人砍头。这当然是历史的退步。至于其原因，主要在于民国时期多军阀秉政，社会秩序常不平静，地方当政者大多有过清王朝的生活经历，在执行死刑时只图眼前的威慑，经常恢复使用过去那种比较野蛮的行刑方式，不考虑这样做实际不利于使百姓养成和平仁爱的美德。他们不可能不了解当时的法律规定，对死刑执行的人道化和秘密行刑的优点或多或少也应该有所了解。但他们受传统观念的影响更大。在当时的大环境下，

---

　　① 《令军警各机关嗣后凡执行死刑除依刑法及刑事各特别法令处置外一律禁止死刑用斩由》（五月四日），《司法公报》1929 年第 19 期，第 5 页。
　　② 周建人：《随便讲讲卖为娼妇及死刑之类》，《语丝》1930 第 5 卷第 3 期，第 21～22 页。

旧观念的去除绝非易事。见多识广的地方官尚且如此，普通老百姓更复何言。中国传统死刑观念之更新何其难！1930 年代反对废除死刑论者的一个重要理由就是社会心理上的考虑。亦即凶恶之徒因为刑轻势必会更加肆无忌惮，良民越来越担心自己的权利受到侵害，从而很难接受死刑被废除。他们能想出这个理由（现代刑法学已经证明了刑轻与犯人肆无忌惮之间并无因果关系），本身也说明了中国传统死刑观念对当时部分学者影响之深。

关于死刑存废的争论在 1930 年代曾非常热烈。总体而言，支持废除死刑的居多。当然，因为参与争论的大多是知识层次较高的学者，普通百姓并未参与。所以，当时对死刑存废的争论只能反映争论者的所思所想。他们在争论时经常涉及中国古代死刑。当时距清亡不远，这些参与争论的人对清代死刑并未表现出过多的反感。清代死刑经常与其他朝代一起被囊括在中国古代的整体内。在支持废除死刑的人那里，清代"就地正法"等政策的教训很少被直接拿来作为废除死刑有说服力的证据。①

《大清新刑律》对刑罚的改革必然会使徒刑犯人数量大增。正在改良中的监狱与数量大增的徒刑犯人之间的矛盾在当时尚未充分表现出来。这一矛盾在民国成立后很快就爆发了。1914 年，北洋政府颁行了《徒刑改遣条例》和《易笞条例》。它们产生的直接起因便是与日益增长的徒刑犯人相比，监狱容量过小，而且还起不到改造犯人的效果。它们颁行于民国三年，说明民国建立后当局很快就被这一问题所困扰。北洋政府在颁行《徒刑改遣条例》时有意主张了流刑、发遣与移民实边之间的联系，为自己的《徒刑改遣条例》寻找历史依据。《易笞条例》的历史依据就更不用说了。②

---

① 如李海波在讨论死刑的威慑效果时，列举了汉代和袁世凯的事例。他说，汉武帝的时候，酷吏系狱，辄用死刑，弃市者每每相望于道，而奸民仍不止，民情反益愈嫚。传至汉宣帝时，稍尚宽缓，而乱反息。再就以不久前的过去而论，袁世凯为威吓反对帝制者和镇压犯罪者起见，颁行惩治盗匪单行法，被处死者年达数千人以上，而犯罪者未见稍减。李海波：《废止死刑之我见》，《中华季刊》1934 年第 2 卷第 3 期，第 11 页。

② 1914 年初梁启超请辞司法总长时，曾建议酌复军流刺配笞杖等刑以疏通监狱（梁启超：《饮冰室文集》之三十一《辞司法总长职呈文》，中华书局，2015，第 31 页）。北洋政府当时的决定应该与梁启超有关。

　　《徒刑改遣条例》颁布以后，各省区或以秩序未复，或以经费无着，纷纷请缓实行，照章办理的省份甚少。《徒刑改遣条例》实际上很快就被废止了，明显违背历史潮流的《易笞条例》也很快退出了历史舞台。

　　南京政府成立后，监狱仍面临着同样的问题。1933 年，司法行政部长罗文干提出监犯移垦新疆之议。当时很多人将其解读为恢复流刑。作为监狱的主管机关，司法行政部也确实支持恢复流刑。其时适逢立法院修改刑法，司法行政部正式建议恢复流刑。是否恢复流刑逐渐成为当时《中华民国刑法》修订工作的一个焦点。对这一问题，官方和民间都进行了激烈的争论。当时在全国颇有影响的上海全国律师公会称自己主张创立中华法系，恢复流刑制度。一二年来，宣传颇剧。该公会又认为，我国新法律一味模仿西洋近代法律，衡诸国情，殊不相宜。① 其将恢复流刑与创立中华法系结合起来，视角独特，观点鲜明。

　　当时对流刑恢复与否的激烈争论说明了，虽然流刑已经被废除二十年，但仍在社会大众中保有较大的影响力。虽然当时主张恢复流刑者所说的流刑与中国古代流刑有所不同，但其恢复流刑的系列措施毕竟是在中国古代流刑制度的基础上构建的。他们所主张的流刑更加强调了使犯人自新等内容。著名法学家郭卫说，他所主张之流刑与昔时稍异。目的应注重社会与犯人双方之利益，务求适合于现代的刑事政策。② 对犯人利益的强调主要是基于使其自新的考虑。在他们眼里，清代流刑的执行意在使犯人受到痛苦，重威吓，较少有使犯人自新的考虑。③ 只有主张吸收中国古代流刑的合理成分，强调流刑在中国的悠久历史，再加入满足当时实际功用的内容，恢复流刑的主张才更容易被时人接受。可 1935 年《中华民国刑法》最终未有流

---

　　① 《恢复流刑之重要》，《上海党声》1936 年第 2 卷第 30 期，第 642 页。
　　② 郭卫：《论流刑为有效罚之刑》，《法学丛刊》1930 年第 1 卷第 4 期，第 2 页。
　　③ 实际上，清人也经常强调徒刑、流刑的自新功能。如乾隆十七年（1752），福建按察使称，徒犯罪行稍重，拘收在驿，承应用力辛苦之役。盖欲其磨练身心，悔悟悛改，限满乃作良民也（《福建省例》"刑政例上"《防范徒犯章程》，台北大通书局，1987，第 839～840 页）。乾隆二十七年（1762），湖南按察使称，军流人犯投畀远方，原令其悔过自新（张伟仁主编《明清档案》A203 - 130）。只是在实际执行中，徒刑、流刑的自新功能未能得到比较充分的体现。

刑之规定。至于原因，有人说流刑不合潮流，毕竟当时所谓的现代文明国家已经没有流刑这一刑罚。其实主要原因是，在 1935 年《中华民国刑法》颁布前，政府已经颁布了《徒刑人犯移垦暂行条例》。该暂行条例规定，无期徒刑犯人和处三年以上有期徒刑犯人在执行一定期限后，以司法行政部之命令移送边远或荒旷地方从事垦殖。如系军事人犯，得以军政部命令移送之。这实际上也可被视为前清流刑的一种变通。1934 年暂行条例的内容和颁行目的与 1914 年颁行的《徒刑改遣条例》并无实质不同。

无论是民国初年的《徒刑改遣条例》，还是民国中期是否恢复流刑的争论，其实都是以疏通监狱为直接目的。其背后的直接原因是在监犯人的增加。虽然在监犯人的增加体现了徒刑地位的提高，但徒刑地位的提高并不必然导致在监犯人的增加。在监犯人增加的最主要原因是当时刑事政策趋于严厉。1934 年，有人说，当时秉国者妄恤民瘼，以严刑峻法为治国不二方针。"法律愈严，犯者愈众"。[①] 眼前的事实证明，死刑根本未起到威慑作用，犯法的人还更多了，监狱更拥挤了。这是当时许多人支持废除死刑的一个直接原因。死刑存废之争也是当时是否恢复流刑争论的一个重要背景。因为死刑被废除后，本该判处死刑的犯人会被分流到徒刑，徒刑犯人的增多势必导致监狱更加拥挤，现实情况不允许这样，恢复流刑于是成为废除死刑后一个比较可行的选择。只是当局最终并未选择恢复流刑。无论如何，流刑在中国就此退出了历史舞台。

---

① 宏：《徒刑人犯移垦》，《时代公论》1934 年第 3 卷第 12 期，第 3 页。

参考文献

一 史料

（一）报纸、律例、正史、实录、官箴书、判牍案例、奏折题本等

[1]《申报》，上海书店 1983 年影印版。

[2]《点石斋画报》（大可堂版），上海画报出版社，2001。

[3]《益闻录》，上海徐家汇天主堂出版发行。

[4]（汉）班固：《汉书》，中华书局，2013。

[5]（汉）桓宽：《盐铁论校注》，王利器校注，中华书局，1992。

[6]（南朝宋）范晔：《后汉书》，中华书局，2012。

[7]（北齐）魏收撰《魏书》，中华书局，2013。

[8]（唐）李林甫等撰《唐六典》，陈仲夫点校，中华书局，1992。

[9]（唐）魏征等撰《隋书》，中华书局，2011。

[10]（唐）长孙无忌等撰《唐律疏议》，岳纯之点校，上海古籍出版社，2013。

[11]（宋）李焘：《续资治通鉴长编》，上海师范大学古籍整理研究所、华东师范大学古籍整理研究所点校，中华书局，2004。

[12]（宋）李心传：《建炎以来系年要录》，中华书局，1988。

[13]（宋）王溥：《五代会要》，上海古籍出版社，1978。

［14］（宋）谢深甫监修《庆元条法事类》，杨一凡、田涛主编《中国珍稀法律典籍续编》第 1 册，黑龙江人民出版社，2002。

［15］（元）脱脱等撰《宋史》，中华书局，2013。

［16］（元）徐元瑞：《吏学指南》，杨讷点校，浙江古籍出版社，1988。

［17］（明）陈子龙等辑《明经世文编》，中华书局，1962。

［18］（明）黄淮、杨士奇编《历代名臣奏议》，上海古籍出版社，2012。

［19］（明）吕坤：《新吾吕先生实政录》，《官箴书集成》第 1 册，黄山书社，1997。

［20］（明）宋濂等撰《元史》，中华书局，2013。

［21］（明）孙昌龄：《时政十议》，《宁晋县志》卷 9《艺文志》。

［22］（明）张卤辑《皇明制书》，《续修四库全书》第 788 册，上海古籍出版社，2002。

［23］（明）赵世卿：《司农奏议》，《续修四库全书》第 480 册，上海古籍出版社，2002。

［24］（明）邹元标：《邹忠介公奏疏》，陆永胜编，孔学堂书局，2023。

［25］（清）璧昌：《牧令要诀》，《官箴书集成》第 7 册，黄山书社，1997。

［26］（清）陈弢辑《同治中兴京外奏议约编》，台北文海出版社，1966。

［27］（清）戴兆佳：《天台治略》，《官箴书集成》第 4 册，黄山书社，1997。

［28］（清）丁曰健：《治台必告录》，台北台湾银行经济研究室，1997。

［29］（清）方大湜：《平平言》，《官箴书集成》第 7 册，黄山书社，1997。

［30］（清）刚毅：《晋政辑要》，《续修四库全书》第 884 册，上海古籍出版社，2002。

［31］（清）刚毅辑《秋谳辑要》，杨一凡编《清代秋审文献》第 9 册，中国民主法制出版社，2015。

［32］（清）刚毅辑《审看拟式》，杨一凡编《古代折狱要览》第 14 册，社会科学文献出版社，2015。

［33］（清）葛士浚辑《皇朝经世文续编》，台北文海出版社，1972。

［34］（清）韩世琦：《抚吴疏草》，《四库未收书辑刊》第 8 辑第 7 册，北

京出版社，2000。

[35]（清）何良栋辑《皇朝经世文四编》，台北文海出版社，1972。

[36]（清）贺长龄辑《皇朝经世文编》，台北文海出版社，1966。

[37]（清）黄恩彤等撰《粤东省例新纂》，杨一凡、刘笃才编《中国古代地方法律文献》丙编第 11 册，社会科学文献出版社，2012。

[38]（清）黄六鸿：《福惠全书》，《官箴书集成》第 3 册，黄山书社，1997。

[39]（清）黄以周等辑注《续资治通鉴长编拾补》，顾吉辰点校，中华书局，2004。

[40]（清）胡衍虞：《居官寡过录》，《官箴书集成》第 5 册，黄山书社，1997。

[41]（清）吉同钧：《大清律例讲义》，闫晓君整理，知识产权出版社，2018。

[42]（清）吉同钧：《大清现行刑律讲义》，栗铭徽点校，清华大学出版社，2017。

[43]（清）贾臻：《退崖公牍文字》，《明清法制史料辑刊》第 1 编第 24 册，国家图书馆出版社，2008。

[44]（清）觉罗乌尔通阿：《居官日省录》，《官箴书集成》第 8 册，黄山书社，1997。

[45]（清）觉罗雅尔哈善辑《成案汇编》，杨一凡编《清代成案选编》甲编第 20 册，社会科学文献出版社，2014。

[46]（清）李渔：《资治新书》，《明清法制史料辑刊》第 1 编第 1 册，国家图书馆出版社，2008。

[47]（清）李宗棠辑《奏议辑览初编》，黄山书社，2016。

[48]（清）凌燽：《西江视臬纪事》，《续修四库全书》第 882 册，上海古籍出版社，2002。

[49]（清）刘衡：《庸吏庸言》，《官箴书集成》第 6 册，黄山书社，1997。

[50]（清）刘衡：《州县须知》，《官箴书集成》第 6 册，黄山书社，1997。

[51]（清）刘锦棠：《刘锦棠奏稿校证》，杜宏春校证，中华书局，2019。

[52]（清）刘坤一：《刘坤一奏疏》，陈代湘等校点，岳麓书社，2013。

[53]（清）刘兆麒：《总制浙闽文檄》，《官箴书集成》第 2 册，黄山书社，1997。

[54]（清）柳堂等辑《居官杂录》，桑兵主编《五编清代稿钞本》第 205 册，广东人民出版社，2013。

[55]（清）罗正钧：《劬庵官书拾存》，《清代诗文集汇编》第 780 册，上海古籍出版社，2010。

[56]（清）穆翰：《明刑管见录》，高柯立、林荣辑《明清法制史料辑刊》第 2 编第 72 册，国家图书馆出版社，2014。

[57]（清）那彦成：《那文毅公奏议》，《续修四库全书》第 497 册，上海古籍出版社，2002。

[58]（清）潘文舫等：《新增刑案汇览》，法律出版社，2007。

[59]（清）潘杓灿：《未信编》，《官箴书集成》第 3 册，黄山书社，1997。

[60]（清）樊增祥：《樊山政书》，《官箴书集成》第 10 册，黄山书社，1997。

[61]（清）全士潮辑《驳案新编》，《续修四库全书》第 873、874 册，上海古籍出版社，2002。

[62]（清）沈家本等：《大清现行刑律案语》，《续修四库全书》第 864 册，上海古籍出版社，2002。

[63]（清）沈家本：《历代刑法考》（附《寄簃文存》），邓经元、骈宇骞点校，中华书局，1985。

[64]（清）沈家本：《叙雪堂故事》，徐世虹主编《沈家本全集》第二卷，中国政法大学出版社，2010。

[65]（清）沈家本：《叙雪堂故事删誊》，杨一凡编《清代秋审文献》第 3 册，中国民主法制出版社，2015。

[66]（清）沈贤书、孙尔耆校勘《钦定吏部处分则例》，光绪二年（1876）照部新修。

[67]（清）沈沾霖辑《江苏成案》，杨一凡编《清代成案选编》甲编第 50 册，社会科学文献出版社，2014。

［68］（清）沈之奇：《大清律辑注》，怀效锋、李俊点校，法律出版社，2000。

［69］（清）盛康编《皇朝经世文续编》，台北文海出版社，1972。

［70］（清）孙光祀：《胆余轩疏稿》，《清代诗文集汇编》第49册，上海古籍出版社，2010。

［71］（清）陶保霖：《论就地正法》，《法政杂志》第六期，1911。

［72］（清）陶模：《陶勤肃公（模）奏议》，台北文海出版社，1966。

［73］（清）陶澍：《陶云汀先生奏疏》，《续修四库全书》第498册，上海古籍出版社，2002。

［74］（清）田文镜：《州县事宜》，《官箴书集成》第3册，黄山书社，1997。

［75］（清）万维翰：《幕学举要》，《官箴书集成》第4册，黄山书社，1997。

［76］（清）汪辉祖：《学治续说》，《官箴书集成》第5册，黄山书社，1997。

［77］（清）汪辉祖：《学治臆说》，《官箴书集成》第5册，黄山书社，1997。

［78］（清）汪辉祖：《佐治药言》，《官箴书集成》第5册，黄山书社，1997。

［79］（清）王明德：《读律佩觽》，何勤华等点校，法律出版社，2001。

［80］（清）王又槐：《办案要略》，《官箴书集成》第4册，黄山书社，1997。

［81］（清）王又槐：《刑钱必览》，《四库未收书辑刊》第4辑第19册，北京出版社，2000。

［82］（清）文海：《自历言》，《官箴书集成》第6册，黄山书社，1997。

［83］（清）翁传照：《书生初见》，《官箴书集成》第9册，黄山书社，1997。

［84］（清）毌庸纂辑《刑部各司判例》，杨一凡、徐立志主编《历代判例判牍》第6册，中国社会科学出版社，2005。

［85］（清）吴炳：《请饬陕省首站宁羌州将由川入甘新疆遣犯留分解并恳拔协扛夫工食通禀》，乾隆《陇州续志》卷8《艺文志》。

［86］（清）吴潮、何锡俨编《刑案汇览续编》，法律出版社，2007。

［87］（清）吴坤修等编撰《大清律例根原》，郭成伟主编，上海辞书出版社，2012。

［88］（清）香渠辑《详稿汇抄》，桑兵主编《六编清代稿钞本》第252册，广东人民出版社，2014。

［89］（清）谢诚钧：《秋谳志》，（清）许伸望增订，杨一凡编《清代秋审文献》第 8 册，中国民主法制出版社，2015。

［90］（清）徐栋辑《牧令书》，《官箴书集成》第 7 册，黄山书社，1997。

［91］（清）徐松辑《宋会要辑稿》14，刘琳、刁忠民、舒大刚、尹波等校点，上海古籍出版社，2014。

［92］（清）徐象先：《大清律讲义》，高柯立、林荣辑《明清法制史料辑刊》第 3 编第 54 册，国家图书馆出版社，2015。

［93］（清）薛允升：《读例存疑》，胡星桥、邓又天等点注，中国人民公安大学出版社，1994。

［94］（清）杨楷：《杨楷奏议》，桑兵主编《八编清代稿钞本》第 357 册，广东人民出版社，2017。

［95］（清）姚雨芗、胡仰山：《大清律例会通新纂》，台北文海出版社，1987。

［96］（清）佚名：《驳案集成》，高柯立、林荣辑《明清法制史料辑刊》第 2 编第 20 册，国家图书馆出版社，2014。

［97］（清）佚名：《东省通饬》，杨一凡、刘笃才编《中国古代地方法律文献》丙编第 13、14 册，社会科学文献出版社，2012。

［98］（清）佚名撰《告示集》，杨一凡、王旭编《古代榜文告示汇存》第 10 册，社会科学文献出版社，2006。

［99］（清）佚名辑《光宣政书杂钞》，桑兵主编《三编清代稿钞本》第 141 册，广东人民出版社，2010。

［100］（清）佚名辑《公文钞本》，桑兵主编《八编清代稿钞本》第 357 册，广东人民出版社，2017。

［101］（清）佚名：《湖南省例成案》，杨一凡编《清代成案选编》甲编第 46 册，社会科学文献出版社，2014。

［102］（清）佚名：《湖南省例成案选刊》，杨一凡、刘笃才编《中国古代地方法律文献》丙编第 2 册，社会科学文献出版社，2012。

［103］（清）佚名：《江苏省例初编》，杨一凡、刘笃才编《中国古代地方

法律文献》丙编第 11 册，社会科学文献出版社，2012。

[104]（清）佚名：《江苏省例三编》，杨一凡、刘笃才编《中国古代地方
法律文献》丙编第 13 册，社会科学文献出版社，2012。

[105]（清）佚名：《江苏省例四编》，杨一凡、刘笃才编《中国古代地方
法律文献》丙编第 13 册，社会科学文献出版社，2012。

[106]（清）佚名：《历年通行成案》，杨一凡编《古代判牍案例新编》第
20 册，社会科学文献出版社，2012。

[107]（清）佚名：《偏途论》，谢兴尧整理，庄建平主编《近代史资料文
库》第十卷，上海书店出版社，2009。

[108]（清）佚名：《陕西秋审榜示》，《清代秋审文献》第 19 册，中国民
主法制出版社，2015。

[109]（清）佚名：《刑幕要略》，《官箴书集成》第 5 册，黄山书社，1997。

[110]（清）佚名：《衙役职事》，中国社会科学院近代史研究所图书馆整
理，庄建平主编《近代史资料文库》第十卷，上海书店出版社，
2009。

[111]（清）佚名：《治浙成规》，《官箴书集成》第 6 册，黄山书社，1997。

[112]（清）易顺鼎：《高州存牍》，《明清法制史料辑刊》第 1 编第 37 册，
国家图书馆出版社，2008。

[113]（清）张经田：《励治撮要》，《官箴书集成》第 6 册，黄山书社，1997。

[114]（清）张廷玉等撰《明史》，中华书局，2013 年。

[115]（清）张祥河：《张祥河奏折》，许隽超、王晓辉整理，凤凰出版社，
2015。

[116]（清）赵舒翘：《提牢备考》，《续修四库全书》867 册，上海古籍出
版社，2002。

[117]（清）郑端：《政学录》，《续修四库全书》第 755 册，上海古籍出版
社，2002。

[118]（清）钟庆熙辑《四川通饬章程》，杨一凡、刘笃才编《中国古代地
方法律文献》丙编第 15 册，社会科学文献出版社，2012。

［119］（清）朱寿朋编《光绪朝东华录》，张静庐等校点，中华书局，1984。

［120］（清）祝庆祺、鲍书芸编《刑案汇览》，法律出版社，2007。

［121］（清）祝庆祺：《续增刑案汇览》，法律出版社，2007。

［122］崇晖：《清代菜市口之刑场》，《中华周报》1944 年第 1 卷第 9 期。

［123］董康：《董康法学文集》，何勤华、魏琼编，中国政法大学出版社，2005。

［124］郭卫：《论流刑为有效罚之刑》，《法学丛刊》1930 年第 1 卷第 4 期。

［125］宏：《徒刑人犯移垦》，《时代公论》1934 年第 3 卷第 12 期。

［126］（民）李海波：《废止死刑之我见》，《中华季刊》1934 年第 2 卷第 3 期。

［127］阮毅成：《大清现行刑律要论》，台北文海出版社，1970。

［128］夏勤述、王材固疏《刑事诉讼法》，李秀清、陈颐主编：《朝阳法科讲义》（第七卷），上海人民出版社，2013。

［129］献征：《前清有系统的杀人制度》，《益世报》（天津），1932 年 7 月 15、19、23、24、26、27 日。

［130］徐珂：《五刑考略》，《丛书集成续编》第 32 册，台北新文丰出版公司，1988。

［131］杨幼炯：《近代中国立法史》，李绍平校点，湖南教育出版社，2010。

［132］佚名：《恢复流刑之重要》，《上海党声》1936 年第 2 卷第 30 期。

［133］佚名：《令军警各机关嗣后凡执行死刑除依刑法及刑事各特别法令处置外一律禁止死刑用斩由》（五月四日），《司法公报》1929 年第 19 期。

［134］佚名：《前清酷吏所用之非刑（光绪二十七年上海县之站笼)》，《北洋画报》1934 年 1 月 6 日。

［135］赵琛：《死刑存废之问题》，《法学丛刊》1930 年第 1 卷第 3 期。

［136］赵尔巽等：《清史稿》，中华书局，1977。

［137］周建人：《随便讲讲卖为娼妇及死刑之类》，《语丝》1930 第 5 卷第 3 期。

[138]《呈查明广东地方积弊各条筹议办理章程清单》（道光朝），中国第一历史档案馆藏，档号：04-01-11-0010-001。

[139]《大清法规大全》，台北考正出版社，1972。

[140]《淡新档案选录行政编初集》，台北大通书局，1984。

[141]《福建省例》，台北大通书局，1987。

[142]《民呼日报图画》，《清代报刊图画集成》（六），全国图书馆文献缩微复制中心，2001。

[143]《明清史料》己编上册，中华书局影印本，1987。

[144]《明清史料》戊编上册，中华书局影印本，1987。

[145]《清太祖实录》，中华书局，2008。

[146]《清太宗实录》，中华书局，1985。

[147]《清代文字狱档》（增订本），上海书店出版社，2011。

[148]《清刑部通行饬令汇存》，全国图书馆文献缩微复制中心，2005。

[149]《题为汇题江宁将军所属三十二年份收到遣犯及脱逃拿获各数目事》（乾隆三十三年），中国第一历史档案馆藏，档号：02-01-007-020896-0001。

[150]《题为汇题荆州将军所属三十一年十二月起一年内收到遣犯及脱逃已未获人犯各数目事》（乾隆三十三年），中国第一历史档案馆藏，档号：02-01-007-020898-0006。

[151]《题为审究福建参革署理同安县知县周麟生率报徒犯詹鳌废疾家人交通受贿案依律分别定拟事》（乾隆三十九年），中国第一历史档案馆藏，档号：02-01-07-14001-006。

[152]《题为特参益阳县知县陈煦混准徒犯告假徇情捏饰请旨革职事》（乾隆三十四年二月初六日），中国第一历史档案馆藏，档号：02-01-03-06391-010。

[153]《天一阁藏明钞本天圣令校证（附唐令复原研究)》，天一阁博物馆、中国社会科学院历史研究所天圣令整理课题组校证，中华书局，2006。

[154] 《图画新闻》，《清代报刊图画集成》（七），全国图书馆文献缩微复制中心，2001。

[155] 《新闻画报》（上），《清代报刊图画集成》（三），全国图书馆文献缩微复制中心，2001。

[156] 《刑部通行条例》第1、3册，同治己巳（1869）聚珍版，北京大学图书馆藏。

[157] 《奏请刑罚划一事》（乾隆二十一年），中国第一历史档案馆藏，档号：03-1196-027。

[158] 陈锋主编《晚清财政说明书》4、7，湖北人民出版社，2015。

[159] 高汉成编著《大清新刑律立法资料补编汇要》，中国社会科学出版社，2017。

[160] 哈恩忠编《乾隆朝管理军流遣犯史料》（上），《历史档案》2003年第4期。

[161] 哈恩忠编《乾隆朝管理军流遣犯史料》（下），《历史档案》2004年第1期。

[162] 侯宜杰整理《清末督抚答复厘定地方官制电稿》，庄建平主编《近代史资料文库》第一卷，上海书店出版社，2009。

[163] 环球社编辑部编《图画日报》第3、4册，上海古籍出版社，1999。

[164] 金梁辑《满洲秘档》，台北文海出版社，1966。

[165] 南炳文、吴彦玲辑校《辑校万历起居注》，天津古籍出版社，2010。

[166] 罗振玉辑《皇清奏议》，张小也、苏亦工点校，凤凰出版社，2018。

[167] 上海商务印书馆编译所编纂《大清新法令》（点校本·1901-1911）之第1、9卷，李秀清等点校，商务印书馆，2010。

[168] 司义祖整理《宋大诏令集》，中华书局，1962。

[169] 四川省档案馆编《清代巴县档案汇编》（乾隆卷），档案出版社，1991。

[170] 台北故宫博物院编《宫中档乾隆朝奏折》第1、33、36、37、38、39、40、41、42、44、45、49、58、59、67、68辑，台北故宫博物院，1982~1987年。

[171] 太平天国历史博物馆编《太平天国史料汇编》第5、6、9、10 册，凤凰出版社，2018。

[172] 吴密察主编《淡新档案》第27、28 册，台湾大学图书馆，2008。

[173] 徐世虹主编《沈家本全集》第一、二卷，中国政法大学出版社，2010。

[174] 佚名辑《清末筹备立宪档案史料》下册，台北文海出版社，1981。

[175] 俞国娟主编《清代刑部通行条例——绍兴县档案馆馆藏司法文书选编》，浙江古籍出版社，2012。

[176] 张伟仁主编《明清档案》，台北联经出版事业公司，1986。

[177] 中国第一历史档案馆编《光绪朝朱批奏折》第106、109、110 辑，中华书局，1996。

[178] 中国第一历史档案馆编《嘉庆道光两朝上谕档》第41 册，广西师范大学出版社，2000。

[179] 中国第一历史档案馆：《满文老档》，中华书局，1990。

[180] 周正云辑校《晚清湖南新政奏折章程选编》第十二辑，岳麓书社，2010。

（二）文集、日记、文学作品、地方志、医书等

[1] （唐）孙思邈：《备急千金要方校释》，李景荣等校释，人民卫生出版社，1998。

[2] （宋）黎靖德编《朱子语类》，王星贤点校，中华书局，2020。

[3] （宋）刘克庄：《刘克庄集笺校》，辛更儒笺校，中华书局，2011。

[4] （宋）陆游：《陆游全集校注》，钱仲联、马亚中主编，浙江古籍出版社，2016。

[5] （宋）欧阳修：《欧阳修全集》，李逸安点校，中华书局，2001。

[6] （宋）苏轼：《苏东坡全集》，燕山出版社，2009。

[7] （宋）叶梦得：《石林燕语》，中华书局，1984。

[8] （宋）尹洙：《河南集》，《文渊阁四库全书》第1090 册，上海古籍出版社，1987。

[9] （宋）曾肇：《曲阜集》，《文渊阁四库全书》第 1101 册，上海古籍出版社，1987。

[10] （宋）赵与时：《宾退录》，上海古籍出版社，1983。

[11] （宋）周辉：《清波杂志》，《笔记小说大观》第 2 册，江苏广陵古籍刻印社，1983。

[12] （元）刘岳申：《申斋集》，《文渊阁四库全书》第 1204 册，上海古籍出版社，1987。

[13] （元）苏天爵：《滋溪文稿》，陈高华、孟繁清点校，中华书局，1997。

[14] （明）陈实功著，（清）徐大椿评《徐评外科正宗》，上海科学技术出版社，1990。

[15] （明）过庭训：《本朝分省人物考》，《续修四库全书》第 534 册，上海古籍出版社，2002。

[16] （明）李时珍：《本草纲目》（金陵本），王庆国主校，中国中医药出版社，2013。

[17] （明）刘文泰等撰《本草品汇精要》，王世昌等绘，明弘治十八年（1505）彩绘写本。

[18] （明）吕坤：《吕坤全集》，王国轩、王秀梅整理，中华书局，2008。

[19] （明）祁彪佳：《宜焚全稿》，《续修四库全书》第 492 册，上海古籍出版社，2002。

[20] （明）沈德符：《万历野获编》，中华书局，1997。

[21] （明）施耐庵编辑《水浒忠义志传》，《古本小说丛刊》第 2 辑第 2 册，中华书局，1990。

[22] （明）田汝成：《西湖游览志余》，《文渊阁四库全书》第 585 册，上海古籍出版社，1987。

[23] （明）王肯堂：《证治准绳四：疡医证治准绳》，施仲安点校，人民卫生出版社，2014。

[24] （明）王夫之：《读通鉴论》，岳麓书社，2011。

[25] （明）王夫之：《尚书稗疏》，岳麓书社，2011。

[26]（明）王夫之：《尚书引义》，岳麓书社，2011。

[27]（明）王锜：《寓圃杂记》，中华书局，1997。

[28]（明）谢肇淛：《五杂俎》，《笔记小说大观》第8编第7册，台北新兴书局，1975。

[29]（明）叶子奇：《草木子》，中华书局，1959。

[30]（明）佚名：《水浒志传评林》，刘世德、陈庆浩、石昌渝主编《古本小说丛刊》第12辑第2册，中华书局，1991。

[31]（明）佚名：《钟馗全传》，刘世德、陈庆浩、石昌渝主编《古本小说丛刊》第2辑第5册，中华书局，1990。

[32]（明）张文麟：《端岩公年谱》，《北京图书馆藏珍本年谱丛刊》第44册，北京图书馆出版社，1999。

[33]（明）周清原：《西湖二集》，浙江古籍出版社，2017。

[34]（清）八宝王郎：《冷眼观》，黑龙江美术出版社，2016。

[35]（清）白曾焯：《庚辛提牢笔记》，台北文海出版社，1977。

[36]（清）包世臣：《齐民四术》，黄山书社，1997。

[37]（清）包世臣：《中衢一勺》，李星点校，黄山书社，1993。

[38]（清）陈康祺：《郎潜纪闻四笔》，褚家伟、张文玲点校，中华书局，1997。

[39]（清）陈恒庆：《谏书稀庵笔记》，台北文海出版社，1969。

[40]（清）陈宏谋：《培远堂偶存稿》，《清代诗文集汇编》第280册，上海古籍出版社，2010。

[41]（清）陈其元：《庸闲斋笔记》，中华书局，1997。

[42]（清）陈荣衮：《绘图妇孺三字书》，光绪二十六年（1900）广州蒙学书塾编辑。

[43]（清）陈盛韶：《问俗录》，《四库未收书辑刊》第10辑第3册，北京出版社，2000。

[44]（清）陈士铎：《辨证录》，人民卫生出版社，1989。

[45]（清）陈士铎：《洞天奥旨》，柳长华等点校，中国中医药出版社，

1991。

［46］（清）陈文纬等：《恒春县志》，光绪二十一年（1895）稿本。

［47］（清）陈以益编《越恨》，章开沅、罗福惠、严昌洪主编《辛亥革命史资料新编》第四卷，湖北人民出版社，2006。

［48］（清）陈遇乾：《义妖白蛇传》，同治己巳（1869）春镌，陈士奇、俞秀山先生评定。

［49］（清）春越溪外史：《剑侠奇中奇全传》，中国文史出版社，2021。

［50］（清）丁宝桢：《丁文诚公遗集》，《清代诗文集汇编》第679册，上海古籍出版社，2010。

［51］（清）董诰等编《全唐文》，中华书局，1983。

［52］（清）杜凤治：《杜凤治日记》第1～10册，邱捷点注，广东人民出版社，2021。

［53］（清）段光清：《镜湖自撰年谱》，中华书局，1997。

［54］（清）额勒和布：《额勒和布日记》，芦婷婷整理，凤凰出版社，2018。

［55］（清）方濬师：《蕉轩随录续录》，中华书局，1995。

［56］（清）方以智：《通雅》，《文渊阁四库全书》第857册，上海古籍出版社，1987。

［57］（清）冯德材等：《郁林州志》，光绪二十年（1894）刻本。

［58］（清）龚元玠：《畏斋书经客难》，《续修四库全书》第44册，上海古籍出版社，2002。

［59］（清）顾文彬：《过云楼日记》点校本，苏州市档案局（馆）、苏州市过云楼文化研究会编，文汇出版社，2015。

［60］（清）顾张思：《土风录》，曾昭聪、刘玉红校点，上海古籍出版社，2016。

［61］（清）管同：《因寄轩文集补遗》，《清代诗文集汇编》第532册，上海古籍出版社，2010。

［62］（清）郭嵩焘：《郭嵩焘全集》第4、9、12册，梁小进主编，岳麓书社，2012。

[63]（清）华仲起：《粤东管见》，桑兵主编《七编清代稿钞本》第 307 册，广东人民出版社，2015。

[64]（清）何耿绳辑《学治一得编》，《丛书集成续编》第 32 册，台北新文丰出版公司，1988。

[65]（清）何绍章等：《丹徒县志》，光绪五年（1879）刊本。

[66]（清）贺长龄：《贺长龄集》，雷树德校点，岳麓书社，2010。

[67]（清）洪亮吉：《更生斋集》，刘德权点校，中华书局，2001。

[68]（清）洪亮吉：《洪亮吉集》，中华书局，2001。

[69]（清）洪亮吉：《伊犁日记》，《历代日记丛钞》第 34 册，学苑出版社，2006。

[70]（清）胡廷光：《伤科汇纂》，《中医临床必读丛书（合订本）：临证各科卷（外科·伤科·推拿）》，人民卫生出版社，2011。

[71]（清）黄可润：《畿辅见闻录》，《都门汇纂》（外二种），郗志群点校，北京出版社，2018。

[72]（清）黄正元：《阴骘文图说》，同治六年（1867）奉天锦府文英斋刻本。

[73]（清）黄遵宪：《黄遵宪集》下卷，吴振清、徐勇、王家祥编校整理，天津人民出版社，2003。

[74]（清）吉同钧：《乐素堂文集》，闫晓君整理，法律出版社，2014。

[75]（清）计六奇：《明季北略》，任道斌、魏得良点校，中华书局，1984。

[76]（清）纪昀：《阅微草堂笔记》，上海古籍出版社，2016。

[77]（清）蒋敦复：《随园轶事》，《袁枚全集新编》第十册，王英志编纂校点，浙江古籍出版社，2015。

[78]（清）李伯元：《活地狱》，王燕辑《晚清小说期刊辑存》第 12 册，国家图书馆出版社，2015。

[79]（清）李超琼：《李超琼日记》（光绪二十四年四月至光绪三十一年二月），苏州工业园区档案管理中心编，古吴轩出版社，2017。

[80]（清）李超琼：《李超琼日记》（光绪三十一年三月至宣统元年闰二

月），苏州工业园区档案管理中心编，古吴轩出版社，2017。

[81] （清）李超琼：《李超琼日记》（元和—阳湖—元和），苏州工业园区档案管理中心编，江苏人民出版社，2012。

[82] （清）李春芳编次《海公大红袍全传》，上海古籍出版社，1993。

[83] （清）李慈铭：《荀学斋日记》，《历代日记丛钞》第 102 册，学苑出版社，2006。

[84] （清）李慈铭：《越缦堂文集》，《清代诗文集汇编》第 713 册，上海古籍出版社，2010。

[85] （清）李绂：《穆堂别稿》，《续修四库全书》第 1422 册，上海古籍出版社，2002。

[86] （清）李塨：《平书订》，《续修四库全书》第 947 册，上海古籍出版社，2002。

[87] （清）李桓：《宝韦斋类稿》，《清代诗文集汇编》第 705 册，上海古籍出版社，2010。

[88] （清）李孟符：《春冰室野乘》，张继红点校，山西古籍出版社，1995。

[89] （清）李晚芳：《李菉猗女史全书》，刘正刚整理，齐鲁书社，2014。

[90] （清）李星沅：《李星沅集》，王继平校点，岳麓书社，2013。

[91] （清）李星沅：《李星沅日记》，袁英光、童浩整理，中华书局，1987。

[92] （清）李修行：《梦中缘》，陕西师范大学出版社，2001。

[93] （清）李元复：《常谈丛录》，道光二十八年（1848）味经堂刊本。

[94] （清）梁章钜：《浪迹续谈》，陈铁民点校，中华书局，1981。

[95] （清）梁章钜：《退庵随笔》，《笔记小说大观》第 19 册，江苏广陵古籍刻印社，1983。

[96] （清）刘大鹏：《退想斋日记》，乔志强标注，北京师范大学出版社，2020。

[97] （清）刘鹗：《老残游记》，王燕辑《晚清小说期刊辑存》第 11 册，国家图书馆出版社，2015。

[98] （清）刘光第：《衷圣斋文集》，《清代诗文集汇编》第 797 册，上海

古籍出版社，2010。

[99]（清）刘寿眉：《春泉闻见录》，《续修四库全书》第1177册，上海古籍出版社，2002。

[100]（清）刘廷玑：《在园杂志》，张守谦点校，中华书局，2005。

[101]（清）梅曾亮：《柏枧山房全集》，《清代诗文集汇编》第552册，上海古籍出版社，2010。

[102]（清）卢崇兴：《守禾日记》，杨一凡、徐立志主编《历代判例判牍》第9册，中国社会科学出版社，2005。

[103]（清）鲁一同：《鲁通甫集》，三秦出版社，2011。

[104]（清）陆耀：《切问斋集》，《清代诗文集汇编》第352册，上海古籍出版社，2010。

[105]（清）吕熊：《女仙外史》，大众文艺出版社，2002。

[106]（清）吕懋勋等：《蓝田县志》，光绪元年（1875）刻本。

[107]（清）裴景福：《河海昆仑录》，台北文海出版社，1986。

[108]（清）彭而述：《读史亭文集》，《四库全书存目丛书》集部第201册，齐鲁书社，1997。

[109]（清）彭启丰：《芝庭诗文稿》，《四库未收书辑刊》第9辑，第23册，北京出版社，2000。

[110]（清）彭玉麟：《彭玉麟集》上册，岳麓书社，2008。

[111]（清）平翰等：《遵义府志》，道光二十一年（1841）刻本。

[112]（清）蒲松龄：《聊斋志异》，上海古籍出版社，2013。

[113]（清）蒲松龄：《详注聊斋志异图咏》，（清）吕湛恩注，光绪十二年（1886）上海同文书局石印本。

[114]（清）钱澄之：《田间文集》，《清代诗文集汇编》第40册，上海古籍出版社，2010。

[115]（清）钱维城：《茶山文钞》，《清代诗文集汇编》第346册，上海古籍出版社，2010。

[116]（清）钱祥保：《谤书》，何震彝编，台北文海出版社，1976。

[117] （清）秦蕙田：《五礼通考》，《文渊阁四库全书》第 137 册，上海古籍出版社，1987。

[118] （清）秦绍美：《于门种德书》，美国国会图书馆藏，康熙十七年（1678）刊本。

[119] （清）青城子：《亦复如是》，重庆出版社，1999。

[120] （清）阮元等：《广东通志》，道光二年（1822）刻本。

[121] （清）容闳：《西学东渐记》，徐凤石等译，生活·读书·新知三联书店，2011。

[122] （清）邵长蘅：《青门簏稿》，《清代诗文集汇编》第 145 册，上海古籍出版社，2010。

[123] （清）申江逸史：《绣像文武香球》，同治刻本。

[124] （清）沈起凤：《谐铎》，《笔记小说大观》第 2 编第 10 册，台北新兴书局，1975。

[125] （清）石成金：《雨花香》第四种，内蒙古人民出版社，2000。

[126] （清）石玉昆：《续小五义》，华夏出版社，2016。

[127] （清）宋楚望辑《公门果报录》，《官箴书集成》第 9 册，黄山书社，1997。

[128] （清）孙宝瑄：《忘山庐日记》，上海人民出版社，2015。

[129] （清）孙嘉淦：《孙文定公全集》，《清代诗文集汇编》第 253 册，上海古籍出版社，2010。

[130] （清）台隆阿等：《岫岩志略》，咸丰七年（1857）刻本。

[131] （清）汤肇熙：《出山草谱》，《四库未收书辑刊》第 10 辑第 4 册，北京出版社，2000。

[132] （清）唐烜：《唐烜日记》，赵阳阳、马梅玉整理，凤凰出版社，2017。

[133] （清）陶承熹、王承勋辑《惠直堂经验方》，裘庆元辑《珍本医书集成》第 3 册，中国医药科技出版社，2016。

[134] （清）铁保：《梅庵文钞》，《清代诗文集汇编》第 432 册，上海古籍

出版社，2010。
[135]（清）童槐：《今白华堂文集》，《清代诗文集汇编》第511册，上海古籍出版社，2010。
[136]（清）汪昂：《本草备要》，郑金生整理，人民卫生出版社，2017。
[137]（清）汪堃：《逆党祸蜀记》，台北文海出版社，1990。
[138]（清）汪志伊：《稼门诗钞》，《续修四库全书》第1464册，上海古籍出版社，2002。
[139]（清）王懋竑：《读书记疑》，《续修四库全书》第1146册，上海古籍出版社，2002。
[140]（清）王清任：《医林改错》，《中华传世医典》第12册，吉林人民出版社，1999。
[141]（清）王庆保、曹景郕：《驿舍探幽录》，（清）张荫桓《张荫桓日记》，任青、马忠文整理，上海书店出版社，2004。
[142]（清）王赠芳、王镇主修《济南府志》，道光二十年（1840）刻本。
[143]（清）王照：《方家园杂咏纪事》，《清代诗文集汇编》第787册，上海古籍出版社，2010。
[144]（清）王植：《崇雅堂稿》，《清代诗文集汇编》第254册，上海古籍出版社，2010。
[145]（清）王钟霖：《王钟霖日记》，周生杰、周恬羽整理，凤凰出版社，2017。
[146]（清）魏成宪：《仁庵自记年谱》，《北京图书馆藏珍本年谱丛刊》第120册，北京图书馆出版社，1999。
[147]（清）魏象枢：《寒松堂全集》，《清代诗文集汇编》第60册，上海古籍出版社，2010。
[148]（清）魏之琇编《续名医类案》，黄汉儒等点校，人民卫生出版社，1997。
[149]（清）翁同龢：《翁同龢日记》第三卷，翁万戈编，中西书局，2012。
[150]（清）翁同爵：《翁同爵家书系年考》，李红英辑考，凤凰出版社，

2015。

[151]（清）翁心存：《翁心存日记》第 3 册，张剑整理，中华书局，2011。

[152]（清）吴炽昌：《客窗闲话》，石继昌校点，时代文艺出版社，1987。

[153]（清）吴趼人：《二十年目睹之怪现状》，浙江古籍出版社，2015。

[154]（清）吴趼人：《吴趼人全集：诗·戏曲·杂文》，北方文艺出版社，2019。

[155]（清）吴谦等编《医宗金鉴》，人民卫生出版社，1973。

[156]（清）吴汝纶：《桐城吴先生日记》，台北文海出版社，1969。

[157]（清）吴淞：《正蒙字义》，光绪二十七年（1901）刊本。

[158]（清）吴文镕：《吴文节公遗集》，《清代诗文集汇编》第 575 册，上海古籍出版社，2010。

[159]（清）吴熊光：《伊江笔录》，《续修四库全书》第 1177 册，上海古籍出版社，2002。

[160]（清）吴玉纶：《香亭文稿》，《清代诗文集汇编》第 378 册，上海古籍出版社，2010。

[161]（清）吴振棫：《养吉斋丛录》，童正伦点校，中华书局，2005。

[162]（清）西周生：《醒世姻缘传》，中国文史出版社，2003。

[163]（清）夏敬渠：《野叟曝言》，四川大学出版社，2014。

[164]（清）谢延庚等：《江都县续志》，清光绪十年（1884）刻本。

[165]（清）徐赓陛：《不慊斋漫存》，《清代诗文集汇编》第 751 册，上海古籍出版社，2010。

[166]（清）徐旭旦：《世经堂初集》，《清代诗文集汇编》第 197 册，上海古籍出版社，2010。

[167]（清）徐宗干：《斯未信斋杂录》，台北台湾银行经济研究室，1997。

[168]（清）许承尧：《疑庵诗》，黄山书社，1990。

[169]（清）许应鑅等：《抚州府志》，光绪二年（1876）刻本。

[170]（清）许缵曾辑《太上感应篇图说》，乾隆年间云间许氏刊本。

[171]（清）许仲元：《三异笔谈》，《笔记小说大观》第 20 册，江苏广陵

古籍刻印社，1983。

[172]　（清）许宗衡：《玉井山馆文续》，《清代诗文集汇编》第 640 册，上海古籍出版社，2010。

[173]　（清）薛福成：《庸庵笔记》，江苏古籍出版社，2000。

[174]　（清）延庚等：《六合县志》，光绪刻本。

[175]　（清）阎若璩：《潜邱札记》，《文渊阁四库全书》第 859 册，上海古籍出版社，1987。

[176]　（清）杨炳堃：《中议公自订年谱》，《北京图书馆藏珍本年谱丛刊》第 141 册，北京图书馆出版社，1999。

[177]　（清）杨开第等：《重修华亭县志》，光绪五年（1879）刻本。

[178]　（清）杨景仁辑《式敬编》，《续修四库全书》第 974 册，上海古籍出版社，2002。

[179]　（清）杨懋建：《杨懋建集》，杜桂萍、任刚整理，凤凰出版社，2019。

[180]　（清）杨树编《杨珍林自订年谱》，《北京图书馆藏珍本年谱丛刊》第 176 册，北京图书馆出版社，1999。

[181]　（清）杨锡绂：《四知堂文集》，《四库未收书辑刊》第 9 辑，第 24 册，北京出版社，2000。

[182]　（清）杨学颜等：《恩平县志》，道光五年（1825）刻本。

[183]　（清）姚济：《己酉被水纪闻》，庄建平主编《近代史资料文库》第五卷，上海书店出版社，2009。

[184]　（清）姚文然：《姚端恪公文集》，《清代诗文集汇编》第 75 册，上海古籍出版社，2010。

[185]　（清）佚名：《暗室灯》，《藏外道书》第 28 册，巴蜀书社，1994。

[186]　（清）佚名：《丹桂籍注案》，《藏外道书》第 12 册，巴蜀书社，1994。

[187]　（清）佚名：《狄公案》，浙江人民美术出版社，2017。

[188]　（清）佚名：《郭公案》，黑龙江美术出版社，2019。

[189]　（清）佚名：《果报录》，光绪三十二年（1906）香港石印书局西法

影印版。

[190]（清）佚名：《荆公案》，江西美术出版社，2018。

[191]（清）佚名：《警富新书》，侯会点校，群众出版社，2003。

[192]（清）佚名：《清史列传》，王钟翰点校，中华书局，1987。

[193]（清）佚名：《太上宝筏图说》，《藏外道书》第27册，巴蜀书社，1994。

[194]（清）佚名：《太上感应篇注》，《藏外道书》第12册，巴蜀书社，1994。

[195]（清）佚名：《文帝阴骘文图说人镜阳秋》，颜正注释，黄正元图说，诸灿书、华士陶绘，锡山文昌宫藏板，道光二十四年（1844）镌。

[196]（清）佚名：《五虎平西演义》（狄青前传），李雨堂等撰《狄青五虎将全传》，岳麓书社，2016。

[197]（清）佚名：《阴骘文图证》，《藏外道书》第12册，巴蜀书社，1994。

[198]（清）佚名：《增补绣像玉夔龙全传》，光绪年间上海书局石印本。

[199]（清）佚名：《综论义和团》，庄建平主编《近代史资料文库》第六卷，上海书店出版社，2009。

[200]（清）佚名辑《禁火葬录》，张仁善整理，庄建平主编《近代史资料文库》第十卷，上海书店出版社，2009。

[201]（清）余良栋等：《桃源县志》，光绪十八年（1892）刊本。

[202]（清）俞蛟：《梦厂杂著》，北京出版社，2001。

[203]（清）俞渭：《黎平府志》，光绪十七年（1891）刻本。

[204]（清）俞樾：《茶香室续钞》，卓凡等点校，中华书局，1995。

[205]（清）俞樾：《右台仙馆笔记》，梁修校点，齐鲁书社，2004。

[206]（清）裕谦：《勉益斋续存稿》，《清代诗文集汇编》第579册，上海古籍出版社，2010。

[207]（清）袁枚：《小仓山房文集》，王英志编纂校点《袁枚全集新编》第3册，浙江古籍出版社，2015。

[208]（清）袁枚：《随园随笔》，《袁枚全集新编》第7册，王英志编纂校点，浙江古籍出版社，2015。

[209]（清）云茂琦：《阐道堂遗稿》，海南出版社，2004。

［210］（清）曾国藩：《曾国藩全集》第 1、7、9、12、14 册，岳麓书社，2011。

［211］（清）曾国荃：《曾国荃集》，梁小进主编，岳麓书社，2008。

［212］（清）张光藻：《北戍草》，《清代诗文集汇编》第 663 册，上海古籍出版社，2010。

［213］（清）张集馨：《道咸宦海见闻录》，杜春和、张秀清点校，中华书局，1999。

［214］（清）张杰鑫：《三侠剑》，吉林大学出版社，2011。

［215］（清）张联桂：《问心斋学治续录》，《明清法制史料辑刊》第 1 编第 30 册，国家图书馆出版社，2008。

［216］（清）张佩纶：《涧于集》，《清代诗文集汇编》第 768 册，上海古籍出版社，2010。

［217］（清）张五纬：《讲求共济录》，《明清法制史料辑刊》第 1 编第 16 册，国家图书馆出版社，2008。

［218］（清）张星焕等：《繁昌县志》，道光六年（1826）刻本。

［219］（清）张应昌编《清诗铎》，中华书局，1960。

［220］（清）张兆栋等：《重修山阳县志》，同治十二年（1873）刻本。

［221］（清）张之洞：《张之洞全集》第 1、2 册，河北人民出版社，1998。

［222］（清）张宗芳编《张达生先生年谱稿本》，《北京图书馆藏珍本年谱丛刊》第 177 册，北京图书馆出版社，1999。

［223］（清）郑燮：《郑板桥文集》，巴蜀书社，1997。

［224］（清）昭梿：《啸亭杂录》，何英芳点校，中华书局，1997。

［225］（清）赵钧：《赵钧日记》第 4 册，温州市图书馆编，陈伟玲整理，中华书局，2018。

［226］（清）赵钧彤：《西行日记》，《历代日记丛钞》第 32 册，学苑出版社，2006。

［227］（清）赵烈文：《能静居日记》，廖承良标点整理，岳麓书社，2013。

［228］（清）赵如升：《阴骘文像注》，《藏外道书》第 12 册，巴蜀书社，1994。

［229］（清）赵舒翘：《慎斋文集》，闫晓君整理，法律出版社，2014。

［230］（清）郑居中等：《府谷县志》，乾隆四十二年（1777）刻本。

［231］（清）郑光祖：《醒世一斑录》，《续修四库全书》第 1140 册，上海古籍出版社，2002。

［232］（清）钟方等：《哈密志》，道光二十六年（1846）刻本。

［233］（清）周秉彝等：《临漳县志》，光绪三十年（1904）刻本。

［234］（清）朱海：《妄妄录》，文物出版社，2015。

［235］（清）朱潼：《浮生记》，《近代史资料》总 137 号，中国社会科学出版社，2018。

［236］（清）朱一新：《佩弦斋文存》，《续修四库全书》第 1565 册，上海古籍出版社，2002。

［237］（清）朱一新：《无邪堂答问》，《续修四库全书》第 1164 册，上海古籍出版社，2002。

［238］宾上武等：《来宾县志》，民国二十五年（1936）排印本。

［239］柴小梵：《梵天庐丛录》，《笔记小说大观》第 17 编第 10 册，台北新兴书局有限公司，1977。

［240］车云修等：《禹县志》，民国二十年（1931）刊本。

［241］陈夔龙：《梦蕉亭杂记》，中华书局，2018。

［242］董康：《书舶庸谭》，朱慧整理，中华书局，2013。

［243］傅善庆：《熊成基事略》，章开沅、罗福惠、严昌洪主编《辛亥革命史资料新编》第四卷，湖北人民出版社，2006。

［244］高步青等：《交河县志》，民国五年（1916）刻本。

［245］何其章等：《定县志》，民国二十三年（1934）刻本。

［246］贺葆真：《贺葆真日记》，徐雁平整理，凤凰出版社，2014。

［247］黄濬：《花随人圣庵摭忆》，李吉奎整理，中华书局，2008。

［248］何西亚：《中国盗匪问题之研究》，上海泰东图书局，1925。

［249］胡翯等：《镇宁县志》，民国三十六年（1947）石印本。

［250］梁启超：《饮冰室文集》，中华书局，2015。

[251] 罗惇曧：《拳变余闻》，《笔记小说大观》第 10 编第 10 册，台北新兴书局，1975。

[252] 马芷庠：《老北京旅行指南》，北京燕山出版社，1997。

[253] 沈祖宪、吴闿生编《容庵弟子记》，《北京图书馆藏珍本年谱丛刊》第 185 册，北京图书馆出版社，1999。

[254] 王士仁等：《梨树县志》，民国三年（1914）刻本。

[255] 吴锡璜等：《同安县志》，民国十八年（1929）刊本。

[256] 夏仁虎：《旧京琐记》，骈宇骞点校，北京出版社，2018。

[257] 徐珂：《清稗类钞》第 5、11、12 册，中华书局，2010。

[258] 徐一士：《一士类稿续集》，徐泽昱、徐禾编，中华书局，2019。

[259] 徐凌霄、徐一士：《凌霄一士随笔》（二），徐泽昱编辑，刘悦斌、韩策校订，中华书局，2018。

[260] 许国英：《十叶野闻》，中华书局，2007。

[261] 曾瓶山等：《同正县志》，民国二十二年（1933）排印本。

[262] 张次溪：《燕京访古录》，京华印书局，1934。

[263] 张以诚等：《阳江志》，民国十四年（1925）刊本。

[264] 张岳灵等：《阳朔县志》，民国二十五年（1936）石印本。

[265] 章太炎：《章太炎全集：太炎文录初编》，徐复点校，上海人民出版社，2014。

[266] 周询：《蜀海丛谈》，台北文海出版社，1966。

[267] 朱之英等：《怀宁县志》，民国七年（1918）铅印本。

[268] 《澄衷蒙学堂字课图说》，（清）刘树屏编撰，（清）吴子城绘图，光绪三十年（1904）澄衷蒙学堂十一次石印。

[269] 《春秋左传正义》，（周）左丘明传，（晋）杜预注，（唐）孔颖达正义，浦卫忠、龚抗云、于振波、胡遂、陈咏明整理，北京大学出版社，1999。

[270] 《绘图识字实在易》第 20 册，上海彪蒙书室，光绪三十一年（1905）。

[271] 《礼记正义》，（汉）郑玄注，（唐）孔颖达疏，龚抗云整理，北京大

学出版社，1999。

[272]《上海租界志》编纂委员会编《上海租界志》，上海社会科学院出版社，2001。

[273]《尚书正义》，（汉）孔安国传，（唐）孔颖达疏，廖名春、陈明整理，北京大学出版社，1999。

[274]《周礼注疏》，（汉）郑玄注，（唐）贾公彦疏，赵伯雄整理，北京大学出版社，1999。

[275] 巴金：《忆》，东方出版中心，2017。

[276] 陈尚君辑校《全唐文补编》，中华书局，2005。

[277] 段云章、倪俊明编《陈炯明集》，中山大学出版社，2007。

[278] 冯友兰：《三松堂全集》第一卷，河南人民出版社，2000。

[279] 顾廷龙、戴逸主编《李鸿章全集》，安徽教育出版社，2008。

[280] 黄炎培：《八十年来——黄炎培自述》，文汇出版社，2000。

[281] 老舍：《四世同堂》，作家出版社，2019。

[282] 马云青：《清季遗闻杂录》，庄建平主编《近代史资料文库》第十卷，上海书店出版社，2009。

[283] 彭林、严佐之主编《方苞全集》第9册，复旦大学出版社，2018。

[284] 沈从文：《沈从文全集》第4、8卷，北岳文艺出版社，2002。

[285] 沈弘编译《遗失在西方的中国史：〈伦敦新闻画报〉记录的晚清1842—1873》（上），北京时代华文书局，2014。

[286] 王次澄等编著《大英图书馆特藏中国清代外销画精华》第1、3册，广东人民出版社，2011。

[287] 汪曾祺：《汪曾祺小说自选集》，新华出版社，2014。

[288] 汪曾祺：《汪曾祺自述》（修订本），大象出版社，2017。

[289] 雍正《朔州志》，萧泰芳点校，杨淮审订，三晋出版社，2017。

[290] 允斌主编《西方的中国影像（1793—1949）》（莫理循卷）（一），黄山书社，2015。

[291] 允斌主编《西方的中国影像（1793—1949）》（莫理循卷）（二），黄

山书社，2015。

[292] 曾枣庄、刘琳主编《全宋文》第55、76、136、156、182、284、301册，上海辞书出版社、安徽教育出版社，2006。

[293] 张枬、王忍之编《辛亥革命前十年间时论选集》，生活·读书·新知三联书店，1963。

[294] 赵省伟主编《西洋镜：法国画报记录的晚清1846—1885》，张霞、李小玉译，广东人民出版社，2018。

[295] 赵省伟编《遗失在西方的中国史：海外史料看庚子事变》（上），侯芙瑶、邱丽君译，重庆出版社，2018。

[296] 赵省伟主编《西洋镜：〈远东〉杂志记录的晚清1876—1878》，广东人民出版社，2020。

[297] 赵元任：《赵元任早年自传》，季剑青译，商务印书馆，2014。

[298] 中华书局编辑部、李书源整理《筹办夷务始末》（同治朝）第5册，中华书局，2008。

[299] 中山大学历史系中国近代现代史教研组、研究室编《林则徐集》第1册，中华书局，1965。

[300] 中山大学历史系中国近代现代史教研组、研究室编《林则徐集》（日记），中华书局，1962。

（三）外国人著作

[1] 〔澳〕莫理循：《1894年，我在中国看见的》，李琴乐译，江苏文艺出版社，2013。

[2] 〔韩〕李宜万：《入沈记》中，《韩使燕行录》第30册，韩国东国大学校出版部，2001。

[3] 〔德〕恩司诺：《清末商业及国情考察记》，熊健、李国庆译，国家图书馆出版社，2014。

[4] 〔德〕骆博凯：《十九世纪末南京风情录：一个德国人在南京的亲身经历》，郑寿康译，南京出版社，2008。

[5] 〔德〕瓦德西：《瓦德西庚子回忆录》，秦俊峰译，福建教育出版社，

2013。

[6] 〔俄〕尼·维·鲍戈亚夫连斯基：《长城外的中国西部地区》，新疆大学外语系俄语教研室译，商务印书馆，1980。

[7] 〔俄〕叶·科瓦列夫斯基：《窥视紫禁城》，阎国栋等译，北京图书馆出版社，2004。

[8] 〔法〕阿道尔夫·阿尔芒：《出征中国和交趾支那来信》，许方、赵爽爽译，中西书局，2011。

[9] 〔法〕艾弥尔·伯德：《中国城乡生活》，〔英〕特威切尔英译，〔美〕李国庆整理，广西师范大学出版社，2009。

[10] 〔法〕埃米尔·多朗－福尔格：《遗失在西方的中国史：一个法国记者的大清帝国观察手记》，〔法〕奥古斯特·博尔热绘，袁俊生译，中国画报出版社，2021。

[11] 〔法〕埃斯凯拉克·洛图尔：《中国和中国人》，应远马译，中西书局，2013。

[12] 〔法〕查理·德·穆特雷西：《远征中国日记》（上卷），魏清巍译，中西书局，2013。

[13] 〔法〕杜赫德编《耶稣会士中国书简集：中国回忆录》（中卷），朱静，耿昇译，大象出版社，2005。

[14] 〔法〕菲尔曼·拉里贝：《清王朝的最后十年：拉里贝的实景记录》，吕俊君译，九州出版社，2017。

[15] 〔法〕古伯察：《中华帝国纪行——在大清国最富传奇色彩的历险》（下），张子清等译，南京出版社，2006。

[16] 〔法〕李明：《中国近事报道（1687－1692）》，郭强等译，大象出版社，2004。

[17] 〔法〕乔治·德·克鲁勒：《进军北京》，陈丽娟、王大智、谭思琦译，中西书局，2013。

[18] 〔芬〕马达汉：《马达汉西域考察日记》，王家骥译，中国民族摄影艺术出版社，2004。

[19] 〔哥伦比亚〕唐可·阿尔梅洛：《穿过鸦片的硝烟》，郑柯军译，北京图书馆出版社，2006。

[20] 〔美〕阿瑟·贾德森·布朗：《中国革命1911：一位传教士眼中的辛亥镜像》，季我努学社译，重庆出版社，2018。

[21] 〔美〕阿瑟·亨德森·史密斯（明恩溥）：《动乱中的中国：十九世纪末二十世纪初的晚清时局》，桑紫林译，上海社会科学院出版社，2019。

[22] 〔美〕E. A. 罗斯：《变化中的中国人》，李上译，电子工业出版社，2016。

[23] 〔美〕弗朗西斯·亨利·尼科尔斯：《龙旗下的长安》，宗鸣安译，陕西人民出版社，2020。

[24] 〔美〕哈·阿尔弗森·弗兰克：《中国南方漫游记》（英文版），〔美〕李国庆、〔美〕邓赛整理，广西师范大学出版社，2014。

[25] 〔美〕哈里·乌伊拉德·佛伦奇：《我们的孩子在中国》，〔美〕李国庆、〔美〕邓赛整理，广西师范大学出版社，2018。

[26] 〔美〕何天爵：《真正的中国佬》，鞠方安译，中华书局，2006。

[27] 〔美〕亨特：《旧中国杂记》，沈正邦译，广东人民出版社，2008。

[28] 〔美〕怀礼：《一个传教士眼中的晚清社会》，王丽、戴如梅译，国家图书馆出版社，2012。

[29] 〔美〕卡尔·克劳：《我的朋友中国人》，中国文史出版社，2019。

[30] 〔美〕卢公明：《中国人的社会生活》，陈泽平译，福建人民出版社，2009。

[31] 〔美〕明恩溥：《中国人的性格》，徐晓敏译，人民日报出版社，2010。

[32] 〔美〕倪维思：《中国与中国人》，张勇译，新华出版社，2014。

[33] 〔美〕切斯特·何尔康比：《中国人的德性：西方学者眼中的中国镜像》，王剑译，陕西师范大学出版社，2007。

[34] 〔美〕萨拉·康格：《北京信札：特别是关于慈禧太后和中国妇女》，沈春蕾等译，南京出版社，2006。

[35] 〔美〕士觅威：《对中国及中国人的观察》，〔美〕李国庆整理，广西师范大学出版社，2009。

[36] 〔美〕威廉·埃德加·盖洛：《扬子江上的美国人：从上海经华中到缅甸的旅行记录（1903 年)》，晏奎、孟凡君、孙继成译，山东画报出版社，2008。

[37] 〔美〕威廉·埃德加·盖洛：《中国十八省府》，沈弘、郝田虎、姜文涛译，山东画报出版社，2008。

[38] 〔美〕卫三畏：《中国总论》，陈俱译，上海古籍出版社，2014。

[39] 〔美〕约翰·斯塔德：《1897 年的中国》，李涛译，山东画报出版社，2004。

[40] 〔葡〕安文思：《中国新史》，何高济、李申译，大象出版社，2004。

[41] 〔日〕儿岛鹭麿，*Views and Custom of North China*，1909 年天津山本照相馆出版，东京印刷株式会社。

[42] 〔日〕藤井彦五郎编，*The Views in North China*，东京国光社出版，日本明治三十六年（1903）。

[43] 〔日〕伊东忠太：《中国纪行——伊东忠太建筑学考察手记》，薛雅明、王铁钧译，中国画报出版社。

[44] 〔日〕《亚东印画辑》第 2 册，昭和二年（1927）。

[45] 〔瑞士〕希尔维亚·安吉斯·麦斯特尔、鲍尔·胡格：《笛荡幽谷：1903－1910 年一位苏黎世工程师亲历的滇越铁路》，王锦译，云南人民出版社，2018。

[46] 〔英〕阿奇博尔德·约翰·利特尔：《穿越扬子江峡谷》，中国文史出版社，2019。

[47] 〔英〕阿绮波德·立德：《蓝衫国度：英国人眼中的晚清社会》，钱峰译，新华出版社，2014。

[48] 〔英〕爱德华·约翰·哈代：《中国佬约翰在老家：中国的人民、风俗和事物概述》，〔美〕李国庆整理，广西师范大学出版社，2015。

[49] 〔英〕爱尼斯·安德逊：《在大清帝国的航行：英国人眼中的乾隆盛

世》，费振东译，电子工业出版社，2015。

[50]〔英〕奥利弗·G. 雷迪：《在中国生活和运动》，马成昌译，中国文史出版社，2019。

[51]〔英〕查尔斯·亚历山大·戈登：《一个英国军医的中国观察实录》，孙庆祥、计莹芸译，学林出版社，2018。

[52]〔英〕杜哥德·唐宁：《番鬼在中国》（中），广西师范大学出版社，2014。

[53]〔英〕E. W. 彼得斯：《英国巡捕眼中的上海滩》，李开龙译，中国社会科学出版社，2015。

[54]〔英〕格雷夫人：《广州来信》，〔美〕邹秀英等译，广东人民出版社，2019。

[55]〔英〕亨利·阿瑟·卜力：《遇见中国：卜力眼中的东方世界》，李菲译，上海社会科学院出版社，2017。

[56]〔英〕开乐凯：《旧上海见闻录》，王跃如译，中国文史出版社，2021。

[57]〔英〕吉尔伯特·威尔士、亨利·诺曼：《龙旗下的臣民》，刘一君、邓海平译，光明日报出版社，2000。

[58]〔英〕麦吉：《我们如何进入北京——1860 年在中国战役的记述》，叶红卫、江先发译，中西书局，2011。

[59]〔英〕麦肯齐：《泰西新史揽要》，李提摩太、蔡尔康译，上海书店出版社，2002。

[60]〔英〕麦嘉湖：《中国人的生活方式》，秦传安译，电子工业出版社，2015。

[61]〔英〕马尔克·奥莱尔·斯坦因：《沙埋和阗废墟记》，殷晴、张欣怡译，兰州大学出版社，2014。

[62]〔英〕密福特：《清末驻京英使信札（1865－1866）》，温时幸、陆瑾译，国家图书馆出版社，2010。

[63]〔英〕慕雅德：《中国：在华三十年的观察和回忆》，丁光译，上海三联书店，2021。

［64］〔英〕奇蒂:《晚清中国见闻录》,〔美〕李国庆、〔美〕邓赛整理,广西师范大学出版社,2018。

［65］〔英〕乔治·N.赖特:《中央帝国》,〔英〕托马斯·阿洛姆绘图,何守源译,北京时代华文书局,2019。

［66］〔英〕乔治·马戛尔尼、约翰·巴罗:《马戛尔尼使团使华观感》,何高济、何毓宁译,商务印书馆,2013。

［67］〔英〕乔治·林奇:《文明的交锋:一个"洋鬼子"的八国联军侵华实录》,〔美〕王铮、李国庆译,国家图书馆出版社,2011。

［68］〔英〕芮尼:《北京与北京人》,李绍明译,国家图书馆出版社,2008。

［69］〔英〕施美夫:《五口通商城市游记》,温时幸译,北京图书馆出版社,2007。

［70］〔英〕斯当东:《英使谒见乾隆纪实》,叶笃义译,群言出版社,2014。

［71］〔英〕苏珊·汤丽:《英国公使夫人清宫回忆录》,曹磊译,江苏凤凰文艺出版社,2018。

［72］〔英〕托马斯·霍奇森·利德尔:《帝国丽影》,北京图书馆出版社,2005。

［73］〔英〕威廉·R.葛骆:《环沪漫记》,叶舟译,生活·读书·新知三联书店,2018。

［74］〔英〕威廉·R.葛骆:《中国假日行》,叶舟译,生活·读书·新知三联书店,2019。

［75］〔英〕夏金:《玄华夏:英人游历中国记》,严向东译,国家图书馆出版社,2009。

［76］〔英〕伊莎贝拉·韦廉臣:《中国古道:1881年韦廉臣夫人从烟台到北京行纪》,刘惠琴、陈海涛译注,中华书局,2019。

［77］〔英〕约·罗伯茨编《十九世纪西方人眼中的中国》,蒋重跃、刘林海译,时事出版社,1999。

［78］〔英〕约翰·奥特维·布兰德、艾特豪德·拜克豪斯:《慈禧统治下的中国》,房新侠、杨丹译,江苏凤凰文艺出版社,2018。

［79］〔英〕约翰·巴罗：《我看乾隆盛世》，李国庆、欧阳少春译，北京图书馆出版社，2007。

［80］〔英〕约翰·弗朗西斯·戴维斯：《崩溃的大清帝国：第二任港督的中国笔记》，易强译，光明日报出版社，2013。

［81］〔英〕约翰·亨利·格雷在其《广州七天》，〔美〕李国庆、〔美〕邓赛译，广州人民出版社，2019。

［82］Benjamin Couch Henry, *Ling-Nam or Interior Views of Southern China*, London：S. W. PARTRIDGE AND CO. , 1886.

［83］Charles Denby, *China and her People*, *Vol. I.* , Boston：Coloniaal Press, 1906.

［84］Ernest Alabaster, *Notes on Commentaries on Chinese Criminal Law and Cognate Topics*, *with Special Relation to Ruling Cases.* London：Luzac & Co, 1899.

［85］Hugh Murray, *An Historical and Descriptive Account of China*, vol. II. Edinburgh：Oliver & Boyd, 1836.

［86］William B. Langdon, *Ten Thousand Things Relating to China and the Chinese*, London：G. M'kewan, 1842.

［87］Robert Sterling Clark, *Through Shen-kan*, London：T. Fisher Unwin, 1912.

［88］Sidney. D. Gamble, *Peking：a Social Survey*, New York：George H. Doran Company, 1921.

［89］Thomas Taylor Meadows, *The Chinese and their Rebellions*, London：Smith, Elder, 1856.

二　论著

（一）论文

［1］白京兰：《清代对边疆多民族地区的司法管辖与多元法律的一体化构建——以新疆为例》，《贵州民族研究》2012年第4期。

［2］柏桦：《清王朝罪犯发遣新疆制度》，《社会科学辑刊》2017 年第 2 期。

［3］柏桦：《明代赐尚方剑制度》，《古代文明》2007 年第 5 期。

［4］柏桦、李瑶：《明代王命旗牌制度》，《古代文明》2017 年第 1 期。

［5］柏桦、赵宁芳：《中国古代的专杀权与专杀罪》，《史学集刊》2019 年第 3 期。

［6］柏桦、高金：《正法与就地正法考》，《社会科学辑刊》2016 年第 3 期。

［7］陈丽：《从"救生不救死"透视清代司法的伦理困境》，李雪梅主编《沈家本与中国法律文化学术研讨会论文集》，中国政法大学出版社，2021。

［8］陈谭娟：《中国古代赎刑与罚金刑之区别》，《探索与争鸣》（理论月刊）2005 年第 10 期。

［9］陈新宇：《认真地对待秋审——传统中国司法"正当程序"的新诠释》，《中国政法大学学报》2023 年第 1 期。

［10］陈煜：《论〈大清律例〉中的"不确定条款"》，《中国刑事法杂志》2011 年第 11 期。

［11］陈兆肆：《清代自新所考释——兼论晚清狱制转型的本土性》，《历史研究》2010 年第 3 期。

［12］陈兆肆：《清代永远枷号刑考论》，《清史研究》2012 年第 4 期。

［13］陈兆肆：《清代"断脚筋刑"考论——兼论清代满汉法律"一体化"的另一途径》，《安徽史学》2019 年第 1 期。

［14］陈志武、林展、彭凯翔：《清代命盗重案的统计特征初探——基于10.6 万件案件的分析》，《新史学》第十二卷。

［15］戴建国：《宋代审判制度考》，杨一凡主编《中国法制史考证》甲编第五卷，中国社会科学出版社，2003。

［16］党宝海：《略论元代罪囚的枷、锁、散禁》，《中国古代法律文献研究》第十四辑，2020。

［17］邓建鹏：《清代循吏司法与地方司法实践的常态》，《文史》2022 年第 3 期。

［18］董建中：《晚清刑场目击记：英国人目睹死囚受刑》，《中国经营报》2015年11月23日，第50版。

［19］杜家骥：《清代督、抚职掌之区别问题考察》，《史学集刊》2009年第6期。

［20］杜金、徐忠明：《索象于图：明代听审插图的文化解读》，《中山大学学报》（社会科学版）2012年第5期。

［21］范依畴：《羞辱性刑罚：传统价值及其现代复兴》，《政法论坛》2016年第2期。

［22］方华玲：《"赏"与"罚"：论乾嘉道时期新疆废员在戍得赏衔事》，《中国边疆史地研究》2016年第3期。

［23］方华玲：《乾嘉时期新疆官犯的"捐资赎罪"》，《历史档案》2015年第2期。

［24］范蓉：《中国古代流刑的演变及其原因分析》，南京师范大学硕士学位论文，2011。

［25］冯尔康：《清代帝王敬天的政治思想浅谈》，《清史研究》2010年第2期。

［26］关康：《理藩院题本中的蒙古发遣案例研究——兼论清前期蒙古地区司法调适的原则及其内地化问题》，《清史研究》2013年第4期。

［27］郭东旭：《论宋代赦降制度》，《宋史研究论丛》第3辑，1999。

［28］郭东旭、陈玉忠：《宋代刑事复审制度考评》，《河北大学学报》（哲学社会科学版）2009年第2期。

［29］郭建：《话说"午时三刻"——中国古典文学中的法文化》，《文汇报》2001年11月18日，第4版。

［30］郭淑华：《试论我国古代之赎刑》，《政法论坛》1989年第6期。

［31］郭文忠、祖浩展：《乾隆朝发往新疆遣犯人数估算与研究》，《清史研究》2022年第3期。

［32］韩广道：《"就地正法"辨析》，《濮阳教育学院学报》2001年第2期。

［33］郝英明：《乾隆帝"干誉"理念初探》，《史林》2011年第1期。

［34］何勤华：《清代法律渊源考》，《中国社会科学》2001 年第 2 期。

［35］侯旭东：《北朝的"市"：制度、行为与观念——兼论研究中国古史的方法》，《中国社会历史评论》第 3 卷。

［36］华立：《清代新疆遣犯的"年满为民"问题》，《历史档案》2021 年第 1 期。

［37］胡高飞：《中国传统赎刑及其启示》，《求索》2008 年第 3 期。

［38］黄晋祥：《晚清〈申报〉的主笔与社评》，《光明日报》2007 年 6 月 15 日。

［39］霍存福：《明吕坤〈刑戒〉：控制杖罚、拷讯过度的技术方案（上）——法官箴言研究之八》，《法律史评论》2022 年第 2 卷。

［40］姜翰：《时间与刑罚：清代"永远监禁"考略》，《清史研究》2019 年第 4 期。

［41］姜翰：《从非刑到常法：清代锁带杆墩源流考》，《史学月刊》2022 年第 4 期。

［42］江桥：《乾隆朝民人死刑案件的初步统计与分析》，《满学研究》1996 年第 3 辑。

［43］蒋铁初：《清代君臣的法外施仁博弈》，《法学研究》2021 年第 2 期。

［44］金悦：《清代东北地区的"流人"》，《满族研究》2008 年第 4 期。

［45］里赞：《中国法律史研究中的方法、材料和细节——以清代州县审断问题研究为例》，《法学》2009 年第 3 期。

［46］李德新：《清前期东北流人研究（1644—1795）》，东北师范大学博士学位论文，2014。

［47］李典蓉：《被掩盖的声音——从一件疯病京控案探讨清代司法档案的制作》，《北大法律评论》第 10 卷第 1 辑，2009。

［48］李贵连：《晚清"就地正法"考》，《中南政法学院学报》1994 年第 1 期。

［49］李衡梅：《我国古代赎刑渊源初探》，《吉林师范大学学报》（人文社会科学版）1985 年第 4 期。

［50］ 李启成：《"差等"还是"齐一"——浅谈中国法律史研究资料之价值》，《河南大学学报》（社会科学版）2012 年第 3 期。

［51］ 李相森：《中国古代女性犯奸去衣受杖考论》，《法律史评论》2022 年第 1 卷。

［52］ 李兴盛：《清代东北被遣戍的起义农民》，《学习与探索》1985 年第 5 期。

［53］ 李宜霞：《杖刑源流论考》，《湖南科技大学学报》（社会科学版）2005 年第 6 期。

［54］ 李在全：《让"人"回归法律史研究》，《史学月刊》2023 年第 1 期。

［55］ 梁志忠：《清前期发遣吉林地区的流人》，《史学集刊》1985 年第 4 期。

［56］ 林乾：《清代旗、民法律关系的调整——以"犯罪免发遣"律为核心》，《清史研究》2004 年第 1 期。

［57］ 林沄：《枷的演变》，《中国典籍与文化》1994 年第 3 期。

［58］ 刘炳涛：《清代发遣制度研究》，中国政法大学硕士学位论文，2004。

［59］ 刘炳涛：《略论发遣刑与清代的边疆开发》，《社科纵横》2013 年第 2 期。

［60］ 刘广安：《古代"赎刑"考略》，《政法论坛》1985 年第 6 期。

［61］ 刘可维：《敦煌本〈十王图〉所见刑具刑罚考——以唐宋〈狱官令〉为基础史料》，《文史》2016 年第 3 辑。

［62］ 刘伟：《晚清州县"就地正法"司法程序之再考察》，《社会科学》2015 年第 7 期。

［63］ 刘彦波：《晚清两湖地区州县"就地正法"述论》，《暨南学报（哲学社会科学版)》2012 年第 3 期。

［64］ 刘铮：《清代流遣区域政策的调整范式》，《重庆社会科学》2016 年第 10 期。

［65］ 鲁靖康：《清代新疆遣勇考》，《清史研究》2013 年第 4 期。

［66］ 逯子新：《近代监狱改良中的本土因素：罪犯习艺所》，《中国监狱学刊》2020 年第 3 期。

［67］ 罗莉娅：《清代枷号研究》，中国政法大学硕士学位论文，2010。

［68］ 孟繁勇：《清代宗室觉罗发遣东北述略》，《社会科学战线》2016 年第 8 期。

［69］ 孟修：《清代遣奴研究》，中国人民大学博士学位论文，2013。

［70］ 闵冬芳：《清律中的死罪律目及各类死罪数量消长述析》，《法制史研究》2013 年第 23 期。

［71］ 娜鹤雅：《清末"就地正法"操作程序之考察》，《清史研究》2008 年第 4 期。

［72］ 齐世荣：《谈小说的史料价值》，《首都师范大学学报》（社会科学版）2010 年第 9 期。

［73］ 齐清顺：《清代新疆"犯屯"若干问题新探》，《中国边疆学》2019 年第 1 期。

［74］ 齐清顺：《清代新疆遣犯研究》，《中国史研究》1988 年第 2 期。

［75］ 邱远猷：《太平天国与晚清"就地正法之制"》，《近代史研究》1998 年第 2 期。

［76］ 邱远猷、王茜：《我国死刑复核制度的历史与现实》，《内江师范学院学报》2008 年第 9 期。

［77］ 尚海明：《善终、凶死与杀人偿命——中国人死刑观念的文化阐释》，《法学研究》2016 年第 4 期。

［78］ 史志强：《冤案何以产生：清代的司法档案与审转制度》，《清史研究》2021 年第 1 期。

［79］ 宋飞：《中国古代流放刑制度之变迁》，陈景良主编《文化底蕴与传统法律》，湖北人民出版社，2014。

［80］ 苏钦：《清朝对边疆各民族实行的"换刑制"》，《法学杂志》1993 年第 6 期。

［81］ 苏钦：《清律中旗人"犯罪免发遣"考释》，《清史论丛》编委会编《清史论丛》1992 年号，辽宁人民出版社，1993。

［82］ 苏亦工：《另一重视角——近代以来英美对中国法律文化传统的研

究》，《环球法律评论》2003 年春季号。

[83] 苏亦工：《因革与依违——清初法制上的满汉分歧一瞥》，《清华法学》2014 年第 1 期。

[84] 孙家红：《清代秋审之前奏：补论明代秋审》，吴玉章主编《中国法律史研究》（2016 年卷），社会科学文献出版社，2016。

[85] 孙靖洲：《清代恭请王命制度的渊源与流变》，朱勇主编《中华法系》第五卷，法律出版社，2014。

[86] 谭琪、邰含：《清代州县强盗治安案件处理程序：构成、特征与启示》，《湖南警察学院学报》2016 年第 1 期。

[87] 童光政、龚维玲：《论赎刑制度》，《社会科学家》1996 年第 3 期。

[88] 佟永功、关嘉录：《清朝发遣三姓等地赏奴述略》，《社会科学辑刊》1983 年 6 期。

[89] 王平原：《死刑诸思——以唐代死刑为素材的探讨》，《山东警察学院学报》2010 年第 3 期。

[90] 王启明：《清代新疆流放新论》，《新疆大学学报》（哲学人文社会科学版）2013 年第 5 期。

[91] 王瑞成：《就地正法与清代刑事审判制度——从晚清就地正法之制的争论谈起》，《近代史研究》2005 年第 2 期。

[92] 王希隆：《清前期昌吉遣犯起事考述》，《西北史地》1995 年第 1 期。

[93] 王云红：《论清代的"呈请发遣"》，《史学月刊》2007 年第 5 期。

[94] 王云红：《清代官员惩治体系中的"效力赎罪"问题》，《历史档案》2019 年第 1 期。

[95] 王志强：《论清代刑案诸证一致的证据标准——以同治四年郑庆年案为例》，《法学研究》2019 年第 6 期。

[96] 温庆新：《关于〈水浒传〉成书时间研究的方法论思考》，《清华大学学报》（哲学社会科学版）2014 年第 2 期。

[97] 魏淑民：《君臣之间：清代乾隆朝秋审谕旨的政治史解读》，《中州学刊》2012 年第 6 期。

[98] 魏淑民：《司法·行政·政治：清代捐赎制度的渐进式考察——以乾隆朝江苏省朱眒捐赎大案为中心》，《中原文化研究》2013 年第 5 期。

[99] 吴吉远：《试论清代州县政府管理在配人犯的职能》，《辽宁大学学报》（哲学社会科学版）1998 年第 4 期。

[100] 吴元丰：《清乾隆年间伊犁遣屯》，《西域研究》1991 年第 3 期。

[101] 吴元丰：《清乾隆年间伊犁遣犯为民后的屯田》，《中国边疆史地研究》1994 年第 4 期。

[102] 熊谋林、刘任：《大清帝国的赎刑：基于〈刑案汇览〉的实证研究》，《法学》2019 年第 6 期。

[103] 熊谋林、刘任：《大清帝国死刑文明考：基于律例的数据重格》，《河北法学》2022 年第 9 期。

[104] 熊艺钧：《清代军流犯与小押》，《安徽史学》2014 年第 1 期。

[105] 徐家俊：《清代上海地区的犯人流放地》，《都会遗踪》2014 年 3 期。

[106] 徐忠明：《古典中国的死刑：一个思想史与文化史的考察》，《中外法学》2006 年第 3 期。

[107] 徐忠明：《建筑与仪式：明清司法理念的另一种表达》，《中国古代法律文献研究》第十一辑，社会科学文献出版社，2017。

[108] 徐忠明：《内结与外结：清代司法场域的权力游戏》，《政法论坛》2014 年第 1 期。

[109] 徐忠明：《台前与幕后：一起清代命案的真相》，《法学家》2013 年第 1 期。

[110] 徐忠明：《清末上海华界的暴力与司法——以〈李超琼日记〉和〈申报〉为素材》，《地方立法研究》2021 年第 6 期。

[111] 许发民：《论中国死刑制度的历史演变》，陈兴良、胡云腾《中国刑法学年会文集（2004 年度）第一卷·死刑问题研究（下册）》，中国人民公安大学出版社，2004。

[112] 谢晶：《儒法之间的刑罚根据论：清律窃盗罚则的古今中西之维》，《学术月刊》2019 年第 8 期。

[113] 闫晓君：《唐律"格杀勿论"渊流考》，《现代法学》2009 年第 4 期。

[114] 杨高凡：《宋代大辟研究——从宋代死刑的执行率角度考察》，《保定学院学报》2014 年第 1 期。

[115] 杨虎得、柏桦：《历代便宜权的授予》，《史学集刊》2016 年第 2 期。

[116] 杨银权：《试论清代遣犯和流人群体对新疆开发的贡献》，《青海民族大学学报》（社会科学版）2010 年第 4 期。

[117] 叶志如：《清代罪奴的发遣形式及其出路》，《故宫博物院院刊》1992 年第 1 期。

[118] 叶志如：《从罪奴遣犯在新疆的管束形式看清代的刑法制度》，《新疆大学学报》（哲学人文社会科学）1989 年第 4 期。

[119] 尹子玉：《论嘉庆朝的遣犯改发》，《清史研究》2020 年第 3 期。

[120] 尹子玉：《清代烟瘴充军的发配困境与实践问题》，《河北法学》2020 年第 12 期。

[121] 尤陈俊：《一幅清朝刑罚题材图画的细节解读》，《中国社会科学报》2023 年 7 月 4 日，第 5 版。

[122] 俞江：《中国刑法史上的"杀人偿命"》，《文化纵横》2012 年第 2 期。

[123] 张金奎：《明代的驾帖与精微批》，《社会科学辑刊》2017 年第 4 期。

[124] 张世明：《拆穿西洋镜：外国人对于清代法律形象的建构》，杨念群主编《新史学》第五卷，中华书局，2011。

[125] 张世明：《乾嘉时期恭请王命旗牌先行正法之制的宽严张弛》，《内蒙古师范大学学报》2009 年第 4 期。

[126] 张世明：《清末就地正法制度研究》（上）、（下），《政法论丛》2012 年第 1、2 期。

[127] 张守东：《人命与人权：宋代死刑控制的数据、程序及启示》，《政法论坛》2015 年第 2 期。

[128] 张田田：《"罪人持仗拒捕格杀勿论"律的清代司法实践》，《人民法院报》2018 年 9 月 7 日，第 5 版。

[129] 张铁纲：《清代流放制度初探》，《历史档案》1989 年第 3 期。

[130] 张小也：《从"自理"到"宪律"：对清代"民法"与"民事诉讼"的考察——以〈刑案汇览〉中的坟山争讼为中心》，《学术月刊》2006 年第 8 期。

[131] 朱声敏：《清代州县司法实践中的门丁之弊》，《学术论坛》2014 年第 7 期。

[132] 赵旭：《唐宋死刑制度流变考论》，《东北师大学报》（哲学社会科学版）2005 年第 4 期。

[133] 郑海悦等：《从流徙到发遣：清代东北流放制度的演变》，《理论观察》2019 年第 1 期。

[134] 郑秦：《清代县制研究》，《清史研究》1996 年第 4 期。

[135] 郑小悠：《清代法制体系中"部权特重"现象的形成与强化》，《江汉学术》2015 年第 4 期。

[136] 周思成：《元代刑法中的所谓"敲"刑与"有斩无绞"之说辨正》，《北京师范大学学报》（社会科学版）2015 年第 2 期。

[137] 周轩：《清代教案与新疆流人》，《西域研究》2004 年第 3 期。

[138] 朱浒：《食为民天——清代备荒仓储的政策演变与结构转换》，《史学月刊》2014 年第 4 期。

[139] 朱勇：《论清代皇帝决策的法律机制》，《政法论坛》2021 年第 1 期。

[140] 朱勇：《中国古代法律的自然主义特征》，《中国社会科学》1991 年第 5 期。

[141] 〔法〕梅凌寒：《清代流放地与法律空间》，苏亦工、谢晶等编《旧律新诠：〈大清律例〉国际研讨会论文集》（第二卷），清华大学出版社，2016。

[142] 〔法〕巩涛：《"求生"——论中华帝国晚期的"司法欺诈"》，徐悦红、刘雅玲译，《内蒙古师范大学学报》2009 年第 4 期。

[143] 〔法〕巩涛：《晚清北京地区的死刑与监狱生活——有关比较史学、方法及材料的一点思考》，陈煜译，周东平、朱腾主编《法律史译评》（2013 年卷），中国政法大学出版社，2014。

[144] 〔韩〕Kim Hanbark：《清代充军的"流刑化"及内地军流犯的过剩问题》，赵崧译，周东平、朱腾主编《法律史译评》（第七卷），中西书局，2019。

[145] 〔加〕陈利：《史料文献与跨学科方法在中国法律史研究中的运用》，《法律和社会科学》2018 年第 1 期。

[146] 〔美〕步德茂：《"淆乱视听"：西方人的中国法律观——源于鸦片战争之前的错误认知》，王志希译，周东平、朱腾主编《法律史译评》（2012 年卷），北京大学出版社，2013。

[147] 〔美〕普凯玲：《罪犯身体的管理：清代的囚犯递解》，张世明等主编《世界学者论中国传统法律文化》，法律出版社，2010。

[148] 〔日〕池田知久：《中国古代的天人相关论——董仲舒的情况》，〔日〕沟口雄三、〔日〕小岛毅主编《中国的思维世界》，孙歌等译，江苏人民出版社，2006。

[149] 〔日〕川久保悌郎：《清代向边疆流放的罪犯——清朝的流刑政策与边疆（之一）》，《吉林师范学院学报》（哲学社会科学版）1986 年第 2 期，郑毅、孔艳春摘译，那志勋校。

[150] 〔日〕冨谷至、（中）周东平：《前近代中国的死刑论纲》，《法制史研究》第 14 期，台北中国法制史学会、"中研院"历史语言研究所主编，2008。

[151] 〔日〕宫崎市定：《宋元时代的法制和审判机构》，《日本学者研究中国史论著选译》（第八卷），中华书局，1992。

[152] 〔日〕铃木秀光：《恭请王命考——清代死刑判决的"权宜"与"定例"》，《内蒙古师范大学学报》（哲学社会科学版）2009 年第 4 期。

[153] 〔日〕铃木秀光：《杖毙考——清代中期死刑案件处理的一考察》，娜鹤雅译，张世明等主编《世界学者论中国传统法律文化》，法律出版社，2010。

[154] 〔日〕铃木秀光：《锁带铁杆、锁带石礅与清代后期的刑事审判》，黄琴唐译，周东平、朱腾主编《法律史译评》（2013 年卷），中国政

法大学出版社，2014。

[155]〔日〕铃木秀光：《清末就地正法考》，杨一凡等编《日本学者中国法制史论著选》（明清卷），中华书局，2016。

[156]〔日〕铃木秀光：《"请旨即行正法"考——清代乾隆、嘉庆时期死刑裁判之考察》，赵崧译，《法律史评论》（第十二卷），社会科学文献出版社，2019。

[157]〔日〕滋贺秀三：《刑罚的历史——东方》，〔日〕籾山明主编《中国法制史考证》丙编第1卷，徐世虹译，中国社会科学出版社，2003。

[158]〔瑞士〕张宁：《清代的大赦与死刑：制度与实践中的法与"法外之仁"》，苏亦工、谢晶等编《旧律新诠：〈大清律例〉国际研讨会论文集》（第二卷），清华大学出版社，2016。

（二）专著

[1] 柏桦：《柏桦说明清律例：罪与罚》，万卷出版公司，2017。

[2] 柏桦：《中国古代政治法律制度史析》，天津人民出版社，2019。

[3] 蔡枢衡：《中国刑法史》，广西人民出版社，1983。

[4] 曹树基：《中国人口史》第四卷，复旦大学出版社，2000。

[5] 曹树基：《中国人口史》第五卷，复旦大学出版社，2001。

[6] 陈光中：《中国古代司法制度》，北京大学出版社，2017。

[7] 陈鹏生：《中国法制通史》第四卷，法律出版社，1999。

[8] 陈平原：《左图右史与西学东渐：晚清画报研究》，生活·读书·新知三联书店，2018。

[9] 陈晓枫主编《中国法制史新编》，武汉大学出版社，2007。

[10] 戴建国：《宋代法制研究丛稿》，中西书局，2019。

[11] 戴逸：《乾隆帝及其时代》，中国人民大学出版社，2008。

[12] 方潇：《天学与法律：天学视域下中国古代法律"则天"之本源路径及其意义探究》，北京大学出版社，2014。

[13] 冯自由：《革命逸史》，新星出版社，2016。

[14] 付春杨：《生死之间的权衡：清代死刑监候案件量刑情节论》，武汉大

学出版社，2019。

[15] 傅林祥、林涓、任玉雪、王卫东：《中国行政区划通史》（清代卷），复旦大学出版社，2013。

[16] 高汉成：《〈大清新刑律〉与中国近代刑法继受》，社会科学文献出版社，2015。

[17] 高绍先：《中国刑法史精要》，法律出版社，2020。

[18] 高浣月：《清代刑名幕友研究》，中国政法大学出版社，1999。

[19] 高王凌：《乾隆十三年》，经济科学出版社，2012。

[20] 葛剑雄：《中国人口发展史》，福建人民出版社，1991。

[21] 顾元：《服制命案、干分嫁娶与清代衡平司法》，法律出版社，2018。

[22] 郭建：《五刑六典：刑罚与法制》，长春出版社，2004。

[23] 郭润涛：《官府、幕友与书生——"绍兴师爷"研究》，中国社会科学出版，1996。

[24] 何永军：《中国古代法制的思想世界》，中华书局，2020。

[25] 何显兵：《刑罚原论：中华传统、西方经验与当代转型》，法律出版社，2023。

[26] 侯欣一：《百年法治进程中的人和事》，商务印书馆，2020。

[27] 胡祥雨：《清代法律的常规化：族群与等级》，社会科学文献出版社，2016。

[28] 胡兴东：《中国古代死刑制度史》，法律出版社，2008。

[29] 胡旭晟主编《狱与讼：中国传统诉讼文化研究》，中国人民大学出版社，2012。

[30] 霍存福：《复仇·报复刑·报应说：中国人法律观念的文化解说》，吉林人民出版社，2005。

[31] 姜晓敏主编《法律文化研究（第十五辑）：中国传统死刑专题》，社会科学文献出版社，2022。

[32] 姜歆：《细说中国法律典故》，九州出版社，2008。

[33] 蒋传光：《中国法律十二讲》，重庆出版社，2008。

[34] 蒋冬梅:《"杀人者死"的中国法律传统研究》,上海人民出版社,2011。

[35] 李力:《法制史话》,社会科学文献出版社,2000。

[36] 李零:《中国方术续考》,中华书局,2006。

[37] 李兴盛:《中国流人史》黑龙江人民出版社,1996。

[38] 李秀清:《中法西绎:〈中国丛报〉与十九世纪西方人的中国法律观》,上海三联书店,2015。

[39] 里赞:《晚清州县诉讼中的审断问题——侧重四川南部县的实践》,法律出版社,2010。

[40] 林育德:《记忆版图:欧洲铜版画里的近代中国》,生活·读书·新知三联书店,2020。

[41] 梁治平:《法意与人情》,海天出版社,1992。

[42] 林乾:《治官与治民:清代律例法研究》,中国政法大学出版社,2019。

[43] 刘文鹏:《清代驿站考》,人民出版社,2017。

[44] 刘星:《西窗法雨》,花城出版社,1998。

[45] 鹿智钧:《国家根本与皇帝世仆:清朝旗人的法律地位》,东方出版中心,2019。

[46] 罗翔:《刑罚的历史》,云南人民出版社,2021。

[47] 马陈兵:《提头来见:中国首级文化史》,生活·读书·新知三联书店,2019。

[48] 马肖印:《中国古代刑罚史略》,南开大学出版社,2019。

[49] 马小红:《中国古代社会的法律观》,大象出版社,2009。

[50] 孟广洁:《清末"法、刑、罪、权"新术语语义范畴和语义关系研究》,厦门大学出版社,2020。

[51] 孟祥沛:《中国传统行刑文化研究》,法律出版社,2009。

[52] 缪咏禾:《中国出版通史》(明代卷),中国书籍出版社,2008。

[53] 那思陆:《清代中央司法审判制度》,北京大学出版社,2004。

[54] 那思陆:《清代州县衙门审判制度》,中国政法大学出版社,2006。

[55] 欧阳哲生编《胡适文集》第5册，北京大学出版社，1998。

[56] 蒲坚：《中国法制史大辞典》，北京大学出版社，2015。

[57] 钱大群、夏锦文：《唐律与中国现行刑法比较论》，江苏人民出版社，1991。

[58] 钱仲联主编《清诗纪事》第4册，凤凰出版社，2004。

[59] 邱捷：《晚清官场镜像：杜凤治日记研究》，社会科学文献出版社，2021。

[60] 瞿同祖：《清代地方政府》，范忠信等译，新星出版社，2022。

[61] 任喜荣：《刑官的世界：中国法律人职业化的历史透视》，法律出版社，2007。

[62] 宋北平：《秋审条款及其语言研究》，法律出版社，2011。

[63] 苏力：《法律与文学：以中国传统戏剧为材料》，生活·读书·新知三联书店，2006。

[64] 苏亦工：《明清律典与条例》（修订版），商务印书馆，2020。

[65] 孙家红：《清代的死刑监候》，社会科学文献出版社，2007。

[66] 孙琼：《晚清西方人士笔下的北京与中西文化交流研究》，北京出版社，2018。

[67] 汪世荣：《中国古代判词研究》，中国政法大学出版社，1997。

[68] 王宏治：《中国刑法史讲义：先秦至清代》，商务印书馆，2019。

[69] 王立民、洪佳期、高珣主编：《中国法制史研究70年》，上海人民出版社，2019。

[70] 王千石、吴凡文：《清入关前的法文化》，中国政法大学出版社，2015。

[71] 王题：《雾里看方术》，故宫出版社，2011。

[72] 王新举：《明代赎刑制度研究》，中国财政经济出版社，2015。

[73] 王志亮：《中国监狱史》，中国政法大学出版社，2017。

[74] 王志强：《法律多元视角下的清代国家法》，北京大学出版社，2003。

[75] 魏淑民：《清代乾隆朝省级司法实践研究》，中国人民大学出版社，2013。

[76] 吴吉远：《清代地方政府司法职能研究》，故宫出版社，2014。

[77] 吴松弟：《中国人口史》第三卷，复旦大学出版社，2000。

[78] 肖光辉等：《中国法制史专题研究》，苏州大学出版社，2014。

[79] 萧乾主编《两浙轶闻》，中华书局，2005。

[80] 萧乾主编《辽海鹤鸣》，中华书局，2005。

[81] 徐忠明：《包公故事：一个考察中国法律文化的视角》，中国政法大学出版社，2002。

[82] 徐忠明：《法学与文学之间》，中国政法大学出版社，2000。

[83] 徐忠明、任强：《中国法律精神》，广东人民出版社，2007。

[84] 殷啸虎：《秦镜高悬：中国古代的法律与社会》，北京大学出版社，2015。

[85] 张本照：《清代取保候审研究》，法律出版社，2020。

[86] 张晨光：《刑罚的历史》，吉林大学出版社，2010。

[87] 张翰仪编《湘雅摭残》，曾卓、丁葆赤校点，岳麓书社，2010。

[88] 张晋藩：《中国法制文明的演进》，中国政法大学出版社，1999。

[89] 张晋藩：《中国法制文明史》（古代卷），法律出版社，2013。

[90] 张晋藩、郭成康：《清入关前国家法律制度史》，辽宁人民出版社，1988。

[91] 张晋藩、郭成伟主编：《中国法制通史》第五卷，法律出版社，1999。

[92] 张仁善：《中国法律文明》，南京大学出版社，2018。

[93] 张世明：《法律、资源与时空建构：1644－1945 年的中国》（司法场域卷），广东人民出版社，2012。

[94] 张田田：《案例故事中的清代刑法史初探》，法律出版社，2019。

[95] 张万军：《中国传统刑罚文化研究》，内蒙古人民出版社，2011。

[96] 张晓蓓：《冕宁清代司法档案研究》，中国政法大学出版社，2010。

[97] 张学亮：《传统中国的犯罪与刑罚：以〈水浒传〉为素材》，北京大学出版社，2020。

[98] 赵天宝：《中国古代资格刑研究：以禁锢为中心考察》，法律出版社，2018。

［99］赵晓耕主编《罪与罚：中国传统刑事法律形态》，中国人民大学出版社，2012。

［100］郑秦：《清代法律制度研究》，中国政法大学出版社，2000。

［101］郑小悠：《清代的案与刑》，山西人民出版社，2019。

［102］郑小悠：《人命关天：清代刑部的政务与官员》（1644－1906），上海人民出版社，2022。

［103］周密：《中国刑法史纲》，北京大学出版社，1998。

［104］周轩：《清代新疆流放研究》，新疆大学出版社，2004。

［105］〔德〕彼得·舒斯特：《欧洲死刑史：1200—1700》，朱谅谅译，中信出版社，2018。

［106］〔法〕米歇尔·福柯：《规训与惩罚：监狱的诞生》，刘北成、杨远婴译，生活·读书·新知三联书店，2012。

［107］〔法〕谢和耐：《中国与基督教——中西文化的首次撞击》，耿昇译，商务印书馆，2013。

［108］〔加〕卜正民、〔法〕巩涛、〔加〕布鲁：《杀千刀：中西视野下的凌迟处死》，张光润等译，商务印书馆，2013。

［109］〔美〕卜德、〔美〕克拉伦斯·莫里斯：《中华帝国的法律》，朱勇译，中信出版社，2016。

［110］〔美〕马克·P.唐纳利、〔美〕丹尼尔·迪尔：《人类酷刑简史》，张恒杰译，中国友谊出版公司，2018。

［111］〔美〕米切尔·P.罗斯：《以眼还眼：犯罪与惩罚简史》，胡萌琦译，中信出版集团，2019。

［112］〔美〕伊沛霞：《剑桥插图中国史》（第2版），赵世瑜等译，湖南人民出版社，2018。

［113］〔英〕马若斐：《传统中国法的精神》，陈煜译，中国政法大学出版社，2013。

［114］〔英〕乔治·兰宁、库寿龄：《上海史》（第一卷），朱华译，上海书店出版社，2020。

[115] 〔日〕仁井田陞:《中国法制史》,牟发松译,上海古籍出版社,2018。

[116] 〔日〕寺田浩明:《权利与冤抑:寺田浩明中国法史论集》,王亚新等译,清华大学出版社,2012。

[117] Li Chen, *Chinese Law in Imperial Eyes: Sovereignty, Justice, and Transcultural Politics*, New York: Columbia University, 2016.